ANDY WARHOL

o gênio do pop

Tony Sherman e David Dalton

Andy Warhol

O gênio do POP

tradução:
Douglas Kim e Ricardo Lísias

EDITORA GLOBO

Primeira publicação por Harper Collins Publishers, 2009

Texto fixado conforme as regras do Novo Acordo Ortográfico da Língua Portuguesa (Decreto Legislativo nº 54, de 1995).

Título original: POP – The genius of Andy Warhol

Tradução: Douglas Kim e Ricardo Lísias

Preparação de texto: Beatriz de Freitas Moreira

Revisoras: Ana Maria Barbosa / Valquíria Della Pozza

Checagem técnica: Christiano Sensi

Capa: Samira Cardoso

Tratamento de imagens: Paula Korosue

Imagem de capa: © Andy Warhol Foundation / licenciado por AUTVIS, Brasil, 2010.

1ª edição, 2010

Dados Internacionais de Catalogação na Publicação (CIP)
(Câmara Brasileira do Livro, SP, Brasil)

Scherman, Tony
Andy Warhol, o gênio do pop / Tony Scherman e David Dalton ; tradução Douglas Kim e Ricardo Lísias. -- São Paulo : Globo, 2010.

Título original: Pop : the genius of Andy Warhol
ISBN 978-85-250-4836-3

1. Arte pop - Estados Unidos - Biografia 2. Artistas - Estados Unidos - Biografia 3. Warhol, Andy, 1928-1978 I. Dalton, David. II. Título.

09-09806 CDD-750.92

Índice para catálogo sistemático:
1. Warhol, Andy : Artistas pop : Biografia 700.92

Direitos da edição em língua portuguesa
adquiridos por Editora Globo S.A.
Av. Jaguaré, 1485 – 05346-902 – São Paulo – SP
www.globolivros.com.br

Para Louisiana, Evangeline e Coleen

- T.S

Para minha irmã, Sarah Dalton Legon

- D.D

Sumário

Prólogo

Dia 30 de agosto, 1960. Nessa noite já avançada de verão, fresca e límpida, Paul Warhola estacionou a grande van GM alugada no 242 da avenida Lexington, diante do prédio de quatro andares, sem elevador, onde sua mãe e seu irmão mais novo viviam desde 1953. Ouviam-se risadas oriundas do Shirley's Pin Up Bar, no andar térreo; no mais, a rua estava silenciosa. Paul tinha escolhido esse horário a fim de conseguir vaga para estacionar – durante a semana, a esquina da rua 35 com a Lexington era muito movimentada.

Com seus dois ajudantes, Paul Jr., de dezessete anos, e Billy Little, um amigo de Pittsburgh, Paul estava ali para fazer a mudança do seu irmão para a *townhouse* que Andy tinha acabado de comprar no 1342 da avenida Lexington, um prédio azul desbotado de quatro andares, ao lado da Clínica de Fertilidade Nova York e a duas portas da esquina com a rua 89 Leste.

"A casa comprada com anúncios de sapatos", como disse Emile de Antonio, amigo de Andy, e era verdade: tudo que Andy possuía fora pago com um fluxo incessante de desenhos de US$ 100 de sapatos, chapéus, cachecóis, perfumes, bolsas e outros acessórios femininos. Ele era um dos artistas comerciais mais bem-sucedidos de Nova York, uma pequena celebridade. Mesmo artistas que expunham em galerias conheciam seu trabalho, especialmente os anúncios para os sapatos I. Miller. Até o início desse ano, quando a Miller & Sons encerrou a sua parceria com Warhol, ilustradores e estudantes de arte aguardavam a publicação semanal do trabalho de Andy na edição dominical do *New York Times*. Em 1960, Andy ganhou US$ 70.000, seu melhor ano até então, e, quando o 1342 da Lexington foi posto à venda, ele conseguiu desembolsar facilmente US$ 30.000, quase metade do valor da residência.

Andy estava trabalhando no andar de cima, e Julia, a idosa mãe deles, estava dormindo quando Paul e os rapazes começaram a carregar a van. Na parte de trás ficaram os objetos de Andy que De Antonio certa vez chamou de "*bric-à-brac* de diretor de arte": três chiques cavalos de carrossel da virada do século, do tipo que se via frequentemente nas revistas de design e decoração de interiores *House & Garden* e *House Beautiful*; dois manequins em tamanho natural e uma cabeça frenológica dos irmãos Fowler; um leão guardião chinês, comprado em Kyoto quatro anos antes (Charles Lisanby, amigo de Andy, possuía o outro do par dos gêmeos e queria ambos, mas Andy não lhe deu); latinhas do século XIX e uma *penny arcade machine** que esguichava perfume; um Punch** de 1,82 m, sorrindo maleficamente com seu colarinho de Pierrot; reproduções Hokusai; um punhado de cata-ventos; um biombo ornado com um pavão; e vários móveis de madeira curva (a febre colecionadora em curso de objetos norte-americanos não mostrava sinais de enfraquecimento).

Depois foi a neófita coleção de arte de Andy: litografias de Toulouse-Lautrec e Jasper Johns; uma reprodução de Klee; pinturas de Tchelitchew, Matta e Paul Cadmus; desenhos de Larry Rivers e David Stone Martin; uma colagem de Ray Johnson, um homem estranho que Andy conheceu na New Directions Press, para a qual ambos faziam ilustrações de sobrecapas de livros; e duas telas de Jane Wilson, um retrato de Andy e um retrato duplo do seu amigo Ted Carey com John Mann, amante de Ted.

Eram cinco horas da manhã quando Paul e seus ajudantes carregaram as últimas caixas através da entrada do número 1342, ao longo do piso de parquet preto e branco do foyer, pelos oito degraus para o primeiro andar, ao redor da imponente escadaria, com as laterais chanfradas, até o quarto principal. Andy tinha acabado de comprar uma cama de mogno com dossel, mas

* Antigas máquinas para diversão, precursoras dos fliperamas. (N. T.)

** Tradicional marionete inglesa. (N. T.)

Paul não precisava se preocupar com isso, pois ela seria entregue no dia seguinte.

Depois de fechar a casa, os três moradores de Pittsburgh entraram na van e deixaram o 1342 da Lexington, onde Andy Warhol esperava alcançar sua tão desejada transformação. Do Andy modesto artista comercial, ilustrador de sapatos, criador de desenhos rematados e graciosos e cadernos pintados à mão, cheios de gatinhos fofos, para o Andy astro do mundo da arte, elogiado por críticos, íntimo de Jasper Johns, Robert Rauschenberg e outros, cujas obras ele havia estudado em suas visitas às galerias nas tardes de sábado. No número 1342 ele trocaria o seu velho "eu" por um novo: Andy Warhol, o grande artista.

Não houve, de fato, nenhum momento específico no qual Andy Warhol entrou em uma cabine telefônica, tirou seu terno Clark Kent e voou para os céus, superestrela do mundo da arte, queridinho das altas-rodas e enigma para os críticos. Retratar sua transição da arte comercial para o pop como uma metamorfose súbita, mas basicamente inexplicável, perpetua uma mística que os anos consolidaram. O novo Andy e sua nova obra marcaram a convergência de elementos que estavam maturando havia anos. Quase no mesmo instante em que chegou de Pittsburgh, em 1949, ele diligentemente perseguiu seu objetivo de se tornar um grande artista, frequentando as galerias como cliente e com esperanças de expor, montando exposição após a outra em locais menores, mas sendo repetidamente rejeitado pelas galerias que cortejava. Ainda assim, em comparação com a ascensão da maioria dos artistas até o reconhecimento, a de Warhol foi rápida: de fevereiro de 1961, quando fez suas primeiras pinturas pop experimentais, até os meses finais desse mesmo ano, quando surgiram as latas de sopa.

Tal ascensão dramática somente poderia ter ocorrido nesse momento. Quando os inovadores do pop – Oldenburg, Lichtenstein, Rosenquist, Warhol e outros – iniciaram suas obras maduras – que em grande parte eram estranhamente similares e exploravam o mesmo terreno, a cultura de consumo norte-americana, quase nenhum deles sabia o que os outros estavam fazendo, ou mesmo que eles existiam. O pop surgiu espontaneamente, uma resposta orgânica à nova realidade. Deslocamentos tectônicos estavam rearranjando as artes, a vasta cultura que os rodeava e a própria sociedade norte-americana. A década de 1950 e o início da de 1960 viram o nascimento de um novo e agitado consumismo: a indústria e a tecnologia se desenvolveram, produzindo um amplo conjunto de bens de consumo para a maior nova geração da história dos Estados Unidos. As inumeráveis novas empresas, competindo para distinguir seus produtos dos de seus concorrentes, transformaram a publicidade em um negócio de US$ 12 bilhões ao ano em 1960. A mídia de massa, a televisão em particular, penetrou em todos os cantos da nação e levou a cultura pop a quase todas as casas. Ao mesmo tempo, os direitos civis e os movimentos pacifistas florescentes proporcionaram à nova geração um princípio comum. Um crescente espírito de oposição e transgressão e uma busca pela liberdade, tanto espiritual quanto política, contaminaram toda a população, especialmente os jovens. A época era propícia para inovadores artísticos, cujas obras personificavam as obsessões da era: cultura pop e rebelião. E ninguém combinava uma fascinação pela cultura de consumo com o ímpeto de transgredir tão completamente quanto Andy Warhol.

Em 1961, aos 33 anos, um dos ilustradores de moda mais bem-sucedidos de Nova York, Warhol se rebelou contra o bom gosto do seu trabalho publicitário e começou a encher seu estúdio no 1342 da Lexington com pinturas grandes, simples, intencionalmente banais. Ele tirava seus temas das esferas mais baixas da cultura pop: quadrinhos, tabloides e anúncios de fisiculturismo. Tão esperto quanto ambicioso, Warhol sabia que nada enfureceria mais o mundo da arte que imagens originalmente criadas para a simples diversão dos incultos.

Outro fator estava em jogo. Caso único entre os mestres do pop, Warhol, filho de imigrantes pobres do Leste Europeu, era da classe baixa e sinceramente compartilhava do ardor da classe baixa norte-americana do século XX pelos produtos da cultura de consumo. Seus colegas tinham um vínculo mais desprendido com relação aos produtos de massa, escolhendo-os por razões estéticas e intelectuais. Lichtenstein virou pop por sua busca premente por uma nova expressão e o impulso parodista que compartilhava com Oldenburg; Rosenquist ficou atraído pelas formas abstratas das enormes imagens comerciais que ele olhava fixamente, de perto, em seu trabalho diário como pintor de outdoors. O método de Warhol para tratar da cultura pop estava longe do puramente estético: desde a infância, ele amava seus produtos e idolatrava seus heróis e heroínas. Sua desvantagem econômica provou ser sua vantagem no pop, conferindo à sua obra uma aura que outras obras pop simplesmente não possuíam. Como estava preparado, sentiu a explosão da mídia de consumo do início da década de 1960 mais intensamente que seus colegas e surfou na onda pop de maneira brilhante.

O pop chocou os que chocavam, fundindo o culto com a base na rejeição à atitude de alta cultura de até mesmo um gênero radical como o de seu predecessor, o expressionismo abstrato. "O impacto inicial do pop parecia ameaçar as torres fortificadas da arte abstrata com um bombardeio de poluição visual e cultural", notou o historiador da arte Robert Rosenblum. "[Warhol] foi visto no outro lado de um abismo intransponível que separava a fé na pureza estética da vulgar realidade da vida fora do estúdio." Criticado como peso leve ("estúpido" era a caracterização usual), o pop era, na verdade, intrincadamente complexo, sua essência e suas nuances discerníveis somente em retrospecto. E, ao contrário do expressionismo abstrato, que passou anos na marginalidade antes de ganhar reconhecimento geral, o pop disparou para a primazia, atingindo o clímax da sua ascensão nos últimos dois meses de 1962. "Os novos banais", como um escritor hostil chamou seus praticantes, tomaram de assalto o mundo da arte.

Com a lata de sopa como seu *alter ego* inanimado, Andy tornou-se o porta-estandarte do talvez mais crucial acontecimento da cultura do século XX: o encerramento do "abismo instransponível" entre alta e baixa cultura, entre refinado e comercial. Não somente as belas-artes acolheram os recursos comuns que, para a consternação de muitos, cada vez mais a vivificavam, mas a cultura de massa também se tornou um objeto legítimo de investigação séria. A verdade e a beleza são procuradas hoje quase tão naturalmente nas letras de Kanye West quanto em Keats – intelectuais peneiram o cascalho da cultura de massa não pelo ouro, mas por surpreendentes sintéticos, ligas e falsificações.

Obviamente, de modo importante, o muro entre a alta e a baixa cultura manteve-se ao menos no mundo da arte. Tendo por fim chegado, Warhol resolutamente permaneceu um beletrista: habitante do pequeno mundo da *haute bourgeois* das galerias, museus e inacreditáveis valores astronômicos – em 2007, a pintura de Warhol *Acidente de carro (Carro verde em chamas)*, de 1963, foi vendida por US$ 71,7 milhões. Se Warhol tivesse eliminado verdadeiramente a barreira entre o refinado e o comum, teria vendido suas pinturas em supermercados, a preços de supermercado, e não pintado produtos de supermercado a preços da Sotheby's. Nivelar o muro entre alta cultura e baixa cultura, cujas fundações são amplamente econômicas, era provavelmente a última coisa que Andy queria fazer.

Apesar disso, o pop foi um sopro de ar fresco, prenunciando as redefinições, transgressões e novos começos que os anos 1960 trariam. Fiel ao seu tempo, Warhol criou pinturas que não eram pinturas, filmes que não tinham movimento (e foram confiscados como pornografia), e "escreveu" um romance que não foi escrito nem era ficção, mas mais de quinze horas de conversas gravadas, transcritas por adolescentes semiletrados e virtualmente ilegível. Em uma época homofóbica, criou filmes com conteúdo abertamente gay. Um dos inventores da performance rock and roll com várias mídias, patrocinou sua própria banda (ela mesma muito influente) e show de luzes. E, fazendo silkscreen de fotografias e outras imagens-fonte, provou, sob uma tempestade de invectivas modernistas, que a arte não precisa ser feita à mão nem consistir em imagens originais.

Apesar da amplitude do seu impacto e dos diversos debates que ainda giram em torno dele – tanto sobre sociologia quanto sobre arte –, o que pode provar ser o maior feito de Warhol é mais concreto que tudo isso: acima de tudo, a surpreendente e inexplicável beleza do melhor de suas realizações, as pinturas do início até meados da década de 1960. Enquanto os anos passam (e se passaram quase cinco décadas desde que o pop anunciou sua chegada), o impacto de outras obras pop diminui, deixando as *Marilyn*, as *Liz* e as *Flores* sozinhas em sua beleza simples, icônica – e a série *Morte e desastre* não perdeu nada do seu poder misterioso e perturbador.

Esse aspecto de Warhol muitas vezes não é notado – compreensivelmente, dada a facilidade com que sua obra e *persona* se prestam às discussões que não têm nada a ver com arte, para não mencionar a sua produção pós-década de 1960, em grande parte passível de esquecimento. Ele se estendeu a tantos campos, deu-se a tantas interpretações e, por toda a sua peculiaridade, foi tão representativo do seu tempo que é fácil desviar da irredutível beleza das *Flores* para ler a história de Warhol inteiramente em termos amplos e abstratos. E ainda, como outros ícones culturais, seu destino individual se entrelaça inextricavelmente com o da sua era. O mistério de Warhol é como sua própria transformação não apenas transformou a arte, mas a todos nós, de modo que vemos o mundo por intermédio de suas próprias lentes irônicas e idiossincráticas.

Capítulo I

Origens

Andy nasceu como uma pessoa real; sua natureza adulta não era a de uma pessoa real. Ele era mais parecido com uma daquelas lagartas, o bicho-da-seda que tece um casulo para se envolver, e vive sua vida dentro do casulo, e tece teias de seda.

— BILLY NAME

Andy Warhol disse, de maneira célebre, a respeito de si mesmo: "Venho de nenhum lugar", uma afirmação que faz seu espetacular domínio sobre o mundo da arte nos últimos cinquenta anos parecer apenas mais mítico – um personagem sem passado, que misteriosamente fez desaparecer a si próprio. Essa ilusão combinava bem com Andy, já que significava que ele podia evitar falar sobre um passado do qual tinha vergonha. Sempre que era questionado sobre o seu passado, Andy mudava de assunto, transformava em uma piada, ou inventava algo.

O quanto seu passado foi estranho pode ser visto em *Absolut Warhola*, o documentário de Stanislaw Mucha sobre a vila eslovaca de Miková, local de nascimento dos pais de Warhol. Miková se parece com nada menos que a vila cazaque da sátira *Borat*, de Sacha Baron Cohen. Ao assistir *Absolut Warhola*, pode-se entender por que Andy queria manter a maior distância possível de suas origens. Miková é um lugar apinhado de intolerância (o diretor não permite ciganos no museu), ignorância provinciana, literalismo obtuso, pobreza excruciante (nem mesmo as batatas crescem no solo estéril), alcoolismo e, claro, homofobia. Nenhum homossexual, eles afirmam, saiu de Miková, e Andy não era, definitivamente, um "você-sabe-o-quê".

Julia Warhola com seus filhos John e Andrew, 1932

Mesmo quando apresentadas nos termos mais simples, a história e a nacionalidade da sua família são complicadas e obscuras. Warhol frequentemente tem sido descrito como tcheco, mas isso é apenas uma aproximação, uma maneira de dizer que sua família provinha de algum obscuro país do Leste Europeu. Suas origens estão nas montanhas carpáticas – o lar ancestral de Drácula, um fato que na Factory levaria ao apelido de Andy, "Drela", uma combinação de Cinderela e Drácula, uma fusão de modelos que adequadamente capturam sua doce natureza confusa, assim como seu frio, calculista e ocasionalmente cruel temperamento.

A pretensão de Warhol de ser um homem de lugar nenhum nasceu da sina cambiante da sua terra natal. As 800 mil a 1,2 milhão de pessoas conhecidas como cárpato-rutenos, ou simplesmente rutenos, nunca tiveram seu próprio Estado. Sua terra natal, a Rutênia Cárpata, está dentro de cinco nações: Eslováquia, Polônia, Hungria, República Tcheca e Sérvia. Desde o século VI e até a queda do Império Habsburgo, eles foram dominados pela nobreza e pelos proprietários de terras na Hungria, na Polônia e na Áustria-Hungria, que os mantinham pobres e subjugados. Politicamente, são invisíveis: apenas em 2007 a Ucrânia reconheceu oficialmente os rutenos como um grupo étnico distinto.

Na virada do século XX, quase um terço dos rutenos forçados a ir embora pelas condições miseráveis de vida, emigrou para os Estados Unidos, especialmente para a Pensilvânia, com sua concentração de minas de carvão e indústrias. Ainda adolescente, Ondrej Warhola tornou-se parte da onda de emigração, deixando sua vila de Miková, na região de Presov, Eslováquia, em meados da primeira década do novo século. Como era comum, ele ia e voltava da América para o seu lar ruteno, levando dinheiro para sua família. Em 1909 casou-se com sua conterrânea de Miková, Julia Zavacky, embora ela não tenha se juntado a ele no Novo Mundo antes de pouco mais de uma década, quando começaram a criar uma família de primeira geração nascida em Pittsburgh: Paul, em 1922; John, em 1925; e Andrew, em 6 de agosto de 1928.

Amplamente impedidos, até o colapso do Império, de concentrar sua energia em política, literatura ou artes – ou de acumular riqueza –, os rutenos, como muitos que pertencem a uma classe social subordinada, desenvolveram uma cultura popular vital, rica em talentos artísticos importantes em entalhe em madeira, *pysanky* (ovos tingidos, utilizando uma técnica com cera de abelha) e bordado. Os imigrantes rutenos levaram suas habilidades e tradições para o seu novo lar na América. Os homens foram trabalhar nas fábricas de aço e arame da Pensilvânia, usaram o que aprenderam lá e criaram joias a partir do arame. Até hoje, a comunidade rutena da Pensilvânia tem muitos artistas populares. Julia Warhola era uma especialmente convincente. Quando Ondrej estava desempregado ou doente (ele ficou com a saúde precária a partir do fim da década de 1920), ela fazia flores com estanho. Foi a primeira professora de arte do seu filho mais novo, encorajando ativamente suas lições com um dos melhores professores de Pittsburgh, Joseph Fitzpatrick, que se lembraria do garoto como "magnificamente talentoso." (Julia foi, sem dúvida, uma influência muito maior sobre o seu filho mais novo do que foi o pai – entre os rutenos americanos, isso não era incomum. Como membros de uma minoria oprimida sob os vários regimes a que serviram, os homens rutenos eram especialmente sujeitos a ser convocados, em particular nessa parte do mundo politicamente instável e dividida por guerras. A mãe era a espinha dorsal do lar ruteno.)

A religião sempre teve um papel essencial na vida dos rutenos, um povo complexo que aderia a uma visão de mundo não tão remota daquela da Idade Média. Eles chegaram à América com seu modo de ver as coisas, uma rica cultura religiosa e popular que é ao menos parcialmente responsável pela sensibilidade artística de Warhol. Suas magníficas igrejas de madeira, muitas datando do século XVII, são decoradas com brilhantes pinturas de figuras de santos, Maria e Cristo incrustados em folhas de ouro. Os rutenos são cristãos ortodoxos orientais, praticam o catolicismo grego (conhecido como catolicismo bizantino nos Estados Unidos), um híbrido de ortodoxia oriental e catolicismo romano. Entre os católicos gregos, os ícones – imagens simples e estilizadas das figuras religiosas veneradas – desempenhavam um papel básico. Não é exagero dizer que os ícones tomaram o lugar das Escrituras para contar a história cristã a essa grande população iletrada.

Essa era a atmosfera na qual Andy Warhol cresceu, frequentando a igreja católica bizantina São João Crisóstomo da vizinhança, ainda conhecida entre os antigos como *Ruska Dolina* (em tradução livre, "Vale Ruteno"), impregnado de uma cultura cuja veneração pelos seus santos era expressa primordialmente não por palavras, mas por imagens simples, surpreendentes e coloridas.

Ondrej Warhola sustentava a esposa e os três filhos com seus ganhos relativamente escassos na construção civil, minas de carvão e fazendo trabalhos comuns. Quando Andy nasceu, a família estava vivendo em um apartamento miserável de dois quartos na rua Beelen, acima do rio Ohio. Ondrej era um homem frugal, que economizava seu dinheiro quando podia. Economizou o suficiente – por volta de 1934 – para comprar metade de duas casas geminadas na rua Dawson, área de trabalhadores assalariados, no bairro de Oakland. Os Warhola alugaram o segundo andar, e assim todos os cinco dormiam no sótão. Estavam melhores que alguns de seus vizinhos, mas, como disse Paul: "Veja dessa forma: brinquedos e passatempos estavam fora de cogitação". Nick Kish, amigo de infância de Andy, tinha uma bicicleta – Andy andava no guidão. A família não tinha carro: "De jeito nenhum", disse John. "Isso era um luxo." Em sua adolescência, Nick Kish dava carona para um bando de garotos, incluindo Andy, para ir e voltar da Schenley High School. Todo mundo rachava a gasolina, exceto Andy, que sempre dizia ao Nick: "Vou dar quando chegar em casa", mas nunca o fez.

Andy era muito sensível e fraco, e a família pisava em ovos à sua volta. A fiadora desse status especial era Julia, que o mimava, cuidava dele durante suas várias enfermidades e o protegia, quando necessário, dos seus irmãos maiores. Ao comentarem sobre a infância de Andy, tanto Paul como John usaram a palavra *mimado*.

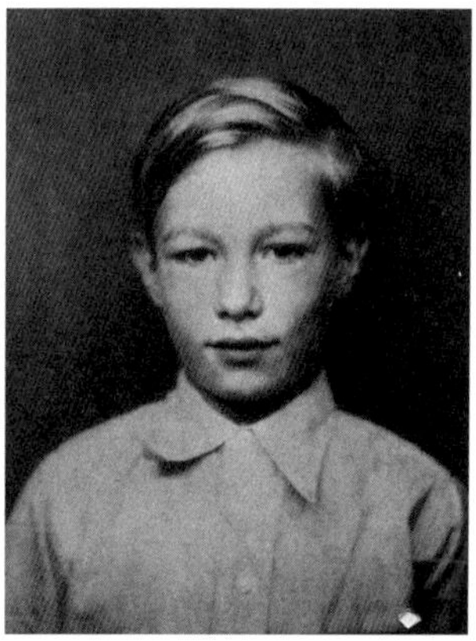

Andy, aos oito anos, em Pittsburgh

Durante muitos dos episódios em que esteve acamado, Andy mergulhava em sua leitura preferida, as revistas de cinema, que assediavam as celebridades pelo menos tão obsessivamente quanto os semanários de hoje – "*A vida de Marlene Dietrich*", por exemplo, aparecia como cartum diário nos jornais de Pittsburgh. Os Estados Unidos da era da Depressão, que necessitavam urgentemente de escapismos baratos, eram fascinados pelo cinema, Andy em especial. Ele implorou à sua mãe um projetor, com o qual passava desenhos animados na parede (a família não podia pagar por uma tela). As manhãs de sábado eram dedicadas a um dos dois cinemas da vizinhança, onde onze centavos não apenas o deixavam entrar, mas também davam direito a uma foto de 20 cm × 25 cm da estrela do filme. Andy mantinha um adorável caderno de recortes com capa de couro que existe até hoje. O item principal é uma fotografia do ídolo de infância, Shirley Temple, autografada "Para Andy Warhola".

No fim da adolescência, Andy posaria para a câmera de um amigo com a mesma pose de Garbo no seu famoso retrato de 1929, feito por Edward Steichen. Para o resto do mundo, o Andy da fotografia é o mesmo jovem de sempre, com nariz de batata e ficando careca; para ele mesmo, era Garbo: indefinível, atraente, misterioso. As estrelas de cinema seriam uma fixação eterna de Andy – uma das pinturas mais famosas, *Marilyn*, representa uma deusa do cinema. Como fonte fotográfica, um Andy adulto baseou-se em um dos troféus que possuía, assim como fez quando tinha oito anos: uma vasta coleção de fotografias de Hollywood.

No outono de 1936, o mesmo ano em que iniciou seu caderno de recortes de estrelas do cinema, Andy contraiu febre reumática, que na época habitualmente atingia crianças que viviam em ambientes repletos de pessoas e pouco higiênicos. A doença era às vezes acompanhada, como foi o caso de Andy, de coreia de Sydenham, conhecida vulgarmente como "dança de São Vito", um distúrbio do sistema nervoso central que provoca contrações involuntárias. Convinha ao adulto Warhol, que sabia perfeitamente bem o que tinha tido, chamar sua coreia de "colapso nervoso" transformando-o em três episódios: aos oito, aos nove e aos dez anos. Seus ataques de coreia (ela retornou, mas somente uma vez) mudaram o status de Andy na família – de filho caçula mimado para semi-inválido. A família a considerou uma condição nervosa, não uma doença física, e temia que o menor trauma a trouxesse de volta. A partir desse ponto, Andy recebeu tratamento especial permanente.

Supõe-se que sua crise seguinte e seus problemas de pele fossem, de alguma maneira, consequência da sua coreia. Entretanto, Paul e John relembram que os problemas de pele de Andy não começaram quando ele tinha oito anos, mas muito tempo depois, no início da adolescência, e as fotos que sobreviveram confirmam a memória deles. Duas são especialmente surpreendentes. Elas parecem ter sido tiradas na mesma época, entre os dez e os doze anos. Os pronunciados ossos zigomáticos, a boca larga, uma leve e encantadora folga nos cantos prefiguram o familiar rosto mais velho. Por outro lado, esse belo e determinado garoto não tem muita semelhança com o jovem terrivelmente feio que Andy se tornou. "Quem é esse menino loiro bonitinho?", John Warhola se lembra das outras crianças perguntando sobre o seu irmão. ("Ele tinha o sorriso mais bonito", lembrou Kiki Lanchester, amiga de infância de Warhol.) Andy perdeu sua boa aparência na pior época possível, o começo da adolescência – de fato, faz tanto sentido conjecturar que a puberdade o atingiu em cheio, e com alguns socos extras, quanto atribuir a modificação da sua aparência a doenças da infância. Seja como for, ele nunca conheceria o prazer de se sentir atraente – seja para os garotos de Pittsburgh, pelos quais ele já devia ter alguma queda, seja para os jovens que ele conheceria na universidade e na cidade de Nova York. Sua pele não apenas apresentava o que seria um caso eterno de acne, mas era cronicamente vitiliginosa – marcada por manchas brancas que são claramente visíveis nas fotografias de Andy no fim da adolescência (às vezes elas parecem brancas, às vezes, de tom castanho). Que a causa das erupções fosse desconhecida tornava as coisas piores: sua condição poderia se deteriorar ainda mais, tomar um rumo inesperado, ou desaparecer – ele não sabia.

Gretchen Jacob Schmertz conheceu Andy na universidade. "Sua pele era branco-acinzentada, com um brilho não saudável", ela disse. Em fotografias da universidade, nota-se claramente uma mancha *café au lait* na sua bochecha. Embora ele pareça ter retirado as manchas no começo da década de 1950, com o auxílio de um dermatologista, a pele de Andy o tornaria um caso especial para o resto de sua vida. Ele não podia ficar exposto ao sol (as pessoas ainda muitas vezes o classificam erroneamente como "albino"). Seu amigo de universidade e da década de 1950 George Klauber evoca imagens ridículas de Andy caminhando apressado nas dunas de Provincetown, segurando um enorme guarda-chuva preto para se proteger do sol. Precauções como essa tornaram Andy ainda menos participativo na vida cotidiana. Em meados e fins da década de 1950, durante o verão, amigos de Ted e Gary Carey, jovens da elite de Manhattan, iam para a casa da família Carey, nos arredores da Filadélfia, com uma enorme piscina. Todo mundo nadava o dia inteiro, exceto Andy, que ficava sentado sob um guarda-sol, de calça comprida e camisa com os botões fechados até os pulsos.

Tão difícil de ignorar quanto a sua cútis matizada era um nariz que tinha vida própria, desproporcionalmente grande, esfolado, com pápulas e espinhas. Esse era provavelmente o caso que os especialistas chamam de rosácea. De qualquer maneira, deve ter sido difícil não olhar para o nariz do Andy de vinte anos. Em um perfil de 1948, seu nariz dá ao seu rosto um implacável impulso para a frente. "Você tem de entender", disse Seymour Berlin, impressor e amigo de Andy nos anos 1950, em uma declaração abrandada, "Andy não era o cara mais bonito."

Procedimentos cirúrgicos e cosméticos a partir da década de 1950 ajudaram, mas o problema nunca foi apenas uma questão de traços. "Deus sabe que ele não era um homem atraente", disse o historiador da arte Kenneth Silver, "mas não era monumentalmente feio. Não era uma aberração. Mas é o que ele transmitia. Vou arriscar que as pessoas o viam da mesma forma como ele se sentia em relação a si próprio. Feio." Ferido em sua essência, permanecia fora do círculo de calor e da afeição humanos.

Dos problemas físicos que tiveram um grande papel no sentido de moldar a personalidade de Warhol, um – cujo impacto pode ter sido maior do que qualquer outro – nunca foi discutido publicamente. Presente desde o nascimento, essa condição afetou a aparência da genitália de Warhol. De acordo com Denton Cox, médico de Warhol por quase três décadas, "ele tinha hemangiomas muito proeminentes, ou acumulação de vasos sanguíneos, principalmente no escroto. "Eles pareciam pequenos conjuntos de rubis, muitos deles." Para Warhol, isso era nada menos que uma deformação, e ele ficava envergonhado, extremamente desconfortável. "Isso o deixava em uma posição emocionalmente desvantajosa em todo relacionamento." Como resultado, ele apenas ficava "confortável quando as coisas eram casuais, quando ele podia se proteger, quando podia principalmente ver ou participar de uma forma que não o expusesse."

À luz dessa condição, pode-se entender que o conhecido desconforto de Warhol com o sexo, embora certamente em parte psicológico, estava ligado a um problema físico muito específico.

Em 1928 ou 1929, Ondrej Warhola teve sua vesicula biliar removida. Paul achou que a operação não foi inteiramente bem-sucedida. "Papai nunca recuperou sua energia, sua doença permaneceu." Em algum momento do fim da década de 1930, enquanto estava trabalhando na construção civil em Virginia Ocidental, Ondrej bebeu água contaminada e contraiu icterícia. "Os outros homens ficaram doentes, mas se restabeleceram", disse Paul. "A resistência de papai estava tão baixa que ele nunca se recuperou. Morreu de tuberculose peritoneal em maio de 1942."

Os Warhola não estavam preparados para a reação de Andy à morte do pai – mais exatamente, ao seu funeral. Seguindo a tradição católica grega, o corpo de Ondrej ficou na apertada sala de estar dos Warhola por três dias. Andy não apenas não conseguiu ir ver o caixão – quando o corpo foi trazido, "ele estava tão aterrorizado que correu e se escondeu debaixo da sua cama" –, como se recusou a permanecer na casa. Até o corpo de Ondrej ser removido, ele ficou com parentes.

O episódio pode ter tido um efeito emocional duradouro (John Mann, um amigo dos anos 1950 e começo dos 1960, acredita que a cirurgia evidentemente malsucedida da vesícula biliar de Ondrej possa explicar por que Andy adiou por tanto tempo a sua própria cirurgia de vesícula biliar em 1987). E o que pode ter se tornado parte da mitologia da família – que Ondrej entrou forte no hospital e saiu cronicamente doente – pode ter contribuído para uma característica pronunciada e anormal no Andy adulto: uma fobia dificilmente controlável de hospitais. Vários amigos notaram que, quando se aproximava de um hospital, Warhol habitualmente atravessava a rua a fim de evitar passar por ele.

Apesar de Ondrej ser distante no aspecto emocional (e muitas vezes físico), descobriu-se que ele acabou deixando generosas reservas para o seu filho mais novo, que via como o mais brilhante e o mais promissor entre os três irmãos. Silenciosamente, Ondrej havia guardado verba suficiente para pagar os primeiros dois anos de universidade de Andy, convertendo o dinheiro em títulos postais, fora do alcance de parentes. Embora de certa forma fosse esperado menos de Andy, e ele certamente fosse mimado, a família começou a depositar as esperanças nele. E por décadas, depois de deixar Pittsburgh, ele cumpriu essas expectativas de maneira limitada, mas bastante prática, inclusive enviando dinheiro a Paul e a John a intervalos regulares, para ajudá-los a criar os filhos deles.

No início do seu primeiro ano no Carnegie Institute of Technology (atualmente Carnegie-Mellon University), Andy estava perdido. "Mal conseguia escrever uma sentença", disse Gretchen Jacob Schmertz, seu colega de turma. Hoje, não poderia ser mais claro que ele era disléxico. "O Andy Warhol adulto tornou-se um autor prolífico e memorável aforista", escreveu Wayne Koestenbaum em sua curta e poética biografia, "[mas] esses sucessos obscureceram o fato de que ele não conseguia escrever [...]. Warhol evitava sempre escrever qualquer coisa." Ele rabiscava uma nota ocasional para as pessoas cujas opiniões não o preocupavam – um cartão-postal, digamos, para sua mãe – "mas quase toda sentença na sua mão era cheia de erros bizarros de ortografia". Observando as notas de Andy, rapidamente se identifica uma reveladora troca de letras (assim como muitos exemplos de ortografia ruim – ou, pior ainda atroz: "lâmapda", em lugar de "lâmpada", "txeto" em lugar de "texto", "heriona" em lugar de "heroína", "Ned Romer" em lugar de "Ned Rorem", "Jerry Malagna" em lugar de "Gerry Malanga", "iliminar" em lugar de "eliminar", "Mongomerty" em lugar de "Montgomery", "polorrod" em lugar de "Polaroid", "torqueira" em lugar de "torneira").

"Sua escrita estava no nível da quinta ou da sexta série", disse Schmertz. Mas algo nele, um ar melancólico e chaplinesco, fazia com que os outros quisessem ajudá-lo, e ele estava claramente ansioso para fazer sucesso. Gretchen e Ellie Simon se tornaram o núcleo de um grupo que resolveu ajudar Andy a passar o primeiro ano. Quando chegou a hora de escrever o trabalho de conclusão, Gretchen e Ellie o entrevistaram e escreveram o resultado. Andy o examinou, fez alterações e o entregou. Foi um sistema não muito diferente daquele que, muitos anos depois, produziria *POPism: The Warhol*

Sixties e *The Andy Warhol diaries*.

Os anos de Andy no Carnegie Tech, de 1945 a 1949, quando esteve cercado por um grupo de articulados amigos e conhecidos, fornece a primeira visão perfeita sobre ele. Para Andy Warhola, calouro do Departamento de Pintura e Design e futuro bacharel em pintura, criar a si mesmo significava, acima de tudo, negociar a polaridade entre impotência e controle – de si e dos outros. Totalmente de maneira intuitiva, Andy estava calculando as consequências da descoberta que fez em sua infância de que a fraqueza pode ser uma fonte de poder. Ele estava aprendendo, por exemplo, a transformar sua extrema timidez (mal conseguia gaguejar um comentário em público) em uma vigilância meticulosa. "Ele absorvia tudo", disse seu colega de turma e futuro mestre poderoso do realismo, Philip Pearlstein. "Não contribuía muito, apenas ouvia."

O silêncio também era uma forma de manipular as pessoas. "Aprendi quando era pequeno que sempre que ficava agressivo, e tentava dizer a alguém o que fazer, nada acontecia – simplesmente não conseguia ganhar", Warhol escreveu em *POPism*, com rara franqueza. "Aprendi que você, na verdade, tem mais poder quando se cala, porque ao menos dessa forma as pessoas começam talvez a duvidar de si mesmas." Warhola estava construindo uma personalidade de duas camadas, aprendendo a controlar a percepção alheia sobre ele.

Essa *persona* inexperiente, a face que ele mostrava ao mundo, era em parte uma tentativa de encontrar uma expressão para a sua homossexualidade. Escolheu chamar a si mesmo de André, um modo de dar alguns passos experimentais longe da masculinidade básica. Roger Anliker, professor do primeiro ano, em 1948-49, que dividia o espaço do estúdio com a classe mais avançada de Andy, lembra-se da "delicada postura" de Andy. Anliker fez um retrato a guache de Andy, que segura suas mãos de maneira visivelmente estudada, refinada. "Parece Wallis Warfield Simpson", disse Anliker, que pediu a Andy para fazer uma pose mais natural. O garoto se recusou – quando se referia a poses, ele escolhia as próprias.

Para um trabalho de autorretrato, Warhola pintou uma mulher. "É a sua irmã?", perguntou um colega de classe. Andy respondeu que não; ele sempre quis ver de que forma ficaria como uma mulher. Decidiu ter aulas de dança moderna – de acordo com as regras do clube de dança, "toda mulher matriculada no Carnegie Institute of Techology" estava apta a se tornar membro.

Andy quase não conseguiu passar para o segundo ano. Apesar dos esforços dos seus amigos, foi reprovado na disciplina obrigatória de humanas do primeiro ano, "Pensamento e Expressão", que exigia uma boa dose de leitura e escrita. Quando era sua vez de se dirigir à turma, Andy congelava. "Era uma experiência dolorosa para todos nós", relembrou seu colega de turma Bennard Perlman. Ele recebeu um D em Desenho I, a disciplina mais importante do primeiro ano (tinha problemas com perspectiva), e, estranho o bastante para alguém que provaria ser um gênio como colorista, também foi mal na disciplina sobre cor. No fim do seu primeiro ano, foi suspenso – "desenvolvimento pendente em desenho". Um professor o encontrou esvaziando seu armário aos prantos.

Ao refazer a disciplina Desenho I na recuperação de verão, e obtendo um respeitável B, Andy conseguiu sua reintegração. Ele também fez uma série de desenhos enquanto temporariamente ajudava Paul com o seu caminhão de frutas e legumes. Quando a apresentou no outono, recebeu um prestigioso prêmio por trabalho próprio. Foi um momento de ruptura. Seus professores passaram a vê-lo de outra forma, suas excentricidades tornaram-se dons. "Em seu primeiro ano", notou sua colega de turma Imilda Tuttle, "ele pintou da maneira que quis e o reprovaram. Então ele foi para a recuperação de verão e pintou da maneira que eles queriam. Em seu último ano, voltou a pintar da sua maneira e o chamaram de gênio."

"Ele *era* uma espécie de gênio", na avaliação de Pearlstein. "É por isso que a gente se dava o trabalho de ajudá-lo. Seu desenho era brilhante." Tinha, além disso, um olho esplêndido para o design. "Não conseguia colocar um selo em um envelope sem um sentido de design individual, desenvolvido", disse Tuttle. "Você quase podia emoldurar o envelope." Leonard Kessler, seu companheiro de turma e futuro colega ilustrador, lembra-se de trabalhos sobre os quais ele perguntava a Andy: "'O que você acha que devo fazer com isso?'. Ele mudava algo e, subitamente, ficava bom. Eu dizia: 'Uau! Por que isso dá tão certo?'. Ele respondia: 'Não sei. É o jeito que é'. Foi a única pessoa que conheci que era verdadeiramente um artista nato". Anliker usou os mesmos termos: "Ele era um gênio nato".

Andy estava aprendendo a confiar em seu talento. Todo o resto podia provocar pânico – trabalhando em sua arte, ele era perspicaz e habilidoso. "Ele tinha uma habilidade natural absoluta e sabia disso", declarou Carl Willers, um amigo de alguns anos mais tarde. "Se você o conhecesse bem, sabia que era um talento real. E ele era consciente disso, como acho que são todos os bons artistas. Eles têm certeza da sua capacidade."

Nunca ficou muito claro se Andy não conseguia seguir ou procurava não seguir orientações. Os trabalhos dos alunos do Carnegie Tech eram julgados por um comitê, e os de Warhola rotineiramente dividiam os professores. Para a mesma obra, metade deles queria lhe dar um A, a outra metade, um D. "Ele não tentava ser provocativo, simplesmente não conseguia fazer de outro jeito", disse Joseph Groell. No entanto, Andy não tinha problema em seguir as regras quando algo estava em jogo. "Andy fazia o que bem queria, conseguia aprovação sendo impossível", disse Anliker. Ele estava aprendendo o valor do choque, elaborando o que seria um papel de toda a vida: provocador. Para um projeto do qual suas notas dependiam muito, fez uma série de desenhos de colegas de classe ou metendo o dedo no nariz ou mostrando a língua. Um conjunto de autorretratos mostrava Andy "urinando no canto ou talvez se masturbando", recorda-se Schmertz.

Em seu semestre final, Andy trouxe de volta o cutucador de nariz – um desenho em têmpera e tinta acrílica de um garoto enfiando violentamente o dedo no seu nariz enorme, protuberante. A força da investida distorce o rosto inteiro do garoto. É um desenho agressivamente feio. Mas o título é igualmente alarmante: *A desgraçada me pariu com essa cara, mas eu posso cutucar meu próprio nariz* (A misoginia aflorava nos outros desenhos da universidade, tal como em *Mulheres constipadas*, com as pernas abertas, a barriga inchada, empoleirada em cima de um vaso sanitário.) Andy inscreveu *A desgraçada* em uma exposição anual da cidade, rebatizando-o inocuamente como *Por que me cutucar?*, onde ele provocou um pequeno escândalo. Os juízes, horrorizados, o recusaram (embora um, o grande caricaturista George Grosz, o tenha defendido). O status de *refusé* de Andy deu-lhe muita notoriedade, da qual ele tirou bom proveito no fim do ano: o único aluno a vender todo o seu portfólio.

Ele era um negociador difícil. Como lembrou Paul Warhola: "Alguém ofereceu a Andy US$ 75 por uma pintura. Ele não vendeu. Queria US$ 90. Eu disse: 'Andy, por que você não consegue usar o bom-senso, já que precisamos de dinheiro?'".

A obra de Andy na universidade, especialmente seus desenhos, salta diante do observador com uma vivacidade, uma aspereza simples que às vezes beira o grotesco. A influência de Daumier e Toulouse-Lautrec é evidente (ambos estavam no ar: Daumier no alvoroço que cercava o centenário em 1948 da Revolução de Julho, Toulouse-Lautrec em uma grande exposição em Pittsburgh, em 1946). Nos desenhos de verão de Andy no caminhão de produtos de Paul, as mulheres da vizinhança, inclinando-se sobre vasilhas de frutas e vegetais, são sexy, mas pálidas, harpias demasiado maduras, ao mesmo tempo convidativas e repulsivas. Feitos rapidamente, sem levantar o lápis do papel, esses desenhos deixam uma duradoura impressão, tanto pela habilidade com a qual o desenhista captura o alvoroço e a sensualidade da sua vizinhança como pelo horror e o desgosto com que ele observa as mulheres e seus corpos.

Andy nunca esteve fora de Pittsburgh até os vinte anos, quando ele, Pearlstein e outro aluno do Carnegie Tech visitaram Manhattan. Na viagem seguinte de Andy a Nova York, uma semana após a graduação, em junho de 1949, foi para ficar. Ele e Pearlstein moraram juntos por oito meses, primeiro no Lower East Side, depois em um loft na rua 21 Oeste. "No começo", de acordo com Pearlstein, "ele estava muito, muito aterrorizado com a ideia de ganhar dinheiro." Na época em que Pearlstein casou e se mudou, em meados da década de 1950, a carreira de Andy já representava um enorme arco ascendente.

Isso não surpreendeu Pearlstein. "Seu portfólio era estonteante. Era muito melhor que o de qualquer outro." Ele se afastou de seu caminho para agradar a diretores de arte. "Ele era uma velhinha", relembra um deles, Peter Palazzo, da I. Miller. "Fazia tudo o que lhe pedia, qualquer coisa. O que quer que eu pedisse que fizesse, ele dizia: 'Oh, vai ser divertido'." Nunca brigou com diretores de arte, nunca tentou usurpar suas decisões. "Ele não se preocupava com aquele tipo de coisa: 'Meu desenho vai aparecer grande o suficiente? Vocês vão diminuí-lo?'", disse Tina Fredericks, a diretora de arte que deu a Warhol seu primeiro trabalho em Nova York, na *Glamour* (Andy mais tarde contou a Fredericks que não conhecia nada sobre o seu conteúdo, mas fora atraído pelo nome da revista). Entendia os conceitos com facilidade. "Você podia dizer-lhe 'Queremos isso', e ele simplesmente fazia, ele entendia. Estava sempre no prazo e não tinha que refazer as coisas. Tudo isso o tornou muito útil."

Ele tinha limitações definidas. "Não era um grande desenhista", de acordo com Milton Glaser, um dos mais influentes designers gráficos de meados do século xx e contemporâneo de Warhol. "Em termos do que significa desenhar de maneira bela, em termos de controle, não o julgo muito notável." E, no entanto, Glaser considerou Warhol "o artista comercial perfeito".

"Ele tinha um enorme senso de estilo", notou Glaser, "e conseguia levar esse estilo polido a um produto, de um modo que acentuava o seu valor. Esse era um talento muito valioso. Quando você lhe dava um sapato para desenhar, o sapato tornava-se mais sofisticado. Você tinha algo a mais." Uma frase favorita da publicidade dos anos 1950 era: "Você não vende o bife, vende o chiado". Andy entregava o chiado. "Ele não tinha realmente relações com a área de ilustração. Era um forasteiro que surgiu e provou que você podia ser uma personalidade excêntrica, fazer algo individual e ainda ser usado com sucesso na arte comercial."

A percepção de Glaser foi repetida por Joseph Groell, amigo de Warhol. "Andy foi a primeira pessoa que conheci que se tornou um artista comercial nos termos que ele considerava belas-artes. Ele costumava dizer: 'Não consigo desenhar um sapato que se pareça com um sapato'. Então se tornou bem-sucedido desenhando o tipo de sapato que sabia desenhar." Uma observação de Andy confirma a percepção de Groell. Convidado em 1956 a se juntar a Alfred Knopf, Pearl S. Buck, Tennessee Williams, Saul Steinberg e outros, como "editor convidado", para ser um dos patronos dos graduandos da *Mademoiselle* daquele ano, Andy foi entrevistado para um pequeno perfil. "Toda vez que desenho um sapato para um trabalho", ele afirmou, "faço uma ilustração para mim mesmo." Desde cedo compreendeu a noção havia muito estabelecida de que as belas-artes e a arte comercial eram qualitativamente diferentes e que a segunda era inferior.

Warhol – começou a deixar de usar o "a" em 1948, talvez procurando um nome que soasse menos étnico – usava uma técnica de desenho especial que ele tinha desenvolvido no Carnegie Tech. Sua linha não era sólida, era uma uma série de pontos e manchas que davam ao desenho uma aparência nervosa, altamente estilizada. De acordo com um colega de turma, Andy chegou à técnica por acaso em uma noite, em um restaurante local, quando fez um esboço a tinta e o borrou com um guardanapo. Embora possa ter sido originalmente uma tentativa de emular alguns dos efeitos de Ben Shahn, ou de outro conhecido ilustrador, David Stone Martin, rapidamente se tornou a marca de Warhol. Não é exagero dizer que ele devia seu sucesso a isso.

"Eu estava em uma das melhores agências, que usava muito os desenhos de Andy", disse Vito Giallo, o primeiro assistente de Warhol por vários meses em 1954. "E todos os artistas da agência tentavam analisar a linha de Warhol, e ninguém sabia como ele fazia isso. Todo mundo achava que era papel parafinado, mas ninguém nunca descobriu. Quando comecei a trabalhar com ele, vi-o fazendo isso e disse: 'Meu Deus, que simples!'."

O processo tinha várias etapas. Após fazer um esboço inicial a lápis, Warhol o decalcava "esfregando-o" – colocando o papel virado contra outra folha e esfregando as costas do desenho. Ele fixava o decalque com fita adesiva a um bom pedaço de papel Strathmore. Então cobria o decalque com tinta, um pouco de cada vez, dobrando a folha de Strathmore a cada marcação com tinta e apertando. Mais pressão produzia uma linha mais densa, "mais borrada"; menos, uma linha mais fina. Após cobrir com tinta, a imagem era completamente transferida – e *voilà*, um desenho Warhol, a linha hesitante, uma mistura perfeita de acidente e preparação.

Assim, o desenho final não era, para ser exato, desenhado, mas impresso. A ponta da caneta de Warhol nunca tocava o Strathmore; a arte estava em fazer os borrões. Na verdade, o original importava tão pouco para Warhol que ele nem mesmo o desenhava – Nathan Gluck, seu assistente havia muito tempo, fazia o primeiro esboço, esfregava-o para fazer o decalque e prendia-o ao Strathmore. Andy assumia somente para o *coup de grâce*, cobrir de tinta e fazer os "borrões". "Aquela era sua técnica, sua assinatura", disse Gluck, que admitiu ter feito todo o trabalho sozinho uma ou duas vezes.

O estúdio minúsculo e bagunçado no 242 da avenida Lexington já era uma fábrica. Warhol estava descobrindo maneiras de ser tanto o espírito presidindo o trabalho quanto a mão que o fazia. O que permaneceu constante ao longo da carreira de Warhol – desenhando, pintando ou fazendo silkscreen de fotografias – foi sua fascinação com o simulacro, a cópia, a imagem de segunda geração. Na arte comercial, a divisão de trabalho é a norma. Quando Andy começou a usar essa norma nas belas-artes, na década de 1960, abalou o mito do *auteur*, a única e solitária fonte da arte.

Diferentemente de outros artistas, ele não valorizava especialmente a marca irreproduzível da mão do artista. Quando a desenvolveu, a linha borrada, um tipo primitivo de impressão – literalmente uma "pressão" –, foi uma maneira de Andy Warhol, em seu local de trabalho no Carnegie Tech, dar ao desenho uma aparência de obra publicada ou pública, uma forma de satisfação da vontade. O desejo pela fama foi construído na própria técnica de desenho de Warhol. Os críticos muitas vezes comentam sobre a abertura de Warhol para o acaso, geralmente citando sua técnica de silkscreen altamente casual dos anos 1960, que resultava em manchas, borrões e imagens oscilantes. Mas o acaso e a contingência eram inerentes aos desenhos de linhas borradas também, com suas irregularidades bem-vindas, um exemplo da estratégia de toda a sua vida de ser o que ele chamava de "rigorosamente errado". Como está em *POPism*: "Quando você faz algo rigorosamente errado, sempre acontece algo". Estar "rigorosamente errado" era um modo inteligente de conseguir atenção, apartando-se de todos os outros que estavam fazendo coisas do modo "certo". Como o crítico de arte Dave Hickey escreve, Andy "borrou a imagem para criar uma linha manchada e salpicada exatamente do tipo que jovens ilustradores lutam para *não* criar quando estão aprendendo a técnica. Aquela linha que estava *rigorosamente* errada tornou-o o ilustrador mais famoso e procurado de Nova York".

Enquanto ele e Andy ainda moravam juntos, Pearlstein chegava em casa após fazer layouts de catálogos de acessórios de banheiros, trabalhava em suas pinturas e ia para a cama. Andy continuava trabalhando, muitas vezes até o nascer do dia. Como Seymour Berlin lembrou, "tudo o que Andy fazia, com qualquer pessoa, era para obter mais trabalho, mais ilustrações, mais negócios. Todo amigo que ele tinha, todo contato que fazia, era por causa daquilo que ele julgava que conseguiria. Não acho que ele ficou amigo de alguém pela amizade em si. Andy era a pessoa mais oportunista que já conheci". Suas conversas eram calculadamente fora do convencional, mais adequadas para fixá-lo na memória do diretor de arte. Ele ligou para Paul Rand, um dos nomes que mais intimidavam no design gráfico, e respondeu ao "Como vai?" *pro forma* de Rand com uma voz baixinha: "Estou bem, mas com diarreia". Ele sabia exatamente quando e com quem bobagens desse tipo funcionavam. Leonard Kessler o ouviu ligar para uma diretora de arte e dizer-lhe que ele estava passando fome. Chocado, Kessler comentou que ele nunca diria tal coisa, mesmo se fosse verdade. Warhol deu de ombros – tinha acabado de conseguir uns trabalhos com isso.

Tão descarado quanto Andy podia ser, se ele se sentisse ameaçado literalmente, recuava. Seu primeiro encontro com Henry Wolf, o poderoso diretor de arte da *Esquire*, não foi tão tranquilo. "Eu avancei para apertar a sua mão", disse Wolf. "Andy se afastou de mim e foi recuando até uma divisória de cortiça repleta de fotografias. Tudo veio abaixo sobre ele."

Ele preferia o telefone aos encontros pessoais – com sua a distância característica este foi feito para ele. Telefonando para uma de suas diretoras de arte favoritas, Cipe Peneles, Andy modulava a voz vagamente: "Comprei umas sementes para passarinhos ontem. E plantei no parque. Você quer um passarinho?". Essa era parte da mágica de Andy, disse a diretora de arte Ruth Ansel: "Ele desarmava as pessoas por parecer tão inofensivo. Mas no fundo ele as manipulava".

Ele soltava tímidas observações para completos estranhos – "Só estou sentado aqui brincando com meu ioiô" –, deixando que as interpretassem. Havia se tornado um mestre na arte de apresentar uma superfície ambígua com a qual os outros lidavam, controlando as interações ao confundi-los: agressividade disfarçada de charme melancólico.

Isso podia servir como uma definição da *persona* de Warhol nos anos 1950, precursor do cool evasivo com o qual ajudou a remodelar o comportamento dos anos 1960. Na década de 1950, a era de Holly Golightly (que na verdade não surgiu até 1958), a rebelião foi suavizada como excentricidade.

"Desde o primeiro instante em que conheci Andy", disse o inglês John Mann, que vivia com um amigo próximo de Warhol, Ted Carey, "ele foi esse tipo misterioso de pessoa volúvel. Parecia esvoaçar." Stephen Bruce, outro amigo dos anos 1950 e coproprietário do local preferido de Andy, relembra uma expressão maliciosa: "frutinha". "Era assim que costumavam chamar alguém como Andy. Significava muito mulherzinha, muito afetado, muito delicado, muito... misterioso." O mistério de Andy permitia-lhe insinuar emoções genuínas enquanto habilmente as evitava. Intimidade, por exemplo. Tom Lacy lembra-se de entrar em um elevador da loja de departamentos Bonwit ao mesmo tempo que seu amigo Andy. "Entramos, estávamos sozinhos, as portas se fecharam. Foi a primeira vez que ambos ouvimos som ambiente em um elevador. Sem dizer uma palavra, começamos a valsar. As portas se abriram, saímos e fomos cuidar da nossa vida."

Seu modo gracioso de falar permitia-lhe aludir à sua solidão sem parecer patético. "Ele me ligava às vezes", disse a diretora de arte Diana Klemin, "e dizia: 'Por favor, fale com a minha gata, ela está muito sozinha'." Conseguia ser carinhosamente cômico. "Andy sempre me chamava de 'Miss Marigold'",* disse Betty Lou Davis, "porque achava que eu devia [ter um casamento de ouro]. Pense nisso. Como você poderia não gostar de alguém que a chamava de 'Miss Marigold'?" Era constantemente hábil para a lisonja: "Sempre essas exclamações", disse Klauber, "'Ohhh!' – como se você fosse tão brilhante por revelar algo que ele nunca tinha imaginado". Para alguém que corria o risco de desaparecer em segundo plano, o mistério ajudava-o a ser notado. O artista Edward Plunkett conheceu Andy em uma festa no começo da década de 1950. "Andy chegou tarde", lembra-se Plunkett, "e a primeira coisa que ele disse foi: 'Oh, eu ia trazer a minha borboleta amarrada em uma cordinha, mas não consegui encontrá-la'. Pensei: 'Que sujeitinho engraçado e agradável!'."

Quem era a pessoa por trás da charada crescente? No começo dos anos 1950, Andy ainda admitia visitas. "Ele tinha essas conversas ao telefone com diretores de arte", disse Groell. "E então desligava, olhava para mim e dizia: 'Não foi ridículo? Por que faço isso?'. Acho que sempre entendi isso como uma expres-

* Uma variedade de cravo, flor muito utilizada em casamentos e festivais religiosos. (N. T.)

são do fato de que nos conhecíamos de algum modo que transcendia sua pose."

"A essência, Andy escondia", disse Seymour Berlin. Quando a revelava, era com frequência para pessoas como o despretensioso Berlin, completamente sem glamour, a quem ele não sentia necessidade de impressionar. Como o próprio Berlin disse: "Comigo, ele não tinha a guarda levantada". Nem havia nenhuma tensão sexual – Berlin era heterossexual. Durante alguns meses, em meados da década de 1950, Warhol se juntou a Berlin, um dedicado levantador de pesos, três vezes por semana, na McBurney YMCA, na rua 23 Oeste. "Ele queria fortalecer o peito, principalmente", relembra Berlin, e sem dúvida dar uma olhada nos homens também. Berlin ia até o 242 da avenida Lexington, ouvia pacientemente as advertências de Julia de que ele considerava "o Andy dela" uma garota legal, e os dois homens cruzavam a cidade para levantar peso. Andy dava duro. "Ele ficou bem forte", disse Berlin, "é o que posso dizer. E, quando Andy estava na academia, parecia bem feliz e não parava de falar. Contava-me todo tipo de história, começando com quando tinha se mudado para cá."

"Muito era sobre as festas que ele frequentava." Andy se divertia ao chocar Berlin com histórias do meio homossexual. "Na época, eu não tinha nem certeza sobre o que era ser gay, e lá estava Andy me contando todas essas coisas! Ele me contava: 'Então o Lenny entrou com seu companheiro lindo, loiro, de olhos azuis...'. Leonard Bernstein! Minha esposa se recusava a acreditar! Era muito, muito interessante para mim estar ouvindo sobre um mundo completamente diferente." Mas, quando Andy falava sobre os seus relacionamentos, Berlin podia ver que "ele não gostava dele mesmo. Não acho que tenha sido capaz de pensar favoravelmente sobre si mesmo, não importa quão longe tenha chegado. Ele nunca falava sobre o que tinha, sempre sobre o que não tinha".

A timidez dele podia ser frustrante. O designer e ilustrador Bob Gill convidou Berlin e Warhol para falar em sua aula na Escola de Artes Visuais. "Falei sobre design para impressores", disse Berlin, "coisas técnicas, talvez durante quinze minutos, e então Andy levantou-se para falar a respeito de ilustração. Ele simplesmente ficou parado lá. Não disse nada. Não conseguia. Então se sentou de novo. Andy realmente não conseguia falar para mais do que uma ou duas pessoas. Com qualquer número acima disso ele tinha uma espécie de, não sei como chamá-lo, medo do palco."

O herói da cultura dos anos 1960, cujas respostas délficas às perguntas dos entrevistadores tinham um resultado publicitário tremendo, era a mesma pessoa que tinha aquela alma intimidada que tremia ao enfrentar um grupo de estudantes de arte. O fotógrafo Duane Michals, que conheceu bem Warhol nos anos 1950 e começo dos 1960, considerava "surpreendente vê-lo coberto com esse ar de mistério que as pessoas lhe atribuíam, como se ele fosse algum tipo de filósofo zen e tudo o que dissesse fosse um *koan*. Ele sempre foi a mesma pessoa, exceto que sua vagueza se tornou mistério. Antes, era como se apenas não tivesse isso simultaneamente. Quando ele não tinha uma resposta para você, era porque não sabia o que dizer. Mas então isso se tornou 'Oh, ele é tão misterioso'. Pensei: 'Cara, Andy, isso é realmente muito bom'".

Até a metade da década de 1950, Warhol, embora bem-sucedido, não era especialmente conhecido no mundo da arte comercial. Era um artista secundário, que produzia rapidamente desenhos em tamanho econômico, com valor fixo – de sapatos, luvas, perfumes etc. Tinha muito menos prestígio que artistas top fashion, como o recentemente falecido Christian Bérard – celebridades que faziam ilustrações coloridas de página inteira da mais recente *couture* – ou grandes ilustradores de capas, como Norman Rockwell. "Warhol não era visto como uma dessas pessoas top", de acordo com Tina Fredericks. "Era visto como um artista secundário, e isso não era muito notável."

O quadro mudou em abril de 1955, quando Warhol foi contratado pelo fabricante de sapatos e varejista I. Miller & Sons, que queria melhorar e fortalecer sua imagem. A campanha, um exemplo primitivo do atual branding, visava criar e reforçar uma personalidade corporativa distinta – seus anúncios tinham de ser "a coisa mais fresca e nova nos jornais", escreveu o diretor de arte da I. Miller, Peter Palazzo, em um periódico de negócios em 1956. Somente um artista seria contratado. Warhol foi escolhido (de acordo com Palazzo, ele não foi a primeira escolha) e recebeu US$ 12.000 – não US$ 25.000, ou US$ 50.000, ou mesmo US$ 100.000, como é citado. A campanha aparecia nos jornais de domingo e nas revistas mais sofisticadas. Em Nova York, os sapatos exageradamente alongados – simples, excêntricos e sexy ao mesmo tempo – apareciam com regularidade na edição de domingo do *New York Times*. Sob a direção criativa de Palazzo (que até hoje se recusa a dar a Warhol mais do que o mínimo crédito), os anúncios cresceram para proporções surpreendentes: meia página, às vezes página inteira, uma ou duas vezes ampliando-se para duas páginas.

Os desenhos I. Miller tiveram um impacto tanto com os consumidores quanto dentro da indústria. O designer de tecidos Leon Hecht, um dos grandes nomes da arte publicitária de meados da década de 1950, "idolatrava o que Warhol fazia para a I. Miller. Ele era um dos grandes nomes para mim. Guardei aqueles anúncios, todos, até que se esfarelaram". Naqueles dias, de acordo com Hecht, "havia diretores de arte que eram estrelas, mas não artistas. Exceto Andy". Palazzo até permitiu que Warhol (Julia, mais exatamente) assinasse seus próprios desenhos, um raro bônus para um artista fashion da época. Apesar da falta de virtuosidade técnica – uma inabilidade de produzir um desenho convencionalmente aceitável –, Warhol remodelou o mundo da arte comercial às suas necessidades. Não era um grande desenhista e seu alcance como ilustrador era limitado, mas essa mesma limitação foi o que o levou a inventar novas formas de retratar os produtos com os quais tinha de trabalhar.

Mesmo artistas não comerciais ouviam falar de Warhol. Logo após chegar a Nova York, em 1956, Claes Oldenburg, futuro compatriota pop de Warhol, foi levado a uma festa no Greenwich Village por alguns amigos que lhe disseram que "ia conhecer Andy Warhol". Efetivamente, Warhol chegou com uma comitiva.

Quase meio século depois, Peter Palazzo ainda se enfurece. "Aquelas eram as minhas composições. Eu lhe dizia: 'Coloque isso aqui, coloque aquilo lá'. Ou cortava os seus desenhos e fazia as minhas próprias composições. Eu podia ter tido talvez duas ou três dezenas de artistas para fazer os anúncios e teríamos, acho, a mesma aclamação."

Ele ainda não entendeu. Ele pode mesmo ter realizado um trabalho indispensável, como Gluck fez e outros teriam feito. Mas Andy, que de acordo com

Palazzo "não conseguia falar e nem pensar", fazia algo que nenhum deles conseguia: pegar suas contribuições e, com um toque tão leve que muitas vezes parecia que não fazia nada, transformar o que era competente em memorável.

Tão cedo quanto o inverno de 1951, Andy começou a tatear seu caminho na subcultura gay de Manhattan. Devido à sua reserva, pouco se sabe sobre seus novos relacionamentos. Uma pista é o fluxo contínuo de cartões-postais que ele começou a escrever e a receber. Em dois deles, enviados a Andy em janeiro de 1951, sem assinatura ou endereço para devolução, o remetente copiou as definições no dicionário para "gay" e "*daisy chain*".* Andy endereçou dois cartões-postais para seu amigo Jo Slevin, mas não os enviou. Em um deles lê-se, simplesmente, "*pense à moi*": em outro "tra la/ bom dia/ bom dia/ eu me pergunto onde você esteve/ meu coração está esperando".

Outra mensagem não enviada (pode-se especular quantos cartões Warhol realmente enviou), para Tommy Jackson, um amigo que estava na Black Mountain College, mostra uma estátua de nu masculino de Rodin. Um cartão de Jackson para Warhol pergunta em letras maiúsculas: "Quem é a bicha com quem você está morando?". Outro cartão de Jackson sugere: "Se você estiver fora da cidade *fuliginosa*, por que não vem aqui e visita a gente qualquer hora dessas, esp. neste verão... ar da montanha... & vários caras que você vai adorar ver". Quando Warhol desenhou um anúncio para uma lavanderia francesa, com o título "Adoro camisas de homens", recebeu um cartão de um cliente com o anúncio colado nele, mais estas palavras: "... e os homens nas camisas de homens!". O colega com o qual dividia a casa na época, Joseph Groell, começou a notar vários carimbos de correio de Fire Island, indicações de que Andy estava trocando seus amigos da universidade por um outro mundo. Eles ficavam nervosos ao seu redor, criando assim suas próprias barreiras. "Quando estava morando com Andy, era um pouco constrangedor sair com ele para ir ao bar das redondezas", disse Groell, "porque julgava que ele parecia ser homossexual." De modo reservado, Pearlstein e Andy tinham sido próximos, mas não eram mais. "Ele precisa-

* Literalmente, corrente ou guirlanda de margaridas. Ato sexual no qual os participantes fazem sexo oral uns nos outros, em uma corrente. (N. T.)

va de alguém para falar de todos os seus problemas", relembra Pearlstein, "e eu não queria ser essa pessoa. Não queria saber sobre suas aventuras. Tentou falar comigo algumas vezes. Eu disse: 'Realmente não estou interessado'."

De acordo com um amigo que conheceu Andy intimamente durante esse período, "o fato de Andy ser gay dirigiu a sua vida. Ele só andava com gays. Não acho que tinha algum amigo que não fosse gay". Um exagero, não obstante, esse foi em grande parte o caso na década de 1950 – e, mais do que geralmente se percebe, na de 1960.

Graças à virulenta homofobia da época, o mundo gay dos anos 1950 produzia conexões que atravessavam os limites profissionais, ligando pessoas cuja característica partilhada era sua homossexualidade. "O maravilhoso sobre esses anos", disse George Klauber, um nativo de Nova York, "foi o surgimento do sentimento de que você não estava isolado. Pela primeira vez, tinha-se o sentimento de pertencer a um grupo de pessoas sensíveis e informadas – e ter orgulho, em lugar de incômodo."

Ao mesmo tempo, a nova visibilidade dos gays tornou-os um alvo especialmente atraente. O mundo gay pós-guerra de Nova York tinha as características de uma maçonaria clandestina, uma sociedade de ajuda mútua: uma rede. Havia razões práticas para a existência dessa rede: era uma ferramenta para auxiliar na sobrevivência de seus integrantes. De acordo com Billy Linich, mais tarde um dos amigos mais próximos de Andy Warhol, os membros do mundo gay de Nova York "sabiam que, se não se mantivessem unidos, todo mundo se tornaria uma vítima". Mesmo nos anos pré-militância, os homossexuais da década de 1950 viam claramente seu papel na rede como político – para Stephen Bruce, amigo de Andy, ser capaz de fazer avançar a carreira de outro homem gay "significava pregar uma peça na sociedade".

Sexo, o grande nivelador, pode ter conferido à rede um aspecto democrático, mas a ênfase da subcultura na beleza física criou uma hierarquia de aparência. No topo ficavam os belos, celebridades do mundo gay; no meio, a maioria das pessoas; e, jazendo no fundo, indesejados, ficavam os feios, entre eles Andy Warhol. (Além das suas outras desvantagens físicas, Andy percebeu cedo, para seu horror, da metade para o fim da sua adolescência, que estava começando a perder cabelo, um estado que avançou rápido.

Quase visivelmente careca no começo dos seus vinte anos, e angustiado por causa disso, finalmente aceitou o conselho de um amigo e comprou uma peruca.) Em um mundo onde a beleza reinava, ele não tinha sorte. De acordo com John Mann, "ninguém estava interessado nele. É horrível dizer, porque obviamente ele tinha desejos, mas Andy fazendo sexo é algo que nunca nos ocorreu".

Porém seria um erro focar exclusivamente nos constrangimentos de Warhol. Ele pode ter sido um fracasso entre quatro paredes, mas não era de modo algum um pária. "Andy estava bem no meio da cena, mesmo que não estivesse participando fisicamente", disse Mann. "As pessoas gostavam de tê-lo por perto, ou não se importavam de tê-lo por perto. Estava mais presente em festas do que ausente. Quando você pensa sobre a personalidade de Andy, ele simplesmente se encaixa como uma luva no reino encantado dos anos 1950." A rede gay era o mundo de Warhol e ele sabia como navegar nele. Ele o tornaria posteriormente uma de suas rotas de fuga da arte comercial.

Havia inumeráveis redes subterrâneas, os caminhos de seus membros se cruzando com frequência. Uma tinha um impacto especialmente negativo sobre Andy: a elite artística gay, uma comunidade firmemente unida de escritores, artistas visuais e músicos. Uma espécie de membro *manqué*, o cineasta Emile de Antonio, que era heterossexual, escreveu sobre esse grupo: "Eu transitava entre os sorrisos afetados, os talentos, a timidez, a perspicácia e a maldade dos '*homintern*'* como um espião...". Para De Antonio e outros, os "*homintern*" (um trocadilho presumivelmente cunhado por W. H. Auden) era um coletivo com um poder que não podia ser desprezado. "Não apenas um pequeno bando de corajosos cavaleiros, mas [...] uma nação, codificando leis de comportamento e vivendo tanto quanto criando [...] estabeleciam padrões, controlavam [...] aspectos da sensibilidade", e guiavam uns aos outros para posições de influência. Kirstein, Bernstein e Cage; os professores da Columbia Marius Bewley e Ben Weber; Philip Johnson, Virgil Thomson, Cecil Beaton, Parker Tyler, Auden, Isherwood, O'Hara, Ashbery. Para grande tédio do jovem Truman Capote, Andy o idolatrava. Capote era, de fato, muito efeminado

* Trocadilho de homossexual com Comitern. O termo atual mais utilizado é "máfia gay". (N.T)

para ser um membro com uma boa reputação na elite artística discretamente dissimulada ("uma transgressão ambulante", era como o escritor Edmund White o chamava). Ainda assim, a reação indiferente de Truman estabeleceu o tom para a reação da elite artística a Andy e suas sondagens.

Andy cuidou de suas feridas em um porão na rua 58 Leste. Suas vidas profissional e social se cruzavam ali, no Serendipity, um restaurante-boutique aberto por três gays em 1954. "Andy adorava esse lugar", disse George Klauber. "Para ele, tinha classe de verdade." O Serendipity posteriormente se tornou o que é hoje, um destino para tagarelas do subúrbio e do Upper East Side, mas na década de 1950 era um avançado posto gay que atraía mais do que sua constelação de nomes: Capote, Beaton, Tennessee Williams. Era o quartel-general de Warhol – em 1957, ele gastou ali US$ 1.900,95.

"Ele vinha sempre", relembra Stephen Bruce, o único "rapaz" sobrevivente do Serendipity (todo mundo chamava os três donos de "rapazes"). "Vinha depois que fazia a ronda nas agências e revistas." Com sua fama no mundo da publicidade e seus bolsos cheios, Warhol era uma companhia desejada.

Apesar das desvantagens, Andy conseguiu ter ao menos alguns relacionamentos durante os anos 1950. No começo da década, somente um – um interlúdio com um bibliotecário chamado Carl Willers – é mais do que matéria de conjectura. Mas, em 1956, Edward Wallowitch entrou no quadro. Fotógrafo talentoso de 23 anos, Wallowitch chegou a Nova York em 1955 para ficar com seu irmão John, um aspirante a pianista clássico. John Wallowitch descreveu o relacionamento como algo que se transformou muito rapidamente num caso "ardente e pesado". "Da noite para o dia, pareceu para mim [...] Um dia, acabei entrando pela porta da frente, onde Ed dormia [...] e eles estavam em ação como dois loucos." Para um voyeur, Andy estava fornecendo seu quinhão de emoção. Robert Heide, um amigo dos Wallowitch, perdeu por pouco outra cena: "Estava na casa do John, quando Andy e Ed saíram do pequeno quarto da frente, tendo definitivamente acabado de fazer sexo".

De acordo com John, Andy e Edward estavam excitados com a colaboração em projetos artísticos. Muitos dos desenhos do *Um livro de ouro*, de 1957, de Warhol, outro livreto de publicação própria, foram feitos a partir de fotografias de Wallowitch de garotos de rua e jovens. Eles também dividiam trabalhos comerciais; Warhol fez suas ilustrações para "Melissa dos 27 sonhos", um conto na edição de fevereiro de 1958 da *Seventeen*, a partir de fotografias de Wallowitch da sua irmã de dezenove anos, Anna Mae. A colaboração Warhol-Wallowitch durou até os anos iniciais do pop: Warhol copiou as fotografias de Wallowitch em muitas de suas pinturas e desenhos, de 1961 e 1962, de latas de sopa Campbell's e notas de dólar.

Por volta dessa época, o romance provavelmente tinha acabado. Em outubro de 1958, Edward, cujo estado mental sempre fora frágil, sofreu uma grave crise. Os irmãos estavam sem dinheiro, e John pediu a Warhol um empréstimo para internar Edward, o que ele recusou: "Ele respondeu que seu contador lhe disse para não emprestar. E é isso que fica comigo sobre o Andy. Ele não fez para o Eddie o que era esperado".

Quando Edward se recuperou, ele e Warhol retomaram ao menos a amizade e um relacionamento profissional. Permaneceram em contato até meados da década de 1960 e então se afastaram. John, que se tornou um artista de cabaré, continuou de certo modo a ser amigo de Warhol. Em 1964, Andy fez a capa do LP de John Wallowitch usando um de seus padrões característicos de meados da década de 1960: uma grade de retratos feitos em cabine fotográfica. Então os dois também perderam contato.

Enquanto o relacionamento de Warhol com Edward Wallowitch consistiu em uma fase inicial explosiva e uma fase posterior menos intensa, sua ligação com Charles Lisanby, um bem-sucedido cenógrafo da Broadway e da TV, foi uma longa e lenta ebulição. Somos tentados a considerar Lisanby o amor da vida de Andy, o amor do qual ele nunca se recuperou.

Lisanby vinha de uma antiga e próspera família do Kentucky – houve um Charles Lisanby na Guerra Civil e um na Guerra da Independência também. Quando jovem – ele chegou a Manhattan ao mesmo tempo que Andy, no fim dos anos 1940 –, Lisanby foi um homem bonito que não se considerava gay, mas não se importava em fazer sexo com homens. Ele teve muitos relacionamentos, inclusive, afirmava, com James Dean.

Andy e Lisanby se conheceram em uma festa no fim de 1955. Andy estava sentado sozinho (estrategicamente, descobriu-se, diante de uma parede com um conjunto de seus desenhos). Eles acabaram dividindo um táxi para casa, depois de parar diante de um taxidermista, a fim de que Lisanby pudesse admirar um pavão empalhado. Poucos dias depois, o pavão foi entregue em sua residência.

Andy encantou-se, Lisanby não. Então Andy ficava por perto, fato com o qual Lisanby não se importava, embora nunca tivesse certeza do que Andy queria. "Não acho que ele quisesse sexo. Ele disse que considerava o sexo 'confuso'. Essa foi a palavra que usou, era muito 'confuso e desagradável'. Ele me disse que tinha feito sexo algumas vezes, tinha experimentado e não gostava realmente."

O que Andy na verdade queria era que Lisanby o apresentasse a Cecil Beaton – o lendário fotógrafo e figurinista era mentor de Lisanby. "Finalmente, levei Andy para uma festa dada por Cecil. Depois de apresentá-lo, ele se sentou a um canto. Não causou nenhuma impressão em Cecil, não socializou, não falou com ninguém. Ele realmente não sabia como se misturar. Sempre parecia, e tenho certeza de que se sentia, desconfortável nas festas. Não sabia como se integrar, se divertir e conhecer as pessoas. Não tinha traquejo social."

Eles conversavam ao telefone por uma ou duas horas todos os dias. "Ele vinha com coisas tão malucas que eram divertidas." Foi Lisanby que acabou com a desgrenhada fase "Andy esfarrapado", mantendo-o sob controle e ensinando-o a comprar roupas. Entre as preferências de Warhol estavam as músicas da Broadway, mas agora ele se vestia para frequentar o Metropolitan Opera com Lisanby. "Não acho que ele, em qualquer momento, gostou da música", disse Lisanby. "Gostava de estar lá e ver as pessoas famosas no intervalo."

Em 1956, Lisanby, um inveterado viajante, convenceu Andy, que nunca esteve a oeste de Pittsburgh, a se juntar a ele em um passeio de verão ao redor do mundo. Foi um desastre. Na segunda noite, em Honolulu, Andy, de acordo com Lisanby, ficou histérico, sendo levado primeiramente à fúria, depois às lágrimas, em virtude do interesse de Lisanby por um rapaz local. Ele parecia um suicida, contou Lisanby, conseguindo sussurrar "Eu te amo" antes de desfalecer. Queria ir para casa, mas Lisanby convenceu-o a continuar. Durante o resto da viagem, Andy ficou mal-humorado. Em Calcutá, Lisanby contraiu disenteria. Andy não podia ter sido menos útil: "Ele não queria se envolver. Eu tive de nos levar ao aeroporto". Quando chegaram a Nova York,

Andy simplesmente foi embora, deixando Lisanby no aeroporto. Foi como se ele estivesse furioso novamente, como se o tempo não tivesse passado desde Honolulu. Paul Warhola percebeu a melancolia do seu irmão: "Eu nunca tinha visto Andy tão deprimido como quando ele chegou em casa depois da viagem. Eu disse: 'Andy, quero dizer, Jesus, o que aconteceu?'. Ele respondeu: 'Charles ficou com todas as nossas fotografias e não vai me dar nenhuma'". A explicação satisfez Paul, que de qualquer modo não gostava mesmo de Lisanby.

Mas a amizade continuou. Quando Andy fazia vitrines, ele pintava AW e CL dentro de pequenos corações no vidro. Em dezembro, poucos meses após a viagem, Andy teve sua segunda exposição em 1956: desenhos de sapatos em folhas de ouro, cada um com o nome de uma celebridade. Lisanby comprou o da sua amiga Julie Andrews e Warhol ficou mal quando ela recusou o sapato com o seu nome – a sra. Warhola havia escrito "Julia".

O relacionamento unilateral insinuou-se até 1965, quando deve ter ficado estranho em contraponto à progressivamente intensa vida de Warhol na Factory, cercado não mais pelos requintados homossexuais da década de 1950 da Costa Leste, mas por drogados, travestis e especialistas em s&m. A paixão de Andy por Lisanby – se ela realmente durou tanto quanto Lisanby afirma – era uma remanescente incongruente dos velhos dias Serendipity de Andy na era Factory.

Em 1965, Lisanby se apaixonou. "Eu sabia que nada jamais iria acontecer com Andy. Pus minhas cartas na mesa. 'Nunca vou morar com você', eu lhe disse. 'Não acho que devamos nos ver tão frequentemente, além de falar ao telefone quase todo dia.' Ele ficou nervoso, saindo sem dizer uma palavra. Não o vi durante meses. E então, quando me encontrava com ele nas festas, era sempre muito educado e cortês, mas reservado. Você podia ver a roda girando. Continuou assim por um longo tempo, mas foi realmente o fim."

Logo após se graduar em Cambridge e se mudar para Nova York para trabalhar com publicidade, John Mann conheceu Ted Carey em uma festa. No fim da noite, foram para casa juntos. "Na manhã seguinte", relembra Mann, "Ted disse: 'Oh, vamos ver o Andy'. Naquela época, Andy estava vivendo na Lexington com a rua 35, com dezessete gatos. O lugar cheirava mal – você não acreditaria quanto era terrível. Andy disse ao Ted: 'Oh, foi bom?'.

"Ted respondeu: 'Oh, sim. Ótimo pedaço de carne!'.

"E o Andy disse: 'Oh, quero desenhar!'.

"Lembro-me de pensar: 'Isso é meio estranho'", disse Mann. "Mas o Ted disse: 'Oh, vai ser engraçado!'. E o Andy disse: 'Por favor, deixe-me desenhar!'. Pensei: 'Oh, tudo bem', e, antes que percebesse – nós todos éramos jovens e bobos –, eu estava sentado com minhas calças abaixadas, com um narciso enrolado no meu pênis. Aquele foi o meu primeiro encontro com Andy."

John Mann é tudo, exceto invisível nas biografias de Warhol (não se deve confundi-lo com David Mann, proprietário da Galeria, e outro amigo de Warhol). Pesquisadores têm geralmente dado como certo que Warhol e Ted Carey eram um casal, retratando Carey como amigo inseparável de Warhol. Na verdade, Andy era o amigo inseparável de Carey e Mann.

Ted Carey, que tinha um passado opulento na Filadélfia, chegou a Nova York em 1954, depois de se graduar na Philadelphia College of Art. Loiro esguio, diversamente descrito como "deslumbrante", "belo" ou "gloriosamente lindo", era designer de tecidos por profissão, mas não muito ambicioso, mais interessado em sexo e móveis antigos. Ele e Andy se conheceram no Serendipity. Logo depois, no Zoológico do Central Park, Andy fez sua versão de paquera, pedindo que Carey posasse para ele. Eles podem ou não ter sido amantes; se foram, o relacionamento foi tão insignificante quanto a maior parte dos casos de Andy. De qualquer modo, ele e Ted se tornaram amigos íntimos, e Carey fez parte do avanço de Warhol em direção ao pop, incitando Andy a visitas regulares às galerias nas tardes de sábados, com ele e Mann.

"Era um ambiente relaxado, lânguido, divertido, em que estávamos todos vivendo", disse Mann. Ninguém teria se surpreendido se encontrasse Noël Coward tomando um coquetel na cozinha lamentável dos Carey na rua 88 Leste (Ted dividia o apartamento com seu irmão mais novo, Gary, aluno da Columbia). Na verdade, algo semelhante realmente ocorreu. Voltando da universidade certa noite, Gary abriu a porta para um extraordinário quadro vivo: Cecil Beaton, absorto, desenhando Ted e John Mann *in flagrante delicto* (eles estavam somente fingindo, insistiu Mann), enquanto Andy, que também estava lá, tentava ver sobre o ombro de Beaton. Quando a sessão acabou, Andy pediu os desenhos. Recusando, Beaton agradeceu aos seus modelos e foi embora.

Warhol era um voyeur dedicado. Quando seu amigo George Klauber estava apaixonado por um aluno da Columbia, Andy não conseguia parar de perguntar sobre isso. Ele ligava para Klauber toda noite, depois que o amante dele ia embora. "Examinamos aquele relacionamento noite após noite, Andy e eu", disse Klauber. "Nunca falávamos sobre os seus relacionamentos, se é que ele tinha algum."

Sondar detalhes sexuais – esse "era o único momento em que Andy era corajoso", disse Buddy Radisch, um conhecido da década de 1950. "'O que você fez ontem à noite?' ele perguntava com uma espécie de voz arrastada. 'Quantas vezes você transou?' 'Você fez isso, fez aquilo?'"

"'Valeu a pena?' Essa era a primeira coisa que ele dizia", relembra Betty Lou Davis. "Quando eu saía com alguém, Andy ligava na manhã seguinte. Era a pessoa mais voyeurística que conheci."

Warhol fez incontáveis desenhos eróticos de homens entre o começo da década de 1950 e o começo da de 1960. Estes, muito mais do que relacionamentos reais, constituíram sua vida erótica nos anos 1950. Eles abrangiam desde o inócuo (cabeças e torsos ornamentais de jovens, com vários corações reveladores flutuando ao redor) até o sugestivo (torsos com calças abertas para revelar lanosos pelos púbicos), o timidamente gráfico (pênis adornados com relógios de pulso, conchas, fitas etc.), o *hardcore* (felação em vários ângulos). Uma grande quantidade de livros de esboços contém os chamados desenhos de pênis, a série do fim da década de 1950 na qual Mann está incluído. Outro projeto anatômico, um livro de pés de pessoas famosas, nunca se materializou, embora Warhol conseguisse desenhos dos pés de Tallulah Bankhead, Christopher Isherwood, Leontyne Price, Hermione Gingold, Bobby Short, entre outros. Os desenhos mais gráficos, podemos supor, eram para a coleção pessoal de Warhol. "Na hora em que estávamos sentados frente a frente", relembra um dos retratados de Andy, Dick Banks, "ele gritava: 'Não aguento mais!'." Robert Fleischer, amigo de Warhol, retratado esparramado com uma companhia em beatitude pós-orgasmo, descreveu um Warhol excitado, que "não participava, mas [...] adorava observar", tirando apressadamente suas roupas, até ficar de cuecas.

Os desenhos eróticos de Warhol são (embora, estilisticamente, distantes anos-luz) precursores de *Corte de cabelo nº 1*, *Sofá*, e *Garotas do Chelsea*, assim como várias das filmagens não lançadas: os filmes de Warhol oferecendo visões de genitais masculinos. Ambas as formas, desenhos e filmes permitiram que Andy satisfizesse desejos cuja expressão com outra pessoa era muito perigosa. Por outro lado, às vezes, Andy desenhava pênis por simples prazer. Gary Carey e seu amigo Michael Kahn (mais tarde um conhecido diretor de teatro e produtor) convenceram Andy a fazer a cenografia para a produção do clube francês da Columbia da peça *Orfeu*, de Cocteau. Para a cena final, no céu, Carey e Kahn queriam o palco nu, com apenas uma tela de fundo. Andy decidiu fazer apliques de típicos motivos warholianos da década de 1950 (borboletas, querubins, rosas) em um tecido leve – quando ele fosse iluminado, o público somente veria os apliques. No dia anterior à estreia, ele ainda não tinha feito a tela. Assegurou aos nervosos jovens produtores que trabalharia durante a noite e terminaria a tarefa. Habilidoso e honrando sua palavra, Andy pendurou a tela ele mesmo momentos antes da performance. Não havia tempo para examiná-la, o público já estava entrando, incluindo alguns acadêmicos muito importantes – esses eram os grandes dias da área de humanas na Columbia. A peça desenrolou-se tranquilamente e, quando a última cena começou, a tela foi por fim iluminada, para surpresa coletiva do público: tudo o que eles podiam ver eram falos gigantes. Andy tinha feito apliques com eles por toda a tela: umas poucas borboletas e rosas, mas principalmente grandes pênis. "Tivemos de passar o resto da noite retirando-os e aplicando rosas", disse Carey, "porque o Departamento de Francês não achou nada engraçado."

Em um raro erro estratégico, Warhol avaliou equivocadamente o clima do mundo da arte e submeteu por *duas vezes* seus "desenhos de rapazes" à Tanager, uma influente galeria coletiva dirigida pela (e para) segunda geração de expressionistas abstratos. Previsivelmente, seu trabalho foi recusado em ambas as vezes. Não apenas o conteúdo era inaceitável para os costumes dos anos 1950, mas, no auge da abstração, arte assim literária era risivelmente retrógrada. Como lembrou Joseph Groell, um membro da Tanager, Andy pediu-lhe em 1952 ou 1953 que submetesse alguns de seus desenhos a uma exposição para convidados. Os desenhos "não eram realmente eróticos", relembra Groell, "eram desenhos de cabeças. Porque eu era um amigo" (ele e

Andy estavam dividindo uma casa), "prometi-lhe que levaria os desenhos. Estava muito constrangido, mas levei. Claro que não os exporiam. Contei a Andy muito habilmente que as pessoas não estavam interessadas. Se ficou magoado, não demonstrou".

Philip Pearlstein passou a integrar a Tanager em 1954. Em algum momento depois disso, provavelmente 1956, Warhol fez sua segunda tentativa. "A Tanager era uma galeria que recebia muita atenção", disse Pearlstein, "então Andy trouxe-me um portfólio desses 'desenhos de rapazes' com suas línguas na boca um do outro. Os pintores *machos* da Tanager deram uma olhada neles e os rejeitaram. Andy ficou bastante magoado. Lembro-me da conversa que tive com ele depois disso. Eu disse que às vezes o tema atrapalhava." De acordo com Pearlstein, foi o fim da amizade de dez anos entre eles (embora o afastamento de Pearlstein de Andy e de seus problemas românticos possa ter azedado tanto quanto isso). De qualquer forma, Andy ainda não tinha aprendido uma tática que mais tarde lhe serviria bem: como ser *criativamente* errado.

"Andy estava sempre procurando fazer um trabalho sério", disse George Klauber, "estava sempre procurando uma exposição." Leila Davies Singelis, amiga de Warhol, lembra de fazer visitas às galerias com Andy do início até meados da década de 1950, para ver o que se estava vendendo, "para ver o que ele podia fazer daquele jeito. Mas ele geralmente dizia: 'Não é para mim'". Em seu tempo livre, Andy fez várias telas grandes: em essência, versões pintadas de seus desenhos de linhas borradas. Apesar de interessantes como protótipos de técnicas futuras, não são muito fortes.

Determinado a expor – se as galerias top o quisessem ou não –, Warhol baixou suas ambições. Entre 1952 e 1959 realizou sete exposições, todas em pequenas galerias dentro da rede gay, incluindo exposições em 1952 na Galeria Hugo, em 1954 na Galeria Loft, e em 1956, 1957 e 1959 na Galeria Bodley. As exposições ganharam resenhas, nem todas desfavoráveis, na imprensa do mundo da arte: "um ar de preciosidade, de cuidadosa perversidade estudada" (*Art Digest*, julho de 1952); "um estilo original de linhas" (*Art News*, verão de 1954). Duas das três exposições na Bodley ganharam resenhas curtas no *New York Times* ("hábil frivolidade *in excelsis*" e "astuto, abundante em significado íntimo [...] poderia ter sido feito por Jean Cocteau em um dia livre"). Resenhando a exposição de 1956 de sapatos de celebridades para a *Art News*, Parker Tyler (mais tarde escreveria longamente sobre os filmes de Warhol) atribuiu aos sapatos de Andy "uma estranha elegância de pura loucura". Os sapatos de celebridades em folha de ouro – nomeados como, entre outros, Elvis "Presely" (grafia de Julia, novamente), Zsa Zsa Gabor, James Dean e Truman Capote – proporcionaram-lhe sua primeira projeção nacional, um artigo da *Life* em 21 de janeiro de 1957. Mas a *Life* tratou os sapatos de Warhol como novidade, não arte – sua bem informada diretora de arte, Dorothy Seiberling, recusou um convite para a exposição.

Warhol entrou no Museu de Arte Moderna (MOMA) em 1956, quando um desenho de um sapato foi incluído na exposição Recent Drawings U.S.A [Desenhos recentes dos E.U.A]. Andy ofereceu o desenho para a coleção permanente do museu, recebendo um "não" educado do diretor, Alfred Barr.

Apesar de desejar ardentemente entrar nos mais altos escalões do mundo da arte, Warhol não iria consegui-lo enquanto o expressionismo abstrato ditasse o gosto. Ele nunca tinha mostrado nenhum interesse nem talento para a abstração, e o machismo estético do expressionismo abstrato era-lhe um tanto estranho (embora não se possa destacar os expressionistas abstratos pela masculinidade agressiva: Picasso e Braque julgavam que uma pintura devia ser *bien couillarde*, ou "ter colhões" – um termo que tomaram emprestado de Cézanne.)

A ascensão do expressionismo abstrato, nos seis primeiros anos após a Segunda Guerra Mundial, foi um triunfo para a arte norte-americana. A rebelião contra o que ele entendeu como a essência da arte francesa derrubou a primazia do mundo artístico de Paris. "Para os artistas mais velhos que eu conhecia – De Kooning, Pollock, Rothko, Barney Newman –, um dos principais elementos em sua perspectiva foi uma declarada hostilidade à arte francesa, à arte europeia como um todo", disse o pintor Alfred Leslie. "Mesmo sendo influenciados pelo modernismo europeu, e suas raízes estarem nele, eles queriam conquistá--lo e declarar-se livres. A arte que começaram a fazer passou a se tornar distinta do modelo europeu pela sua agressividade, pela sua coragem."

O "ex-ab" era o produto de um longo e complexo despojamento das pressuposições da pintura moderna. *A priori*, os temas, figurativos ou abstratos, tinham muita validade. O tema tinha de ser levado à existência pelo próprio ato da pintura; como o expressionista abstrato Barnett Newman disse, "um artista pinta a fim de ter algo para olhar". Esse algo era a personificação da vida interior do artista. Os expressionistas abstratos resumiram a inescrutabilidade heroica do modernismo, suas pinturas refletindo o que *Finnegans wake* ou o dodecafonismo de Schoenberg criticavam. Ornette Coleman, que exemplificava o hermetismo que tinha reduzido o público de jazz desde o fim da era do *swing*, apropriadamente escolheu *Luz branca*, de Pollock, como capa do seu difícil álbum de 1960, *Free jazz*.

O estilo foi criado para suportar um pesado fardo ideológico. O expressionismo abstrato, escreveu um estudioso, era "um monumento ao espírito humano", um dos "produtos mais avançados da mente humana, comparável de certo modo às conquistas da física e química". Era difícil viver de acordo com esse tipo de padrão, como o triste fim de Pollock demonstrou. O expressionismo abstrato, escreveu em 1964 Clement Greenberg, seu maior adepto crítico, "tornou-se uma moda e agora saiu de moda". O expressionismo abstrato, relembra Roy Lichtenstein, "virou maneirismo".

Foi como se a dedicação com a qual os expressionistas abstratos excluíram o mundo real tivesse gerado uma contradedicação, uma ânsia não para simplesmente retratar coisas reais, mas para as coisas em si. Em uma exposição criticamente insultada de 1953, sua primeira em Nova York, um jovem artista de energia absurda, chamado Robert Rauschenberg, adicionou terra, pedras e madeira a pinturas totalmente negras. Depois, ele começou a criar as peças que chamava de "instalações" – parte pintura, parte escultura, borrifando tinta em portas, bolas de beisebol, tijolos, gravatas velhas, jarros, pássaros empalhados e um bode angorá empalhado, com um pneu em volta da barriga. "A pintura", anunciou Rauschenberg, "relaciona-se tanto com a arte quanto com a vida. Nenhuma delas pode ser criada (tento atuar no espaço entre as duas)." Ele estava rejeitando o mito romântico de que a arte é evocada por pura imaginação; mais exatamente, agora era uma questão de remodelar criativamente e rearranjar os materiais prontos disponíveis, os detritos de uma economia superprodutiva. De criar coisas para encontrar coisas: uma mudança profunda na ideia da criação artística estava a caminho.

O amante de Rauschenberg de 1955 a 1961, Jasper Johns, enfeitiçou ainda mais os jovens artistas: as pinturas de Johns de objetos reais, mas intencionalmente neutros – bandeiras, alvos, numerais, letras –, têm um poder icônico, meditativo. A primeira exposição de Johns em 1958, na Galeria Leo Castelli, foi um enorme sucesso e um evento de mídia, demonstrando que um não abstracionista podia conseguir uma visibilidade tão grande quanto Pollock ou De Kooning.

Bandeiras e *Alvo* de Johns, de 1954 e 1955, que o impulsionaram do nada, personificavam uma luta corpo a corpo inteligente e confiante com várias das questões básicas da pintura moderna, uma tentativa audaciosa, mas profundamente ponderada, de superar o ilusionismo de seiscentos anos de pintura ocidental. Armados com a nova ciência da perspectiva, os pintores da Renascença tinham assumido o desafio de usar uma superfície plana, a tela, para criar a ilusão do espaço, como se a superfície da pintura fosse uma janela por intermédio da qual os observadores vissem uma réplica exata do mundo. A partir do fim do impressionismo, os pintores passaram a considerar o ilusionismo apenas uma maleta de truques, uma ficção que obscurecia a característica essencial da pintura: seu caráter plano. O objetivo do pintor modernista era fazer a pintura confessar o que era: tinta aplicada a uma superfície plana.

Jasper Johns com *Alvo,* 1955

Mas os olhos têm seus próprios truques, restaurando a profundidade sempre que podem. Assim que um pintor faz uma marca em uma tela branca, o olho a interpreta como estando diante de um fundo, reafirmando uma profundidade ilusória. Antigos mestres e expressionistas abstratos usaram a tela do mesmo modo: metaforicamente, para sugerir um mundo, uma realidade além de si mesma. A pergunta que Johns fez a si próprio foi: "Como posso fazer uma pintura que seja *apenas* uma pintura?".

Ele encontrou uma solução enganosamente simples: a melhor maneira de evitar a sugestão de profundidade era pintar algo *que já fosse plano*. Uma bandeira, por exemplo. Já que o observador sabia que o objeto era plano, não havia razão para tentar convencê-lo do contrário. Tinta e tela não precisavam mais ser nada além de si mesmas, não tinham mais de ser forçadas a personificar um rosto, um corpo, uma árvore, um vale. É onde Warhol entra – provando, apesar do seu ar "alheio", estar absolutamente consciente das questões formais mais prementes da arte contemporânea.

As pinturas de Warhol de 1961 e 1962, *Um garoto para Meg*, *Eddie Fisher em colapso nervoso*, *129 morrem em avião!*, e outras, eram as suas *Bandeiras* e *Alvo*: não *representações* da primeira página de um jornal, mas versões, ainda que estranhas, substitutas. Warhol desviou-se conscientemente do dilema ilusionista, como Johns, ao retratar objetos já planos. E com o silkscreen de fotografias, faria isso pelo resto da sua carreira. "Se você quer saber tudo sobre Andy Warhol, olhe simplesmente na superfície: das minhas pinturas e dos filmes, e de mim, e lá estou eu. Não há nada atrás disso." O conhecido *insight*, com frequência visto como dissimulado, uma afirmação intencionalmente enganosa da sua própria superficialidade, prova ser muito mais interessante como metáfora para a compreensão em alto nível – de um artista supostamente anti-intelectual – da maior questão formal que confrontava os pintores da sua era.

O que é interessante é que ele começou a seguir essa tendência antes mesmo de conhecer Johns. Entre os trabalhos de Warhol da década de 1950 está uma cópia laboriosamente feita à mão da primeira página da edição de 23 de agosto de 1956 do *Princeton (KY) Leader* – jornal da cidade natal de Charles Lisanby. A grande insígnia do título, com seu floreio parecido com uma flâmula, foi cuidadosamente copiada (e tipicamente grafada de maneira errada: "Princton"). No toque irônico único de Andy, ele substituiu o nome de Lisanby pelo do protagonista de uma história sobre um aprendiz de instalação de ar-condicionado. No mais, o desenho é completamente sem expressão. Fazê-lo deve ter sido uma tarefa insensivelmente entediante – uma obra de amor, talvez. Se ele realmente foi feito em 1956, e não mais tarde, é uma anomalia, uma peça pop pré-pop.

Mas não é o único exemplo na obra de Warhol. Em outro desenho, também aparentemente de 1956, ele copiou a maior parte de uma página de uma seção de classificados do então novo tabloide sensacionalista (foi fundado em 1952), *National Enquirer*. Alguns dos anúncios são realmente sujos – "Cinquentão miserável, cuja esposa morreu de fome, gostaria de conhecer mulher miserável", e assim por diante. Em outras palavras, em uma época em que Warhol estava ocupado com querubins, gatinhos e rapazes esguios, já fora arrastado não apenas para soluções intuitivas de grandes problemas formais, mas para o tipo de temas desagradáveis que exploraria mais a fundo nos anos 1960.

Dois anos depois, ele desenhou sua mais detalhada cópia de uma página de jornal até ali, um simulacro da primeira página da edição de 21 de setembro de 1958 do *New York Journal American*. Esses desenhos, nenhum dos quais foi exibido até o fim da década de 1990, mostram que a apropriação em grande escala, não apenas como colagem, não foi um salto súbito que Andy deu no início dos anos 1960. De modo casual, manual, ele já tinha levado a apropriação mais longe, em seus anos pré-pop, do que qualquer outra pessoa. Foi a ruptura conceitual de Johns que concretizou o interesse de Warhol em imagens pré-fabricadas, planas, confirmando-lhe que esse era o caminho a seguir. Como a crítica de arte Barbara Rose afirmou em 1973, "considero que Andy inquestionavelmente não teria se tornado um artista se não fosse por Jasper Johns".

Warhol foi apenas um entre os incontáveis artistas de Nova York cuja carreira Johns e Rauschenberg alteraram entre meados da década de 1950 e início da de 1960. Principalmente sob seu impacto, e do amigo e mentor deles, o compositor John Cage, teve início uma nova onda de criação artística, com seus adeptos reivindicando que a arte precisava abraçar a vida espontânea, em estado natural. Se Johns, Rauschenberg e Cage estavam na vanguarda do movimento, o pai espiritual era Marcel Duchamp. Nascido em 1887 na Normandia, Duchamp começou sua vida profissional como pintor, mudou para os chamados *ready-mades* (*A fonte*, de 1917, é de longe o mais conhecido, o urinol assinado que foi votado em 2004 como "a obra de arte mais influente do século xx"). Ao se mudar para o Greenwich Village em 1942, tornou-se cidadão norte-americano. Embora se pensasse que tivesse parado de produzir obras décadas antes, ele revelou em 1966 o misterioso *tableau Etant donnés*, o conteúdo visível apenas através de um olho mágico – ele havia trabalhado nele secretamente durante vinte anos. Há muito tempo fora de evidência, Duchamp foi redescoberto no fim da década de 1950 pelos pós-expressionistas abstratos e festejado como um herói que tinha dedicado sua vida à destruição da convenção modernista e cujos *ready-mades* estimularam diretamente o crescente uso de objetos banais, rotineiros, "comandando um ataque incansável às tradições da arte e ao artista", escreveu Calvin Tomkins em *A noiva e os solteiros*, seu estudo sobre a influência de Duchamp.

"Bem, Duchamp está por trás de Andy", explicou Henry Geldzahler, um dos principais mentores de Warhol no início da década de 1960, "mas no caso de Andy não é uma influência direta. Se Andy a teve de alguém, foi de pessoas como John Cage, que já tinha sido influenciado por Duchamp [...]. As ideias estavam no ar, que qualquer coisa é interessante, que é o artista que decide o que é arte [...]. A ideia de que Cage pudesse ter uma obra na qual um rádio seria ligado (durante a apresentação) e o que quer que surja no rádio na hora é parte da peça [...] não é radicalmente diferente de tirar uma fotografia do jornal e dizer: 'Isso é arte'. E Cage, apoiando-se em Duchamp, usou esse tipo de coisa em sua música, e então Bob e Jap e Andy [...] disseram: 'O que decidimos considerar arte é arte'".

A nova área artística era o Greenwich Village e o Lower East Side, onde algumas minúsculas galerias exibiam os trabalhos de Kaprow, Robert Whitman, Claes Oldenburg, Jim Dine, George Segal e outros. Os artistas viviam onde podiam: prédios sem elevadores no Village e no Lower East Side (ainda não renomeado "East Village" pelos corretores de imóveis), lofts abandonados da indústria de iluminação, no que seria chamado de SoHo por uma década e meia, e locais afastados como Coenties Slip, no extremo sul de

Manhattan. "Se você visse uma luz acesa à noite, sabia que era um artista", relembra o pintor inglês Richard Smith, que chegou a Manhattan em 1959 e pagava US$ 25 por mês por um apartamento no sexto andar de um prédio sem elevador, perto da rua Chanel

Para Smith, a cena pós-expressionista abstrata de Manhattan excedia suas expectativas. "Desde que comecei a escola de arte, tive fascínio por Paris, durante a adolescência e os vinte anos", ele disse, "e tudo estava aqui. Encontrava todo mundo, era uma cena que você podia abraçar."

Em junho de 1960, *Novas mídias / Novos formatos*, uma enorme exposição de *instalações* – essencialmente esculturas de lixo – foi aberta na Galeria Martha Jackson, no 32 da rua 69 Leste. Foi tanto o sucesso que uma nova instalação, *Novas mídias / Novos formatos, Versão* II, foi programada para setembro. O endereço nobre era importante: a nova arte estava emergindo do marginal para o palco principal. O público tradicional de galerias e os principais críticos foram forçados a prestar atenção em insurgentes como Oldenburg, Dine, John Chamberlain, Robert Indiana e Kaprow, o criador dessas performances vagamente roteirizadas chamadas *happenings*. Como era de esperar, o crítico conservador Hilton Kramer odiou a exposição: "Muitas das *instalações* de lixo na exposição Jackson não têm maior conexão com o trabalho artístico do que aqueles pedaços de troncos secos encontrados nas praias que as pessoas costumam levar para casa após suas férias de verão", ele escreveu no jornal *Arts*. Por outro lado, Thomas Hess, editor da *Art News*, estava intrigado. O entusiasmo de Hess era especialmente digno de nota – ele tinha criado sua reputação como um dos mais sonoros defensores do expressionismo abstrato. Julgando-a "uma exposição vívida, brilhante", ele escreveu: "Há um tipo de protesto em vários desses trabalhos [...]. É como se muitos desses artistas estivessem tentando esticar o braço a partir das suas obras para trocar um bom aperto de mãos com o espectador ou dar uma cutucada nas suas costelas [...]. Há, talvez, um novo mergulho coletivo na sociologia, nas ruas, nas calçadas apinhadas [...]? Uma revolução suave?".

Hess previu o que agora equivalia a um movimento: uma fascinação pelos objetos cotidianos, especialmente os produtos e signos da cultura de massa, e uma impaciência com a visão modernista da arte como um reino além da vida comprometida, efêmera, fútil. Em um artigo de 1958 da *Art News*, "O legado de Jackson Pollock", Kaprow escreveu:

"Devemos ficar absortos – e mesmo deslumbrados – com o espaço e os objetos da nossa vida cotidiana – nossos corpos, roupas, quartos ou, se necessário, a vastidão da rua 42. Objetos de todo tipo são matéria da nova arte: tinta, cadeiras, comida, luzes elétricas e neon, fumaça, água, meias velhas, um cão, filmes [...]"

"Tiras em quadrinhos, mesas de piquenique, calças masculinas, celebridades, cortinas de banheiro, geladeiras, garrafas de Coca-Cola: todas as grandes coisas modernas que os expressionistas abstratos tentaram tanto não notar." A segunda lista ocupa a página 1 de *POPism*, as memórias de Warhol da década de 1960, quando ele relembrou a aparência e a impressão de um mundo subitamente legitimado como tema apropriado para os artistas. A agenda de Kaprow e seus colegas – fazer ruir a tradicional oposição entre arte e vida, forçando-as a uma inquietante proximidade – estabeleceu a atmosfera na qual Warhol romperia definitivamente com o seu passado, levando os avanços de Rauschenberg e de Johns um passo à frente.

Rauschenberg combinou objetos encontrados (e, depois de 1963, silkscreen de imagens) em conjuntos maiores, distintos de seus componentes. Johns, com sua extraordinária habilidade em pintura, elevou réplicas de objetos cotidianos – bandeiras, alvos, alfabetos etc. – ao status de arte maior. O recurso de ambos os artistas ao banal, ao pneu de automóvel e ao alvo inspirou os outros a romper com a abstração e a investigar o mundo real. Mas Warhol levou Johns e Rauschenberg um passo à frente, produzindo uma obra que era literalmente indistinguível de objetos práticos. As caixas Brillo: o que elas *eram*, caixas de embalagem ou arte? A pergunta era irrespondível. Warhol não brincou simplesmente com a distinção entre arte e vida – ele a explodiu. Os passos que levaram Warhol e seus colegas pop ao escárnio, pelos americanos médios e sua mídia tradicional, foram exatamente os mesmos que tornaram sua arte *avant-garde*.

Emile de Antonio era um homem impossível: arrogante, controvertido e bebia muito. Barrigudo e briguento, "De", como seus amigos o chamavam, apreciava suas contradições, e tinha muitas delas: era um marxista apaixonado por riqueza e *pedigree*, um idealista romântico e cínico profundo, um incorrigível mulherengo cujos melhores amigos eram gays. Era brilhante, persuasivo, charmoso e tinha mais de quarenta anos quando finalmente encontrou sua vocação. Nessa época, tinha entrado na vida de Andy Warhol, e quase completamente saído dela. Apesar de sua breve amizade, De Antonio não apenas deu a Warhol um empurrão vital rumo à pintura (na verdade, De Antonio o chamou de "tosse"), mas também à realização de filmes.

"De foi quase o primeiro", disse Henry Geldzahler, "a ver as tentativas de Andy nas belas-artes." Se Geldzahler, por sua vez, desempenhou o que Barbara Rose chamou de "enorme, enorme papel no desenvolvimento de Warhol, De formou seu caráter".

Quando o aspirante a grande artista e o intenso intelectual foram apresentados por Tina Fredericks – ex-chefe de Warhol e antiga amante de De Antonio –, De Antonio não sabia que estava se aproximando do fim de pelo menos duas décadas de deriva: de emprego a emprego, de carreira a carreira, de esposa a esposa (ele teve seis), de relacionamento a relacionamento. Expulso da turma de 1940 de Harvard (a turma de JFK), De Antonio foi portuário, organizador de sindicato, membro do Partido Comunista e piloto de bombardeiro na Segunda Guerra Mundial (escreveu um romance na Força Aérea, odiou, e espalhou as folhas no compartimento de bombas de seu avião – "De era cheio de gestos", disse Fredericks). Ele não perdia a oportunidade com nenhuma mulher. "Era grande e gordo", de acordo com Ruth Ansel (a quem perseguiu, sem sucesso), "sempre vestia coisas caras – eu pensava em De como um cara da elite que estava se rebelando –, uma barriga de Buda sob um cinto apertado. Um rosto vermelho, mas incrível, olhos intensos, uma grande voz e uma habilidade para hipnotizar."

De Antonio finalmente se encontrou como cineasta, fazendo os provocativos documentários *Point of order* e *Millhouse* [Ponto de ordem e Moinho] (assim como o não político *Painters painting* [Retrato de pintores]). Sua revelação inicial sobre o mundo artístico veio de seu relacionamento com o compositor de vanguarda John Cage, seu vizinho em Pomona, Nova York. De John Cage, ele absorveu a paradoxal mente zen que sustentava a arte dos neodadaístas Jasper Johns e Robert Rauschenberg (assim como as próprias composições de Cage). Mas, no fim, o cinismo inato de De Antonio começou a funcionar. Interpretando literalmente a postura estética de Cage como a de um vendedor metafísico, De Antonio chegou à revelação deformada de que a tática de choque da arte moderna era tanto uma questão de audácia quanto de profunda expressão. Isso convenientemente emaranhou-se com sua própria visão agressiva da vida e a ambivalência diante da *avant-garde*.

Emile de Antonio

Em Warhol, De Antonio reconheceu outro oportunista, faminto, ressentido e ferido no ego. Andy já tinha suspeitado de que o sucesso no mundo da arte era "tudo promoção" – De Antonio o confirmou. Sua "tosse na direção certa" foi para desmistificar o mundo artístico, convencendo Andy de que havia menos lá do que o olho via, que o sucesso não era escalar uma montanha, mas uma questão de pular no vácuo com o maior barulho.

"Foi De", disse Alfred Leslie, "que mostrou a Andy como escolher as ideias com as quais ele podia se lançar à frente tão rápido quanto possível e encontrar uma arena. Você podia dizer que Andy se moldou naquele aspecto de De, no instinto infalível de De pela jugular, na maneira como De podia discutir uma situação, resumi-la e agarrar as oportunidades."

De Antonio foi a primeira pessoa que ele conheceu, diz o *POPism* de Warhol, "que via a arte comercial como arte real e arte real como comercial" (embora, de fato, naqueles rápidos comentários na *Mademoiselle* de 1956, Andy tenha chegado perto). Mas por mais que Andy visse o mundo das galerias de forma cínica, ele ainda pensava em si como um mercenário, incapaz de conceder a um trabalho a aura especial da grande arte. Nonsense, respondeu De Antonio: o mundo artístico, com suas galerias, marchands e colecionadores, era tão comercial quanto a avenida Madison. Inversamente, filmes de Hollywood, publicidade, fotografia de moda – o melhor disso tinha ao menos tanto significado quanto a obra de qualquer expressionista abstrato de segunda geração.

Posteriormente, De Antonio pendurou uma placa na parede de seu escritório que dizia "Destruam a cultura burguesa". O que caracterizava a cultura burguesa para De Antonio era sua pretensão de existir acima e além do comum da vida material, como um ideal, um reino desencarnado. Se o seu objetivo era revelar a mentira por trás dessa noção de cultura, mostrar como a arte e os negócios estavam indissoluvelmente ligados, ele conseguiu isso de maneira mais eficaz por intermédio do ostensivamente apolítico Warhol do que dos seus próprios documentários, raramente vistos hoje.

No começo da década de 1970, De e Andy sentaram-se diante de uma câmera para filmar o segmento de Warhol no documentário de De, *Painters painting*. De começou:

"Você poderia me dizer, Andy, quando e por que se tornou um pintor?".

Warhol, como de costume, arruinou toda a iniciativa, tirando De Antonio do seu disfarce de jornalista. Representando o quadro da inocência, ele respondeu: "De, você me tornou um pintor".

"Corta!", gritou um aturdido De Antonio. "Vamos, diga a verdade."

"Essa *é* a verdade", disse Andy, "não é?"

Capítulo 2

1961

[As conversas] eram sempre, basicamente, Andy me fazendo falar. Ele é um voyeur, *com o olho e com o ouvido, e está realmente interessado em ouvir sobre tudo o que está acontecendo [...].Tinha aquela cara inquiridora, enigmática, inocente, e lembro que disse: "Oh, me ensine uma coisa todo dia e então vou realmente saber muito".*

— HENRY GELDZAHLER

Uma das razões primárias por trás da mudança para o 1342 da Lexington foi a necessidade de um estúdio "real" – nenhum dos exíguos recintos anteriores eram grandes o suficiente para acomodar a produção artística na nova escala. O prédio era de arenito pardo, espaçoso, quatro andares, e como descreveu Suzie Frankfurt, amiga de Warhol, "uma agradável casa antiga de Nova York", projetada em 1889 pelo conhecido arquiteto do Hotel Plaza, Henry Hardenburgh. A sra. Warhola vivia no subsolo, ao lado da cozinha. Um lance de escadas levava ao andar principal, com Nathan Gluck no estúdio de arte comercial apinhado que dava vista para a rua, e Andy pintando no que era a antiga sala, ainda mais bagunçada, nos fundos. O quarto principal, onde quase ninguém podia entrar, ficava dois lances de escada acima, no último andar. De acordo com vários amigos de Andy, ele começou suas pinturas pop na cozinha, só aos poucos ocupando seu "estúdio" no andar principal (em cujas dispendiosas paredes *ormolu* ele às vezes pregava tachinhas, levando um Gluck fastidioso e ciente do seu valor à loucura).

O 1342 da avenida Lexington (centro)

Antes do começo de setembro de 1960, as únicas pinturas que Warhol criou foram versões de óleo sobre tela das suas ilustrações de linhas borradas – basicamente, desenhos de esboços com uma reflexão posterior à tinta. De acordo com seu irmão Paul, "ele não estava fazendo pop" na época da sua mudança para o 1342 da Lexington. "Tudo foi feito depois que ele se tranferiu para a rua 89."

Então, o mais cedo que Warhol pode ter começado a pintar foi no outono de 1960. Muito ocupado na época, ele estava se mudando com sua mãe e uma já grande quantidade de bens que decoravam a casa, lidando com um volume de trabalho mais pesado do que o usual (sua renda bruta atingiu US$ 70.000 em 1960, US$ 17.000 a mais do que havia ganho no ano anterior), e travando uma disputa que tomava tempo com seu ex-locador – para não mencionar uma estada de quatro dias no hospital no início de dezembro devido ao agravamento de uma doença sexualmente transmissível, condilomas, ou verrugas genitais, que requeriam cirurgia.

Logo após o Dia dos Namorados de 1961*,novas pinturas a óleo começaram a aparecer, as primeiras que Warhol pintou no estilo que logo seria conhecido como arte pop. Elas incluíam *Nancy*; *Janela tempestuosa*; dois *Popeye*; várias versões de *Onde está sua hérnia?* e *Antes e depois* (que Warhol originalmente intitulou *Beleza*); *O pequeno rei*; *Super-homem*; e dois *Dick Tracy*. *Off S* (*Sapatos Sociais*), baseado em um anúncio de março de 1961 do *Daily News*, era certamente uma contradeclaração aos sapatos de Warhol dos anos 1950: sua pintura mais perfeitamente realista, não ornamentada, ainda que com duas minúsculas e fugitivas gotas. Os sapatos – masculinos, não femininos – são pesados, polidos com um brilho robusto, tão terrenos e utilitários quanto seus predecessores dos anos 1950 são fantasiosos.

Executadas durante um período de três meses, entre meados de fevereiro e o início de maio, todas as pinturas extraem de tiras de quadrinhos e jornais o seu tema. *Nancy* foi baseada em duas seções das tiras de Ernie Bushmiller que apareceram no *New York Post* em 19 de fevereiro; *Janela tempestuosa*, em um anúncio que surgiu em 12 de março no *New York Daily News*. Os *Popeyes* originais apareceram em 18 de março, na página de quadrinhos do *New York Journal American*. (Nenhuma pintura pode ser datada conclusivamente como posterior a maio. Após esse período de atividade ininterrupta, Warhol provavelmente precisou voltar para o seu trabalho de moda "feijão com arroz".)

O processo com o qual Warhol criou essas imagens foi simples. Ele projetou a imagem ampliada sobre uma tela usando um projetor opaco Beseler Vu-Lite e fez o contorno com seu pincel, geralmente sem um contorno inicial a lápis. As pinturas baseadas em anúncios foram feitas em preto e branco (algumas poucas têm hachu-

* Nos Estados Unidos, o Dia dos Namorados (Valentine's Day) é 14 de fevereiro. (N.T)

ras em crayon ou suaves camadas de cor); as pinturas de cartum, em cores.

Nessas primeiras obras, Warhol não apresentou as imagens comerciais da maneira sem emoção pela qual se tornaria famoso. Ele brincou livremente com suas fontes, omitindo detalhes, alterando cores e achatando contornos. *Popeyes*, embora indubitavelmente seja ele mesmo, não tem traços; é apenas uma silhueta branca. As botas de Nancy são somente uma mancha vermelha. A Nancy em si paira em uma terra de ninguém entre duas seções, seus limites são meio apagados. Do *National Enquirer* Warhol tirou o texto de um anúncio de cirurgia plástica para o díptico simples que se tornou *Antes e depois*. *Antes e depois 2* contém algumas imitações de pontos de *Benday*, que ele provavelmente pintou usando uma tela de arame. *Anúncio* são vários anúncios colados do *National Enquirer* com o texto omitido – as imagens flutuam, sem corpo, em um grande espaço vazio. Warhol gostava de omitir letras ou palavras inteiras. "Onde está a sua ruptura?" tornou-se "Ond s ruptura?", "Braços fortes e ombros largos", ao lado de uma figura de um homem, tornou-se "Braços fortes e largos".

Quase toda pintura apresenta gotas, vestígios do expressionismo abstrato. Além das gotas, Warhol fez outras tentativas, algumas sem entusiasmo, para emular a espontaneidade e o pictórico do estilo da Escola de Nova York: grossas pinceladas, manchas, raspagens, hachuras. As pinturas tendiam a ser grandes: *Dick Tracy* e *Sam Ketchum* tem 2,80 m de altura, enquanto *Super-homem*, *Anúncio*, os três *Antes e depois*, e ambas as versões de *Onde está sua hérnia?* chegam quase a 1,80 m. Embora o tamanho fosse, em parte, outra herança dos expressionistas abstratos, também figura nos jogos contextuais que Warhol estava aprendendo a jogar. Mais do que qualquer alteração nas suas fontes de 5 ou 7,5 cm, era a dimensão enorme das pinturas – imagens tiradas de seus ambientes normais (páginas de entretenimento, seção de classificados) e ampliadas quase além do reconhecimento – que as tornavam surpreendentes. (É uma ironia que no seu ataque à noção do trabalho artístico espontâneo e irreproduzível as pinturas de Warhol, para obter o efeito total, tenham que ser vistas no original.)

Como explicar a distância estética percorrida entre os anúncios para a I. Miller, frivolidade em pastel, e os poderosos *Super-homem* e *Dick Tracy*? A resposta está em parte na coleção de objetos antigos que Andy levou consigo para o 1342 da Lexington – a cabeça frenológica dos irmãos Fowler, as latinhas do século XIX, o Punch sorrindo maleficamente – e na arte que ele colecionava, em especial as litografias de Jasper Johns. Modernistas de carteirinha como Emile de Antonio desdenhavam da paixão de Warhol por objetos antigos, mas foi um *insight* não sentimental de Andy de que tiras em quadrinhos e anúncios eram de fato arte popular contemporânea.

A apropriação do imaginário existente por Jasper Johns e Robert Rauschenberg em suas pinturas – especialmente *Bandeiras e Alvo* frontais planos de Johns – foi uma óbvia inspiração, mas todas essas influências poderiam não ter se cristalizado no primeiro salto de Andy em direção à arte pop sem a faísca que iria uni-las em uma massa crítica: o *camp*.

A abordagem divertida do *camp* sobre a vida tradicional e, mais importante, sobre a arte – especificamente a pintura épica *Sturm und Drang* dos expressionistas abstratos – forneceu um fundo perfeito para as complexas emoções de uma pessoa sofisticada que vivia nos Estados Unidos em meados do século XX. Seja poético-enigmático, como na obra de James Rosenquist, escultura em contexto (George Segal), outdoors *soft-core* (Tom Wesselmann), vinis derretidos (Claes Oldenburg), ou imagens comerciais deslocadas (Warhol), admite-se frequentemente que toda arte pop tenha se desenvolvido a partir do *camp* (tendência que valorizava o apelo de elementos irônicos e de mau-gosto).

Mas a atitude de Warhol em relação à comercialidade grosseira que o pop parecia estar criticando pode ter recebido um viés único pelas circunstâncias do seu passado. Como o único artista pop a ter sua origem na classe baixa, Warhol não dirigia um olhar tão desdenhoso à cultura comercial quanto seus colegas. De acordo com uma intrigante teoria proposta por Kenneth Silver, "algo extraordinário aconteceu quando Warhol deixou a arte comercial pela sua própria arte". Silver argumenta que por volta de 1960 Warhol tinha parado de ver os produtos com os olhos dos prósperos consumidores que ele tinha se esforçado para atrair com seus anúncios de revistas da década de 1950 e adotado uma perspectiva muito diferente: a de Julia Warhola.

"O mundo adulto de Andy em Nova York foi abandonado por um retorno ao mundo de Pittsburgh e da sua infância, Cross [*sic*] e Blackwell foram trocados pela Campbell's. Foi um mundo feminino de classe baixa que Warhol ofereceu aos sofisticados consumidores de arte de Nova York [...]" Da mesma forma, sua decisão de pintar estrelas de cinema refletia sua própria obsessão por elas, em lugar da distância sugerida pelos outros artistas pop. Sem se sentir culpado, retratou-as como ídolos. "Na repetição das imagens, impressão em cores e ausência geral de nuances", Silver continua, "os retratos de estrelas de Warhol revelam sua fonte nos jornais diários e revistas de fãs, aqueles centros de reabilitação [da classe baixa] entre fato e ficção."

No entanto, Warhol percebeu esse deslocamento de valores melhor que ninguém. "É bom porque é horrível", disse Susan Sontag em suas "Notas sobre o *camp*". Isso poderia ter sido facilmente tomado emprestado de um dos aforismos casuais de Andy. Foi a fricção entre o cinismo do mundo artístico elitista e o seu próprio amor genuíno pelo consumismo que o tornou o verdadeiro apóstolo do casamento profano entre a arte e o comércio do pós-modernismo.

Andy considerava hilários os anúncios e as imagens de quadrinhos que pintava. Sua arma principal era o choque de valores. Eram imagens-ataque, feitas para provocar, e parte da razão de ser, de fato, tão provocativas era sua escala, o exagero confrontador do tamanho – pegar uma imagem do tamanho de uma figurinha e ampliá-la até o tamanho de um outdoor.

Como explicou Paul Morrissey, futuro colega de filmagem de Warhol: "Ele entendeu que, se queria conseguir trabalho como ilustrador, tinha de ser agradável, e, se fosse ser aceito em uma galeria de arte, tinha de ser o oposto de agradável". Warhol queria insultar o bom gosto, não agradar-lhe. Em 1961, seus temas foram um insulto calculado ao olhar refinado – o estilo era bidimensional e cru. Como Warhol escreveu posteriormente, ele fez carreira por ser "a coisa errada no espaço certo".

O desejo de Warhol de chocar não era apenas um esforço para prender a atenção. Parte do que está por trás dessas primeiras pinturas pop era a mesma raiva que estimulou o *A desgraçada me pariu com essa cara* de Andy Warhola e outras tentativas adolescentes. Não importa como Andy camuflou bem suas emoções – vingança, raiva e desprezo foram impulsos que permaneceram durante toda a sua vida.

Como já vimos, essas pinturas não eram representações dos objetos *per se*, mas de objetos já representados. Dando um passo atrás a partir da realidade, uma distância que ele manteria a partir daquele momento, Warhol fez imagens de imagens, quadros de segunda geração: jornais e quadrinhos. Tomar emprestado imagens feitas não era nada novo – Picasso, Braque e muitos outros tinham incorporado objetos em suas pinturas. Schwitters fez um uso especialmente imaginativo de recortes de jornais e anúncios em suas colagens. Warhol não era um colagista. Nem Jasper Johns: o que tornou suas *Bandeiras* e seu *Alvo* tão surpreendentes aos observadores (a primeira exposição de Johns, de 1958, criou ondas além do mundo da arte, levando o reservado jovem de 28 anos às páginas da *Time*) era sua identidade entre tema e pintura. Os temas de Johns enchiam inteiramente a tela – *Bandeira* não era uma pintura de uma bandeira, *era* uma bandeira. Ainda assim, o tratamento exuberante de Johns elevou seus temas, apesar de tudo, enquanto Warhol lançou ao público temas mais ou menos sem transformação, zombando – ao menos para os tradicionalistas e os relativamente não iniciados – dos padrões de habilidade e perícia. Warhol queria enfurecer os críticos (imagine De Kooning fazendo um traço!), confundir o público e deleitar a mídia. E assim o fez.

Por outro lado, seria injusto caracterizar todas as apropriações de Warhol como puramente calculadas. Trabalhar dessa forma parece estar enraizado em seu caráter, porque ele fez apropriações conscientes muito antes de conhecer Johns. Se Anliker, seu professor no Carnegie Tech, se lembra corretamente, Andy Warhola estava desenhando notas de dinheiro aos vinte, 21 anos. Entre os seus trabalhos da década de 1950 está outro desenho de dinheiro, uma nota de US$ 1 milhão. Três esmeradas apropriações prefiguram as pinturas de jornais de 1961 e 1962: a já mencionada primeira página do *Princeton* (*sic*) *KY Leader*; a maior parte da página do *National Enquirer*, também aparentemente de 1956; e muito da primeira página do *New York Journal American* de 21 de setembro de 1958. Andy sempre se interessou por fazer cópias – o desenho de linha borrada, obviamente, era um fac-símile. Assim como a linha borrada concretizou seu desejo pela fama, copiar um jornal à mão pode ter representado um tipo de mágica primitiva para ele, um modo de visualizar seu trabalho manual privado como um objeto visto por milhares de pessoas. Quanto a desenhar dinheiro, era outro sucedâneo de bruxaria, a fantasia de Andy de ter US$ 1 milhão. Se isso foi realmente ao acaso, tentativas intuitivas, a descoberta de Johns por Warhol, da estética burguesa total da apropriação, deve ter sido uma prova excitante de que seus antigos rabiscos haviam apontado para uma direção promissora.

Robert Rauschenberg e Jasper Johns, 1958

Em 28 de janeiro, uma exposição de novos desenhos, esculturas e litografias de Jasper Johns foi aberta na Galeria Castelli. Em algum momento, durante as quatro semanas de exposição, Warhol se apresentou ao seu herói. Ele conhecia o trabalho de Warhol, respondeu friamente Johns. Vários anos antes, Johns e Rauschenberg tinham feito uma vitrine na Quinta avenida baseada nos desenhos de sapatos de Warhol para a I. Miller. Quando Johns mencionou isso, Warhol disse: "Por que eles não me convidaram para fazer isso?" – uma resposta tipicamente magoada. As inseguranças de Andy estavam sempre à flor da pele. Ele logo ficava ofendido com desfeitas sociais, mesmo quando não fossem de propósito.

A obsessão de Andy por Johns (e Rauschenberg também) continuou a mesma. Os dois artistas mais velhos permaneciam frios com Warhol em reuniões sociais – isso quando reconheciam a sua presença. De acordo com Emile de Antonio, Andy, incapaz de se conter, "finalmente disse a mim: 'De, por que Bob e Jap não gostam de mim?'. Respondi: 'Por quê, Andy? Como poderiam? Você é muito gay e conhece as pessoas erradas, gays fashion em vez de Philip Johnson etc., e seu trabalho é comercial demais. Isso provavelmente os deixa constrangidos'" –, pois Andy os lembrava dos dias em que eles mesmos eram humildes vitrinistas, o que sempre podia voltar a ocorrer. Além disso, disse De, Andy era um colecionador bem conhecido e, para os pintores, colecionadores eram inimigos de classe: um *gauche*, um filisteu, um mal necessário. Quanto mais arte Andy colecionasse, De Antonio advertiu, mais um artista comprometido como Johns o desdenharia.

A homossexualidade pública de Andy era um problema em um meio onde ela permanecia como um assunto delicado. O historiador da arte Robert Rosenblum recorda-se de um surpreendente exemplo de homofobia do mundo artístico: "Lembro vividamente a frase ultrajante da [historiadora da arte] Dore Ashton. Ela e Peter Selz estavam me acusando de gostar de todos esses artistas terríveis de Leo Castelli. O nome de Jasper Johns veio à tona. Ela não julgava que Johns e Rauschenberg podiam ser artistas sérios porque ambos eram homossexuais. Disse isso com desprezo. Acho que esse comentário, feito provavelmente no fim dos anos 1950, foi o primeiro que ouvi ligado à arte [de Johns e Rauschenberg] – isto é, que eram artistas gay e que isso era ofensivo por alguma razão, as implicações sempre sendo que eles perturbavam a mentalidade 'ex-ab' e ameaçavam as fronteiras".

Como Andy relembrou, sua resposta inicial, "estúpida", para De Antonio, sobre o fato de Johns e Rauschenberg o estarem evitando, foi que ele conhecia "vários pintores que eram mais mulherzinhas do que eu". De Antonio concordou, porém acrescentou: "Mas os *grandes pintores* tentam parecer heterossexuais", conseguindo assim atingir Andy duplamente: ele não era "grande" e era muito mulherzinha para deixar passar.

Exteriormente, Andy fingia uma atitude destemida e impenetrável em relação à percepção pública sobre ele. "Quanto ao 'mulherzinha'", ele mais tarde insistiria em *POPism*, "sempre me diverti com aquilo – somente vendo as expressões nos rostos das pessoas. Você deveria ter visto o modo como os pintores expressionistas abstratos se portavam e os tipos de imagens que eles cultivavam para entender quão chocadas as pessoas ficavam ao ver um pintor parecer mulherzinha."

A postura de Andy nos seis anos seguintes foi tão próxima do masculino quanto ele conseguiu. Se Andy ainda estava "cercado de pessoas fashion, rapazes sacudindo seus pulsos, em 1961", como De Antonio observou, elas seriam logo dispensadas, trocadas, ao menos em público, por um grupo homo-hetero misturado. O próprio Warhol, com seus óculos escuros, botas Beatle, jeans apertados e jaqueta de couro, tinha um estilo mais andrógino do que gay. Na América do início e de meados dos anos 1960, incluindo Manhattan, a homossexualidade estava ainda tão fora do cotidiano que heterossexuais frequentemente revelavam uma ingenuidade sobre quem era e quem não era. Repetidamente os colunistas, sem alguma ironia, se referiam a Edie Sedgwick ou Jane Holzer como "a última namorada" de Warhol, uma percepção equivocada que Andy certamente não tentou corrigir.

"Não havia nada errado em ser um artista comercial", Andy insistiu em *POPism*. Mas a explicação é falsa. Andy fazia de tudo, por exemplo, para esconder Nathan Gluck dos novos visitantes do mundo artístico que iam ao 1342 da Lexington. "Ele dizia: 'Bem, apenas termine e então vá para baixo, almoce e pode sair, porque alguém está vindo para cá'", Gluck relembra. "E, depois que eu descia, ele colocava discos pop para criar a atmosfera."

Johns posteriormente negou ter tido qualquer animosidade em relação a Andy, sugerindo que De Antonio inventou tudo – e, na verdade, é altamente improvável que Johns tenha usado uma expressão como "mulherzinha" ou, quanto a isso, ter atribuído sua aversão ao comportamento afetado de Andy. Contudo, é indiscutível que Andy perseguiu obstinadamente Johns e Rauschenberg, apesar do (ou talvez por causa do) desprezo que percebia. Os resultados foram decididamente confusos. Por volta de janeiro de 1962, ele estava indo a jantares e ao cinema com Johns, com quem estava agora em um clima "Jap" – o apelido de Johns para os íntimos. Johns era divertidamente tolerante, mas condescendente; Andy, extremamente respeitoso.

Em 24 de fevereiro, o dia anterior ao encerramento da exposição de Johns, Warhol comprou um desenho, *Lâmpada*, por US$ 450 (ele levou um ano para conseguir pagar as três faturas da Galeria Castelli). A lâmpada, representada em cinza metálico e camadas de grafite, está sobre uma base cinza, um monumento para a Ferramenta Desconhecida. Andy passava cada vez mais tempo esquadrinhando as galerias, em geral com Ted Carey e John Mann. "Andy tinha uma fabulosa percepção visual", na opinião de Ivan Karp, na época gerente da Galeria Castelli e um defensor incansável da arte pop. "Ele era um dos melhores colecionadores entre os artistas. Muitos poucos artistas colecionam arte. Andy era um dos grandes."

Janeiro e fevereiro marcaram a aquisição não apenas do desenho de Johns, mas de três litografias dele: *Bandeira negra* e dois *Alvos*. Em março, foi uma aquarela de Ellsworth Kelly, nº 2, de 1960; em abril, uma colagem de Ray Johnson, *Veneza*, e uma camiseta pintada de Jim Dine, que ficava pendurada no estúdio da frente; em maio, seis Frank Stella, versões em miniatura das pinturas *Benjamin Moore*. A série *Moore*, de Stella, na qual pinturas de matizes diferentes representavam cada item da linha de produtos do fabricante de tinta, pode ter sido uma inspiração para as latas de sopa Campbell's, iniciada sete meses depois.

Visitando galerias, Mann e Carey podiam se dar ao luxo de ser desinteressados amantes da arte; Andy, por outro lado, era irritantemente competitivo. No Museu de Arte Moderna (MoMA), o trio viu uma colagem de Rauschenberg. Como Carey relembrou, "eu disse 'Oh, é fabuloso'. Andy disse: 'É um monte de merda. Qualquer um pode fazer isso'. E eu falei: 'Então, por que você não faz? Se realmente pensa que é tudo promoção...'. E ele respondeu: 'Bem, tenho de pensar em algo diferente'".

O *Lâmpada* de Johns teve um efeito galvanizante sobre Andy. Como Nathan Gluck disse: "Começou a acontecer quando ele comprou aquela pequena lâmpada e quis pintar, o que significava que ele queria fazer arte".

A agenda de Andy fornece registros das suas súbitas paixões – uma azáfama de almoços, jantares e outros encontros, que terminavam tão abruptamente quanto começavam. Durante dez dias, no fim de março e início de abril, sua fixação do momento era Timothy Hennessy, um pintor alto, loiro e extremamente bonito, companhia frequente de ricas mulheres mais velhas. O breve envolvimento de Andy com Hennessy teve consequências inesperadas para a sua arte.

Hennessy, americano expatriado que vivia então em Veneza, conheceu na Itália John Myers, diretor da Tibor de Nagy, e Myers ofereceu-lhe uma exposição, que foi aberta em 28 de fevereiro. Durante a exposição, de acordo com Hennessy, Myers disse: "'Um terrível homenzinho está vindo, uma pessoa muito entediante, mas você tem de ser gentil com ele porque ele pode comprar uma pintura'. Era Andy Warhol. Tinha uma aparência bem infeliz. Não tinha *physique*. Tão magro, tão pequeno, tão miserável. Desamparado. Embora arrumado, limpo e bem-vestido, com paletó de tweed e gravata, isso não harmonizava com ele. Era tímido e modesto, conversamos, e gostei dele".

Warhol não comprou pinturas, mas convidou Hennessy para almoçar no que ele relembra como "um salão de chá com lustres Tiffany" – Serendipity – "e muitos homens jovens comendo sanduíches de atum e salada". Warhol falou sobre sua mãe e então de repente pediu a Hennessy se podia desenhar os pés dele, mencionando que tinha acabado de marcar uma sessão com Betty Parsons, proprietária de galeria, para desenhar os dela. No dia seguinte, Andy apareceu no estúdio temporário de Hennessy na rua Sullivan, "com seu pequeno paletó de tweed", como lembrou Hennessy, "e disse: 'Agora tire os sapatos e as meias'. Ele tinha uma bolsa e tirou doze bandeiras americanas dela. Falou: 'Agora pise nelas'. E fez um belo desenho, que infelizmente não deu a mim. Meu pé nu nas bandeiras! Claro que aquilo era um crime". A bandeira americana era então considerada propriedade de Jasper Johns, e pisar nelas era uma pequena piada de Andy.

No fim da sessão, Warhol tirou cópias de *Um livro de ouro* e *Framboesas selvagens* da sua bolsa e presenteou seu novo amigo. O que Hennessy não disse é que Warhol desenhou seus pés novamente poucos dias depois, dessa vez entrelaçados com os pés da amante de Hennessy, a notável Muriel Latow, de trinta anos. "Acho que ele teria preferido desenhar-nos na cama", disse Latow, mas Andy teve de se contentar com os pés deles. "Andy estava embasbacado por Timothy. Quando ele nos desenhou, seus olhos ficaram úmidos e seu rosto enrubesceu."

Latow era proprietária da Galeria Latow, no número 13 da rua 63 Leste. Não podendo bancar grandes nomes, ela reuniu obras atraentes de artistas menos conhecidos. Um anúncio para uma de suas exposições chamou a atenção de John Mann, que visitou a galeria e gostou da sua proprietária imediatamente: "Ela tinha um olho magnífico e um senso infalível para onde o vento da arte estava soprando. Você podia ir com a Muriel para qualquer galeria e ela tinha uma opinião interessante". Latow, Mann e Carey se tornaram bons amigos e companheiros de jantares; logo Andy foi atraído para o seu círculo.

Latow veio a conhecer Andy como colecionador de arte. "Sovina não é bem a palavra. Ele pechinchava e insistia." Ela julgava que sua linguagem lisonjeira conflitava com seus modos inexpressivos e sua incongruência, "dava-me calafrios". Ele a importunava pedindo sugestões. "Nunca o vi sem dizer 'Muriel, sei que você pode me tornar o maior pintor do mundo' – 'mais famoso' é o que ele queria dizer. 'Então por que você não faz isso?'" Mesmo se houvesse algum gracejo na sua lisonja, uma vez que Andy decidia que alguém era útil, ele podia ser implacável. E, como aconteceu, Muriel Latow seria responsável pela ideia mais importante da carreira de Andy.

Surge Roy Lichtenstein, um pintor expressionista abstrato de segunda geração, pouco conhecido, que vivia em Highland Park, Nova Jersey, e lecionava na Douglass College, a faculdade feminina da Rutgers. Entediado com a abstração pura, quase uma década antes Lichtenstein tinha começado a copiar figuras, primeiro da história americana – búfalos, índios, George Washington –, depois de tiras de quadrinhos, nos seus quadros, sob outros aspectos, convencionalmente abstratos. Por volta de 1960, ele sabia que a onda estava se afastando da abstração, mas em que direção? Seu colega e amigo da Rutgers, Allan Kaprow, foi o instigador de *happenings*, e na exposição de Kaprow, *Jardim*, em maio de 1961, que envolvia centenas de pneus usados empilhados no jardim de esculturas da Galeria Martha Jackson, Lichtenstein entendeu qual era a coisa nova. Como relatou a entrevistadores trinta anos mais tarde, esse "foi o começo das coisas americanas, como pneus; coisas não europeias, não cubistas".

Em algum momento de março ou abril de 1961, absorto diante de um desenho da Disney em uma embalagem de chiclete, Lichtenstein teve uma ideia chocante: por que não pintar do jeito que era? "Não tenho tanta certeza se estava totalmente consciente do que estava fazendo", ele lembrou. "Queria algo que não tivesse nada da beleza, da riqueza de textura da pincelada europeia." Conseguiu. Suas primeiras pinturas baseadas em quadrinhos – *Popeye, Piu-piu, Olhe Mickey!* e outras – há muito tempo perderam seu poder de chocar, mas em 1961 foram absolutamente surpreendentes.

"As coisas mais surpreendentes, acho, que já vi na minha vida", disse Robert Rosenblum. "Era tão perturbador em termos do quanto era feio, mas também quanto era absorvente, quanto eu não conseguia parar de olhar." Um pintor como Alfred Leslie, com suas afinidades expressionistas abstratas, naturalmente interpretaria de forma errônea o movimento de Lichtenstein em direção ao pop como uma camuflagem das suas fraquezas. "Roy não descobriu sua mão, descobriu a mecânica dos pontos de *Benday*. Não me lembro de que as superfícies dos seus quadros tivessem qualquer vida, e os desenhos que vi eram bem ligeiros, não tinham qualidades reais até serem levados ao seu formato conceitual."

É maravilhosamente apropriado que as novas pinturas de Warhol fizessem sua primeira aparição em uma vitrine de uma loja de departamentos. O diretor dessa área da Bonwit Teller e da Tiffany, Gene Moore, gostava de dar aos beletristas que trabalhavam como seus vitrinistas uma chance de mostrar seu trabalho "real" nas vitrines da loja (não era o Museu de Arte Moderna, mas era melhor do que seu próprio apartamento ou loft). Em 1956 e 1957, antes da primeria exposição de Jasper Johns, Moore deixou Johns colocar suas pinturas de bandeiras na Bonwit. Então, durante uma semana, em abril de 1961, cinco grandes pinturas – *Anúncio, O pequeno rei, Super-homem, Antes e depois*, e *Popeye de sábado* – permaneceram disponíveis ao olhar espantado dos transeuntes, uma incongruente tela de fundo para os manequins em trajes de verão.

E então, naquele momento – meados da primavera de 1961 –, dois proprietários de galeria da Costa Oeste chegaram ao 1342 da Lexington: Walter Hopps, um lacônico californiano de quarta geração, e Irving Blum, codiretor com Hopps da Galeria Ferus, uma galeria de vanguarda de Los Angeles. Procurando arte nova, os californianos haviam se encontrado com David Herbert, outro jovem marchand e amigo de Blum. Herbert, que conhecia Warhol em parte por causa da rede gay, em parte por causa do mundo artístico, recomendou que Hopps e Blum fossem ver as pinturas dele. Hopps conhecia Warhol, mas apenas como ilustrador de moda.

Andy concordou em encontrá-los no Serendipity. "Não era meu tipo de lugar", relembra Hopps. Depois eles pegaram um táxi "para aquele incrível lugar enorme que ele tinha. Entramos, subimos as escadas e foi simplesmente *estranho*: o poste de barbeiro, as máquinas de chiclete, os cavalos de carrossel, Deus sabe o que mais". O andar da sala de estar "estava repleto de incontáveis fanzines e revistas, obras *pulp*, revistas de moda, coisas de cinema, praticamente não dava para andar sem tropeçar naquilo. Nunca tinha visto tal coleção de material impresso". Para Hopps, Warhol "era como alguma figura estranha e isolada em seu laboratório, que parecia ter eliminado de si tudo que era normal".

Foi virtualmente a única vez que Hopps, que veria Warhol frequentemente nos anos seguintes, teve a experiência de um Andy falante. "Cada observação que eu fazia era contestada: 'Oh, você pensa mesmo isso? Por quê?'. Havia uma espécie de sarcasmo engraçado, malicioso... Era como se tivéssemos de passar por uma série de testes." Quando Hopps e Blum mencionaram que a Galeria Ferus ficava em West Hollywood, Warhol ficou animado. Ele falava longamente sobre Rauschenberg e Johns. "Era totalmente fascinado por ambos e me perguntou sobre eles: Eu os conhecia? O que pensava sobre o trabalho deles? Era óbvio que ele mantinha ambos em mente."

Por fim, Warhol apresentou seu trabalho, "essas pinturas surpreendentes", disse Hopps, que se lembrou de, entre outras, *Dick Tracy* e *Sam Ketchum* e um dos *Antes e depois*. Hopps ficou impressionado com a constante guinada entre dois estilos: um simples e realista, quase destituído de pinceladas expressionistas abstratas; o outro cheio de gotas, pinceladas e outros compromissos com a maneira de pintar da Escola de Nova York. Essa era um das grandes diferenças entre as primeiras pinturas pop de Warhol e de Lichtenstein: o último arriscou-se no futuro. Tornando-se de imediato admirador do trabalho de Warhol, Hopps tinha a sensação de que Warhol "não tinha algo que ele estivesse realmente pronto para mostrar ao mundo".

Warhol apresentou outra pintura, uma grande tela extremamente bizarra de *Super-homem* "zunindo pelo ar", disse Hopps, "carregando Lois Lane em seus braços. Era belamente feita, mas a pintura nunca reapareceu. Vemos essa coisa, ela é enrolada, e é o fim, nunca mais é vista".

Warhol levou seus convidados para o andar de baixo para conhecer sua mãe, que fez chá para todos. Julia em breve não seria mais rotineiramente apresentada. Andy aparentemente reconheceu que ela, tal qual Nathan Gluck, era um constrangimento potencial. Warhol ainda estava distribuindo seus livros promocionais de 1951 – ele deu a Hopps e Blum "algumas cópias daqueles livros tolos", relembrou Hoops, "*Vinte e quatro gatos e uma xoxota azul,* ou algo assim".

Hopps ficou intrigado com o trabalho de Warhol; Blum não se impressionou. "A direção do seu trabalho não me interessava, embora o considerasse completamente empenhado. Ele sentou-se e conversou, realmente interessado no mundo artístico, alguém brilhante e maravilhoso para se conversar, muito mais revelador do que se tornou mais tarde. Ele dizia o que sentia sobre as coisas." Warhol era muito bem informado sobre o mundo da arte: "Sabia exatamente quem eram os personagens. Ele gostava da Galeria Green, cujos artistas na época incluíam Richard Smith, Mark di Suvero, George Segal e Yayoi Kusama, mas o seu foco era Leo [Castelli]. Ele adorava as pessoas que o Leo estava exibindo, queria estar ligado a elas".

Em maio, uma ilustração de Warhol apareceu na revista de escoteiras *American Girl*. Na página de colaboradores, a biografia de Warhol identificava suas "grandes paixões", como viajar, pintura, gatos siameses e "colecionar arte moderna e simples objetos americanos". Os gatos tinham desaparecido e Warhol não viajava desde 1956, quando foi com Lisanby, mas a mentira mais curiosa foi o item final: "Andy está trabalhando em um filme experimental". Era isso pura desinformação? Deve ter sido – quando ele pegou uma câmera, dois anos depois, a incompetência de Warhol era a de um iniciante.

Roy Lichtenstein tinha terminado uma dúzia de pinturas em estilo de quadrinhos quando seu colega Allan Kaprow ligou para a Galeria Castelli em nome de Lichtenstein. Kaprow conhecia o novo braço direito de Castelli, uma figura promissora do mundo das artes chamada Ivan C. Karp.

Roy Lichtenstein (esquerda) e James Rosenquist (centro) com Ivan Karp

A arte pop provavelmente não teria decolado do modo como decolou sem a participação de Ivan Karp. Ele era uma pessoa puramente pop, alguém quase sobrenaturalmente envolvido na alegria da época. Em uma questão de meses, Karp descobriu três dos essenciais, se não *os* três essenciais artistas pop: Lichtenstein, Warhol e James Rosenquist. Karp convenceu Leo Castelli a aceitar Lichtenstein e, posteriormente, Warhol. Ele não perdeu tempo para apresentar os dois artistas aos colecionadores e explicou seus trabalhos para a mídia. "Ivan e [o galerista Richard] Bellamy foram provavelmente as duas pessoas mais astutas que não estavam produzindo", observou o escultor John Chamberlain. "Eles mesmos eram quase artistas, na maneira como olhavam algo."

O cargo de Karp – alternadamente diretor e administrador da Galeria Leo Castelli – nem sequer começava a captar o seu impacto natural no início da década de 1960. Por volta dessa época, a Galeria Castelli era a que mais recebia atenção em Nova York, e Karp era o principal descobridor de talentos, teórico da galeria, anfitrião, leão de chácara e porta-voz do chefe. Fora da galeria, Karp escrevia artigos ocasionais, porém influentes, para revistas (começou a carreira no mundo da arte como primeiro crítico de arte do *Village Voice*) e proferia várias palestras. Encontrou tempo para escrever romances satíricos, um dos quais, *Dooby Doo*, conseguiu alguma atenção, e foi fundador, diretor e essencialmente toda a equipe da Sociedade Anônima de Artes (originalmente chamada Destroços Sem Aplauso), que salvou centenas de ornamentos arquitetônicos quando os prédios mais antigos de Nova York eram demolidos.

Karp tinha seu próprio estilo verbal, altamente declamatório, um fluxo que ele produzia por puro prazer lúdico, meio que rindo nos seus solos improvisados, todos eles construções polissilábicas e barrocas, parênteses dentro de digressões. Era um *entertainer* intelectual – um agitador, provocador de novas ideias –, parte crítico de *insight*, parte assessor de imprensa da Broadway. "As pessoas vinham só para ouvir o Ivan falar", relembra Connie Trimble, que administrava o escritório.

Havia uma inocência em Karp: Trimble lembra-se de ele, certo dia, por volta de 1962, retornar à galeria após um almoço e informar a todos que seu novo amigo Andy Warhol o tinha levado a um lugar "realmente decadente" chamado Serendipity. A heterossexualidade de Karp restringia sua amizade com Warhol de um modo que não acontecia ao mais experiente De Antonio: "Andy nunca incluía seus amigos do mundo gay nos eventos sociais que tínhamos juntos. Nosso relacionamento era sobre fazer, expor e amar arte". De qualquer modo, Karp preferia ser deixado à margem sobre a vida pessoal de Warhol.

O domínio verbal de Karp era uma característica que ele compartilhava com muitos intelectuais autodidatas. Ele era, segundo suas próprias palavras, "um autodidata, estritamente isso", um aluno que abandonou a Flatbush High School, criado sob condições judias respeitavelmente miseráveis. A Depressão foi "um intervalo muito intenso" – quando ele saiu da Força Aérea, no fim da década de 1940, era "um vagabundo, um boêmio. Eu sentava na Washington Square (praça) e lia Henry James". Depois de trabalhar nas galerias Hansa e Martha Jackson, em meados e no fim da década de 1950, foi contratado por Leo Castelli em 1959. A esposa e sócia de Castelli, Ileana, tinha finalmente abandonado ambos os papéis, depois de suportar as traições de Castelli durante anos, e Leo precisava de um novo tenente.

Com Trimble, Karp servia como para-choque entre os colecionadores e o chefe deles. Sem surpresa, ele era um grande vendedor. O designer gráfico Marcus Ratliff o viu em atividade em meados da década de 1960: "Eu tinha alguns desenhos de Oldenburg. Contei a Ivan e ele disse: 'Ótimo, traga-os, sei exatamente o que fazer', e em três minutos, por telefone, ele tinha vendido todo o lote". Tanto quanto Karp adorava o jogo das vendas, ele adorava – no espírito de anarquia e devido ao máximo desprezo intelectual e desdém por negócios – vender barato. (Quando Warhol criou os fac-símiles de *silkscreen* em madeira nas caixas Brillo, em 1964, um abastado comprador em potencial, visitando a Castelli, perguntou a Karp: "Quanto vai querer pelas caixas Brillo?". "O que conseguirmos", disse Ivan.

Um dia, trocando entre as estações de música clássica WNYC e WQXR, Karp ouviu uma música doce que o fascinou. Era "Hey Paula", um grande sucesso de 1961. "Pensei: 'O que, em nome de Deus, é isso? Isso é música metafísica'. Não conseguia acreditar na estupidez e na beleza dela. Não ouvi música clássica durante dois anos."

No que dizia respeito a Karp, o rock and roll do começo dos anos 1960 e a arte pop eram parte da mesma configuração estética. Ambos, ele achava, "tinham a ver com purgar todas as sensibilidades predominantes, tradicionais, nas artes. A simplicidade dos ritmos, a simplicidade das letras – é onde a confluência entre rock e pop ocorre. Ambos são sobre simplicidade inocente, abertura a possibilidades". Em uma palestra sobre Lichtenstein e Warhol, Karp tocou álbuns das *Quatro estações*. Ele era o líder de uma gangue de artistas e personagens relacionados – Warhol, Lichtenstein, o pintor inglês Richard Smith – que faziam peregrinações ao Brooklyn Fox – teatro BF para os shows reunidos pelo DJ nova-iorquino Murray the K – um conjunto de shows que apresentava o melhor do rock and roll e do rhythm and blues.

Diferentemente de outros marchands, Ivan Karp deixava alegremente as ricas cercanias da Galeria Castelli para vasculhar apartamentos e estúdios sem aquecimento, procurando novidades. Ele podia visitar meia dúzia de artistas em um único dia, levando outros profissionais do mundo da arte, forjando inumeráveis laços entre artistas, marchands e compradores. "Foi uma coisa incrivelmente rica que o Ivan fez", relembra Trimble, "conectar Leo a esse mundo loft" de jovens pós-expressionistas abstratos. De acordo com Karp, "Leo e eu íamos para o Brooklyn, para o Queens, para Staten Island, se tivéssemos visto alguns bons slides. "Nos primeiros anos, Leo estava disposto a fazer aquilo."

Os artistas vinham a Karp também. Allan Kaprow, que Karp conhecia da Galeria Hansa, ligou para ele um dia. "Allan disse que havia um colega dele fazendo um trabalho muito peculiar e se eu poderia conversar com ele. 'Allan', eu disse, 'você sabe que eu converso com todo mundo.'" O amigo – Roy Lichtenstein – estaria na Castelli naquela tarde, disse Kaprow.

A primeira visita de Lichtenstein a Castelli deixou uma impressão indelével em Karp. "Ele estava lá no topo das escadas, na entrada da galeria do Leo, com quatro pinturas. Uma, com certeza, era o homem no banco do piloto" – *Esmeraldas*, baseada em uma tira de Buck Rogers – "e havia dois outros quadros de quadrinhos. Eu disse: 'Meu Santo Deus, o que é isso em nome de Deus?'. Eu disse: 'Deus Todo-Poderoso, isso vai ser muito destrutivo, esse tipo de coisa! Você poderia deixar uns dois para mostrar ao Leo, porque eles são realmente esquisitos!'. Mostrei-os ao Leo e ele disse: 'Ivan, não tenho certeza se um artista tem autorização para fazer esse tipo de coisa'. Eu disse: 'Por que não? Jasper Johns faz bandeiras. Então, esse sujeito faz quadrinhos'. O Leo falou: 'Eles são certamente brilhantes'. Eu disse: 'Sim, eles são brilhantes. São poderosos. Vamos deixá-los na galeria e ver como tomamos gosto por eles'".

Os sentimentos foram confusos, na melhor das hipóteses. "Todo mundo na galeria considerava os Lichtenstein meio que ruins", de acordo com Connie Trimble. As pinturas continuaram a confundir Castelli, que, junto com Karp, mostrava-as aos visitantes como uma espécie de teste de Rorschach. Marcel Duchamp entrou, as viu e aprovou vigorosamente. Jasper Johns não gostou muito deles, assim como Rauschenberg. Para Karp, "havia um clima de hostilidade. Os trabalhos eram pretensiosos. Não havia correntes de sensibilidade evidentes. Não havia evidência da mão vacilante do artista".

Ao longo do verão, Lichtenstein recebeu uma sucessão de visitantes do mundo da arte na sua casa, incluindo Ileana Sonnabend, então casada novamente e marchand em Paris, que comprou três pinturas; o engenheiro do Laboratório Bell e frequente colaborador de artistas, Billy Klüver, que comprou uma; e Karp, que mantinha o pintor animado, apesar da relutância de seu chefe em se comprometer. Lichtenstein continuou a trabalhar, suas pinturas se avolumando nos fundos da Galeria Castelli.

Era difícil desembaraçar Andy Warhol de Manhattan. O rico socialite gay e colecionador de arte Henry McIlhenny era um dos poucos que conseguiam ocasionalmente seduzi-lo. "Henry fechava um hotel em Bucks County em um fim de semana ou algo do tipo", relembra John Mann, "e Andy achava que era simplesmente fantástico. Ele aceitava animado. Tinha de ser algo bom."

Mas teve de ser algo muito mais magnético do que Henry McIlhenny para pôr Andy em um trem na estação Pennsilvânia rumo à Filadélfia no dia 20 de julho: Cecil Beaton, cujos pés Warhol ternamente queria desenhar, era convidado de Mclhenny. Andy pegou Beaton tirando uma soneca. Retornando a Nova York no mesmo dia, Warhol celebrou seu vertiginoso golpe no Serendipity com Orlan Fox, um estudante da Columbia e amante de W. H. Auden – Warhol teria conhecido Fox por intermédio do irmão de Ted Carey, Garey, então na Columbia.

Os pés de Beaton não foram os únicos que Andy perseguiu com zelo no verão e no outono de 1961. Como um caçador de estranhas criaturas, ele perseguia furtivamente a diva de ópera Leontyne Price, e em 11 de novembro ele a capturou, depois de elaboradas negociações, empregando como intermediário Gene Hovis, um chef que às vezes usava o sobrenome Peterson ("aquela mulher Peterson", seus amigos o chamavam) e que por acaso era íntimo de vários artistas.

Mas, enquanto os relacionamentos sociais de Andy melhoravam, sua situação financeira se deteriorava. Em 1961, os ganhos com arte comercial de Warhol caíram por causa da sua concentração nas belas-artes. Ainda assim, ganhou líquidos quase US$ 57.000, o equivalente a meio milhão de dólares atualmente. Os anos I. Miller tinham acabado, Miller tendo decidido fazer anúncios com fotografias. O principal cliente de Andy era agora Bonwit Teller, para quem ele faturou mais de US$ 10.000 em trabalhos (quase tanto quanto Miller tinha lhe pago). Ele também fez ilustrações para *Harper's Bazaar,* Blue Note Records, Tiffany, *Dance Magazine, Life e Glamour.*

Embora Andy tivesse alguns novos amigos, como De Antonio e o crítico de arte Gene Swenson, ele ainda passava a maior parte do tempo com sua antiga turma. Por intermédio de Jarry Lang, famoso na subcultura pelos figurinos de lantejoulas que vestia em festas *drag* e musicais, Andy desenvolveu gosto pelo rock and roll no fim de 1960. Os ídolos adolescentes – Bobby Rydell, Frankie Avalon e Fabian – eram uma variação das personagens femininas e estrelas que ele idolatrava nas revistas de Hollywood.

Lang trabalhava na editora de Elvis Presley, Hill and Range, e presenteava Andy com compactos. Andy sempre implorava por mais – ele os adorava, disse a Lang. Swenson, um visitante no início de 1961 no 1342 da Lexington, lembra-se de ouvir "Poetry in motion", de Johnny Tillotson, um grande sucesso. De acordo com o agente de publicidade Danny Zarem, que conheceu Andy mais tarde naquele mesmo ano, "todos íamos para a casa do Andy nos domingos à tarde porque ele tinha os pequenos compactos que os DJs possuíam. Ele os colecionava. Meu amigo Jimmy Yorke, ou Ted Carey, disse: 'Vamos para a casa do Andy' porque ele tinha toda música que não conhecíamos".

Mas a grande obsessão de Warhol era sua aparência. Apesar da sua autoconsciência, ele estava sempre ávido por ser fotografado. Uma grande exclamação pontua o dia 17 de setembro em sua agenda. Estavam tirando uma fotografia sua, e fotografias eram prova da visibilidade, marcas literais da sua presença e progresso. (Como ele disse certa vez em uma entrevista, "é muito difícil olhar no espelho. Não há nada lá".) A série resultante de fotografias tiradas por John Ardoin (mais tarde crítico de música clássica do *Dallas Morning News* e biógrafo de Maria Callas) revela um Andy posando de blazer abotoado do lado de fora do Serendipity.

Andy diante do Serendipity, 1961

Ardoin tinha um amigo chamado John Kloss, um designer de lingerie, que vivia em Coenties Slip. Bobby Clark, amante de Kloss, era um jovem pintor que tinha mudado seu sobrenome para Indiana. Uma noite, antes de

1961, Ardoin apareceu no loft de Kloss com Andy. "Warhol certamente não veio para *me* ver", relembra Indiana – ele apenas dividia a casa com Kloss –, mas dentre todos os presentes foi Indiana quem se tornou também um importante conspirador da arte pop com Warhol no início da década de 1960. Os dois pintores batalharam juntos para encontrar um marchand.

O fato de Warhol estar sendo apresentado a outros gays bem-sucedidos era um indício da sua aceitação naquele mundo. O pintor Ellsworth Kelly, que conheceu Warhol em algum momento antes de 1960, conheceu-o não como artista, mas por meio da rede gay de boatos, como "alguém que era interessado em arte". Ele se lembra de ver Andy na abertura do Museu Guggenheim em outubro de 1959. "Andy estava vestido com um terno escuro, camisa branca e gravata, muito gracioso. Depois, algumas pessoas – pode ter sido Robert Fraser, mais tarde um bem conhecido marchand inglês e criador de escândalos – estavam conversando sobre ir a um bar frequentado por sadomasoquistas e Andy disse: "Oh, posso ir também? Eu quero ir!".

Mas a aceitação social entre a elite gay não era o bastante. Andy estava ficando impaciente. Embora ele fosse, afinal, apenas um pintor iniciante – começara a pintar seriamente havia apenas alguns meses –, estava colocando pressão sobre si mesmo para conseguir uma galeria.

Um sábado, mais provavelmente no fim de setembro, Ted Carey, John Mann e Andy Warhol seguiam seu caminho pela avenida Madison e resolveram parar na Galeria Castelli. Karp cumprimentou Carey e Mann pelo nome, não se lembrou do terceiro homem – "o homem com um estranho cabelo branco", como Karp o chamou – como a pessoa que ele tinha visto antes na companhia de Carey e Mann.

Como Ivan frequentemente fazia com Carey, a quem conhecia e de quem gostava, ele o convidou para a sala dos fundos. "Tenho algo que acho que vai lhe interessar", ele disse. Os outros os seguiram. Como Karp se lembra, o homem com o estranho cabelo branco não dizia nada, Carey e Mann é que falavam. Chegando às prateleiras, Ivan tirou *Garota com bola*, de Lichtenstein.

De acordo com Karp, "o homem com o estranho cabelo branco disse 'Ohhh!'".. "Ele falou 'Ohhh! Eu faço trabalhos exatamente iguais a esse!'", com a voz baixa, magoada.

"Não há dúvida de que Andy ficou absolutamente assombrado, surpreso", de acordo com Mann. *Garota com bola*, tão estranhamente similar às suas próprias pinturas (a de Lichtenstein era baseada em um anúncio de jornal para um resort em Poconos), confirmou que ele estava no caminho certo – ela não estava ali, na Galeria Castelli, centro do universo? No entanto, Lichtenstein tirou-o do caminho, suplantou-o, e ia ficar com o crédito.

O sentimento de vitimização de Andy começou a funcionar de imediato. Lichtenstein tinha roubado suas ideias, lamentou-se assim que ele e seus amigos estavam na calçada. Evidentemente, devido ao equívoco de que Lichtenstein havia feito trabalhos em vitrines na rua 57, Andy gritava sobre como "aquele vitrinista" tinha visto suas pinturas na Bonwit Teller e o roubado.

Na realidade, apesar de vigorosas, como eram algumas pinturas de Warhol, elas eram experimentais e incoerentes se comparadas às de Lichtenstein. "Andy viu que o trabalho no qual estava empenhado não ia realmente dar certo", relembra Mann. Mesmo se Warhol não reconhecesse que as pinturas de Lichtenstein eram, como disse mais tarde Henry Geldzahler, "mais consistentes, mais claras e mais daquilo que pensamos como pop", o fato era que Lichtenstein estava sendo considerado por Castelli enquanto Andy, não.

A primeira exposição da Galeria Castelli no outono era sempre coletiva, uma chance para os artistas mostrarem seu trabalho de verão. Em 22 de setembro, novas pinturas e esculturas de Johns, Rauschenberg, Stella, John Chamberlain, Lee Bontecou e outros foram montadas. A exposição já estava pronta quando Karp persuadiu Castelli a acrescentar *Garota com bola*. A primeira exibição do *blitzkrieg* de quadrinhos de Lichtenstein originou uma grande agitação entre os artistas de Castelli.

"Aquela pintura foi considerada uma intrusão abjeta", relembra Karp. "Muitas coisas desagradáveis foram ditas. [O artista abstrato e aficionado de carros] Sal Scarpitta foi o único, me lembro, que disse: 'Ei, isso aqui é uma espécie de acontecimento estranho, um ponto morto'." Considerando a antipatia de Johns e Rauschenberg ("Leo os respeitava totalmente", de acordo com Karp, "se eles desprezavam algo, ele não o mostrava), é surpreendente que *Garota com bola* tenha sido exibida. Uma vez que estava pendurada, Karp teve de argumentar para mantê-la ali. "'Acho que talvez devamos tirá-la', Castelli murmurou. 'Deixe-a aí, Leo', eu disse, 'só vai criar mais energia criativa.'" Não apenas *Garota com bola* ficou pendurada, mas foi comprada pelo arquiteto Philip Johnson. Nesse ínterim, vários marchands se ofereceram para expor Lichtenstein, que estava tentando usar o entusiasmo deles como moeda de troca com Castelli.

A curiosidade de Ivan Karp foi despertada pelo seu encontro inicial com Warhol, e logo depois ele visitou o 1342 da Lexington, que descreveu como tendo "uma espécie de densa atmosfera vitoriana". Andy esforçava-se para esconder toda evidência do seu trabalho comercial. "Uma vez que ele não sabia nada sobre mim, não havia sentido em trazer à baila meu passado na publicidade", Warhol escreveu mais tarde – isso já o tinha magoado com Johns e Rauschenberg. Julia não era tão fácil de esconder: "Havia um barulho na parte de baixo", relembra Karp, "e Andy olhou para mim. 'Oh', ele disse, 'é a minha mãe. Ela mora lá embaixo, cozinha para mim, faz todo tipo de coisa.' Eu disse: 'Você não quer apresentá-la?'. Ele respondeu: 'Oh, ela não quer ser importunada'".

"Fisicamente, ele era singular. Sua pele era incrivelmente branca. Apenas um emaranhado de cabelo em um rosto branco, com uma tez irregular. Não era tão magro naquela época – logo depois começamos a sair para comer e ele mostrava ter um bom apetite." Karp não deixou de notar que seu anfitrião se mantinha nas sombras; isso o deixou inquieto até que começou a ver que Warhol sentia-se muito desconfortável com sua aparência.

Enquanto isso, o aparelho de som estava tocando o mesmo rock toda hora, tão alto que Karp tinha de se esticar para a frente para ouvir os murmúrios de Warhol. Karp começou a balançar e a dançar no ritmo. Embora um pouco surpreso com a dança de Karp, Andy gostou. Na realidade, gostou de Ivan de imediato.

"Quando entrei no seu estúdio naquele dia", Karp se lembra, "ele não sabia se o que estava fazendo era arte ou não." A primeira impressão de Karp foi de "um monte de cor e aspectos vívidos e muitas figuras. Devia haver vinte ou trinta pinturas encostadas na parede". *Nancy* imediatamente o intrigou, assim como um *Dick Tracy* e um *Antes e depois*. (Andy estava aparentemente preocupado que seu quadro sobre a reconstrução de um nariz pudesse ser interpretado como antissemita e perguntou a opinião de Karp.)

Karp rapidamente viu que os trabalhos se dividiam em dois grupos: os realistas e os que parcialmente continham gotas. "Eu estava sendo um pouco arrogante e lhe perguntei: 'Por que você faz esses salpicos?'." Andy respondeu que estava preocupado que o público não aceitasse algo sem nenhum enfeite. Apontando para *Nancy*, Karp disse: "'Essa é uma pintura maravilhosa, mas as gotas são genuínas?'. Ele respondeu: 'Oh, mas você tem de gotejar, não tem?'". Lichtenstein não fazia isso, Karp lembrou-lhe. Poucos dias depois, Karp recebeu um pacote amarrado com uma grossa fita vermelha. Dentro estava *Nancy*, com uma nota: "Andy Warhol out. 61 para Ivan Karp. Obrigado pela pedra". (Ivan tinha dado a Andy um entalhe ornamental de uma das coletas da sua Sociedade Anônima de Artes.)

Algo estava no ar, como Karp foi um dos primeiros a intuir. Era o que ele reconheceu como "aquela sensação sentando-se-na-cama" – um movimento aglutinando-se diante dos seus olhos. Logo após sua visita ao 1342 da Lexington, ele estava comendo no restaurante Sloppy Louie, na rua Front, quando um jovem se aproximou, perguntando: "Você não é o sujeito que salva as pedras antigas dos prédios?". Karp disse que era. "Tenho quatro belas pedras antigas", o jovem ofereceu. "Você gostaria delas? Eu podia usar o dinheiro." Ele levou Karp até o seu apartamento, que acabou se revelando o estúdio de um pintor. Na parede estava uma pintura de tamanho razoável, cujo poético surrealismo era diferente da banalidade das suas três imagens verticalmente empilhadas: um monte de espaguete que não despertava o apetite, uma mulher sussurrando no ouvido de um homem e a frente de um carro antigo. O artista era James Rosenquist e ele tinha acabado de intitular a pintura: *Eu te amo com meu Ford*. Karp não conseguia acreditar. "Ali estava esse cara, com essas pinturas, exatamente como as outras que eu estava vendo. Sentia-me como se estivesse ficando louco, estava realmente trêmulo. Lembro-me de escrever no meu diário: 'Não posso acreditar no que está acontecendo!'. Tinha um sentimento de *excitação incrível* dentro do espaço da minha vida até aquele ponto. 'Há continuidade aqui!' Eu gritava para as pessoas: 'Esses artistas nem mesmo conhecem uns aos outros! Deve ser uma atmosfera, uma atmosfera nacional!'"

Karp estava extasiado, mas para Warhol as coisas iam de mal a pior. Em outubro, Roy Lichtenstein se uniu à Galeria Castelli e lhe foram dados US$ 400 a título de vínculo e uma exposição, programada para fevereiro de 1962. Lichtenstein, Rosenquist, Tom Wesselmann, Jim Dine, Claes Oldenburg, Robert Indiana, Richard Smith – todos pareciam a Warhol que estavam sendo notados, exceto ele.

Um cheque de US$ 50, com data de 23 de novembro de 1961, nos arquivos do Museu Andy Warhol, revela um momento crucial na história da arte moderna – e sugere que a ruptura de Warhol na realidade envolveu uma apropriação dupla.

Incapaz de se redirecionar após o choque de ver o trabalho de Lichtenstein um mês antes, Andy vagava pela antiga biblioteca em sua casa. Meditava, perturbando Mann e Carey em busca de uma solução. De acordo com Mann, ele estava "absolutamente desesperado". Uma passagem em *POPism* distorce seu estado mental. Com uma jovialidade que ele provavelmente não estava sentindo, Warhol escreve: "Foi em uma daquelas noites, quando pedi sugestões a dez ou quinze pessoas". Dez ou quinze pessoas? Sob a superfície vistosa do tom cool de *POPism* está a sensação de alguém fora de controle.

Naquela tarde, Muriel Latow recebeu um telefonema de Ted Carey. Andy o estava levando (e também Mann) à loucura, disse Ted. Ele não parava de perguntar onde estava Muriel, queria arrancar o cérebro dela. De mau humor – os negócios na sua galeria estavam ruins –, Latow se uniu a Ted e John para um jantar. "Então", ela disse, "fomos para aquela casa melancólica, subimos as escadas e entramos no estúdio dos fundos, de Andy, e ele me disse: 'Só me diga o que pintar'. Eu lhe disse que custaria US$ 50."

Latow insistiu que ele preenchesse o cheque primeiro. Segundo Mann, "Andy hesitou e ficou gemendo do seu jeito miserável e confuso", mas no fim acabou tirando o talão da Andy Warhol Empreendimentos, preencheu um cheque de US$ 50 para Latow, arrancou-o do talão e o entregou a ela.

"Agora me dê uma ideia fabulosa", ele disse.

Como Latow relembra, ela lhe pediu que pensasse na coisa mais comum, cotidiana, instantaneamente reconhecível que pudesse. Algo como uma lata de sopa Campbell's – na verdade, por que não uma lata de sopa

Campbell's? Ele poderia pintá-la com diversas variações. A única pergunta dele, Latow disse, foi: "De que tamanho?". Latow propôs que elas tivessem a altura dela – ela tinha 1,72 m – e disse-lhe: "Faça-as tão alta quanto eu".

A recordação de Mann sobre a noite foi muito diferente da de Latow. Muriel, ele disse, começou sondando Warhol, perguntando-lhe do que ele gostava e, em certo momento, do que ele não gostava. De acordo com Mann, "se você fizesse a Andy uma questão como aquela, recebia uma resposta bem petulante, algo sem pensar. E, como me lembro, ele disse: 'Odeio fazer compras em mercados'". Como se descobriu, a sra. Warhola frequentemente pedia a Andy para sair e comprar algo. "Então Muriel levou-o mentalmente a uma loja do A&P, e percorreram os corredores. Foi tudo muito indiferente e irreverente da parte de Andy. Logo eles chegaram às sopas Campbell's, e Andy disse que ele as odiava também. Disse que sua mãe as fazia todo dia para o almoço e depois de todos aqueles anos era como um "Oh, mãe, *de novo*?".

De qual sopa Campbell's, em particular, ele não gostava? Todas elas, ele respondeu. Nesse caso, sugeriu Latow, por que não dar um pulo lá, comprar uma de cada e pintar todas? Segundo Carey, "no dia seguinte Andy foi ao supermercado [...] e [comprou] uma caixa com todas as sopas". Mas, na verdade, Warhol, como de costume, pintou as latas não do mundo real, mas no de imagens já existentes: um anúncio de revista, um item de papelaria corporativa da Campbell's que ele conseguiu, e as fotografias de estúdio de Ed Wallowitch.

O primeiro tema famoso de Warhol não o atingiu de imediato como uma epifania. Sua decisão de pintar a lata de sopa refletiu, entre outras coisas, sua fé em Muriel Latow. Ele escolheu o tema não por nostalgia da infância nem porque ela personificava a realidade banal que ele presumivelmente amava. Warhol era inteligente, mas em um sentido prático, estratégico – "esperteza caipira" é a frase que se ouve continuamente de seus amigos e conhecidos –, e foi rápido para apreciar o logo da Campbell's como uma peça clássica do design gráfico. A lata de sopa era a solução ideal para a sensibilidade ambivalente de Andy. Ela fundia sua paixão por "americana", a arte popular – a marca Campbell's tinha uma qualidade artística popular –, mas ampliada e pendurada em uma galeria de arte também seria provocadora o suficiente para chocar e atrair a atenção para si mesmo como um artista *avant-garde*. (E não incomodava que a imagem da lata em si também lembrasse as latas de cerveja Ballantine de Jasper Johns, exibidas na Castelli em 1960.)

Latow se lembra de sugerir outro tema a Warhol: dinheiro. Desenhar dinheiro não era um tema novo para Andy – a sugestão de Latow pode ter simplesmente reacendido a ideia. Em uma entrevista de 1978, Ted Carey se lembra de Latow dizendo a Andy, na mesma noite, para pintar tanto latas de sopa quanto dinheiro. O relato de Warhol em *POPism* faz eco a Carey – Andy entrevistou seu velho amigo para o livro e provavelmente baseou seu relato no de Carey –, mas rebaixa Latow a uma anônima "amiga" que sugere apenas dinheiro, não as latas de sopa. (Andy, obviamente, não reconhece que o dinheiro trocou de mãos.) A bem conhecida franqueza de Warhol sobre a sua prática de discutir ideias era seletiva – que ele também *pagasse* por elas era mais do que se dispunha a revelar, como o papel de Muriel Latow no nascimento das latas de sopa. Por volta do fim da década de 1970, quando *POPism* foi coligido, as latas eram talvez muito canônicas, fundamentais para a própria imagem de Andy, para que ele cedesse crédito por sua inspiração.

Não muito tempo depois que Warhol terminou as pinturas das latas de sopa Campbell's, em 1962, Muriel trocou Nova York pela Grécia, onde ela viveu até a junta militar de 1967*, quando se mudou para a Inglaterra. Ela se transformou em Roberta Latow, autora de mais de uma dúzia de lascivos romances de amor e intriga, e morreu em 2003.

Um de seus livros, *Cheyney Fox* (1990), trata das suas experiências no mundo da arte. A voraz protagonista de cabelos soltos é a própria Latow, Timothy Hennessy é "Christopher Corbyn", Ted Carey e John Mann são "Tom e Paul", enquanto Warhol e outras celebridades aparecem como eles mesmos. Um despudorado caça-níqueis, *Cheyney Fox* todavia se eleva acima do gênero em vários pontos, tais como os encontros de Cheyney com Warhol, "um dos estranhos naturais da sociedade", que "suspirava pateticamente quando Cheyney apertava a sua flácida mão branca". Visitando sua "casa cheia de coisas, umas sobre as outras", Cheyney diz: "'Andy, você vive em um armazém'. Confuso, olha ao redor como se o visse pela primeira vez". Na galeria de Cheyney, Warhol "comprou um

* Golpe militar na Grécia, em 21 de abril de 1967, liderado por um grupo de coronéis. (N. E.)

quadro e ficou se questionando se foi ou não um bom investimento".

Ele leva Cheyney, Tom e Paul a uma frenética farra consumista, cujos detalhes dificilmente poderiam ter sido inventados: "a constante reafirmação de que ele tinha necessidade de que cada compra fosse uma pechincha [...] as chamadas telefônicas para sua mãe para que aceitasse os pacotes enviados por táxis e vans (um item até vai de *scooter*), a fim de que tudo estivesse esperando por ele em casa". No estúdio de Claes Oldenburg, Andy fica "puxando Cheyney de lado e dizendo: 'Eu podia ter feito aquilo, que vai torná-lo famoso. É o que eu devo fazer? Um *cupcake*, talvez? Devo comprar um? E se eu não comprar e ele ficar famoso? Você, que é uma marchand, compraria um? Por que não compra um? Por que o Tom está comprando um?'. Ele parecia surpreendentemente confuso e infeliz". As passagens sobre Warhol, embora em partes, têm elo com a verdade até na exclamação favorita de Andy no começo da década de 1960, um prolongado "Faabuloso!".

Com a sopa Campbell's, Andy engatou seu vagão a um ícone instantaneamente reconhecível. A Campbell's, com seu famoso rótulo da virada do século, tinha um alto nível de reconhecimento como um dos principais produtos da cozinha norte-americana e prateleiras de supermercados. À parte sua aura de tradição, a lata de sopa continha uma fartura de virtudes gráficas: a simplicidade de sua forma, o rótulo com faixas em vermelho e branco, a flor de lis dourada. Foi o primeiro produto que Warhol pintou com cor, e com isso Andy subiu suas apostas – estava se mudando para o mainstream.

Há quase quatro dúzias de telas de sopa Campbell's ao todo (e uma escultura, uma espécie de protótipo das caixas Brillo de 1964). Foram feitas não mais do que do fim de novembro de 1961 a março de 1962. Georg Frei e Neil Printz, editores de o *Catálogo raisonné* de Andy Warhol, dividem as pinturas de lata de sopa em três categorias: pequenas – "retratos" de uma única imagem, incluindo a famosa série *32 latas de sopa Campbell's*; três grandes pinturas de latas de sopa arranjadas em filas – uma com duas centenas de latas, duas com uma centena; e a dúzia e meia de "naturezas-mortas" naturalísticas, menos severas, mais convencionalmente agradáveis do que o resto. *Arroz e tomate*, completa, com hachuras e gotas expressionistas, foi indubitavelmente a primeira tela Campbell's. Ela mantém uma forte semelhança com uma pintura antiga, *Pêssegos em calda Del Monte*, na qual Andy experimentou com outra marca doméstica, mas deve ter logo compreendido que à Del Monte faltava a estatura icônica da Campbell's.

Se não foram tão desafiadores quanto os quadros de tiras de quadrinhos de Lichtenstein, as latas de sopa Campbell's foram concebidas como um ato de irreverência, no mesmo espírito da *Mona Lisa* com bigode de Duchamp. "Tolos!", o gesto advertia os "ex-expressionistas abstratos" e seus defensores, "essa pequena e irônica lata vai derrubar toda a sua seriedade, seus borrifos de tinta histriônicos, sua postura *Sturm und Drang*!". "A exposição de Johns na Castelli em 1958", disse William Wilson, "pareceu sinalizar o início de uma corrida entre os artistas, em uma multiplicação de indiferença."

Mas Andy, de forma astuta, virou a mesa nesse ponto de vista elitista, assumindo o que ele supostamente deveria desprezar. Assim como bem percebeu que oferecer uma lata de sopa Campbell's como uma obra de arte era uma óbvia ironia, também a viu claramente como a glorificação do banal. A apresentação inexpressiva de um produto de supermercado em uma galeria de arte tinha o toque adicional de turvar a linha entre arte e comércio. Galerias de arte negociam em mercados, dizia a lata de sopa, um argumento compreendido e trabalhado por Allan Kaprow em 1989: "Ao oferecer à venda imagens infinitamente reproduzíveis de latas de sopa Campbell's ou caixas Brillo, [Warhol] sublinhou o papel mercantil da arte e implicitamente minou o tradicional romance de pureza espiritual do artista".

Os gostos particulares de Warhol podem ter sido aqueles de um esteta não conformado dos anos 1950, embora tivesse desenhado sapatos como sustento (e muitos outros produtos), ele poetizou, *negou* sua cotidianidade. Seu estilo pop, exemplificado pela lata de sopa, embora amplamente considerado um movimento calculado – um salto de última hora em um vagão que estava ameaçando sair sem ele –, na verdade sincronizou-se perfeitamente com sua paixão despudorada pela cultura de consumo.

A lata de sopa, apresentada tão descaradamente e sem crítica por Warhol, revelou um submundo genuinamente americano de energia impetuosa e beleza vistosa. Foi, como o filósofo/crítico de arte Arthur Danto escreve, uma reversão fascinante de valores: "Em um cruzamento em alguma cidade americana, esperando que me pegassem", ele relembra, "havia pátios de carros usados em duas esquinas, com conjuntos de flâmulas de plástico flutuando ao vento e frágeis placas proclamando negócios imbatíveis, preços malucos, pechinchas insanas. Havia um enorme posto de gasolina *self-service* em uma terceira esquina, e um supermercado na quarta, com placas na vitrine anunciando promoções de Del Monte, Cheerios, manteiga Land O'Lakes, patos de Long Island, Velveeta, Sealtest, Chicken of the Sea... Sons estridentes de música saíam das janelas dos carros. Fui educado para odiar tudo isso. Teria considerado intoleravelmente estúpido e vulgar quando estivesse me desenvolvendo como esteta... Mas pensei: meu Deus. Isso é simplesmente extraordinário!".

Se os artistas das classes média e alta e os críticos eram ambivalentes (irônicos) em relação à cintilante produção do capitalismo, era porque sempre estiveram em uma posição que considerava normal essa existência na vida deles, sua fácil acessibilidade. Warhol não era ambivalente, por pouco que seja, em relação à cultura ou aos produtos de massa. "Os outros artistas pop representavam coisas comuns", disse Ivan Karp em 1964, "[mas] Andy é, em certo sentido, uma vítima das coisas comuns: ele genuinamente as admira", com o ardor despudorado da classe baixa, sejam estrelas de cinema, sejam produtos de prateleiras de supermercados.

De acordo com o amigo de Andy, o crítico de arte Mario Amaya, no que diz respeito à comunidade gay de Nova York, o uso das latas de sopa Campbell's por Andy era puro *camp*. Mas a ideia do *camp* como meio de enviar mensagens subversivas não era restrita aos homossexuais. A técnica foi um esteio do modernismo. O deslocamento do comum para outros contextos, bizarros, era um ingrediente integral do dadá e do surrealismo. Além disso, a tática de chocar do surrealismo posteriormente iria guiar as surpreendentes justaposições de imagens e textos da publicidade.

Críticos que se queixaram da inescrutabilidade inexpressiva do pop ou do seu aparentemente insensato endosso do consumismo não entenderam a piada. Andy via as imagens que tirava do jornal como tolas e vazias, exemplos lúdicos da mentalidade mercantil americana enlouquecida.

O pop foi uma experiência de conversão para Andy, como seria para aqueles que viam suas pinturas. Uma vez que você a "entendesse", sua maneira de ver o mundo mudava – objetos previamente invisíveis cresciam até aparecer no foco. Caixas de detergente dançavam nas estantes dos supermercados, anúncios se transformavam em surrealismo comercial diante de seus olhos e tiras em quadrinhos ganhavam vida vertiginosa.

Comentários sobre a beleza do cotidiano começariam a aparecer no discurso de Andy na primeira metade de 1962 e tornaram-se comuns a partir de então: "A arte pop é uma maneira de gostar das coisas", "Todas as Coca-Colas são o mesmo e todas as Coca-Colas são boas", e assim por diante. O pop foi uma pose que ele adotou no sentido de que pop *é* uma pose, um fingimento, uma atitude que está sempre com pontos de exclamação. Tornou-se uma segunda natureza para ele.

Por volta de dezembro, Warhol estava de volta ao trabalho. Ivan Karp estava promovendo Andy de forma tão entusiástica que repetidas vezes lhe perguntavam: "Se ele é tão bom, por que *você* não fica com ele?". Mas a Galeria Castelli já tinha deixado passar. Todavia, Karp levou seu chefe para a casa de Warhol em dezembro. Não apenas Castelli considerou o trabalho muito similar às pinturas de Lichtenstein (pelo qual ele ainda estava sendo criticado por seus outros artistas), mas ficou "claramente desconcertado", lembrou Karp, "com o jeito de Warhol". Castelli comprou duas pequenas latas de sopa Campbell's, mas foi só para suavizar o golpe. Ele não queria esse artista. Entretanto, por sorte, a terceira e mais influente entre as pessoas mágicas que ajudaram Andy estava prestes a entrar em cena.

Como muitos clientes do mundo da arte de Nova York faziam desde antes da Primeira Guerra Mundial, Ivan Karp passava os verões em Provincetown, onde dirigia uma galeria sazonal. No verão de 1960, um jovem gorducho, com rosto oval, sem queixo e ar autoritário, apareceu na casa de Karp. Seu nome era Henry Geldzahler. Ele tinha acabado de ser contratado pelo programa de doutoramento em História da Arte de Harvard por US$ 5.000 ao ano como curador assistente no Metropolitan Museum of Art. Após algumas gentilezas, foi direto ao ponto. "Diga-me tudo que você sabe sobre o mundo da arte", pediu a um espantado Karp.

Divertido e surpreso, Karp achou enternecedor o modo de rir do sujeito às suas próprias pretensões. Karp submeteu-se a meia hora de interrogatório – e como ele diria mais de quarenta anos depois: "Eu trouxe Henry ao mundo".

Para dramatizar quanto Geldzahler foi influente no mundo da arte da época, Peter Schjeldahl escreveu, por ocasião da morte de Geldzahler, em 1994: "Imagine o mundo da arte dos últimos trinta anos como uma festa. Lá, perto do centro, está Henry". A época de Geldzahler foi em meados da década de 1960 e, tanto quanto qualquer outra pessoa, ele a personificava. Em alguns anos, a atenção da mídia de massa transformou o que tinha sido uma comunidade minúscula, indissoluvelmente boêmia, em uma *cena artística* glamorosa, pródiga, internacional, subitamente tão consciente de si própria e quase tão direcionada às tendências quanto o mundo da moda. Nesse meio, Henry Geldzahler criou a impressão de ser, e em grande parte realmente era, o operador mais eficaz da cena, embora ainda muito jovem. "Nunca julguei nenhum artista como jovem", ele disse anos depois, "porque todos eles eram mais velhos do que eu."

Henry Geldzahler

Henry e Andy foram apresentados por Karp, mas eles provavelmente teriam se encontrado de qualquer forma. Durante cinco anos, de 1961 a 1966, Henry e Andy foram grandes amigos. O barrocamente verborrágico Henry e o reticente Andy eram como uma dupla de personagens saídos diretamente de uma peça de Pinter – os papéis que desempenhavam em público eram o do ventríloquo e do boneco.

Os cargos de Geldzahler do começo até meados da década de 1960 – curador assistente, depois associado, de pintura e de escultura americana, no Metropolitan – eram, como Karp, tangenciais ao seu papel autodesignado. Ele era "a conexão, o sujeito afável que unia os múltiplos e amplamente separados círculos do mundo da arte: artistas, marchands, grupos de madames, colecionadores, mantenedores de museus, colunáveis", proclamava um perfil da *Life* em 1966. "Ele podia encontrar uma galeria para um pintor, um museu para uma galeria, um crítico para um museu, e um público para um crítico", escreveu Frances Fitzgerald um ano depois no *Herald Tribune*, julgando que a influência de Geldzahler era superada apenas pela de Clement Greenberg e pela do Museu de Arte Moderna (MoMA).

"Quando o víamos virando a esquina", disse um dos principais marchands da década de 1960, "praticamente desenrolávamos o tapete vermelho até a calçada e o esperávamos de joelhos." O mesmo podia ter sido dito de Karp. Mas não havia nada pomposo em relação a Henry ou a Ivan. Ambos transmitiam a mesma energia contagiosa, o sentimento de que tudo estava inerentemente conectado, e que eram eles que a conectavam.

Refinado mas também moderno – um consumidor de maconha que, por volta de 1965, tinha experimentado uma grande variedade de drogas –, Henry mantinha-se atento às novidades, não apenas em arte, mas nos reinos acima ou abaixo dela. De acordo com Patty Mucha (Patty Oldenburg na década de 1960, quando estava casada com o artista pop), "Henry era engraçado, cheio de energia". "Ele parecia um pequeno bebê fumando charutos. Ensinou-me piadas de judeu – ele tinha de explicá-las para mim [uma nativa de Milwaukee]. Dizia 'Meu filho, o doutor...', e eu não sabia por que aquilo era engraçado."

Geldzahler tinha a fala arrastada, baixa, neo-oxfordiana, de nova-iorquino de classe alta, mesmo que fosse da primeira geração de fora do gueto polonês. Uma criança extremamente brilhante com baixo nível de concentração (quando adulto foi diagnosticado como tendo déficit de atenção), foi um garoto com conectividade extraordinária. Ele gostava de contar como, aos quinze anos, tinha ido a uma exposição de pinturas de Arshile Gorky: "Fiquei três horas, fui para casa, vomitei [e] dormi por dezoito horas". Depois disso, resolveu se tornar um curador. Um curador! Quantos adolescentes fantasiam em se tornar um curador? Não importa que a história tenha um sopro de automitificação, era tudo parte do charme de Henry. Ele tinha a autoconfiança peremptória de um *performer* carismático, mas faltava-lhe a *Sitzfleisch** necessária para converter sua conversa cativante em sentenças escritas. Christopher Scott, amante de Geldzahler de 1965 até o início da década de 1980, criou um projeto para ajudar Henry a desenvolver sua escrita prosaica. Por fim, atingiram o que Scott chamou de "estilo beletrista de Henry", que pulava despreocupadamente de um tópico para outro. No entanto, se tivesse sido um escritor intelectual mais completo, certamente não teria cultivado tal personalidade social fluida – e, como teórico acadêmico, dificilmente teria sido muito útil a Andy.

De acordo com Karp, "ele não era excessivamente sério a respeito de tudo isso... "Henry adorava o mundo físico, adorava comida e companhia, adorava sua sexualidade e era imensamente aberto em relação a ela. Mas era um intelectual limítrofe. Tinha uma personalidade superficial, era muito respeitado – respeito que provavelmente não merecia." (É difícil não notar na hostilidade de De Antonio e Karp em relação a Geldzahler um pouco de ciúme: cada um deles via a si próprio como o arquiteto da carreira de Warhol.)

Calvin Tomkins, em um perfil de Geldzahler para a *The New Yorker* em 1970, notou que "nunca em sua vida ele viu nenhuma razão para ficar insatisfeito consigo mesmo". Henry transpirava tanta autoconfiança que ninguém imaginaria que ele tivesse passado boa parte da sua vida em tratamento contra depressão. De acordo com Mark Lancaster, um jovem estudante de arte inglês que estava visitando Nova York no verão de 1964, "Henry era *muito* neurótico. Tinha medo de tudo e ao mesmo tempo nem sonhava que qualquer pessoa pudesse suspeitar disso. E passou toda a sua vida circulando, acompanhado as coisas. Queria que todo mundo soubesse que ele conhecia coisas que elas não conheciam". Lancaster se lembra de ir ao Downey's, um restaurante popular na época, com Geldzahler, e sentar-se de frente para a área externa, para os outros frequentadores. "Oh, Mark", disse Geldzahler,

**Sitzen*= sentar, *fleisch*= carne. Figurativamente, a habilidade para suportar ou realizar uma tarefa, uma atividade etc. (N. T.)

"deixe-me sentar aí, as pessoas esperam me ver aqui." Por outro lado, ele não ficava tranquilo com suspeitas de fraude. Em um ensaio sobre o filme de Warhol de 1964, *Henry Geldzahler*, Henry reconheceu "que [a] *persona* básica na qual ele podia ser encontrado era a de um menino imperador, cheio de si e de ilusões".

A imagem de Geldzahler como gay resolvido é obviamente simplificada. Sua homossexualidade, ele escreveu em um diário que manteve quando tinha 21 anos, era "realmente um tanto revoltante para mim [...]. Estou cada vez mais convencido de que irei logo me dedicar a uma existência heterossexual [...]. Claro, vai sempre haver alguma recaída [...] mas, como os Alcoólicos Anônimos, vou ter de aprender que é a primeira gota que é perigosa". Determinado a não deixar que sua homossexualidade restringisse o seu vasto círculo de contatos, como muitos gays da época, Geldzahler cogitou casar-se. Em 1958 ele estava comprometido, se não inteiramente convicto, com a artista Mimi Gross. Anos mais tarde, depois do divórcio de Gross com Red Grooms, Geldzahler gostava de referir a si mesmo como "primeiro marido" dela.

Diferentemente de Warhol, Geldzahler era capaz de rir da sua aparência gorducha e desgrenhada – o que não o impedia de ter uma vida sexual ativa. Segundo John Mann, "Henry era um gorduchinho *camp* que perseguia rapazes".. De acordo com De Antonio, "[Geldzahler] mantinha um teste do sofá para pintores atraentes [...]. Ele via obras de jovens todos os dias. Escolhia os mais atraentes para si mesmo". Em fotografias da Factory de meados da década de 1960, Geldzahler aparece comicamente incongruente com seu terno e gravata, roliço, com as maçãs rosadas, entre drogados esqueléticos.

A relação de Warhol e Geldzahler era platônica, nenhum era remotamente o tipo do outro. Warhol tinha atração por WASPS* altos, loiros e magros; Geldzahler era baixo, gordo, míope e judeu. "Os homens de Henry eram todos jovens e convencionalmente sexy", disse Scott. "Henry só estava interessado em corpos perfeitos, caras com músculos." Todavia, Warhol não podia ter sido mais íntimo de alguém com quem ele não compartilhava um mundo de preferências, pressuposições, preconceitos e julgamentos tácitos.

*Sigla em inglês para branco, anglo-saxão e protestante. (N. E.).

Quando Karp levou Geldzahler para o 1342 da Lexington, Andy estava pintando no chão com a TV ligada e sem som. O toca-discos estava no máximo. Henry olhou para Andy, Andy olhou para Henry, e eles imediatamente começaram a rir. "Foi simplesmente mágico", disse Geldzahler, "estávamos em sintonia." O encontro deve ter ocorrido entre o fim de setembro de 1961, quando Warhol e Karp se conheceram, e 19 de fevereiro de 1962, a primeira aparição de Geldzahler na agenda de Warhol.

A decoração no 1342 desagradava a muitas pessoas, mas não a Geldzahler. Warhol o observou registrando cada item "quase tão rápido quanto um computador podia reunir informação", ele se lembra. Geldzahler mencionou a obscura pintora Florine Stettheimer. O Metropolitan, ele disse, tinha suas *Catedrais* na reserva técnica. O Warhol gostaria de ir vê-las? Instintivamente, Geldzahler tinha tocado no ponto certo. Warhol ficou impressionado: "Qualquer pessoa que percebesse, apenas ao olhar ao redor daquela sala, que eu adorava a Florine Stettheimer, tinha de ser brilhante".

Na verdade, foi um palpite bem seguro. Assim como a decoração de Warhol equivalia a um teste de Rorschach para uma sensibilidade cool, os quadros elaborados, formalmente pintados, de Florine Stettheimer, cheios de figuras estranhamente alongadas, e suas cenografias para a ópera de Gertrude Stein e Virgil Thomson, *Quatro santos em três atos*, tornaram-na uma figura *cult*. (Como salientou Wayne Koestenbaum, há similaridades entre a obra de Stettheimer, com suas figuras planas, e as ilustrações de Warhol da década de 1950.)

Warhol e Geldzahler se tornaram quase de imediato o que Warhol descreveu como "amigos-cinco-horas-ao-telefone-vejo-você-no-almoço-rápido-ligue-no-*Tonight-Show*", telefonando para o outro no começo de cada dia e novamente antes de ir para a cama. As conversas "eram sempre, basicamente, Andy me fazendo falar. Ele é um voyeur, com o olho e com o ouvido, e está realmente interessado em ouvir sobre tudo que está acontecendo [...]. Tinha aquela cara inquiridora, enigmática, inocente, e lembro que ele disse: 'Oh, me ensine uma coisa todo dia e então vou realmente saber muito'". O novo amigo de Geldzahler, com seu jeito *faux-naïve*, pode ter lutado com a língua, mas não era um simplório, como Henry logo aprendeu. Contemplando uma série de obras-primas iniciais de Dalí, Andy se virou para Geldzahler e disse: "Jesus, eu me pergunto o que ele teria feito se o seu relógio não tivesse derretido".

Muito do tempo ao telefone era gasto fofocando e armando o próximo passo na carreira de Andy. As conversas ao telefone com Henry podem, em certo sentido ter sido uma continuação dos longos diálogos com Lisanby e Ted Carey, mas Geldzahler também tinha uma imensa utilidade prática para Warhol. Geldzahler disse certa vez que tudo o que se lembrava do começo dos anos 1960 era "ir até Elkon, Janis e Castelli tentando conseguir uma exposição para Andy". O fotógrafo Duane Michals, que se viu sentado em um táxi entre Warhol e Geldzahler depois de uma festa, lembra-se de se sentir "como se estivesse saindo de um comício com uma dupla de assessores políticos: "Você falou com o padre tal e tal? Ele é o líder do voto católico', 'Sim, falei com ele'".

Em entrevistas, Karp e Geldzahler, mais do que intérpretes de Warhol, eram seus dublês. Ao ouvir uma pergunta, Andy fazia um sinal com a cabeça para qualquer um dos dois que o estivesse acompanhando no dia. Quando, impaciente para ouvir a resposta do próprio Warhol, o entrevistador a repetia, Warhol indicava que ele concordava completamente com Henry ou Ivan. "De vez em quando", lembrou-se Geldzahler, "ele dizia sim quando a resposta era não. Eu falava: 'Quando Andy diz não ele quer dizer sim'." No fim de uma entrevista de rádio, o entrevistador agradeceu "ao sr. Henry Geldzahler, do Metropolitan Museum of Art, por estar conosco hoje, e ao sr. Andy Warhol". Warhol imediatamente pegou seu microfone e disse "srta. Andy Warhol", sua única contribuição em toda a entrevista.

Geldzahler descreveu seu relacionamento como uma versão tardia daquele entre os pintores renascentistas e os humanistas "que conheciam as lendas ou sabiam o que era a Antiguidade, e [o artista] se dirigia a um humanista e dizia: 'Esse é um bom tema?', ou o humanista sugeria um. Esse é o tipo de relacionamento que tínhamos".

Mas um dos primeiros exercícios de julgamento de Geldzahler constituiu um espantoso ato de *hybris*. Em algum momento em 1962, ele teve o "delicioso prazer" de destruir dúzias de desenhos de Warhol: "Andy trouxe uma pilha de desenhos à minha casa e então os examinamos e eu rasguei cerca de 80% deles por não terem valor para aparecer no mundo e peguei quinze ou vinte ou trinta que julguei que ele pudesse manter [...]. Era um tipo bem frívolo de ilustração". O que é extraordinário em relação a essa história é a passividade de Warhol.

Por outro lado, várias pinturas de Warhol não teriam tomado forma sem a opinião de Geldzahler. Seu incentivo constante, não importando quantas ideias eram ignoradas, estimularam Warhol, fornecendo-lhe um motivo contra o qual ele podia reagir. Era uma colaboração de trabalho, a mais próxima e mais fértil que Warhol experimentaria.

Quando Andy se sentia vazio, disse Henry, "um dos meus papéis [...] era ajudar a estimulá-lo". Geldzahler várias vezes contou como, no começo da amizade, recebeu um telefonema de Warhol. Era uma e meia da manhã. Warhol insistiu que eles se encontrassem de imediato na Brasserie. Era realmente importante? De pijamas, Geldzahler protestou. Sim, disse Warhol. Gemendo, Geldzahler arrastou-se para fora da cama, pegou um táxi para o restaurante, viu seu amigo sentado a um canto, sentou-se diante dele, e disse: "O que foi?". Warhol olhou para cima e respondeu: "Diga algo". Cômico como era o comportamento de Warhol, Geldzahler compreendeu: "era um grito por ajuda".

O ano teve mais um acontecimento. Irving Blum, o marchand de Los Angeles que tinha examinado o trabalho de Warhol com pouco interesse, mas pessoalmente gostara dele, estava de volta à cidade em dezembro. Fazendo uma visita a Andy, Blum viu pela primeira vez as telas de sopa Campbell's.

"Eu disse: 'Onde estão suas pinturas de quadrinhos?'. Ele respondeu: 'Bem, alguém estava fazendo melhor do que eu', e então ele estava fazendo aquilo agora." Warhol estava "realmente procurando muito uma galeria", de acordo com Blum. "Ele estava desanimado. Falava sobre como era difícil achar uma galeria que o aceitasse."

"Havia somente umas duas ou três latas de sopa, talvez meia dúzia", continuou Blum. "Ele me disse que era sua intenção transformá-las em uma série. 'Você gostaria de exibi-las na Ferus?', perguntei."

Andy respondeu que adoraria.

Capítulo 3

1962

[Eu achava que] ele estava louco. Ele disse "Venha até em casa, quero lhe mostrar algo em que estou trabalhando", e foi quando vi pela primeira vez a sopa Campbell's. Lembro-me de ficar constrangido por causa dele, sabendo quanto ele era bom, pensando "Por que você fez isso?".

— TOM LACY

Nas suas pinturas de 1961, o estilo de Warhol vacilou entre as gotas e as pinceladas do expressionismo abstrato e o estilo simples que caracterizaria a arte pop clássica. Quando o ano terminou, ele continuou a hesitar entre os dois. Enquanto a maior parte das latas de sopa que ele pintou entre o fim de novembro de 1961 e abril de 1962 tinha um estilo simples, outras se voltavam para os anos 1950, tão convencionalmente agradáveis quanto qualquer trabalho comercial de Andy. Em algumas dessas (as chamadas naturezas-mortas), as latas de sopa são pungentemente esmagadas; outras tiveram seus rótulos rasgados, o metal exposto, representado por uma camada delicada. A primeira pintura de uma nota de dólar, do mesmo período, é cheia de dobras e ondulações. Ela até lança uma sombra (como uma das latas de sopa amarrotadas), um meneio de cabeça para a ilusão tridimensional.

A epifania pop de Andy, sua ruptura decisiva com os estilos pictóricos e ilusionistas, surgiu por volta do começo de 1962, quando ele convidou seu amigo De Antonio para ir ao 1342 da Lexington para opinar sobre duas grandes pinturas de uma garrafa de Coca-Cola – uma simples e a outra com gotas de tinta.

"Andy tinha abandonado seu ar casual, quieto", escreveu De Antonio em seu diário, "e era evidente que essa noite era importante." Entre as duas pinturas de Coca-Cola, uma era, na avaliação de De Antonio, "uma obra inicial de arte pop de grande significado", simples e claramente definida. A outra "era a mesma coisa, exceto que estava cercada de hachuras e cruzes expressionistas abstratas [...] eu disse: 'Andy, você não vê que uma é real? É o que é. Uma garrafa de Coca-Cola. A outra é uma garrafa de Coca-Cola da qual você tem medo. Você não tem certeza sobre ela. Então, a cercou de pinceladas como para dizer: *Olhe, isso é arte! Isso é o Andy criando arte!* Queime isso! A primeira é realidade, é a uma ideia nova, é bidimensional como um anúncio [...]. É uma garrafa de Coca-Cola no anúncio que você pintou, não a garrafa de Coca-Cola real'."

Mas nem bem ele se decidiu a uma abordagem consistente, começou a experimentar o processo que o afastaria definitivamente das telas pintadas à mão. Na primeira metade de 1962, Warhol experimentou várias técnicas mecânicas, da pintura à mão e spray com um estêncil até imprimir imagens com um carimbo de borracha. No começo de 1962, logo após as primeiras pinturas de latas de sopa e imediatamente antes das pinturas de notas de dólar, Warhol criou duas séries de pinturas com carimbo: selos verdes da S&H – eram selos que os consumidores de supermercado podiam juntar para resgatar produtos – e selos de correio aéreo. Os mais antigos foram feitos em janeiro de 1962, usando desenhos entalhados em borrachas Art Gum (que ele tinha empregado em seu trabalho comercial). Utilizando as borrachas entalhadas como carimbos, ele fez monoprints em tela e papel com tinta acrílica. Para os selos verdes da S&H ele primeiro pintou um fundo verde ftaleína e carimbou o logo S&H em um verde mais escuro. Em cima, imprimiu um segundo elemento em vermelho. Os pontos brancos foram pintados à mão para estimular perfurações. (Quando o S&H foi exposto pela primeira vez no Instituto de Arte Contemporânea na Filadélfia, de outubro a novembro de 1965, o curador, Sam Green, usou uma gravata com o logo selos verdes da S&H e a sra. H. Gates (Lally) vestiu uma blusa com o mesmo padrão.)

Em 7 de março, David Bourdon, um aspirante a escritor que Warhol conhecia superficialmente desde 1959, apareceu na Lexington. Nas notas que Bourdon rabiscou à época, ele disse que Warhol estava "agora pintando uma série de dinheiro porque 'ele gosta muito dele'." Embora pareça que tenha iniciado os quadros de dinheiro carimbando-os, em poucas semanas mudou para o processo semimecânico que usaria pelo resto da vida.

Quando se iniciou o ano de 1962, a vida social de Andy estava cada vez mais dividida entre três grupos de pessoas. Havia seus amigos do mundo gay dos anos 1950, seus clientes de revistas e publicidade e seus novos contatos entre proprietários de galerias e artistas. Nenhum desses grupos tinha ideia da relação dele com os demais.

Andando pela avenida Madison com Andy, Ivan Karp relembra: "Uma em cada cinco pessoas dizia-lhe 'olá'. 'Andy', eu disse, 'quem *são* todas essas pessoas?' Ele respondeu: 'Oh, Ivan, é minha outra vida'. Eu não sabia que ele trabalhava com publicidade [Andy assegurou-se disso]. Não sabia, quando estava no Serendipity comendo torta de sorvete, que aqueles eram quadros de Andy pendurados na parede, que ele tinha feito desenhos de sapatos, sapatos ridículos, não é?".

Para a maioria dos amigos de Andy dos anos 1950, o novo trabalho dele era ridículo. Tom Lacy, amigo de Andy do departamento de arte da Bonwit Teller, achou que "ele estava louco. Disse: 'Venha até em casa, quero lhe mostar algo em que estou trabalhando', conta Lacy, 'e foi quando vi pela primeira vez a sopa Campbell's. Lembro-me de ficar constrangido por causa dele, sabendo quanto ele era bom, pensando 'Por que fez isso?'".

Enquanto isso, Andy estava trabalhando incansavelmente nas suas conexões no mundo da arte. Em 3 de janeiro jantou com Jasper Johns e Robert

Rauschenberg. E, apesar da rejeição de Castelli, continuou a cortejar o galerista: em 9 de janeiro almoçou com Castelli e Karp no Schrafft's, na Madison com a rua 77 (um dos restaurante favoritos de Castelli para almoçar). Em 15 de janeiro Andy se encontrou com Karp, Castelli e Eleanor Ward para um almoço. Karp estava sem dúvida persuadindo Ward a ter Andy – cuja Galeria Stable era um dos mais importantes espaços para arte contemporânea.

Em 16 de janeiro, o agressivo colecionador, proprietário de uma frota de táxis e novo-rico Robert Scull rabiscou em sua agenda: "Warhall [*sic*] (pintor)". Em 17 de janeiro, Andy assistiu a um filme com Jap. Em 26 de janeiro, depois de visitar as galerias de Castelli e Ward, ele se encontrou com Karp para jantar no Old Hungary, outro ponto de encontro de quem era do mundo da arte.

Em 19 de fevereiro, Henry Geldzahler fez sua primeira aparição na agenda de Warhol, unindo-se a Andy, De Antonio, o colecionador David Hayes e Marguerite Lamkin, amiga de Andy, para jantar. Em 9 de março, jantou com Frank Stella, Hayes e Marisol, a linda escultora que estava se tornando um dos principais canais de Warhol com outros artistas ("Marisol", de acordo com o pintor Alex Katz, "era o guia de Andy"). Duas semanas depois, Andy visitou Stella e Barbara Rose em seu apartamento na rua Walker e, em 2 de abril, depois de almoçar com Castelli e o escultor John Chamberlain, encontrou-se com Geldzahler para jantar no luxuoso restaurante gay Faison d'Or.

Rose, grávida de sua primeira filha, e De Antonio, ainda mais ou menos sem compromisso, frequentavam habitualmente sessões duplas na Times Square naquele inverno e Andy muitas vezes se juntava a eles. "Ele me ligava todo dia", disse Rose. "Ele era minha namorada. Um dia, logo após minha filha Rachel nascer, a campainha tocou e me encaminhei até a porta com o bebê. A entrada inteira estava preenchida com esse enorme panda de 1,95 m, e atrás dele estava o pequeno rosto do Andy. 'Oh', ele disse, 'eu trouxe isso como presente para o seu bebê.' Ele foi a primeira pessoa a visitar a mim e a Rachel. Ela cresceu com aquele panda, chamava-o de 'Andy Panda'." Warhol deu a Rose "toneladas de presentes e sempre pagava a conta. Não era suborno. Eu não era nada na época, era a criança". Não exatamente –

Rose podia não ser a crítica importante que logo se tornou, mas estava casada com um pintor cuja aprovação Andy desejava ardentemente. Ela vivia no centro da comunidade *avant-garde* que ele havia eleito como seu novo meio.

No inverno ou no início da primavera, Andy começou uma amizade com Sam Green, um jovem socialmente ambicioso de 23 anos e reprovado na Rhode Island School of Design. O pai de Green era o chefe do departamento de arte da Universidade de Wesleyan e ajudou Sam a aprimorar suas habilidades sociais. "Ele sempre me levava para almoçar nas casas de Henry du Pont ou Philip Johnson", disse Green sobre seu pai, "porque sabia que eu tendia a ascender socialmente."

Logo depois de serem apresentados, Andy mostrou a Green suas pinturas, "que estavam todas empilhadas na escadaria de sua casa. Ele estava definitivamente me cortejando. Era um pouco estranho, porque eu não era absolutamente um *expert* em arte, era alguém que estava vadiando, simplesmente tentando pagar o aluguel". Na verdade, Green tinha vários atrativos: seus amigos ricos da sociedade, todos potenciais colecionadores, seu cargo de assistente na Galeria Green (o nome era uma invenção de Richard Bellamy e não tinha nada a ver com Sam). "Eu tinha certa sofisticação. Conseguia colocar a gravata-borboleta. Andy me perguntava coisas e eu o informava, a psicologia da riqueza americana, a riqueza passada, e o quem era quem nas altas esferas."

Andy era implacável ao visitar cada proprietário de galeria que o recebesse, mas os resultados não foram encorajadores. Como De Antonio disse, "tentei interessar os marchands no trabalho de Andy. Todos riram". Embora Andy não recebesse ofertas para representação total, os marchands Allan Stone e Martha Jackson passaram vários meses planejando uma exposição no fim de 1962. Mas isso foi seguido por uma desencorajadora retração enquanto sua exposição das sopas Campbell's ainda estava na Galeria Ferus. Contudo, ela pegou algumas pinturas de Andy em consignação, e seu assistente, John Weber, vendeu dez delas. A carta de rejeição de Jackson descreve adequadamente a situação difícil de Warhol como inovador e criador de escândalo:

> Tornou-se bem claro para mim que seu trabalho vai ser extremamente controverso. Aparentemente, não é necessário dar-lhe uma exposição para descobrir a razão – isto é, no seu caso. Tudo que tive de fazer foi agitar algumas fotos ou transparências diante dos rostos para conseguir uma forte rejeição. Como essa galeria é devotada aos artistas de uma geração anterior, sinto agora que devo tomar uma posição para apoiar os contínuos esforços deles em lugar de confundir as questões ao começar a expor dadá contemporâneo. Embora Jimmy Dine esteja à beira do grupo dadá, não o considero um artista essencialmente dadá. A introdução de suas pinturas já teve uma repercussão ruim para nós. Esse é um bom sinal, no que diz respeito ao seu trabalho e à sua afirmação como artista. Além do mais, gosto de você e do seu trabalho. Mas, do ponto de vista dos negócios e da galeria, queremos tomar outra posição. Portanto, sugiro-lhe que cancelemos a exposição que tínhamos planejado para dezembro de 1962.

A falta de um marchand permanente não impediu Andy de vender para alguns dos principais colecionadores do país. Como agente informal de Andy, pelo qual recebia uma comissão vagamente fixada, Karp encaminhou um fluxo de colecionadores na direção de Andy. Alfred Ordover comprou *Eddie Fisher em colapso nervoso*, Myron Orlovsky escolheu uma grande tela com uma nota de dólar, e Betty Asher, colecionadora de Los Angeles, que estava fazendo uma visita com Irving Blum em abril, comprou 64 selos verdes da *S&H*. Emily Hall Tremaine, uma das mais influentes colecionadoras de arte do país, tornou-se a primeira compradora importante de Warhol – depois de uma visita em maio ao 1342 da Lexington, ela adquiriu quatro pinturas, assinando para Andy um cheque de US$ 1.500. Dado o breve período de criação das obras, Andy devia ter ficado exultante. Fiel à forma, ficou à beira do desespero: parecia-lhe que qualquer jovem pintor tinha um lar.

A primavera de 1962 trouxe o que Clement Greenberg chamou de "súbito colapso, em marketing e publicidade, do expressionismo abstrato" e das tendências surgidas em seu curso – o estilo ainda não conhecido como pop atraiu a maior parte da atenção. A exposição de Martha Jackson do novo trabalho de Jim Dine, no qual Dine prendeu objetos reais – uma pia de banheiro, um zíper etc. – nas telas pintadas, foi aberta em 9 de janeiro. A *Time* fez um perfil de Dine na edição de 2 de fevereiro, tornando-o o primeiro dos artistas "objetos-comuns" a receber atenção da mídia de massa, mas concluiu que "uma gravata apresentada tão literalmente permanece somente uma gravata e, apesar do seu óbvio talento, Jim Dine não mudou essa circunstância". Todavia, a exposição vendeu tudo. Três semanas após a abertura de Dine, aconteceu a primeira exposição de James Rosenquist (que vendeu tudo antes mesmo da abertura), seguida em breve por uma de Lichtenstein. As duas últimas exposições, como a de Dine, foram em prestigiosas galerias da área nobre – Rosenquist na Green, Lichtenstein na Castelli –, em lugar das vitrines do Lower East Side onde Dine e Claes Oldenburg tinham exposto não muito tempo antes.

Na edição da *Arts Magazine* de fevereiro de 1962, o crítico e pintor Sidney Tillim escreveu um dos primeiros artigos sobre o estilo emergente: "No homem de massa e seus artefatos, seus cigarros e latas de cerveja, e na biblioteca de restos espalhados ao longo das estradas do país, com suas placas, supermercados e motéis, o Novo Sonhador Americano – vamos chamá-lo assim – encontra a satisfação que de imediato refresca sua experiência visual e abre caminhos além das alternativas aparentemente exaustas da abstração".

As reflexões de Tillim foram estimuladas por The Store, a nova maneira de o escultor Claes Oldenburg mostrar sua arte. Patrocinado pela Galeria Green (que por sua vez era patrocinada por Robert Scull), Oldenburg e sua esposa, Patty, transformaram seu triste estúdio no número 107 da rua 2 em uma falsa loja de US$ 1,99. Todas as mercadorias – simulacros de gesso excentricamente moldados, salpicados de tinta, feitos por Oldenburg, de sapatos, calças, camisas, vestidos, chapéus, lingerie, gravatas, tortas, bolos, ovos fritos, sanduíches, barras de chocolate e outros – estavam à venda, a maior parte delas entre US$ 100 e US$ 300. A The Store durou de 1º de dezembro até o fim do mês. Embora o projeto tenha causado um prejuízo de US$ 285 aos Oldenburg, o boca a boca que ela gerou mais do que compensou.

The Store reabriu em meados de janeiro sob uma nova identidade, o Teatro Ray Gun, onde os Oldenburg criaram uma série de *happenings* irreais, vagamente ameaçadores. Os performers eram uma mixórdia de pintores, vanguardistas e proto-hippies: Claes e Patty, Lucas Samaras, Carolee Schneeman, Terry Brook – que dividia a casa com Barbara Rose e mais tarde casou-se com De Antonio –, Henry Geldzahler, Johanna Lawrenson (mais tarde esposa de Abbie Hoffman), Billy Klüver e muitos outros. Warhol compareceu a pelo menos um *happening* no Ray Gun, *Feira Mundial*, em 18 de maio.

Oldenburg, tão articulado quanto Warhol tinha a língua amarrada, lançou The Store com uma "Declaração", um manifesto amplamente reconhecido como uma das grandes peças escritas por um artista contemporâneo. A partir das estrofes iniciais, Oldenburg conecta sua nova visão da arte com a mudança social:

> Sou por uma arte que seja política-erótica-mística, que faça algo além de sentar-se sobre a sua bunda em um museu.
> Sou por uma arte que cresça sem saber absolutamente que seja arte...
> Sou por uma arte que se confunda com o lixo cotidiano & ainda apareça no topo...
> Sou por uma arte que assuma suas formas a partir das linhas da própria vida, que se enrosque e se estenda e acumule e cuspa e goteje, e seja intensa e áspera e rude e doce e estúpida como a própria vida.
> Sou por uma arte que um garoto dê uma lambida, depois de tirar o embrulho...
> Sou por uma arte que lance fumaça, como um cigarro, cheire, como um par de sapatos.
> Sou por uma arte que tremule, como uma bandeira, ou ajude a assoprar narizes, como um lenço.
> Sou por uma arte que seja colocada e tirada, como calças, que crie buracos, como meias, que seja comida, como um pedaço de torta, ou abandonada com grande desprezo, como um bocado de merda.

Um romântico e genuinamente original, Oldenburg apagou a distinção entre os objetos, entre os úteis e os meramente estéticos. Sua geração, ele escreveu em seu livro de notas *Store Days*, "vai (esperemos) destruir a noção de arte e devolver ao objeto seu poder".

Em 17 de maio, Warhol comprou uma das peças de Oldenburg (não se sabe qual). Provavelmente dois meses antes (a agenda de Warhol registra um encontro em 15 de março com os Oldenburg), Andy ofereceu a Oldenburg uma de suas quatro grandes pinturas *Telefone*, que ele tinha feito em 1961, em troca de uma das peças do escultor, mas Oldenburg não estava disposto a negociar. De acordo com Patty, "Claes não gostava do trabalho do Andy, não julgava que ele valia a pena. Fomos para a rua 89 e ele nos mostrou suas coisas. Foi um desastre. Acho que Claes ficou desapontado com o que viu, acho que ele sentiu que não era material intenso o suficiente para que fizesse uma troca".

* * *

Seguindo a abertura de James Rosenquist na Galeria Green, a imprensa contou sua própria versão pitoresca da biografia de Rosenquist: o belo nativo da Dakota do Norte era um ingênuo que tinha peregrinado para o leste, contratado como pintor de placas da Times Square e passado diretamente dos outdoors para as galerias. Embora seja verdade que Rosenquist tivesse pintado outdoors, ele era também um ex-abstracionista sofisticado, altamente preparado.

Depois de ver os quadros de Rosenquist – imagens enormes, fragmentárias, de partes do corpo e produtos comerciais – na Galeria Green, Ted Carey ligou para Warhol empolgado com os quadros "maravilhosos", "fabulosos". Ele estava tentado a comprar um, disse a Andy. "'Se você comprar'", Carey lembra-se de Andy dizendo, "'nunca mais vou falar com você.' [...] Ele simplesmente estava muito deprimido que tudo estivesse acontecendo e ele não estava conseguindo nenhum reconhecimento."

Embora os novos colegas de galeria de Roy Lichtenstein ainda fossem quase unanimemente hostis ao seu trabalho, Andy teria adorado gerar tais sentimentos violentos. Ele sem dúvida soube por intermédio de Karp que não apenas todas as 22 pinturas de Lichtenstein haviam sido vendidas antes mesmo de a exposição ter sido montada, mas que Castelli tinha pré-vendido a produção de Lichtenstein do ano inteiro.

Em 1962, para os críticos e o público refinado de arte, as grandes telas de quadrinhos de Lichtenstein, de aviões de combate explodindo e de loiras desfalecendo foram uma invasão súbita e desconcertante do horrivelmente simplório. Elas atingiram Robert Rosenblum, então em Princeton, como uma rajada de oxigênio: "Foi 'Eureka' – mas o que era isso? Eu estava confuso. Adorava e odiava, não tive nem mesmo a oportunidade de deixar a poeira baixar. Elas eram feias, chocantes, belas, grotescas. Lembro-me em particular daquela mulher limpando sua geladeira, sorrindo para nós [*A geladeira*]. Aquilo era chocante. Minha impressão era de que o mundo tinha mudado. Esse era outro planeta e você tinha de começar a navegar de um jeito novo". A primeira vez que Rosenblum viu os pontos de *Benday* "em cores absolutamente uniformes – eles foram um tapa na cara até do Johns. Quando você via o Johns pela primeira vez, parecia tão geométrico e predeterminado, e agora, comparado a esses quadros, Johns parecia feito à mão e afetado".

O que enfurecia a maioria dos críticos em relação a Lichtenstein era a duplicação aparentemente literal de seus originais, sua "coação do reconhecível", como observou Hilton Kramer sobre o pop em geral, mais tarde naquele mesmo ano, "sem ser submetido a nenhuma transformação significante". O que somente se tornou evidente após o choque de a satisfação lúmpen de Lichtenstein diminuir foi que ele havia examinado completamente suas fontes nos quadrinhos e as pinturas resultantes estavam entremeadas com referências artísticas históricas e piadas internas. Em *Okay, hot shot!* (1963), por exemplo, uma explosão genérica de quadrinhos torna-se uma versão satírica de uma pintura com tinta escorrida de Morris Louis.

Roy Lichtenstein segurando sua pintura Duplicador de imagens, *1963*

"O que faço é forma", Lichtenstein disse posteriormente a Gene Swenson, "enquanto a tira de quadrinhos não é formatada no sentido em que estou usando a palavra. Os quadrinhos têm formas, mas nunca houve um esforço para torná-los verdadeiramente unidos [...]. Meu trabalho não é realmente igual ao das tiras em quadrinhos pela razão que cada marca está em um lugar diferente, por mais leve que a diferença pareça para alguns. Ela muitas vezes não é grande, mas é crucial." (Como ele explicou enquanto promovia a exposição de Sam Green na Wesleyan, "A nova arte", em 1963, "pego um clichê e tento organizar suas formas".)

De acordo com Richard Bellamy, da Galeria Green, Leo Castelli trabalhou duro para assegurar que a estreia de Roy Lichtenstein coincidisse com a exposição de Rosenquist, a fim de gerar um burburinho. As manobras por trás das cortinas de Castelli trazem à luz até onde a ascensão do pop foi conduzida pelo marketing hábil de uma nova estirpe de marchands. Uma nova era tinha começado com a estreia, totalmente vendida, de Jasper Johns em 1958 apropriadamente na Galeria Castelli. Antes de 1960, negociar havia sido mais uma atividade de apoio e facilitação que puramente comercial – não que muito dinheiro estivesse em jogo. Uma grande porcentagem dos poderosos personagens essenciais do mundo das artes era um grupo extraordinário de mulheres financeiramente independentes – Peggy Guggenheim, Betty Parsons, Eleanor Ward, Martha Jackson, Eleanor Poindexter, Rose Fried, Virginia Zabriskie e outras – que mimavam, encorajavam, alimentavam, exibiam e encontravam colecionadores para a primeira grande geração de artistas americanos.

Leo Castelli, que fundou sua galeria em 1957, foi uma figura essencial nessa mudança, embora não de maneira tão intencional. Leo era um *connaisseur* do Velho Mundo, genuinamente refinado, mas ninguém o teria descrito como um astuto homem de negócios. Seu entusiasmo por seus artistas energizou o mundo das artes, porém a ideia de Leo Castelli como um mentor internacional, manipulando o mercado de arte global – o que algumas pessoas sugeriram –, é risível. James Rosenquist, um de seus artistas mais bem-sucedidos, salientou: "Leo não conseguia manipular seu braço, quanto mais o mercado de arte! Leo adorava seus artistas, ele adorava arte. Seu único pecado foi fazer o trabalho de jovens artistas contemporâneos como Jasper Johns e Robert Rauschenberg valer mais. A maior parte das galerias que exibia jovens pintores também vendia pinturas de velhos mestres – esse era o seu feijão com arroz. Leo mudou isso ao encorajar um grupo de colecionadores mais ousados, como os Scull e os Tremaine, a comprar o trabalho de artistas contemporâneos, e dessa forma sua arte tornou-se mais valiosa e eles puderam se manter".

O pop, com seus temas imediatamente acessíveis, foi o veículo perfeito para a transformação comercial do mercado de arte. Por volta do início da primavera de 1962, o novo movimento estava produzindo um pequeno zumbido na imprensa nacional. Ainda não tinha nome, mas estava sendo chamado diversamente de "realismo popular", "neodadá", "nova pintura de placas", "factualismo" e "arte do objeto comum". Foi por volta dessa época que Andy, andando pela rua 15 com dois amigos, Floriano Vecchi e Richard Miller, comentou que ele e vários outros estavam tentando iniciar um novo movimento na arte chamado "comunismo". Ele não achava que o nome era um pouco carregado?, perguntou Miller. Andy apenas deu uma risadinha. O movimento finalmente recebeu um nome digno do seu *momentum*: "pop" – que não entrou em uso até o fim de 1962 e foi cunhado em 1958 pelo crítico inglês Lawrence Alloway para descrever a própria cultura pop, não a arte baseada nela.

Em 11 de maio, surgiu a primeira visão geral da mídia de massa a respeito da nova tendência. O artigo da revista *Time*, "A escola da fatia de bolo", usou como pretexto uma exposição em Nova York do realista pictórico Wayne Thiebaud, que ela erroneamente tomou como sendo um dos pintores da nova cultura pop: "uma parte da guarda avançada", de acordo com a *Time*, que "chegou à conclusão que as armadilhas mais banais e mesmo vulgares da moderna civilização podem, quando transpostas literalmente para a tela, tornar-se arte". (Geldzahler posteriormente reclamaria que a *Time* havia "feito o máximo para promover o nonsense em relação à arte americana das últimas duas décadas".) O artigo continha breves perfis de Thiebaud, Lichtenstein, Rosenquist e uma fotografia de Andy Warhol.

Como Andy, ainda sem expor, tinha sido escolhido em lugar de Dine, Oldenburg, Wesselmann ou George Segal, que tinham exposto e recebido resenhas? Talvez o jornalista tenha sido levado a Andy por David Bourdon, que estava então começando sua carreira na *Time*. De qualquer forma, Warhol foi não apenas extensamente citado, mas foi o único artista com foto no artigo, posando no estúdio dos fundos do 1342 da Lexington, diante de uma das grandes sopas Campbell's (naturezas-mortas) e do *Telefone* definitivo, condescendentemente tomando uma sopa Campbell's com uma colher direto na lata (que Andy tinha aberto de forma desajeitada e estava segurando de ponta-cabeça). A legenda dizia "Só porque eu gosto". No que diz respeito aos instintos e habilidades de vendedor, os outros artistas da história foram simplesmente ultrapassados.

Entrevistado para o artigo em 24 de abril, Andy, afirmando que tinha trinta anos (cortando três anos da sua idade), disse ao repórter da *Time* que nunca havia estado na universidade e deu 1952 como o ano da sua chegada a Nova York, três anos depois da data real. O repórter, claramente desconfortável com um assunto tão vago, escreveu que Warhol "aparentemente não passa nenhum tempo tentanto pensar em qualquer razão para o que faz ou por que o fenômeno da arte 'comunista' surgiu. 'Não tenho ideia', ele diz, 'acho que simplesmente aconteceu.' Ele parece tímido e um pouco vago, certamente não finge refletir sobre nenhum plano ou base racional para o seu trabalho, ele simplesmente faz o que gosta".

"Não tento trabalhar com luz, como Thiebaud", Andy disse ao repórter, "só tento fazer que se pareça com a coisa. Ainda estou trabalhando com sopas e faço anúncios (a maior parte sobre produtos de beleza, cosméticos, esse tipo) e estou fazendo algumas pinturas sobre dinheiro. Só faço porque gosto."

Mais tarde, naquele mesmo ano, ele sustentaria totalmente o oposto com Marguerite Lamkin, do *Evening Standard* de Londres: "Quero mostrar a monotonia da maneira que as coisas são. Você vê isso todo dia e, ao pintá-las, compreende quanto a vida é realmente entendiante". Ele era igualmente capaz de fazer declarações generalizadas sobre seu lugar na cultura: "Sinto como se eu pertencesse muito à minha época, à minha cultura, tanto quanto foguetes e televisão". Mas, como observou o velho amigo de Warhol, o pintor Joseph Groell: "Ele tinha a habilidade [...] enquanto respondia de modo muito pessoal, de ser ambíguo, de modo que as pessoas podiam escrever um texto que ele de bom grado reconheceria e assumiria como seu".

Quando a edição de 11 de maio da *Time* chegou às bancas, Andy comprou nove exemplares. Em 3 de maio, pouco antes de a revista estar à venda, ele se encontrou com Rosalind Constable, da *Time*, para jantar. Constable escrevia um relatório interno semanal sobre artes que funcionava como uma espécie de seção de dicas. Andy a estava sondando em busca de informação, tentando descobrir se ele estaria no artigo da *Time*? Estava buscando mais espaço? Ele deve ter ficado amargamente desapontado quando a *Life*, seguindo o *lead* da sua concorrente, dedicou quatro páginas da edição de 15 de junho a um artigo sobre a "nova arte", "Estão cozinhando algo novo", destacando Thiebaud, Rosenquist, Segal e Lichtenstein, mas omitindo Andy Warhol.

Por outro lado, a *Mademoiselle* de junho trouxe duas páginas apresentando as fotografias que Duane Michals fez de Oldenburg, Lichtenstein, Wesselmann, Dine e – velho amigo de Michals – Andy. Michals ficou surpreso ao ouvir o nome de Warhol entre os novos artistas para os quais fora contratado para fotografar. Quando ele chegou à Lexington, Andy o recebeu na porta, todo de preto, com rock and roll tocando no máximo. "Andy interrogou-me por informações a respeito da matéria da *Mademoiselle*: quem eram os outros artistas, que tipo de trabalho estavam fazendo, como eu os tinha fotografado", Michals relembra. "Ele tinha mudado inteiramente."

A *persona* estava começando a tomar forma. Sempre cauteloso com informação autobiográfica, Andy começou a criar um passado alternativo para si. Quando David Bourdon lhe fez uma visita no começo de março, Andy afirmou que tinha 25 anos. Bourdon havia trazido consigo o catálogo da exposição *Desenhos recentes* USA, de 1956, no Museu de Arte Moderna (MOMA), que dava a data de nascimento de Warhol como 1929, deixando-o com 32 anos. Tudo bem, Andy admitiu, ele não tinha 25 anos, mas insistiu que o catálogo estava errado e que ele tinha (como havia dito ao repórter da *Time*) apenas trinta. Ele se descrevia como um primitivo sem instrução, "sem passado acadêmico", que tinha "aprendido a pintar sobre os joelhos da sua mãe" (não era uma mentira completa, embora certamente um exagero).

Essas conversas do início de março com Bourdon marcaram a primeira vez na qual Andy fez uma tentativa consciente de falar a linguagem do pop. "As coisas cotidianas com as quais vivemos são tão belas e ninguém entende isso", ele disse a Bourdon, imitando um tanto desajeitadamente as declarações do pop de De Antonio, Geldzahler e Karp. Andy iria logo acrescentar uma ponta de jocosidade a essas efusões. Quando perguntado: "Diga-nos, Andy, por que você pintou uma lata de sopa?", ele respondia maliciosamente: "Porque adoro o produto e adoro todos os produtos, eles são tão bonitos". Andy tinha começado a refinar uma atitude que refletiria perfeitamente a ironia do trabalho.

Quando ele apareceu na segunda exposição de Timothy Hennessy na Galeria Tibor de Nagy em fevereiro, Hennessey ficou surpreso. O desesperado jovem do ano anterior estava agora quase possuído. "Antes, ele era simplesmente Andy Warhol. Agora era... *Andy Warhol!*"

Influente na mudança radical que a arte de Warhol estava prestes a sofrer foi o impressor Floriano Vecchi. Pintor talentoso e agricultor do governo italiano, Vecchi trocou Roma por Nova York em 1952 e encontrou trabalho na Pippin Press, uma loja mantida por Lincoln Kirstein. Em 1953, Vecchi e seu amante, um marchand e curador chamado Richard Miller, abriram a Tiber Press, especializada em impressão silkscreen. "Ganhamos dinheiro imprimindo quase tudo que você possa imaginar", disse Vecchi, e eles gastaram a maior parte nos projetos quixotescos de Miller.

Um era o jornal literário *Folder*, editado por Miller e pela poeta Daisy Aldan, cujos quatro números uniram poemas de John Ashbery, James Merrill, Frank O'Hara e outros com serigrafias dos pintores Alfred Leslie, Grace Hartigan e Gandy Brodie. Entre 1956 e 1960, Vecchi e Miller publicaram os portfólios Tiber Press, um conjunto de colaborações entre vários poetas da *Folder* e Joan Mitchell, Mike Goldberg, Leslie e Hartigan. Trabalhando próximo de Vecchi, cada pintor fez uma série de serigrafias coloridas.

Anos mais tarde, Henry Geldzahler gostava de dizer que as duas grandes inovações de Warhol foram "levar a arte comercial às belas-artes" e "trazer as técnicas de impressão à pintura. As impressões e as pinturas de Andy são exatamente a mesma coisa. Ninguém jamais havia feito aquilo. Foi uma coisa fantástica de se fazer". A segunda parte da sua afirmação não é exatamente verdadeira. Em meados da década de 1940, vários artistas – Hans Hoffmann, Norman Bluhm e outros – já tinham derrubado a distinção entre impressão e pintura, mas o uso de Warhol do silkscreen provaria ser muito mais intransigente que qualquer um desses.

Na serigrafia, o artista corta o desenho em um estêncil, que é ajustado a uma tela finamente reticulada. Quando a tinta é forçada através das áreas abertas da tela, o desenho é transferido para o objeto – em geral tecido ou um pôster – para ser impresso. Durante séculos, os estênceis foram cortados à mão, o que restringia a quantidade de detalhes transferíveis. Mas em algum momento, por volta de 1910, um método de estêncil fotográfico foi introduzido – que empregava os pontos de *Benday* usados na reprodução de fotografias em jornais – e expandiu muito as potencialidades da serigrafia. Com isso se podia fazer um estêncil de qualquer original – um desenho, uma pintura, uma fotografia. Porém o novo potencial do meio não foi amplamente utilizado pelos beletristas; a maior parte deles o considerava um processo pouco prático, mais adequado para roupas, cartões e outros produtos comerciais.

Andy frequentava o quarto andar do loft da Tiber na rua 81 Leste desde meados da década de 1950, vendendo desenhos a Vecchi para o impressor usar em cartões. "A esperança e o sonho de Andy naqueles dias", relembra Vecchi, "era o Museu de Arte Moderna (MoMA) comprar um de seus desenhos de cartão de Natal. Se eles tivessem adquirido apenas um de seus desenhos e colocado em um cartão de Natal [o que eles por fim fizeram], ele teria ficado muito feliz." Andy tinha visto muitas vezes Vecchi trabalhando nas impressões. De acordo com Vecchi, "ele era totalmente consciente a respeito do silkscreen", embora não mostrasse interesse. Vecchi presumiu que, como a maioria dos artistas, Andy desprezasse o processo.

Mas, no fim do inverno de 1962, Andy estava pronto para examiná-lo mais de perto. Começou observando por cima dos ombros do impressor. "Ele estava fascinado", disse Vecchi. "Eu sabia que ele estava tramando algo."

Warhol parece ter começado a fazer suas pinturas de notas de dólar com carimbos feitos à mão, os quais, como ele deve ter percebido rapidamente, não podiam duplicar os desenhos intrincados da nota. Foi nesse ponto que ele abordou Vecchi. "Ele veio um dia até mim com o desenho de US$ 1 e perguntou: 'Você pode fazer um silkscreen para mim?'. Dando a Warhol uma das folhas de acetato que a Tiber usava como estêncil, Vecchi disse a Andy para voltar para casa e refazer o seu desenho, dessa vez no acetato. Três ou quatro dias depois, Andy estava de volta com o acetato gravado. Vecchi fixou-o em uma tela, que colocou sob uma luz de alta intensidade. A imagem negativa surgiu: uma tela acabada, pronta para impressão.

"Quando Andy viu a tela", disse Vecchi, "ele ficou muito excitado. Tudo que tinha a ver com aquele dólar era uma nova aventura para ele. Ele havia trazido um rolo de tela e disse: 'Floriano, vamos fazer juntos! Vamos imprimir!'. Ele tinha grandes expectativas." Vecchi tinha muito trabalho. Após fazer algumas impressões instrutivas sobre papel, novamente ocupou Andy com material, dessa vez para transferir o desenho para a tela. "Eu disse: 'Vá para casa, divirta-se e encha a tela'. Ele saiu e foi assim que começou."

Os desenhos que Warhol fez para os seus primeiros trabalhos em serigrafia, as notas de US$ 1 e US$ 2, são estilisticamente reminiscentes das suas ilustrações da década de 1950, especialmente o malicioso e andrógino George Washington. Mas ele não estava mais restrito a uma única cópia laboriosamente borrada; agora, podia fazer quantas cópias quisesse, rápida e facilmente. No fim de março e em abril, ele imprimiu quase quatro dúzias de quadros de US$ 1 e US$ 2, de pequenas imagens individuais de 15 cm × 25 cm (Andy deu vários deles naquela primavera: para Castelli, De Antonio, Geldzahler, Karp, Ted Carey, Nathan Gluck, John Weber, assistente de Martha Jackson, entre outros) até a enorme composição serial *200 notas de um dólar*, de quase 2,20 m de altura.

Floriano Vecchi e seus amigos deram a Warhol uma ideia que levaria a outra de suas provocações pop. Alfred Leslie, cuja iminente mudança do expressionismo abstrato para o realismo logo seria uma grande notícia no mundo da arte, era um frequentador da Tiber Press desde meados da década de 1950. De acordo com Vecchi, Leslie era "um gênio usando silkscreen, o melhor de todos". Em meados de 1961, e novamente no fim de 1962, Leslie estava trabalhando em algo novo: enfeitando caixas com imagens de silkscreen. Para as séries posteriores, *Senhora com tomates*, ele colou uma serigrafia em uma das faces de um cubo de papelão de 25 cm; em *Senhora sobre lata*, imprimiu uma imagem diretamente em uma lata de gasolina. O resultado foram dois múltiplos "protopop", sugerindo produtos com rótulo. Andy ficou fascinado com *Senhora sobre lata*, contou Vecchi, que sempre a considerou a progenitora das esculturas de caixa Brillo de Warhol. Se for isso mesmo, Andy conferiu seu próprio toque, transformando a caixa artística de Leslie em algo mais prosaico e também mais inquietante: uma caixa de madeira com estêncil de latas de sopa Campbell's, feita por volta da mesma época em que Andy estava pintando a série. Warhol nunca terminou a peça, mas amigos se lembram de vê-la em sua casa.

Não apenas o silkscreen era mais preciso do que o carimbo à mão, mas dava às grandes composições seriais que Andy estava começando a produzir uma aparência de terem sido feitas à máquina. Como ele escreve em *POPism*, "o método de carimbo de borracha que eu estava usando para repetir imagens subitamente pareceu muito caseiro; eu queria algo mais forte, que proporcionasse um maior efeito de linha de montagem". A serigrafia era mais flexível também – você podia fazer uma tela de qualquer tamanho, mas cortar um carimbo maior que centímetros era impossível.

Entre o fim de março e maio, Andy criou três séries de serigrafias: rótulos de latas de café Martinson, garrafas de Coca-Cola (incluindo a maior tela de Warhol até ali, 2,90 m de largura, *200 latas de Coca-Cola*) e rótulos de expedição (*Este lado para cima*, *Abra deste lado*, *Cuidado-vidro-obrigado* etc.). De acordo com Bourdon, Warhol concebeu o último como um trocadilho visual. Ao longo da maior parte da história da arte, as pinturas foram consideradas janelas através das quais o observador olhava atentamente a cena diante dele. Ao imprimir as palavras "Cuidado-vidro-obrigado" na superfície da tela, Warhol, segundo Bourdon, estava salientando essa "janela" ilusionista. Mas tal ideia conceitual parece improvável, pela forma de pensar "não intelectual" de Andy. É um estratagema da história da arte mais apropriado a Jasper Johns. Johns, descobriu-se, gostou dessa obra; emocionado, Andy emprestou-lhe o silkscreen e dois anos depois Johns incorporou a etiqueta na sua pintura *Embarque/Desembarque*.

Em *POPism*, Warhol dá a impressão de que ele mudou para a serigrafia mais ou menos tão logo a descobriu. Na realidade, ele contemporizou – entre março e a metade do verão, fez mais de uma dúzia de pinturas: versões monumentais da garrafa individual de Coca-Cola (pouco abaixo de 2,10 m); o telefone castiçal (2,60 m); e *Antes e depois* (2,60 m de largura); cinco pinturas de carteiras de fósforos; cinco paródias de "Pinte os números" a que Warhol (ou Ivan Karp) deu o título coletivo de *Faça você mesmo*; e duas pinturas de jornais, *Daily News* e *129 morrem em avião!*

As carteiras de fósforos revelam quão proximamente Warhol estava observando os outros artistas. Essas pinturas foram feitas com lixas reais, um toque que ecoava não apenas Johns, que estava fixando objetos reais (termômetro, persiana, vassoura) às suas telas desde o fim da década de 1950, mas também Jim Dine. Para Johns e Dine, a inclusão de objetos era uma maneira de inculcar seu ponto anti-ilusionista: a única forma de retratar um objeto real era colocá-lo em uma pintura. Uma das duas enormes carteiras de fósforos, *Feche e abra depois de riscar (Pepsi Cola)*, tinha uma aparência atipicamente polida, lichtensteiniana. Não eram apenas as cores (vermelho, branco, azul e amarelo) as favoritas de Lichtenstein no começo dos anos 1960, mas o design cuidadosamente trabalhado de *Pepsi Cola*, especialmente as sombras evidentes ao longo da circunferência dentada da tampinha, ecoavam o propósito de Lichtenstein de atrair atenção, por meio de leves mas dramáticas modificações para o poder gráfico dos clichês da arte comercial. As três pequenas carteiras de fósforos são irônicas pinturas "zip" de Barnett Newman. Em cada uma, a lixa, uma faixa larga horizontal de carvão cinza, limitada por duas faixas brancas mais finas, em cima e embaixo, corta como um gadanho através da superfície colorida. Andy tinha uma nova distância do expressionismo abstrato – agora ele estava caçoando dele.

A série *Faça você mesmo*, outro produto do começo do verão, é uma versão zombeteira de um hobby popular do começo dos anos 1960 – os kits de "Pinte os números" permitiam que qualquer um produzisse quadros "de verdade"; tudo o que se tinha de fazer, em um contorno sem cores, era colorir os números com as cores correspondentes. Warhol perguntou em voz alta ao colecionador Hanford Yang se deixava as telas relativamente vazias ou coloridas. No final, cada tela representou um estágio diferente da conclusão, da mais vazia *Violino* à única pintura "completa", *Orla*, na qual Warhol fez uma travessura, colocando os números sobre as cores, frustrando de forma hilária o propósito do exercício.

Ocupado com o negócio de cartões – e de qualquer forma sem equipamento para fazer as grandes telas que Andy estava começando a pedir –, Floriano Vecchi indicou a Warhol uma grande empresa de impressão, Active Process

Supply Company, no 457 Oeste da Broadway, atrás da rua Houston. Andy teve suas primeiras telas feitas lá em 24 de maio.

Em retrospecto, pode-se ver que Warhol estava se dirigindo para um objetivo específico: criar versões pintadas de fotografias. Seu instinto foi sempre para o atual, o novo. Uma pintura que se parecesse com uma fotografia tinha uma "aparência moderna", excitante; a aparência de uma pintura feita à mão era "piegas" e antiquada. Os esforços de Andy nesse sentido não lhe tinham agradado até ali. (As pinturas da metade da década de 1960 do então incomparável pós-modernista alemão Gerhard Richter, a quem as primeiras obras pop de Warhol influenciaram muito, dão uma ideia do que Warhol poderia ter feito com uma técnica virtuose – e sem senso de humor.) Sarah Dalton, uma vizinha inglesa precoce, lembra de Andy "muito infeliz" com o quadro, que acabou virando a sua última apropriação pintada à mão de uma fotografia, *129 morrem em avião!*

"Os silkscreens foram realmente um acidente", disse Warhol. "A primeira foi a pintura de dinheiro, mas aquela foi um silkscreen de um desenho. Então alguém me contou que se podia usar uma imagem fotográfica, e foi assim que tudo começou." De acordo com Sarah Dalton, ela era aquele alguém. "Andy, examinando o *129 morrem em avião!*, disse: 'Isso parece tão manchado, queria que parecesse mais nítido, mais como uma fotografia'. Eu disse: 'Oh, Andy, você pode fazer serigrafias de fotografias também. Eles usam o mesmo processo *Benday* que utilizam para reproduzir fotos nos jornais'. Eu estava estudando design na Traphagen Art School e conhecia a técnica da escola. Os olhos de Andy brilharam. 'Oh, verdade?', ele disse, e foi assim." Logo depois, ele foi até Floriano Vecchi – que confirmou a observação da Sarah – e começou a ter as suas primeiras serigrafias de fotografias produzidas. Nenhum artista, ou nenhum que alguém conhecesse, já havia tentado usar o processo em pintura. Mas essa única ação inverteu a apropriação mágica da realidade pela fotografia que atormentava a pintura desde que Nicephore Niepce havia tirado a primeira fotografia, em 1828.

Em impressão serigráfica de material fotográfico, a tela representava a imagem-fonte como milhares de pontos. Quando uma foto real ou reproduzida era transferida para a tela, a impressão tinha a aparência granulada da última, o que satisfazia Andy. Ele não estava em busca de uma imagem definida e perfeita como resultado; queria a proximidade vulgar das fotos dos tabloides.

"Andy não queria ser um pintor, realmente", relembra Vecchi. "Ele desprezava tudo aquilo: a bagunça e a lentidão", para não mencionar a inevitável aparência de ter sido feito à mão. "Ele tinha algo mais em mente. Até a serigrafia entrar em sua cabeça, o que o permitiu pegar uma fotografia de jornal e reproduzi-la, a solução estava escapando dele. Tendo-a encontrado uma vez, foi como se tivesse descoberto a América."

A primeira serigrafia fotográfica foi possivelmente *Beisebol*, de julho ou agosto de 1962: mais de trinta repetições de uma fotografia de jornal de Roger Maris rebatendo seu recorde de 61 *home runs*. É o esforço de um iniciante: havia tanta tinta firmada na tela que o poderoso swing de Maris é quase apagado.

"Ele queria uma técnica ruim", notou Vecchi. "Ele não estava imprimindo com uma mão muito leve. Você precisa de um profissional. Essas manchas e nódoas, essas coisas não eram intencionais. Surgiram daquele jeito e ele disse: 'Oh, não é interessante?'. Ele falava coisas desse tipo. 'Oh, adorei desse jeito. Vamos deixar assim.'" Warhol, comentou Barbara Rose na década de 1970, "é muito automatista" – isto é, abraçar o acaso era o seu *modus operandi*. "Ele deixa as coisas acontecerem", disse Rose. "Às vezes elas funcionam, e às vezes, não."

Depois de *Beisebol* veio um grupo mais plausível de temas de Warhol: os ídolos adolescentes Natalie Wood, Warren Beatty, Tab Hunter e Troy Donahue. O último era um grande ídolo de Andy – sabia-se no início da década de 1960 que Donahue era gay? Os ídolos adolescentes foram as primeiras imagens seriais humanas, mas o salto conceitual de *210 garrafas de Coca-Cola* para *Díptico de Troy* não foi grande: celebridades, como Andy concisamente disse a um repórter, "também são produtos".

"Muitas pessoas", relembra o pintor Wyn Chamberlain, "incluindo Rauschenberg, a mim e a muitas pessoas, estavam tentando combinar fotografias e pintura, e, vou lhe dizer, Rauschenberg devia estar se roendo quando Andy subitamente descobriu que era possível fazer a mesma coisa com serigrafia enquanto ele estava arduamente fazendo aqueles Dante, colocando terebintina e transferindo imagens fotográficas."

Mas, como Henry Geldzahler descreveu esse encontro entre Warhol e

Rauschenberg, foi Andy que ficou espantado: "Apresentei o Rauschenberg a Andy. Rauschenberg me ligou e disse: "Quero fazer serigrafias, posso me encontrar com Andy?". E eu o levei ao estúdio dele. Andy não conseguiu acreditar".

A razão para Rauschenberg querer aprender serigrafia era bem diferente da de Andy. Como salientou Walter Hopps, a técnica era muito mais característica da abordagem de Warhol do que da de Rauschenberg: "Andy realmente tem interesse em todos os tipos de técnica que conheceu no mundo da arte comercial. É parte do que ele é. Querer ser uma máquina e o tipo de beleza mecânica dela. No caso de Bob, a razão é que ele está querendo fazer coisas maiores em formato, em tamanho, do que se pode fazer com colagens, como nas instalações".

Outra inovação que estava se tornando pronunciada na técnica de Andy era a repetição de uma imagem em uma grade (também chamada de múltiplos ou serialismo). A lata de sopa Campbell's passou a ser, quase por acaso, o tema de suas primeiras composições, uma abordagem que se tornou uma de suas marcas na década de 1960.

Andy Warhol, Mona Lisa Dupla, *1963. Serigrafia sobre tela, 97 cm × 94 cm. Coleção de Brooke Hayward e Dennis Hopper, Los Angeles*

Uma das características de um padrão repetido, como salientou Alfred Leslie, é a decoração. "A ideia de um múltiplo é pegar uma imagem e transformá-la em um padrão do mesmo modo que nas artes decorativas as imagens são repetidas continuamente. Se você não tem variação e tem dezesseis imagens, cria um padrão, do mesmo modo como se estivesse fazendo um vestido, que é estampar a mesma coisa continuamente."

Em seis das dez pinturas de Troy Donahue, Warhol deu um passo importante: introduziu cor. Para fazer isso, teve de inventar uma técnica que combinava a tinta preta das imagens serigráficas com áreas de cor. Primeiro, fez uma impressão preliminar (em preto, a cor que ele quase sempre usava para imprimir uma serigrafia). Essa "subimagem" servia como um guia para o passo seguinte: pintar amostras de cor para o cabelo, o rosto, os olhos, os lábios e a camisa de Donahue. Essa era a única pintura à mão no processo. Por fim, Warhol imprimia a tela uma segunda vez, a imagem fotográfica empurrando os fragmentos de cor para um conjunto final.

O registro – alinhar a imagem da tela com os fragmentos pintados à mão – era crítico. Quando Warhol começou as serigrafias de Marilyn Monroe poucas semanas após as imagens dos ídolos adolescentes, Nathan Gluck, que considerava o registro casual de Andy irritante, sugeriu que ele prendesse cada canto da tela à tela final. "Desse jeito", Gluck explicou, "quando ele imprimisse, conseguiria um registro perfeito. Mas ele disse: 'Bem, eu meio que gosto desse jeito'. Ele *gostava* deles tortos. Para mim, a moral é: se ele tivesse me escutado, aquelas coisas não seriam tão boas, teriam parecido exatamente como velhas reproduções comuns."

As implicações da mudança de Warhol para a serigrafia, e para a serigrafia fotográfica em particular, foram enormes. A virtuosidade manual, tradicional, não importava mais. O fato de que Warhol podia desenhar não tinha sentido em sua arte agora: como uma obra de arte era feita deixava de ser um critério de sua qualidade. Apenas o resultado importava, fosse ou não uma imagem surpreendente. A criação da arte se tornou uma série de decisões mentais, e a mais crucial delas era escolher a imagem-fonte certa: como Warhol iria sustentar alguns anos depois, "a seleção das imagens é o mais importante e é fruto da imaginação".

Embora as instalações de Rauschenberg, os ícones mundanos de Johns e ações similares do fim da década de 1950 e início da de 1960 tivessem começado a corroer o grande critério da originalidade, a serigrafia fotográfica de Warhol afetou radicalmente as ideias tradicionais do que constituía a arte. Com Warhol, a originalidade saiu pela janela e escancarou-se para os incontáveis pós-modernistas, de Richard Prince a Jeff Koons e Takashi Murakami, cuja arte consiste total ou parcialmente de imagens emprestadas. Embora muitas vezes infinitamente mais habilidosos e impetuosos que Warhol, eles receberam licença dele. ("Suspeito que Andy vai alimentar muitos artistas por um bom tempo", disse Henry Geldzahler em 1973.)

Em 4 de junho, Warhol e Geldzahler se encontraram para almoçar no Serendipity. Andy, para variar, estava se sentindo bem em relação às suas perspectivas. Os artigos da *Time* e da *Mademoiselle* tinham temporariamente saciado seu desejo ardente por reconhecimento, e a sua exposição na Galeria Ferus estava se aproximando. Ruth Ansel tinha acabado de colocá-lo em um grande artigo da *Harper's Bazaar* intitulado "A festa bem diversificada", no qual uma turma de figuras culturais promissoras, incluindo Andy, Joseph Heller, Joseph Papp, John Chamberlain e Jason Robards, para não mencionar o cabeleireiro e cantor de rock ocasional Monti Rock III, foram fotografados tomando coquetéis e conversando em uma bela casa de Manhattan. No texto, diz-se que Andy estava "planejando expor nesse outono" (essa era sem dúvida a exposição posteriormente cancelada de Martha Jackson).

Geldzahler, contudo, estava preocupado com a aceitação do público de uma arte que simplesmente reproduzia objetos comerciais. "Achava que havia muita ênfase no aspecto consumista da arte pop, e é por isso que eu queria que Andy se tornasse sério." No almoço, ele disse a Andy: "É vida o suficiente, é hora para uma pequena morte. Isso é o que está realmente acontecendo", e mostrou um exemplar daquela manhã do *New York Mirror*. A primeira página do tabloide estampava a manchete "129 morrem em avião!", uma história sobre um trágico desastre de avião na França. Não apenas Warhol pintou a primeira página, mas a sugestão deu início a uma volumosa série, as pinturas *Morte* e *Desastre* de 1962-64, que incluíam algumas das telas mais poderosas de Warhol.

Geldzahler fazia o papel de provocador estético. "Adorava trabalhar com arte comercial, e eles diziam o que você tinha de fazer e como fazer", lê-se em uma passagem de *A filosofia de Andy Warhol*, publicado em 1975. "Quando penso sobre que tipo de pessoa eu mais gostaria de contratar, acho que seria um chefe. Um chefe que me dissesse o que fazer." Um comentário como esse precisa ser entendido de forma mesmo séria; quase se consegue ouvir Warhol nos ameaçando para aceitá-lo, literalmente. O próprio Warhol pode não ter tido muitas ideias originais, mas para ele esse nunca era o ponto.

Como ele disse de maneira célebre sobre sua arte, "o pop vem de fora". Andy não trabalhava estados internos. Seu domínio era externo, o mundo dos objetos preexistentes – mais exatamente as imagens. E, desde que o trabalho do artista é purgar o mundo pelo verdadeiro tema, pedir sugestões era, para Warhol, apenas acrescentar olhos. "Como pedir ideias a alguém é diferente de procurá-las em uma revista?", ele pergunta em *POPism*.

E, embora Andy possa ter constantemente importunado seus amigos em busca de sugestões, ele realmente não aceitou muitas delas. "Ele me pedia conselhos, mas nunca aceitou nenhum", relembra Hanford Yang. De acordo com George Klauber, "ele tinha uma forma de dizer isso: 'Sim, sim, mil vezes não'.. Ele pedia a sua opinião muito suave e delicadamente, e então fazia como achava melhor." Entre as obras conhecidas por terem sido sugeridas por outros estão: as sopas Campbell's e pinturas de dinheiro (Muriel Latow); *129 morrem em avião!*, *Flores*, e provavelmente *Mona Lisa* (Geldzahler); *Vaca* e os *Autorretrato* de 1963 (Ivan Karp). Sem dúvida há outras, mas as sugestões foram muitas vezes tanto um trampolim para ideias quanto uma fonte para elas.

Eleanor Ward era uma heroína *camp* de cinema fora das telas. Tão melodramática e frágil quanto Margo Channing, e fisicamente parecia a criadora de Mildred Pierce, Joan Crawford. "A diretora da Galeria Stable havia aprendido a técnica da dissimulação com uma maestria própria", escreveu seu assistente Alan Groh, que provavelmente conhecia Ward melhor que ninguém. "Sua execução, entretanto, era sem humor, mesmo que o humor fosse inerente à situação." Ela era precisamente o tipo de personalidade vigorosa que atraía Andy, com sua necessidade por iniciativas fortes às quais pudesse responder. Ora afagando, ora negando, Ward era um contraste autoritário para "Andy

Candy", como ela o chamava, ao menos no começo da amizade deles.

Groh era havia muito tempo o paciente *alter ego* de Ward na Galeria Stable. Um sujeito estranho, de olhos saltados (Hanford Yang, amigo de Andy, lembra-se dele como cópia do comediante Marty Feldman), bem-educado, mas sem um objetivo até começar a trabalhar com Ward, Groh era conhecido entre os marchands como o "Curandeiro da Ward", em virtude de ser indispensável para sua chefe, principalmente nas várias vezes em que precisou administrar os negócios enquanto ela se recuperava da última bebedeira.

Ward alegava um passado próspero, Upper East Side, ainda que ela possa ter inventado muito. Ela é conhecida por ter trabalhado em Paris como assistente do estilista Christian Dior nos anos posteriores à Segunda Guerra Mundial. Deixando Paris e vindo para Nova York em 1951, fundou a Galeria Stable (que tinha sido um estábulo, na Sétima avenida com a rua 58) em janeiro de 1953. Uma série de exposições conjuntas que Ward chamou de "Stable Annuals" criou a sua reputação e ajudou a consolidar a reputação do expressionismo abstrato: entre as pinturas da primeira exposição estava o grande *Pólos azuis*, de Pollock. Ward exibiu um Robert Rauschenberg muito jovem (que ela contratou, e depois despediu, como seu porteiro, enquanto ela estava exibindo sua obra). Sua lista da década de 1950 incluiu Isamu Noguchi, Joseph Cornell, Joan Mitchell e Louise Bourgeois.

Ward podia ser insuportavelmente arrogante – insistia em fazer a seleção final para uma exposição e pendurá-la ela mesma – e, enquanto defendia seus artistas de forma veemente, tendia a descuidar de obrigações prosaicas, como pagar-lhes Quando uma artista da Stable reclamou que nunca havia visto dinheiro algum, Ward respondeu: "Oh, os artistas não deviam se interessar por dinheiro". Tampouco tal conversa elevada era um pretexto para avareza. Como se podia esperar de uma pessoa que, segundo Groh, "preferia ignorar a existência do comércio na sua vida", Ward era um desastre como mulher de negócios e estava frequentemente em dificuldades financeiras.

Em 1960, ela mudou a Stable para a rua 74 Leste, acima do seu apartamento, e começou a expor pós-abstracionistas: Alex Katz, o escultor Richard Stankiewicz e dois artistas interessados em cultura popular, Marisol e Robert Indiana. A agenda de Warhol indica que ele se encontrou com Ward em janeiro de 1962, mas nada se sabe do que resultou do almoço. Ward se lembra de outro encontro, provavelmente também no começo de 1962, quando, disse ela, Emile de Antonio levou Andy à Stable; embora ela afirme ter sentido pessoalmente "uma afinidade instantânea" com Andy, a galeria estava completa "e eu não podia nem mesmo considerar uma análise do seu trabalho".

De Antonio e Ward ofereceram relatos vívidos (mas contraditórios) do caminho de Warhol até a Stable. Na versão de De Antonio, ele levou uma Ward "extremamente bêbada" ao 1342 da Lexington. Embora ela tenha gostado da escultura de John Chamberlain pertencente a Warhol, mais do que as pinturas de lata de sopa e notas de dólar, De Antonio a lembrou de que ela já tinha cometido um grande erro ao rejeitar outro de seus favoritos, Frank Stella. Procurando na bolsa o seu amuleto da sorte, uma nota de US$ 2, Ward disse que ofereceria uma exposição a Warhol se ele a pintasse. O principal aspecto a favor da história, que cheira a criação retroativa de um mito, é que ela sozinha explica a existência das pinturas de US$ 2 de Warhol. Já que *Os Jeffersons* eram quase tão incomuns em 1962 quanto são hoje, Warhol teria de ter uma razão específica para pintá-los. Infelizmente, as datas tornam a história improvável, já que esse encontro não poderia ter ocorrido até junho, e sabe-se que as primeiras pinturas de US$ 2 foram feitas em março e abril daquele ano.

A versão de Ward começa ao menos com um fato documentado. O artista da Stable, Alex Katz, havia criado uma série de figuras de madeira para uma peça do poeta Kenneth Koch. Já que ele havia fornecido sua cenografia gratuitamente, Katz ficou feliz em aceitar a oferta de US$ 1.500 de Martha Jackson pelas obras. Quando Jackson montou uma exposição para as figuras de Katz, em junho, Ward, enfurecida com a traição, o excluiu de sua lista. O cancelamento da exposição dele deixou um buraco na sua programação de outono. Ward decidiu não se preocupar. Ela foi embora para sua casa de verão em Old Lyme, onde, logo depois, o misterioso, ou talvez o inconsciente profundo de Ward, interveio. Ela estava tomando sol em uma tarde, "não pensando em nada do mundo, e subitamente uma voz disse 'Andy Warhol' [...]. Eu me sentei e pensei 'Que extraordinário! Meu anjo da guarda'". Ela imediatamente ligou para Warhol, "disse-lhe quem era" (embora eles tivessem se encontrado ao menos uma vez), e marcou um horário para ver o trabalho dele. Julgando ser "uma coleção incrível", que a "espantou totalmente", ela lhe ofereceu a vaga de Alex Katz. (A única coisa de que ela se lembra de Andy dizer repetidamente foi "Uau!".)

E há ainda a terceira versão. Do tipo que falava sem rodeios, Ivan Karp salientou que "Eleanor odiava o trabalho do Andy". Karp insistiu que a pessoa responsável por conseguir que Warhol entrasse na Stable não foi Ward nem De Antonio: "Andy finalmente me disse que fez o contato por intermédio de Alan Groh". Karp não conhecia os detalhes sobre o papel de Groh – Groh, ele disse, "era uma pessoa tão modesta que nunca recebia os créditos por nada".

Buzz Miller, companheiro de Alan Groh desde meados da década de 1950, era um dos principais dançarinos da Broadway na época. Antigo amante de Jerome Robbins, Miller apresentou-se no famoso número "Steam Heat", em *O jogo do pijama*, de 1954 (ele repetiu seu papel na versão para o cinema de 1957) e apareceu em *Eu e Julieta*, *Garota engraçada*, e muitos outros shows da Broadway. Miller era um superstar do mundo gay na década de 1950. Andy, rato de camarim, desejava muito conhecê-lo. Em 1957, ele pediu a um amigo em comum que o levasse a uma festa dada por Miller, cuja única memória a respeito de Warhol naquela noite foi, previsivelmente, que ele "sentou a um canto e ficou observando". Todavia, eles começaram uma amizade. O dançarino considerou um troféu apresentar seu seguidor *camp* a Alan Groh – aqui estava um artista que ele podia levar para a consideração de seu namorado.

Andy continuou a cortejar Miller, presenteando-o em 1958 com uma bota em aquarela e acrílico, no estilo dos sapatos em folha de ouro de 1956. Miller, por seu lado, encorajou Andy a seguir com seu novo contato na Stable. Obviamente, Alan Groh não teria dado uma segunda olhada nos desenhos amaneirados de Warhol da década de 1950. Mas em 1961 tudo tinha mudado. Groh sabia, assim como qualquer outro, que as galerias de Nova York afundariam se ficassem com o expresisonismo abstrato. Então, quando Warhol reapareceu com amostras do seu novo trabalho, Groh estava preparado para dar uma segunda olhada. Além do mais, Groh estava interessado em trazer artistas gays para a Galeria Stable – era a sua maneira de se opor à ainda arraigada homofobia do mundo da arte da década de 1960.

Qualquer que fosse o caminho, Andy tinha agora a sua galeria e a futura exposição em Los Angeles, que consistiria unicamente de quadros de sopa Campbell's, a linha inteira dos produtos: de "Feijão com Bacon" a "Legumes vegetarianos". Em meados de junho, Andy enviou as pinturas de 40 cm × 50 cm para Irving Blum, da Galeria Ferus. Em 26 de junho Blum informou, via cartão-postal, que "32 pinturas chegaram bem e estão lindas. Aconselho vigorosamente manter o preço baixo durante a exposição inicial aqui". Decidiram o valor: US$ 100 por quadro.

O sul da Califórnia, por volta de 1960, era consideravelmente desprovido de riquezas culturais importantes. Los Angeles tinha uma vanguarda de artes visuais, centrada ao redor do pintor Robert Irwin e de Ed Kienholz (que trabalhava com *assemblages*), e nenhum mercado de arte contemporânea digna de menção. Os poucos colecionadores da cidade, principalmente magnatas de Hollywood, estavam interessados em nada que fosse mais recente do que Picasso.

Irving Blum

A comunidade *avant-garde* de Los Angeles era, na prática, estimulada pela Galeria Ferus, fundada em 1957 por Kienholz e Walter Hopps, um renegado da academia (apesar de seis anos de graduação e dois de pós-graduação em História da Arte, Hopps não tinha diploma; estava muito ocupado promovendo o jazz e administrando galerias de arte, das quais a Ferus foi a segunda). Em 1958, Kienholz saiu e entrou Blum, um jovem homem de negócios e esteta. Hopps era o ideólogo da galeria, Blum era a face pública. Nas palestras e aulas que oferecia na galeria, Hopps quase sozinho criou o mercado para a nova arte no sul da Califórnia; Blum estabeleceu-o. Blum, abençoado com uma grande suavidade, foi capaz de, apesar de parecer improvável, interessar a classe alta de Los Angeles nessa difícil arte.

Já que Andy não tinha indicado a Blum como queria que a exposição fosse montada, Blum decidiu ele mesmo, dispondo as pequenas telas em uma única fila horizontal, sobre uma tira de madeira que sugeria uma estante: uma divertida, se não óbvia, alusão a um supermercado.

A exposição foi aberta em 9 de julho. Warhol comemorou em Nova York em um jantar com De Antonio, Geldzahler, Stella e Barbara Rose. Os artistas da Ferus de Blum eram, ele disse, "assustados": confusos mas curiosos, "genuinamente interessados no trabalho, em quais eram meus sentimentos, por que tinha escolhido o cara". A comunidade crítica de Los Angeles, tal como era, rejeitou Warhol com avaliações ordinárias. "Os dardos que ele está lançando provam ser bumerangues", escreveu Henry J. Seldis do *Los Angeles Times*. "Este jovem 'artista' é um tolo insensato ou um charlatão teimoso." Na mesma rua da Ferus, a Galeria Primus Stuart erigiu uma pirâmide de latas de sopa Campbell's diante da vitrine, com uma placa embaixo dizendo: "Não seja iludido. Fique com o original. Nosso melhor preço: duas por 33 centavos". No *Los Angeles Times*, um cartum retratava dois *beatniks* na "Farout Galeria de Arte La Cienega Blvd"* pensando sobre as latas de sopa de Warhol: "Francamente, o creme de aspargos não me dá nada", disse a mulher *beatnik* para o seu companheiro, "mas a intensidade assustadora do *noodles* de galinha me dá uma sensação zen real!". Blum escreveu a Andy em 23 de julho: "Anexa, outra resenha estúpida. Não importa, a exposição está gloriosa [...] e eu a estou adorando demais". Ele estava agindo de maneira confiante em uma situação difícil. A exposição foi um fiasco: durante suas quatro semanas, apenas uma pintura foi vendida, com reservas para umas poucas mais (incluindo um sinal

* Trocadilho com o nome Ferus; *farout* significa radical, *avant-garde*. (N. T.)

de Dennis Hopper, um antigo entusiasta de Warhol).

Naquele ponto, Walter Hopps e o crítico John Coplans fizeram uma sugestão: por que não manter as pinturas juntas, reconcebendo-as como uma peça única? A ideia imediatamente interessou Blum, que decidiu que ele mesmo as queria. Ele comprou de volta o quadro vendido, cancelou as reservas dos outros e ligou para Andy, pedindo-lhe que fixasse um valor para o conjunto. Andy queria US$ 1.000. Blum pediu um ano para pagar, pois era um valor alto para ele. Foi um dos melhores investimentos da história da arte: 34 anos depois, Blum venderia as *32 latas de sopa Campbell's* para o Museu de Arte Moderna (MoMA) por US$ 15 milhões.

De acordo com Blum, "simplesmente fazia sentido mantê-las juntas como um grupo", e ele estava certo. Ele tinha apenas uma parede disponível em casa, o que tornava impossível a única fila horizontal, como as tinha exposto na Ferus. A configuração que escolheu, oito na horizontal, em quatro fileiras, ficou como o padrão. E assim, 32 quadros separados tornaram-se retroativamente as *32 latas de sopa Campbell's*: a primeira imagem serial de Warhol.

Estava ficando cada vez mais difícil para Andy entusiasmar-se pelo trabalho comercial. Seu amigo Ed Plunkett se lembra de vê-lo, no fim de 1962 ou meados de 1963, lendo de forma superficial uma carta de um cliente comercial que queria um desenho. "Ele meio que a deixou de lado", Pluckett relembra, "e disse: 'Acho que não quero mais fazer nada disso'." Diana Klemin, que foi diretora de arte de várias sobrecapas de Andy para a editora Doubleday, sentiu que "ele estava ficando muito arrogante. Ele disse que não ia mais fazer capas de livro para mim, 'porque, se eu continuar a fazer capas para você, as galerias e os grandes artistas não vão me aceitar'. Ele sabia que tinha de dar um salto".

Um dos poucos meios para o qual Warhol ainda gostava de fazer trabalhos era a *Harper's Bazaar*. Parte do que o manteve na *Bazaar* foram duas jovens assistentes de arte descoladas, Ruth Ansel e Bea Feitler. Ansel em particular, uma fã apaixonada por filmes, era uma das mais frequentes companhias de Andy no começo dos anos 1960, sempre pronta para ver um filme antigo ou um show da Broadway. Mas o que especialmente atraiu Warhol a Ansel, Feitler e o chefe delas, Marvin Israel, foi que eles estavam a par e interessados em sua incipiente carreira nas belas-artes. Amigos próximos de Emile de Antonio, Israel e Ansel em particular deixaram a revista como um local de testes para o novo trabalho de Andy. Mais ainda, eles foram os únicos contatos de Warhol na arte comercial a ter impacto direto no seu emergente estilo.

Com formato de pera, irascível, Marvin Israel, no fundo um pintor, nunca se sentiu confortável no mundo corporativo. Na *Seventeen* "ele foi sempre um rebelde e muitas vezes rabugento", notou Art Kane, a quem Israel substituiu como diretor de arte em 1955. Contratado em 1961 para substituir Henry Wolf como chefe da área de design da *Harper's Bazaar*, Israel foi despedido no começo de 1963. Em sua breve carreira na arte comercial, Israel abriu as páginas da *Seventeen* para os fotógrafos Robert Frank, Gary Winogrand e Lee Friedlander. Na *Bazaar*, ele deu aos retratos de *freaks* e desajustados de Diane Arbus uma de suas primeiras oportunidades de ser exibida. (Amante de Arbus e principal incentivador artístico, Israel provavelmente desempenhou um papel decisivo em seu surgimento como uma criadora de imagens de gênio.) Comissionou novos trabalhos de artistas estabelecidos – Richard Lindner, Richard Pousette-Dart, Larry Rivers e, no verão de 1962, de um aspirante. Ele mesmo um transgressor de gêneros, não tinha o desprezo do mandarim pelo artista comercial que lutava para entrar no mundo das galerias. Israel conhecia Andy Warhol pelo menos desde 1957, quando encomendou um trabalho conjunto de Warhol e Edward Wallowitch na *Seventeen*.

Não se sabe se Israel tinha visto ou não as novas pinturas de Andy, mas Ansel certamente as vira. Provavelmente na primavera de 1962, Emile de Antonio a levou para o 1342 da Lexington. Do relato dela, soa como se a visita de Ansel tenha ocorrido por volta da época do julgamento salomônico de De Antonio sobre as duas pinturas de Coca-Cola.

Ansel se lembra da rápida visita na hora do almoço: "A coisa toda parecia uma espécie de segredo. O De disse 'Ninguém sabe sobre isso. Andy está muito nervoso e quer que eu veja esse novo trabalho'". Ansel, que até então conhecia Warhol apenas como artista comercial, viu duas pinturas. "Eu me lembro vividamente daquelas duas imagens surpreendentes, abrasivas, em preto e branco, nessa sala de paredes de madeira, muito tradicional. Uma era um grande, *grande* telefone, quero dizer, essa coisa era enorme. E os dois narizes estavam ao lado. Fiquei muito mais ofendida pelos narizes. O telefone meio que parecia um Léger para mim. Mas o tema era chocante, porque era absolutamente 'quem diabos estava fazendo um *telefone*?'. E eles eram feios como o pecado. O De disse: 'Deus, Andy, você descobriu algo'. E o Andy respondeu: 'De, você acha mesmo?'. Eu não disse nada, eu era uma garotinha, era muito nova, embora cheia de opinião. Só lembro de o De dizer: 'Andy, eles são magníficos'. Achei que eram horríveis. Mas tive de admitir que tinham sua marca. Nunca tinha visto nada parecido."

Warhol deve ter mostrado a Ansel uma versão em miniatura do que ela chamou "o negócio do nariz", *Antes e depois*, como uma potencial ilustração, por volta dessa época. "Acho que encomendei um trabalho", ela falou, "e ele veio ao escritório com *isso* e disse: 'Você acha que eu posso fazer isso?'. Respondi: 'O que é isso?'. Só me lembro de pensar que era feio e que ele o tinha perdido."

Por volta do verão de 1962, Ansel tinha evidentemente superado sua repulsa. Ela não se lembra se foi ideia sua ou de Israel, mas se lembra de ligar para Warhol e pedir-lhe para submeter algumas de suas obras não comerciais para um trabalho. A matéria, quatro páginas sobre carros, foi publicada em novembro.

"Precisávamos fazer carros", disse Ansel. "Toda revista estava ficando cada vez mais comercial. A fim de conseguir anúncios de carros, você agora tinha de vestir modelos ao lado de carros em um editorial de moda ou fazer uma matéria sobre carros. O Marvin odiava carros, todos odiávamos fazer algo comercial e estávamos tentando passar a perna nos editores. Fiquei surpresa que tivéssemos conseguido." A parte essencial da matéria, intitulada "Deus *ex machina*", eram pinturas; o único texto era meia coluna de reflexões vaporosas sobre "a máquina", tiradas de uma fonte pré-publicada.

Israel e Warhol discutiram sobre o trabalho com certa minuciosidade, Ansel se lembra de que eles tiveram mais de uma reunião. "Esse era um trabalho grande para Andy. A quantidade, não o dinheiro. Ele poderia não ter recebido nada. Quero dizer, eles pagaram US$ 75 a página, algo ridículo como isso." O que surgiu das discussões foram oito telas de Warhol – serigrafias fotográficas e pinturas à mão – de modelos recentes de carros americanos. O fotógrafo da *Bazaar* fotografou as pinturas dispostas em elegante desordem na sala de estar de Warhol. "Lembro-me de Marvin falar a Andy: 'Apenas deixe-as apoiadas na parede'", disse Ansel, "foi uma coisa deliberada do tipo artista-no-estúdio-por-trás-das-cortinas." Atrás das novas telas, Andy apoiou *210 garrafas de Coca-Cola* – por que não divulgar outro trabalho? Como todas as pinturas de produtos de Warhol, os objetos são descontextualizados, separados do seu ambiente original de publicidade de revista e organizados para flutuar desencarnados em um espaço descaracterizado. Apesar do layout pretensioso, as quatro páginas praticamente saltam da revista. Ele recebeu US$ 824 pelo trabalho. As oito pinturas valem, claro, milhões atualmente.

Warhol estava aqui não em sua condição de humilde ilustrador, mas em seu papel incipiente nas belas-artes, como a legenda deixava claro: "Contratado pela *Harper's Bazaar* para fazer um comentário visual sobre o fenômeno do carro americano, Andy Warhol, prosseguindo na sua experimentação com o 'comunismo', ou a arte de conferir ao familiar uma suprafamiliaridade, criou as novas pinturas a óleo nessas e nas duas páginas anteriores: *Studebaker Avanti*, *Buick*, *Lincoln Continental*, *Pontiac*, *Cadillac*".

Apontar com precisão o status artístico, alto ou baixo, do trabalho seguinte de Warhol na *Harper's Bazaar* não é tão fácil. Para a edição de dezembro, Marvin Israel pediu a Andy que criasse material para uma matéria de duas páginas sobre nove novas personalidades das artes: os atores de cinema Tom Courtenay e Anna Karina, o maestro Lorin Maazel, o diretor de cinema Jacques Rivette, o romancista David Benedictus, a bailarina Lupe Serrano, os cantores de ópera Grace Bumbry e Jess Thomas, e o músico de jazz Carmell Jones. O título era "Pare, estude e aplauda – nomes e rostos que valem ser lembrados".

Começando com fotografias dos retratados, Warhol fabricou carimbos de borracha, que usou para compor seu layout. Os rostos carimbados foram borrados, apagados e manchados. As imagens se sobrepunham, obscurecendo parcialmente umas às outras. O efeito total foi o de um quadro bêbado. A obra ficou adorável em seu desalinho, e Ansel lembra-se de usá-la mais ou menos como Warhol a entregou. Foi quase destruída. "Nenhum dos editores a queria", disse Ansel, "eles a odiaram – aquele tipo de irregularidade não era feito em 1962 –, mas conseguimos fazer passar."

Andy recebeu US$ 412 pela obra (incluindo reembolso de US$ 100 pelos carimbos). Embora fosse um trabalho de arte gráfica funcional, comercial, tinha a aparência da grande arte que Andy estava tentando promover junto às galerias. As distinções entre alta e baixa cultura estavam sendo minadas, levando muitos críticos a uivos de ultraje. Diferentemente de seus colegas "comunistas", Warhol estava atacando em ambos os lados do prato, como artista comercial *e* artista sério. Nem nesse momento estava dirigindo sua arte apenas às galerias. Por volta da época em que a *Bazaar* de dezembro chegou às bancas, a exposição de Warhol estava na Stable. De repente, ele era o jovem pintor mais falado da América.

Marilyn Monroe não era apenas um ícone no Serendipity, era uma cliente. Ela frequentemente ia até lá com sua preparadora dramática, Paula Strasberg, que Stephen Bruce, dono da loja, conhecia bem. Às vezes ela ia sozinha. Era muito quieta. Deixava o motorista esperando do lado de fora, sentava nos fundos e chamava Bruce para bater papo. Um dia ela foi sozinha. Sentia-se só, disse. Vestia capa de chuva, lenço e tamanquinhos. Sentado diante dela, Bruce notou que ela estava nua sob a capa de chuva. Entrando apressada no Serendipity uma noite, ela apontou para um vestido e disse: "Posso usar esse? Estou atrasada para uma estreia". Bruce não tinha do tamanho dela, somente dois números menor. Ela o fez entrar às pressas no banheiro feminino e lhe disse que tentasse fechar o zíper do vestido. O zíper quebrou. "Então eu a costurei dentro do vestido", disse Bruce, "e ela saiu de lá como um encouraçado. Peitos a bordo!"

Poucos dias depois de Marilyn se matar, em 5 de agosto, Ed Plunkett, amigo de Warhol, foi até a casa de Andy, que propôs que fossem para o Serendipity. Quando eles chegaram, "um dos donos precipitou-se e disse: 'Oh, Andy, você faz um livro para nós sobre a Marilyn?'". Plunkett supôs que ele queria dizer um dos livros de Andy no estilo da década de 1950, com querubins e gatinhos, que o Serendipity vendia. "Andy meio que disse 'Tudo bem'." Seria apropriado se a série *Marilyn* tivesse nascido de uma troca casual no Serendipity.

O relacionamento de Andy com as estrelas de Hollywood era complicado. Ele passou muito tempo de sua infância sonhando com Shirley Temple e outras divas de Hollywood. No entanto, a *persona* sensual, ainda que suspirantemente inocente, de Marilyn era diferente das clássicas estrelas frias dos anos 1940 e 1950: Joan Crawford, Bette Davis, Marlene Dietrich. A imagem de Marilyn transpirava malícia sensual e alegria infantil, mas sua vida foi um desastre sem fim e ela veio a personificar o vácuo entre aparência glamorosa e tragédia pessoal.

A *Marilyn* é irreal. Com aquelas placas de sombras verdes nos olhos e aqueles lábios de cartum e cabelo loiro fluorescente, é totalmente artificial. As cores eram aquelas da publicidade, que Andy sabia como dispor tão bem quanto qualquer outro. Transferidas para a galeria de arte, elas se tornaram provocativamente *kitsch*. Oito das *Marilyn* vieram em sabores: *Marilyn de hortelã, Marilyn de uva, Marilyn de pêssego, Marilyn de cereja*, e assim por diante. Se Ivan Karp concebeu esse toque ou não (ele afirma ter intitulado a maior parte do trabalho de Warhol da década de 1960), isso sublinhou a identificação das celebridades de Andy com produtos. O mesmo é verdade em relação às *Marilyn* seriais, especialmente *Lábios de Marilyn*, na qual Marilyn Monroe é reduzida a uma única parte voluptuosa do corpo.

Apesar da artificialidade, parece haver uma vulnerabilidade, uma tristeza resignada e consciente no retrato de Marilyn. E apesar disso não está claro se a tristeza é projetada pelo observador. Em um dos primeiros comentários sobre a obra de Warhol, o historiador da arte Michael Fried esforçou-se "para registrar um protesto antecipado contra o advento de uma geração que não vai ficar tão comovida pelos ícones lindos, vulgares, pungentes de Marilyn Monroe quanto eu fico". Suponha que você não saiba quem foi Marilyn Monroe, como não conhece as pessoas de *Moça com brinco de pérola*, de Vermeer, ou de *As damas de Avignon*, de Picasso. Você tem de conhecer a história por trás para ficar comovido. Fried estava dizendo: quando Marilyn for esquecida, *Marilyn* vai perder o seu poder.

Mas Fried subestimou o poder permanente dos ícones da cultura pop. Ele escreveu isso em 1962, no início da era da celebridade da mídia e gerada pelo marketing. Quarenta e tantos anos depois, o status icônico de Marilyn Monroe (e de outra clássica estrela de Warhol, Elvis) é tão vívido quanto sempre foi. O poder da *Marilyn* de Warhol está fora da própria pintura, o que, obviamente, também é verdadeiro para outros retratos históricos. Separado de seu contexto, que o observador fornece, é um retrato impreciso de um rosto, fora de registro, extravagantemente colorido, aparentemente carregado de significado. Mas isso é um jogo que Andy está jogando com o observador, porque não há um significado verificável na pintura, apenas o desejo de encontrar um.

Warhol era um mestre para sugerir significados, sem realmente se comprometer. Ela fazia isso de várias maneiras: ao escolher imagens altamente saturadas, mas indeterminadas (a superstar morta, a viúva presidencial, o suicídio no meio do salto); através das muitas variações dentro de um retrato múltiplo, que, embora convidem a uma interpretação, são de fato apenas acidentais e sem significado – e através da ausência de claridade na imagem serigráfica em si, uma imagem casualmente impressa de um acetato ampliado de um anúncio de 20 cm × 25 cm, ele em si uma ampliação mecanicamente impressa de um contato positivo, ele em si um *transfer* de segunda geração de um negativo original. Como o crítico David Antin disse: "Em algum lugar da imagem, há uma proposição. Ela não está clara".

Mas as ambiguidades, embora pareçam acidentais, e até paradoxais, estavam inerentes desde o início nas escolhas dos temas de Warhol; no caso de *Marilyn*, uma imagem tanto de santa quanto de pôster *kitsch* de cinema. Mesmo os aspectos técnicos da pintura acrescentam à indeterminação do significado. "Isso é tudo acidental", observou Gerard Malanga, assistente de Warhol, sobre os velhos borrões no lado preto e branco de *Díptico de Marilyn*. "O que aconteceu foi que a tinta começou a prender na tela. Então, quando abaixamos novamente a tela e começamos a imprimir, ela criou faixas, porque um pouco da tinta estava secando no outro lado da tela. E também a tela ainda estava úmida. Desta forma, quando empurramos o rodo, a tinta está bloqueando os poros da tela e cria o que parecem ser faixas. O preto é onde a tela está muito úmida [cheia de tinta]. Quando você abaixa a tela, está automaticamente acrescentando mais tinta à imagem."

Embora hoje exista uma tendência para ajustar a história da arte do início da década de 1960 a uma passagem única do expressionismo abstrato para o pop, nem todo jovem artista, por volta de 1960, estava preocupado com a cultura popular, com objetos do cotidiano e em apagar a distância entre a arte e a vida. O mundo da arte era uma confusão de tendências divergentes. À parte do pop havia abstracionistas (Frank Stella, Ellsworth Kelly, Al Held), realistas (Alex Katz), abstracionistas que trabalhavam com cores (Helen Frankenthaler, Morris Louis, Kenneth Noland), protominimalistas (Carl Andre, Walter de Maria), expressionistas abstratos ainda viáveis (Joan Mitchell) e independentes inclassificáveis (Alfred Leslie). O status de antepassados do pop de Jasper Johns, Robert Rauschenberg e Larry Rivers era em grande parte incidental aos seus respectivos projetos, e cada um continuou em seu caminho independente.

As razões para a memória seletiva são muitas. Houve uma demora substancial entre a aceitação do expressionismo abstrato no mundo da arte de Nova York e o público em geral. Não foi antes da exposição de 1958 do Museu de Arte Moderna (MOMA), Nova pintura Americana, o primeiro endosso do expressionismo abstrato por um museu, que o estilo se tornou amplamente aceito – no fim da sua evolução. Além do mais, quando o MOMA enviou a exposição para uma turnê europeia, ela foi um sucesso esmagador. Uma vez que os europeus o aceitaram, o *establishment* cultural norte-americano, que ainda imitava a Europa em matéria de gosto, deu espaço para o expressionismo abstrato em seus museus, universidades e edições dominicais dos jornais. No entanto, nem bem o expressionismo abstrato chegou ao palco principal, foi abruptamente rejeitado. Um ciclo de doze anos de hegemonia, da ossificação ao declínio, incluindo meia dúzia de anos de efervescência de Rauschenberg a Lichtenstein, foi invisível para o público em geral. O que o mundo viu em 1962 foi a dramática queda do estilo principal da época, substituído pelo novo favorito da mídia, o pop. O fato de o seu período sob o sol ter sido tão breve aumentou o já forte ressentimento dos expressionistas abstratos – seu desprezo pela arte pop virou uma quase obsessão vociferante. O mundo da arte e a imprensa notaram essa animosidade, fornecendo o material bruto para simplificações futuras da história da arte do início da década de 1960.

O pop pode ter sido uma arte de vanguarda, mas o público reagiu à sua aparência superficial. Independentemente do quanto Lichtenstein tenha protestado que seu objetivo era "inteiramente estético, e relacionamentos e unidade são as coisas que realmente procuro", uma sala cheia de pinturas de Kenneth Noland com seus quadrados e círculos opacos nunca iria trazer à tona o mesmo nível de conversa quanto uma sala cheia de pinturas de Lichtenstein. A arte baseada em cheeseburger, Chevy e Marilyn Monroe ofereceu inumeráveis oportunidades para conversas em festas e chistes, paralelamente a quaisquer considerações formais, ironias ou referências da história da arte que fundamentassem esse imaginário. A América tornou-se, brevemente, uma nação de críticos de arte, e o pop determinou seus caminhos.

A chegada triunfante do pop, orquestrada pelo marchand Sidney Janis, foi algo irônico, já que sua galeria era o lar de muitos grandes nomes do expressionismo abstrato: De Kooning, Rothko, Adolph Gottlieb, Robert Motherwell e Philip Guston. A súbita vinculação de Janis à arte pop somente intensificou o mito de um confronto entre os grisalhos da velha guarda e os jovens matadores do pop.

Mas Janis era tão eclético quanto qualquer marchand bem-sucedido, e consciente de que o mercado expressionista abstrato havia caído, estava avidamente explorando novas tendências em meados de 1962. O marchand inglês Robert Fraser viu Janis naquele verão, farejando novos artistas em Londres: "O sr. Sidney J. me fez uma breve visita", Fraser relatou a um amigo de Nova York, "comentando com entusiasmo sobre as glórias dos 'neorrealistas!'". Tendo encontrado a tendência, o sr. Sidney J. estava se preparando para revelá-la.

Ávido para legitimar um novo estilo internacional, Janis amarrou o que eram de fato movimentos muito desiguais: o pop inglês, a resposta circunspecta e educadamente perplexa à cultura ianque do pós-guerra; o *Nouveau réalisme* francês (do qual Janis emprestou o nome para a sua exposição em Nova York), uma ressurreição um tanto bolorenta das patrulhas de fronteira arte-vida de Duchamp; e Lichtenstein, Oldenburg, Rosenquist e seus colegas pop.

A exposição *Neorrealistas* foi aberta com estrondo, em uma data que os abstracionistas "assombrados" de Janis sem dúvida consideraram uma noite apropriada: Halloween. Janis exagerou, selecionando tantas obras que uma segunda galeria *ad hoc* foi necessária – uma loja vazia no outro lado da Quinta avenida, cuja vitrine Janis encheu com roupas íntimas femininas pintadas extravagantemente por Oldenburg: um toque da melancólica rua Orchard na *soigné* rua 57. As contribuições de Warhol foram *Lata de sopa Campbell's grande, 19 centavos*, *200 latas de sopa* e *Faça você mesmo (Flores)*, um dos exercícios "pintando com números". Lichtenstein expôs *Blam!* e *A geladeira*, Rosenquist expôs *Eu te amo com meu Ford* e *Céus de prata*. Oldenburg, à parte a lingerie, expôs alguns bolos falsos da The Store ("destruidores de apetite", resmungou Harold Rosenberg na *The New Yorker*). Havia também outras obras memoráveis: *Sonho americano em diamante negro nº 2*, de Robert Indiana; *Natureza morta nº 19*, de Tom Wesselmann; e uma fantasmagórica família de George Segal, seis figuras de gesso agrupadas ao redor de uma mesa de jantar.

"Foi uma abertura fantástica", relembra Walter Hopps, vindo de Los Angeles. Andy passou a maior parte da noite encolhido em uma sala lateral com Karp; James Rosenquist estava "pra lá e pra cá"; Jasper Johns apareceu e desapareceu; Bob Rauschenberg, que tinha rompido com Johns no ano anterior, permaneceu mais tempo. Allan Kaprow, criador do *happening*, estava lá, assim como os críticos Robert Rosenblum e Leo Steinberg, a quem uma fotografia o mostra imerso em uma conversa diante de *Natureza morta nº 17*, de Wesselman. O escultor Jean Tinguely, que tinha aterrorizado uma reunião *black-tie* no Museu de Arte Moderna (MoMA) em 1960, com sua *Homenagem a Nova York*, uma máquina autodestruidora que incluía rodas de bicicleta, um piano, uma banheira e grelha de churrasco, estava de volta com uma geladeira – uma geladeira de Duchamp resgatada quando o mestre a descartou do seu apartamento no West Village. Quando sua porta era aberta, uma sirene horrível explodia ("Alto!", disse Hopps. "Muito alto. Ela perturbava a gravidade da exposição"). Um insurgente inato, Hopps estava se divertindo. Ele observou De Kooning, o único dos expressionistas abstratos de Janis de plantão, insinuando-se para a frente e para trás diante de *Cortador de grama*, de Jim Dine. De acordo com Hopps, De Kooning deu um golpe na *instalação* de Dine, Sidney Janis veio correndo, balançando os braços, e os dois homens ficaram gritando um para o outro. Acalmando-se, De Kooning voltou a examinar a obra, indo por fim embora sem dizer uma palavra.

Em uma festa na noite de abertura no apartamento de Emily e Burton

Tremaine, na avenida Park, Warhol, Lichtenstein, Rosenquist, Wesselmann e Indiana estavam tomando drinques servidos por empregadas uniformizadas quando De Kooning subitamente apareceu na entrada. "Oh, que bom vê-lo", disse Burton Tremaine, "mas, por favor, qualquer outra hora."

"Foi um choque ver De Kooning se afastar", relembra Rosenquist. "Naquele momento pensei: 'Algo no mundo da arte definitivamente mudou'."

"Com essa exposição, a arte pop está oficialmente aqui", escreveu Brian O'Doherty, do *New York Times*, uma das primeiras vezes que a palavra pop foi aplicada ao novo estilo. Em sua coluna de 24 de novembro na *New Yorker*, Harold Rosenberg anunciou que "o 'novo realismo' atingiu o mundo da arte com a força de um terremoto [...]. Em uma semana, os tremores começaram a se espalhar para os centros de arte de todo o país". A resposta crítica foi predominantemente negativa: Hilton Kramer, Max Kozloff e Dore Ashton condenaram o pop completamente; Rosenberg, o grande criador de frases, foi apenas um pouco menos veemente ("artifícios", "mobília em lugar errado", "arte publicitária fazendo propaganda de si mesma como arte que odeia publicidade"), e Sidney Tillim, Thomas Hess, O'Doherty, Irving Sandler e Jack Kroll o consideraram de mediano a negativo.

Contudo, Clement Greenberg sabia que algo estava para acontecer: "O expressionismo abstrato tinha se tornado moda, consequentemente à disposição, e o mercado de arte, cujo negócio era moda, precisava de nova cara. Ela chegou no outono de 1962".

Críticos que devassaram o pop em busca de sinais de subjetividade e pontos de vista que eles consideravam atestados de qualidade da arte moderna não conseguiram encontrar nada para tranquilizá-los. "[O artista pop] é tão reticente em relação às suas reações privadas quanto um apresentador em uma estação de notícias", lamentou o poeta Stanley Kunitz. Desde Baudelaire, os artistas mais sérios haviam sido ao menos implicitamente antiburgueses. O que deixou os críticos modernistas loucos em relação ao pop foi sua política ser tão enganosa. Ele criticava a cultura capitalista ou a promovia? Detratores como Kunitz escolheram ver o pop como indiferentemente afirmativo. "O inimigo tem sido consistentemente identificado como a sociedade burguesa e os valores burgueses", ele disse em um simpósio sobre o pop convocado às pressas em dezembro de 1962. "As placas, *slogans* e os estratagemas [do pop] vêm direto da cidadela da sociedade burguesa, a fortaleza de comunicações onde as imagens e os desejos do homem de massa são produzidos." Os expressionistas abstratos foram nobremente desatentos em relação ao comércio, os novos artistas eram oportunistas. "Eu diria que todos os neodadaístas estão infectados em graus variados por esse desejo arrogante por sucesso e atenção", escreveu Sidney Tillim.

Os uivos reais do "antipop" vieram daqueles que tinham mais a perder: artistas. Robert Rosenblum se lembra de ser impiedosamente obrigado a escutar Robert Motherwell – todos os expressionistas abstratos queriam saber se Rosenblum era "a favor ou contra". A exposição de Janis, disse Alfred Leslie, "foi entendida pelos artistas que não estavam fazendo esse tipo de arte como um anúncio de que o apoio que recebiam estava sendo retirado, que eles estavam sendo abandonados, e que o mercado estava fazendo o que faz de melhor, usando-os até o fim e procurando outra coisa para seguir em frente". No fim, foram os expressionistas abstratos de Janis que o abandonaram primeiro, realizando um encontro logo após a exposição e votando para um abandono em massa. Estranhamente, dada a sua performance na noite de abertura, De Kooning sozinho escolheu permanecer com Janis.

Para o artigo da *Newsweek* sobre a exposição, um repórter entrevistou Warhol. Questionado sobre as suas considerações a respeito do expressionismo abstrato, Andy respondeu com uma bela e *faux-naïf* esnobada: adorava-o, ele disse, "mas nunca fiz nada do estilo. Não sei por que, é tão fácil". O comentário foi calculado para incitar fúria. Mas Andy ainda não era completamente fluente para desviar-se de todas as perguntas com contragolpes passivamente hostis e deixou escapar um comentário franco e sucinto sobre o seu trabalho. Começou com uma mentira rotineira: ele pintou as latas de sopa Campbell's porque tinha obsessão por elas, disse. Mas acrescentou: pintou celebridades porque "elas são igualmente produtos".

A primeira exposição individual de Warhol como pintor foi aberta na Galeria Stable em 6 de novembro, apenas uma semana após a exposição *Novos realistas*. Ser o último dos artistas pop a encontrar uma galeria foi uma vantagem para Andy: na época em que ele conseguiu sua vez, o burburinho sobre o pop tinha se tornado verdadeiramente insistente. O momento não poderia ser melhor: "Havia uma grande excitação" na abertura do Warhol, relembra Alfred Leslie, "porque a exposição de Janis tinha causado grande sensação".

A Stable era um espaço grande, bonito, divido em duas salas. Uma escada em espiral dava para o apartamento de Ward, para onde você era convidado se pertencesse ao círculo íntimo da proprietária da galeria. Andy passou a maior parte da abertura lá. Ward e Alan Groh haviam colocado dezoito pinturas: o painel de cinquenta rostos *Díptico de Marilyn*; *Feche e abra depois de riscar (Coca-Cola)*; *Beisebol*; *129 morrem em avião!*; *210 garrafas de Coca-Cola*; *Elvis vermelho* (não a famosa pintura de Elvis de um ano atrás, mas uma entre várias composições em série do rosto de Elvis, criada não muito antes da exposição); *Marilyn de ouro* (uma tela pintada em dourado de 2,15 m de altura × 1,50 m de largura, com uma Marilyn de 40 cm × 50 cm no centro); *Faça você mesmo (Veleiros)*; *Díptico de Troy*; e as oito *Marilyn* "com sabor".

Embora Ivan Karp se lembre da noite como menos cheia do que ele queria que fosse, fotografias revelam uma galeria lotada. Na estreita sala da frente, o público estava ombro a ombro, pressionado contra as pinturas. Ward colocou *Marilyn de ouro* no lado oposto da entrada, a fim de ser a primeira pintura que as pessoas vissem. "Era tão brilhante, ela cintilava como um diamante", observou John Giorno, um poeta aspirante que o pintor Wyn Chamberlain tinha levado. "O dourado nela parecia de algum modo... *ouro*. Era luminescente." Incontáveis comentários compararam a pintura a um ícone ortodoxo oriental, insistindo que ela refletia a infância católica bizantina de Warhol. Giorno não concordou: "O dourado está lá porque Andy gostava de dourado e brilho, de usar algo realmente vulgar e torná-lo infinitamente elegante. Esse era o seu poder. O dourado em *Marilyn de ouro* não representa ícones bizantinos; se representa algo, é Miami Beach".

Geldzahler estava lá, claro, assim como Castelli, De Antonio, Karp e sua primeira esposa, Lois, Jim Dine, James Rosenquist, Alfred Leslie, Richard Bellamy, Ray Johnson, Arman (o mais amigável dos "neorrealistas" franceses em relação ao pop americano), John McKendry, curador de gravuras do Metropolitan Museum of Art e um compulsivo criador de confusão, e muitos outros. Ward e Alan Groh distribuíram grandes bótons laranja com uma lata de sopa Campbell's.

"Havia vários jovens lá", disse Karp, "e eu não sabia de onde eles tinham vindo, eles não eram do mundo da arte." Embora Charles Lisanby não estimasse muito as pinturas, ele se divertiu flertando com Marisol, que o impressionou como "uma excêntrica de verdade, mas bastante agradável". Wyn Chamberlain e Giorno abordaram Andy. Chamberlain, um pintor realista, tinha se encontrado com Andy antes, disse Giorno, "então eles trocaram umas três ou quatro sentenças, sabe, do tipo, 'Que exposição maravilhosa', e então o Wyn disse: 'Quero lhe apresentar um jovem poeta'". Andy se virou, oferecendo sua "mão pequena, úmida, flácida, fria", disse Giorno, que a segurou um pouco mais do que para um aperto de mão. "Oooh!", disse Andy, como quem flerta.

"Eu estava meio que apaixonado por ele à distância", disse Giorno, "não por ele, mas pelo trabalho dele, estávamos todos excitados com a arte pop, e qualquer um que fizesse pinturas da Marilyn Monroe era um gênio para mim. Eu era jovem, minha mão grande e quente na sua mão pequena, e esse 'oooh' dele, fiquei encantado. Então alguém chamou a sua atenção e foi isso. Mas, olhando para trás, aquele foi o momento que fizemos contato." O contato seria perseguido por ambos os lados.

Para William Wilson, um jovem professor do Queens College e crítico de arte, que levou suas duas filhas gêmeas pequenas à abertura na Stable, "foi a primeira abertura de circo, o primeiro evento de galeria. A grande abertura de Johns quatro anos antes havia se focado com tal intensidade que foi intelectual e emocionalmente sóbria. Contrariamente, a de Andy foi a primeira abertura festiva de minha vida, com pessoas teatralmente estilosas em um grau com o qual eu estava familiarizado no *downtown*, com essas roupas, mas que não tinha testemunhado ou partilhado no *uptown*".

"As pinturas de Warhol pareciam *rápidas*", continuou Wilson. Diferentemente de um De Kooning ou de um Rothko, com todas as suas complexidades, absorviam-se essas pinturas instantaneamente. "Todo mundo ia ter de traçar um caminho próprio em relação às coordenadas de Warhol. Percebi de imediato que ele estava desviando o curso da pintura e de maneira aparentemente tão simplista que algo como a tela *Pinte os números* parecia um truque. Os pintores precisavam abrir agora seus próprios caminhos, que se afastassem de tudo que fosse seguramente conhecido até esse ponto. Todos íamos ter de pensar mais rápido, a fim de continuar."

Henry Geldzahler vivia em um grande apartamento no 112 da rua 81 Oeste, onde deu uma festa para Andy naquela noite. Henry evidentemente não havia preparado muita coisa; no último minuto, De Antonio correu para comprar taças para as bebidas, presunto e rosbife. De acordo com Bourdon, a festa foi uma negação. Ávido para apresentar Andy à sociedade do mundo da arte, Bourdon escreveu, Geldzahler convidou uma multidão do *establishment*, incluindo vários expressionistas abstratos, que ameaçadoramente jogaram Andy à sombra, "tomando chá de cadeira em sua própria festa". Bourdon deve ter ido embora cedo, porque vários outros se lembram de uma atmosfera bem diferente, cheia de rock and roll alto e uma sensação de início do futuro. Jasper Johns, majestoso em um terno de tweed marrom, convidou Sarah Dalton para dançar o *twist*. Parecia como se *le tout intellectual* de Nova York estivesse lá. Susan Sontag estava lá e também Norman Mailer. Ivan Karp foi o DJ, tocando Shirelles, Crystals e Ben E. King.

Quando as resenhas apareceram, a exposição de Warhol foi tratada melhor que *Neorrealistas* havia sido, embora Warhol recebesse sua parte justa de abuso. "O ar de banalidade é sufocante", escreveu Dore Ashton no *New York Report*. "Onde Rauschenberg pegou seu jornal diário e fez dele um trampolim para sua imaginação, Warhol apenas eleva as técnicas do jornalismo e as aplica tolamente a uma superfície plana." O trabalho de Warhol, Donald Judd escreveu em *Arts*, "certamente tem possibilidades, mas até aqui não é excepcional". A resenha mais coerente foi a de Michael Fried. O jovem discípulo de Greenberg foi surpreendentemente positivo. Identificando de forma correta a técnica serigráfica que Warhol tinha usado para os quadros de Monroe, Presley e Donahue, Fried chamou o resultado de "brilhante", embora acrescentasse que Warhol era "capaz de mostrar coisas que são um tanto mal executadas". No seu melhor, as pinturas de Marilyn, Warhol mostrava "um instinto infalível para a vulgaridade (como na sua escolha de cores). De todos os pintores que trabalham a serviço – ou escravizados – da iconografia popular, Andy Warhol é provavelmente o mais dedicado e o mais espetacular".

Quase quatro décadas depois, na *New Yorker*, Peter Schjeldahl amplificou os comentários de Fried: "As imagens indicativas daqueles olhos, aqueles lábios e aquele cabelo parecem destinadas a ser o mais duradouro ícone artístico dos últimos cem anos [...]. Que as obras não pareçam camadas desencarnadas, mas pinturas verdadeiras – objetos simples, feitos à mão –, dão a impressão de um choque quando são vistas pessoalmente e em gloriosa variedade".

Eleanor Ward vendeu todas as pinturas da exposição, a preços que variaram de US$ 250 para cada *Marilyn* "com sabor", US$ 900 para a Coca-Cola na carteira de fósforos, US$ 1.200 para *Marilyn de ouro* (comprada por Philip Johnson), a US$ 1.950 para *210 garrafas de Coca-Cola*. Em seu segundo ano como pintor de meio período, Andy ganhou US$ 5.900, uma quantia que ultrapassou muito a dos típicos veteranos do expressionismo abstrato. Entediado ou não, ele produziu o tanto de trabalho comercial de sempre: suas vendas para o ano, obras sérias e comerciais, foram de US$ 43.639 (não incluindo um valor não declarado de US$ 14.000, que apareceu em uma auditoria de 1966).

Um artista em tempo integral precisava de um estúdio viável. Tendo superado a mesa da cozinha e o chão da sala da frente no 1342 da Lexington, Andy tinha se mudado para a sala de estar no começo daquele ano. A princípio mobiliada pomposamente com os ecléticos *objetos* de Andy, a sala foi progressivamente esvaziada; por fim, não havia nada, exceto telas enroladas e alguns caixotes como mobiliário. Quando queria mostrar pinturas, Andy as pregava na dispendiosa parede revestida, irritando o rabugento Nathan Gluck.

Um amigo chamado Don Schrader encontrou um prédio de bombeiros de dois andares que não estava sendo utilizado no número 159 da rua 87 Leste, entre a Terceira avenida e a Lexington. Em 21 de dezembro, Andy assinou um aluguel mensal pelo local de US$ 150.

1962 foi o ano heroico da arte pop. Em janeiro, uma tendência underground sem nome, em dezembro era a tendência dominante do mundo da arte. Apesar das aquisições, cobertura da mídia e futuras exposições apressadamente planejadas em museus, talvez o melhor padrão de comparação do sucesso do pop seja o de Warhol, já que o seu trabalho imperfeito, leve, "não artístico", fez a menor das concessões ao gosto corrente das belas-artes. Essa disposição para irritar, assim como um olho para imagens de máxima ressonância pública e, progressivamente, uma necessidade e um instinto para a publicidade, fez de Warhol o porta-estandarte reconhecido do estilo.

Sua vida social também cresceu. Ele foi convidado ao apartamento de Zachary Scott e Ruth Ford no Dakota para o dia de Ação de graças, onde conheceu Charles Henri Ford, romancista, poeta, cineasta, fotógrafo e gay *bon vivant*.

Um dia após o Natal, Warhol e nove outros artistas foram convidados para criar obras do tamanho de murais para adornar o exterior do futuro Pavilhão do Estado de Nova York na *Feira Mundial*, projetado por Philip Johnson. Dias antes, Johnson havia oferecido a *Marilyn de ouro* de Warhol para o Museu de Arte Moderna (MoMA), que aceitou a pintura em sua coleção permanente. Menos de dez anos tinham se passado desde que Andy sonhara em ilustrar um cartão de Natal do MoMA; seis anos desde que o museu tinha recusado seu desenho de sapatos. Ainda fazendo imagens comerciais, Warhol havia sido carimbado com o selo de aprovação definitivo da arte moderna.

Capítulo 4

1963

Eu lhe disse: "Quem vai querer olhar para um quadro de 2,40 m de um horrível acidente de carro, Andy? Você vai matar sua moderação". Ele respondeu: "Oh, bem, isso tem de ser feito".

— IVAN KARP

NÃO DEMOROU MUITO PARA O *ESTABLISHMENT* DA ARTE se enfileirar atrás do pop. Marchands, colecionadores e curadores de museus estavam procurando ansiosamente a "próxima coisa nova" havia algum tempo, e o pop preencheu as expectativas. Era animado, divertido, provocador e popular com a mídia e o público.

A *Time* e a *Life* consideraram o pop, chegando aos calcanhares da sombria confusão de Pollock, um assunto refrescantemente simples, um contraste para os chistes dos criadores de manchetes. Além do mais, a vitalidade e o esplendor futurista do pop combinaram com o espírito da época. Os líderes que haviam guiado o país ao longo da pobreza e da guerra finalmente estavam saindo de cena, sucedidos pelo que a *Life* chamou, em sua edição de 14 de setembro de 1962, de "A Geração da Conquista" – sua personificação do nosso mais jovem, mais belo presidente. A América se encontrava em um íngreme declive em direção à juventude, no qual a "nova linhagem" da *Life* – James Watson, Murray Gell-Mann, Thomas Eagleton, John V. Lindsay, Philip Roth, John Updike e outros – estava apenas no meio, substitutos temporários da figura que em breve emergiria como a voz dominante da cultura americana de meados da década de 1960 até o presente: o adolescente.

No inverno e na primavera de 1963, o pop se tornou nacional. Subitamente, todo museu tinha de ter uma exposição pop, "todas *extravaganzas*", relembra Claes Oldenburg. Vários artistas pop fizeram uma turnê mambembe pelo país, como um time de beisebol dos velhos tempos, andando no mesmo trem, recepcionados nas estações como celebridades, ou pelo menos como curiosidades. "Quando você chegava à cidade, era como um circo [...]. As pessoa faziam perguntas estúpidas... hostis. Você podia assumir todo tipo de pose e se divertir com essas pessoas. Tornava qualquer pessoa uma figura teatral. Você viajava para lugares como Worcester, [onde] acontecia essa exposição de arte pop e então depois havia uma festa, e todos os membros do museu ficavam um tanto bêbados e extremamente hostis. Eles tinham de ter a exposição porque era *au courant*, mas eles realmente a julgavam um lixo terrível e queriam que ela fosse embora."

Entre março e dezembro houve exposições em Nova York, Washington, Houston, Kansas City, Oakland, Des Moines e outras cidades. *Seis pintores e o objeto* (Johns, Rauschenberg, Lichtenstein, Dine, Rosenquist e Warhol) aconteceu de março a junho no Museu Guggenheim em Nova York. (Os "seis" eram originalmente sete. Lawrence Alloway tinha planejado incluir Harold Stevenson, mas voltou atrás quando viu a proposta de Stevenson, um nu gigantesco, o rosto inspirado em Sal Mineo, chamado *O novo Adão*.) Depois do Guggenheim, a *Seis pintores* foi enviada para uma turnê de sete cidades, de Los Angeles a Boston e de volta cruzando o país para La Jolla. A grande exposição na Washington Gallery of Modern Art, "A imagem popular", aconteceu em abril e maio. Na abertura, um "festival pop" – com um *happening* de Oldenburg, um concerto de John Cage e outras atrações – teve cobertura nacional, a maior parte dela ceticamente entretida: "A arte pop é mais do que tinta e gesso, é também um estrondo de não música, um balbucio de toca-fitas, e o *happening* uma não peça que requer uma ou duas pequenas salas e a tolerância dos espectadores", informou a *Newsweek* aos seus leitores. Mas Frank Getlein, do *Washington Star*, queria saber por que, se o pop estava destruindo as fronteiras entre arte e vida, a coisa estava sendo exposta em um museu de arte. O ceticismo do "homem comum" de Getlein de fato enfatizou a falsidade da revolução pop: se ele era realmente um aglutinador da arte "séria" e da arte "simples", por que os preços ainda eram astronômicos, por que sua casa ainda era a galeria?

Em março, o jovem Sam Green, usando suas conexões na Wesleyan, fez a curadoria de "A nova arte", uma pequena exposição, mas de primeira categoria, para a qual Alloway escreveu o ensaio do catálogo. O respeitável crítico Herbert Read chamou a exposição de "'a coisa mais ofensiva que já vi', que era ótima", de acordo com Green. *O pop vai para o cavalete* estava no Museu de Arte Contemporânea de Houston em abril. Em setembro, *Pop art* U.S.A estava no Museu Oakland, na Califórnia, enquanto o Museu Nelson-Atkins, de Kansas City, montou duas exposições pop, "Arte popular" em abril e "Mídias misturadas" e "Pop art" em outubro.

Se a arte pop, que flutuava pelo país nas páginas da *Time*, da *Life* e da *Newsweek*, era um grande balão vermelho levemente bobo, alegre e animado, Warhol não perdeu tempo para tomar precisamente o caminho oposto. Ouvindo rádio durante um feriado no fim de 1962 (ele se lembra como sendo ou o Dia do Trabalho* ou o Natal – foi provavelmente o último), ficou chocado com os implacáveis prognósticos de vítimas do trânsito. "Toda vez que você ligava o rádio", ele posteriormente contou a Gene Swenson, "ouvia-se algo como '4 milhões vão morrer'. Isso foi o começo": uma preocupação de mais de um ano com morte, violência e sua representação fotográfica. Embora Warhol sempre tenha considerado *129 morrem em avião!* e as *Marilyn* como seus primeiros quadros de "morte", o tema, no começo de 1964, passava de subjacente para dominante.

Cerca de setenta telas de Warhol vieram a ser livremente agrupadas como as pinturas *Morte e desastre*. Mais de quarenta foram originalmente

* Nos Estados Unidos, o Dia do Trabalho é na primeira segunda-feira de setembro. (N. T.)

incluídas em uma série única, *Desastres* (uma rubrica provavelmente cunhada por Ivan Karp) – a sequência foi substancialmente perdida. Os temas incluem suicídios, acidentes de carro, um envenenamento acidental, uma cadeira elétrica e outras imagens cruéis. Várias outras, embora não tratem diretamente de morte, compartilham do espírito de catástrofe: três garotas de programa sendo presas, um cão da polícia atacando um manifestante pelos direitos civis, um nascimento em um hospital de uma pequena cidade.

As fontes de Warhol foram revistas (ele era um fiel colecionador de matérias da *Life*, que rendeu várias imagens), tabloides, revistas de celebridade e fotos de agências. Seu amigo David Bourdon, que estava trabalhando agora na biblioteca editorial da Time Inc. (o "necrotério", como tais coleções eram adequadamente conhecidas no jornalismo), e outro amigo jornalista, John Rublowsky, com frequência forneciam fotos a Andy. Wyn Chamberlain apresentou Andy a ainda outra fonte, um jovem policial de Nova York chamado Jimmy O'Neill, herdeiro gay de gerações de policiais irlandeses, que deu a Warhol uma grossa pilha de fotografias de suicídio, acidentes de carro e cenas de crime.

Como sempre, Andy nutriu mais ideias do que usou. Um amigo se lembra de acompanhá-lo à casa de Eleanor Ward – Andy queria saber a opinião dela sobre o potencial como pintura de uma foto que ele tinha acabado de encontrar: um bebê muito deformado devido à talidomida. Ward olhou a foto, amassou-a sem dizer uma palavra, colocou-a em um cinzeiro e apagou o cigarro nele. "Acho que ela não gostou", disse Andy a seu amigo, de volta à calçada.

A maior parte das pinturas *Morte e desastre* era de composições em série, muitos de seus efeitos deve-se a isso. Em quatro das dez pinturas *Cadeira elétrica* Warhol imprimiu a mesma imagem – uma fotografia de agência da cadeira elétrica da Prisão Sing Sing – doze ou mais vezes. A implacável repetição usada em algumas das pinturas *Desastre* concede-lhes um aspecto ainda mais horrível. A repetição nas pinturas antigas serviu a um propósito estético. Aqui, a imagem repetida emite um choque extra – o registro repugnante das estatísticas –, enquanto a imaginação fornece os ocupantes da cadeira e suas histórias. As pinturas *Carro em chamas* são repetições de uma fotografia de 3 de junho de 1963 da *Newsweek*, na qual um carro destroçado, virado, está em chamas à beira de um gramado do subúrbio. Um poste de telefone está perto. Três metros acima, no poste, uma ponta de ferro se projeta; nele, está pendurado o ocupante do carro, seu corpo estranhamente alongado, tão rigidamente vertical quanto o poste, sua cabeça caída para um lado. O aspecto medonho do quadro, se não exatamente suavizado, está ao menos composto de maneira menos visceral em virtude de sua apresentação: enquanto a imagem terrível atrai o observador, os múltiplos quadros afastam-no em um "efeito de alienação", para apropriar-se do conceito teatral. O objetivo do pintor ilusionista – seduzir o olho para acreditar que essa é a própria vida – é explicitamente obstado. Isso não é a vida, o olho relata enquanto ele pula de um quadro a outro: é apenas uma pintura. E um tipo particular de pintura, uma foto de noticiário reproduzida grosseiramente, matéria-prima do dia a dia para milhões de olhos. Ampliada para grandes manchas negras, algumas do tamanho de impressões digitais, os pontos de *Benday* do impressor são tanto uma parte da pintura de Warhol quanto o que ela representa, reforçando a percepção pop de que grande parte da nossa experiência agora vem a nós não diretamente, mas por meio de um véu fotográfico, um véu da mídia de massa.

Carro em chamas, a mais pavorosa das pinturas de desastre de Warhol, acrescenta um toque a mais. No fundo está um segundo homem, captado pelo fotógrafo de tal modo que parece que ele está dando um passeio, ignorando a carnificina, uma representação literal dos famosos pensamentos de Auden em "Musée des Beaux Arts": "Quanto ao sofrimento, eles nunca estavam errados,/ Os Velhos Mestres; quão bem eles entendiam/ sua condição humana; como ela se realiza/ Enquanto alguém está comendo ou abrindo uma janela ou apenas caminhando desinteressadamente". *Carro em chamas* é a nova versão de Warhol do Ícaro de Breughel, no estilo *pulp* do século XX, a calamidade ocorrendo enquanto o mundo cuida da sua vida e "tudo se afasta/ vagarosamente do desastre".

Quase tão chocante quanto a própria cena foi o fato de que a imagem tinha simplesmente sido apropriada. Exceto pelas faixas e manchas adquiridas durante a impressão, a imagem era essencialmente a mesma da fotografia da qual ela foi tirada – "uma fotografia de uma fotografia", como as serigrafias de Warhol foram descritas. O tema perturbador, em outras palavras, mascarava a audácia com que Warhol tinha se apoderado da imagem. Com uma pancada – ou passando o rodo no silkscreen –, Warhol tinha lançado o primeiro golpe decisivo para o pós-modernismo.

Muita deliberação foi dedicada à questão sobre o que Warhol estava tentando dizer com as pinturas de desastres. Como sempre, as respostas estão mais perto do que alguém poderia supor. Essas eram "imagens que qualquer um, andando na Broadway, podia reconhecer em um segundo", como Andy nos lembra, instantaneamente compreensíveis, quadros do tipo "o menor denominador comum". Seu sucesso, o alvoroço que ele estava gerando, reforçou o instinto de Warhol de que um obstáculo tinha sido vencido, que cada vez menos ia ser rejeitado como muito chocante ou insólito, que quanto mais despudoradamente uma obra de arte apresentasse a si mesma como tal, mais rapidamente o mundo da arte ia ficar atento.

Andy podia depender do seu olho geralmente infalível para iluminar a imagem mais surpreendente e ampliar seu impacto com apenas o efeito gráfico certo. Seu instinto para a justaposição dissonante alcançou um estágio perturbador quando ele imprimiu cadeiras elétricas em uma tonalidade prototipicamente decorativa, uma tonalidade de vitrinista, em *Desastre lavanda*. A repetição quase conseguia transformar um quadro assustador em uma abstração.

Aqueles que viram empatia ou crítica social nas pinturas *Desastre* de Warhol não entenderam. "Não havia uma razão profunda para fazer uma série sobre a morte", Andy contou a um jornalista em 1966. "Nenhum motivo mesmo para fazê-la, apenas uma razão superficial." Uma obra de arte, em especial uma obra de arte pop de um observador tão alheio quanto Warhol, podia facilmente se inspirar tanto em uma mistura insensível de humor negro, estética e audácia quanto em uma preocupação cultural convencional. O tom sem emoção das anotações de Andy para *Confronto racial* [manifestações contra o racismo] – "Mongomerty [*sic*] Cão Negro", "castanho Negro pintura", "cachorros em Birmingham" – não corresponde a nenhum envolvimento em questões sociais. A anotação simplória indica, talvez até, indiferença em relação às dimensões morais da fotografia. O verdadeiro ultraje está em igualar flores, acidentes de carro, estrelas de cinema, manifestações contra o racismo e cadeiras elétricas.

A fonte para *Desastre com atum* foi um artigo da *Newsweek* sobre duas donas de casa de Michigan que morreram após comer uma lata de atum A&P

contaminada. Muitas teorias tolas têm sido impingidas a essa pintura. Um ensaio de 1987 do historiador da arte Thomas Crow vai tão longe quanto transformar Warhol em um defensor do consumo seguro: "Os quadros, obviamente, celebram um momento em que a promessa dos supermercados de comida enlatada segura e abundante foi desastrosamente quebrada". Mas uma anotação que Andy rabiscou nas costas de uma das onze telas – "Velhas da lata" – revela que as origens das pinturas estão menos em compaixão que em humor negro.

John Wallowitch há muito tempo tinha um amigo chamado Neal Karrer, um frasista cáustico de quem Andy particularmente gostava e via com frequência no fim da década de 1950 e começo da de 1960. "Andy e Neal", disse Wallowitch, "tinham um entendimento especial e este tinha a ver com humor negro, como 'Por que não imortalizar as mulheres que morreram de envenenamento por atum?'. Neal vinha com ideias como essa, e todos nos sentávamos ao seu redor e gargalhávamos".

A famosa conversa de Gene Swenson com Warhol em 1963, que apareceu na edição de novembro da *Art News*, permanece como uma das poucas entrevistas publicadas que transmitem uma sensação de um Andy desprotegido. Como Gerard Malanga lembrou, Swenson foi astuto o suficiente para esconder seu gravador sob a mesa; como resultado, Andy pode ter sido menos cauteloso do que o usual. O Warhol que aparece ali não é tão eficiente nas suas evasivas quanto seria até mesmo um ano mais tarde. Sua falta de jeito não é a sua famosa falsa ingenuidade posterior, mas algo como ingenuidade real e uma profunda inquietação com palavras. "É difícil ser criativo e é difícil também não pensar que o que você faz é criativo, ou é difícil não ser chamado de criativo, porque todo mundo está sempre falando sobre isso e individualidade." Infelizmente, Swenson parece ter remendado partes da transcrição para fazer Andy parecer mais intelectual (como a referência à revista literária *The Kenyon Review*, não exatamente a leitura de cabeceira de Warhol).

Quando Andy faz um comentário sobre um incidente violento – mesmo um em que estivesse pessoalmente envolvido – é como um observador alheio. Em um momento na entrevista de Swenson, ele diz: "Fomos ver *Dr. No* na rua 42. É um filme fantástico, tão cool. Saímos, e alguém lançou fogos de artifício bem diante de nós, no meio dessa multidão. E havia sangue, vi sangue nas pessoas e em todo lugar. Senti como se estivesse sangrando todo. Vi no jornal na semana passada que há mais pessoas lançando fogos – é só parte da cena – e machucando as pessoas".

Mas isso é o mais longe que vai. Mesmo quando reconta um incidente no qual estava pessoalmente envolvido, a observação é caracteristicamente sem emoção. Nem aqui nem em lugar algum na entrevista há evidência de simpatia pelo oprimido e pelo anônimo que tanto impressiona Crow e outros comentaristas do período.

Sem surpresa, Eleanor Ward recusou-se a expor as pinturas de desastre. (Mesmo mais tarde, depois de Andy deixar Ward por Castelli, os quadros avançaram lentamente – eles eram muito "perturbadores", de acordo com Ivan Karp.) Embora possa ter parecido que Andy estivesse sacrificando as vendas imediatas por um *succès de scandale*, os aspectos perturbadores dessas pinturas na verdade resgataram a reputação de Warhol. Ele correu o risco de ser visto como uma novidade, mas com a série *Desastre* começou a ser levado a sério – sério demais. Ward pode ter torcido seu nariz para elas, mas muitos anos depois os quadros comporiam a primeira exposição europeia individual de Warhol, "*Morte na América*", na nova galeria de Ileana Sonnabend em Paris.

Se a série *Desastre* chocou os frequentadores de galerias, as telas vazias de Warhol sugeriram inventivas explicações metafísicas dos críticos de arte. Poucos aspectos da arte de Warhol produziram mais especulação fútil que as telas vazias, como aquela que ele anexou a *Cadeira elétrica azul*. Para o crítico Alain Jouffroy, a tela vazia "sinaliza o crime de uma ausência, torna-se vaga, torna-se morta, torna-se a anulação sistemática da vida". Por outro lado, Warhol *gostava* da aparência dela. Ele estava familiarizado com as muitas telas vazias que haviam sido produzidas no pós-guerra e apreciava a sua habilidade para confundir, e se sentiu atraído por elas, pela sua qualidade provocadora e enigmática, pelas charadas que expunham. Ele com certeza devia conhecer os monocromos de Yves Klein e obviamente estava ciente das pinturas brancas de Rauschenberg. Também é possível, como Bourdon sugere, que "a imaginação de Warhol tivesse sido estimulada pela possibilidade de que pudesse persuadir os colecionadores a comprar uma unidade monocromo 'vazia', uma noção que agradava ao Rumpelstiltskin que havia nele". De acordo com o seu amigo Nelson Lyon, Warhol comentou em algum momento na década de 1960: "Meu Deus, se conseguisse vender merda para as pessoas, isso seria magnífico. Seria realmente o máximo". Embora ninguém visse tal comentário senão como humor travesso de Warhol, John Chamberlain se lembra de uma observação similar feita enquanto Andy estava pintando *Elvis prateado*: "Lembro-me de quando ele estava no prédio dos bombeiros pintando o *Elvis* e colocou uma tela cinza vazia ao lado e disse que devia conseguir o dobro do preço por ele".

Andy parece mal ter usado seu novo estúdio durante os primeiros meses de 1963. Apesar do pé-direito majestosamente alto e dos frisos ornados do segundo andar, a casa carecia de aquecimento e água quente e o teto estava com um vazamento. Nathan Gluck não ficou impressionado. "Você entrava e havia um grande buraco no meio do teto. Subia algumas escadas. No segundo andar, era preciso ter cuidado para não recuar e cair pelo buraco." Era onde existia anteriormente o poste dos bombeiros e vários dos tais abismos; Andy se lembra: "Você literalmente tinha de pular amarelinha sobre os buracos no chão". O lugar estava longe de ser aconchegante, embora os amigos às vezes fizessem uma visita. Quando Andy queria mostrar seu trabalho, ele o enrolava e o levava para casa.

Andy estava espantosamente ocupado. Seu ritmo era impulsionado por Obetrol, uma versão mais suave de anfetamina, que ele começou a tomar no começo do ano como auxiliar na dieta, explicou *POPism* dissimuladamente, e com prescrição. De acordo com um membro da Factory, Chuck Wein, "Andy se recusava a aceitar, ele fingia que Obetrol não era *speed*". As prescrições eram apenas um modo de comprar *speed* legalmente. O uso de Obetrol por Andy, que ele tomava em cápsulas, não tinha nada a ver com dieta; ele o usava, como *POPism* afirmou, para "aquela sensação de energia, felicidade e excitação no seu estômago, que fazia você trabalhar, trabalhar, trabalhar".

Não apenas Andy estava produzindo demais, como sua vida emocional em 1963 estava mais complicada e mais arriscada do que nunca. Durante um período de seis semanas, na primavera de 1963, Warhol conheceu (em um dos casos reencontrou) três jovens com os quais manteve relacionamentos intensos, dois dos quais sexuais. No fim de abril, Wyn Chamberlain convidou Andy para um jantar no loft dele no 222 da rua Bowery. Chamberlain, que tinha conhecido Andy em meados da década de 1950, era um rico do Meio-Oeste cujas pinturas realistas tinham recebido algum reconhecimento – amigos que o haviam conhecido como gay nos anos 1950 ficaram surpresos quando ele se casou em meados da década de 1960 e constituiu família. (Mais tarde se tornou romancista, publicando dois livros sob seu nome de batismo, Elwyn.) Entre os outros convidados de Chamberlain naquela noite estava John Giorno, o corretor da Bolsa que Chamberlain havia apresentado a Andy na abertura na Stable. Próspero nativo de Long Island e recentemente graduado na Columbia, Giorno trabalhava de forma intermitente em rua Wall Street – já tinha publicado sua poesia em pequenos jornais. Após o jantar, Chamberlain, Warhol e Giorno foram ver *Terreno*, o novo espetáculo do Judson Dance Theater, coreografado por Yvonne Rainer. Giorno e Warhol conversaram ao telefone no dia seguinte e daí em diante quase diariamente na maior parte do ano. Eles iam a vernissages e leituras de poesia, a festas e – novo interesse do Andy – filmes underground. Socialmente, eram um casal; sexualmente, a união era insignificante, o relacionamento assentando-se em um padrão deprimentemente familiar a Andy: Giorno estava fascinado pela mentalidade do seu novo amigo, mas sexualmente indiferente.

"Havia muitos abraços", disse Giorno, "mas quase nunca nos beijávamos." Episódios de grande intensidade física eram raros: talvez meia dúzia de ocasiões de sexo oral, sempre conduzidos por Andy, que "não era adepto", como disse Giorno. Andy sempre tomava a iniciativa. "Eu estava na cama", de acordo com Giorno, "e ele ficava sentado no chão falando comigo. Sua mão vinha rastejando sob as cobertas. Eu dizia: 'Oh, não'. Mas ele ficava muito nervoso, com as mãos e o corpo tremendo; então eu percebia: 'Isso é mais importante para ele do que dizer não é para mim'." Como era de esperar, Warhol recusou as ofertas de Giorno para retribuir – "Eu nunca o vi sem roupa".

Giorno sentia uma necessidade em Andy, não apenas por liberação sexual, mas por intimidade agradável, uma ausência de constrangimento e autocensura. O prazer de Andy em simplesmente olhar era evidente também: "Apenas olhar um pênis de verdade que estivesse bem perto do seu rosto, só olhá-lo. Era um momento erótico para ele". Como Giorno veio a perceber, o sexo, paradoxalmente, era de importância suprema para esse espectador tímido. "Tudo sobre a vida de Andy era sexual. O sexo estava na sua cabeça toda hora, a cada novo dia. O que o fascinava em relação a alguém, homem ou mulher, era energia sexual. Não sexual no sentido que você vê pornografia para ficar excitado. Mas todo mundo tem uma energia sexual em um grau maior ou menor, e era a isso que Andy respondia."

Menos de um mês depois que começou a ver Giorno, Andy restabeleceu contato com Billy Linich, um jovem brilhante, introspectivo, de 23 anos, que ele havia conhecido de passagem quatro anos antes. Em 1959 Billy foi garçom no Serendipity, recém-chegado de uma vida de classe trabalhadora em Poughkeepsie, Nova York. Tinha o cabelo bem curto, era magro, levemente barbado, com um rosto agradável e sincero. Warhol não o tinha fascinado. Aos olhos de Billy, ele "era apenas um profissional bem-sucedido que era amigo de Stephen Bruce, e meio que gentil. Ele se sentava à mesa do outro lado do caixa e Stephen vinha e sentava-se com ele, e os garçons todos vinham e conversavam com ele".

Em 25 de maio de 1963, Linich e Warhol foram reapresentados por Ray Johnson, um artista do Lower East Side e brincalhão zen que seria mais tarde tema do documentário *Como desenhar um coelho*. A ocasião foi o Mr. New York Contest, um evento de fisiculturismo na Brooklyn Academy of Music. Andy estava usando uma jaqueta de couro preta e jeans pretos – embora seu padrão de vestimenta ainda fosse calças chino e camisas Oxford, ele evidentemente estava experimentando novos looks. Se Linich havia sido indiferente a Warhol quatro anos antes, ele o estava encontrando agora em um contexto diferente. "Ele era um artista e amigo de Ray, eu não precisava de nada mais que isso para ser simpático com ele." A princípio, Billy e Andy viram um ao outro apenas ocasionalmente, em festas, concertos e outras reuniões da *avant-garde*, mas sua amizade se intensificaria antes do fim do ano.

Entre o aumento de tamanho das suas pinturas e o ritmo no qual ele estava começando a produzi-las, a necessidade de Andy por um assistente – Nathan Gluck ainda labutava nos interesses comerciais – estava se tornando aguda. Ele começou a mencionar isso a amigos e, não muito tempo depois, o poeta Charles Henri Ford disse que conhecia o jovem certo. Em 9 de junho Ford convidou Warhol para uma leitura de poesia de Frank Lima e David Shapiro, dois *protégés* de Frank O'Hara. Ford se assegurou de que um poeta aspirante de vinte anos que ele conhecia estivesse lá também.

Os paralelos entre o passado de Gerard Malanga e o de Andy Warhol eram surpreendentes e, de acordo com Malanga, sempre fascinaram Andy. Ambos eram filhos de imigrantes católicos mais velhos, da classe trabalhadora – o pai de Malanga era de Potenza, perto de Nápoles; sua mãe, da Sicília. Ambos foram os filhos adorados de mães de meia-idade. Ambos eram fãs precoces de cinema, fascinados por estrelas. Ambos eram ávidos colecionadores. E ambos desenhavam.

Gerard Malanga, nascido e criado na área de Poe Park, do Bronx, era bonito como um ídolo de matinê: melancólico e com as pálpebras grossas, com um nariz aquilino e lábios grossos. Em 1963, ele ainda usava seu cabelo com um topete à maneira dos adolescentes do Bronx, alisado para trás e alto na frente. Falava com um pungente sotaque do subúrbio.

Na School of Industrial Art (hoje a High School of Art and Design), a professora de inglês de Gerard foi a poeta Daisy Aldan, ex-amante de Anaïs Nin e colega de O'Hara e outros poetas da Escola de Nova York. Aldan fez de Gerard um poeta aspirante; por intermédio dela ele conheceu alguns dos principais poetas da época. Em uma festa no apartamento de Kenward Elmslie na rua Cornelia, o (outrora promissor) arruinado poeta Willard Maas caiu de joelhos diante do Gerard, de dezessete anos, beijou suas mãos e o chamou de "novo Rimbaud". (Embora gay, Willard Maas era completamente dependente da sua esposa de muitos anos, a cineasta underground Marie Menken; dizem que Edward Albee baseou George e Martha, o casal em guerra em *Quem tem medo de Virginia Woolf?*, nos Maas.) Maas e Menken, que se tornou mais uma entre suas mães substitutas, receberam-no em sua casa em Brooklyn Heights.

"Os últimos dos grandes boêmios", como eles são chamados em *POPism*, os Maas também abriram sua casa para toda a vanguarda de Nova York, assim como o fluxo constante de malandros que Maas levava para casa quando Menken estava no trabalho (ela trabalhava à noite, na central de cabogramas da *Time-Life*). No outono de 1962, Charles Henri Ford levou Warhol para uma das famosas festas do casal, na qual Menken fez um estardalhaço para a estrela ascendente do mundo da arte. Gerard estava lá também, mas ocupado em cortejar Frank O'Hara, Kenneth Koch e os outros poetas presentes, e não podia estar menos interessado em Warhol. Ele se lembra de Marie Menken perseguindo Andy ao redor da mesa, tentando abraçá-lo.

Quando Ford por fim os apresentou, oito meses depois, Warhol imediatamente ofereceu emprego a Gerard. Não está claro se Ford ou Warhol sabiam que Malanga era, entre todas as coisas, um impressor qualificado. Andy teria contratado o jovem pela recomendação de Ford e pela aparência de Gerard. No verão de 1960, Gerard havia trabalhado para outro *protégé* de Aldan, Leon Hecht, que desenhava gravatas para a Rooster, a então confecção de gravatas da moda. O trabalho de Gerard era imprimir os designs de Hecht em grandes peças de tecido, imprimindo a mesma tela continuamente. Um assistente que parecia Adonis e não precisava ser treinado – Andy dificilmente poderia ter pedido mais. Pelo seu trabalho, Gerard pediu US$ 1,25 por hora, o mínimo corrente, que foi o que ele recebeu até 1968.

Gerard Malanga

Gerard apareceu para o trabalho no prédio de bombeiros na terça-feira, 11 de junho. Andy tinha duas visitas, Edward Wallowitch e Barbara Rose.

Wallowitch tirou algumas fotos de Warhol e do novo rapaz, os quatro saíram para almoçar em uma lanchonete grega próxima, e Andy e Gerard retornaram para o estúdio e imprimiram quatro ou cinco *Liz prateada*. Era, disse Gerard, "fácil". Andy levou Gerard para casa, apresentou-o a Julia, colocou seu disco favorito na época, *Sally go round the roses*, das Jaynettes, e desapareceu no andar de cima. Cauteloso a princípio, Gerard começou a folhear a pilha de fotografias policiais horríveis que estava sobre uma mesa na sala da frente.

Eles trabalharam muito naquele verão: as pinturas *Liz prateada*, o retrato de *Ethel Scull*, os *Elvis prateado* e outros. Gerard levava o trabalho a sério. "Eu fazia todo o trabalho externo. Levava uma fotografia ou *clipping* de jornal até a Aetna, na rua Chanel. O sr. Golden, a Aetna Silk Screen, eles faziam todas as nossas telas. Eu levava as telas para o *uptown* de metrô, amarradas com barbante e uma alça. Se fossem muito grandes para carregar, a Aetna as enviava. Quando chegavam ao estúdio, Andy e eu fazíamos o trabalho de preparação": pintar – geralmente com spray – o fundo monotom, ou, no caso de uma obra multitonal, como as *Liz prateada*, revestir o rosto, os lábios e a sombra dos olhos à mão. (Uma vez, Gerard relembra, quando ele e Andy tinham acabado de depositar as áreas coloridas em um dos retratos – e a tela "era apenas essas formas grandes e coloridas, o rosto, os lábios e as sobrancelhas –, Andy me disse: 'Oh, minhas pinturas parecem as do Alex Katz, antes de fazermos o silkscreen'".) Enquanto a tinta secava, eles comiam no Schrafft's, na rua 86 Leste, ou no grego. Às vezes, para surpresa inicial de Malanga, eles iam à igreja, em geral na St. Thomas More, uma igreja católica a duas quadras da casa de Andy. "Ele apenas dizia de forma casual: 'Vamos para a igreja da esquina'. Ele se sentava silenciosamente enquanto eu mantinha a minha mente ocupada olhando ao redor. Ele não se sentava em atitude de prece e, após cerca de dez minutos, íamos embora." Depois do almoço, eles imprimiam. Se estivessem usando uma tela pequena, um deles passava o rodo sozinho; com telas grandes, trabalhavam juntos. De acordo com Malanga, ele produziu várias telas naquele verão – algumas *Cadeiras elétricas*, ele se lembra – inteiramente sozinho.

Sua competência no estúdio apenas começa a explicar a utilidade de Malanga para Andy ou os múltiplos papéis que ele desempenhou nos anos seguintes. "Andy não ia para qualquer lugar sem o Gerard." Tão hábil socialmente quanto Warhol era inepto, abençoado com a desenvoltura e a autoconfiança dos muito bonitos, Gerard tirava o holofote de Andy – ao menos um colunista de jornal desatento *confundiu-o* com Andy, o que era bom para Warhol. Quando Andy precisava, Gerard desviava a atenção, uma presença visivelmente heterossexual que podia "purificá-lo" para o público heterossexual, leitor da *Life* e da *Newsweek*. E ele ficava da mesma forma feliz em ser visto como amante de Andy, elevando o status de Warhol entre outros elementos. Ele era um caçador de celebridades tão implacável quanto Andy, mantendo-o informado sobre – e às vezes apresentando-o – socialites ou o *rock star* inglês da moda. Tinha um olho afiado para o talento e a aparência: muitas das pessoas que entraram na órbita de Warhol nos anos 1960 – o cineasta Paul Morrissey, o cinegrafista de cinema Ron Tavel, a atriz Mary Woronov e vários outros – foram levadas para lá por Malanga.

No retrato duplo de Wallowitch, um extraordinário documento da chegada de Malanga à cena, a feição sexual do olhar avaliador de Andy é evidente. Warhol atrás é a raposa vigiando a galinha que caiu de maneira tão fortuita em seu colo. Mas Andy tinha mais que sua própria gratificação imediata em mente. Ainda sofrendo (e colecionando) as humilhações das várias elites gay de Nova York, ele provavelmente percebeu de maneira veloz, conscientemente ou não, que aqui estava um caminho. Gerard era a isca. Como Sam Green notou, Gerard era um ímã para "as pessoas com intenso desejo sexual".

No início do relacionamento deles, Warhol estava muito provavelmente apaixonado por Gerard. Seja lá o que sentisse, havia benefícios indubitáveis se parecessem amantes. A charada enganou muitas pessoas.

Gerard era um *expert* da vanguarda, que arrastava Andy para leituras de poesia, filmes underground, peças *off-off*-Broadway. Gerard estava passando muito tempo com Allen Ginsberg, chegando a dividir um apartamento no Lower East Side com o poeta e seu amante Peter Orlovsky. Por intermédio de Malanga, Andy acabou conhecendo Ginsberg bem o bastante para incluí-lo (e seus compatriotas *beats* Gregory Corso e Orlovsky) no filme *Sofá*, de 1964, e socializar com ele com frequência. (O jovem visitante inglês Mark Lancaster, que passou o verão de 1964 trabalhando na Factory, lembra de uma ocasião dessas, uma visita a Ginsberg com Warhol e Malanga. "Tudo o que Allen fez foi tocar aquele instrumento pequeno, o harmônio, e conversar conosco sobre filosofia oriental. Gerard estava sentado a seus pés."

Em setembro de 1963, Malanga levou John Ashbery para o prédio dos bombeiros para conhecer Warhol, iniciando um relacionamento que Andy esforçou-se para manter. Acompanhando sua exposição *Flores* em Paris, em maio de 1965, Warhol levou Ashbery para almoçar. Como Malanga relembra, "Andy não pegou a conta, ele a agarrou". No retorno de Ashbery à América, mais tarde naquele mesmo ano, Andy deu uma grande festa para o poeta. Na mesma época deu a Ashbery uma das pinturas *Jackie*. Conhecer Ginsberg satisfez a necessidade de Warhol de fazer amizade com celebridades; poucos escritores tinham um perfil mais elevado nos anos 1960. No que diz respeito a Ashbery, ele não apenas era um membro de grande reputação da elite cultural gay de Nova York, mas uma figura importante no mundo da arte: crítico de arte do *International Herald Tribune* e resenhista frequente da *Art News*, da qual se tornaria editor-executivo em 1965. Se o arranjo de Malanga foi responsável ou não, após vários meses Ashbery estava mais próximo profissionalmente de Warhol do que muitos teriam julgado rigorosamente adequado, não apenas escrevendo um elogio quase exagerado da exposição *Morte na América*, mas contribuindo com um ensaio para o seu catálogo.

O que Andy conseguiu arrancar de todas aquelas leituras de poesia? No "protopop" *A supermarket in California*, de Ginsberg, no abraço do acaso do colecionador indiscriminado de Ashbery, ele deve ter ouvido similaridades ao seu próprio trabalho. Era mais uma questão de ser visto, acentuando sua visibilidade na pequena comunidade fofoqueira do mundo da arte do *downtown*. Se Andy fosse visto conversando com John Cage em um concerto dele, seria bom para a sua reputação no mundo da arte. Sua associação com a elite da vanguarda fez com que ele se parecesse mais como um cara por dentro do que o novo-rico que era. Aparecer em eventos culturais era não ficar atrás, ou à frente, do *zeitgeist*. Warhol tinha uma paixão intensa, onívora, mas não profunda, por qualquer coisa que considerasse "moderno" ou "dos anos 1960".

Um dia, logo após ter começado seu trabalho de assistente, Gerard se deparou com um livro na casa de Andy, *As estrelas – mito e sedução no cinema*, do sociólogo francês Edgar Morin. Ele o levou para casa sem mencionar a Warhol e esqueceu o assunto. Algumas semanas depois, Andy calmamente pediu o livro de volta. Malanga ficou espantado que Andy não apenas soubesse que o livro não estava lá, mas onde estava. Anos depois, em Paris, Malanga pegou *As estrelas* em uma banca de livros e ficou imediatamente impressionado com uma ilustração que não tinha notado antes. Uma foto de Brando em *Sindicato de ladrões*, serialmente repetida dez vezes, era espantosamente similar – na verdade, deve ter inspirado – à série *Elvis prateado*. A ilustração era o frontíspício – Andy, em outras palavras, encontrou uma de suas clássicas imagens no livro provavelmente sem ler uma única palavra.

As primeiras pinturas nas quais Malanga trabalhou, os retratos de Elizabeth Taylor, conhecidos como *Liz prateada*, foram feitas do mesmo modo que as *Marilyn* do verão anterior: um rosto impresso, com alguns traços pintados à mão, impresso novamente contra um fundo monocromático. Mas, enquanto as *Marilyn* foram impressas contra fundos de diferentes cores, cada uma das *Liz* tinha um fundo prata. Quando ele as começou, Warhol estava pintando suas telas com prata havia três meses. Tomadas como um grupo, as oitenta pinturas de 1963, a maior parte produzida entre abril e julho, superaram em quantidade os quadros da série *Desastre*.

Para o resto da vida de Warhol, e além, a prata seria a cor mais associada a ele, a única que garantiu sua própria passagem em *POPism*. "Prata era o futuro, era espacial, os astronautas vestiam roupas prateadas – Shepherd, Grissom e Glenn já as tinham usado –, e seu equipamento era prata também. E prata era também o passado – a Tela Prateada –, as atrizes de Hollywood fotografadas em *sets* prateados." E talvez, mais que tudo, a prata sugeria narcisismo; o fundo dos espelhos é prata.

Prata e dourado, outra cor favorita de Andy, eram de mau gosto, insuficientemente sérios, um tapa impertinente do pop no bom gosto modernista. Mas diferente do dourado, com suas conotações antigas e luxuosas, a prata era o *agora*, a cor do alumínio, do cromo, a cor do papel em rolos da Reynolds Wrap e das rodas com raio do Corvette Stingray. E a prata – coisas brilhantes e lustrosas em geral – era especialmente atraente para os usuários de anfetamina. Ponderando sobre a fascinação de Billy Linich pela prata, Warhol concluiu que "devia ter sido algum lance com anfetamina". O mesmo podia ser conjecturado a respeito de Warhol, cuja fixação em pinturas prateadas coincidiu com o início da sua ingestão diária de Obetrol.

A tela prateada era uma das muitas referências fílmicas que estavam se amontoando nas pinturas de Warhol – *fades*, fusões, *still*, a semelhança das imagens serialmente repetidas com uma tira de filme e, claro, todas aquelas estrelas –, até que, não mais satisfeito com a criação vicária de filmes, arranjou uma câmera. As séries *Liz prateada* e o quase completo *Elvis prateado* foram as últimas pinturas prateadas de Warhol. Ao lado dos retratos de cabine fotográfica que as sucederam imediatamente, foram os últimos quadros que Andy pintou antes de começar a passar a maior parte do seu tempo fazendo filmes. Irving Blum queria um amplo resumo do trabalho recente de Andy para a segunda exposição da Ferus, mas Andy sujeitou-o, insistindo em expor somente as séries *Elvis prateado* e *Liz prateada*. Seu retorno à Terra da Lantejoula, ele decidiu, seria com a arte que celebrasse, que literalmente reproduzisse a tela prateada.

O Elvis que Warhol escolheu para retratar nos 36 *Elvis prateado* não foi o fenômeno musical de meados da década de 1950, o *Hillbilly cat*, mas o arrasador de bilheterias de *Talhado para campeão; Garotas, garotas e mais garotas*; e o faroeste de segunda categoria *Estrela de fogo*. O Elvis de Hollywood, celebridade pura, famoso por ser famoso, era uma espécie de reputação que intrigava Andy mais que a fama originada na habilidade. A maioria das telas continha múltiplas figuras: dois, três, quatro e mais *Elvis*. O observador é distendido entre dois polos: a absorção por meio do poder da imagem e a alienação que a repetição inevitavelmente inicia. O processo é *anti*cinemático – em lugar de perdermos a nós mesmos no mundo irreal da tela, somos despertados, confrontados com a tolice de perdermos a nós mesmos em um quadro.

"Aqueles foram dias sossegados. Eu não falava muito, nem o Gerard", é assim que *POPism* descreve o verão de 1963. Embora Andy dificilmente pudesse estar mais ocupado, o prédio dos bombeiros era um lugar silencioso, focado. Em ocasiões sociais com Gerard, Andy tendia a desaparecer. Apesar da notoriedade, ele ainda era mais tolerado que bem-vindo. Mesmo artistas de tendência similar ficavam desconfiados, se não hostis, em relação a

Warhol. Proveniente da arte comercial, sua conversão da noite para o dia cheirava a oportunismo. De qualquer forma, tal sucesso rápido teria provocado ciúme; para aqueles que consideravam sua arte um truque, a ascensão de Warhol era enfurecedora, seu silêncio vigilante em festas e aberturas, irritante. Ele somente tirava, as pessoas diziam, nunca dava. Nem a antipatia delas reduzia-se à homofobia – alguns dos sentimentos anti-Warhol mais acentuados vinham de gays que odiavam o recém-chegado.

Ainda assim, ele era agora uma figura estabelecida, e o sucesso inevitavelmente gera amigos. Ele tinha por fim conseguido uma espécie de aceitação por parte dos seus ídolos Johns e Rauschenberg, embora permanecesse deferente. Dos dois, Rauschenberg parece ter se aproximado mais de uma afeição real por Warhol; a atitude de Johns em relação a Andy permaneceu de certa maneira condescendente. (Relembrando um jantar que ela e seu irmão ofereceram a Andy, Johns e Henry Geldzahler, Sarah Dalton disse: "David e Henry estavam tendo uma conversa muito intelectual. Andy começou a dizer coisas como 'Por que o céu é azul?', quando então Jasper falou abruptamente: 'Andy, você foi educado em casa?'".)

Charles Henri Ford ia e vinha ao 1342 da Lexington no começo do verão. Embora Andy possa tê-lo bajulado, privadamente ele o avaliava – "Charles nunca trabalhou um dia na vida", ele comentou com Malanga de forma sarcástica. O futuro historiador da arte John Richardson, então um jovem marchand, fez uma visita em junho com outro marchand inglês, Robert Fraser, e todos – os ingleses, Warhol, Wyn Chamberlain, Giorno, Marisol e dois ou três mais – foram para Coney Island. Outra viagem a Coney Island foi o mais próximo que Malanga chegou de ver Warhol careca: andando na montanha-russa, Gerard olhou para trás e viu a peruca de Andy se erguendo da sua cabeça com o vento. "Oh, meu Deus!", ele pensou, "Vai se soltar!", mas ela ficou. Houve passeios do grupo para os shows de rock and roll no Brooklyn Fox – teatro BF, onde Ivan se lembra de Warhol "perdido em êxtase por ver Dion no palco. Ele disse: 'Não acredito que o estou vendo!'" ("Andy não era um fã verdadeiro de rock", de acordo com Malanga, um ex-frequentador assíduo do programa de TV da década de 1950 *The Big Beat*; a emoção estava em ver uma celebridade.)

Por volta dessa época, Andy arriscou-se brevemente no rock, em um conjunto de curta duração. "Andy, La Monte Young e Walter de Maria iam formar um grupo", disse Gerard, "mas então Andy percebeu que ele não tocava um instrumento." A descoberta não foi imediatamente fatal: Andy e Lucas Samaras eram os *backing vocals*. Patty Oldenburg era a vocal principal, Walter de Maria tocava bateria, La Monte Young tocava saxofone, Larry Poons era o guitarrista, e Jasper Johns escrevia as letras, "que eram realmente bobas", lembra Patty. Na rotina em que ensaiavam, Andy começava cada música com um sussurro "Cante, Patty!". Eles se encontraram talvez duas vezes, de acordo com Samaras, que relembra que "[o cientista do Laboratório Bell] Billy Klüver devia gravar, mas ele apagou ou algo do tipo, o idiota".

Uma grande amiga de Emile de Antonio esteve muitas vezes no 1342 da Lexington naquele verão: Marguerite Lamkin, uma *belle* sulista da cidade natal de Truman Capote, Monroeville, Louisiana, cujo irmão, o belo e agora esquecido romancista Speed Lamkin, o compositor Ned Rorem memoravelmente apelidou de "Truman Capote dos pobres". Chegando a Nova York em 1961, Lamkin encontrou trabalho na revista *Glamour* por intermédio de De Antonio, unindo-se à equipe em junho de 1963 como editora de arte e redatora da coluna "What's New", que entremeava a cobertura da emergente cultura adolescente com ópera, TV e belas-artes – o tipo de mistura confusa de alta e baixa culturas em que se especializaram as revistas de moda do começo dos anos 1960. Com Lamkin na equipe, a *Glamour* fazia intensa propaganda de Andy. Um artigo na edição de agosto de 1963, por exemplo, afirmava: "A lata de sopa de Andy Warhol [...] tornou-o famoso e ajudou a tornar a arte pop (ele a chama de arte OK) o movimento mais comentado em anos". O layout do artigo, uma versão tecnicamente exata do estilo de Warhol da década de 1950, cheio de querubins, sóis sorridentes e *fleurs-de-lis*, foi criado por Nathan Gluck.

"Speed não conseguia ver o que eu estava fazendo com Andy", disse Lamkin (agora Littman). "Ele o chamava de 'estranho.'" Lamkin ensinou Andy a dançar Madison ("ele não era realmente um dançarino", ela notou de maneira benevolente). Ele lhe deu uma lata de sopa e invejava sua tez. "Eu sempre o chamava de 'doçura', nunca de Andy. Conversávamos toda manhã. Ele me ligava e eu ligava de volta. Conversávamos sobre o que tínhamos feito na noite anterior. Costumávamos almoçar em sua casa, sentados em caixas, e ele dizia: 'Algum dia vou estar na rua do Sossego'."

Seguindo seu layout inovador da edição de dezembro de 1962, os primeiros trabalhos de 1963 de Andy na *Harper's Bazaar* foram revertidos para a convenção – um cachorrinho fofo em linhas borradas anunciando sapatos Palizzio em fevereiro e alguns frascos de perfume elegantemente desenhados em maio e junho. No entanto, Andy completou outro trabalho para a edição de junho, no qual a linha entre arte comercial e belas-artes foi não apenas contestada, mas apagada. Na matéria de junho de 1963, "Novos rostos, novas forças, novos nomes na arte", Andy experimentou um formato que usou logo depois em seu primeiro retrato comissionado, *Ethel Scull 36 vezes* – ele próprio o molde para um estilo que Andy usaria amplamente. Mas o criador do retrato Photomat não foi Warhol, e sim Marvin Israel.

Uns cinco anos antes, em fevereiro de 1958, a capa da *Seventeen* apresentou uma modelo sorridente com chapéu branco e vestido sem mangas. O que tornou a capa incomum foi que a garota de vestido estava sobreposta a uma grade de cerca de noventa fotos em preto e branco, de baixa qualidade, de garotas adolescentes. Na mesma edição, uma pequena matéria exortava os leitores: "Sorriam!". A ilustração que a acompanhava mostrava uma fila vertical de seis fotos de uma bela garota abrindo um largo sorriso, dispostas a sugerir uma tira de cabine fotográfica. As duas produções foram fruto da imaginação de Israel, diretor de arte da *Seventeen* na época, que ficou fascinado com as cabines de fotos que, desde a guerra, haviam surgido em fliperamas, estações de ônibus e outros locais degradados.

A edição de abril de 1963 da *Harper's Bazaar* continha duas páginas sobre a própria cabine fotográfica: quatro tiras de cabine fotográfica de uma modelo se maquiando, seguidas de um tratado, na melhor linguagem de revista de moda, sobre as virtudes do formato: "Quais recompensas – além de algumas risadas casuais e um pouco de arte fotográfica simples – uma pequena sessão em uma Photomat pode render a uma linda mulher? [...] O dr. David Harold Fink, eminente psiquiatra, diz que ao mudar nossos conceitos sobre nós mesmos podemos mudar nossa vida". A pequena e humilde Photomat, o artigo prometia, pode "afastá-la para sempre do rosto banal e levá-la rumo à beleza individual [...] ao essencial, ao individual, à extraordinária Você".

A matéria, intitulada "Autoanálise instantânea, 25¢,", foi a última de Israel como diretor de arte. "Marvin era muito ligado a essa máquina de fazer imagem", notou Ruth Ansel, cuja própria fascinação começou bem antes de ela conhecer Israel – ela contava entre seus bens um autorretrato Photomat que tirou quando tinha dezessete anos. "Quando o ouvi começar a falar sobre a excitação da Photomat, fiquei muito surpresa. Mas quem inventou essa máquina era brilhante, era um grande brinquedo na sua época. Lembre-se, não havia Polaroids, então ela foi a primeira foto instantânea. E eu sempre gostei de filmes, e as fotos Photomat pareciam exatamente como os fotogramas de um filme. Seja como for, Marvin costumava frequentar a rua 42, os circos de pulga e shows *freak*, com sua amante, a fotógrafa Diane Arbus, e ia com ele porque eu adorava as máquinas Photomat. Então, Marvin estava falando sobre a Photomat, eu estava falando sobre a Photomat, e finalmente demos a Andy um trabalho Photomat."

Era o *Novos rostos, novas forças*. Dos trabalhos de Warhol para a *Bazaar*, foi o favorito dela. Ela e outro editor escolheram catorze personagens, incluindo os escritores Donald Barthelme e Rosalyn Drexler, o compositor La Monte Young, o dançarino Edward Villela, o pintor Larry Poons, Henry Geldzahler e o próprio Warhol. De acordo com Ansel, "Andy levou cada personagem para uma Photomat na Times Square e brincou com eles, encorajando-os a se soltar, enquanto ele colocava moedas na máquina. Ele voltou com toneladas de fotografias". Ansel fez ela própria o layout, inclinando desse e daquele jeito, sobrepondo-os, cortando-os em comprimentos desiguais e ampliando – uma foto, a do dramaturgo e ator Gregory Rozakis, encheu uma página inteira. Andy, com sua parcimônia usual, parece ter usado algumas das fotos não utilizadas em sua própria arte. As fotografias-fonte para um autorretrato de cabine fotográfica que ele fez posteriormente naquele ano se parecem com seus autorretratos na matéria da *Bazaar*: ele usa os mesmos óculos escuros, capa de chuva, camisa Oxford e fingida expressão de durão.

Andy devia conhecer as cabines fotográficas – todo mundo conhecia –, ainda que nunca tivesse pensado em usá-las em seu trabalho. O trabalho para a edição de junho de 1963 para a *Bazaar* inspirou a lufada de retratos baseados em cabines fotográficas que ele produziu logo depois. Tudo sobre as cabines deve tê-lo fascinado: a serialidade da tira de fotos; sua semelhança com os fotogramas que ele desejava manusear (a tira de fotos é, afinal, nada mais que um fotograma muito primitivo, mais lento; a eliminação do fotógrafo na cabine fotográfica, de onde a habilidade de Andy para afastar a arte ainda mais um passo do toque humano; e, não menos importante, o fator vulgaridade – as cabines na Times Square eram lugares especialmente de má reputação, onde se dizia que as pessoas fotografavam a si mesmas em todas as posições possíveis).

Em algum momento no fim da primavera ou no começo do verão de 1963, Wyn Chamberlain recebeu um telefonema de Andy, convidando-o a almoçar no Gay Vienna, um restaurante no Upper East Side, onde Andy apresentou Chamberlain a Ethel Scull, a presunçosa esposa do colecionador Robert Scull. Durante o almoço, a sra. Scull se levantou e foi ao banheiro feminino, instante no qual Chamberlain se lembra de dizer: "'Andy, quem é essa mulher? Como você a aguenta? Veja todos aqueles diamantes horríveis e vulgares que ela está usando!'. E Andy respondeu: 'Aqueles diamantes vão virar pinturas logo'".

O retrato da sra. Scull – o primeiro retrato de Warhol de uma não celebridade – foi agrupado a partir de painéis serigráficos individuais, eles próprios feitos com base em instantâneos de cabine fotográfica. Frei e Printz datam a pintura do fim de junho ou julho, citando uma fotografia de 30 de julho de Andy ajoelhando-se diante de parte da tela. Mas um recibo de 6 de setembro da Aetna, de "oito poses de rosto de mulher", se encaixa precisamente com o tamanho das telas de silk que Warhol usou para essa pintura, que assim parece que esteve substancialmente em progresso por volta do fim de julho, mas não completa até pelo menos um mês e meio depois.

Se Ethel Scull ficou surpresa ao se ver, em sua roupa Yves St. Laurent, em um fliperama na rua 52 – "Tive grandes visões sobre ir até o Richard Avedon, veja só, de ter essas fotos magníficas de mim sendo tiradas, e então ele [Warhol] faria o retrato" –, ela se recuperou bem rápido, atuando exageradamente durante uma hora. (É impossível dizer quantas fotografias eles fizeram: três centenas, de acordo com uma fonte, uma centena, segundo outra; de qualquer forma, Andy despejou um monte de moedas na Photomat – gasto coberto, claro, pela cliente.) "[Andy] vinha e me cutucava e me levava a fazer todo tipo de coisa", ela relembra. "Ele me dirigiu."

Levando sua colheita de tiras de fotografias para casa, Andy estudou-as cuidadosamente, reduzindo suas escolhas enquanto experimentava combinações possíveis. Cortando fotos individuais e colando-as sobre outras, ele improvisou novas sequências de quatro fotos (diferentemente da matéria da *Bazaar*, onde as tiras foram encurtadas, mas mantidas inalteradas.) Porém isso ainda o deixava muito dependente da sequência original da tira de fotografias; ele queria ainda mais flexibilidade para agrupar sua composição. Ele por fim escolheu 25 imagens. A Aetna fez uma tela de silk para cada uma, (e, devido a um pedido de Andy, "virou" várias, simplesmente invertendo a imagem), para um total de 35 pequenas telas, de 40 cm × 50 cm cada uma, que Warhol e Malanga pintaram com treze cores. Presto: *Ethel Scull 35 vezes* (36, como o de 1968, quando outro painel foi acrescentado). De acordo com os Scull, sob a direção de Andy eles selecionaram a disposição final dos painéis, com o artista avaliando e fazendo sugestões ocasionais.

Comparando a seleção final de Warhol com as centenas de instantâneos que ele rejeitou, compreende-se, primeiro, a acuidade de seu olho: uma vez que tivesse decidido o que estava procurando, não deixava passar nenhum instantâneo, ainda que obliquamente possuísse aquelas qualidades. Igualmente claro é o fato de que Andy estava interessado não no objetivo tradicional do retratista em revelar o caráter, mas na apresentação, na construção de uma superfície glamorosa. Ele escolheu os instantâneos que chegavam o mais perto de fazer a sua retratada, com seu rosto ambicioso e carnal, parecer uma modelo da *Vogue* ou da *Harper's Bazaar*, por volta de 1963. Ele estava em busca de um look, não de caráter, e conseguiu.

Um, um trabalho para uma revista; o outro, uma obra de arte – eles não são essencialmente diferentes. A distinção entre a fase comercial e a "séria" sucumbe aqui, uma fusão que refletiu uma mudança cultural enorme. Como o próprio Andy compreendeu, ou intuiu, traçar uma grossa linha negra entre a arte "séria" e a "comercial" era, no começo e na metade da década de 1960, cada vez mais fútil. O que tornava algo arte não era sua essência, mas onde e como ela era apresentada. Foi uma conquista de Warhol agir de acordo com esse *insight* e uma frustração dos seus críticos por serem incapazes de provar que ele estava errado.

O retrato de Ethel Scull inspirado na *Bazaar* marcou uma mudança na arte de Andy da década de 1960, uma nova maneira de lidar com o imaginário serial. Onde ele tinha previamente imprimido e reimprimido uma imagem em uma única grande tela, a tira de fotografias, com suas quatro fotos não tão idênticas, o fez pensar sobre produzir composições seriais que não apenas tivessem mais variedade, mas que pudessem ser reconfiguradas infinitamente. Desse momento em diante, uma pintura ia ser literalmente agrupada e desagrupada e reagrupada, à sua escolha. À parte seus benefícios estéticos, essa flexibilidade agradou ao sentimento comercial de Andy: era agora possível produzir uma infinidade de pinturas a partir de componentes preexistentes. A Factory estava se preparando.

Pela segunda vez em três anos Andy perscrutou ansiosamente um mundo novo e estranho, azucrinando na beira do campo, tentando determinar um modo de entrar. Seu avanço na pintura não havia sido feito como um completo aprendiz – houve aqueles anos de estudo em pintura e suas telas esporádicas na década de 1950 –, mas ele não sabia nada de produção de filmes, não tinha nem mesmo uma câmera. Ainda apenas um fã, mesmo que apaixonado, ele frequentava assiduamente os cinemas na primavera e no começo do verão de 1963: locais de vanguarda no *downtown*, primeiras exibições no East Side, sessões duplas ruins na rua 42, e *revivals* no cinema New Yorker, do Upper West Side, administrado por Dan Talbot, amigo de Emile de Antonio.

Com De Antonio, Andy aprendeu que um cineasta independente não estava necessariamente condenado a orçamentos de US$ 500. Caminhando para casa certa noite, em 1961, Andy topou com seu amigo, que tinha acabado de receber US$ 50.000 para a sua primeira direção, *Point of order*. "Perguntei ao De onde ele tinha conseguido os US$ 50.000. Essas eram as coisas que realmente me interessavam", relembrou Warhol.

Provavelmente no começo de 1962, De Antonio levou Andy para uma exibição do seu filme *Sunday* [Domingo] na recém-fundada Film-Makers' Cooperative, na avenida South Park. Foi a introdução de Warhol ao mundo do filme de vanguarda de Nova York. Formalmente uma companhia de distribuição de filmes sem fins lucrativos, a Coop era também um *salon* e sala de exibição repleta de controversos sonhadores. O fundador da Coop vivia ali, um refugiado lituano de quarenta anos chamado Jonas Mekas – cineasta, poeta e incansável propagandista do que estava apenas começando a ser conhecido como "filme underground". Mekas tinha passado fome quando chegara à América, em 1949; quinze anos depois, mal estava comendo melhor (ele tinha vivido os últimos cinco anos com US$ 400 ao ano, escreveu em 1963), mas havia muito tempo tinha encontrado seu *métier* e causa. Autodescrito como "maníaco delirante do cinema", Mekas estava feliz em renunciar à estabilidade burguesa em nome da sétima arte.

Embora Andy se tornasse logo um visitante regular na Coop, Mekas não se lembra de conhecê-lo até meados de 1963. "O meu loft era um lugar muito, muito movimentado em 1962. Depois que demos início às atividades da Film-Makers' Cooperative, cineastas começaram a aparecer, e praticamente toda noite mostrávamos filmes. Eu nem sabia quem estava lá, sentado no chão, dez, quinze, vinte pessoas. E Andy era uma dessas pessoas que assistiam. Não o conhecia nem o notei até muito tempo depois. Mas é onde ele começou a ver filmes e a ficar, acho, animado."

Os novos *auteurs* underground tinham crescido assistindo a filmes. A televisão havia chutado os filmes para cima, fazendo com que parecessem respeitáveis. Vários fatores – teoria do autor, a *Nouvelle Vague* francesa, a disponibilidade na televisão de clássicos de Hollywood havia muito desaparecidos – também deram ao filme um novo peso cultural. Artistas de mídias tradicionais começaram a achar difícil resistir à sedução da produção de películas – os filmes eram muito mais cool e sexy que suas próprias atividades antiquadas. ("A pintura está morta. [Os artistas americanos] estão agora séria e entusiasmadamente abraçando nossa tecnologia", anunciou o cineasta Stan Vanderbeek vários anos depois, em um simpósio de 1966, num dos primeiros festivais de cinema de Nova York.) Na mesma época, uma tecnologia que já fora virtualmente propriedade exclusiva dos grandes estúdios estava se tornando amplamente acessível. Não apenas todo mundo queria fazer filmes, eles podiam fazê-los. "Os filmes logo serão feitos tão facilmente como se escreve poemas, e de forma quase tão barata", escreveu Mekas em 1960 no "Movie Journal", sua coluna semanal no *Village Voice*, um dos dois púlpitos provocadores do filme underground – o outro era *Film Culture*, o jornal de publicação irregular que Mekas fundou em 1955. "Os impérios do profissionalismo e grandes orçamentos estão desmoronando. Todo dia encontro jovens, homens e mulheres que entram sorrateiramente na cidade, vindos de Boston, Baltimore, até de Toronto, com rolos de filmes sob seus casacos, como se estivessem carregando pedaços de papel rabiscados com poemas. Eles os exibem no loft de algum amigo, ou talvez no [Café] *Figaro*, e então desaparecem, sem fazer alarde. São os verdadeiros trovadores do cinema." E Andy estava sempre pronto a se lançar à frente da parada.

Em suas colunas "Movie Journal", Mekas saudava os filmes underground e seus criadores – incluindo *Criaturas flamejantes*, de Jack Smith, *Pequenas facadas na felicidade*, de Ken Jacobs, *Naja loira*, de Jacobs e Bob Fleischner, e *A rainha de Sabá encontra o homem átomo*, de Ron Rice – por assinalarem uma virada importante no filme de vanguarda. Cada um desses filmes era, em maior ou menor grau, um ataque contra as normas estéticas, sociais e sexuais. Eram mal-iluminados, com exposição ruim (ou, no caso da obra-prima de Smith, *Criaturas flamejantes*, superexposto para literalmente parecer esfumaçado), feitos com filmes vencidos ou usados (dizem que Smith roubou o filme de *Criaturas flamejantes* de uma lixeira de filmes vencidos de uma loja de câmeras).

Eram, essencialmente, filmes caseiros. De casas muito estranhas. O cineasta era seu próprio produtor, diretor, cenógrafo, câmera, maquiador etc. O elenco era composto de maridos, esposas, amantes, amigos, transeuntes, qualquer um que estivesse louco de anfetamina, marijuana e outras substâncias exóticas. Os roteiros eram amplamente repudiados – os cineastas contavam com as improvisações de seus atores amadores. Embora Jack Smith planejasse cenas e planos com cuidado, ele tinha um modo estranho de sabotar a sua preparação, e o que ele filmava raramente se assemelhava com sua concepção. Os filmes de Smith, e de muitos outros autores underground, tinham uma veia explícita, se não um núcleo, de homoerotismo – *Criaturas flamejantes*, cujas drag queens e mulheres reais são às vezes indistinguíveis, cujos pênis balançando e seios nus dividem o mesmo tempo, está mais próximo da pansexualidade. Os tabus eram alegremente despedaçados. Filmes como *Criaturas flamejantes* e *A rainha de Sabá*, de Rice, apresentavam o corpo humano com uma franqueza que "[fazia] os censores corarem", como descreveu Mekas. Smith em particular estava intensamente envolvido com a cultura pop, em especial a insipidez e os excessos dos filmes B de Hollywood. Ele tinha fixação pela estrela dos anos 1940 Maria Montez (*Ali Baba e os quarenta ladrões*, *A mulher serpente* etc.), cuja falta de talento emprestava a ela uma possessão de sonâmbulo que levava Smith a um apreço exaltado. A mistura de alta e baixa culturas – os Everly Brothers e Stravinsky – combinava facilmente com a sua abordagem. Seu senso de ritmo, com corpos entrando e saindo da tela, também desafiou o enquadramento convencional dos filmes de Hollywood.

Esse era o estilo de filme underground – deplorado por um modernista urbano, tal como o principal antagonista de Mekas, Parker Tyler, como o abandono da forma – que mais atraiu Warhol. Enquanto a qualidade minimalista de alguns dos mais notórios filmes de Warhol – *Sono*, *Comer* etc. – possa obscurecer sua afinidade com cineastas como Smith (que Andy admirava profundamente), os filmes de Warhol, tomados como conjunto, de fato refletem uma tensão entre o minimalismo e o *camp* movimentado e excitado de Jack Smith. Apenas depois de Warhol reunir uma coleção de personalidades chocantes, esses dois aspectos se combinariam – sua recusa a roteirizar, dirigir ou editar seus filmes, dando o máximo de liberdade para os exibicionistas que eles apresentavam.

Antes de Charles Henri Ford ir embora para a Europa, em julho, ele e Malanga levaram Andy até a Peerless Camera, uma conhecida loja na rua 43 Leste, onde Andy comprou uma Bolex 16 mm.

A Bolex era a ferramenta preferida do cineasta underground: pequena, relativamente barata e versátil (embora, como Andy rapidamente descobriria, não fosse feita para realizar filmes longos). "Uma câmera muito precisa", de acordo com Mekas. "Eu estava sempre emprestando a minha, para vários filmes de Gregory Markopoloulos, para Barbara Rubin, para Naomi Levine.

Quando não a estava usando, alguém estava." Malanga conhecia as Bolex por usar a de Marie Menken. Charles Lisanby conhecia as Bolex também. "Andy me ligou", ele disse, "e perguntou-me que tipo de câmera de cinema comprar. 'Bolex', eu disse. Era a que eu sempre quis, mas nunca consegui comprar." Depois de fazer sua recomendação, Lisanby não ouviu nada sobre Warhol durante algum tempo: "E então, de súbito, eis ele aqui, querendo que eu mostrasse como colocar o filme. Se eu não tivesse lhe mostrado como fazer isso, nunca existiriam todos aqueles filmes horríveis. Mas ele foi embora. Então ouvi dizer que estava levando seu filme para revelar em uma drogaria. 'Pelo menos leve para uma loja de revelação fotográfica, Andy', eu lhe disse, 'envie para a fábrica, algo do gênero.' Depois disso, ouvi dizer que ele estava fazendo filmes. Eu meio que me arrepiei com a ideia".

Andy de imediato começou a visitar seus amigos, experimentando ansiosa e indiscriminadamente seu novo brinquedo. Ele visitou os Oldenburg com Charles Henri Ford, a irmã de Ford, Ruth, e Zachary Scott a reboque. "Ficou apontando sua câmera para todas as obras de Claes no estúdio", relembra Patty Mucha. "Lembro-me claramente de lhe mostrar como usá-la. Ele dizia 'Charles! Charles! O que eu faço agora? Para que serve essa alavanca?', e Charles dizia: 'Só aponte a câmera, querido'. Ele devia ter acabado de comprá-la, não sabia nada sobre aquela câmera." Isso não o impediu de embarcar de imediato em um projeto, de maneira ingênua e imensamente ambiciosa.

O principal destino rural da *avant-garde* de Nova York naquele verão era Old Lyme, Connecticut, onde Wyn Chamberlain estava alugando uma casa em uma fazenda de uma família de ex-nudistas – "ótimas pessoas", de acordo com Wyn, "hippies de verdade dos anos 1920 que tinham mantido um campo de nudistas lá, anos antes". A vizinha de Chamberlain e colocatária era, entre todas as pessoas, Eleanor Ward. Ela e os ex-nudistas não se deram muito bem, como lembrou Wyn: "A entrada de carros passava pela casa dela, e pouco depois Eleanor a bloqueou. Eles vieram com uma retroescavadeira. Eleanor foi embora depois disso".

John Giorno estava frequentemente na casa dos Chamberlain, e quando Andy os visitava eles ocupavam o mesmo quarto. Giorno estava passando por um período difícil, dividido entre a vida de poeta no mundo gay e a aprovação dos pais como homem de negócios. Seu recurso principal era dormir. Ele surpreendeu Andy, o perfeito sono leve, com sua capacidade para dormir durante dez, doze, catorze horas ininterruptas. No fim de semana do Memorial Day,* Giorno, Warhol, Marisol e Robert Indiana foram para Old Lyme. Durante sua estada, Giorno acordou na escuridão antes do amanhecer para encontrar Andy sentado em uma cadeira, observando-o.

"Andy, o que você está fazendo?", ele perguntou.

"Você dorme tão bem", Andy respondeu.

No trem de volta à cidade, ele perguntou a Giorno: "Você gostaria de participar de um filme?".

"Claro!", disse Giorno.

Andy propôs um filme de Giorno dormindo ao longo da noite. Ele mencionou a mesma ideia várias semanas depois para Gerard Malanga, mas com uma estrela menos viável: Brigitte Bardot. Seja quem for que Andy fantasiasse como seu dorminhoco, ele decidiu por Giorno. Mesmo muito antes de comprar uma câmera, Andy tinha concebido e escolhido o elenco do seu filme.

Eles começaram a filmar em agosto. Chegando ao apartamento de Giorno na rua 74 Leste, Andy montou seu tripé, câmera e luzes, enquanto Giorno estava com touca de dormir, sem roupa, e, sem se importar com as luzes, caiu no sono. Andy filmou até o amanhecer e foi para casa, deixando uma bagunça de caixas amarelas de filme vazias no chão do quarto.

Warhol não tinha pensado muito na grandeza do que era fazer um filme de oito horas, especialmente com uma câmera que usava rolos de não mais que trinta metros. A cada três minutos ele tinha de parar de filmar, colocar a câmera em uma bolsa escura, tirar o filme, rebobiná-lo, colocar outro filme, arrumá-lo na posição e voltar a filmar. O processo deve ter levado, para um principiante, de cinco a dez minutos. Nesse ritmo, ele teria sorte se filmasse, talvez, meia hora em uma noite. Além do mais, a Bolex movida a corda tinha de ser recarregada a cada 25 segundos. Sem saber que um motor elétrico estava disponível para fazer isso de forma automática, Andy passou as primeiras duas semanas recarregando a câmera manualmente. Quando o primeiro lote

* Dia em memória dos soldados mortos em serviço, comemorado no último domingo de maio. (N. T.)

de filmes voltou, havia uma interrupção perceptível. Eles começaram a filmar tudo de novo. Gerard Malanga, que até agora era quem havia recebido atenção de Andy, estava mal-humorado. "Gerard estava ficando realmente com ciúme de mim", disse Giorno, "porque de súbito havia esse filme, e, quando ele não estava varrendo o prédio, estava carregando filmes para a revelação."

Andy Warhol se preparando para filmar uma cena

No fim de semana de 11 e 12 de agosto, Andy e Giorno estavam em Old Lyme. Wyn Chamberlain deixou Jack Smith filmar uma cena para o novo filme dele, *Amor normal*, diversamente intitulado como *O grande triunfo mofado* e *O grande triunfo pálido*. Andy queria assistir ao mestre trabalhando. Smith invadiu a propriedade com "toda uma gangue dos meus *freaks* urbanos favoritos", como um deles, Diane di Prima, escreveu posteriormente.

Di Prima deixou um *tableau* magnífico da cena: "As várias drag queens, bailarinas, *performers*, pintores e os que estavam trabalhando duro: costurando figurinos, martelando cenários, pintando tecido sobre a grama da frente, seus rosa e açafrão, brancos, verde-amarelados e lavanda contrastando com os muitos verdes do fim de verão [...]. Eles estavam todos em vários estágios de nudez e não nudez, vários estágios de maquiagem e adereços, e ficaram sentados lá, completamente inconscientes de si mesmos, intensamente ascéticos, quase austeros, na luz oblíqua que atravessava as frestas do teto do celeiro [...]".

Um enorme bolo de aniversário rosa, desenhado por Claes Oldenburg, foi feito no local. Uma dúzia ou mais de "Chorus Cuties", como Smith as chamava, dançava no topo dele – incluindo Di Prima, maquiada, com uma saia baixa e grávida de nove meses (ela entrou em trabalho de parto naquela noite); o travesti-*performer* Francis Francine; Mario Montez, descoberta de Smith, a rainha reinante dos travestis underground; Gerard Malanga; e Andy Warhol, com uma peruca de mulher, um vestido cheio de babados de loja barata e óculos escuros. Smith queria que os atores estalassem os dedos e dançassem, mas Andy não sabia como estalar os dedos. (Di Prima o descreveu como "girando um tanto hesitante e rigidamente".) Smith, trabalhando no seu usual passo de tartaruga, filmou no máximo seis minutos durante todo o fim de semana. Em certo momento, ele resolveu que precisava de algumas cabeças raspadas. "Então todas essas pessoas voltaram para a campina entre a minha casa e a de Eleanor", disse Chamberlain, "e raspara a cabeça. Eleanor saiu para uma caminhada e viu todos esses chumaços de cabelo lá, e ela permaneceu de pé, gritando a plenos pulmões, agitando seus braços."

Andy tinha levado sua Bolex e filmado o que ele um tanto pretensiosamente chamou de "cinejornal", um filme caseiro de três minutos sobre a filmagem de *Amor normal*. Na época da sua viagem a Old Lyme, Warhol já estava fazendo as sequências que se tornariam *Beijo*: filmes de quatro minutos, cada um apresentando um casal diferente beijando-se sem parar. Várias das sequências de *Beijo* figuraram entre os primeiros filmes de Warhol mostrados publicamente, quando Mekas os exibiu naquele outono. Em 19 de setembro, enquanto isso, Mekas anunciou no *Village Voice* que "Andy Warhol [...] está no processo de fazer o mais longo e o mais simples filme já feito, um filme de oito horas que mostra nada além de um homem dormindo". O aviso foi dado. O filme underground do começo dos anos 1960 pode ter se orgulhado da sua audácia, mas agora ia aprender como um gênio das relações públicas atuava. Um filme de oito horas de um homem dormindo: é assim que você se apresenta como um cineasta de vanguarda. Como Malanga salientou, "aqueles filmes foram uma maneira de apresentá-lo ao mundo cinematográfico. Se ele fizesse de qualquer outra maneira, não seria reconhecido".

Nesse ínterim, Warhol tinha outras questões que asseguravam sua atenção, sobretudo sua segunda exposição na Ferus, em Los Angeles. Dessa vez, ele planejou comparecer.

Andy, que nunca esteve a oeste da Pensilvânia, começou em algum momento a alimentar o desejo de percorrer a América. Wyn Chamberlain tinha um novo Ford Falcon e, quando ele voltou a Nova York, depois do Dia do Trabalho, Andy perguntou se ele estava disposto a dirigir até a Califórnia. Chamberlain estava pronto para ir. Gerard, que Andy também convidou, estava se preparando para começar seu segundo ano na Wagner College, em Staten Island, mas pediu dispensa na última hora (agora era a vez de Giorno sentir-se enciumado; Andy estava aprendendo a dividir e a conquistar). Chamberlain mencionou algo sobre levar o ator underground Taylor Mead como segundo motorista – nem Warhol nem Malanga dirigiam –, o que era ótimo para Andy. Mead era boa companhia; além do mais, Andy considerava-o "famoso". Nascido em 1924, Mead era o herdeiro proscrito de uma proeminente família de Michigan. Assim como acontecia com muitos homens gays da sua geração, sua homossexualidade instigou uma revolta total contra a América convencional. Um *beatnik* antes de o termo existir, ele passou os anos 1940 pegando carona de um lado para o outro, e os anos 1950 como poeta em cafeterias nas duas costas do país. Em 1962, esse protagonista apavorante de *O ladrão de flores*, de Ron Rice, ao mesmo tempo infantil e lascivo, tornou-se quase uma estrela de cinema underground.

Os viajantes se reuniram na casa de Andy em 24 de setembro. Julia saiu na calçada para vê-los partir (durante a viagem a sra. Warhola e a sra. Malanga trocaram telefonemas diários por se preocuparem com seus filhos), e Chamberlain guiou o Falcon ao longo do Hudson, em Nova Jersey, e pelo interior. A leste do Mississippi, os anos 1950 persistiam – "as garotas ainda estavam usando suéteres de cashmere com pequenos decotes redondos e saias apertadas, retas, da década de 1950". A oeste da Pensilvânia, Andy disse aos outros: "Eu sou daqui. Vamos atravessar isso aqui rápido". Eles chegaram a St. Louis em um dia, dirigindo-se ao sul pela manhã, através de Oklahoma, e atravessando o norte do Texas. Gerard escreveu um poema sobre miragens da estrada, que ele nunca tinha visto. O impulso de Andy em absorver a América estava limitado pela sua insistência em comer apenas em restaurantes que aceitassem seu cartão Diners Club. Em algum lugar em Oklahoma, Taylor Mead se rebelou contra "os restaurantes de pinho" e insistiu que eles parassem em um *diner*.* Encostando em uma parada de caminhões e acomodando-se a uma mesa, os quatro notaram que o lugar, que estava cheio, subitamente ficou em silêncio. Todo mundo estava olhando para deles. "Todos nós reconhecemos a possibilidade... como um linchamento", disse Mead, e foi restaurante de pinho o resto do caminho.

O relato de *POPism* da viagem contém um dos melhores momentos de Pat Hackett (*ghostwriter* de Andy), a famosa passagem personificando a surpresa de Andy ao encontrar pop nas terras centrais. Um pouco de sua linguagem, incluindo a grande frase "Quanto mais dirigíamos para oeste, mais pop tudo parecia na estrada", assemelha-se a vários relatos de Mead sobre a viagem. Já que Hackett entrevistou Mead para *POPism*, parece que uma das frases mais citadas de Warhol é na verdade baseada nas reminiscências de Taylor Mead. De acordo com Malanga, Andy estava apenas levemente interessado na vista, até que chegaram a Los Angeles, cujos outdoors, especialmente de filmes, estavam no auge da sua originalidade.

Eles passaram a segunda noite em Amarillo, pararam no dia seguinte em Albuquerque para posar para algumas fotos do grupo em cabines fotográficas, e cruzaram a fronteira da Califórnia naquela noite, parando no Palm Springs Hilton. No quarto dia, dirigiram até Los Angeles. Dennis Hopper e sua esposa, Brooke Hayward, estavam dando uma festa naquela noite para Andy em sua casa, em Topanga Canyon – um antigo colecionador pop, Hopper, conhecera Andy em Nova York no começo daquele ano. Os Hopper reuniram quanto puderam da "nova geração" de Hollywood, incluindo Sal Mineo, Peter Fonda, Suzanne Pleshette e Dean Stockwell. Andy, de maneira pouco convincente,

* Típico restaurante americano, pequeno, informal e geralmente barato. (N. T.)

chamou a festa de "deslumbrante", "a coisa mais excitante que já aconteceu comigo". De acordo com Chamberlain, ele, Malanga, Mead e Jenny, filha do escritor Ben Hecht, foram convidados a se retirar por Hayward quando ela os encontrou fumando maconha em um closet. "Para ver o quanto eles eram cool", gracejou Chamberlain. Wyn estava desanimado em relação à viagem, embora ele gostasse "da desolação que pairava sobre a praia de Venice naquela época e da presença mercurial de Taylor". (A consideração não foi mútua: Mead lembra-se de Chamberlain como "um suposto artista e escritor".)

Se Andy esperava que suas pinturas gerassem um *frisson* especial ali na terra do cinema, ficou desapontado. A resposta para a exposição na Ferus, aberta em 30 de setembro, foi "calma", de acordo com Irving Blum. As poucas resenhas foram negativas, tal como a da *Art International*, segundo a qual "Warhol não sugere em qualquer um de seus trabalhos que é um artista". Cerca de dezoito pinturas *Elvis prateado*, incluindo uma tela de 11 m com dezesseis figuras do rei, estavam expostas na sala principal da Ferus, nove ou dez *Liz prateada* expostas na sala dos fundos. Andy não se preocupou em cortar os *Elvis* dos rolos, enviando os rolos enormes, inteiros, para Blum. O equívoco que persiste é de que ele deixou o marchand decidir quantos *Elvis* apareceriam em cada tela, promovendo Blum efetivamente a colaborador. Apesar de a história se encaixar de maneira atraente com o mito de um Warhol intencionalmente minando a tradição do autor que tudo decide, não é verdade. Blum se lembra bem das circunstâncias. "Ele me enviou um grande rolo de tela e as barras das molduras. Desempacotei tudo e liguei para ele de imediatio: 'Como você espera que eu faça?'. Ele respondeu: 'Apenas corte-os. Você tem as barras. Há imagens duplas, triplas, individuais'", e precisamente o número certo de barras para as telas de tamanhos diferentes. "Ele categoricamente tomou a decisão de que elas teriam aqueles tamanhos. Não, ele não estava me incluindo no processo criativo. Ele não se incomodou em cortar os *Elvis*, mas se assegurou de que eu os cortasse da maneira que ele queria."

Depois de apenas uma noite no Beverly Hills Hotel, Andy e seus amigos foram para o Surf Rider Inn em Santa Monica. Dividiu com Gerard um quarto, como tinham feito ao sair. Certa manhã, enquanto Andy estava no banheiro, Gerard olhou dentro de uma pequena valise que Andy sempre carregava e viu um par de tesouras e um rolo de esparadrapo Johnson & Johnson – então era assim que ele prendia sua peruca. ("Na verdade", afirmou Gerard, "precisei chegar quase até ali para perceber que ele usava uma peruca. A princípio, só imaginei que ele tinha uma aparência estranha. E isso era algo inteligente da parte de Andy. Ele desviava a atenção com o uso da camuflagem. Se alguém fica careca, geralmente escolhe, digamos, uma peruca lisa de cabelo castanho, algo que espere que não chame a atenção. Andy escolheu um cabelo prateado chocante. Quando você olhava para ele, não pensava: 'Ele está usando uma peruca'; você pensava: 'Meu Deus, olhe o cabelo daquele cara!'")

Andy deu uma festa uma noite no Píer Santa Monica. Conhecendo uma garota da qual gostou, Gerard a levou para o quarto do hotel. Andy, retornando mais cedo do que Gerard esperava, explodiu quando encontrou a porta do quarto fechada. "Ele passou dos limites, batendo na porta e gritando: 'Me deixe entrar! Ponha as roupas!'" Vestindo apressadamente suas calças, Gerard abriu a porta e encontrou Andy sem fala por causa da raiva. Gerard e a garota saíram e foram para a casa dela, onde Gerard passou a noite. Retornando de manhã, ele encontrou Andy sentado na praia com o jornal, lendo, em voz alta e para si mesmo, uma resenha sobre a sua exposição na Ferus. Andy não mencionou o que havia acontecido na noite anterior. A similaridade com o seu ataque de fúria anos antes no Havaí (se aceitarmos o relato de Charles Lisanby) é surpreendente. Os sentimentos de Andy por Lisanby tinham sido provavelmente mais fortes do que eram por Gerard. Mas os dois fatos – a atenção de Lisanby a um malandro, Gerard a uma garota – eram o mesmo tipo de lembrete inesperado, abrupto, da sua indesejabilidade, da sua exclusão do círculo do desejo, e eles produziram a mesma resposta apavorada e furiosa.

A visita de Warhol à Califórnia coincidiu com a primeira grande retrospectiva de Marcel Duchamp, realizada no Pasadena Art Museum pelo antigo admirador de Andy, Walter Hopps. A exposição lançou Duchamp a um *boom* – como consequência, "o mercado de arte internacional podia ser ouvido tinindo em ação", escreveu Calvin Tomkins. A ascensão de Duchamp à preeminência como anjo da guarda do pós-modernismo tinha começado. Andy e seus companheiros de viagem foram convidados para a recepção de abertura, onde Andy filmou um pouco e conversou com Duchamp. "Andy e eu éramos como duas crianças frívolas pulando em volta de Duchamp", relembra Malanga, mas o velho homem prestou mais atenção em Taylor Mead, convidando o ator à sua mesa. Malanga, que nunca deixava passar uma oportunidade, aproximou-se de Duchamp e começou uma conversa literária. Gerard recebeu uma tarefa: "Escreva-me um poema que não seja um poema", disse Duchamp. Todos os artistas da *fête* assinaram a toalha de mesa de Duchamp – Andy assinou duas vezes.

Enquanto estava em Los Angeles, Andy filmou *Tarzan e Jane recuperados... quase isso* sob um calor de 43 graus de setembro. Ele tem pouca semelhança com os filmes de Warhol já feitos ou por fazer. A câmera está na mão, nervosa, e o filme é mal superexposto. (Ele foi editado em Nova York por Mead, que acreditava em vários cortes secos.)

O filme tinha a qualidade aleatória que se espera de um projeto *ad hoc* sem enredo, sem roteiro, sem diálogo, cujos personagens estavam à mão – nesse caso, Taylor Mead, Naomi Levine, Claes e Patty Oldenburg, Dennis Hopper e (brevemente) o próprio Andy.

Taylor Mead repete seu cativante papel de idiota em *O ladrão de flores* (essencialmente, seu único personagem). O público é obsequiado com Mead brincando sozinho na praia, fazendo caretas, batendo no seu peito magro, fazendo piruetas ao lado da piscina no Beverly Hills Motel, brincando novamente (seu pequeno calção de banho caído como uma fralda molhada). Há uma Naomi Levine nua dando banho em Mead no chuveiro, Oldenburg & Cia. andando no carrossel no Píer Santa Monica, e a Torre Watts. Em certo momento, Andy aparece na tela, chicoteando o traseiro nu de Mead com folhas de palmeira. Depois, Mead e Dennis Hopper (com toalha de oncinha como tanga) competindo como Tarzans rivais, comparando bíceps, batendo no peito; Patty Oldenburg fazendo queda de braço com Hopper e Mead; tomadas coloridas de Mead lutando com uma mangueira, fingindo que é uma jiboia, que ele mata; Naomi Levine nua em um balanço numa árvore; Mead e Levine em um fingido abraço apaixonado, enquanto são espreitados por dois grandes caçadores brancos (dois jovens); Levine de sarongue comendo cachorro-quente e tomando milkshake em um lugar parecido com Venice Beach ou o Píer Santa Monica. E isso é basicamente todo o filme. Ele termina como começa, com Mead fazendo caretas para a câmera.

Os nova-iorquinos foram embora de Los Angeles em 10 ou 11 de outubro, parando à noite em Las Vegas e então dirigindo de Phoenix até o Texas e atravessando o Sul. No Texas, viram enormes outdoors que diziam "Nocauteiem os Kennedys!" O grupo estava, com exceção do irreprimível Mead, cansado e mal-humorado. Refletindo seu humor, o Falcon quebrou duas vezes: em 15 de outubro em Meridian, Mississippi, onde a bateria, a bomba de gasolina e o escapamento quebraram (custo total das peças e do conserto: US$ 28,69); e dois dias depois em Sylva, Carolina do Norte, ao sul dos Apalaches. Deve ter sido aqui o lugar onde Andy fez sua única tentativa de seduzir Gerard, apalpando-o sem muito entusiasmo na frente de Mead e Chamberlain. "O que ele ia fazer, com outras pessoas no quarto?", relembra Gerard, que empurrou a mão dele. Andy devolveu ao se recusar a pagar o táxi de Gerard quando eles chegaram à Nova York, deixando-o carregar sua mala pesada até o metrô.

As cenas brutas de *Sono*, uma montanha de celuloide de centenas de metros, mais do que cinquenta rolos no total, estavam longe do que o Andy tinha imaginado quando – um fã inocente dos preceitos práticos da filmagem e edição – tinha concebido o filme. Em vez de um take longo e contínuo de Giorno dormindo, as cenas consistiam de muitas, muitas partes separadas. Parece que, uma vez que começou a filmar, Andy rapidamente ficou entediado com sua própria tarefa de manter um longo e único take. Sua ânsia pelo detalhe visual e pela textura atraiu-o para as possibilidades dessa nova máquina, e ele começou a filmar de perto e de longe, nesse e naquele ângulo, cruzando com a sua câmera o corpo do dorminhoco. A filmagem, além do mais, era o playground de um voyeur; como Andy bem sabia, isso era o mais perto que ele algum dia estaria de possuir Giorno.

Mas como ele ia organizar essa bagunça? Andy recrutou sua jovem vizinha Sarah Dalton para ajudá-lo com as cenas brutas. (Dalton não tinha experiência anterior com edição, embora ela posteriormente tenha se tornado uma editora de filmes.) Todo dia, depois da escola, Sarah Dalton ia até a casa de

Andy para trabalhar com a primitiva estrutura de edição dele. "Faça ficar mais igual", foi a única e vaga instrução de Andy. "Onde muda", quando a câmera ou Giorno se moviam demais, "corte essa parte." Ele deixava Sarah por conta própria e deve ter estado na Califórnia durante parte do período em que ela trabalhou. Julia às vezes perambulava por ali, vinda do andar de baixo, invariavelmente observando: "Que menina amável. Espero que o meu Andy acabe encontrando uma garota como você". Quando Andy estava em casa, ele se materializava em tais horas para repreender sua mãe em ruteno, dizendo-lhe para deixar sua ocupada assistente sozinha. De acordo com Sarah, "ele dizia algo ríspido em tcheco ou sei lá como se chama e ela dizia para mim: 'É sempre um prazer encontrá-la', e voltava para baixo".

Apesar dos esforços dela, no fim a tarefa de editar o filme ficou para o próprio Andy e, talvez como consequência, a duração do final foi reduzida em um total de 27 minutos, emendado e remendado. Apenas no rolo 5, Andy fez 133 emendas – de modo algum uma quantidade espantosa em uma edição de um rolo de filme, mas muito mais do que o iniciante tinha estipulado.

Na hora em que terminou *Sono*, Andy sabia de que forma editar um filme. Como a especialista Callie Angell sugere, o tédio de editar o filme bem pode ter sido um fator em seu subsequente estilo livre de edição. *Sono* contém decididamente a edição mais pesada que ele já fez – a única edição, de fato, que ele iria fazer até *Caubóis solitários*, em 1968. De *Corte de cabelo, Comer, Boquete* e outros filmes feitos logo após *Sono*, até os *sexploitation* de 1967 – *Eu, um homem; Restaurante nu; Garoto de bicicleta* –, todos os filmes de Warhol consistiam de cenas não editadas, rolos colados do princípio ao fim.

Mesmo com todas aquelas cenas recicladas, Andy foi forçado a abandonar seu objetivo de oito horas para *Sono*. A edição final tinha 5h21 de duração e teria ficado mais curta se projetada em velocidade-padrão. Andy filmou em 24 quadros por segundo, mas projetou em dezesseis, um excelente modo de alongar suas cenas utilizáveis até o máximo. Ele gostava da aparência lenta; já tinha exibido suas sequências *Beijo* desse modo, e continuou a exibir seus filmes em câmera lenta até o fim de 1964, quando começou a usar som.

De qualquer modo, *Sono* não é o que muitas pessoas continuam a pensar que seja – um conto que se revela aos poucos, em tempo real, sobre a noite de alguém que dorme –, mas uma série de peças evidentemente coladas. Como Andy contou a um entrevistador em 1966: "De fato, eu mesmo filmei todas as horas para esse filme, mas adulterei o final para conseguir um design melhor". Algumas das emendas de Andy são amadorística e espasmodicamente visíveis, embora a qualidade hipnótica do filme tenha enganado até cineastas maduros. É a virada duchampiana novamente, na qual a percepção do objeto se torna a percepção do papel da consciência em formatar e determinar o objeto. O valor dos filmes mudos de ações mínimas de Andy é o retorno da percepção para si mesma. Se eles não fossem entediantes, se não derrotassem os modos pelos quais o filme convencional estimula o olho aqui e ali, os filmes mudos de Warhol não teriam propósito.

Mas quão valioso é o propósito que eles logram? No desenrolar sem fim, quase sem ação, de *Sono* tudo é igualmente interessante e desinteressante. O conceito de *Sono* era tão audacioso, tão imediata e inesquecivelmente fácil de entender, que Andy conseguiu se alojar mais firmemente do que nunca na mente do público. "O cara que pintou a lata de sopa" era agora também "o cara que fez o filme de oito horas de um homem dormindo" (a duração a princípio anunciada provou ser realmente um mito duradouro, *Sono* ainda hoje é chamado de "filme de oito horas").

De maneira similar, o efeito central de *Sono*, a reversão duchampiana, uma vez compreendido, é mais irresistível que a experiência do filme em si. Talvez seja por isso que, lendo os calhamaços de crítica sobre *Sono*, tem-se a sensação de mentes ágeis demais lançando-se contra esse objeto grande, silencioso, inerte, tentando encaixá-lo em seu mecanismo conceitual. (Como Pauline Kael comentou de maneira perversa: "Muito frequentemente, depois de uma noite de cinema de vanguarda, queremos ir ver um filme".)

Embora a premissa dificilmente possa ser mais voyeurística, o filme contém pouca carga sexual. Andy não ia arriscar nada abertamente homoerótico na sua primeira aventura na produção de filmes. Como Giorno disse, "se você desfoca seus olhos um pouquinho, ele parece uma pintura abstrata em preto e branco que se move". O que o roteirista principal de Warhol, Ron Tavel, confirmou: "Para ele, [o filme] estava mais próximo da pintura – próximo do que considero uma 'pintura que respira' – do que para os outros cineastas. Com Andy, era realmente uma pintura que se movia levemente, e todo movimento leve o fascinava".

Apesar das suas virtudes específicas – o ocasionalmente belo efeito *chiaroscuro*, ou a percepção deslocada que a duração extrema realmente produz, na qual as partes do corpo de Giorno param de parecer consigo mesmas –, *Sono* existe primariamente como uma ideia chocante que alguém teve a coragem de seguir até o fim.

Beijo, em certo sentido, seria uma versão mais acessível, ou série de versões, de *Sono*: rolos de filmes sem edição, cada um retratando um casal se beijando.

Em sua coluna "Movie Journal", de 5 de dezembro de 1963 no *Village Voice*, Jonas Mekas escreveu: "Coisas estranhas têm acontecido ultimamente no Film-Makers' Cooperative. Anticineastas estão assumindo o controle. As séries de Andy Warhol fizeram nascer o filme pop. Andy Warhol está realmente fazendo filmes ou está pregando uma peça em nós? É o que todos estão comentando. Um beijo de três minutos de Naomi Levine – é essa a arte de beijar ou a arte do cinema?" (Muitos anos depois, no suplemento sobre Warhol no *Voice*, Malanga explicou o motivo por trás de *Beijo* para John Perrault dessa forma: "[*Beijo* era], realmente, um comentário sobre o código moral imposto por Hollywood na época, visto que os filmes não podiam mostrar uma cena de beijo por mais do que quinze segundos na tela".)

Feito entre agosto de 1963 e o fim de 1964, o filme é essencialmente um retrato de Warhol com doze cenas mostrando casais se beijando, com Naomi Levine como a principal beijada e Malanga como o beijoqueiro nomeado. Naomi Levine beijando Pierre Restany, depois, no mesmo rolo, beijando Gerard – aqui, vários movimentos eróticos de língua. Há Naomi e Ed Sanders e Naomi e Rufus Collins. O único entre todos os beijoqueiros que parece genuinamente excitado, divertindo-se, é Naomi. Há alguns casais homossexuais: um loiro Andrew Meyer mandando ver ferozmente com outro rapaz, sem camisas, diante do acetato de *Jackie*; o rapaz de cabelos negros se dirigindo para baixo do cinto, como se fosse agarrar Meyer entre as pernas – na verdade, a parte baixa do seu estômago. Uns poucos beijos da cena artística (Marisol e Harold Stevenson, Jane Holzer e John Palmer) e alguns falsos beijos entre gays.

Apesar da paixão simulada – ou talvez por causa dela –, *Beijo* é estranhamente erótico. É também perturbador, por várias razões. O silêncio em si é alienador, não há gemidos, afeto, respiração pesada. A velocidade reduzida realça detalhes como expressões faciais, a pressão de uma mão, mas é também uma experiência desconcertante porque as imagens não se assemelham a um beijo real. O espectador está esperando algo que nunca acontece: um seio, um enquadramento mais baixo, algo além de intermináveis enquadramentos de cabeças com as bocas emaranhadas. Há algo levemente frustrante, ainda que voyeuristicamente excitente, em relação a toda a questão. (Outro efeito da velocidade reduzida do filme, técnico e não intencional, é acentuar o branco dos intervalos entre as cenas.)

A última sequência, retratando uma mulher pálida inclinada e um homem moreno, é tão calma, tão estática, que às vezes as imagens se parecem com uma pintura, um efeito que é realçado pela luz sutil. A velocidade reduzida da ação em *Beijo* chama a atenção para isso. É como se Warhol quisesse transformar filmes em pinturas.

Sempre vigilante, permanentemente em guarda contra um envolvimento muito íntimo com os outros, Warhol vivia a certa distância, as emoções bem escondidas atrás daquele afeto insípido, daquelas sombras. Só raramente se aventurava em algo tão catastrófico quanto um romance. Os primeiros filmes expressam, em sua própria estrutura, a constituição emocional do artista. Sua forma é voyeurística: erótica, mas em um sentido altamente alheio. O que mantém *Beijo* longe de ser um filme convencional para excitar (à parte a procissão, como uma parada, de casais) é, primeiro, o seu silêncio não erótico, mas ainda mais o ritmo reduzido, subaquático, de dezesseis quadros por segundo. O lento ritmo aveludado dos primeiros filmes é crucial para as intenções de Warhol. Ele envia os filmes para um universo alternativo. É um efeito de alienação, um braço se esticando para afastar o espectador da excitação em demasia, do possível sofrimento – a gama de emoções humanas.

Vendo *Beijo*, "nós assistimos e aguardamos", escreve Stephen Koch. "Estamos talvez excitados, mas também um pouco perplexos. O tempo desse filme não é nosso. Ele recua implacavelmente de nós. Os amantes na tela estão em outro lugar, imagens absorvidas no ranger de boca contra boca.

Destituídos da sua tatilidade, assistimos e aguardamos, isolados em nosso próprio tempo de público voyeurístico."

Sexo, diz Koch (o comentarista mais antigo e mais arguto dos filmes de Warhol), "está sempre à margem em qualquer filme de Warhol". Mas, enquanto, digamos, *Sofá*, de 1965, tem longos trechos de completa pornografia, os primeiros filmes "são eróticos em um sentido menos óbvio. São criações de uma mente profundamente voyeurística".

O voyeurismo compensa seu afastamento, sua distância, com sua desobstruída intensidade privilegiada. O que torna *Corte de cabelo nº 1* interessante, um dos três filmes *Corte de cabelo* que Warhol fez no fim (ou quase) de 1963, é a autoconsciência que ele apregoa: ele termina com um comentário direto, astutamente consciente, sobre sua própria estrutura.

Quando ele começa, Billy Linich e seus colegas John Daley e Freddy Herko estão no apartamento miserável no Lower East Side do talentoso e empobrecido dançarino-coreógrafo James Waring (que faz uma fantasmagórica participação especial no fim do filme). Billy está empenhado em uma de suas bem conhecidas atividades, cortar cabelo, uma habilidade que ele evidentemente desenvolveu com seu avô em Poughkeepsie. Enquanto Billy cuidadosa e afetuosamente corta a tonsura já curta de Daley – dando tesouradas tão minúsculas que não há progresso evidente durante o filme –, a dupla está sob o olhar vigilante de Herko, descansando à meia distância em uma cadeira, sem camisa, dolorosamente magro, o peito peludo, ostentando um chapéu de caubói. Ele pega um pouco de maconha, coloca em um cachimbo e o acende. A ação é quase tão imperceptível, a cena quase tão parada, o tempo tão devagar e de outro mundo quanto em *Sono* e *Beijo*. Uma diferença é que *Corte de cabelo* foi filmado em seis ângulos diferentes, tendo sido gastos seis rolos para completar sua ação – a marca do fim do rolo aparece, a tela fica branca, e um novo rolo começa: seis deles. Há também (minimamente) mais ação do que em *Sono* ou *Beijo*, o olho sendo dirigido aqui e ali pela câmera: na cena final, Herko, ainda sentado na sua cadeira, mas agora completamente nu, descruza suas pernas, reluzindo no espectador – é esse o primeiro exemplo de um nu frontal masculino em uma tela fora de um cinema pornô da rua 42? –, antes de formalmente cruzar de novo suas pernas.

Billy Name cortando o cabelo de Chuck Wein

A câmera retorna a Daley, mas com uma diferença. Seus olhos, os de Linich e depois os de Herko, quando ele se junta a eles, miram a câmera diretamente, miram nossos olhos com um olhar tenaz: o olhar fixo do voyeur, mas virado contra nós. Os dois grupos de voyeurs estão sentados olhando um para o outro, os que estão dentro da tela mostrando aos que estão fora que eles estão completamente conscientes do que estivemos fazendo o tempo todo: sentados em passividade muda, extasiada, voyeurística. E então todos os três atores estouram em gargalhadas mudas. Acompanhados do seu anfitrião, Waring, eles esfregam seus olhos, ainda rindo, ou zombando de nós por cair tão espalhafatosamente em um transe voyeurístico ou gentilmente mostrando-nos a consciência de sua cumplicidade – sua participação no único enredo que acabou de se desenrolar, dentro e fora da tela.

O relacionamento basicamente insatisfatório de Andy com John Giorno, na maior parte dado ao flerte, continuou ao longo do outono. Giorno conduziu uma divertida entrevista nunca publicada na qual Warhol fala mais fluente e relaxadamente do que na entrevista quase contemporânea para Gene Swenson na *Art News*. Conversando com Giorno, Andy expressa várias mitificações irônicas, como as que marcaram a matéria de Swenson: "Ninguém usa mais a imaginação. A imaginação acabou", ou "Oh, a arte é muito difícil, vou ter de parar de pintar", um desejo que Andy repete posteriormente na entrevista, acrescentando: "Quero que as minhas pinturas sejam vendidas por US$ 25.000" (isso era o que Rauschenberg, o mais caro contemporâneo de Warhol, estava então alcançando). Em outros momentos, Andy nos confia que gostaria de ir para a Galeria Marlborough, próximo da academia que está frequentando no Upper West Side ("Quero ficar magro como um lápis. Quero gostar de mim") e que "acredita em viver. Não acreditava antes... tinha esquecido sobre viver".

No dia do assassinato de John F. Kennedy, disse Giorno, ele e Andy ficaram sentados colados na TV chorando "grande lágrimas de crocodilo, enquanto Andy repetia 'Eu não sei o que isso significa!'". Ainda assim é difícil medir a reação de Andy à tragédia tanto quanto é difícil determinar seu paradeiro naquele dia. De acordo com Malanga, ele estava com Andy em 22 de novembro, caminhando pela Grand Central Station, quando ouviram a notícia e a única resposta de Andy, depois de uma pausa para absorvê-la, foi um trivial "Bem, vamos voltar para o trabalho". *POPism*, que tem Andy pintando sozinho no prédio de bombeiros quando as notícias foram veiculadas, sublinha ainda mais sua indiferença: "Não deixei de dar uma pincelada [...]. Não me incomodou tanto assim que ele estivesse morto. O que me incomodou foi o modo como a televisão e o rádio estavam programando todo mundo para se sentir triste. Parecia que não importava quanto você tentasse, não podia fugir da coisa".

Poucos dias depois do assassinato de JFK, Warhol foi a uma festa de Danny Fields, que logo se tornaria visita frequente no estúdio de Warhol em meados da década de 1960. Fields lembra-se do evento como sua "festa do assassinato". Ele a tinha planejado originalmente como uma reunião de fim de semana de Ação de graças com os amigos da faculdade e decidiu mantê-la apesar da tragédia JFK. Embora Warhol esteja pouco claro na memória de Fields, outro futuro membro da cena de Warhol deixou uma impressão indelével: a modelo alemã Christa Päffgen, que já estava usando o nome profissional Nico havia alguns anos. "Ela veio com [o modelo e ator] Dennis Deegan [outra futura figura de Warhol]. Eu tinha preparado ponche, metade vodca e metade suco de *grapefruit*. Chamava-se *greyhound*. Quando a Nico chegou, ela encheu uma concha e, em vez de servi-la em uma taça, levantou-a, inclinou a sua cabeça para trás e despejou em sua boca um pequeno jorro perfeito. Foi assim que a conhecemos. Pode-se dizer que ela se inventou naquela festa."

Havia muito tempo, tanto quanto seus dias no Serendipity no fim da década de 1950, Billy Linich frequentava o San Remo Café, um local já lendário na esquina da Bleecker com a MacDougal. Os proprietários eram os Santini, uma família italiana com raízes profundas na vizinhança. Desde meados da década de 1950, o San Remo atraía uma grande clientela gay, que os Santini toleravam, ainda que severamente. Sua atmosfera era acentuadamente diferente do estilo afetado, histriônico, do circuito de bares gay do *midtown*. De acordo com Joe LeSueur, que frequentava o lugar com Frank O'Hara, John Ashbery e James Schuyler, o San Remo era para "tipos literários esfarrapados, boêmios sujos e homossexuais quietos que evitavam os barulhentos bares gay".

Betty Santini, uma mulher pé no chão, que, de acordo com o dramaturgo Robert Heide, parecia e agia como uma Ethel Merman italiana do Velho Mundo, patrulhava as mesas, "tentando meio que segurar todo mundo", como descreveu o frequentador do início da década de 1960 Danny Fields, "mas estava fora do controle". "À uma hora ou duas da manhã", relembra Billy, "estava lotado de artistas e com todo o mundo literário e também o teatral. Você aparecia e havia Robert Heide sentado a uma mesa, e ele dizia: 'Ei, sente-se aqui, é aqui que estão todas as pessoas fantásticas'."

Um ponto calmo nesse tumulto, Billy era, segundo suas próprias palavras, "extremamente tímido. Eu não falava a não ser que falassem comigo, e às vezes nem assim. Não era nem um pouco sofisticado ou esperto, só um cara que tinha um bom-senso estético". Robert Heide, que o conheceu no San Remo e desenvolveu uma queda por ele, apresentou-o a Nick Cernovich, um egresso da Black Mountain College e iluminador qualificado cujas amizades atravessavam o mundo da arte gay, de Virgil Thomson a Leonard Bernstein, a Alvin Ailey, a Paul Taylor. Billy se tornou aprendiz e amante de Cernovich, ajudando a iluminar espetáculos de Merce Cunningham, Paul Taylor e Alvin Ailey, assim como o Living Theater de Julian Beck e Judith

Malina. Em 1962, ele viajou com Cernovich para a Itália, para o Festival Spoleto, e foi trabalhar na estreia de *O trem do leite não para mais aqui*, de Tennessee Williams. Billy logo estava trabalhando sozinho, fazendo iluminação para a companhia de dança de James Waring e para um dos grandes locais de experimentação estética da era, o Judson Dance Theater. Cernovich também administrava a Orientalia, uma obscura livraria na rua 12, entre a Quinta avenida e a University Place, onde Billy, que trabalhou lá em 1962 e 1963, começou sua duradoura imersão em misticismo oriental (outro cliente da Orientalia na época era um jovem músico, um *émigré* galês chamado John Cale).

Depois de viver um ano com Cernovich, Billy se mudou para o Lower East Side, primeiro para a rua Attorney ("US$ 28 por mês, serviços incluídos"), em seguida para a rua 5 Leste, por fim assumindo o apartamento notoriamente excêntrico de Dorothy Podber no 242 da rua 7 Leste ("US$ 55 por mês, serviços não incluídos"). Podber, Ray Johnson e os dançarinos-coreógrafos do Judson moravam nas redondezas.

No começo da década de 1960, o que era chamado Lower East Side ainda abrangia todo o sul de Manhattan, da rua 14 Leste até a prefeitura – a designação "East Village" não veio a ser aplicada à parte acima da rua East Houston até meados da década de 1960. Embora os *beatniks* do Lower East Side não constituíssem realmente um mundo distinto – como Billy disse, "eles eram apenas pessoas espertas e tinham um bom lugar barato para morar; essencialmente, eram apenas parte da cultura do Village" –, a vizinhança, com suas condições severas e aluguéis baratos, atraía uma estirpe mais extrema de artistas underground. Entre eles, a ágil segunda geração de poetas da Escola de Nova York que enchia as páginas dos jornais mimeografados: *C, o urso flutuante* e *Foda-se: Uma revista de artes*; as investigações do movimento cotidiano dos dançarinos do Judson; as fantasias cinemáticas fervorosas de Jack Smith; e as performances que duravam a noite toda do grupo La Monte Young. Com sua maneira modesta, Billy se estabeleceu no centro dessa atividade, iluminando espetáculos de dança, ajudando os poetas a montar seus jornais, fazendo cenários para Smith, cantando nos conjuntos de Young. Billy foi uma pessoa imensamente útil, ele escolheu ficar fora do palco. (O professor-crítico William Wilson o descreveu como "um aprendiz de feiticeiro, que não pede nada para si mesmo e revela ser mais interessante, eficaz e autêntico que o feiticeiro".)

De acordo com Robert Heide, enquanto Billy viveu com Cernovich, "ele era... não usaria a palavra conservador, mas do tipo normal". No entanto, depois que se mudou para o prédio na rua Attorney, um de seus colegas de residência, um nativo do Brooklyn e graduado na Boys' High School chamado Bob Olivo, mas mais conhecido no mundo gay como Ondine, apresentou Billy à metanfetamina, a prima mais potente da anfetamina. Ao contrário de Ondine, Billy nunca injetou a droga, mas de 1962 a 1969 ele inalou ou engoliu uma dose diária dela. Por volta de 1963, a metanfetamina já o tinha tornado macilento e com a aparência um tanto acossada, e ele já havia desenvolvido dois outros sintomas clássicos de viciados em *speed*: uma adoração por coisas brilhantes e uma compulsão para trabalhos que não fossem necessariamente produtivos, impulsos que contribuíram para a sua decisão de pintar o seu apartamento na rua 7 com spray prata.

"Eu estava muito encantado pela pintura com spray, eu realmente gostava de Krylon Powder Blue. Houve uma época em que Ondine estava ficando no meu apartamento e eu estava louco de anfetamina – se você fica louco por uns três dias, transforma-se naquela névoa. Eu costumava soltar um leve spray de Krylon Powder Blue, e era essa nuvem azul no recinto que era tão divino. De qualquer forma, depois de tentar umas cores diferentes, fiquei encantado com a prata. Era o cromo final, total... Comecei com as paredes e fui para a geladeira, a banheira, o vaso e o telefone. Então simplesmente pintei todo o lugar. Não podia continuar comprando latas, não tinha tanto dinheiro assim, então consegui algumas folhas de papel-alumínio, preguei no alto e deixei rolar até embaixo. Fiz as paredes. Eu tinha alguns *spots* de luz, e então fiz o lugar resplandecer."

Qualquer que tenha sido a data em que deitou os olhos nele pela primeira vez, para Andy, que tinha acabado de passar três meses pintando nada além de telas prateadas, o apartamento prateado de Billy deve ter confirmado a afinidade entre eles. Eles já estavam se encontrando socialmente: na casa de Bourdon, na festa de Linich, nos cinemas ("Lembro-me de ir ver *Terra de um sonho distante*, de Kazan, porque Andy queria ver o que o Kazan estava fazendo. Eu era tão ingênuo, somente assisti ao filme. Quando saímos, a única coisa que Andy disse foi que ele já sabia tudo o que Kazan fazia, e daí?"), e na casa de Warhol ("Eu só ficava por ali enquanto ele fazia algum sapato para Fritzi Miller [agente comercial de Warhol]. Eu ia para o gabinete nos fundos, um lugar parecido com uma grande biblioteca, com paredes cobertas de madeira, abarrotado de grandes rolos de tela, os *Elvis* e outras telas. Andy e eu fomos nos conhecendo aos poucos.").

Malanga estava aqui e ali, embora Billy se lembre de ver pouco, se é que viu, Giorno. Na maior parte do tempo, Gerard e Billy evitavam cruzar seus caminhos. "Gerard e eu não nos entendíamos. Não entrávamos em acordo. Costumava ficar realmente enfurecido com Gerard por levar Andy a essas leituras de poesia e agindo como se ele fosse o namorado de Andy, porque eu era." Gerard, por seu lado, divertia-se agindo como o sócio sênior, o parceiro experiente de Warhol. Certa tarde, deixando a casa de Andy juntos, os dois jovens pegaram o metrô para *downtown*. "Andy havia me dado uma lâmpada ultravioleta", disse Billy, "pois, já que eu era seu garoto, ele gostava de me dar presentes. 'Sabe', falei, 'Andy é mesmo um cara legal.' Gerard olhou para mim e disse: 'Espere até realmente descobrir'."

Gerard levava Andy a certos círculos. Billy o levava a outros: o circuito Judson, o circuito Cage e Cunningham e o circuito Di Prima de poesia. Billy apresentou Warhol a La Monte Young e a Jack Smith, com quem Andy mal interagiu na caótica filmagem em Old Lyme, e cuja direção Andy foi capaz de estudar profundamente quando Billy lhe trouxe outro *Amor normal* naquele outono. "Andy estava realmente interessado em ver como Jack trabalhava. Ele estava ciente que não sabia como trabalhar com as pessoas e aprendeu de que forma Jack estava 'não dirigindo' seus atores. Apenas por dedução e gestos de mão eles sabiam o que fazer. Andy ficou mais confortável com seu próprio estilo não direcional depois de observar Jack."

Como Andy e John Giorno haviam feito – de fato, ainda estavam fazendo –, Andy e Billy se apresentavam aos outros gays como um casal. "Andy e eu visitávamos outros gays e eu era o namorado do Andy. Íamos ver [o colecionador] Sam Wagstaff, e Sam estava com seu último namorado lá. Quando Rauschenberg conseguiu seu novo estúdio, fomos vê-lo, Andy e eu visitando

Bob e Steve Paxton." Eles continuaram nesse estilo, o prototípico casal pré-liberação gay: um homem mais velho e visivelmente bem-sucedido e o rapaz que ele sustentava (embora Billy tivesse seu próprio apartamento).

O relacionamento sexual deles era bastante insignificante, tanto quanto o de Andy com Giorno. "Você não conseguia relaxar com Andy, no sentido de que duas pessoas que são amantes podem se apoiar mutuamente. O sistema nervoso de Andy era muito reativo. Lembro-me de uma vez em que me aproximei e pus minha mão em seu ombro – ele pulou. Toda sua condição neurológica estava sempre no limite, em um ponto em que ele não conseguia relaxar." Eles fizeram amor apenas uma vez, quando Andy chupou Billy. O evidente embaraço de Andy deixou Billy, por sua vez, muito autoconsciente para aproveitar o episódio. A perspectiva de sexo "tornou-se tão desconfortável e inconveniente que simplesmente concordamos, 'Por que se incomodar? Somos tão desajeitados com relação a isso, não será realmente sexual, será apenas algum exercício ou algo do tipo'".

"Nenhum de nós sabia como ter um relacionamento com o outro; então, o que fizemos foi apenas trabalhar. E isso nos surpreendeu, porque aquele foi o período de desenvolvimento da fama de Andy. Fomos capazes de evitar o fato de que éramos ambos disfuncionais [...]. Andy queria algo tão exótico e perfeito, e talvez familiar também, que simplesmente não existia."

"Mas era realmente fácil amá-lo, quero dizer, ele era muito doce e agradável", embora talvez, Billy chegou a especular, não tanto quanto poderia ter sido. "A inabilidade de Andy para encontrar um amante tornou-o, não diria infeliz, mas azedo como um limão. Ele poderia ter sido uma saborosa laranja doce, mas era um limão, porque nunca encontrou ninguém."

Capítulo 5

1964

Aqui em Nova York estamos tendo muitos problemas com a Feira Mundial.
— *FRANK O'HARA*

Andy sabia desde pelo menos meados de 1963 que teria de deixar o prédio de bombeiros. Ele já estava procurando um novo local em julho, circulando anúncios na seção de imóveis do *Village Voice*. A amplitude de endereços que ele selecionou indica que não estava determinado a respeito do local para onde se mudaria.

Ele ainda estava procurando um estúdio, já havia algumas semanas dentro do novo ano, quando finalmente encontrou um espaço que parecia ideal. "Novo estúdio 47, 231 Leste", diz a agenda em 28 de janeiro, o dia em que ele e Malanga começaram a fazer a mudança. Certa tarde, de acordo com Henry Geldzahler, Andy ficou tratando de resolver seu novo *leasing*. Geldzahler sugeriu que visitassem seu irmão, um poderoso advogado. "Por quanto tempo você quer o estúdio?", perguntou o irmão de Geldzahler a Andy, quando eles foram ao seu escritório. Andy olhou para Henry. "Ele quer por três anos", disse Henry. O irmão de Geldzahler fez outra pergunta. Andy olhou para Henry, que a respondeu. Andy assinou o *leasing* e foi embora. "Esse cara é um idiota", disse o irmão. "Acho que ele é um gênio", respondeu Geldzahler.

Na opinião de Gerard, ao novo local faltava glamour – ele teria preferido um endereço no *downtown*. Andy devia estar garantindo suas apostas ao permanecer não muito longe dos seus clientes comerciais no *midtown*, para os quais ainda fazia trabalhos –, e também percebeu que um endereço anômalo conferia sua própria distinção. Encolhido entre novos arranha-céus, o prédio de seis andares datava de uma época anterior, mundana, quando a vizinhança tinha pertencido à indústria de energia. O loft de Andy no quarto andar havia sido antes uma fábrica de chapéus. O prédio sobreviveu à sua produtividade, e ao menos dois de seus andares eram agora depósitos: o sexto, onde a Albert Einstein College of Medicine mantinha móveis de segunda mão doados, e o porão, refúgio de Billy Linich, abarrotado de móveis descartados pelos moradores anteriores, muitos dos quais Billy arrastou para cima. No entanto, a peça de mobiliário mais famosa no estúdio de Warhol era um sofá que Billy encontrou na rua. "Estava em ótimo estado quando o encontrei, bela arte moderna." Outros não o consideraram tão atraente, especialmente após um ano ou dois – uma pessoa reclamou que pegou chato nele. ("Nunca soube de ninguém que pegou chato nele", sustentou Billy. "Se pegaram, foi depois de ter sido usado em filmes em que as pessoas transaram nele.")

O loft era um andar longo e estreito, com cerca de 27 m × 11 m. A parte sul dava vista para a rua 47. Três arcos baixos foram escavados longitudinalmente no teto. A entrada no térreo era uma porta verde, flanqueada por um estacionamento e um antiquário. Um antigo elevador de carga com portas deslizantes conduzia à parte superior. Posteriormente, uma pequena placa apareceu no elevador: "Warhol-Linich – 4º andar". Como o elevador era fechado em cima, os silkscreens maiores de Andy tinham de ser levados para baixo pela escada de incêndio. Elevador, escadaria da entrada e telefone público (que permaneceu como o único telefone do estúdio) estavam todos apinhados no canto sul. No canto oposto, até os fundos, umas poucas janelas imundas abriam parcialmente para um duto de ventilação. As únicas janelas que se abriam por completo estavam alinhadas na parede sul. (Andy queria saber se ele era tão grande quanto o de Bob Rauschenberg, de acordo com Sarah Dalton.)

A primeira ordem do dia foi deixar o lugar com uma aparência inesquecível, instantaneamente gravado na mente do visitante. Andy já sabia o que queria: uma megaversão do apartamento prateado de Billy Linich. Deixar o estúdio prateado tomou quase três meses de trabalho integral de Billy. Exceto pelo breve intervalo perto do fim, ele fez tudo sozinho; Andy e Gerard estavam trabalhando até tarde para preparar a segunda exposição na Galeria Stable. A exposição seria aberta em abril, e Andy queria a pintura prateada pronta para a festa de abertura. Quando viu que Billy não conseguiria acabar sozinho, subiu em uma escada e pôs-se a ajudá-lo.

Billy começou cobrindo as paredes com papel-alumínio. Subindo em uma escada alta, pregou um rolo de papel-alumínio no canto da parede com o teto e deixou que desenrolasse até o chão. Repetiu o processo dezenas de vezes. Ele cobriu o que pôde: paredes, teto, as quatro colunas do recinto, as janelas da área norte. (Também tomou a liberdade, sem pedir autorização ao administrador do prédio, de cobrir o elevador.) As únicas áreas que ele pintou com spray, com Krylon prata, foram as pias, as janelas da área sul, os móveis, o telefone público e os dois banheiros ao longo da parede norte – tudo que não era facilmente coberto com papel-alumínio.

Esperando toda noite até que o lugar ficasse vazio, Billy aspirava e passava o esfregão no chão, e depois, passando um rolo com cabo longo, pintava com tinta industrial. Já que Andy raramente ia embora antes da uma da manhã, Billy com frequência estava trabalhando quando o sol surgia. Depois de um tempo, ele simplesmente se mudou; era mais fácil do que ir cambaleando até a sua cama às cinco da manhã. (A locadora da rua 7, irritada com as marcas do seu primeiro trabalho em pintura prateada, ficou com o seu ar-condicionado.) Outro motivo para a relocação de Billy foi que ele não era bom em distribuir o tempo – uma vez que se entregava a algo, o fazia por inteiro. A metanfetamina tornava possível que ele trabalhasse ininterruptamente, por horas a fio, e ele não via razão para não fazê-lo.

O conceito do estúdio prateado provou ser mais memorável do que a coisa em si, uma aparência puída, que juntava sujeira, paredes velhas se esfarelando. Segundo Ivan Karp, "era um local horrível, deplorável, miserável", opinião da qual Sam Green compartilhava. "Um loft enorme, vazio, inútil, que um viciado em *speed* estava embrulhando com papel-alumínio e jogando spray, e um elevador que era assustador. Da calçada, você entrava em um vestíbulo com ladrilhos lascados, encontrava o elevador e de alguma forma chegava ao andar superior; entrava nesse espaço enorme, com um monte de vigas e encanamento exposto, que estava sendo embrulhado pelo viciado em *speed*."

Em breve, pedaços de papel-alumínio começaram a se soltar das paredes, teto e colunas, apesar dos constantes esforços de manutenção de Billy. Andy tinha almejado um foguete espacial, mas obteve uma caverna. Sua enorme extensão fez o pé-direito parecer mais baixo e mais estreito do que era, claustrofóbico, apesar de todos os metros quadrados: um espaço debilitante, desorientador e desconfortável.

Exceto o quarto de Billy, que ficava no canto nordeste, havia poucas áreas definidas. O espaço permaneceu funcionalmente amorfo: Andy podia imprimir aqui um dia, ali no outro. Os escassos móveis quebrados eram constantemente mudados de lugar. O local estava sempre em desordem e isso incomodava; tudo era temporário.

A pintura prateada provavelmente ainda estava acontecendo quando Billy, Andy e Ondine, amigo de Billy, tiveram uma conversa. "Temos de chamar esse lugar de alguma coisa", Billy se lembra de dizer. "Não queremos chamá-lo de Estúdio ou Estúdio de Arte. Fui eu que disse que pensava em duas coisas: Factory ou Lodge. Todos dissemos 'Factory' ao mesmo tempo." Com sua conotação séria de Legião Americana, Lodge obviamente não funcionaria. "Desde então, todo mundo dizia, 'Vou estar na Factory', ou, 'Vejo você na Factory'" – exceto Andy, que raras ocasiões usou essa denominação. Para ele, sempre foi "o estúdio" ou, às vezes, especialmente depois da década de 1960, "o escritório".

Warhol e Malanga

Calhamaços foram escritos sobre o significado do nome, suas implicações no estilo impessoal da produção artística de Warhol. De acordo com Linich, ele foi escolhido simplesmente em reconhecimento ao passado do loft como uma fábrica de chapéus, mas logo adquiriu um segundo significado. Não incomodava que o nome retratasse o trabalho de Andy sob uma luz mecânica e sem romantismo tanto quanto possível. "Estou me tornando uma fábrica", ele disse a um visitante da *Glamour* no fim de fevereiro (o artigo apareceu em maio), quando descreveu os procedimentos mecânicos que estava usando para produzir sua arte.

A princípio, Gerard também vivia na Factory. "Quando Andy encontrou o estúdio, julguei que tinha uma base. Levei todos os meus livros que estavam na casa de minha mãe. Delimitei uma pequena área perto do telefone, com caixotes de leite, que se transformaram em estantes." Embora Andy não dissesse nada, ele não estava nem um pouco impressionado. "Billy manteve suas coisas mais discretamente", admitiu Gerard. "Ele era criativo e eu, obviamente, não era. Ele criou esse cercado nos fundos, com grandes biombos de madeira, que também pintou de prata. E era lá que ficava sua cama e o que quer que fosse seu. Minha presença era um pouco maior do que a de

Billy. Eu estava exibindo a minha bunda. Então ele acabou ficando na Factory, eu não." Gerard, que tinha conhecido Allen Ginsberg, assumiu o apartamento dele e de seu amante, Peter Orlovsky, na rua 5, entre as avenidas C e D, até junho, quando o prédio foi condenado. Depois se mudou com sua namorada, Debbie Caen, mais conhecida nos círculos da anfetamina como Debbie Dropout, para o 19 da Oitava avenida. "Eu não devia estar raciocinando direito, porque convidei Ondine para ficar, e em um instante seus amigos tomaram conta do lugar. Debbie ficou completamente fascinada pelas pessoas que consumiam anfetamina, perdi minha namorada, e o apartamento se tornou um covil de drogados", um endereço abençoado na lenda underground. Gerard passou o resto dos anos 1960 "saindo de todo lugar. Ao menos eu tinha a Factory para ir durante o dia". Embora ele tivesse se matriculado na Wagner em janeiro de 1964, em questão de meses os atrativos da sua vida atual e o extenuante deslocamento até Staten Island puseram fim à sua carreira acadêmica.

Quanto a Billy, ele permaneceu firme. Praticamente, a única vez que deixou o estúdio durante a noite foi para cuidar da casa de Henry Geldzahler (como babá também; isso aconteceu quando Geldzahler estava sofrendo sozinho sua primeira viagem infernal de LSD e Billy o embalou até que ele se acalmasse). Diferentemente de Gerard, Billy nunca foi sustentado; ele simplesmente pedia uns US$ 15 para comprar comida a cada duas semanas. Apesar do seu acordo infantilizado, Andy confiava profundamente em Billy: como superintendente da Factory, como uma caixa de ressonância com múltiplas finalidades, e por um senso estético que Andy estimava muito mais do que em relação a Gerard. O romance insatisfatório de Billy e Andy já tinha acabado nos primeiros dias da Factory, mas, em vez de terminar em alheamento, evoluiu para algo "muito mais agradável", como Billy o descreveu, "porque tínhamos uma sincronia muito boa".

O relacionamento de Warhol com John Giorno também estava terminando. "As coisas começaram a esfriar na primavera e no verão de 1964", lembrou Giorno. Por volta do outono estava completamente acabado" (embora Giorno evidentemente nutrisse sentimentos por Warhol a ponto de ficar magoado com a omissão de Andy em convidá-lo para a festa de John Ashbery em 1965). Por alguma razão, Warhol foi mordaz em julgamentos posteriores sobre o seu antigo amante. "Ele é só um pedaço de carne", disse a David Bourdon em 1969. "Nunca pensa, não tem nada a dizer. Via meus quadros sobre a morte e decidiu fazer poemas sobre a morte. Quero dizer, eu realmente o conheço, é um ignorante."

A suposição convencional sobre a vida sexual de Andy é que havia pouca atividade e que seu desejo se exauria em grande parte em seu trabalho. A história é um tanto mais complicada que isso, e seus parceiros, mais numerosos. "Na década de 1950", disse Michael Egan, o acólito de Warhol em meados dos anos 1960, "ele era muito tímido para chegar até alguém. Quando se tornou mais famoso e bem-sucedido, ficou menos relutante em tomar a iniciativa."

Os relacionamentos de Andy, ou "tentativas de relacionamento", de acordo com Billy, "podiam durar de seis a oito meses", mas apenas uma pequena parte desse tempo – as primeiras semanas, talvez – normalmente envolvia sexo real. "A ideia de Andy em relação a sexo era fazer uma ou duas vezes, esquecer o assunto e seguir em frente. Com Andy não era questão de amor, era de companheirismo."

As inibições sexuais de Warhol eram tão profundas quanto sua vergonha em relação às suas raízes em Pittsburgh. "Em termos de como ele lidava com relacionamentos potencialmente íntimos", disse o dr. Denton Cox, amigo de Warhol e seu médico, "o hemangioma sem dúvida teve seu papel. Mas parte pode ter sido baseada em um sentimento de inferioridade sexual."

Deve-se respeitar a coragem de Warhol: repetidas vezes, apesar de enormes dúvidas, ele tentou encontrar um parceiro sexual. Ivan Karp apresentou Warhol a Robert Pincus-Witten, que então fazia doutorado em História da Arte. Pincus-Witten lembra-se de visitar a Factory, "que estava no processo de se tornar prateada. Andy teve uma queda por mim, eu tive uma queda por ele, e nos víamos muito. Conversávamos todo dia" – típico comportamento de Warhol com um intrigante amigo novo. "Tivemos um caso. Para mim, foi bem insignificante, porque Andy era um parceiro tremendamente desajeitado e que deixava muito a desejar."

Pincus-Witten insistiu para que eles se encontrassem no restaurante Brasserie, no Edifício Seagram, "para que eu não tivesse de lidar com toda aquela interação" – os "esquilos", designação de Pincus-Witten para os frequentadores da Factory. "Acho que ele me via como um intelectual que o ensinaria uma nova palavra todo dia", o mesmo papel tutelar que Andy tinha designado a Henry Geldzahler. "Ele disse: 'O.K.; se você não quer vir até a Factory, ligue-me às quatro horas e me ensine uma palavra nova'. Eu falava bastante sobre a Europa. Era uma parte muito importante da nossa conversa: como era a Ileana [Sonnabend]; como era trabalhar para várias galerias. Como era o Yves Klein? O que quer que eu dissesse, ele confirmava: '*Oh, yeah! Oh, yeah!*'. Andy não era um conversador, não da maneira 'você diz algo, eu digo algo'. Não era como voleibol."

A fase sexual do relacionamento teve curta duração. "Uns poucos episódios. Não fazíamos exigências mútuas, sua afeição não ia além do estágio do temporário e ocasional." Ainda assim, eles conversaram sobre morar juntos. "E então eu disse: 'Isso é nonsense, não é alguém cujas habilidades sexuais sejam na verdade interessantes para mim'. Não foi realmente como algo que acabou, continuamos a ser amigos."

E então Andy estava "sempre indo para casa sozinho", disse Billy Linich. "Ele ficou desgostoso com a coisa toda; era constrangedor tentar conquistar alguém."

Nos seus primeiros dias, o novo estúdio era quase tão silencioso quanto o prédio dos bombeiros. Andy e Gerard imprimiam pinturas e continuaram a trabalhar no novo projeto de Andy, a ser revelado na Stable em abril. Billy fazia sua prateação e arrumava seu "quarto" espartano. Filmes estavam sendo produzidos, mas não em seu frenético ritmo posterior. Andy comprou uma Pentax 35 mm, cuja operação o venceu. "Fiquei impaciente com abertura, velocidade, luz, então desisti." Adotando a câmera, Billy converteu um dos dois banheiros fechados da Factory em laboratório de revelação e acabou se mostrando um fotógrafo instintivo, com genuíno talento. (Pat Hackett, um frequentador da Factory em uma época posterior, lembra-se de Warhol contando-lhe: "Billy tinha *timing*. Você tem de ter *timing* para ser fotógrafo, e o Billy tinha".) Warhol o guiou para uma direção escolhida por ele: documentar a vida na Factory.

Warhol trabalhando

Havia poucos visitantes nos primeiros dias, não muitos. Ed Wallowitch aparecia às vezes para tirar algumas fotos. Ivan Karp vinha regularmente. "Naqueles dois primeiros anos era somente produção, o tempo todo. Ele trabalhava muito. Ficava na Factory trabalhando. É como me lembro dele. De joelhos, passando o rodo em uma pintura, e dizendo: 'Essa aqui não está boa', ou: 'Ivan, você acha que isso é passável?', ou então: 'Coloque esse naquele canto, Gerard'. Nunca havia mais de três, quatro, cinco pessoas lá. A Factory era apenas uma usina de produção nos anos em que a frequentei diariamente. A única razão para ir lá era observar os silkscreens sendo feitos no chão."

Michael Egan, um aluno autoconfiante da Universidade de Massachusetts que Geldzahler tinha conhecido na Harvard Square (e cofundador do que foi com certeza o primeiro fã-clube de Andy Warhol no mundo, seus membros incluindo duas futuras figuras importantes do mundo da arte, Roberta Bernstein, especialista em Jasper Johns, e Deborah Wye, curadora de gravuras do Museu de Arte Moderna), lembra-se de "pinturas empilhadas, tudo empilhado e encostado de modo casual. Havia outras pessoas lá, trabalhando o tempo todo, fazendo pinturas. Era um retorno à arte com a qual estava familiarizado por causa das leituras sobre pintores dos séculos XVI, XVII e XVIIII. Era toda a tradição da oficina reiventada. Ele estava convidando todo mundo para o seu processo, o que era uma coisa fascinante, porque se supunha que os artistas contemporâneos eram os criadores de tudo", únicos autores do seu trabalho. Como Billy Linich disse, "na Factory, eu era um técnico qualificado, e o nome do que fazíamos lá era 'Andy Warhol'".

Mark Lancaster, aluno de arte da Newcastle University que estava passando o verão em Manhattan, lembra-se de entrar na Factory pela primeira vez em 6 de julho. "Abri a porta e entrei no espaço prateado. Andy levantou-se de um banco prata. Era tímido e charmoso. Ele disse que estavam fazendo um filme sobre Drácula e que tinha de conversar com alguém do *Voice of America*." Jack Smith, que Warhol tinha persuadido a ser Drácula, estava "nervosamente arrumando móveis, abajures, espelhos e frutas falsas". Andy, logo atrás da câmera, "estava claramente no comando". Chegou a hora de ir embora. "Tinha sido espantoso, fascinante e intimidante. Agradeci a Andy pela visita. Sua resposta foi: "Oh, vejo você amanhã".

"Estive lá quase diariamente nas seis ou sete semanas seguintes. Quando ouço Dionne Warwick cantando 'A house is not a home', ou Lesley Gore cantando qualquer coisa, aquele lugar e aquela época instantaneamente voltam. Havia The Supremes, Martha and the Vandellas, Barbra Streisand, e o rádio, geralmente sintonizado na WMCA, a estação dos 'Good Guys', que tocava Beatles e os novos grupos ingleses, como os Animals, que se apresentaram pela primeira vez em Nova York naquele verão. Quando um disco terminava, se ninguém o trocava, Andy o tocava novamente desde o início. Ele nunca trocava o disco."

Décadas mais tarde, Lancaster encontrou por acaso seu caderno de anotações do verão de 1964. Em 12 de julho, menos de uma semana após ter aberto a porta prateada, escreveu: "Ele é tão gentil e obviamente algum tipo de gênio".

A *Silver Factory*, em seus primeiros dias, "era um mundo muito privado", de acordo com Egan. O primeiro fluxo externo a ingressar para mais de uma visita foram os amigos de Billy Linich, a *coterie* que POP*ism* chama de "homens-A" – A de anfetamina. Eles nunca apareciam no radar do público e esquivavam-se até de prosélitos de Warhol, como John Wilcock, fundador e editor do antigo jornal de contracultura *Other Scenes*.

Mary Woronov, que chegou à Factory em 1965, chamava-os de "círculo extremanente estreito que estava ao redor de Warhol nos dias da *Silver Factory* [...] as Toupeiras", ela escreveu em suas memórias *Nadando no underground*, "porque eles eram conhecidos por estar em um túnel rumo a uma insanidade maior que ninguém, exceto esse círculo íntimo, sabia qual era".

Sobrepondo-se à comunidade artística do Lower East Side estava uma vaga rede de renegados, essencialmente gays e antiburgueses, cuja ligação principal, à parte sua homossexualidade, era metanfetamina, daí o nome "homens-A". Sua hierarquia, de acordo com Billy, era sistematizada, a ordem seguindo-se mais ou menos assim. Centro: Billy; Ondine; Kenneth Rapp, ou "Rotten Rita" [Rita Podre], durante o dia funcionário em uma loja de tecidos, à noite um vendedor de *speed*; Freddy Herko, um hábil dançarino-coreógrafo do vanguardista Judson Dance Theater; o perpétuo aluno de História da Arte John Daley; e posteriormente o aspirante a pintor Ronnie Cutrone e Brigid Berlin (uma renegada da alta sociedade, filha de um executivo da Hearst, cujos dois apelidos eram "Duquesa" e "Brigid Polk", por causa dos *pokes** que ela se aplicava). Frequentadores habituais: o garoto de programa Joe Campbell, "The Sugar Plum Fairy" [Fada Açucarada]; Johnny Dodd (que sucedeu a Billy como iluminador do Judson Dance Theater); e Binghamton Birdie. Frequentadores ocasionais com elevado status: Arione De Winter (com reputação de bruxa praticante, que passou a trabalhar como terapeuta junguiana no West Village); e Dorothy Dean, aluna de Harvard, checadora da *New Yorker* e obcenamente mordaz. Proletários: Walter Dainwood, Norman Billiardball, Silver George e Ron Vial. Vendedores: Rotten Rita (novamente), Wonton (Bobby Catalbo) e Stanley the Turtle.

Tendo Billy estabelecido uma cabeça de praia, os homens-A se infiltraram no novo estúdio. A princípio, apareciam apenas à noite, depois que Andy tinha ido embora, mas por fim se instalaram em tempo integral, embora se restringissem aos fundos escuros do estúdio. "Desde o início havia uma aura sobre eles, um tipo de segredo", diz *POPism*. "Você nunca sabia realmente o

* Injeções de anfetamina. (N. T.)

que estava acontecendo lá – personagens estranhos entravam e diziam: 'Billy está?', e eu indicava-lhes o fundo."

Por que os homens-A estavam lá? "Se você examina todos aqueles personagens que estavam na Factory – Ondine, Mario Montez, Joe Campbell – na Nova York daquela época", disse o músico John Cale, um futuro *habitué* de meio período da Factory, "aonde mais essas pessoas iriam, um lugar onde pudessem se expressar e não apenas ser tratadas como loucas, como seriam tratadas se estivessem no mundo lá fora? Havia segurança na Factory."

Ondine

Muito já foi escrito sobre a atração de Warhol pelo *Beautiful People* e sua vida glamorosa, mas nos anos 1960 ele tinha uma atração igualmente grande pela vida marginal, personificada pelos homens-A. Alguns o excitavam sexualmente, mas o que na verdade o atraía eram seu histrionismo e o talento natural.

Mesmo antes da Factory, Andy tinha recorrido ao carisma excêntrico de Freddy Herko – *Corte de cabelo nº 1*, que Herko marcou com sua graça maltrapilha, pode ser considerado o primeiro "filme homem-A" de Warhol. Os *habitués* da Factory, disse Billy, "sabiam que *Andy sabia* que a vida que eles viviam era de certa forma fabulosa, e que ele estava lá para acumular um pouco dela, se pudesse. Ele tinha acesso a algo que os outros cineastas não tinham. Eles só tinham atores e *performers* profissionais, ensaiados e com roteiro. Andy tinha acesso ao chamado mundo fabuloso das mentes e frases brilhantes, e isso era algo que ele entendeu poder ser, singularmente, um retrato seu".

No entanto, Andy estava atraído por eles em um nível ainda mais profundo: ele era um deles. Quando se aventurou na festa na toca prateada de Billy Linich, deve ter sentido como se finalmente tivesse chegado em casa. Os homens-A podem ter sido espetacularmente incapazes de fazer sucesso na sociedade convencional, e Andy, espetacularmente capaz; eles podem ter vivido à margem da lei, e Andy, dentro dela, tomando suas pequenas doses prescritas de *speed*, mas ele e eles eram, no fundo, párias equivalentes, e Andy sabia disso. Os *habitués* da Factory eram seus "compadres". Embora seu mundo da década de 1960 viesse a incluir muito mais heterossexuais que seu antigo *milieu*, no fundo as coisas não tinham mudado tanto.

Gerard Malanga pode ter sido um assistente de silkscreen indispensável, descobridor de talentos, diretor social e mensageiro, mas ele tinha só uma vaga ideia do que animava a visão de mundo de Warhol, e para o núcleo íntimo gay da Factory – com sua completa indiferença, impenetrável escudo de ironia e humor rápido *entre-nous* –, Malanga – fervoroso romântico, despudorado mantenedor de rede de contatos e infatigável rabo de saia – era um objeto de escárnio. "Eu ignorava Gerard a maior parte do tempo", disse Linich. "Gerard era apenas canhestro e desalinhado. Até mesmo coloquei certa ocasião uma placa – foi a única vez que Andy me disse que não podia fazer algo – que dizia: 'Pessoas que não podem entrar na Factory', e Gerard estava no topo da lista." Ondine não estava mais enamorado de Gerard, que ele considerava um espinho em sua carne. Se na época Gerard era a face pública da Factory, era porque ele era uma figura mais aceitável que um grupo hidrófobo de viciados em *speed*.

Os homens-A eram o núcleo quase invisível da baixa boemia, definido pelo crítico de filmes Stephen Koch como o "reino do mais ou do menos inspirado pária. Viciados em drogas. Travestis [...] inaceitáveis gênios vistosos sem esperança". Para Koch, a Factory dos anos 1960 era onde a baixa boemia convergia com a alta boemia, o mundo socialite. (A média boemia, o mundo de intelectuais zelosos e pintores modernistas, um mundo que a Warhol desagradava intensamente, não figura aqui.) Como Koch escreveu, "orquestrar uma ligação entre baixa e alta boemias foi o cerne da iniciativa social de

Warhol nos anos 1960".

Por volta do início da década de 1960, a velha elite tradicional, com suas debutantes e contradanças, havia muito tempo tinha caído no esquecimento, sua influência sobre os costumes, uma memória já distante. Como a *socialite*, designer de joias, amiga de Warhol e decana dos costumes Kenneth Jay Lane notou, "os '400' não significavam mais nada".

Um dos mais brilhantes panegiristas da velha ordem, o jovem Tom Wolfe, encontrando sua voz na *Glamour*, *Harper's Bazaar* e no suplemento dominical "New York", do *Herald Tribune*, identificou o seu substituto como "Sociedade Pop", um amontoado amorfo de arrivistas: pessoas com dinheiro para queimar, mas sem estilo inerente, com "suas antenas a postos", Wolfe escreveu na edição de abril de 1964 da *Glamour*, "para ter certeza de que estarão dentro da próxima coisa '*in*'. É espantoso quanto essas pessoas falam das coisas como sendo '*in*' ou '*out*'".

Anteriormente, disse Wolfe, a cultura havia sido a criação de uma elite, vertendo do alto. Mas, na década de 1960, uma inversão nova e alarmante estava ocorrendo: o estilo estava brotando de baixo, "dos grupos do submundo, de proscritos, dos párias, tais como adolescentes, artistas, *beatniks*, negros, usuários de narcóticos, homossexuais e figuras da cultura *camp*". Os novos-ricos culturalmente ociosos, desejando ardentemente cultura, e absorvendo de forma ávida os estilos párias de Wolfe, estavam se aventurando em tais locais reles como a Factory de Warhol e a Film-Makers' Cooperative de Jonas Mekas. Os colunistas de fofocas da cidade e a *intelligentsia* da moda seguiam seu rastro.

"Essas pessoas ricas iam até a Factory por diversão", relembra Mary Woronov. "O valor estava mudando. O topo estava descendo para conseguir algo. *Nós* tínhamos poder sobre *elas*. Éramos apenas um bando de excêntricos espertos, alguns dos quais não eram homossexuais ou viciados em anfetaminas, espertos, mas entediados, que perceberam que esse cara era um marco. Ele é um público. E nós nos apresentamos."

A colega de Wolfe que escrevia sobre moda no *Herald Tribune*, Eugenia Sheppard, saiu da baixa boemia com a informação de que "para estar à frente ou atrás, uma câmera de filme underground é simplesmente o lugar mais '*in*' em que você pode estar agora". Logo veio uma enxurrada de artigos da mídia de massa sobre a confluência entre o mundo da moda da alta sociedade e o underground. Um artigo do *Tribune*, "Uma intrometida bem-vestida", apareceu em 25 de abril de 1965. Suspensa encantadoramente em uma escada de alumínio, uma loira deslumbrante em uma roupa B. H. Wragge não prestava atenção ao cenógrafo de Warhol, Ron Tavel, e ao assistente da Factory, Danny Williams, filmando fixamente; em uma inserção, outra modelo, muito parecida com Ivy Nicholson, a garota da capa que se tornou *habitué* da Factory, exibia um casaco de linho "muito pop" da Bonwit. Em 19 de março de 1965, a *Life* alardeou "Roupas underground", em seis páginas de modelos (Ivy Nicholson novamente, ou parecida, e outras) posando com filmes de Warhol projetados contra uma parede. A matéria da *Life* culminou em três páginas inteiras devotadas "à líder pioneira, irreprimível, do grupo '*in*' de Nova York [...] nascida rica e com um casamento rico [...] [que] rodopia em desfiles de moda, aberturas de exposições, estreias teatrais, em festas em estúdios bagunçados e discotecas refinadas, gritando como uma adolescente diante de cantores como os Beatles e falando com consciência com produtores de cinema que querem iniciá-la em uma carreira aberta no cinema".

Essa era Jane Holzer, a antiga Jane Brookenfeld de Palm Beach, Flórida, agora "Baby Jane" para todo colunista de fofocas e para jornalistas que assinavam matérias em Nova York, uma socialite da avenida Park (mas não definitivamente da velha ordem), que, com a vivacidade de alguém com 24 anos, abraçou a baixa boemia mais avidamente do que qualquer outra nova socialite pop. Quando Warhol a conheceu, em 1963, ela já tinha embarcado em uma carreira de modelo, mais ou menos como uma brincadeira de menina rica. Na *swinging* Londres do verão de 1963, ela se transformou quase instantaneamente em uma garota de capa muito procurada.

"Jubas com franja bufantes colmeias bonés Beatle rostos feios em corpos lindos cílios postiços olhos decalque suéteres inchados sutiãs franceses couro batido jeans legging jeans stretchs traseiros néctar canelas doces botas de duende sapatilhas bailarina, centenas delas, esses brotinhos flamejantes, pulando e gritando." "A Garota do Ano", uma das salvas de abertura do Novo Jornalismo de Tom Wolfe, e talvez seu artigo de revista mais famoso, começa assim, com Baby Jane em um concerto dos Rolling Stones.

"Aquela garota no corredor, Baby Jane, é fabulosa. Ela entende o que os Rolling Stones *significam*. Qualquer colunista de Nova York pode dizer a eles quem ela é [...]. Uma celebridade da nova era de *Wog Hip* de Nova York [...] Baby Jane Holzer. Jane Holzer na *Vogue*, Jane Holzer na *Life*, Jane Holzer nos filmes underground de Andy Warhol, Jane Holzer no mundo de *High Camp*, Jane Holzer no rock and roll, Jane Holzer é – dá para colocar em palavras? –, Jane Holzer é a Garota do Ano." Wolfe posteriormente revisou a si mesmo. "'A Garota do Ano' de Nova York – Baby Jane Holzer – é a socialite mais incrível da história", ele escreveu no prefácio do seu primeiro livro de artigos reunidos, *A garota das linhas de gomos de tangerina com cor de doce*. "Aqui, nessa única garota, está a personificação viva da sensação pop quase pura, um tipo de essência loira dos novos estilos de vida. Nunca escrevi uma história que pareceu irritar tanto a tantas pessoas."

A "Garota do Ano" (qualquer que fosse sua origem) tornou-se um conceito de marketing que Warhol usou para promover a si mesmo e sua Factory. Baby Jane era a integrante privilegiada do grupo. Aparecendo em *Beijo*, *Novela*, *Afetado* e outros filmes iniciais de Warhol, Baby Jane foi a primeira embaixadora da sociedade na Factory, uma precursora distante das socialites muito mais poderosas das décadas de 1970 e 1980, em cujo círculo íntimo Andy finalmente conseguiu penetrar. Mas naquele momento, em meados da década de 1960, como um tambor-mor Baby Jane conduzia a elite curiosa e sedenta por estilo para o loft da rua 47. Já sob os holofotes, ela disseminou brilho suficiente em Andy para torná-la muito útil. Acelerou a transformação de Warhol de uma figura do mundo da arte para uma celebridade, e, quando a atmosfera da Factory ficou sombria, Baby Jane, ao contrário da sua sucessora como "Garota do Ano", Edie Sedgwick, estava fora de lá, de volta à sua casa na avenida Park, com seu marido magnata do meio imobiliário.

Mas em 1964 havia pouco na Factory (à parte os excessos dos homens-A, e esses excessos não eram ainda a norma) para horrorizar uma *Beautiful Person*. Andy se assegurou disso – ele *queria* as socialites, com seu brilho e a publicidade que traziam. O comentário de Kenneth Jay Lane de que "Andy não foi até as *Beautiful People*, elas foram até ele, e não levou tempo" é apenas meia verdade, a atração foi mútua. O Krylon prata ainda não estava totalmente seco, nem todos os rolos de Reynolds Wrap pendurados, quando Andy abriu as portas da Factory para um ávido mundo *uptown*. Como planejado, a primeira festa da Factory celebrou a abertura, no dia 21 de abril, da nova exposição de Andy na Galeria Stable. Marguerite Lamkin e Bob e Ethel haviam concordado em pagá-la. Alguém teve a ideia terrivelmente pop de ter Nathan como encarregado pelo serviço de bufê, e o rei do cachorro-quente de Coney Island enviou duas centenas deles, duas centenas de hambúrgueres, duas centenas de espigas de milho, duas grelhas manejadas por atendentes de boné branco e uma generosa quantidade de coquetéis.

Os Scull insistiram em contratar a agência Pinkerton. Os seguranças ficaram no andar inferior, no vestíbulo imundo, monitorando quem chegava: Ahmet e Mica Ertegun, Jacob e Marion Javits, John Houseman, Philip Johnson, Zachary Scott e Ruth Ford (irmã de Charles Henri), Allen Ginsberg, o filho celebridade social de Adlai Stevenson, Borden, algumas daquelas que Tom Wolfe chamou de brotinhos, a condessa Marguerite de Limburg-Stirum, os milionários do ketchup de Pittsburgh e patronos da arte Drue e Jack Heinz. Não está claro se Warhol já tinha estabelecido relações com os Heinz, mas ser capaz de se associar ao casal que ocupava o ápice social da cidade significou, mais que qualquer outra coisa naquela noite, o triunfo de Warhol.

Dada a lotação, os Pinkerton não foram má ideia. Não muito depois dessa primeira reunião na Factory, Barbara Rose persuadiu Andy a deixá-la dar uma festa para o pintor californiano Larry Bell. "Andy disse: 'Talvez tenhamos de ter os Pinkerton'", relembra Rose. "Eu disse: 'O quê? Você está louco?' Por volta da meia-noite, havia algo como um milhão de pessoas e fiquei correndo pelos cantos tentando expulsar as pessoas. 'Me desculpe, você foi convidado?' 'Me desculpe, vou ter de pedir que vá embora.'" Ninguém prestou atenção a ela. O único penetra que ela conseguiu expulsar, para sua vergonha, ao saber sua identidade, foi Cecil Beaton, que educadamente foi embora.

A "festa Factory", com seus encontros *uptown*-conhece-*downtown*, tornou-se parte do mito da década de 1960. Na verdade, essas festas não ocorreram muitas vezes, principalmente porque, como Billy Linich disse, "a coisa toda rapidamente ficou sobrecarregada. Todo mundo queria dar uma festa na Factory". O primeiro pedido tinha resultado quase em desastre. O cientista da Bell Labs e colaborador frequente de artistas Billy Klüver e sua esposa, Olga, queriam uma recepção de casamento na Factory. "Andy lhes disse: 'Não sei, vocês vão ter de perguntar ao Billy'. Billy Klüver era muito cool, então eu concordei." Mais tarde, na festa, Linich levantou os olhos da sua cadeira de DJ atrás do toca-discos para ver um grupo de policiais de Nova York subir a escadaria. Hora de terminar, eles disseram. "Havia uma centena de pessoas lá", de acordo com Billy, "todos claramente do tipo 'anarquista-pacifista-não-nos-diga-o-que-fazer'. Jill Johnston. Susan Sontag. Todos se sentaram no chão, para não sair", prontos para lutar pelo seu direito de festejar. Pulando sobre uma mesa, Linich disse aos que estavam lá para ir para casa, que não havia sentido em transformar uma festa de casamento em uma prisão em massa.

Com exceções, os amigos da década de 1950 que se aventuravam em tais eventos não eram deixados à vontade. George Klauber, amigo de Andy da Carnegie Tech, antes tão próximo de Warhol quanto qualquer outra pessoa, foi claramente ignorado por Andy em uma festa na Factory. "Willard Maas me convidou. Então vou lá e cumprimento Andy, e ele olha para mim como se não me conhecesse. Fui embora bem cedo. Ele não tinha dito alô e não disse tchau. Foi como se não me reconhecesse." Na verdade, ele se recusou a reconhecê-lo: tanto quanto fora um bom amigo, Klauber sem dúvida significava para Andy o velho mundo ruim de anonimato e rejeição que ele queria esquecer, assim como queria esquecer Pittsburgh.

A temporada de arte de Andy no inverno de 1964 começou casualmente, com uma piada sobre Gerard Malanga. Em uma tarde do outono anterior, a dupla, que frequentemente explorava sebos de livros e lojas de memorabilia em busca de inspiração, estava em um de seus locais favoritos, uma enorme livraria como uma caverna na esquina da rua 23 com a Sétima avenida. Gerard se deparou com uma fotografia de um par de seios de uma mulher que ele não conseguia parar de olhar, então Andy comprou a foto e fez um silkscreen, usando tintas especialmente tratadas a fim de que os seios ficassem visíveis apenas sob luz ultravioleta. Serialmente multiplicados nove vezes, os seios foram incluídos em uma das primeiras exposições do ano, [*Primeira exposição internacional de menina*], na Galeria Pace, aberta em janeiro. A exposição foi severamente atacada pelo principal crítico de arte do *New York Times*, o conservador John Canaday, a quem ela apenas provocou indignação. "O sr. Warhol alcançou o que será para algumas pessoas a ideia de uma solução para todo o problema da arte pop [...]. Para ver [a pintura] é preciso acender algo chamado luz escura. Mas você não precisa."

Enquanto isso, John Weber, amigo de Andy – que tinha deixado Martha Jackson pela galeria de Virginia Dwan em Los Angeles –, passou grande parte do fim de 1963 planejando uma nova exposição para a Dwan, consistindo inteiramente de caixas projetadas e construídas por artistas. Procurando expositores, Weber lembrou-se de ver a caixa de sopa Campbell's não finalizada, inspirada em Alfred Leslie, na casa de Andy. Ele escreveu a Andy (utilizando material de papelaria inspirado nos layouts de cabines fotográficas de Warhol que apareceram em revistas), insistindo para que contribuísse em "uma exposição coletiva muito especial de algo maravilhoso. Você tem de prometer segredo, porque *precisa ser* uma grande surpresa. O que estou fazendo agora, que exige a sua atenção, é uma exposição CAIXA [...]. Todo mundo que já trabalhou com caixas, começando com Schwitters [...] Duchamp, Man Ray [...] e qualquer pessoa que possa encontrar em Nova York, ou em outro lugar, fazendo algo interessante. Quero muito, muito incluir suas caixas de sopa Campbell's. Isso é um incondicional, *tenho de incluir* [...]. Como [Lord] Buckley costumava dizer, 'Ajude-me!'".

A ideia de Weber foi um reconhecimento do emergente minimalismo. A grande exposição, 61 obras de 39 artistas, foi aberta em 2 de fevereiro de 1964. Andy contribuiu com quatro obras: três caixas de esponjas de limpeza Brillo e uma caixa de ketchup Heinz. Resenhando a exposição para *Artforum*, Donald Factor captou parte da intenção sutil de Warhol: as caixas, ele escreveu, "exigem reidentificação e reavaliação, porque assumem, na pureza do seu impacto planejado, um tipo de abstração cultural perfeita".

É razoável concluir que o pedido de Weber foi o que deu a Andy a ideia para a sua segunda exposição, a ser realizada na Stable. Ele enviava Nathan Gluck, ainda trabalhando para ele, a uma das lojas dos supermercados Gristedes, do lado oposto do 1342 da Lexington, para procurar caixas. "Selecionei todas as graficamente interessantes, e ele disse: 'Não, não, não, eu quero algo bem comum'", sem dar a Gluck a menor pista da sua intenção. Em certo sentido, disse Nathan, "você pode chamar de lance de gênio. Não digo gênio como Da Vinci, mas um processo pensado: ele sabia o que fazer, algo que fosse completamente diferente, algo que fizesse as pessoas se perguntarem por que diabos ele tinha feito aquilo". Gerard, melhor que Gluck para adivinhar as intenções de Andy, foi enviado logo depois e voltou com vários espécimes adequadamente insípidos. A visita seguinte de Malanga foi até uma marcenaria, e, poucos dias após a mudança de Andy para a Factory, centenas de caixas vazias de madeira compensada foram entregues.

Quando esse material foi deixado na rua 47, Andy adotou um procedimento tão eficiente quanto possível para duplicar os originais. As caixas em branco foram colocadas no chão da Factory, em um padrão de grade, e Gerard, Andy e Billy pintaram todas as seis superfícies de cada uma delas de branco ou amarelo, ou de um "castanho-papelão". Então Gerard e Andy cuidadosamente fizeram silkscreens em cinco dos lados com grafismo e palavras apropriadas. Eles deixaram cada lado de baixo vazio. Da mesma forma que fez com Nathan, Andy não deu a Gerard "nenhuma interpretação específica sobre o porquê de ele ter imaginado as caixas em primeiro lugar. Quando eu perguntei, ele disse simplesmente que gostava de fazer compras".

O trabalho levou seis semanas. O crítico Gene Swenson, amigo de Andy, escreveu um breve catálogo intitulado *A personalidade do artista*, um toque perverso que Andy sem dúvida apreciou. O texto de Swenson tinha uma séria banalidade. "As caixas de Andy", ele escreveu, "não expressam a personalidade do artista, não expressam sentimentos." Eram obras de arte especificamente planejadas para obliterar o que Swenson chamou de "aqueles sintomas da arte moderna – personalidade e criatividade – que têm sido santificados ao ponto da blasfêmia". Devia-se procurar um programa warholiano consistente, um sistema elaborado? Swenson advertiu: "Quanto às imagens de Warhol, devemos ser cautelosos para interpretar qualquer filosofia articulada nelas".

Como sempre, Alan Groh demonstrou ser imensamente útil não apenas para montar a exposição, mas pela capacidade ainda mais vital de reverter o horror inicial de sua chefe à ideia de montá-la. "A exposição *Brillo*", relembra Paul Gardner, "foi Alan dizendo a Eleanor Ward: 'Você TEM de fazer isso'.

Eleanor julgou que era tudo nonsense. Alan falou: "'Isso vai ser demais e muito bom', e então ela finalmente disse: 'O.K., vamos fazer'".

A abertura em 21 de abril foi um acontecimento altamente festivo. A pedido de Andy, Sarah Dalton usou um longo vestido branco com babados, "meio *commedia dell'arte*", como Sarah o descreveu, "com vários silkscreens 'CUIDADO-FRÁGIL' nele". (O vestido de Dalton parece ter dividido as atenções com a exposição. Três homens lhe perguntaram se ela era a artista, outro se ela era membro da família do artista, outro ainda se ela era uma escultura, e um sexto se ela era um *happening*.) De Antonio chamou-a de "Dia do Supermercado na avenida Madison". "O curioso e o idiota e o cool sorriam de forma conspiratória", escreveu De posteriormente, "enquanto arrastavam os pés entre as caixas Brillo empilhadas na galeria da Eleanor. E Andy tinha treinado seu sangue para correr como gelo. Lá, ele circulou entre as gargalhadas dos colecionadores, 'frutinhas', diretores de arte e aqueles que ele tinha deixado para trás. Ele estava no portão do mistério: prestes a se tornar uma estrela pop".

Sam Green lembra-se de uma ausência evidente de gritos e exclamações, o que a princípio não o perturbou: era a etiqueta do mundo da arte da década de 1960. Mas as pessoas pareciam mudas *demais*, "circulando, meio que olhando austeramente essas caixas muito austeramente dispostas". Green começou a se irritar porque o que ele considerava seus esforços para juntar Ward e Warhol "tinham explodido na minha cara, porque essas coisas eram claramente impossíveis de vender. Eu estava pensando 'Andy, essa é outra das suas proezas, e eu trabalhei muito para trazê-lo aqui. O que você está fazendo por mim? Mas, surpreendentemente, Eleanor estava satisfeita com a exposição".

Se a ausência evidente de entusiasmo incomodou Andy, ele não o demonstrou; circulou serenamente pela noite. Michael Egan se lembra de estar ao lado de um Andy radiante, que lhe perguntou o que ele achava da exposição. "É o seu Templo de Karnak", respondeu Egan, fitando as torres de pilhas de caixas. "Andy disse: 'Karnak, não vejo isso'. 'São as suas ruínas clássicas', eu disse, depois do qual tivemos uma espécie de longa pilhéria. Então ele retornou para o Templo de Karnak. 'Templo de Karnak', ele disse. 'Henry vai gostar disso'."

A exposição não foi um sucesso comercial. Uma Ward desapontada admitiu que ela e Andy tinham "tido visões de pessoas saindo com caixas sob os braços, e isso não ocorreu". Foi, entretanto, um chamariz. Qualquer pessoa tinha apenas de ouvir sobre o conceito chocante de Warhol para ficar de novo, acaloradamente, ciente de quem ele era, para se perguntar mais uma vez, provavelmente de forma indignada: o que Warhol pensava que estava fazendo?

O que *eram* essas coisas: caixas para pacote ou arte? A resposta mais veemente (mesmo que se provasse temporária) foi dada no mês de março seguinte, quando um ávido Andy foi programado para sua primeira exposição solo no Canadá, marcada para ser aberta em uma galeria de Toronto no dia 18. Isso gerou manchetes nos Estados Unidos e no Canadá, mas na seção de notícias, não na de arte. Dados os esforços de Warhol e de mais e mais artistas para apontar o centro exato no limite preciso entre arte e não arte, uma ocorrência como a de Toronto era quase inevitável.

Nervoso, preparando-se para sua grande exposição "Warhol", o galerista de Toronto Jerrold Morris planejou uma legítima montanha Brillo: um total de oitenta caixas. No entanto, quando foi arranjar o transporte, Morris foi informado que às caixas não seria concedida a isenção da tarifa-padrão para obras de arte, mas que estavam sujeitas a 20% de "taxa de merchandise", ou seja, US$ 60 por caixa (Castelli tinha fornecido um valor de etiqueta de US$ 300). O veredicto veio direto da principal autoridade cultural do Canadá, dr. Charles Comfort, diretor da Galeria Nacional do Canadá. As caixas de Warhol, segundo o dr. Comfort, não eram "esculturas originais", mas meros fac-símiles de caixas comerciais. Comfort declarou-se ainda magoado com a "hostilidade" de Morris (que lançou uma nota à imprensa, desafiando Comfort e sua instituição "a reconhecer novas formas artísticas ou tornar-se matéria de riso no mundo da arte"). Contatado pelo *New York Times*, Andy declarou: "Eu realmente não me importo. Todos os jornais têm ligado. Acho que, com coisas importantes acontecendo, eles devem ter algo para se preocupar além de algumas pequenas caixas estúpidas". O chefão da cultura no Canadá manteve a sua posição. Morris, enfurecido, retirou as caixas da exposição (que mesmo assim causou sensação). Três meses depois, a lei de tarifa do país foi retificada – exatamente em tempo para a movimentada travessia de fronteira de arte minimalista americana.

Como fez com as latas de sopa, Andy estava equiparando a galeria de arte com o supermercado, os produtos de um com os de outro (mas com um grau maior de verossimilhança: a exposição de 1964 na Stable, entupida quase até o teto com caixas falsas de mercado, parecia para todo mundo um supermercado A&P. Ivan Karp tinha até mesmo pensado em instalar um balcão em que as aquisições dos clientes pudessem ser embaladas em plástico).

Em sua resposta inicial para a exposição da Stable, Sidney Tillim escolheu centrar sua resenha na revista *Arts* em uma discussão sobre serialidade. "As salas foram preenchidas", ele escreveu, "apenas porque estavam lá." A obsessão de Warhol com quantidade foi uma recusa "em decidir que algo nela é importante. A decisão significa isolamento, responsabilidade. A decisão de não decidir é um paradoxo que é igual a uma ideia que não expressa nada, mas então dá a sua dimensão". A resposta de Tillim ofereceu um insight sobre o minimalismo. Para Warhol e outros pós-modernistas, qualquer estrutura orgânica era "piegas", um revestimento artificial; qualquer sentido de resolução, artificial. Com tal estado de coisas, a única resposta honesta era a repetição sem fim, qualquer variação, um acidente.

Em um artigo que apareceu no jornal italiano *Collage*, Gene Swenson escreveu: "Alguém pode querer uma das caixas essencialmente como um suvenir de uma exposição que era uma ideia". Não era uma exposição convencional; em outras palavras, um resumo de diversas e recentes obras de um artista. A exposição em si era a obra, um comentário sobre a própria arte. Se intencionalmente ou não, quando Tillim escreveu que "as caixas, como arte, não são muito interessantes", ele estava ecoando o comentário bem conhecido de Duchamp sobre as latas de sopa de Warhol: "Se você pega uma lata de sopa Campbell's e a repete cinquenta vezes, não está interessado na imagem retiniana. O que o interessa é o conceito que quer colocar cinquenta latas de sopa Campbell's em uma tela". A exposição de caixas foi a segunda montagem de Warhol de arte conceitual, desafiadora o bastante – para alguns, ao menos – para o filósofo e futuro crítico de arte Arthur Danto chamar Warhol de "a coisa mais próxima de um gênio filosófico que a história da arte já produziu".

Ponderando sobre a exposição *Brillo*, Stuart Preston, do *New York Times*, especulou: "Por que ele simplesmente não usou as caixas originais em vez de ter o trabalho de duplicá-las?". Mas Preston forneceu a resposta à sua pergunta algumas sentenças antes de tê-la feito. Warhol, ele tinha escrito, "é absolutamente sério em sua determinação para suprimir totalmente qualquer elemento de personalidade e criatividade em seu trabalho". Como Preston viu, Warhol queria elaborar arte que se recusasse, por assim dizer, a refletir sua subjetividade. Ele estava agora considerando seriamente sua resposta de 1963 a um entrevistador – "quero ser uma máquina". Na Factory, Andy, Gerard e Billy enfileiraram as caixas, fizeram os silkscreens e entregaram os produtos na Stable, onde o visitante coçava a cabeça. A caracterização de Danto pode parecer um pouco excessiva, mas ela ressalta um aspecto da arte de Warhol não muito reconhecida. Preston, em seu modesto artigo, uma coluna, viu o âmago da iniciativa de Andy: "Ele destruiu a Arte com 'A' maiúsculo".

Para Danto, as caixas Brillo inauguraram o que ele chamou de "período pós-histórico da arte". Não estava sugerindo que a arte não podia mais ser feita, mas que ela tinha explodido todas as suas presumíveis condições necessárias: "[Agora] você podia ser um abstracionista, um realista, um alegorista, um pintor metafísico, um surrealista, um paisagista, ou um pintor de naturezas-mortas ou de nus". O próprio Warhol tinha dito quase a mesma coisa em 1963: "Como você pode dizer que um estilo é melhor que outro? Você tem de ser capaz de ser um expressionista abstrato na semana seguinte, ou um artista pop, ou um realista, sem sentir que desistiu de algo". A arte era agora inevitavelmente autorreferente, uma ramificação da estética, ela própria uma ramificação da filosofia. Warhol, escreveu Danto, "levou a discussão o mais longe que ela poderia ir sem se transformar em pura filosofia". Sam Green expressou mais sucintamente: "Andy foi aquele que forçou todos os limites concebíveis do que é arte. Ele fez isso. Então, não havia mais nada que ele pudesse fazer, exceto passar para o rock and roll e filmes".

"Aqui em Nova York estamos tendo muitos problemas com a *Feira Mundial*", Frank O'Hara assim intitulou um poema do começo de 1964. Realmente, a *Feira Mundial* de Nova York, aberta em 22 de abril, não foi vantajosa para gays, cineastas underground, comediantes verbalmente desinibidos e outras conhecidas ameaças à ordem social de Nova York e do país. Ansiosa para apresentar uma face tão respeitável quanto possível aos esperados milhões de visitantes, a cidade iniciou uma bem coordenada repressão policial contra prostitutas, viciados em drogas, "vagabundos" – como os sem-teto eram então conhecidos – e gays.

"Em preparação para a *Feira Mundial*, Nova York está sofrendo uma limpeza geral horrível. Todos os bares gay, exceto um, já estão fechados", O'Hara escreveu a Larry Rivers. Chegando a Manhattan, vindo do Meio-Oeste, exatamente na hora da "limpeza geral", Edmund White se viu retido repetidas vezes em batidas policiais. "Um bar gay abria, havia uma batida no dia seguinte, e o lugar era fechado. A verdade é que a polícia era extremamente hostil." Em 17 de dezembro de 1963, o *New York Times* publicou uma matéria de primeira página do veterano repórter Richard Doty, intitulada "O crescimento da homossexualidade declarada na cidade provoca grande preocupação". Um *brainstorm* do novo editor de assuntos metropolitanos, A. M. Rosenthal, a história de 5 mil palavras tinha em vista lançar luz sobre "o segredo de polichinelo mais sensível da cidade – a presença do que é provavelmente a maior população homossexual do mundo e sua crescente manifestação", o que "se tornou tema de crescente preocupação entre psiquiatras, líderes religiosos e a polícia". De acordo com o *Times*, "o homossexual declarado se tornou [...] um componente inconveniente da cena de Nova York". O artigo sem dúvida ajudou a intensificar a campanha anti-gays.

O autoexpurgo da cidade ("Eu me pergunto: o que eles pensam sobre o porquê de as pessoas estarem realmente vindo para a cidade?", zombou O'Hara para Rivers) estendeu-se muito além dos bares gay. Artistas eram ameaçados com revogação de seu direito de viver em lofts. O Metro Café, no Lower East Side, um local crucial para leituras de poesia, foi ameaçado com uma taxa para cabarés. Ao menos três teatros de vanguarda – o Gramercy Arts, o New Bowery e Writer's Stage – foram fechados por exibir *Criaturas flamejantes*, de Jack Smith, *Ascendente Escorpião*, de Kenneth Anger, e *Canto de amor*, de Jean Genet, realizado havia catorze anos. (Em uma de duas batidas no New Bowery, a polícia apreendeu, e perdeu, o "cinejornal" de três minutos de Warhol, *Jack Smith filmando* Amor normal.) Preso duas vezes, Jonas Mekas foi condenado em 12 de junho por exibir o "indecente, lascivo e obsceno" *Criaturas flamejantes*. (Já que o veredicto nunca foi revogado, *Criaturas flamejantes* permanece tecnicamente proibido de ser exibido em Nova York, novidade para os milhares de pessoas que o têm assistido ao longo dos anos.) Em abril, Lenny Bruce, apresentando-se no Café Au Go Go, no West Village, foi preso sob acusação de obscenidade e por fim condenado.

Preparações para a feira geravam pressão. Philip Johnson – uma das principais figuras culturais gay da cidade e arquiteto do Pavilhão do Estado de Nova York – tinha havia muito tempo comissionado dez artistas contemporâneos para ornamentar o lado externo circular do pavilhão: Rauschenberg, Lichtenstein, Rosenquist, Bob Indiana, Ellsworth Kelly, John Chamberlain, Peter Agostini, Robert Mallory, Alexander Liberman e Warhol. Andy tinha assinado seu contrato no começo de 1963.

A feira foi genuinamente impopular entre inúmeros nova-iorquinos: um símbolo do imperialismo norte-americano, exatamente quando as políticas do país no Vietnã estavam começando a se transformar em alvo; um empregador racista (cerca de três centenas de manifestantes foram presos no dia da abertura por protestar contra a ausência de supervisores oriundos da minoria), predominantemente comercial e esteticamente canhestro – obras públicas que o déspota [Robert] Moses reservara para si mesmo e uma última tentativa de retomar o caminho rumo ao poder. (Foi a segunda *Feira Mundial* de Moses; ele também tinha criado a exibição de 1939 em Nova York.) Soren Agenoux, amigo de Andy, "entrou em conflito com Andy em relação à Feira, porque ela estava dando certo para Robert Moses", relembra Billy Linich. "Soren queria que ele recusasse o trabalho para o qual fora comissionado e Andy apenas disse: 'Oh, Soren, vou fazer, preciso do dinheiro'."

Andy tinha decidido sua contribuição, uma pintura de 6 m × 6 m intitulada *Os treze homens mais procurados*, quando ela foi mencionada em 5 de outubro de 1963 em um artigo do *New York Times*, "Arte de vanguarda indo para a Feira". Mas Andy não tinha uma imagem em mente, apenas um conceito e um título, até um pacote chegar ao 1342 da Lexington, com carimbo do correio de 7 de janeiro de 1964, enviado por Jim O'Neill, o amigo policial de Wyn Chamberlain.

Dentro estava um livreto de quinze páginas, *Os treze mais procurados*, lançado pela polícia de Nova York. O livreto, datado de 1º de fevereiro de 1962, continha no conjunto de fotos indivíduos procurados por assassinato, roubo, agressão e outros crimes. A maioria estava à solta havia pelo menos meia dúzia de anos, e apenas quatro mandados haviam sido emitidos na década de 1960.

Agora Andy podia começar a trabalhar, imprimindo as imagens em painéis de madeira de 1,20 m: uma grade de 5 × 5, com 25 imagens granuladas, algumas de perfil, outras de frente. Por causa do título, alguém pode se perguntar o que o governador Rockefeller, o prefeito Wagner e Moses esperavam. Mal a obra de Andy foi revelada, em 14 de abril, e foi um caos total.

"O mural é meio gatuno", gargalhou o *New York Journal American* na primeira página. "Decorando impassivelmente o Pavilhão do Estado de Nova York na *Feira Mundial* hoje", assim a história começa, "resplandecentes com todas as suas cicatrizes, orelhas de couve-flor, e outros apêndices do seu ramo, estão os rostos dos Treze Criminosos Mais Procurados da cidade." Philip Johnson se disse "encantado" com a pintura, que ele tolamente chamou de "um comentário sobre o fator sociológico na vida americana".

As palavras mal tinham saído da boca de Johnson quando ele foi forçado a entender que a pintura era um tópico político muito escorregadio. "Não sei quem é o responsável lá", resmungou um membro da Comissão de Arte Municipal. Um porta-voz da polícia de Nova York disse aos repórteres que não tinha ideia de como Warhol tinha conseguido o livreto.

Mas esses eram meros burocratas de baixo escalão. De acordo com Johnson, "não havia dúvida quanto a reclamações oficiais de qualquer autoridade da feira. E, se houvesse, não faríamos nada em relação a isso".

O valor da palavra do grande arquiteto tornou-se evidente em 17 de abril, quando Johnson não apenas anunciou que o mural seria substituído imediatamente, mas mentiu sobre a razão. Warhol, disse Johnson, "julgou que a sua obra não havia atingido o efeito que tinha em mente e pediu que fosse removida para que ele pudesse substituí-la com outra pintura [...] já que ele estava disposto a fazer outra obra, julguei que não tínhamos o direito de mantê-lo preso a essa". Eleanor Ward participou do encobrimento: "Andy simplesmente não gostou do jeito que a obra ficou", ela contou a Emily

Genauer, do *Herald Tribune*, "e acho maravilhoso que o sr. Johnson o deixe fazer outra tão em cima da hora".

Anos depois, Johnson tornou público que a ordem para remover a pintura tinha vindo do próprio governador Rockefeller: "A obra de Andy foi uma das que o governador rejeitou. Ele era um garoto *méchant* naquela época". Rockefeller, Johnson contou a Henry Geldzahler, estava com medo de irritar o voto ítalo-americano – sete dos treze tinham descendência italiana. "Foi uma história muito triste", disse Johnson. "Dei a cada artista a chance de escolher seu próprio tema, e ele escolheu, maliciosamente, os homens mais procurados. E eu pensei: 'Será uma ideia absolutamente deliciosa. Por que não?'. Não pensei mais nisso até receber uma ligação de René d'Harnoncourt [diretor do Museu de Arte Moderna], dizendo que o governador queria que ela fosse retirada. Bem, o governador queria ser reeleito da pior forma possível."

Talvez, mas Rockefeller e Moses conseguiram que *Os treze homens mais procurados* fosse retirado principalmente porque ele zombava de sua autoridade solene. Pendurar uma celebração de 36 m^2 de treze delinquentes na fachada do multimilionário Pavilhão do Estado de Nova York era uma provocação ultrajante, uma revisitação de *A desgraçada me pariu com essa cara*, de 1949. Quanto a Johnson, as motivações de Andy são menos imediatamente evidentes. O arquiteto era um colecionador de Warhol – um dos primeiros – e uma personificação da elite cultural gay de Nova York, ninguém que um pragmático Warhol quisesse enfurecer. Por outro lado, Andy pode ter facilmente – e é bem provável – ficado ressentido com o status de elite cultural de Johnson.

A sugestão inicial de Andy, ao receber as notícias, foi obscurecer o mural com uma camada de tinta – prata, claro, como se ainda estivesse determinado a deixar sua marca (em horas como essa, percebe-se quão teimoso ele era). Estranhamente, sua proposta foi aceita, mas, como fantasmas, os rostos ainda podiam ser vistos. Então, Warhol fez uma última oferta: preencher o espaço com um retrato serial de Robert Moses "sorrindo ferozmente": 25 imagens idênticas de um grande homem com um largo sorriso. Andy não era apenas audacioso o suficiente para propor o quadro, como realmente o fez. Quando alguns circunstantes perguntaram por que ele estava se aborrecendo pintando um quadro obviamente condenado, ele respondeu: "Bem, só achei que ele [Moses] gostaria". (Alguns anos mais tarde, Emile de Antonio fez a Andy a mesma pergunta em seu filme *Painters painting* e Andy respondeu: "Bem, pensei, vou fazer um retrato do Moses porque realmente gosto dele".) Mark Lancaster, que ajudou Warhol a imprimir os painéis de Moses, expressou de maneira bem simples: "Andy não faria isso por nada, exceto por raiva. Moses nunca teria gostado disso nem em 1 milhão de anos".

O retrato foi rejeitado, claro, e nunca foi exibido. De acordo com Richard Meyer, autor de um ensaio de 1994 sobre *Os treze homens mais procurados* e questões homoeróticas na obra de Warhol, ele acabou na coleção da Galeria Castelli (embora Gerard Malanga esteja convencido de que Philip Johnson a tenha comprado).

No fim, um enorme tecido negro foi colocado sobre o mural prateado. Mesmo essa última medida fracassou para silenciar inteiramente Warhol – o enorme tecido negro, olhando para os visitantes da feira em meio às outras obras de arte, asseverava tantas questões quanto as sufocava.

Os treze homens mais procurados sobreviveu ao episódio, ainda que em um estado disperso e comprometido. Em certo momento daquela primavera, Andy fez pequenas versões em tela das pinturas individuais dos retratos dos criminosos. Quando Mark Lancaster fez uma visita à Factory no dia 10 de julho, Andy lhe passou uma tarefa: esticar as telas, que estavam em uma pilha no chão. Vendidas individualmente, hoje estão espalhadas pelo mundo, em coleções e museus. O que elas exigiam era um Irving Blum, alguém sagaz e arguto o suficiente para tê-las mantido juntas.

Alguns dias depois do seu trabalho esticando telas, Lancaster chegou à Factory e encontrou Andy sozinho, trabalhando muito, misturando tintas de joelhos. "Por todo o chão estavam essas pequenas telas pintadas com diferentes tons de bege, pequenos quadrados de 40 cm." Era um trabalho comissionado, Andy disse, reclamando um pouco sobre ter de pintar, quando preferia muito mais estar fazendo filmes, que, segundo ele, eram mais divertidos. Mas o que impressionou Lancaster foi que Andy parecia extasiadamente envolvido – feliz – pintando. "Lembro-me de pensar: 'Isso é o que ele quer fazer'." Lancaster sentiu uma onda de felicidade. "Isso me fez entender naquele momento que esse cara não era um impostor. Ali estava um homem rastejando no chão, tentanto conseguir a cor certa, como um artista da velha guarda, apesar de tudo o que ele dizia. Era algo que ele estava obviamente levando muito a sério, e impressionou-me vê-lo daquele jeito, literalmente sobre seus joelhos, de camiseta e jeans, com um pincel e uma lata de Liquitex, misturando e mexendo com papelão e copos Dixie."

A pintura, por fim intitulada *O homem americano – Watson Powell*, era um retrato serial de 32 painéis de um executivo de uma companhia de seguros de Des Moines, Iowa. Uma breve correspondência entre o filho de Powell, Watson Jr., e Andy sobreviveu. Quando a obra, pela qual Warhol cobrou US$ 8.500, foi enviada, Powell Jr. expressou seu encantamento por ela, desejando a Andy "sucesso para construir uma carreira maior ainda". Powell Jr. teria sido menos efusivo se conhecesse o título particular de Andy para o retrato: "Sr. Ninguém". Suave a princípio, observando-a repetidas vezes a imagem torna-se quase macabra, 32 repetições dos mesmos sorrisos sem alegria, corte de cabelo curto, óculos de aros metálicos. As comissões de meados da década de 1960 significavam para Warhol algo diferente do que significariam na década de 1970, quando o objetivo era bajulação.

Apesar do crescente interesse de Andy na realização de filmes, uma grande quantidade de pinturas foi produzida na Factory naquele verão. Lancaster se lembra de várias *Marilyn* e *Liz* de 1 m, e um grande tríptico de Marilyn, Liz e uma sorridente Jackie Kennedy, feita a partir de uma fotografia da *Life* tirada pouco antes de JFK ser assassinado. Andy começou a brincar com combinações de Jackies sorridentes e outras que tinha feito dela – as fontes foram o funeral de Kennedy. Estas se tornaram as *Jackie*. Por volta do fim de agosto, ele estava trabalhando em *Flores*, ápice de um acesso de produtividade magnífico e extraordinariamente curto – desde *Latas de sopa Campb*ell's, apenas dois anos e meio tinham se passado.

"Eles não foram 'Andy Candy' por muito tempo" – foi como Henry Geldzahler descreveu o rompimento entre Andy e Eleanor Ward. Ward era desorganizada, neuroticamente possessiva em relação aos seus artistas, brigava com colecionadores e com frequência desaparecia, em geral para beber em seu apartamento atrás da Stable. "Nunca sei o que ela está fazendo", reclamou

Marisol, colega de galeria de Andy.

Andy considerou Sidney Janis. "Tudo que sei", Irving Blum escreveu a Andy, "é que o Sidney fica na sua galeria por algumas horas durante a manhã e então vai para o Roseland ou o Dreamland ou algum lugar do tipo [Janis era um grande dançarino] [...]. Como alguém pode culpá-lo? Ele já viveu um bocado e tem uns 105 anos."

Mas no fim Andy estava atraído apenas por Castelli, mesmo que se preocupasse com a maneira pela qual sua obra seria comparada à de Johns, Rauschenberg, Stella, Lichtenstein e outras estrelas da galeria. "Henry disse em uma conversa ao telefone", escreveu Blum na mesma carta, "[que] você estava preocupado com certas comparações etc. na Leo, o que considero um erro total de sua parte. Gosto de pensar que vi algumas pinturas na minha vida e que você é, para mim, o artista mais importante da sua geração, incomparavelmente complexo e único ao extremo."

A maior objeção de Castelli a Warhol havia sido a similaridade com a obra de Lichtenstein, mas isso não era mais problema. A estreia espetacular de Warhol na Stable tinha sido suficiente para intrigar Castelli, que Karp e Geldzahler mantiveram informado sobre o progresso subsequente de Andy. Restou apenas à audaciosa exposição de caixas Brillo fazer o marchand pender a favor de Warhol.

Andy nunca pretendeu perder tempo na Stable. Em 26 de maio, duas semanas após o término da exposição *Brillo*, ele assinou uma carta para Ward (em papel timbrado de Castelli), notificando-a sobre a sua saída. "Oh, ela ficou furiosa", relembra Robert Indiana. "Ela odiava Castelli e todos os marchands masculinos bem-sucedidos. Ficou fora de si." Ivan Karp escreveu a carta. Depois de administrar informalmente a carreira de Andy por dois anos e meio, Karp agora iria fazê-lo de maneira oficial.

Especialmente no auge, nas décadas de 1960 e 1970, Leo Castelli era, nas palavras de Calvin Tomkins, "um grande e astuto manipulador de valores e reputações [...] um agradável supervendedor que conseguia vender qualquer coisa". Como disse Robert Rauschenberg, um artista de Castelli havia muito tempo, "Leo é bem-sucedido, elegante e europeu, e nos Estados Unidos, qualquer um que seja tudo isso *deve* ser um velhaco". Mas a razão do tremendo impacto de Castelli no mundo da arte está em outro lugar: em uma combinação de charme, bom olho, várias inovações oportunas nos negócios e talvez, acima de tudo, o cultivo de uma atmosfera que os artistas gostavam e nela prosperavam. "Em um país onde os artistas mal conseguiam falar inglês", disse Barbara Rose, "Leo tinha habilidades diplomáticas genuínas, de alto nível."

Pequeno, elegante e admiravelmente educado, Leo Castelli era fluente em cinco idiomas. "Quando você falava francês com ele, tinha certeza de que ele era francês", de acordo com o artista Arman. "Quando você falava alemão, tinha certeza que ele era alemão." Ele sempre pareceu mais "europeu" do que o produto de um país específico, o que estava perto de ser o caso: a Europa em que Castelli nasceu era uma entidade geopolítica muito diferente do que é hoje: era um grupo de grandes impérios, ainda que vertiginosamente em declínio.

Castelli era um judeu húngaro, nascido Leo Krauss em Trieste, hoje uma cidade italiana, mas em 1907, o ano de nascimento de Castelli, parte do Império Habsburgo. Castelli era o nome de solteira da sua mãe. Quando a Itália reivindicou Trieste depois da Primeira Guerra Mundial, a família mudou seu nome para o dela. Educado para ser advogado, Castelli casou bem – sua esposa, Ileana Schapira, era filha de um dos industriais mais bem-sucedidos da Romênia. O sogro de Leo o apoiou em vários empreendimentos, mas o coração de Castelli claramente não estava nos negócios. Colecionadores de arte folk, então marchands de belas-artes, os Castelli abriram uma galeria surrealista em Paris pouco antes da invasão nazista. Buscando refúgio na América, Leo e Ileana chegaram a Nova York em 1941. Mihail Schapira continuou a apoiar Castelli em empreendimentos – incluindo uma fábrica de suéteres –, nos quais o não mais jovem genro trabalhava zelosamente, mas sem entusiasmo. Em vez disso, ele e Ileana ficaram cada vez mais envolvidos no mundo da arte de Nova York, então explodindo no expressionismo abstrato. Bastante propenso a abrir uma galeria, Castelli foi advertido pelo seu amigo Pollock: "Não faça isso, Leo, você não é firme o suficiente". Ele por fim arriscou-se em 1957, abrindo a Galeria Leo Castelli no apartamento dele e de Ileana, na rua 77 Leste ("minhas despesas foram mínimas – o pai de Ileana era dono do prédio"). Em um ano, Castelli fez sua descoberta memorável, Jasper Johns. A galeria ganhou reconhecimento.

Mas não foi absolutamente o sucesso instantâneo que as revistas, sempre procurando superlativos, anunciaram. Ele esteve sob pressão financeira durante a maior parte da década, disse Karp. Mesmo depois que Johns (e Rauschenberg) surgiu, o lugar sobreviveu de suas revendas de artistas mais velhos e estabelecidos, incluindo os expressionistas abstratos que ele estava presumivelmente ajudando a substituir. "Os novos artistas simplesmente não vendiam bem", disse Karp. "Johns vendeu toda a sua primeira exposição a preços entre, talvez, US$ 350 e US$ 1.200. Rauschenberg não estava vendendo. Seus quadros realmente não agradavam ao público em geral. A galeria enfrentava dificuldades."

De acordo com Barbara Rose, "Leo não era mesmo um vendedor. Ele não era um bom negociante. Na verdade, não tinha nenhum interesse em dinheiro. Acreditava que cavalheiros não discutiam sobre dinheiro." Ivan Karp concordou. "Leo não tinha sagacidade nos negócios, não estava interessado. Ele teria preferido não estar envolvido com o manuseio de números e fazendo vendas."

Ainda assim é um exagero retratar Castelli como um homem de negócios alheio e incompetente, um romântico. Como um americano adotado, naturalmente ávido para provar aos seus mentores e colegas europeus a validade da nova arte norte-americana, ele foi, em última análise, mais responsável que qualquer outro marchand por abrir o mercado europeu para a pintura e a escultura norte-americanas. Quando morreu, em 1999, aos 91 anos, o *New York Times* citou seu papel essencial em convencer os europeus na década de 1960 de que a nova arte norte-americana era da mais alta importância internacional.

Seu sistema era montar uma rede, que ele chamava de "relacionamentos de cooperação" com galerias europeias (diferentemente de Eleanor Ward, Castelli era esperto o suficiente para não acumular artistas), reduzindo sua comissão, mas dando aos seus artistas maior exposição. A cabeça de praia europeia de Castelli era a Galeria Sonnabend, que levou Johns, Rauschenberg, Stella, Lichtenstein e Warhol a Paris, com um efeito sensacional. Sonnabend depois enviou as mesmas exposições para Roma, Milão, Hamburgo, Munique, Zurique e outras cidades europeias. A imensa popularidade de Warhol a partir do começo da década de 1960, na França, na Itália e especialmente na Alemanha, ocorreu sem dúvida devido à sua estratégia.

Os expressionistas abstratos podem ter convencido os europeus do alcance da nova arte norte-americana, mas foi preciso Castelli para vendê-la a eles. A virtude aqui, mais do que perspicácia em fazer negócios e agressividade, foi a habilidade de ver a longo prazo. "Sempre parece que ele desistiu de uma quantia enorme", disse Irving Blum, "mas então você vê que ele foi muito esperto [...]. Todas essas galerias-satélites", incluindo a Ferus de Blum, "prontas a se sacrificar por ele, porque ele fez muito por elas."

O mesmo sucedeu com os seus artistas; poucos deixaram Castelli. Ao contrário da América, onde os artistas eram pagos apenas quando faziam uma venda, os marchands europeus pagavam aos artistas, durante algum tempo, um "valor de vínculo mensal", mantendo-os com comida, aluguel e tinta durante as épocas difíceis. Castelli levou a prática para a América, permitindo a Warhol, por exemplo, adquirir um suprimento constante de filmes, em vez de esperar uma venda e um cheque. Os estipêndios de Castelli na década de 1960 variavam de US$ 400 a US$ 3.000 (Warhol começou com US$ 2.000 em 1964, passando posteriormente para US$ 3.000). Aplicados contra as vendas, os estipêndios podiam, no caso de artistas com menor demanda, constituir grandes déficits (um desses artistas, que Castelli manteve durante décadas, acumulou um déficit que em certo momento excedeu US$ 200.000). Embora a galeria seguramente ganhasse dinheiro com Warhol na década de 1960, Andy não vendeu tão bem quanto em geral se presume. "Entre os artistas pop, Warhol em particular não era fácil de vender", de acordo com Karp (que ficou realmente surpreso quando Castelli por fim levou Andy para sua galeria, atribuindo isso à insistência de Geldzahler). "Especialmente as grandes pinturas, algumas das quais ficavam por lá durante meses. Eu costumava ter de dar desconto. Andy não se opunha. 'Apenas pegue o que conseguir', ele sempre dizia a mim. Ele pode ter mudado depois, mas, quando estavámos trabalhando juntos, Andy era muito tranquilo em relação a dinheiro."

Castelli pode ter sido um intelectual e um homem de negócios displicente, porém, ao contrário dos seus colegas proprietários de galerias, ele percebeu, como o crítico de arte francês Otto Hahn escreveu, que "a televisão, a publicidade e a imprensa agora constituíam a quarta dimensão da Arte [...] e que devíamos chegar a um acordo com a mídia de massa". Quando uma nova exposição abria, Castelli não apenas se empenhava para tornar seus artistas acessíveis para aquela entrevista na *Time* ou na *Newsweek*, mas estava lá ele próprio, mais do que disposto a servir com citações (como era Karp, o sonho do jornalista). Não que a maioria dos jornalistas fosse capaz de qualquer coisa além de caricaturas de Castelli – Tom Wolfe, por exemplo, deixou passar completamente a essência da inteligência humana do marchand, transformando-o em uma espécie de *super maître d'*, em "Bob and Spike", o perfil de 1967 de Robert e Ethel Scull, escrito por ele para a revista do *Herald Tribune*.

Se Castelli teve um aspecto negativo como marchand, foi sua inabilidade para estender sua usual simpatia aos seus artistas. "Ele não conseguia se relacionar com John Chamberlain", disse Karp, "porque John era uma força física feroz, embora um gatinho por dentro. E ele tinha um relacionamento muito formal com Roy [Lichtenstein]; não havia calor ou intimidade, como havia com Rauschenberg e Johns. Ironicamente, ambos estavam procurando muito uma figura paterna, um papel que Leo não podia desempenhar. Leo não era paternal, era fraternal, estritamente fraternal, ele queria ser um dos rapazes."

Castelli também jamais ficou confortável com Andy. Karp descreveu o relacionamento deles como "tortuoso", fortemente mediado, enquanto ele estava por perto, pelo próprio Karp. No entanto, quando Warhol anunciou sua "aposentadoria" da pintura, menos de dois anos após se unir à galeria, Castelli respondeu com serenidade típica (amparado, sem dúvida, na percepção de que uma pequena escassez nunca prejudicaria os preços).

"Bem, você tem de aceitá-lo, você tem de aceitar todo mundo [...] como eles são. Eu nunca imporia a nenhum artista ou a qualquer pessoa trabalhar de acordo com as minhas especificações, porque não é o modo pelo qual os artistas gostam de ser tratados. A princípio, obviamente, você tem de expressar certos desejos, mas mesmo isso me parece um pouco demais, então eu sempre os deixo fazer o que querem. Sempre."

Em 17 de janeiro de 1964, *Sono* fez sua estreia pública, passando de sexta a segunda-feira no Gramercy Arts Theatre. A projeção às 20 horas garantia um programa noturno para qualquer pessoa teimosa o suficiente para permanecer sentada durante todo o tempo, mas havia poucas dessas. Archer Winsten (o único crítico diário de cinema importante a resenhar o filme), do *New York Post*, contou apenas "seis firmes espectadores" na noite de estreia. Winsten ficou durante uma hora "antes de decidir que o ponto principal do filme tinha sido transmitido". Ele voltou duas noites depois, contando novamente seis espectadores, um dos quais foi logo embora. Havia mais pessoas no lobby que dentro da sala de projeção, Winstou notou, incluindo o próprio cineasta, que permaneceu conversando com Mekas e Ken Jacobs. Andy estava "radiante e otimista", aparentemente embriagado pelo evidente "bom humor entre os experimentalistas", a despeito da indiferença esmagadora do público. Ao longo das quatro noites, *Sono* perdeu US$ 382,05.

Na sua segunda visita, Winsten ou ficou até o fim ou retornou para isso: como contou a seus leitores, o filme "durava meras cinco horas e meia", não as anunciadas oito. Além do mais, o tom da sua crítica foi surpreendentemente gentil: embora ele advertisse que o filme enfureceria "o impaciente ou o nervoso", ou o ocupado, "percebemos que quanto mais é eliminado, mais concentração é possível sobre o essencial que sobra".

Os primeiros filmes de ação mínima de Andy dividiram seu público em dois campos em disputa, com os fãs insistindo a respeito do valor dos filmes como (1) uma forma de meditação, na qual o olho e a mente, rechaçados pela ausência de ação na tela, dirigem-se para dentro, em direção à autoconsciência, ou (2) vias para uma nova e elevada consciência da beleza dos movimentos cotidianos antes não percebidos. O resto, a maioria indiferente, vaiou, jogou copos de café na tela e esbravejou fora do cinema, pedindo seu dinheiro de volta.

Comer, outro filme-retrato em câmera lenta – uma câmera fixa passa quase quarenta minutos observando Robert Indiana comer um único cogumelo –, como os demais, era um dos quais sobre o qual se falava mas não era assistido: a estreia em 2 de abril, com *Corte de cabelo*, perdeu US$ 266,55.

Boquete, provavelmente filmado várias semanas depois de *Comer*, representou uma mudança para Warhol, um avanço ao mesmo tempo surpreendentemente direto e tipicamente distanciado em direção a um material abertamente homoerótico. Diferentemente de *Sono*, *Comer* ou *Beijo*, *Boquete* cresce não apenas até um clímax, mas um clímax literal: o orgasmo do jovem protagonista, que não vemos, a câmera permanecendo bem acima da sua cintura do princípio ao fim, apontada para o seu rosto (o filme tem sido chamado de take de reação mais longo do mundo). Os quase quarenta minutos que o protagonista leva para alcançar o orgasmo parecem um tempo absurda e artificialmente longo, até que percebemos que a "ação", claro, está se desenrolando em câmera lenta. O intervalo em tempo real, entre o olhar para baixo do herói, quando ele abre o zíper, até o cigarro pós-orgasmo, foi consideravelmente menor. (O filme sempre teve seus céticos, mas, de acordo com Gerard Malanga, foi uma felação realizada por Willard Maas. Andy tinha originalmente pedido a seu amigo, o ator Charles Rydell, que aparecesse no filme. Distraído, Rydell concordou, mas não apareceu na filmagem. Pouco se sabe sobre o substituto de última hora de Rydell, que se parece muito com James Dean. Malanga afirma que ele era um ator shakespeariano sem trabalho, que também havia atuado um pouco com pornôs. Em *POPism*, Andy declara que o viu anos depois em um pequeno papel em um filme de Clint Eastwood.)

Filmado ao ar livre, contra uma parede de tijolos indeterminada, e iluminado levemente por cima, *Boquete* tem o mais pronunciado efeito *chiaroscuro* de todos os primeiros filmes de Warhol. Às vezes, como quando os olhos do ator, fixos ao começar, são mergulhados totalmente nas sombras, a imagem na tela é admiravelmente bela. É, em vários aspectos, uma piada clássica de Warhol: a tentativa de um provocador de forçar críticos de filmes e outros intelectuais, que facilmente ficam constrangidos, a proferir em voz alta uma frase tabu. Vários anúncios antigos discretamente chamavam o filme de "Andy Warhol's BJ" [*o boquete de Andy Warhol*]; assim como um filme sobre um ato sexual onde o ato em si permanece invisível. Era também um modo de Andy explorar e revelar um aspecto importante da vida erótica gay, enquanto evitava a censura – *Boquete* não oferece nem detalhe físico explícito nem desfecho.

O ano de 1964, no qual a realização de filmes assumiu pela primeria vez grande porcentagem do tempo de Warhol na Factory, viu o início de mais um importante projeto. Os *Testes de câmera*, que Andy começou a filmar em janeiro, não eram testes reais, usados para determinar a adequação de um candidato para um papel específico. Nem eram simplesmente, como Paul Morrissey os denominou, um produto da inabilidade social do seu chefe. (Como Andy se tornava cada vez mais famoso, continua argumentando Morrissey, cada vez mais curiosos se dirigiam à Factory para conseguir vê-lo; invertendo as posições com seus perseguidores e supostos interrogadores, o artista cronicamente inseguro convidava-os para encarar o olho impiedoso da sua Bolex 16 mm.)

O que levou Warhol, sem dúvida, a fazer esses 472 filmes silenciosos de três minutos, em preto e branco, de visitantes e frequentadores da Factory, de janeiro de 1964 ao fim de 1966, foi que eles eram retratos, retratos fílmicos. Os *Testes de câmera* são a concepção engenhosa de Warhol de um retrato de meados do século XX.

Quando os filmes foram inventados, seus críticos afirmaram que havia uma coisa que eles não podiam fazer: capturar a alma, a destilação da personalidade. Ironicamente, isso acabou sendo uma das maiores potencialidades do filme. Com o *close up* dirigido, a câmera de cinema nos permite ler, talvez mais claramente que qualquer outro instrumento, as emoções de um indivíduo. Como atestam suas centenas de retratos de silkscreens fotográficos das décadas de 1960, 1970 e 1980, Warhol era impelido a retratar o rosto humano. A Bolex deixou-o à vontade com expressões trêmulas e mudança de humor, um quase instantâneo arquear de sobrancelhas, um rápido olhar inclinado, meneios pensativos e meditativos, ou uma passagem de três minutos da serenidade à autoconsciente vertigem – emoções fugazes que nem a tinta nem uma câmera fotográfica podiam capturar. A ambição de Andy com os *Testes de câmera*, como com os filmes em geral, era registrar a personalidade. Como ele disse em *POPism* a respeito da realização de filmes: "Só queria encontrar grandes pessoas e deixá-las ser elas mesmas, e falar sobre o que elas geralmente falavam, e eu as filmava por certo período de tempo, e esse era o filme".

Todos os *Testes de câmera* foram filmados na Factory, quase todos por Andy, na sua Bolex. Além do interesse estético, os *Testes de câmera* (que não eram conhecidos dessa forma naquele tempo, as pessoas da Factory a princípio os chamaram de "retratos-filme" ou "*stillies*") são um documento social poderoso, um "mapa da cena artística do *downtown* nova-iorquino durante o período divisor de águas", escreve Callie Angell, cujo cotejo cuidadoso dos *Testes* forma o primeiro volume do subsequente *catálogo raisonné* em dois volumes dos filmes de Andy Warhol. Os personagens de *Testes de câmera* eram pintores, poetas, escultores, músicos folk e de vanguarda, dançarinos, atores e uma misteriosa e recorrente categoria: esposas de artistas conhecidos. Uma lista parcial dos retratados inclui Peter Hujar, James Rosenquist, Donovan, Salvador Dalí, Henry Geldzahler, Dennis Hopper, John Ashbery, Ingrid Superstar, Marcel Duchamp, Susan Sontag, Cass Elliot, Jonas Mekas, Lou Reed, Kenneth King, Ondine, Billy Linich, Barbara Rose, Andrew Sarris, Bob Dylan, Harry Smith, Jack Smith, Eric Andersen, Stephen Holden, Amy Taubin, Bea Feitler e Sarah Dalton.

Nos primeiros *Testes de câmera*, Warhol pediu aos retratados que se esforçassem em conseguir um tipo de "pose estática", como Angell a chamava, cujo resultado pictórico – "uniforme, gráfico, meticulosamente iluminado e quase inteiramente livre de movimento" – parecia uma foto de estúdio de alta qualidade. Depois, em 1964, Warhol até considerou transformar os *Testes de câmera* em obras de arte de US$ 1.000 para a sala de estar: "caixas de retratos vivos" que, Andy disse, "seriam exatamente como retratos fotográficos, exceto que se moviam um pouco".

Mas aos poucos a estase tornou-se cada vez menos o seu objetivo: era muito difícil, resultando em lágrimas, olhares semicerrados, tremores, esforço para engolir, fungadas, ou, talvez, uma determinação resoluta para não sucumbir ao olhar sem piedade da câmera, para igualar o poder do seu olhar. "Isso provocava respostas", escreve Angell, "aos poucos se tornou o objetivo patente ou ponto principal dos filmes, substituindo o objetivo original": a foto *trompe l'oeil*, a imagem estática.

Por volta do verão de 1964, a *entourage* de Andy não era mais "minúscula". Um número crescente de almas desgarradas movia-se na periferia de um grupo-núcleo, Malanga e Billy eram os únicos constantes. Vários rituais, típicos de "casta", rapidamente surgiram. "Havia um tipo de sistema", Mark Lancaster notou logo em sua temporada de verão, "em que você era encorajado a ficar ao final do dia ou ignorado até que fosse embora."

Christopher Scott, companheiro de Geldzahler, notou o mesmo fenômeno, mas de maneira menos uniforme. "Você percebia que Andy estava levando esse grupo de pessoas para *downtown* e sabia se estava incluído ou não. Todo mundo ficava por ali conversando e então de repente Andy e seus poucos escolhidos estavam no elevador, as portas se fechavam e eles iam embora. Os outros eram deixados para trás. É como funcionam as panelinhas da escola, e era vil e destrutivo."

A crescente ênfase de Warhol sobre filmes tinha, em meses, transformado o que havia sido um ateliê de pintor em "uma casa constantemente aberta". Os estranhos jovens que Billy Linich trazia (Freddy Herko, Ondine), e outros vistosos visitantes (Naomi Levine, Taylor Mead, Mario Montez), nunca foram, na concepção de Andy, simples frequentadores. Ele os queria ali. Serviam a um propósito: não apenas povoar, mas inspirar, fornecendo, por meio da veia exibicionista que eles compartilhavam amplamente, a forma e o conteúdo dos seus filmes.

Mas essas pessoas também eram capazes de ações provocadoras e perigosas. Um dia, perto do fim de setembro, Dorothy Podber, histriônica amiga de Billy, fez uma visita inesquecível à Factory. Saindo do elevador, Podber tirou uma pistola, mirou em uma das novas *Marilyn* de 1 m² de Andy e atirou uma bala na testa de Monroe (que atravessou duas outras *Marilyn* que a sustentavam por trás). "Andy ficou realmente perturbado com aquilo", notou Billy. "Ela ainda permaneceu um tempo depois disso, o que o agitou ainda mais. Ele me pediu que dissesse a ela para ir embora e nunca mais voltar; foi a única vez que ele me pediu para fazer isso com alguém."

De acordo com o artista Jack Champlin, o incidente originou-se das brincadeiras perigosas que Podber e outros viciados em anfetamina faziam: "Em uma festa, Andy disse a Dorothy: 'Posso atirar em você?'. E ela respondeu: 'Claro, se eu puder atirar em você'. Ele disse: 'Bem, apareça amanhã'. Ela entendeu isso de forma literal. Era realmente uma obra de arte conceitual. Essa era a sua vida, jogar. A vida dela era um jogo com palavras".

Warhol sentia atração por usuários de drogas e personagens desesperados que, por natureza, tendem à autodestruição. Em 27 de outubro, Freddy Herko cometeu suicídio. De acordo com sua amiga Diane di Prima, o uso de drogas por Herko vinha se acelerando constantemente, de ingestão de pílulas de Dexedrina à inalação e depois injeção de Metedrina, mas, como disse outro amigo próximo, Johnny Dodd, Herko era "louco mesmo quando não estava drogado". Em 1964 ele estava sem casa. Certo dia, em meados do outono, Dodd o encontrou na lanchonete da rua Jones. Herko estava dançando no balcão (os clientes não se importavam, Freddy fazia isso o tempo todo). Mas ele estava "coberto de sujeira", relembra Dodd, "seu corpo estava tremendo, e ele estava sem dormir havia vários dias". Dodd levou Freddy para o seu apartamento na rua Cornelia, onde Herko tomou um longo banho de espuma na banheira. Saindo da banheira, ele colocou a "Missa da Coroação", de Mozart, no toca-discos de Dodd, e ainda nu improvisou uma dança solo com giros cada vez maiores, o último dos quais o lançou, ainda mantendo a pose, através da janela aberta no sexto andar até a rua embaixo. A força do seu salto quase o levou à calçada oposta. Herko recentemente tinha realizado vários concertos solo no telhado, "performances suicidas", Dodd as denominara, durante uma das quais Dodd somente evitou que Herko pulasse ao esbofeteá-lo. Vendo Freddy nessa época, Dodd "sabia o que estava acontecendo". Por qualquer razão – cansado talvez de tentar deter o inevitável –, dessa vez Dodd simplesmente ficou olhando.

O dia 22 de agosto era um sábado, então a Factory estava calma quando Mark Lancaster abriu a porta do elevador. Na metade do caminho, na sala vazia, ele parou assustado com o brilho das telas ainda não esticadas que estavam sob seus pés: as primeiras dez de 120 versões finais de uma única imagem: quatro hibiscos contra um fundo de folhagens. Em seu diário daquela noite, Lancaster escreveu: "As *Flores* de Andy são todas brilhantes e lindas".

Apenas uma imagem, de muitas encarnações, constituiu a primeira exposição de Warhol na Galeria Leo Castelli. De acordo com Henry Geldzahler, ele e Andy estavam na Factory um dia, naquela primavera, "e eu olhei ao redor do estúdio e era tudo Marilyn, desastre e morte. Eu disse: 'Andy, talvez chegue de morte agora'. Ele respondeu: 'O que você quer dizer?'. Eu falei: 'Bem, que tal isso?', e abri uma revista com quatro flores".

Na verdade, havia sete. Quando Andy decidiu fazer um silkscreen de duas páginas dobradas da edição de junho de 1964 da *Modern Photography*, ele cortou bastante a fotografia, separando três flores. Então pediu a Billy Linich para fotocopiar a imagem repetidamente na nova máquina Photostat da Factory – "doze vezes, pelo menos", disse Billy, para nivelar as flores, removendo sua definição, as sombras que conferiam à foto sua ilusão de tridimensionalidade. "Ele não queria que ela se parecesse com uma foto. Ele queria apenas a forma, o contorno básico das flores."

Warhol, Malanga e outros trabalharam na série *Flores* da metade de agosto até a abertura da exposição, em 21 de novembro. A única sala da Galeria Castelli foi preenchida com pinturas de flores, incluindo uma tela gigante de mais de 4 m de largura e quase 2,5 m de altura.

A exposição atraiu multidões: "Um grupo mais animado de humanoides não poderia ser encontrado nesse lado de Vegas", escreveu Thomas Hess – o editor da *Art News*, de luto pelo expressionismo abstrato, claramente sentiu a respiração barulhenta dos anos 1960 no seu pescoço. No entanto, Hess vislumbrou a dupla personalidade de Andy muito antes do resto do mundo: "Sob o seu disfarce de gola alta – peruca branca, óculos escuros, o dar de ombros de reprovação em festas dançantes –, você percebe uma mente afiada como diamante", ele escreveu. Como alguém do mundo da arte, Hess tinha liberdade para visitar a sala dos fundos de Castelli e, assim, se tornou o primeiro crítico norte-americano a ver uma das *Jackie* de Warhol. Na única imagem que Hess mencionou – e Warhol fez oito imagens de *Jackie*, multiplicada várias vezes em diferentes arranjos, então é impossível saber qual delas Hess viu –, ele contemplou uma atípica "ternura e respeito". Warhol "tinha de manter esses deslizes de ímpeto do século XVIII sob controle, ou ele se transformaria em um artista humano", foi a caçoada final de Hess.

Mas agora tais rejeições críticas eram minoria. Lucy Lippard, da *Art International*, por exemplo, e David Bourdon, escrevendo para o *Voice*, elogiaram a exposição calorosamente – Bourdon falava de Warhol como "um gênio". O elogio mais sincero sobre *Flores* veio de Peter Schjeldahl – em 1965, um estudante de 22 anos que abandonara a universidade, aspirante a poeta e crítico de rock, várias décadas longe de se tornar o crítico de arte mais articulado e perspicaz da América. Circulando pela Europa em meados da década de 1960, Schjeldahl teve uma "epifania". Na verdade, duas. Uma foi Piero della Francesca. A outra foram as pinturas *Flores*, que ele viu por acaso na galeria de Ileana Sonnabend em 1965.

"Elas eram muito bonitas. E muito simples. E seu glamour era intenso demais. O que matava você, *matava* você, era o granulado em preto e branco dos caules. Aquela aparência granulada com *Day-Glo Color (impressão semelhante à da luz negra)* era matadora, e ainda é."

"Acho que ainda não foi reconhecido que todo debate crítico devia ter sido sobre aquele momento. Porque essas pinturas *Flores* tinham todos os princípios kantianos que Greenberg estava promovendo. De súbito, havia tantas coisas que supostamente eram problemas que não eram problemas. As *Flores* resolviam todas as questões formais sobre as quais Greenberg estava falando, mas com uma imagem realista, não abstrata. E por que não? Afinal de contas, quem as comprava como um quadro de flores? Era sobre a mediação."

"Importa quanto estava acontecendo conscientemente nele? Havia artistas na época que matutavam sobre essas questões de forma muito consciente. Não o vejo fazendo isso. É por isso que usamos a palavra 'gênio'. Gênio é o que avança, 'Isso não é um problema.' Ele vê claramente. Ele apenas faz."

Um desafio para a autoria de *Flores* não estava longe de chegar. Caminhando pela Broadway em um dia em 1965, uma fotojornalista chamada Patricia Caulfield viu por acaso um pôster de *Flores* em uma livraria. Impressionada com a familiaridade, ela comprou um, comparou-o com uma foto que tinha tirado e ligou para o seu advogado.

Andy evidentemente ficava vermelho com acusações de que estava ilegalmente se aproveitando de trabalhos alheios. Depois de mútuas declarações à imprensa – o advogado de Caulfield afirmou que se sua cliente ganhasse, ela teria direito a apreender, e mesmo destruir, cada pintura de *Flores* vendida; "Não seria maravilhoso!", respondeu Warhol –, os dois lados chegaram a um acordo fora do tribunal. Andy deu a Caulfield duas telas *Flores* (valiam US$ 6.000 na época) e um pequeno *royalty* por qualquer uso futuro da imagem por Warhol.

Mas Caulfield ainda estava contrariada quando falou com um entrevistador da *Art News* quinze anos depois. "A razão pela qual há uma questão legal aqui é que há uma questão moral. O que é irritante é ter alguém que goste de uma imagem o bastante para usá-la, mas que então denigra o talento original." A mesma história da *Art News* citou o fotógrafo Arnold Newman, que ficou furioso quando o seu famoso retrato de Picasso apareceu em uma série de gravuras de Larry Rivers: "Eles pensam que é apenas uma fotografia. Não ocorre às pessoas que há alguém atrás da fotografia, assim como há alguém atrás da pintura".

Outros fotógrafos da década de 1960 protestaram contra o uso não autorizado de seus trabalhos por Warhol: Charles Moore, que fez as fotografias da *Life* que Andy usou em *Confronto racial*, e outro fotógrafo da *Life*, Fred Ward, cuja capa de uma pesarosa Jacqueline Kennedy se tornou a imagem-fonte para uma das *Jackie*. "Você não pode simplesmente rasgar o trabalho de um fotógrafo", Moore disse a Andy quando eles se conheceram. Como pagamento, Warhol deu a Moore um fólio... de *Flores*. Ward recebeu uma *Jackie* baseada em sua fotografia.

Em 7 de dezembro, enquanto a exposição ainda estava chamando bastante atenção no mundo da arte, Warhol recebeu reconhecimento de outro lugar: o sexto "Prêmio do Filme Independente", do *Film Culture*. Significava, em essência, receber o imprimatur pessoal de Jonas Mekas. Prêmios anteriores haviam sido concedidos para cineastas como Stan Brakhage, Ricky Leacock, os irmãos Maysles e John Cassavetes. Warhol, que ainda mal conseguia colocar o filme em uma câmera, estava oficialmente na companhia de artistas de cinema que tinham devotado anos à mídia.

A comunidade do filme de vanguarda já estava se queixando da ascensão meteórica desse neófito. Comparado à sua campanha aflita para ser admitido no mundo da arte, o ingresso de Warhol no filme underground foi uma tarefa fácil. Mekas, incorruptível em suas crenças estéticas, era mais flexível quando se tratava de táticas no mundo real. Como o editor do *Film Culture* sem dúvida percebeu, o jovem pintor mais conhecido da América era capaz de gerar uma tremenda publicidade para os queridos filmes underground e Mekas.

O sonho ardente de fama do pária estava realmente se tornando realidade. *Artforum*, o novo guia do mundo da arte, terminou o velho ano e começou o novo com uma seção especial sobre Warhol na edição de fevereiro de 1965. O ensaio principal, do fundador e editor da revista Philip Leider, foi intitulado (lembrem-se que essa era a época de *Perseguição e assassinato de Jean-Paul Marat – representado pelo Grupo Teatral do Hospício de Charenton, sob a direção do Marquês de Sade*) "Santo Andy: algumas notas sobre o artista que, para grande parte da nova geração, é perfeito".

Capítulo 6

1965

Os anos de 1965 e 1966 significam uma Factory inteiramente nova, a Factory real, a explosiva Factory. Antes disso, ainda é o estúdio de arte de Andy.

— BILLY LINICH

Em menos de três anos, Warhol tinha virtualmente destroçado a pintura e reinventado a fotografia de retratos como um filme de *frames* estáticos. Ele fazia filmes em que a câmera não se movia, os atores não atuavam, o roteiro não tinha nem enredo nem pontos de vista, e os diálogos eram apenas uma aproximação maluca de uma fala humana. Na época em que a *Film Culture* deu a Warhol um prêmio por esses filmes de ação sem ação, ele tinha parado com tudo, menos de filmar coisas como essas.

Ele estava então ocupado criando superstars cujos filmes seriam vistos por poucas centenas de pessoas. Depois de testar a câmera Auricon equipada com som, Warhol comprou uma no fim de 1964. A Auricon era essencialmente uma câmera de cinejornal e tinha a vantagem de o filme poder ser processado rapidamente. Com a conversão para o som e a chegada em 1965 de vários outros recursos, Andy mergulhou em uma aventura bem mais ambiciosa. Ele tentaria, mais ou menos, fazer da Factory um estúdio permanente de filmagem – uma espécie de anti-Hollywood cujo *modus operandi* seria uma inversão do sistema de estúdio.

Os filmes de Andy entre o outono de 1964 e o verão de 1965, o período que abarca tanto Edie Sedgwick quanto Ron Tavel, exemplificam duas qualidades em particular: o desejo de Warhol de deixar imprevistos ocorrerem e seu instinto de provocação. Seu alvo como artista pop tinha sido o *establishment* da arte erudita; agora era Hollywood – e não apenas os clichês românticos, mas toda a noção de um "filme benfeito", com enredo e arte. Ele desejava sair da convenção rumo ao acaso, fazendo com que os atores deixassem para o espectador algo memorável. Andy, o artista comercial, estava apesar disso desdenhando da comercialidade, previsibilidade e sentimentalidade, bem como do objetivo dos produtores de filmes do *mainstream*.

As artes visuais podem tolerar e até se beneficiar com um nível de indeterminação que o cinema não pode. De acordo com Donald Lyons, que trabalharia em muitos filmes em meados dos anos 1960, "Andy fazia filmes que entravam em conflito com a audiência. Mas seu amor pelo cinema era real. Ele estava determinado a fazer um estúdio, mas não conseguiu, devido à natureza dos filmes – os narrativos, ao menos. Hollywood era uma igreja em que tínhamos todos crescido. É por isso que os filmes dele nos excitavam tanto". E eles *estavam* excitados: depois de se sujeitarem a apenas um entretenimento comercial estilizado, à ambiguidade granulosa, à falta deliberada de profissionalismo, aos inescrutáveis acontecimentos na tela, até mesmo ao tédio profundo, tudo no cinema underground era emocionante. Mas somente por um tempo. Mesmo Warhol pensava no quanto conseguiria impulsionar seus "não filmes" desgovernados e patéticos, e pela primeira vez mostrava sinais de preocupação sobre a dificuldade de assistir a seus filmes.

Da mesma forma que ele tinha tomado de assalto o expressionismo abstrato com a série *Desastre*, o impressionismo com as pinturas de flores e o minimalismo com as caixas Brillo, Warhol agora estava destruindo os gêneros do cinema. Em uma rápida sucessão ele se apoderou do *western* com *Cavalo*, sadomasoquismo com *Vinil*, biografias com *Harlot, A vida de Juanita Castro* e *Lupe*, pornografia gay com *Meu michê*, e ficção científica com *Espaço de fora e de dentro*.

A alternativa de Andy para o velho e enferrujado império hollywoodiano poderia ter ficado conhecida como Factory Films, se ela tivesse sido levada a sério. Era para ser a Hollywood idealizada – e falsa – de Andy, e não a indústria que existiu em 1965 (que ele sabia ser um período de baixa criatividade), mas uma paródia da Tinseltown de antigamente, onde *yuppies* dirigiam estrelas glamorosas contratadas: a terra dos sonhos de americanos trintões e quarentões em geral e homens gays da geração de Warhol em particular. Essa nova fábrica de filmes, com seu próprio conjunto de roteiristas e seu particular e novo estilo de glamour, seria um misto de adoração e ridículo, parodiando e homenageando simultaneamente a verdadeira e ultrapassada.

Em lugar do velho modelo hollywoodiano, ele poderia criar um novo cinema psicológico que examinaria as personalidades de sua excêntrica *entourage* com obsessão divina. O sistema de estúdio disfarçava as psiques imperfeitas de suas estrelas com ilusão, tramas e valores de produção brilhantes, mas Andy queria fazer exatamente o oposto. Poderia parecer uma ambição perversa para alguém que cultuava de joelhos as velhas estrelas de Hollywood – Bette Davis, Joan Crawford, Liz Taylor, Marylin Monroe –; sua casa no 1342 da avenida Lexington era um altar para as estrelas de Hollywood, das grandes divas como Garbo às iniciantes superficiais e imitadoras vazias como Tab Hunter, com revistas de fãs arrepiadas cobrindo o chão com as vidas e os amores das santas falsificadas. Mas, como com quase tudo em que Andy mergulhava fundo, a relação era de amor e ódio. Ele idolatrava as estrelas de Hollywood, mas achava os enredos *kitsch* e os diálogos, falsos. Ambos, na peculiar aproximação de Andy, eram desnecessários, porque tudo o que você precisa ver eram as estrelas *como elas eram*. Seus filmes exporiam com crueza o comportamento neurótico das superstars. Não havia necessidade de fingir ser uma imperatriz russa ou a esposa calculista de um barão das ferrovias.

A Factory tinha o seu próprio elenco doméstico de figuras excêntricas e bem-apessoadas. E havia ainda as socialites ocasionais ou debutantes que iam ao estúdio por curiosidade ou por se sentirem entediadas.

Exatamente como Warhol tinha previsto, uma nova safra de belas malucas estava para surgir em cena, prontas para seus closes.

Em 13 de dezembro de 1964, Warhol filmou *Harlot*, presumivelmente uma meditação sobre a figura icônica de Jean Harlow. Como a maioria dos filmes de Warhol dessa época, *Harlot* tinha setenta minutos de duração, o tempo de dois rolos de 360 metros. O filme simplesmente terminava quando o segundo rolo chegava ao fim. *Harlot* é um filme levemente escatológico para a drag queen Mario Montez, que lambe uma banana depois da outra enquanto Ronald Tavel, Billy Name e o escritor inglês Harry Fainlight comentam a ação, muitas vezes mudando de assunto:

Tavel: Quanto você recebe por seus atrevimentos?
Name: Na rua ou dentro de algum lugar?
Tavel: Na rua. Na rua 42.
Name: Dois dólares e noventa e oito centavos.
Tavel: Você acredita estar de acordo com seus colegas?
(Montez começa a ondular, esfregando as pernas com a banana. E a prende entre os joelhos.)

Esse foi o primeiro filme sonoro de Warhol. O escritor Ron Tavel, uma descoberta recente, o achava magnífico. Em suas notas pós-filmagem, ele chamou o final "esteticamente muito satisfatório, muito adequado ao underground e longe de Hollywood [...]. O cinema se reconstruirá aproximando-se de seu material".

Tavel, que escreveria a maior parte dos roteiros dos médias-metragens de Warhol, entrou para o palco de Andy da forma usualmente acidental com que as pessoas entravam na vida dele. No verão de 1964, Gerard Malanga, que sempre ficava lendo no Café Metro, encontrou Tavel, poeta e autor de um longo e então inédito romance chamado *Rua de degraus*. Ele soube que Tavel era amigo e admirador de Jack Smith, que dividia a devoção de Smith a Maria Montez e o tinha auxiliado em *Criaturas flamejantes*. Impressionado com

Tavel, Malanga arrumou um encontro com Warhol, que tinha recentemente pedido a ele que encontrasse um roteirista.

O que atraiu o interesse de Andy, ao menos no início, não foi tanto o Tavel escritor quanto a sua voz ironicamente insinuante, como a "cobra excitada do jardim do Éden", descrição feita por um amigo de Tavel. "Eu tinha uma forma muito calculada de ler em público. Prestava atenção a cada sílaba." Ele estava interessado, Andy quis saber, em ler alguma coisa como a trilha sonora de um filme?

"Ler o quê?", Tavel perguntou.

"Bem, qualquer coisa", Andy respondeu. "Sua poesia, sua ficção. A lista telefônica seria uma boa ideia. Você a tornaria interessante." Para a maioria das pessoas, uma voz significa informação – fatos, uma narrativa. "Mas não acredito que ela significasse isso para Andy", Tavel disse. "Era *som*. É nisso que ele estava interessado."

Andy encomendou alguns roteiros a Tavel, e entre 1965 e 1966 ele foi o principal roteirista (ainda que não o único, como Tavel afirmava; Robert Heide, por exemplo, escreveu dois dos roteiros de Warhol). Ele tinha um estilo idiossincrático: denso com as palavras, muitas vezes divertidíssimo, com frequência ameaçando desviar-se para obsessões aleatórias, mas nunca deliberadamente obtuso. Por outro lado, havia algo de selvagemente hermético no texto de Tavel, como se ele estivesse se dirigindo a um grupo impecavelmente escolhido. Chuck Wein o descrevia como "o escritor do colégio ficando furioso".

No fim de janeiro, Andy & Cia. foram a um coquetel na cobertura de Lester Persky na rua 59. Persky produziria filmes como *O último dever*, *Shampoo* e *Taxi driver*, mas naquela época estava se prostituindo em comerciais barulhentos de TV para produtos como RotoBroiler e Glamorene. Lá, na corte da "Rainha de Cera", como Persky era afetuosamente conhecido, estava uma incandescente e bela garota de 23 anos, usando um penteado retrô e um terno de oncinha. Seu nome era Edie Sedgwick.

Andy ficou fascinado. Bela, misteriosa e aristocrática, Edie exalava paixão. Mas Andy viu também instabilidade magnetizadora, frenética e enfeitiçada – algo só dela. "Ela exalava essa luz e essa energia particulares", concordou

Robert Heide. "Era como se fosse iluminada por dentro. Sua pele era translúcida; Marilyn Monroe era assim."

Andy foi imediatamente tomado pelo charme embriagador e estava impaciente para ver como ela apareceria na tela. Convidou-a para ir à Factory, e logo ela estava aparecendo regularmente com seu inseparável amigo de Cambridge, Chuck Wein. Edie, com olhos cor de chocolate, escuros e enormes, senso de estilo inato, charme aristocrático e radiação estimulante, tinha uma aparência perfeita, como se Andy a tivesse inventado. Ela era o espelho no qual ele via seu próprio reflexo idealizado. No lugar da terrível pele borrachenta, do nariz bulboso, do cabelo ralo, estava o belo e adorado Andy – Andy, o debutante bem-nascido.

Edie fazia parte do que ficou conhecido como a "corte Harvard-Cambridge" da Factory: Chuck Wein, Danny Williams, Gordon Baldwin, Danny Fields, Tommy Godwin, Ed Hennessey, Ed Hod e Donald Lyons: membros privilegiados da primeira geração americana a ser criada em meio à fartura, e a primeira a perceber o vazio por trás daquela fartura. "Do alto de Cambridge", relembra Danny Fields, "tudo o que eles podiam pensar era: 'Oh, Deus, estamos tão entediados, tão cansados de ir para as aulas. Queríamos sair para o mundo real'. Sair para o mundo real significava aparecer nas fotos e nos textos das revistas." Vindo para Nova York, eles viam a Factory como um dos lugares "onde as coisas acontecem".

Edith Minturn Sedgwick era a segunda mais jovem de oito filhos, nascida em 1943. Seu tataravô Theodore foi um dos primeiros membros da Câmara dos Representantes; seu tio-tataravô fundou Groton; seu avô Ellery foi por muito tempo o editor da *Atlantic Monthly*, e outro tio-tataravô, Robert Shaw, comandou o regimento negro da Guerra Civil, imortalizado no filme *Tempos de glória*. Logo após a Revolução Americana, o juiz Theodore construiu uma mansão em Stockbridge, Massachusetts. Uma enorme área no cemitério da cidade, conhecida como "Torta dos Sedgwick", continua reservada para a família.

O pai dela, Francis, conhecido pelos amigos como Duque, ou Felpudo, era um fisioculturista presunçoso e dominador que teve duas crises nervosas antes dos 25 anos. Ele se mudou com sua família interiorana para um rancho de 3 mil acres perto de Santa Bárbara; doze anos depois, comprou outro duas vezes maior. (O próprio Duque não tinha um centavo, sua carreira de rancheiro foi sustentada pela sofredora esposa, Alice Delano de Forest, filha de um milionário das ferrovias.)

Edie foi criada em um isolamento quase total; toda a sua educação consistiu de dois tutores desqualificados e duas breves estadas em colégios internos. Quando ela desenvolveu bulimia (que chamava de "comilança"), Duque insistiu para que fosse mandada para um hospício. Ela esteve em dois: Silver Hill, em Connecticut, e Bloomingdale, uma autarquia do hospital Westchester de Nova York, indo para Cambridge no outono de 1963.

Felpudo pode ou não ter sexualmente abusado de seus filhos. Edie dizia que ele tentava seduzi-la desde os sete anos, e que ela tinha passado a vida entre a admiração e o ódio por ele. Ele com certeza aterrorizava emocionalmente seus filhos. O irmão mais velho dela, Minty, quando estava em sua terceira internação no hospício, confessou sua homossexualidade ao pai, que respondeu: "Nunca mais vou falar com você; você não é meu filho!". Poucos dias depois Minty se enforcou. "A história inteira da família é inacreditável", Edie disse a Nora Ephron em um texto do *New York Post* de 1965. "Muito amarga. Ela mostra muita coisa, coisas tremendas sobre a natureza humana e tudo de horrível que as pessoas são capazes de fazer umas com as outras. Estou procurando minha própria vida, livre dos meus pais."

A instabilidade psicológica de Edie se traduzia em um charme jovial. Com sua forma frágil e grandes olhos, era ao mesmo tempo vulnerável e inacessível. "Tão logo apareciam homens interessados, ela se mandava", observou uma de suas irmãs. Em Cambridge tinha consultas com um psiquiatra, estudava escultura e mergulhou de cabeça na vida boêmia da cidade. Os homens na mesma hora se apaixonavam por ela, mas seus amigos mais próximos eram gays. Como disse Ed Hennessey, seu amigo em Cambridge e na Factory, "ela sabia que estava segura comigo, porque eu não me interessaria em dizer algo como: 'Ah, querida, tire o seu sutiã'. Nunca falamos sobre isso; estava implícito". Já René Ricard, outro do grupo de Cambridge da Factory, assim colocou: "Ela gostava de amigos gays muito sofisticados, elegantes e brilhantes, que não fossem nenhuma ameaça para seu corpo".

Warhol e Edie Sedgwick

No verão de 1964, quando Edie fez 21 anos e herdou mais ou menos US$ 80.000 de sua avó (o equivalente a US$ 550.000 em 2008), mudou-se para Manhattan. No entanto, a intenção de tentar uma carreira de modelo foi logo esquecida: "Edie resolveu gastar a herança", de acordo com Goodwin, que ela contratou como motorista. Segundo ele, Edie gastou o dinheiro em seis meses. "Era dinheiro fácil", disse Dany Fields. "Ela não conhecia metade das pessoas que estava nos jantares que oferecia."

As paródias de gênero de Andy tinham sobretudo elencos gays, mas com a chegada de Edie ele viu novas possibilidades. Ela era já uma estrela em seu círculo social, e, como os filmes dele eram essencialmente estudos do comportamento humano, seria a protagonista ideal para seus caoticamente planejados experimentos cinematográficos. E ela emprestaria ao filme uma presença chamativa.

Warhol tinha comprado sem exclusividade os direitos de *A laranja mecânica* por US$ 3.000, acreditando que Ron Tavel não teria dificuldade em adaptar uma história já existente; no final, somente duas cenas fundamentais do romance de Burgess entraram no roteiro de Tavel para *Vinil*. A primeira colocava Gerard Malanga como Victor (Alex em *A laranja mecânica*), que ataca um intelectual (Larry Latreille) pelo crime de ler livros; uma observação atenta de *Vinil* revela que esses "livros" são uma pilha de revistas *Playboy* velhas. (Essa cena se tornaria depois um trecho clássico na adaptação de 1971 de Stanley Kubrick, que coloca Malcolm McDowell como Alex espancando o escritor, representado por Patrick Magee, ao som de "Cantando na chuva".) A segunda colocava Malanga sendo torturado um pouco mais realisticamente por um grupo de aficionados do sadomasoquismo. "Terminei seriamente ferido", Malanga relembrou. "Levei pauladas e chutes. Espocando, a maconha queimava minha garganta."

Warhol e Tavel tinham identificado o sadomasoquismo como o próximo campo inexplorado a ser tratado no cinema; *Vinil* era para ser outro filme só de homens, tratando de violência estilizada, músculos e cerimônias de sadismo. Mesmo com Gerard no papel principal, *Vinil* é mais frequentemente citado como a estreia nas telas de Edie Sedgwick, que apareceu usando um top preto e sua tradicional meia-calça negra.

"Em *Vinil* eu estava fazendo meu juvenil solilóquio delinquente quando Andy empurrou Edie no último minuto", Gerard afirmou ao biógrafo Jean Stein. "Fiquei um pouco irritado com a ideia, porque era para ser um filme só de homens. Andy respondeu: 'Tudo bem, ela parece um garoto'."

A justaposição da estranha Edie, de vez em quando lançando cinzas no peito de Gerard na brutal sequência de sadomasoquismo, dá um movimento perverso à cena. Edie senta-se em um baú prata, cruza as pernas de maneira relaxada, fumando e aparando as unhas, enquanto "os guardas" machucam Gerard. Sua única fala é virtualmente inaudível, tudo que ela fez foi uma figuração; sua peculiar carreira estava lançada. A mistura em Edie de artifício, graça e maldade era irresistível. "Depois que vimos umas poucas exibições de *Vinil*", Ondine relembrou, "alguns de nós começamos a nos perguntar o que aconteceria com ela ali na Factory [...] um poder que não tínhamos esperado."

Mas o fascínio de Warhol por Edie não era meramente cinematográfico. A presença dela gerava publicidade; como disse Chuck Wein: "Edie atraiu a imprensa". A diva anterior de Warhol, Jane Holzer, era uma bela garota judia da avenida Park com elegância, mas Edie era elétrica – e uma sacerdotisa, a mais refinada dos "garotos de Cambridge".

Com essa aristocrata cintilante e imensamente fotogênica nos braços,

Andy parecia um pouco menos bizarro. "Edie e Andy" estampavam as manchetes. E Edie tinha outra vantagem – era uma menina. Como "sua companhia constante", conforme a *Time*, Edie ajudava a neutralizar a homofobia que inevitavelmente o cercava. Nossa, o cara tem uma namorada! Como "o cara da Edie", a visibilidade de Andy cresceu imensamente em 1965. "Era uma nova cena para todos os *paparazzi*", disse Billy Linich, "mais como Vadim com Brigitte Bardot do que apenas Andy, o artista gay. Foi o que aconteceu com a chegada de Edie."

Mas, se Andy e Edie eram reflexos narcisistas um do outro, o autodescrito "companheiro de quarto, psicanalista e astrólogo" dela era Chuck Wein. Wein nasceu em Rhode Island em 1939, mas cresceu, como afirma, "entre Beverly Hills e Las Vegas". Seu apelo para Andy era o fato de ter sido vizinho de Elizabeth Taylor. Um belo loiro graduado em Harvard, Wein era articulado, sofisticado e viajado. Mas peculiarmente perdido – "Não posso me lembrar de ter tido alguma ambição profissional", disse. "Acho que Chuck tinha muitos desejos", observou seu colega de Cambridge (e depois da Factory) Gordon Baldwin, "porém não acho que tivesse nenhuma maneira específica de conseguir o que desejava." Com aparente descaso, Chuck admitia a Warhol: "Eu tenho algo, não sei o que é, mas sei que faço mal uso disso o tempo todo".

Em Cambridge, de acordo com Baldwin, Chuck estava mais interessado "na interação entre as pessoas" do que em qualquer outra coisa. Alguns viam maldade nessa curiosidade; incluindo evidentemente o romancista John Hersey, que usou Wein como o protótipo de Chum Breed, o vilão mefistofélico da redescrição de Hersey de 1966 do mito do Fausto, *Muito longe para ir a pé*.

"Eu tinha algumas fantasias com os cavaleiros do rei Artur e Lancelot, e – sendo um tipo de rebelde – achava que podia desafiar aquela família doente que tinha destruído essa garota", Wein disse a Steven Watson, biógrafo de Warhol. Não fica claro se o interesse de Wein em fazer filmes se cristalizou antes ou depois que ele encontrou Warhol. Mas, na Factory Films, Chuck e Edie trabalhavam como uma unidade: Edie era o veículo, a estrela em ascensão; Chuck era o estrategista e formador.

Enquanto Edie se estabeleceu no apartamento da rua 63, Chuck alugou um quarto em uma espelunca conhecida como America Hotel na rua 47

Oeste, não muito longe da Factory. Ele descreveu a rotina deles em junho e julho de 1965: "Ela acordava lá pelas três ou quatro, ia para a Factory e ligava para Hungtington Hartford ou para a srta. Javits para fazer uma lista de convidados. Às vezes pegávamos uma câmera, íamos até Edie e fazíamos uma tomada. O resto do tempo era enforcado ao redor da Factory, um lugar muito tedioso". Além de tentar impulsionar a carreira de estrela de Edie, Chuck parecia tentar pegar para si o papel de diretor social de Malanga; como uma testemunha disse: "Às sete ou oito horas saíamos com o grupo e era sempre Chuck que dizia aonde ir". Quando as atividades noturnas – na Factory, em um clube ou discoteca, ou alguma festa da moda da noite de Manhattan – acabavam, Edie ainda não ia para cama. Ela levava Wein de volta para o America Hotel, estacionava o Mercedes na Sexta avenida, "e a gente caminhava", de acordo com Wein, "até o sol nascer".

Vinil foi um teste no qual Edie passou com sucesso total. Ela não teve de fazer nada: apenas sentar atrás de Malanga, suas pernas longas e esguias de meia-calça negra, comentando a ação com um simples golpe de cigarro. Poucas semanas depois, Andy pediu a Tavel que escrevesse um roteiro só para ela. "Vamos torná-la uma estrela", Andy disse a Tavel. "Ela será a rainha da Factory."

O filme para essa coroação seria *Cozinha*. Apesar de sua paixão por Hollywood, sempre que uma cena em um de seus filmes parecia um filme de Hollywood, ele invariavelmente ficava nervoso. Com certeza, com Ron Tavel como roteirista, ele não tinha nada a temer. Warhol instruiu Tavel a se afastar de qualquer resíduo de trama. A ideia era uma história que não chegava a lugar nenhum.

"Arte e filmes não têm nada a ver um com o outro", uma afirmação de Andy que ficou famosa. "Filme é uma coisa que você fotografa, não é uma pintura em ação." Mas ele parece ter concebido alguns de seus filmes em termos de pintura. Tavel descreveu como esses filmes eram planejados: "Andy tinha em mente uma série de filmes todos em preto e outros todos em branco. Como *Vinil* tinha saído todo em preto, ele teve a ideia de que um filme todo em branco seria uma interessante justaposição [...]. Andy desejava mais uma *situação* do que um enredo para *Cozinha*, porque ele o queria apresentável para a audiência de Hollywood. Eu naturalmente o escrevi numa atmosfera absurda; era a moda do dia. É o meu trabalho mais próximo de Ionesco, mas há também algo de Abbott e Costello, que estavam entre os meus favoritos. Andy achou o meu melhor roteiro até ali, mas não deu certo porque Andy não conseguiu fazer com que ele funcionasse nem como absurdo nem como realismo – resultando na confusão que é. Mas sobre isso Andy foi esperto do ponto de vista publicitário. Ele disse: 'Bom ou mal, não interessa. Muito ruim ou muito bom é excelente. O que não pode é o meio-termo'".

A *mise-en-scène* de *Vinil* tinha sido o sadomasoquismo, que é, por sua própria natureza, teatral – um melodrama sexualizado filmado em um mundo de escuridão. *Cozinha* representava o oposto: apatia em um espaço branco brilhante. Foi filmado na cozinha de Bud Wirtschafter (ele tinha cuidado do som nos primeiros filmes de Warhol). O ator Roger Trudeau representava o namorado/marido fortão, Donald Lyons era o vizinho gay, Warhol aparecia como a megaestrela Electrah, prostituta vulgar, e René Ricard era um improvável criado – com tomadas dos fotógrafos David McCabe e Gerard Malanga.

Perdidas entre brincadeiras sem sentido e falas esquecidas estão insinuações de cunho sexual. Trudeau fala a Edie que está fazendo sexo com alguém no chuveiro e propõe que eles transem na praia quando estiver escuro e ninguém por perto. Ao que Edie languidamente responde: "Você sabe o tanto que a areia machuca". Quando Electrah chega, ela berra sobre o que Edie e Trudeau fazem a portas fechadas: "Ele faz coisas sujas no meio das suas pernas".

Mas não acontece nada – e então nada tira a nossa atenção de Edie em uma camiseta listrada e meia-calça –, nenhum enredo, nenhum diálogo, nem mesmo o senso comum. Quando Edie oferece um pedaço de bolo em camadas para Donald Lyons, ele diz: "É essa a história da minha vida, uma camada sem sentido após a outra". Então Edie começa a chorar. "Então é isso", ela diz, "eu não tenho nenhuma camada que seja eu mesma." Edie quase explode em lágrimas.

Cozinha é o exemplo clássico do que o crítico Stephen Koch chamou de "descuido fértil" de Warhol. Os atores não ensaiavam nem memorizavam as falas, era fácil notar que liam suas falas em papéis por trás da câmera. Vozes autônomas davam ordens por trás do palco; anúncios apareciam periodicamente (Donald Lyons anunciando, no meio de uma cena: "Tomada 2 de

Cozinha de Andy Warhol, estrelando Edie Sedgwick"); as pessoas nos cantos do palco terminavam inconscientemente sendo filmadas, como aconteceu com David McCabe, que estava fazendo fotos para o filme mas acabou nele. O poeta e andarilho René Ricard, um amigo de Gerard que foi parar na Factory, termina lavando pratos – pratos sujos de verdade – durante o filme.

"Empurrei René para o *Cozinha*", Malanga relembra. "Eu disse a ele: 'Vá até lá. Fique atrás'. Ele representou um criado no filme. Mas não falava. Ninguém o conhecia. Donald Lyons gritava para ele sair do palco, porém nada mudava. Como se *alguém* pudesse sair do lugar nesse filme!"

Como com quase todo mundo nos filmes de Warhol, Edie tinha dificuldade em decorar suas falas. Páginas do roteiro ficavam escondidas em armários, na geladeira, nas gavetas, em cadeiras, no meio de livros. Nas filmagens ela parece não saber o que fazer, frequentemente olhando para fora, procurando ajuda. Se Edie esquecesse as falas, deveria espirrar e alguém de fora sussurraria para ela. É desnecessário dizer que Edie espirra o tempo todo no filme.

Para Norman Mailer, os espirros se tornaram uma metáfora apocalíptica. "Suspeito que daqui a cem anos as pessoas vão olhar para *Cozinha* e dizer: 'Sim, os Estados Unidos eram desse jeito no fim dos anos 1950 e no começo dos 1960. Por isso eles fizeram uma guerra no Vietnã. Por isso os rios estavam ficando poluídos. Por isso havia tantos gordos. É por isso que o terror apareceria. É por isso que a praga cruzaria o caminho deles'. *Cozinha* mostra isso melhor do que qualquer outro trabalho da época."

A grande inescrutabilidade de *Cozinha* é parte de seu apelo. Seu propósito real, no entanto, era explorar o promissor estrelato que Edie tinha mostrado em sua enigmática estreia mais ou menos um mês antes. *Cozinha* termina em uma entropia: os atores parecem esquecer que estão em um filme, perambulando de um lado para o outro, pegando bebidas na geladeira. Finalmente a própria câmera se dá por vencida e o filme acaba.

Os roteiros de Tavel possuem sua própria lógica interna, mas Edie achava enervante a ausência de qualquer sentido. Ela perguntaria a Edie: "O que isso significa?". Para Tavel, a falta de significado *era* o importante – ele estava *tentando* falar nada, do jeito mais eloquente possível – seguindo o modelo daquele gênio da poética tautológica, Gertrude Stein.

"Um dos truques de Edie, para quando ela se via em situações que não gostava, era fingir estar chapada", diz Danny Fields. "'O que isso significa?' era algo que ela costumava dizer. Era só um jeito de ser irritante, de causar problemas."

Em uma cena, Edie, claramente incomodada com os diálogos sem sentido e monótonos, liga a batedeira e suprime completamente as palavras.

"Essa foi a primeira desavença com Edie", explicou Billy Linich. "Como ela não tinha decorado as falas do roteiro de Tavel, não entendia do que se tratava – e como era *deliberadamente* um diálogo absurdo, não havia jeito de dar um sentido a ele. Não havia coerência nas cenas, e Edie não se conformava com isso. Ela não gostava de memorizar aqueles roteiros nonsense."

Edie tinha a ilusão de se tornar uma estrela de cinema *mainstream*, mas Andy percebeu logo que ela não era uma atriz, e sim uma presença – tudo o que ela precisava fazer era andar na frente da câmera, algo que fazia com mais tranquilidade do que lidava com a própria vida. Nesse sentido, ela sempre enfrentou problemas ao tratar da realidade.

Como seus amigos íntimos admitem, Edie mal era capaz de fazer as coisas mais rotineiras. Como ela compreendia bem mal o cotidiano e suas exigências, mesmo as mais simples tarefas se tornavam um peso. Chegando a seu apartamento com Malanga e Warhol (que levava consigo um gravador) na noite de 16 de julho, Edie telefonou para um restaurante e pediu algo para ser entregue no 16 da rua 63 Leste. Eles tinham frango frito? Oh, sim – apartamento 3A. Não, eles não tinham frango frito, ela respondeu para Warhol. Frango o quê? Não, não era bom. Certo, ela não gostava disso. Um peru inteiro? Muito grande. Eles eram quatro, ela disse, errando a conta. O restaurante fazia algum prato? Salada? Não era uma salada. O que ela queria, explicou, era algo que não fosse um sanduíche.

Biscoito? Ah, *peito*.

"Carne de peito", disse Andy, acrescentando que o local fazia um excelente *goulash*.

"Mas é fresco?", Edie perguntou. "Ah, merda!", ela disse, aparentemente sobre nada. De qualquer maneira, o que era um *goulash*?

"Batata e carne", disse Andy, provavelmente um antigo consumidor do *goulash* de Julia Warhola.

"Jesus!", Edie prendeu a respiração, "eles falam mais alto que eu!". Isso era enervante; eles deviam calar a boca e deixá-la falar. Estavam malucos? Meu Deus, o que estava acontecendo com eles? Ah, aquilo parecia bom! Que tal quatro daqueles? Tinha carne? Eles enchiam o repolho com carne? Certo, então quatro desses e o *goulash*. E eles tinham coquetel de camarão? Ou toranja? Andy sugeriu *sorbet*.

Ah, sim, tem *sorbet*? Ótimo, e ela queria também salada de frutas para quatro. Bom, mas havia ainda alguma outra coisa... Depois de hesitar bastante, Edie fechou o pedido com meio *sorbet*, salada de frutas para quatro e uma torta de morango para Warhol.

"Muito obrigada", disse Edie, desligando. "Ah, eu sabia que a gente queria mesmo era batata frita."

As aventuras de Edie com batom e maquiagem eram do mesmo jeito épicas. Cronicamente atrasada, ela podia facilmente passar três horas cuidando do rosto, para desespero de alguém que por acaso a estivesse esperando. Seus atrasos em festas e estreias, horas depois do momento em que ela era esperada, criavam um senso de drama e pareciam o sinal de uma verdadeira diva. Mas, para os que faziam parte de sua vida diária, ela se tornara uma criança mimada e maluca. Seus atrasos inveterados tornaram até o inexorável Andy um pai bronqueado.

De qualquer forma, ela era um enigma. Apesar de seu ar seguro, entrevistas a deixavam aterrorizada. Em uma gravação que Warhol fez em julho, um dia antes do teste dela para *The Merv Griffin Show* e *Les Crane*, ele tentava aconselhá-la e acalmá-la. Ela iria expressar as próprias ideias *e* ser paga por isso, ele dizia. "É fan-TÁS-tico. Acho que vai ajudar você a ficar por aqui." Não seja muito inteligente, ele acrescentou, apenas charmosa – é o que ela estava vendendo. Ela encontraria pessoas interessantes e seria paga – "e é disso que você realmente precisa" – enquanto trabalha duro.

"Merda!", disse Edie. "Se tudo o que me preocupasse fosse eu mesma, eu ganharia um milhão!" Ninguém a compreendia! Alguns dias depois, ela se triturava por causa de uma entrevista na *Life*. O repórter, ela se preocupava, acharia suas respostas esotéricas. "Seja tão esotérica quanto quiser", disse Andy

– *Life* simplificaria tudo. Ela dificilmente se reconheceria na época do departamento de arte – era a revista *Life*, porra, a revista *Life*!

Andy rapidamente escalou Edie para uma série que ele inicialmente chamou *A saga da pobre menina rica*, composta de três filmes independentes: *A pobre menina rica*, *Tarde*, e o ainda sem nome *Restaurante*, chamado à época simplesmente de "a sequência da festa". Quase todos os filmes de Edie foram feitos entre abril e julho de 1965. Alguns deles eram roteirizados, outros não; mas isso quase não importava, já que ela não aprendia mesmo as suas falas.

Beleza nº2 é o único filme de Sedgwick que se coloca acima, e momentaneamente, das conversas banais que saem de *Tarde* ou *Restaurante*. Filmado em um dia de junho, *Beleza nº2* esbraveja sem muito objetivo na maior parte dos seus setenta minutos – mas se redime um pouco antes do final. Warhol orgulhosamente o considerou "nosso melhor filme até aqui", e via as cenas finais como o grande acontecimento da curta carreira de Edie.

Filmado no East 50s, cujo proprietário era o designer de moda Miles White (um dos amigos de Andy da década de 1950 com quem ele mantinha contato regular), *Beleza nº2* começa com Edie vestida com um sutiã e um fio dental, deitada em uma cama desarrumada.

Junto com ela na cama está Gino Piserchio, um dos muitos jovens belos e inexpressivos de que Andy gostava de se cercar. Sem camiseta, Piserchio logo tirava suas cuecas de algodão branco. Sentado bem ao lado do cenário está Chuck Wein, o tempo todo o interlocutor de Edie; Piserchio mal fala. O tom de Wein, no início claro e irritante, vai progressivamente ficando mais penetrante. Ele provoca Edie, tratando de assuntos desagradáveis, como o jeito que ela batia em um cavalo na infância. Mas sua animosidade parece falsa. Edie e Gino começam a namorar, Chuck responde lendo alto *A Spaniard in the works*, de John Lennon. Os beijos deles não são convincentes; apesar da quase nudez, Piserchio polidamente mantém a mão abaixo da calcinha ou do sutiã dela; Edie, a mão dela na cueca dele. Por fim, eles param.

Wein afirma que, se fosse um voyeur, estaria desapontado. Então, começam de novo. "Se vocês não estão curtindo, por que não param?", Wein pergunta.

"Cale a boca!", grita Edie, mas ainda pouco convincente. Quando ela joga um cinzeiro nele, ainda representa com certa petulância.

Wein finalmente consegue aborrecer Edie dizendo a Piserchio:

"Se você fosse só um pouquinho mais velho, Gino, poderia ser o pai dela, e ela..."

"Eu quero que você cale a boca", ela fala, a Edie real, verdadeiramente brava. Ao contrário dos outros malucos de passagem no zoológico de Warhol, Edie detestava confrontos. Ela tinha, na verdade, mais de hippie do que da fria beleza niilista que era sua reputação, então sua reação às constantes provocações de Wein aparece como se um choque a retirasse da sonhadora e sensual figura que ela estava representando nos últimos setenta minutos de carícias preliminares e eclode.

O filme termina com um contínuo fluxo de observações nojentas de Wein, que são claramente sangrentas. Furiosa, mas sem a verve de Wein, Edie pode apenas olhar irritada. Ela jamais poderia ter a acidez genial, a sofisticação de Dorothy Parker, como Chuck estava tentando criar.

Junto com os fragmentos de *Garotas do Chelsea* do ano seguinte, *Beleza nº2* atingiu o que o diretor Warhol constantemente e quase sempre sem sucesso queria: momentos de vida real produzidos espontaneamente, a expressão da forte personalidade inata do ator. Apenas com tais momentos ele poderia produzir algo que não considerasse "antiquado", um dos insultos favoritos de Warhol.

Em 19 de julho, Edie e Andy sentaram-se em um restaurante com um novo amigo, o ascendente cantor folk Eric Andersen, que tinha aparecido naquele dia como "O homem com a guitarra" no descartável filme *Espaço*. Eles estavam falando sobre o *Beleza nº2* de Warhol, que Andersen vira recentemente. O filme era muito real, Warhol disse. Tinha acontecido uma briga quase verdadeira entre Edie e Chuck Wein.

"Aquele gato, cara, ele estava mesmo agredindo você", Andersen perguntou a Edie. O garoto estava mesmo agredindo? Bom, foi um pouquinho planejado, Andy confessou. O que eles estavam tentando fazer no filme era metade da realidade, mas real.

"Era *inacreditavelmente* real!", disse Andersen.

Eles tinham de ter um segurança no estúdio, Edie argumentou, se as coisas ficassem reais demais.

Andersen concordou – alguma coisa poderia sair do controle. Mas a ideia toda era excelente! "Se você tiver pessoas talentosas, cara, pode fazer coisas incríveis. Uau! Eu adoraria fazer algo novo. Eu tinha algumas falas inteligentes que eram... inteligentes."

Os filmes ainda não estavam sendo mostrados no circuito comercial. O dinheiro que Warhol ganhava com eles não pagava os custos. Um cheque típico de seus distribuidores, a Film-Makers' Cooperative para as apresentações de 19 e 20 de junho de *Vinil* e *A pobre menina rica* era de US$ 177,32, já descontadas as despesas e os 25% da Coop. Naquela semana, Andy devia US$ 1.100 para o Video Film Labs. Alguns dias depois, Andy recebeu um bilhete desesperado do dono da Video – um dos muitos – dizendo: "Por favor, me pague antes do fim do mês, pois preciso saldar minhas dívidas".

Ao contrário do que muita gente acreditava, Warhol não estava ganhando muito dinheiro naquela época. Em 1965, a Andy Warhol Enterprises arrecadou US$ 47.153,66. Desses, US$ 32.426,25 vinham de Castelli; o restante, de pinturas vendidas diretamente para um cliente, sem o envolvimento de Castelli, e de trabalhos comerciais que Andy continuava fazendo, e detestando. As despesas, por sua vez, giraram em torno de US$ 47.040,89. O lucro da empresa de Andy Warhol em 1965 foi de US$ 112,77.

Warhol tinha obsessão com detalhes pequenos do dia a dia – o que envolvia sobretudo a vida diária de seu grupo: Ondine, Edie, Gerard, Chuck e Billy. Em 1965, Andy começou a gravar *cada minuto* de seu dia – na Factory, em táxis e restaurantes, em qualquer lugar onde estivesse. Ele faria isso pelo resto da vida. De repente, começou a chamar seu gravador de "minha esposa".

Com certeza Andy, que estava tentando criar o romance *a* apenas gravando conversas, mais do que ninguém tinha consciência de que suas palavras estavam sendo preservadas. Por outro lado, há trechos inteiros em que a imediatez da conversa se impõe por si mesma; nesses casos, Warhol está tão distraído da presença do gravador quanto seus companheiros, dando um retrato tão agudo e sem retoques deles como nunca fora feito antes.

Quase uma década depois, enquanto dava a Pat Hackett as entrevistas que ela e outros transformariam em *A filosofia de Andy Warhol,* Andy tentava lembrar simplesmente por que tinha comprado aquele primeiro gravador. "Bom, eu estava tentando fazer um livro, *a*, que não foi publicado até 1968", Andy diz. "Simplesmente comprei um gravador e gravei Ondine por um dia inteiro [...]. Eu estava tão curioso em encontrar essas pessoas todas que podia ficar lá uma semana. E fiquei tão curioso que peguei um gravador e me determinei a passar todo o dia gravando Ondine, e aí começou." Alguns garotos, parte da multidão anônima que entrava e saía da Factory, perguntou a Warhol se eles não podiam ajudar em algo e ele lhes deu o serviço de transcrever as fitas de *a* naquilo que sempre chamou de seu "romance".

No romance *a*, a falta de edição de Andy está de novo clara, e a pegada se mostra tão longe da literatura quanto do cinema. A estética indiscriminada pode resultar em inovações interessantes nas artes plásticas, mas, quando os elementos a ser tratados de forma aleatória e dispersa são as palavras, cujo propósito é criar sentido, o resultado (em especial um resultado de 450 páginas) é garantidamente confuso. Nenhum desses defeitos nem de longe preocupou Andy, que gostava de erros. (Billy Linich se encarregou do processo editorial em 1968 e entregou o manuscrito para a editora Grove Press com todos os erros mantidos.)

Um pequeno exemplo das frases perdidas na transcrição: "Eu tenho uma pergunta séria para fazer a você" se tornou "Eu tenho uma cabeça especial para os estudos" e "Sua mãe no entanto não a acha bonita" se tornou "Ela não é bonita para a Mother Bell". *Turandot* se transformou em goma de mascar; *Fidelio,* em "McDaniel". "Você tem o pinto grande" se tornou "Jeffrey telefonou?", e "*Pièce de résistence*" teve como transcrição "Mas a próxima coisa é essa boneca", "Tenho de tomar banho" se transformou em "E gostaria de ser poupado", "vergonha" tornou-se "bundona", "Seagram", "secreto", e "Nós gostaríamos que alguém o chupasse por setenta minutos" apareceu como "Gostaríamos de um corpo para atraí-los para um certo...". Falantes são identificados ao capricho do transcritor e as trocas são mantidas, tornando a leitura de *a* torturante.

As fitas de *a* são outro assunto. Enterradas em meio às milhares de gravações arquivadas, revelam o mundo de Warhol e Ondine em meados dos anos 1960 com fascinante proximidade. Há o tom e o timbre de vozes e toda a informação que elas tão claramente lançam: a voz trêmula de Ondine falando um esquisito "Hannh?" [Hã?] ou "I would *nev*uh" [Eu nunca] ou o seu "*terlet*" para "*toilet*" [banheiro] e "mis-*cheev*-ee-us" para "*mischievous*" [perverso], ou a inteligência reduzida de Billy Linich, ou a frieza moderna e cáustica de Andy. Há um quadro completo da vida que Andy, Ondine, Edie, Chuck Wein, Billy Linich, Paul Morrissey, Brigid Berlin e outros tinham durante um único dia – quatro ou cinco dias, na verdade; Ondine, Andy e os outros repetidamente se cansavam e não terminaram de gravar as fitas até quase dois anos depois de terem começado, em maio de 1967. À época, alguns novos personagens tinham sido acrescentadas ao grupo, incluindo Lou Reed.

Porém muito pouco do material das fitas se transformou nas páginas de *a*. Mesmo um leitor cuidadoso das primeiras doze páginas perderia não apenas as nuances, mas quase certamente os principais acontecimentos dessas páginas, um presumível escorregão que mortifica Andy.

A fita começa com um ar relaxado, alegre e promissor, mais ou menos às 14 horas na sexta-feira, 30 de julho. Andie e Ondine entram no restaurante Stark, na esquina da rua 77 com a Madison. Andy identifica David Whitney, um WASP da Nova Inglaterra, namorado do arquiteto Philip Johnson, e um Leo Castelli trabalhador – uma jovem figura do mundo das artes, que tem alguma importância. Warhol tenta, sem sucesso, conseguir a atenção de Whitney.

"Ele sabe quem eu sou", diz Andy com raiva. "Ele é medíocre, esse idiota. Não acredito nisso!" Ele tenta de novo, em vão. "Ei, David..." Recusando-se a pensar que Whitney talvez não o esteja vendo ou ouvindo, Andy insiste que ele o está esnobando.

"Talvez seja uma conversa particular", Ondine sugere. Andy não ouve. "Vou dar um jeito nele", ele diz sem disfarçar a raiva.

Ondine quer saber se ele é um *dos* Whitney. Não, ele é o namorado de Philip Johnson, diz Andy. Ondine não sabe quem é.

"Ele construiu o Edifício Seagram."

Um belo edifício, na opinião de Ondine. Andy oferece alguns Obetrol para Ondine, que engole cinco; Andy, dois. Daqui a pouco ele vai se virar, Ondine fala com condescendência. De repente, Andy percebe um olhar do companheiro de mesa de Whitney e tosse. É *Rauschenberg*! O grande artista está evidentemente sentado de um jeito que não pode enxergar Andy. Ainda ansioso para ser visto (apesar de Ondine não dar bola), Andy pensa em ir até lá encontrar Rauschenberg. Ondine, no entanto, não sabe quem é ele.

"Ele é... o artista número um."

"Impossível", diz Ondine. "Andy é que é".

"Edie é tão pop", Andy diz de repente; "pop e vazia". Então, a pedido de Ondine, eles se levantam e saem. Andy para em frente à mesa de Whitney e Rauschenberg. Finalmente fazem contato e trocam gentilezas, e Andy fica visivelmente aliviado. Mas o episódio ficará na cabeça dele. Doze horas depois, relembrando os acontecimentos do dia, ele dirá que no Stark's "estava David Whitney, que se recusou a me dizer oi".

Quando *a* foi lançado, no fim de 1968, a *Time* publicou uma resenha com o título "zzzzzzzzzz". Mas o livro iria no final angariar um intenso culto de seguidores, como arqueólogos caçando cacos enterrados, vasculhando sua sintaxe destroçada atrás de pistas de uma cultura perdida.

O único tópico mais presente em *a* que as drogas é o sexo – ou a falta dele. Uns poucos minutos depois do incidente com Whitney, Ondine se pergunta quando ele ficará saciado. "Não casado, saciado." E quando vai encontrar alguém, Andy pergunta: "Quem vai gostar de A.W.?".

Eles vão achar um jeito, Ondine responde. "Se houver um jeito em algum lugar, querido, nós vamos achá-lo."

Andy tentou a sorte com rapazes em várias ocasiões em 1965. Seu interesse inicial sobre o precoce fotógrafo de dezesseis anos, Stephen Shore, com quem ele se encontrou em maio, não era para o trabalho dele. "Foi uma coisa sexual", de acordo com Shore. "Eu não sabia o que era naquela época." Depois de Shore ter aparecido algumas vezes na Factory, Andy fez uma típica tentativa dúbia: enquanto ele e Shore estavam sentados na poltrona conversando, Andy colocou a mão na perna de Shore e disse: "Henry está interessado em você".

Naquele momento, Shore "percebeu o que estava acontecendo e disse que era heterossexual. Ele recuou totalmente; foi como se nada tivesse acontecido". Nos dois anos seguintes, quando Shore fez sua marcante série de fotografias da Factory, Andy foi um mentor amigável. "Foi outro tipo de relação que se desenvolveu, em que ele me aconselhava." Eles almoçavam juntos no Schrafft's, na esquina da rua 57 com a Terceira, onde Andy "muito discretamente abriria uma caixa de comprimidos e tomaria *speed*. Era até certo ponto apropriado. Era como se fôssemos senhoras de sessenta anos almoçando no Schrafft's, e aquilo era o que você fazia".

Na última semana de junho, Andy fez uma cena para o filme *Restaurante* no restaurante L'Avventura, na qual Gordon Baldwin, um estudante de pós-graduação de arquitetura em Harvard, fazia uma pequena cena. No dia seguinte, Andy e Baldwin saíram para ver a comédia de Hollywood *What's new, pussycat* [O que é que há, gatinha]; depois foram beber, o que para Andy significava visitar uns dois bares, e terminaram no 1342 da Lexington. Um breve encontro sexual ocorreu, que não foi muito bom para Baldwin; em todo o tempo Andy insistia para que Baldwin continuasse falando, como se fosse para acalmar os nervos de Andy.

Baldwin voltou para Cambridge e "por alguns minutos nas semanas seguintes ficou tomado pela ideia de um envolvimento". Assíduo tomador de notas, rabiscou algumas das observações de Andy durante o relacionamento deles. "Andy não acreditava em nada", diz uma; "comer não é importante", outra. "Muitas coisas são 'tremendas'" era o comentário de Baldwin sobre o discurso do momento de Andy. "Eu estou a fim de você... você não se interessa?". E então um ultimato: "Você tem até terça", presumivelmente para marcar um encontro. Mas nada jamais se materializou. Primeiro, Baldwin não sentia atração física por Warhol. Passada a empolgação, rapidinhas não levam a lugar nenhum. "A única coisa que eu poderia chamar de desejo sexual pronunciado da parte de Andy", Chuck Wein lembra, "era um tipo de lamúria: 'Quando haverá alguém a fim de Andy?'. Nesses termos. Queixoso. É esse o verdadeiro Andy, em se tratando de sexo."

Andy poderia se consolar com seu crescente sucesso internacional. Em maio ele voou para Paris, Edie e Chuck na bagagem, e Malanga junto (alguém tinha de carregar as malas pesadas) para a abertura de *Flores* na Galeria Sonnabend. Era a primeira exposição europeia de Andy, foi um hit. Escrevendo para o *International Herald Tribune*, John Ashbery foi efusivo: "Andy Warhol causa furor em Paris" é a manchete. Warhol, ele escreveu, estava "causando o maior furor transatlântico desde que Oscar Wilde trouxe cultura para Buffalo".

Os quatro artistas pop receberam tanta atenção da mídia quanto as pinturas de Andy. Eles posavam para fotografias no quarto do hotel: Gerard na banheira enquanto Andy, de camisa alinhada e short de jóquei, observa; ou todos os quatro na cama juntos, Edie de camisola e com os cabelos bagunçados, Gerard afetando uma langorosa androginia, de mãos dadas com Chuck e Edie, a cabeça no colo de Edie. Andy deita com eles, mas se mantém rigidamente separado. No Castel's, um elogiado restaurante parisiense, a funcionária da portaria pergunta se Edie não gostaria de guardar sua capa de vison. "Não", ela responde, "não estou usando mais nada."

Em Paris, Andy anunciou que estava se aposentando das pinturas e dali em diante dedicaria sua vida a fazer filmes. "As pinturas não vão longe o suficiente", ele disse. "Com os filmes é fácil." Ele tinha decidido, diz em *POPism*, "anunciar o que estava pensando em fazer havia meses: eu me aposentaria das pinturas. A arte já não me divertia mais; eram as pessoas que me fascinavam, e eu gostaria de gastar todo o meu tempo com elas, ouvindo-as, filmando-as". Ele tinha recebido "uma proposta de Hollywood", quase certamente estava mentindo para um repórter na estreia, e estava "seriamente pensando em aceitá-la".

De volta para os Estados Unidos em junho, *Pop art*, um dos primeiros livros sobre o assunto, foi publicado. Os autores, o jornalista John Rublowsky e o fotógrafo Ken Heyman, foram homenageados com uma festa na Factory em 29 de junho.

"Enquanto eu folheava as páginas e olhava as reproduções", disse Andy, "sentia-me completamente satisfeito por ter me aposentado: as obras básicas do pop já estavam feitas." E elas estavam. Ele tinha reforçado sua posição – aqueles objetos comuns são arte – para sua conclusão lógica, sair das telas e ir para as réplicas virtuais de uma coisa real, suas caixas de Brillo.

No entanto, como relembra Ronnie Cutrone, "muitas pessoas achavam que a aposentadoria de Andy para a pintura era uma postura pública. Andy nunca parou de pintar". Cutrone podia até gostar do lugar, mas seu fascínio real era ver a pintura de Andy. "Ele era muito acessível. Estava fazendo os *Autorretratos* e havia *Marilyns* e *Desastres* pendurados por todo lado, e *Flores* sendo feitas no chão – ele continuava a fazê-las por encomenda. Eu tomava o trem na saída da escola e Andy deixava que nos sentássemos e o víssemos pintar por duas horas."

Mas, até onde interessava para a sua figura pública, ele era um ex-pintor. Como contou em uma entrevista em 1966: "Eu não pinto mais. Parei mais ou menos há um ano e agora só filmo. Eu poderia fazer as duas coisas ao mesmo tempo, mas filmes são mais excitantes. A pintura foi apenas uma fase".

Warhol com tinta spray, 1965

Em julho, Warhol e Paul Morrissey encontraram-se provavelmente pela segunda vez, por ocasião da projeção na Filmmakers Cinematheque de *Beleza nº2* e *Restaurante* de Warhol. Andy gravou a conversa. Morrissey é muito simpático, quase lisonjeiro, talvez esperando por um lugar no...

Quem era o câmera no último filme? Morrissey queria saber. Bem, ele tinha feito tudo, Andy respondeu. Câmera também?, perguntou Morrissey aparentemente admirado. A composição ficou bonita, ele disse; a câmera não tinha se movido, nem deveria.

Não, não era para ela se mover, Warhol confirmou. Ele continuava tentando todo tipo de recurso.

Bem, a audiência gostou disso, disse Morrissey.

Andy disse que o som era "a parte terrível do filme [*Restaurante*]";

Morrissey tinha achado os ruídos "apropriados". Andy então perguntou se ele conhecia alguém que gostaria de trabalhar no som, "de graça". Eles filmariam na segunda-feira seguinte, às 17 horas.

Na segunda seguinte ou não, Morrissey apareceu na filmagem subsequente de Warhol, que ele lembra como sendo sua primeira visita à Factory, e viu mais ou menos 25 pessoas encostadas na parede.

"Reconheci algumas. Edie estava lá. Reconheci um cantor famoso de música folk do momento chamado Eric Andersen. Achei que Andy não tinha a menor ideia do que fazer com eles. Talvez alguém dissesse, ou o próprio Andy: 'Bom, eles podem simplesmente falar'. Ed disse: 'Certo, vamos colocá-los em fila e deixamos a câmera aqui e movemos a câmera para a frente e para trás'. Ele respondeu: 'Não posso mover a câmera'. Eu disse: 'Bom, pode sim'. Ele respondeu: 'Não sei como fazer isso, e eu tenho medo de que ela pule e balance'.

"Eu disse: 'Vou mostrar a você, veja', e Morrissey fotografou o panorama fazendo movimentos de vai e vem, falando para Andy: "'Agora faça você, é muito fácil'. Ele disse: 'Ah, certo. Tudo bem, vou tentar'."

Quando eles tinham terminado de filmar, Morrissey recorda, Andy estava tão feliz com o resultado que o convidou para voltar "para fazer outro".

"Depois que eu fui duas ou três vezes, [Andy] disse: 'Venha e vamos equacionar algumas coisas...'. Eu devo ter dito: 'Bom, mas eu tenho de ter algum ganho'" – Morrissey havia perdido o emprego que tinha como assistente social no Harlem para o Departamento de Bem-Estar Social da cidade – "e ele respondeu: 'Bom, talvez a gente ganhe algum dinheiro e você fica com uma parte'. E essa era a ideia toda."

Morrissey, então com 27 anos, cresceu em Yonkers, filho de um juiz. Ele estudou inglês em Fordham, onde encontrou o estudante de línguas clássicas Donald Lyons. Morrissey, de acordo com Lyons, não mudou nada da faculdade para os anos 1960. "Ele sempre foi um ditador engraçado, tirano e egoísta. Paul é uma pessoa adorável, mas uma pessoa com um projeto."

"Sempre fui interessado em filmes", Morrissey relembra. "Quando saí da faculdade, li um artigo de Jonas Mekas no *Village Voice* que dizia: 'Você deve sair, comprar uma câmera e fazer seus filmes com a sua cabeça'. Era isso. Continuei seguindo aquilo em todos os filmes que fiz."

Como um produtor iniciante, Lyons afirmou: "Paul gostaria de fazer comédias sombrias... Comédias envolvendo a loucura da vida nas ruas de Nova York". Embora fosse amigável com a maioria dos produtores independentes do centro de Manhattan, Morrissey "não admirava particularmente nenhum".

Em muitos aspectos Morrissey era um conservador no cinema. "Os melhores filmes já produzidos", ele afirmava, "eu vi nos anos 1950 e eles foram feitos nos anos 1950: *E o vento levou...*, *Ricardo III*, *Sindicato de ladrões*, *Os brutos também amam*, *Como era verde o meu vale*, *O terceiro homem*. Os anos 1950 foram decisivos. A queda veio com os anos 1960 nos Estados Unidos." Morrissey nunca esteve interessado em filmes abstratos ou montagens; para ele, cinema era narrativa. O único filme underground antigo que ele se lembrava de ter gostado foi *O ladrão de flores*, de Ron Rice, porque "seguia um personagem quase como uma narrativa". Se a aproximação de Warhol com o cinema foi como pintor, interessado mais nas imagens que na narrativa, ele e Morrissey dividiam um gosto importante: ambos viam um filme como em grande parte um veículo para memoráveis, e não necessariamente treinadas personalidades. "Quem dá bola para atuações?", Morrissey perguntava. "Vi atores o bastante para dez vidas. O que me interessa é quando a personalidade emerge. Sem isso, a atuação não vale a pena."

Em curto espaço de tempo, Morrissey ocupava um importante posto duplo na Factory. Inicialmente atuava como sonoplasta para os filmes, mas depois se tornou o supervisor técnico geral – e, como Morrissey via, o diretor *de facto*. "Participei de todos os filmes que foram feitos depois que fui lá pela primeira vez. Eu não era visto como diretor, mesmo sabendo que, se houvesse algum, seria eu. Fui o organizador de todos aqueles filmes." Ele cuidava de tudo, menos da câmera, que continuava uma prerrogativa de Andy. Era também o agente pessoal dos negócios de Warhol, tentando pensar em formas de explorar Andy como uma marca. "Como Andy disse, 'talvez você consiga ganhar algum dinheiro com o meu nome, e você pode tirar algum disso e, assim, não precisar de um trabalho regular'. Eu disse O.K. A minha função era pensar o funcionamento das coisas."

O contador de Warhol, Stanley Shippenberg, tinha sido em essência o agente dele desde 1957, mas Andy queria alguém para administrar as crescentes oportunidades de ganhar dinheiro com sua notoriedade. De acordo com Morrissey, "havia convites regulares para ele aparecer aqui e ali. Andy dizia: 'Alguém quer que eu vá em tal lugar, alguém quer uma visita de Edie, o que devemos fazer?'. Alguém tinha de cuidar dessas coisas. Eu preenchi um vácuo". Ele também era bom em criar artimanhas fúteis que arrecadavam dinheiro – visitas, aprovações, e logo viagens de concertos e palestras. "Eu tinha de criá-las [isto é, organizá-las] e então pensar qual a parte de Andy" no que quer que fosse. "A certa altura eu tinha um expediente de trabalho, foi muito rápido." Por seus esforços, Morrissey recebia 25% de toda a renda que não fosse derivada das vendas dos trabalhos de arte de Warhol – que era exclusividade de Castelli. O pagamento de Morrissey quanto aos filmes foi oficializado; para o resto, o acordo continuou sendo verbal.

Paul Morrissey

Nem todo mundo ficou excitado com a chegada de Morrissey ao grupo. Alguns o viam como um oportunista. Na opinião de Billy Linich, "ele estava lá só para conseguir o dele... Ele não tinha moral ou algum padrão, não se importava de verdade. Se depois ele se preocupou com o acervo de Joe Dallesandro, foi porque sabia que vendia. Ele via tudo como mercadoria. Andy não pensava nesse tipo de coisa quando fez *Sono*. Paul o explorou".

Vivendo na miserável rua 47, uns poucos quarteirões ao norte da Times Square, Chuck Wein tinha muito tempo para pensar em como impulsionar as coisas. Logo, ele teve uma ideia. Mesmo dividindo a impaciência de Warhol com o artifício e adorando a espontaneidade, Chuck pensou em algo mais facilmente digerível que as ideias de Warhol – algo que tivesse um potencial comercial.

"*Meu michê* não foi um filme de Andy Warhol, mas de Chuck Wein", Paul Morrissey lamentou-se. "Andy me contou: 'Chuck tem uma ideia. Dorothy Dean tem alguns amigos com uma casa em Fire Island que podemos usar', e eu respondi: 'Ótimo'." Dean – um frequentador de ocasião da Factory e um talento letal – patrocinou o filme: US$ 500, de acordo com Morrissey.

Quando reunimos o elenco para as filmagens no fim de semana do Dia do Trabalho, "Chuck foi a um programa de TV com Edie", de acordo com Malanga, "então ela ficou conspicuamente ausente. Chuck retirou-a, ele a deixou de fora". A escolha foi de Edie, afirmou Wein; mais quebrada que nunca, ela estava perdendo a paciência com a falha de Warhol em pagar suas estrelas. Warhol tinha orgulho de *Beleza nº2* e da presença brilhante de Edie no filme, mas ele estava cada vez mais frustrado com os defeitos dela como atriz. *Cozinha* foi pensado para ser sua verdadeira estreia, mas ela tinha errado quase todas as falas.

Em vez dela, a figura feminina principal de *Meu michê* foi Genevieve Charbin. Wein estava ansioso para injetar um ar de devassidão erudita no filme, e ele conhecia a pessoa certa para isso: o estudante de literatura Ed Hood, um libertino bem de vida do Sul, aluno permanente de pós-graduação em Harvard e habitante quase legendário da noite gay de Cambridge. "Falando, Ed era capaz de quase hipnotizar as pessoas", relembra seu amigo Gordon Baldwin. "Sua cama era conhecida como 'Logan Field', porque muitos aterrissavam nela."

Os filmes de Warhol são cheios de personagens estranhos que aparecem em um deles e nunca mais. Joe Campbell foi uma dessas personalidades idiossincráticas. Ele era um sedutor; Dorothy Dean o adorava (era a responsável pelo apelido dele, "The Sugar Plum Fairy" [Fada Açucarada]) e queria vê-lo no papel principal. Mas o posto foi para um belo garoto que chegou na última hora chamado Paul Johnson. Lester Persky tinha lhe dado uma carona. "Paul foi levado para o estúdio de Andy por Lester Persky", disse Henry Geldzahler, que foi um dos amantes de Johnson por um tempo. "Paul era espantosamente bonito, e de imediato teve o nome mudado de Paul Johnson para Paul America", talvez porque estivesse morando no mesmo pulgueiro que Wein, o America Hotel.

Na manhã da filmagem, de acordo com Morrissey, Wein tentou dar um golpe. "Chuck queria Andy fora das câmeras; ele queria que eu filmasse." Morrissey ficou ao lado do chefe. "Eu disse: 'Não, não quero fazer isso, não é legal com Andy'." Morrissey diz que, no final das contas, Wein foi embora bufando – "Quando o filme foi feito, Chuck não teve nada a ver com ele" –, mas as fotografias mostrando os três – Andy, Wein e Morrissey – ao redor da Auricon contradizem isso. Como insistiu Genevieve Charbin: "Chuck ficou. Se houve um diretor nesse filme, foi ele. Com certeza".

A premissa do filme é que a bicha rica (Hood) tinha encomendado os serviços de um jovem gay branquinho (Johnson/America) de uma agência chamada "Chame a Fera". Quando a primeira tomada começa, Hood está sentado em sua varanda em frente ao mar, peremptoriamente dando ordens a seu criado enquanto olha cheio de desejo para America, que está se divertindo nas ondas. A vizinha de Hood (Charbin) e Campbell estão sentados cobiçando America, enquanto Hood despeja insultos sobre Charbin: "Ela não gosta de homens de verdade, o que ela tem é um tipo de prazer perverso de roubá-los dos veados".

A cena em frente ao mar apresenta uma mudança técnica que no mínimo, para a memória de Morrissey, traumatizou Andy. Seria claramente necessário ir e vir entre o trio na varanda e America na areia. "Ele me disse: 'Você faz o movimento, eu não sou capaz'. Então operei a câmera e Andy ficou apenas sentado", essa foi a única tomada de um filme dirigido por Andy, segundo Morrissey, em que ele não manejou a câmera.

A memória de Charbin é um pouco diferente. Warhol não queria fazer o movimento – "ele queria filmar apenas America na areia", mas não Morrissey e Wein. "Eles brigaram tanto sobre isso que ameacei ir embora e voltar para a cidade." A certo momento Morrissey e Andy literalmente brigaram pela câmera. O resultado foi um movimento maluco; assistindo ao filme anos mais tarde, Charbin riu ao lembrar-se de Morrissey tentando forçar Andy a mover a câmera. (De repente, de acordo com Charbin, Andy parou de brigar e deixou Morrissey fazer os movimentos.)

O crítico Stephen Koch considera a cena 2 "um documento sem paralelo de coquetismo masculino". Enquanto os dois amantes lavam a louça, o mais velho aconselha o outro. America é o novato cheio de dúvidas, Campbell é o veterano que tem as respostas. Mas a conversa é secundária para o que realmente importa: dois corpos masculinos quase nus muito próximos e a tensão que isso cria. Um por um, Charbin, Hood e uma última pretendente, Dorothy Dean, entram e saem, fazendo a corte para o jovem gay, cujo rosto branco não mostra preferência.

No jantar depois das filmagens, ficou óbvio que alguém tinha misturado LSD à comida. De acordo com o fotógrafo, não houve discussão. "Foi Chuck, eu vi." Malanga concordava. "Chuck para mim era um cara dócil, mas aquilo foi algo feio de se fazer. Todo mundo ficou alto por causa do LSD – Andy também, que nunca tinha tomado ácido. Às seis da manhã fui para a cozinha, muito cansado, e lá estava Andy com a vassoura e a pá de lixo, varrendo o chão, mas não havia nada para varrer. 'Andy, o que você está fazendo?' 'Limpando!'" Morrissey, um fanático antidrogas, foi encontrado no calçadão na posição fetal, murmurando que estava vendo tudo através de uma fenda no cérebro.

Com seu retrato franco de amantes, clientes de prostitutas e suas transações, o filme trouxe para Warhol uma audiência nova: a comunidade gay de Nova York. Foi o primeiro filme de Warhol que Edmund White, por exemplo, lembra em detalhes. Com muito mais narrativa convencional que os filmes anteriores de Warhol, ele tinha algo que atraía a audiência. Se o produtor Warhol já não estivesse rumo ao *mainstream*, ele estava no mínimo sendo visto.

Chuck Wein tinha ideias, mas não habilidade para o cinema; Danny Williams tinha ambos. Depois de deixar Harvard após seu ano de calouro, Williams, já um excelente fotógrafo de paisagens, começou a procurar e logo achou trabalho no cinema. Na época que ele entrou na Factory, logo após o seu vigésimo sexto aniversário, Williams tinha editado dois filmes para os documentaristas

Albert e David Maysles, *Showman* e *O que está acontecendo! Os Beatles nos E.U.A*, e trabalhado em projetos da WGBH-TV e Time Inc. Ansioso para fazer seus próprios filmes, Danny claramente via na Factory um bom lugar para começar. Seu pai era um arquiteto formado em Harvard; sua mãe trabalhou na *Architectural Forum* como pesquisadora e liderou o braço de Massachusetts da Liga das Sufragistas. Williams rapidamente fez de si mesmo uma pessoa útil para a Factory; eletricista habilidoso, por exemplo, ele melhorou a precária fiação do estúdio.

Danny Williams

No fim de setembro, Wein, Charbin e Williams trabalharam duro no projeto do novo filme, o mais ambicioso da Factory, comercialmente falando, baseado no romance *Jane Eyre*, de Charlotte Brontë. Wein deu a ideia durante um encontro entre Warhol e Huntington Hartford, o excêntrico herdeiro da cadeia de supermercados A&P e patrono das artes, de quem Andy estava tentando extrair uma comissão para pintar a esposa de Hartford. O retrato não interessava, mas Hartford ofereceu a Andy as roupas aposentadas de sua versão de 1958 do clássico de Brontë na Broadway e seu refúgio no Caribe como locação. Wein detestou a ideia; Andy, talvez incapaz de resistir a uma barganha, adorou. Logo, Wein notou que essa era uma oportunidade comercial para Edie, que ele queria trazer de volta.

Obtendo espaço no escritório da revista *Show* de Hartford, uma lustrosa publicação dos anos 1960 parecida com a *Esquire*, Wein e Charbin criaram um roteiro narrativo e naturalista. Williams fez um orçamento detalhado (superior a US$ 42.000) e a agenda de gravação. De acordo com Wein, Williams conseguiu deixar David Watkin, diretor de fotografia de *Help!*, dos Beatles, interessado. *Jane Heir* era para ser o primeiro filme de Warhol em 35 milímetros, o formato-padrão para filmes lançados comercialmente.

"Planejamos ganhar dinheiro com ele", Warhol falou em uma entrevista na *Cavalier*, uma revista erótica para homens. "Não apenas o suficiente para cobrir o aluguel aqui da Factory e o custo de processar o filme, mas uma boa quantia de dinheiro. Será o nosso primeiro longa-metragem. Para isso, acredito que teremos um grande elenco, uma equipe completa de técnicos e um roteiro cuidadosamente preparado." O projeto recebeu outra cobertura: na edição de dezembro de *Mademoiselle*, Leo Lerman mencionou o "novo filme de Andy, *Jane Heir* (Edie é Jane)", e a coluna de Leonard Lyon de 24 de setembro do *New York Post* anunciou que Warhol, Sedgwick e Huntington Hartford estavam para ir para o Caribe "fazer uma versão cinematográfica da peça de Hartford, 'Jane Ayre' [*sic*]".

O envolvimento de Danny Williams em *Jane Heir* tornou-se mais complicado quando, no fim de setembro, ele e Warhol viraram amantes. Em outubro, Danny estava vivendo no 1342 da avenida Lexington – para Julia, sem dúvida era só mais um dos meninos bonitos que não tinham para onde ir que Andy colocava em um dos quartos desocupados de sua enorme casa. O relacionamento foi quase certamente sexual, ainda que não por muito tempo – o padrão frequente que tanto preocupava Andy. Mas Wein notou que "por um breve período ali Danny e Andy tiveram alguma coisa. De repente um mordia a orelha do outro na Arthur [a discoteca], e eu pensei: 'Meu Deus, está realmente acontecendo algo com Andy!'". Andy escreveu no catálogo da mostra de outubro "para Dannie", rabiscando o desenho de uma flor em cujo centro está um inconfundível pênis e duas bolas. "Eu sabia que Andy tinha um relacionamento sexual muito intenso com Danny", disse Robert Heide. "Você sentia isso quando estava com eles; todos os níveis do relacionamento deles eram claros."

"Danny se destacava dos outros", disse Stephen Shore. "Eu gostava dele. Ele não era interesseiro, era uma pessoa substancial, inteligente e doce." Também era frágil: ambicioso mas reflexivo, facilmente magoável, e possivelmente alcoólatra; havia um histórico de depressão e instabilidade emocional em sua família. Billy Linich, que pode ter sentido ciúme do relacionamento de Andy com Williams, chamou Danny de "semipsicótico". Para Heide, Williams "era muito raivoso e competitivo. De tempos em tempos a agressividade aparecia, como nessa cafeteria na esquina da Bedford com a Christopher em que Andy gostava de ir. Uma noite, muitas pessoas em volta, Danny tentou tirar a peruca de Andy, e Andy berrava: 'Pare com isso! Pare com isso!'".

"Danny Williams não era louco", na opinião de Wein. "Danny Williams bebia muito, e quando fazia isso ficava muito emotivo e autodestrutivo." Ele também foi um dos poucos amantes de Warhol que retribuíam os sentimentos românticos e sexuais de Andy. Ao mesmo tempo, era bastante crítico quanto a ele. Retornando para a quebra do relacionamento em 1966, Danny escreveu em seu diário: "O amor com Andy teria sido bonito se Andy quisesse dividir minhas experiências & ver-me, mas tudo o que ele queria era me alimentar e levar-me para encontrar seus glamorosos amigos".

Do mesmo jeito que Warhol tinha dado a Billy sua Pentax, ele deu a seu novo amante-protegido uso livre da Bolex. Entre outubro e dezembro, Williams filmou mais que uma dúzia de filmes, variando em extensão de três a 34 minutos. Para os padrões deliberadamente superficiais dos filmes underground, continham passagens de beleza real, em especial *Harold Stevenson*, cuja virtuosa câmera manipula e destila luz na *joie de vivre* de Stevenson. Danny Williams era um jovem diretor cheio de recursos e muito expressivo.

O mais famoso evento social da Factory ocorreu em 25 de abril de 1965, logo depois que Edie apareceu: a festa das "Cinquenta pessoas mais bonitas". Ainda que jamais tenha ficado claro quais fossem as cinquenta pessoas, era um nome chamativo, imaginado por Lester Persky, que co-organizou a festa com Andy. Judy Garland apareceu nos braços de Persky e Tennessee Williams, chegou cedo, estranhamente sóbria, de acordo com Billy Linich: "Ela sentou-se no sofá com Tennessee, e ficou ali pelo resto da noite, perfeitamente charmosa". Linich discotecou por toda a noite, "tocando apenas as coisas dançantes da Motown. Estava muito cheio, e todo mundo dançava. Montgomery Clift apareceu. Montgomery Clift – incrível!". Brian Jones, do Rolling Stones, estava lá, bem como Juliet Prowse, William Burroughs, Edie, Allen Ginsberg e muitos outros. Malanga dançou com Rudolf Nureyev, ainda que outro jovem causasse evidentemente uma impressão mais vívida no recente desertor.

Marie Menken e Tennessee Williams dançando na festa das "Cinquenta pessoas mais bonitas"

Allen Midgette, um proto-hippie e ator meio insignificante (ele havia recebido alguns elogios pela representação de um jovem louco em *Antes da revolução*, de Bernardo Bertolucci), conhecia Billy Linich, mas não o empregador dele – para Midgette foi apenas outra festa animada. "Montgomery e eu éramos amigos na época", diz Midgette, "e ele me convidou. Seus amigos mais próximos me aconselharam: "Não saia com Monty, você vai se envergonhar, porque ele podia se tornar incontrolável. Mas ele era bacana quando saía comigo. Então Monty me chamou para ir, e eu sabia que sozinho ele não iria, pois era muito tímido".

Quando chegaram, Clift foi direto para o sofá com seus amigos Garland e Tennessee. "Fique bastante feliz de ver que Monty tinha alguém para conversar, mas eu não queria ficar com Judy Garland e Tennessee Williams", lembrou-se Midgette; nesse meio-tempo ele reconheceu Billy Linich. "Então saímos para um canto, fumamos um baseado, e eu voltei, e a música era de fato muito boa, era a primeira vez que eu via música tocando sem parar de um gravador. Comecei a dançar sozinho. Ninguém mais estava dançando. Eu estava meio chapado e logo dançava muito, muito mesmo. E eu podia ver que

Judy Garland e todas as pessoas me olhavam. Às vezes a gente se coloca em uma situação em que sabe que todo mundo nos acha gostoso.

"De qualquer forma, se você sabe como era a Factory – quando o elevador abria, dava para ouvir, mesmo com a música tocando. Então, o elevador se abriu e apareceu Nureyev. Continuei dançando porque não vi razão alguma para parar. Ele veio em minha direção e parou na minha frente. Por fim parei, estendi as mãos e disse: 'Tenho de dizer que estou muito feliz de encontrar você'. E ele simplesmente me olhou e disse: 'Você é um louco ou uma prostituta gostosa?'."

A festa durou até as cinco da manhã, música tocando, gente entrando e saindo, o que chamava a atenção naquela área, normalmente deserta à noite. Em meados de novembro de 1965, Andy recebeu uma carta do senhorio da Factory, dizendo: "Ficamos sabendo que você tem dado festas, geralmente grandes festas, que vão além do horário normal [...]. Seu contrato, com certeza, não permite tal coisa, e daqui em diante não podem mais ocorrer essas festas no prédio". Depois disso, as festas foram poucas.

Em julho de 1965, a Norelco emprestou um protótipo de sua primeira câmera de fita de vídeo caseira para Warhol, com propósitos promocionais. Ela tinha um designer futurista e custava caro (em torno de US$ 5.000). "Não era portátil, simplesmente ficava lá", Andy declara em *POPism*. "Tinha um suporte longo e um cabeçote parecendo uma formiga, e você se sentava na frente do painel de controle e a câmera se retorcia como uma cobra, e havia um tipo de inclinação como uma luz para uma prancheta. Era uma bela visão." Uma das limitações técnicas era que não se podia fazer edições com ela – mas isso não aborreceu Andy; ele não editava nada. Uma vantagem para Andy era que – ao contrário das câmeras de filme – você podia ver na mesma hora o que estava filmando.

De acordo com Andy, a Norelco tinha lhe dado a câmera de vídeo para ver se seus amigos ricos compravam o novo produto. Uma das primeiras cenas que ele gravou foi Billy cortando o cabelo de Edie na saída de incêndio. Warhol deu uma longa entrevista técnica para a *Tape recording* sobre a gravação em vídeo.

WARHOL: Levamos a câmera para a saída de incêndio para gravar cenas na rua.

REVISTA TAPE RECORDING: O que vocês filmaram?

WARHOL: Pessoas olhando para nós.

Houve também uma festa no Scene em que convidados podiam ver a si mesmos sendo gravados nos monitores. Foi nessa máquina que Andy fez *Espaço de fora e de dentro* em agosto, seu mais provocativo retrato de Edie. Lábios brilhantes, usando um par de brincos enormes, os olhos cintilantes, ele está sentada em um banco perto de um monitor de televisão em que a imagem aparece, um pouco maior que a Edie de verdade.

Andy tinha antes gravado Edie falando sobre espaço, o sobrenatural, fofocas, o passado. A Edie cósmica, um lado desconhecido dela, especula sobre o destino do universo, mutação e autodestruição, um tema ao qual sempre retornava: "Estamos entrando em um estado inteiramente novo, uma condição inteiramente nova, e um mundo sem muita relação com o antigo, exceto – acho, é aqui que a transição será a destruição ou haverá esse mundo inteiramente novo de espaço. No entanto, não vejo como faremos o salto. Quer dizer, neste palco. Se as pessoas puderem mentalmente imaginar. O que acho é... não haverá uma base normal das coisas logo. Tudo vai virar um mundo novo, é de fato literalmente [ela pronuncia "*lit*-ralmente"] outro mundo, deixando essa esfera, que foi outrora o universo, agora há um totalmente outro, milhares de universos talvez".

Andy, usando um monitor passando o primeiro vídeo de Edie como fonte de luz, refilmou Edie próxima à sua imagem em videoteipe. Alternadamente agitada e reflexiva, Edie fala sem parar, parando só para fumar ou para fazer uma careta para o que o outro ser dela mesma tinha dito na gravação, às vezes ficando incomodada com o som da própria voz. ("Fico nervosa ao ouvi-la", ela diz.) Edie não podia ver seu outro ser, podia só ouvir o som, mas sua atenção se distrai com esse duplo som.

É difícil entender o assunto dos monólogos sobrepostos (a qualidade do som é terrível), mas percebemos algumas frases ocasionais melancólicas: "Nunca ninguém foi tão feliz como nós" ou "Não acredito nisso". Mas não dá para saber o sentido exato das palavras, são apenas palavras e frases saindo das áreas sombrias da mente dela. Resenhando *Espaço de fora e de dentro* para o *New York Times* em 1998, J. Hoberman disse sobre a distração de Edie e seu jeito etéreo: "Ela atua como se estivesse pensando que é a hora do chá em Marte". Hoberman chama o filme de "uma obra de arte do vídeo ainda antes de o termo existir". (Foi feito uns poucos meses antes de Nam June Paik, o avô da videoarte, fazer seu primeiro Sony Portapak.)

Quando ganhou as telas, em janeiro de 1966, ele foi mostrado em duas cenas, então havia quatro Edies juntas. "Nunca menos do que animada", Hoberman observava, "Sedgwick parece se aproximar da histeria – talvez explicando seu videomonólogo, talvez enlouquecida por ele."

Uma transformação demográfica ocorreu na Factory de 1965. Os Ivan Karp e Jane Holzer estavam desaparecendo, substituídos por um novo e mais selvagem grupo de pessoas que tinham abandonado os valores da classe média como um todo. "Estava ficando muito assustador", Holzer disse a Jean Stein. "Havia muita gente louca por ali [...]. A coisa toda me assustava [...]. Eu não conseguia entender. Edie tinha aparecido, mas ela estava muito feliz convivendo naquele meio." Dali em diante, Karp, antes um fiel visitante da Factory, raramente apareceria; quando ia, era apenas para fazer negócios: "O lugar ficou muito denso e inadequado para mim. Era só um ambiente caótico com pessoas que não me atraíam". Ivan, Holzer & Cia. foram substituídos por fugitivos da sociedade convencional.

Com o lugar cada vez mais bagunçado, o desejo das pessoas de encontrar Andy no seu próprio terreno diminuiu. (Nem eles estavam necessariamente ávidos de encontrá-lo em seu próprio local – há várias histórias que descrevem Andy e seus seguidores ganhando uma porta na cara.) Os habitantes do lugar tinham ultrapassado qualquer coisa com que Tom Wolfe pudesse chocar seus leitores dominicais – com Brigid "Polk" Berlin correndo furiosa, com agulhas na mão, espetando as pessoas por baixo dos jeans, e mesmo tipos mais violentos começaram a aparecer –, as coisas tinham começado a ficar estranhas. Seria difícil a Wolf achar o tom paródico adequado.

Por mais que pessoas esquisitas aparecessem, a porta continuava aberta. De acordo com Gordon Baldwin, "era talvez o lugar mais interessante de fácil acesso de Nova York". A princípio, o fotógrafo Stephen Shore ficou desconcertado. "Ali estava um artista de sucesso que encorajava as pessoas a ficarem por lá, mesmo se ele fingisse que gostaria de permanecer sozinho e colocasse sinais avisando: 'Se você não tem um horário marcado, não entre'. Se você quer mesmo que as pessoas não entrem, há maneiras de impedi-las, por exemplo trancando a porta."

Como Shore percebeu, observando Andy trabalhar nos papéis de parede de vacas, "Andy gostava de ter pessoas ao redor, coisas acontecendo, ele tirava energia disso. Ele diria com seu jeito sonso: 'Que cor você acha que as vacas deveriam ter, Stephen?'. Não é provável que fosse ouvir a minha opinião, ou a de Edie, mas isso mantinha sua energia". Shore passou bastante tempo olhando Andy trabalhar, concentrado em silêncio em meio àquela barulheira. Essas sessões, durante as quais nada de importante jamais era dito, ajudaram muito na formação do trabalho posterior de Shore. "Ele tinha uma mesa na Factory e ia para lá no começo da noite para trabalhar. Nunca discutíamos estética, mas só de vê-lo tomar decisões já me influenciou. Eu o observava tentando combinações diferentes de cores para as vacas. Ele recortava diferentes pedaços coloridos de papel e os juntava, e tentava esta cor de vaca com aquela cor de fundo."

O comentário de Shore de que Warhol "gostava de ter pessoas ao redor, coisas acontecendo" era meia verdade. "Andy foi o maior caso de AA [Alcoólicos Anônimos] que já vi em toda a minha vida", diz Ronnie Cutrone, outro talentoso e jovem aspirante a pintor que começou a frequentar a Factory mais ou menos nessa época. "Acho que quase todos os seus amigos da década de 1960 eram viciados em drogas", ou, se não fossem, eram usuários pesados – Ondine, Billy Linich, Edie, Brigid Berlin (talvez a alma mais atormentadamente amoral de toda a multidão da Factory) e muitos outros. "Andy vivia vicariamente em meio à loucura deles. Ele sempre pensava que isso daria os melhores roteiros... Ele precisava de viciados ao redor dele, porque sua própria vida era muito *tediosa* – a vida das pessoas que trabalham demais sempre é tediosa. Ele frequentemente nos dizia para nunca usar drogas, mas ao mesmo tempo se divertia com nossos dramas e excitação."

A hierarquia social da Factory tinha se tornado semiformalizada. "Se você aparecesse lá antes de Andy chegar", disse Gordon Baldwin, "havia todo tipo de maluquice, mental e física. As portas do elevador se abriam e as cabeças se viravam: 'Quem é?' Todo mundo com certeza tentava parecer o mais natural possível. Quando Andy finalmente entrava, havia algumas coisas que ele precisava colocar no lugar, mas havia também um estranho 'Certo, quem vai falar com ele?' e toda aquela coisa sobre o topete que ele estava usando" um desavisado diria que ele estava de mau humor e ninguém devia se aproximar.

Havia muitos estranhos, incluindo tipos inquisidores, passando frequentemente por lá. Muita gente não tinha ideia de quem mais estava na Factory. "O que para alguns tornava difícil conversar um pouco", relembra Baldwin, que tentava conversar com Tommy Goodwin e Edie – "se Edie pudesse falar, e às vezes ela estava muito distante."

Com Tavel, Sedgwick, Wein, Morrissey e Danny Williams, todos aparecendo em um curto espaço de tempo – entre março e agosto, com exceção de Tavel –, houve um surpreendente acréscimo de talento ao redor de Warhol, e um emaranhado de ambições e egos conflitantes. A Factory não estava apenas mais ocupada; estava mais tensa, cheia de subgrupos e às vezes rivalidades desesperadas.

E com certeza cada grama dessa nova energia, ambição e necessidade de aprovação era direcionada a Andy. A questão não era que ele colocava um rival contra o outro, ambos como um espectador voyerista por esporte e como uma estratégia de manutenção de poder; o problema foi igualmente que Andy era de longe muito egoísta, vulnerável, e às vezes simplesmente ingênuo para pensar no próximo movimento tanto quanto no melhor plano a seguir. Como resultado de sua distração e distribuição arbitrária de aprovação, seus subordinados começaram a transferir suas frustrações de uns para os outros. As pessoas começaram a tentar descartar os rivais. O mais forte, cruel e mais bem organizado prevalecia, o mais frágil e menos focado caía. "Eu sabia que não podia ficar com esse tipo de coisa no nível que Gerard Malanga fazia", disse Robert Heide. "Ele era mais forte e mais duro."

Nem sempre tudo era caótico. Havia muitos dias em que não tinha tanta gente e a calma recaía sobre a Factory. "Só me lembro que a atmosfera geral era quase um sonho", disse Gretchen Berg, um jovem jornalista e fotógrafo que visitou a Factory uma dúzia de vezes ou mais. "Quando o grande ventilador de teto era ligado, as coisas se mexiam, e havia um som particular, as coisas balançavam ao vento em um dia quente, na cidade."

O artista Jackson Pollock, a estrela da geração anterior, uma vez observou que "fama, sucesso, é o que vem depois. Mas não é um assunto". Pollock tornou-se famoso com 35 anos (mais ou menos com a mesma idade de Warhol); dois anos depois, em 1949, a revista *Life* perguntou: "Ele é o maior pintor vivo nos Estados Unidos?". Em dois anos da publicação do artigo, a reação de Pollock à fama tinha se tornado tão tóxica que ele caiu em declínio por causa do alcoolismo e da depressão, e nunca mais se recuperou.

Se Pollock não soube o que fazer com ela, Andy achava bem mais fácil de conviver com a fama. Era tudo o que ele mais desejava. E na terça-feira, 7 de outubro, Andy oficialmente se tornou uma estrela da mídia.

No início de 1965, Samuel Adams Green III foi nomeado diretor do ICA – Instituto de Arte Contemporânea na Filadélfia. (Ele estava convencido de que tinha sido confundido com seu pai e homônimo, o chefe do Departamento de Arte da Universidade de Wesleyan. Talvez para aumentar a confusão, Green tenha feito seu pedido ao ICA no papel timbrado do Departamento de Arte da universidade.) Mas lá estava ele: diretor com 24 anos, dubiamente nomeado, mas que em três anos acabou bem estabelecido e deixou sua marca no mundo da arte. O ICA ficava no campus da Pennsylvania University, que pagava suas despesas diárias; um comitê de moradores locais endinheirados levantava dinheiro para as exposições.

Em meados dos anos 1960, a Penn era uma universidade conservadora da Ivy League, que Green chamava de "uma escola de arte *muito* conservadora". Green propôs como seu projeto de estreia que o ICA desse a Warhol sua primeira mostra individual. "O trauma que a aprovação daquela exposição me causou! O comitê já olhava com muito ceticismo para o garoto de 24 anos surgido do nada, eu, que estava propondo uma exposição com o ultrajante e louco por publicidade artista pop Warhol." Para a sorte de Green, ele tinha uma amiga na direção do comitê, a socialite Lally Lloyde, que influenciou o comitê a favor de Green e Warhol.

A exposição foi marcada para estrear em uma sexta-feira, 8 de outubro, e ir até 21 de novembro. Green imediatamente começou a planejar uma campanha de publicidade de quatro meses. Nem tudo foi tranquilo. Houve um ou dois problemas, por exemplo, com o artista. O comitê do museu queria um cartaz, é lógico. Andy "simplesmente não queria fazê-lo", relembra Green.

"Eu disse: 'Andy, se você quer a exposição, tem de fazer um cartaz'.

"Ele respondeu: 'Gee, o que eu faço?'.

"Eu disse: 'Andy, faça simplesmente uma das imagens que são familiares para você'.

"'Certo, Gee, mas qual?'

"'Oh, Deus, faça selos verdes da S&H!' É o meu sobrenome, por isso. Então ele fez selos Green*. Warhol não assinaria nenhuma outra pintura, apenas um carimbo. Meu comitê disse: 'Ele assina os cartazes e então podemos vendê-lo por US$ 15 cada um, e os membros do comitê podem ficar com um gratuitamente – tudo isso já foi combinado!'."

Então o próprio Green assinou todos: "Andy Warhol 65".

Green conseguiu que os filmes de Warhol fossem mostrados em alguns lugares da Filadélfia, incluindo salas privadas. Kenneth Jay Lane relembra um incidente depois de uma das exibições. "Houve uma mostra dos filmes de Andy em que estiveram presentes algumas das senhoras importantes da sociedade da Filadélfia. Um dos filmes se chamava *Sofá*", em que Gerard Malanga faz sexo anal com uma jovem no sofá da Factory. "Bom, em um grande jantar depois do filme, Gerry Malanga ofereceu um prato para uma das senhoras, e então pode-se ouvir seu grito..."

Green deu a cada uma das três estações de TV direitos exclusivos para cobrir a noite de estreia, jovialmente antecipando a viciosa competição por um furo. A Campbell's era praticamente uma vizinha em Camden, Nova Jersey – ótimo! Sam os seduziu a doar centenas de rótulos de "creme de cogumelo" como convite para a estreia para VIPs e imprensa na quinta-feira. E então ele enviou 6 mil convites para a abertura na noite seguinte. As três salas do pequenino museu, comprimidas no térreo do velho Furness Building do campus, poderiam suportar no máximo quatrocentas pessoas. "Eu sabia exatamente o que estava fazendo", admitiu Green, abrindo caminho para um espetáculo, com a esperança que se aproximasse de um desastre, um *happening* maior que os sonhos mais loucos de Allan Kaprow.

De alguma forma, Green achou tempo para ciceronear grupos de doa-

* Selos Green, trocadilho com o nome do diretor do ICA. (N. E.)

dores do ICA em visitas a Manhattan e à Factory. Uma dessas visitas foi coberta longamente pelo editor de questões da sociedade do *Philadelphia Bulletin's*, que escreveu:

"Os visitantes da Filadélfia ficaram no espantoso estúdio do sr. Warhol por duas horas [...]. O sr. Warhol chegou 45 minutos atrasado [...] vin[do] com sua namorada, a srta. Edith (Edie) Sedgwick e um grupo de pessoas. Tocava música, e todo mundo dançava [...]. Edie era a mais falante. O sr. Warhol falava apenas quando alguém lhe perguntava algo." O repórter entusiasticamente antecipou a estreia na Filadélfia uma semana depois: "Os filmes de Warhol serão mostrados na tela. Música alta vai tocar continuamente. Haverá câmeras de televisão. Pessoas dançando. E em exposição os trabalhos de Warhol que vão desviar a atenção nacional para a Filadélfia".

Mas na recepção de quinta-feira à noite, as três salas estavam lotadas de repórteres, membros da ICA e amigos dos amigos, tanto que um dos *Desastre com atum* de Warhol foi perfurado por uma torre de luz de televisão. Green, ele mesmo espremido contra uma tela pela multidão, "perceb[eu] estar diante de algo grandioso", como afirmou ao *Village Voice*, e ordenou que as paredes fossem esvaziadas. Bom, ou quase bom – o mito diz que as obras foram todas retiradas, mas alguns fragmentos permaneceram.

Na noite de sexta-feira, Andy chegou uma ou duas horas atrasado, com Edie, Green, Malanga e Wein a tiracolo. A essa altura, tinha se juntado uma multidão estimada em mil pessoas. Havia sido planejado que as pessoas dançariam na sala dos fundos, onde estaria o grupo de Andy, "mas naquele momento", Green relembra, "a sala estava lotada, a ponto de muitas pessoas serem empurradas pela janela, quebrarem coisas e irem parar no hospital. Então, ouvimos que um grupo de mais pessoas estava chegando. Não apenas chamamos a polícia do campus, como eles chamaram a polícia da Filadélfia. Andy começou a temer pela própria vida. Achou que seria feito picadinho". De braços dados, o grupo de Andy conseguiu proteção bem na hora que o segundo grupo apareceu na entrada. Balançando na porta, a multidão os agarrou com força. O pequeno grupo de Andy foi salvo por dois seguranças que berraram para Green "Sobe lá!" e apontou para uma escadaria de ferro forjado. Ela levava até o segundo andar, mas a escadaria estava coberta por alguns tapumes; depois de algumas espirais, as escadas terminavam em um terraço bem abaixo do forro. Foi o mais longe que conseguiram ir.

"E lá estávamos nós, presos naquela gaiola", relembra Green. Quatro policiais do campus ficaram parados na base da escada, mas Green ainda não se sentia seguro. "Estávamos presos, e aquela multidão estava raivosa: em parte porque não havia nada para ver, em parte porque a multidão tinha ido para se encontrar e ver Andy Warhol, e ninguém podia se aproximar dele. Havia também pessoas que detestavam a arte de Andy – havia placas de protesto contra o pop." Com as luzes das câmeras e o aperto das pessoas, a sala ficava cada vez mais quente. Algumas pessoas começaram a entrar em pânico; todos se empurravam para a frente e para trás e mais gente entrava. O clima ficava mais acalorado e tenso, as pessoas, mais desapontadas, cada vez mais gente entrava para se empurrar. Surgiu um coro: "Queremos Andy!". "Peguem a roupa dele!", alguém gritou; segundo Green, "Andy não parava de se mover em meio àquele horror chocante".

"Giddy" poderia expressar melhor seus sentimentos, oscilando entre o terror e o sublime. David Bourdon viu um "sorriso entusiasmado" brilhando no rosto de Andy: "Ele havia ido a muitos shows de rock para saber que jovens fãs entusiasmados gostavam de gritar e se jogar em cima de suas estrelas". Mesmo assim, de acordo com Green, "estava bastante assustado. Ele estava branco como neve. Achei que fosse desmaiar ou que estivesse tendo palpitações cardíacas. Ele dizia: 'Ah, meu Deus, ah, meu Deus, eles vão nos matar'". Malanga, por sua vez, se sentia em casa. E Edie estava adorando.

Foi Edie quem de longe resolveu a situação, no que *POPism* chamou de "a performance da vida dela".

Uma equipe de televisão passou-lhe um microfone, "e ela fez como Evita na sacada", Green relembra. Arrulhou para a multidão: "'Ah, todos vocês vieram aqui ver esse artista maravilhoso, e esta exposição maravilhosa na Pennsylvania University. Olha lá os meus amigos de Harvard – fala, Pete – estamos todos aqui, nós simplesmente amamos a Filadélfia. Acene para eles, Andy! E aqui está Gerard – cumprimente-os Gerard! Ei, espera aí, é você, Steve – o Steve de Harvard? Levante-se!' E Steve veio capengando, ela falou com ele, trocaram uns beijinhos e ele voltou".

De acordo com Green, "em parte era um pouco narcisista, mas em parte sabia que era o trabalho dela. Ela acalmou todo mundo e atraiu para si as atenções, desfazendo aquele desagradável movimento que a multidão fazia. Foi muito esperta; seu raciocínio foi: 'Essas pessoas vieram aqui ver algo. Elas não estão gostando. Não sei o que esperam, vou dar-lhes algo, o que eu puder fazer, e aí acalmo a situação'". Usando um vestido Gernreich "com as mangas muito arregaçadas, ela as seduzia, e as pessoas começaram a pular para tentar agarrá-la. Se conseguissem, ela teria de sair pelo meio da multidão" – mas sua atitude era tão jocosa e engraçada que demorou um pouco para aplacar a multidão.

Green, enquanto isso, pensava em um jeito de tirar Andy e Edie de lá, inteiros e vestidos. Olhando para a multidão, ele viu um jovem estudante de arquitetura conhecido e pediu para que os guardas o deixassem subir. "Murmurei para ele: 'Você tem de nos tirar daqui. Está vendo o perigo? Você conhece o prédio; vá em segurança até o segundo andar e faça um buraco lá. É o único jeito de a gente sair daqui'. E ele fez isso. Eles saíram por um buraco em cima de onde estávamos." Erguido para passar pelo buraco, o grupo de Andy conseguiu fugir: primeiro pelo teto, aí eles desceram por uma saída de incêndio, para uma viatura que os aguardava, e foram direto para um coquetel. Andy tinha finalmente conseguido sobreviver a *A hard day's night*. "Ele estava radiante", Green disse. "Posto em um carro com sirenes e a toda a velocidade através da cidade da Filadélfia para uma festa em uma cobertura. Era a estrela e sabia disso. Ele era 'ah, é fan-*tás*-ti-co!'"

A multidão naquela noite no ICA foi algo entre 2 e 4 mil pessoas, entre cinco e dez vezes a capacidade do lugar. "Simplesmente *todo mundo* foi", segundo a descrição de Green. "A universidade, a sociedade, os colecionadores. Muita gente do mundo da arte tinha ido de Nova York." Mas a maior parte era de jovens, atraídos pelos cabelos longos dele, o jeito bacana, e a adoção da cultura pop que ele fizera, da qual eles tinham sido privados. Também estavam atraídos por Edie. Na multidão estava uma adolescente, Patti Smith; o retrato de Edie fazendo pose de balé na *Vogue* tinha "representado tudo" para Smith: "inteligência, movimento, contemporaneidade". (Ávida por glamour, Patti Smith tinha o hábito de "ir a Nova York para vadiar em frente a uma discoteca, ver pessoas entrando no Steve Paul's ou The

Scene Arthur's". Ela teria visto Edie uma vez, e esse tinha sido "o maior momento da minha vida".)

As socialites e as figuras do mundo das artes ficaram em segurança, afastadas do pandemônio da sala principal. "Como era um prédio grande", conforme a explicação de Green, "eles se sentaram ao redor da biblioteca, onde nada acontecia, pensando 'Meu Deus, até onde as coisas chegaram... Foi isso que aconteceu à cultura?'."

A explosão do ICA não teria acontecido em Nova York: muito grande, muito *blasé*. A Filadélfia era perfeita – provinciana e conservadora o suficiente para ser escandalizada por Andy, sua arte, seus filmes, seu grupo vulgar, e pequena o bastante para ser coberta pelos enormes esforços de publicidade de Green. E, talvez o mais importante, saturada de jovens – a Pennsylvania University, a Temple University, a Faculdade de Arte da Filadélfia –, a audiência perfeita de Warhol. No ICA, os planos benfeitos de Sam Green e forças mais profundas da cultura convergiram para criar um momento emblemático, o que provou que um artista de galeria poderia ser uma estrela do *rock and roll*, inspirar histeria e lágrimas, como se fosse um dos Rolling Stones.

A exposição no ICA foi o momento público mais brilhante de Edie, o auge de sua "carreira" de seis meses. Os jornais e revistas continuaram falando das aparições públicas deles juntos nessa ou naquela discoteca ou estreia de filme, mas a maré das histórias de "Edie e Andy" chegou ao auge naquele outono. A relação de trabalho de Edie com Andy estava essencialmente concluída.

Edie, que nunca tinha realmente percebido a questão dos filmes de Andy, estava ficando frustrada com a total falta de sentido deles. Ela de fato não apreendera o conceito de Andy de bons filmes ruins e, em todo caso, nem queria, e logo começou a ter dúvidas sobre a iniciativa de cinema de Warhol e seu valor para ela. Como se vê nas gravações, ela brigou com Andy mais de uma vez, criticando-o agudamente de indeciso e chamando sua estética de incoerente. Na discussão para o filme seguinte, Edie reclama: "Andy, você não vai sequer falar, não é justo. Mas você tem de acertar sua cabeça para algumas coisas. Porque nós de fato não queremos que seja como... como em *Cozinha*, você não percebeu nada de nenhuma personalidade específica.

[Andy concorda.] E você tem de ter personalidade. Você pegou mais pessoas no filme da festa [*Restaurante*], e seus seres reais, apenas para filmar closes, mas você não quer repetir isso [...]. O que você quer? [...] Quais são as suas preocupações? Só um punhado de gente? E quem se interessa por isso? Você quer tirar vantagem de um grupo fabuloso de pessoas [...]. A questão é: como você fará isso em um filme?".

Espaço de fora e de dentro foi a canção de amor final para Edie. (Depois de *Espaço de fora e de dentro*, Edie participou somente de mais um dos filmes de Warhol que foram rodados enquanto ela estava viva, *Lupe*, filmado em dezembro de 1965.) Isolada em sua imagem espectral, ela parece já um fantasma interagindo com outros espectros de si mesma. Como J. Hoberman escreveu no *New York Times*, cobrindo a restauração do filme em novembro de 1998, é "no final das contas o espetáculo pungente de assistir a um belo fantasma reagindo ao seu próprio passado [...]. Em certo sentido, o filme representa o dilema da celebridade: a superstar está presa entre sua própria imagem descarnada e o olho voraz e implacável da câmera de Warhol".

Edie ao telefone na Silver Factory

Logo quando Edie estava se impacientando com a direção de Warhol, um novo personagem apareceu e deu a ela uma alternativa. Um velho amigo de Cambridge de Tommy Goodwin chamado Bob Neuwirth, artista, cantor folk, e certa feita estudante da Boston Museum School, havia se tornado um auxiliar inseparável de Bob Dylan – o "bobo da corte" de Dylan, como alguém disse. Acreditando que Edie iria deixar Dylan fascinado, Goodwin deu a Neuwirth o número de telefone dela, e Dylan ligou.

Eles marcaram de se encontrar no Kettle of Fish, uma taverna no West Village onde Dylan a paquerou; Neuwirth caracterizou a noite como "um momento espetacular". As relações do par continuaram. Eles apareceram juntos em uma festa que Sam Green deu no começo de 1965; de acordo com Green, "eles passaram o tempo todo em um canto". Green estava encantado com Edie, mas menos com Dylan: "Ele fazia o tipo 'não preciso falar com vocês, caras, vocês são todos uns merdas'".

De acordo com Gerard Malanga, Dylan e Edie nunca foram amantes. "Foi um golpe. Dylan e seu agente [Albert Grossman] estavam interessados nela como uma possível coadjuvante para um filme com Bob, mas, quando perceberam que ela era um caminhão de falta de talento, descartaram-na." Uma colocação brutalmente correta, é verdade que Edie não tinha talento nenhum para que um agente do show biz como Albert Grossman pudesse usá-la: ela não sabia cantar e, como atriz, provavelmente seria capaz de no máximo atuar em um papel pequeno de um filme convencional. O fato é que ela era uma ilusão – de um jeito completamente hipnótico, mas uma ilusão. (Esse aspecto de ilusão, aliás, é o que mais interessa nela – algo que Andy e poucos outros perceberam.)

Billy Linich concorda que o romance de Edie com Dylan, retratado em episódios de romances sentimentais kitsch (madeira crepitando em saídas de incêndio enquanto Edie e Dylan fazem amor no refúgio dele em Woodstock, no filme *Uma garota irresistível*), é um "mito, um mito fabricado". Mas Danny Fields insistiu que eles estavam romanticamente envolvidos e que ele tinha o objeto sagrado que prova isso. "Ah, na verdade Edie me deu o chapéu quadrado de pele de leopardo, que eu guardei por anos." (Ele se refere à canção de Dylan com esse mesmo nome.)

O próprio Dylan, equiparável apenas a Andy Warhol como um entrevistado desagradável, evasivo e ardilosamente falso, falou em uma entrevista de 1985: "Eu nunca tive muito a ver com Edie Sedgwick. Li [...] em algum lugar que tive algo com ela, mas não me lembro bem dela. Lembro-me que ela ficava por ali, mas me recordo de outras pessoas, até onde sei, que poderiam ter se envolvido com ela. Ah, era uma grande garota. Uma garota excitante, muito entusiasmada. Ela andava com Andy Warhol, e eu cruzava com eles de vez em quando [...]".

Tenham Dylan e Edie se envolvido sexualmente ou não, o fato é que ela deixou uma marca indelével nas letras dele. Você não terá um retrato melhor de Edie do que a neblina, as anfetaminas e as pérolas de "Just like a woman", e um de seus versos mais assombrosos: "o fantasma da eletricidade uiva nos ossos do rosto dela", de "Visions of Johanna", oferece um raio x espectral do agitado espírito de Edie. Como na perturbada lembrança que Ivan Karp tem de Edie: "Havia fagulhas voando de seu cérebro!".

Não faltaram explicações para a deterioração da relação entre Warhol e Edie: que o ego de Edie se inflou por causa da publicidade que estava recebendo – um perfil no *Times*, várias fotos na *Life*, inúmeras matérias de jornal e notas nas colunas sociais; que ela por fim não suportou a demora de Warhol por oferecer um salário decente; que ela queria seguir a carreira de modelo (o que fez, com algum sucesso, no ano seguinte); que ela lentamente se convenceu de que os filmes intencionalmente desordenados de Warhol, em que ela "ficava por ali sem fazer nada" (como Andy tinha dito em *POPism*), estavam fazendo dela motivo de piada; e que ela estava cada vez mais entretida com o relacionamento com Bob Dylan.

Nenhuma dessas explicações é suficiente, e cada uma deve ter sua porção de verdade. Quando a excitação da surpreendente fama e a constante bajulação de Warhol começaram a cansar; quando, acabada a bajulação, Edie percebeu que o sucesso no mundo underground não se traduzia em dinheiro – ela podia ver Gerard Malanga, o conquistador de corações da cidade, tirando com muito esforço US$ 1,90 por hora, trabalhando meio período –, foi atrás de alternativas, de um jeito irresponsável, como fazia com tudo.

De qualquer forma, não foi Andy quem cortou o relacionamento. Como ele falou a David Boudon anos depois: "Nós iríamos procurar um agente juntos. E então ela foi atrás de um agente sem mim. Foi muito divertido – eu achava que ela estava tentando fazer as coisas comigo, mas ela estava tentando me colocar fora do jogo".

O agente que Edie estava tentando conseguir era o poderoso Albert Grossman, o agente de Bob Dylan. O interesse em Edie entre a turma de Grossman era grande, relembra Danny Fields: "Grossman gostaria de torná-la atriz, cantora, garota do ano – primeiro tê-la, e depois fazer alguma coisa com ela. Eles a cortejavam", possivelmente para que ela coestrelasse um filme comercial com Dylan. "Sei que Bob Dylan expressou seu interesse em fazer um filme com Edie", Bob Neuwirth falou a Jean Stein.

Enquanto essas coisas todas fermentavam, Edie não podia passar muito tempo com Dylan, que esteve viajando muito do começo de outubro até dezembro. Mas, de acordo com Robert Heide, ele estava bastante interessado nela. "No outono de 1965, eu costumava passear com Edie no que eu soube depois ser a limusine de Bob Dylan." As mudanças nas amizades de Edie ficaram claras para Heide em uma noite fria no West Village, em dezembro de 1965.

Andy tinha pedido a Heide um roteiro para Edie, que ele escreveu: *A morte de Lupe Velez* (lançado como *Lupe*), baseado em um suicídio verdadeiro da "maluca mexicana", uma impressionante deusa das telas. Curioso sobre o destino de seu roteiro, Heide aceitou o convite de Andy para um encontro no Kettle of Fish. Chegando lá, encontrou Edie, que ele não esperava encontrar, sentada sozinha. Ocorreu-lhe que Andy talvez estivesse querendo resolver as coisas com ela e gostaria que ele estivesse lá como um pretexto. Edie estava chorando, ele se lembra, "o que não era comum para ela, e dizendo, meio para si mesma, meio para mim, 'tentei me aproximar dele, mas não consegui. É um iceberg. Não me entende'. Ela estava perturbada, muito ansiosa". Ela estava falando sobre Warhol, Heide pensou, ou sobre Dylan?

"E então Andy entrou, com os óculos escuros, parecendo muito elegante em um terno de camurça azul. Ele sentou perto de mim e longe de Edie. 'Como estão as coisas e blá-blá-blá'. Perguntei sobre o meu roteiro. Ele disse: 'Ah, filmamos esta tarde'. Lembro-me de ficar mais ou menos irritado com isso: eles montaram tudo e filmaram sem nem falar comigo", disse Heide. "Não que eu tenha demonstrado. Pensando agora, a ideia era sempre ser bacana. Você nunca mostrava o que pensava."

As portas se abriam de novo, e então Dylan entrou, "com o cabelo e os óculos escuros e tudo, muito magro, e se sentou. Ele estava bem chateado. Havia muita tensão no ar. Ninguém falava. Depois de um tempo, Dylan disse a Edie: 'Vamos sair', e eles foram embora". Se Andy tinha arranjado para encontrar Edie de forma a acertar as coisas, ela tinha aceitado seu blefe. O Kettle of Fish era o ponto de Dylan, e seu surgimento pode ter sido uma coincidência – mas é difícil: Andy tinha sido dispensado.

"Fiquei ali com ele", relembrou Heide. "Ele disse que gostaria de ir ver o lugar exato em que Freddy Herko tinha pulado. Quando chegamos lá, ele olhou para o alto, depois olhou para a rua e disse: 'Fico pensando em quando Edie vai se suicidar. Espero que nos avise, para que possamos filmá-la'. Fiquei um pouco chocado com isso. Eu já tinha ouvido esse tipo de comentário dele antes, mas acredito que provavelmente ele se preocupava muito com Edie. Ele estava tentando ver de fora, mas na verdade acho que estava cerrando os dentes."

Independentemente de quais fossem os sentimentos de Warhol, não eram simples. De acordo com Heide, no roteiro que Andy havia pedido "ele queria que eu escrevesse algo em que Edie cometesse suicídio". Ele teria escrito uma cena em que Lupe Velez engole um punhado de comprimidos de Seconal e morre ao caminhar até o banheiro.

Na versão filmada, Edie/Lupe acorda na cama, acende um cigarro e telefona para alguém. Billy Linich aparece e corta o cabelo dela. Tudo é aleatoriamente improvisado, até que a câmera de repente corta para a ignominiosa cena da morte: a cabeça morta cheia de heroína, comprimida no banheiro. Ela é vista de muitos ângulos, com a última tomada se estendendo interminavelmente.

Mas havia uma segunda cena, em que Edie anda por uma sala de jantar muito enfeitada, senta-se à mesa e engole um comprimido enorme. Ela mastiga de um jeito meio *blasé*, dança sozinha, cada vez mais dopada – e de novo a ação corta para o banheiro e a cena da morte. Hoje, normalmente as cenas são vistas em sequência, então o final aparece duas vezes. Mas, quando

Warhol estreou o filme na Filmmakers Cinematheque, em fevereiro de 1966, as cenas eram passadas simultaneamente em duas telas separadas. O fio do tempo narrativo é cortado, mas o mesmo final amargo permanece.

O que fazer da utilização de Edie por Warhol ali? Heide em particular sempre foi sensível ao que chamava de "pequenina e triste abandonada" em Warhol, apaixonada pela morte. Ao fazer Edie se suicidar para as câmeras, na visão de Heide, Andy estava vicariamente satisfazendo seu próprio desejo de morte. Ou era algo mais sádico ocorrendo: uma sentença de morte, provocada por seus sentimentos acumulados de abandono e traição? Ou Andy estava apenas recuando e desapaixonadamente descrevendo o que acreditava ser inevitável. (Edie iria morrer em 1971, não exatamente por suicídio, mas em virtude de uma overdose de barbitúricos.)

Genevieve Charbin relembra: "Passei umas poucas semanas com Edie, e Andy era sempre o último a ligar à noite e o primeiro de manhã. Ele de fato, *de fato* se preocupava com ela". Para Charbin, a cena de suicídio em *Lupe* foi uma tentativa da parte de Warhol de ajudar Edie a purgar seus demônios, ajudá-la a ter sua catarse – ou talvez dar-lhe um chacoalhão. Chuck Wein acreditava que *Jane Heir* tinha tornado Edie uma estrela, libertando-a da esfera de seus pais destrutivos e dando-lhe meios de autossatisfação. Wein então culpou Andy pelo escorregão rumo à autodestruição, mas, como apontou Charbin, "não havia absolutamente nada que pudesse salvar Edie Sedgwick, muito menos um roteiro. Ela sempre esteve muito mal, desde o início".

Capítulo 7

1966

Eu vou retornar a Nova York,
acho que já foi suficiente.
— BOB DYLAN

MAIS OU MENOS À ÉPOCA do curto e estranho encontro no Kettle of Fish, Andy e Bob Dylan tiveram outro encontro um tanto mais longo e ainda mais estranho na Factory. Foi arranjado por Barbara Rubin (a garota que despenteia o cabelo de Dylan na contracapa de *Bringing it all back home*), uma groupie com um projeto cultural – de acordo com seu herói e namorado ocasional Allen Ginsberg, Rubin foi uma "visionária" que via a ele, Dylan, os Beatles, Warhol e uns poucos outros como "heróis de uma revolução cultural que envolvia sexo, drogas e arte", e considerava que seu papel cultural era mantê-los juntos.

Deve ter sido em um dia de janeiro de 1966, durante o intervalo de um mês na turnê mundial de 1965-66, que Bob Dylan, acompanhado de Bob Neuwirth, estacionou seu furgão na rua 47 Leste bem abaixo da série de janelas da Factory. Dylan pode ter tido suas próprias razões para visitar Andy, e a menos importante não era a ansiedade de alguém de 24 anos estar no topo do que acontecia. Um motivo mais complexo pode ser o de uma competição masculina. Dylan e Bob Neuwirth "estavam querendo tripudiar com Andy", Malanga sentiu: mostrar como Dylan era mais cool.

Quanto aos motivos de Andy, ele era claramente fascinado pelos astros, e admirava a surpreendente e enorme celebridade de Dylan. Tinha projetos mais práticos também: conseguir que Dylan aparecesse em um filme de Warhol. De acordo com Malanga, "Andy achava que ter Dylan em um filme, talvez atuando junto com Edie, seria uma grande jogada de sua parte". Mas Dylan tinha seus próprios planos para o cinema, e Warhol de fato não estava neles.

Mesmo inconscientemente, Warhol pode ter sentido uma afinidade com os objetivos e feitos de Dylan. Com seus álbuns mais recentes, *Bringing it all back home* e *Highway 61 revisited*, o cantor estava usurpando o papel da assim chamada poesia legítima, colocando escrita imaginativa em um ritmo de rock and roll. Como diz Taylor Mead em *POPism*, "no momento em que ouvi Bob Dylan com sua guitarra, pensei: 'É isso, é o que virá, os poetas estão *fazendo* isso'." Cada um de seu jeito, Warhol e Dylan tinham derrubado os mandarins, enlameando para sempre a distinção entre baixa e alta cultura.

Com todo o seu potencial como um seminal encontro de dois titãs dos anos 1960, visitar a Factory de Andy era, como Malanga relembrou, "um não acontecimento": "Então o elevador se abre, e Dylan e Bob Newirth entram. Barbara Rubin está lá, Danny Williams está lá, e uns poucos outros. Dylan agia com serenidade, com a boca fechada a maior parte do tempo. Ele tinha o seu próprio jeito de dizer '*Wellll, yeahhh*'. Nós conseguimos fazer seu teste de tela, e então Barbara e eu terminamos filmando uma cena, três minutos em preto e branco e três em cores". Malanga pode ter filmado alguma cena – ele e Rubin tinham uma Bolex juntos –, mas fotografias de episódios mostram Danny Williams, não Gerard, filmando Dylan.

Robert Heide relembra que, quando o teste de cena terminou, Dylan "levantou-se e foi até um dos painéis de Elvis com a arma" – um dos vários *Elvis duplo* pendurados nas paredes da Factory – "e disse: 'Acho que vou aceitar isso como pagamento, cara'. Foi a segunda vez que vi Andy vermelho, um pouco *encolhido*. Alguém pedindo dinheiro!".

O teste de cena de Bob Dylan

De acordo com Billy Linich, Andy tinha oferecido a pintura, mas para iniciar uma troca. "Não era para ser apenas um teste de tela; Andy estava esperando uma interação no futuro. Talvez Bob pedisse para fazer as capas de seus discos. Andy fez uma oferta antecipada para um relacionamento futuro", mas Dylan fez o blefe, pedindo o quadro de Elvis por seus três minutos de trabalho. Como disse Linich, "ele fechou a porta e sumiu".

De acordo com o fotógrafo Nat Finkelstein, ali para documentar o encontro, "não resta dúvida de que Andy tencionava dar o quadro a Dylan. Mas, para quê? Na noite anterior, eu tinha fotografado Andy retocando o duplo de Elvis que ele pretendia dar a Dylan. Ele estava transtornado com a visita de Dylan".

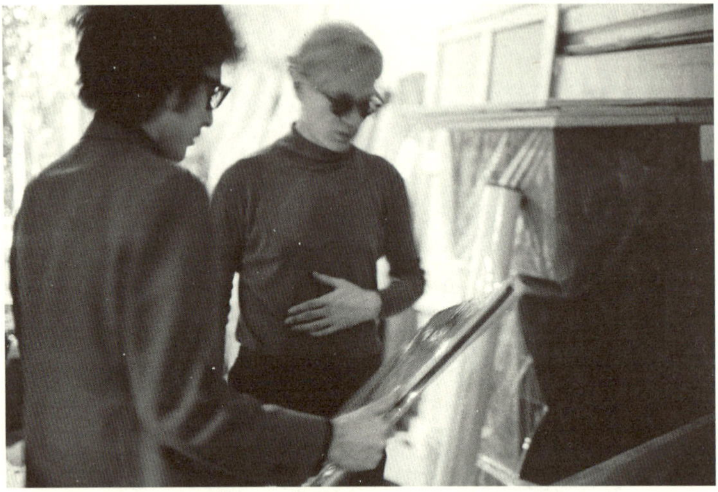

Dylan segurando o quadro Elvis

Malanga acreditava que Andy tinha algum tipo de parceria em mente. Andy gostaria de vencer Bob no final. "Dylan simplesmente não confiscaria a pintura de Elvis", ele insistiu; "Andy ofereceu-lhe a pintura. Porque Bob poderia na verdade ter dito 'Vou ficar com isso', mas foi depois que Andy fez a oferta. E Andy pegou *Elvis* de propósito. Não era como se ele tivesse vários quadros diferentes à disposição. Ele pensou: 'Ah, Elvis Presley, cantor; Bob Dylan, cantor' – em outras palavras, que Bob apreciaria o *Elvis*."

Dylan e Neuwirth carregaram a grande tela, desceram as escadas com ela e a prenderam em cima do furgão de Bob, totalmente desprotegida, e se mandaram.

Depois de levá-la para sua casa em Woodstock, Dylan só mostrou desdém pelo *Elvis*. "Eu não o queria", ele por fim falou a Albert Grossman; "porque ele me deu isso?", e trocou-o com Grossman por um sofá. Mas, no final, "o motivo de piada foi Bob", como escreve o mais recente biógrafo de Dylan, Howard Sounes. Em 1988, a viúva de Grossman Sally vendeu a pintura por US$ 720.000; hoje ela vale muito mais.

As circunstâncias que levaram ao encontro de Andy Warhol com o Velvet Underground nunca serão estabelecidas com absoluta certeza: há muitas histórias atualmente, com diversas afirmações conflitantes, com no mínimo uma confiabilidade parcial. Na melhor das hipóteses, pode-se pesar e peneirar as várias histórias para formar a narrativa mais plausível.

De acordo com Gerard Malanga, em meados de dezembro de 1965, Barbara Rubin disse a ele: "Então, você vai se encontrar com esse grupo no Bizarre Café", um ponto turístico no West Village. Rubin conhecia três dos membros da banda, Lou Reed, John Cale e Sterling Morrison, da Filmmakers Cinematheque, onde os músicos tinham improvisado trilhas sonoras ao vivo durante várias filmagens.

Malanga gostava da banda – tanto, na verdade, que ele dançava brandindo um chicote de couro cru que adorava carregar. "A dança do chicote era só um negócio que inventei", ele disse. "Simplesmente entrei em uma loja bizarra que vendia chicotes e comprei um que pudesse amarrar ao meu cinto." No Bizarre Café, "tirei o chicote do meu cinto e comecei a dançar com ele", tão perto de Cale e Reed – não havia palco para a banda – que poderia tê-los acertado se quisesse. "Lou e John o adoraram", disse Gerard. Depois, a dança do chicote de Malanga tornou-se parte do show da banda, um erro de gosto da parte de Cale e Reed. (Anos mais tarde, revendo os extenuantes exercícios físicos de Gerard, a primeira reação de John Cale foi uma enorme risada.)

Três ou quatro dias após o primeiro encontro, de acordo com Malanga, "eu trouxe Andy para ver a banda, e depois do show ele os convidou para ir à Factory ensaiar. Então ele percebeu que poderia filmá-los. Ele não estava de fato procurando por uma banda de rock and roll para trabalhar com ele. É essa a teoria de Paul Morrissey".

Essa versão de Malanga é rejeitada por Morrissey: "Totalmente errado. Eu os encontrei. Quem mais os encontraria? Barbara Rubin não era ninguém, ninguém; ela era apenas uma *groupie* de Bob Dylan e pediu a Gerard para filmar uma amiga cuja banda estava tocando no Bizarre Café. Gerard acabara de comprar uma câmera e não sabia usar o medidor de luz, e me pediu para ir até lá para ajustá-lo".

Morrissey havia recebido uma oferta algumas semanas antes de um produtor da Broadway, Michael Myerberg, que então preparava a abertura de uma discoteca em Garden City, Long Island (em um hangar de aviões no antigo Roosevelt Field, do qual Charles Lindbergh tinha decolado para seu voo transatlântico). Myerberg gostaria de "contratar" Andy para aparecer por lá "com muitas pessoas, como Edie Sedgwick, para trazer publicidade ao lugar". De acordo com Morrissey, ele imediatamente pensou: "'Por que não contratar nossa própria banda de rock and roll e agenciá-la?'. Vi que não podíamos fazer dinheiro com esses filmes experimentais. Mas talvez pudéssemos ganhar dinheiro apresentando um grupo de rock and roll". O interesse de Morrissey foi provocado em grande parte por John Cale – seu charme saturnino, a novidade de sua guitarra elétrica, seu colar de diamantes falsificado. "Mas ainda mais interessante era a baterista, essa pessoa chamada Moe. Era impossível saber se era um menino ou uma menina, ela apenas tocava, não movia seu rosto e era totalmente andrógina. Ela era extremamente especial. Tão logo acabou, fui até eles e disse: 'Vocês são muito bons. Vocês têm um agente?'."

De acordo com Morrissey, Andy resistia à noção de juntar forças com uma banda de rock "em todas as etapas" e teve de ser "mimado", seduzido por Morrissey, para que assinasse um contrato de agenciamento. "Ele não queria fazer isso, e eu disse: 'Não, é uma coisa boa; sim, eles não são tão legais [...] mas talvez possamos ganhar dinheiro como os Beatles'." (Não teria ocorrido a Morrissey, que tinha conhecido Andy havia poucos meses, que sua evidente relutância em ser agente da banda era provavelmente apenas a sua costumeira hesitação e fuga em tomar uma decisão.)

Ambas as versões dos acontecimentos de Malanga e Morrissey omitem o personagem principal. Andy tinha tentado por duas vezes, nos seis meses anteriores, se conectar à música pop. Os encontros com Eric Andersen e Dylan indicam que ele estava na verdade ensaiando um envolvimento direto, mesmo que indefinido, com o rock and roll, algo mais interativo que os últimos discos de 45 rotações na Factory ou em casa. Como o costumeiro com Andy, mais de uma razão estava em jogo. Não apenas ele estava fascinado com a juventude e seus gostos sempre diferentes, mas ele próprio estava muito ciente da necessidade de financiar seus hábitos cinematográficos com algo solidamente lucrativo. Como viu seu amigo Bourdon, Andy estava "ansioso para colocar a si mesmo na cena da música pop", acreditando que o rock oferecia não somente "promessas de glamour", mas "potes de ouro".

A ironia era que Warhol e Morrissey, sonhando com potes de ouro, estavam ligando a si mesmos a algo que um crítico chamou de "os primeiros artistas de rock and roll que não tinham chance de atrair uma grande audiência".

Três membros dessa encarnação do Velvet Underground – Reed, Cale e o guitarrista Sterling Morrison – tinham ficado juntos durante a maior parte de 1965; a baterista Moe, uma jovem mulher chamada Maureen Tucker, tocou com eles por um mês. Antes de ser o Velvet Underground, eles tinham sido os Warlocks (um nome que coincidia com o primeiro batismo do Grateful Dead); antes disso, um duo – apenas Reed e Cale – batizado como Falling Spikes, a partir de seu interesse mútuo em heroína.

Cale, criado em Long Island ouvindo *doo-wop* e blues, e Reed, um tocador de viola com estudo clássico, encontraram-se em uma casualidade feliz. Reed, que iria se graduar na Universidade de Syracuse apesar de ter sido bastante relaxado durante o curso e mostrado ávido interesse pela maioria das drogas, de xarope contra tosse a heroína, tinha começado a trabalhar, no fim de 1964, como um autor de letras para os discos de baixa qualidade da marca Pickwick, sediada em Long Island City. Seu trabalho era produzir imitações dos últimos estilos infantojuvenis. Um dia ele apareceu com uma nova canção dançante chamada "The Ostrich", que seus patrões decidiram que era um hit; tudo o que necessitavam era de uma banda de rock com visual sujo para promovê-la. Tendo a chance com Cale e Tony Conrad – ambos precisavam de cortes de cabelo –, os homens da gravadora os contrataram de imediato. Interessava muito pouco que eles fossem músicos clássicos de vanguarda – aqueles eram os dias em que Mike Clarke e Skip Spence, bateristas originais do Byrds e Jefferson Airplane, eram contratados somente por seu visual, nem mesmo chegando perto de uma bateria. Cale, Conrad e o amigo deles, o escultor Walter de Maria, que costumava tocar bateria, se juntaram a Reed. Pickwick, batizando-os como Primitives, mandando-os tocar "The Ostrich" em supermercados, estações locais de rádio e lugares similares. A música não deu em nada, mas Cale e Reed se deram muito bem.

Os dois tinham 22 anos e haviam nascido com uma semana de diferençaa. Reed tocara em bandas desde a infância e até tinha gravado várias de suas próprias canções *doo-wop* sob pseudônimo. Com asco do subúrbio, ele se rebelou quanto pode; quando começou a exibir maneirismos homossexuais, seus pais o enviaram a um psiquiatra, que prescreveu oito semanas de eletrochoques. Reed nunca deixou de odiar a experiência; ela é destaque em uma canção chamada "Kill your sons", gravada uma década e meia depois.

Em Syracuse, Reed esteve à frente de bandas e ancorou um programa de rádio bem pouco convencional, que revelava seus gostos ecléticos, chamado *Excursion on a Wobbly Rail*, retirado de um fragmento do vanguardista de jazz Cecil Taylor. Mas ele também estava interessado em escrever, tornando-se aprendiz do poeta Delmore Schwartz, então perto do fim de uma vida problemática. Schwartz continuou sendo uma grande influência para Reed, mas até Reed ouvir Bob Dylan e acreditar que letras pop não precisavam ser juvenis. Abandonando seus planos de perseverar no curso universitário de redação, ele começou a produzir algumas de suas canções, incluindo "Heroin" e "I'm waiting for the man", que vieram à tona no Velvet Underground. Quando Cale o encontrou no começo de 1965, Reed "era um estudante inteligente e nervoso de camisa polo [...] trêmulo, quieto e inseguro". Seus pais o levavam na rédea curta e ainda o enviavam a um psiquiatra. "Acho que sou louco", ele falou a Cale, que desenvolveu um sentimento de proteção ao seu volátil novo amigo.

Cale estudou música no Goldsmith College da Universidade de Londres, correspondeu-se com Aaron Copland e John Cage, e ganhou uma bolsa para regência em Tanglewood em 1963. Uma vez nos Estados Unidos, tornou-se completamente influenciado pela vanguarda americana, mudou-se para o Lower East Side de Nova York e tornou-se um ardoroso discípulo de La Monte Young, para quem trabalhava também como fornecedor de drogas: Young apoiava seus experimentos musicais como o maior baseado da vanguarda.

O interesse musical primário de Young sempre foram os efeitos da mistura de notas mantida por um tempo extremamente longo; no grupo de Young (em que Billy Linich cantava de vez em quando), Cale mantinha as mesmas duas notas de viola por, digamos, duas horas. Diante disso, essas práticas combinavam bem com a própria ideia de minimalismo de Lou Reed, canções de rock de dois ou três acordes. De fato, Cale uma vez citou as teorias de La

Monte Young como "uma base para o Velvet Underground. Se fossem canções de três acordes, eu poderia apenas tirar duas notas na viola que realmente combinavam para a canção toda. Daria uma feição de sonho para a coisa toda". Em uma era de música pop alegre, *go-go boys* e uma cultura hippie emergente de docilidade e iluminação, os Velvet estudadamente cultivavam seu lado negro. "Ácido? Estou fora! Dê às pessoas drogas pesadas – heroína, anfetamina. Não era tanto o efeito da droga; era a mentalidade envolvida que de fato nos ofendia. Achávamos que fazer mal era melhor do que não fazer nada."

Isso era especialmente verdade para Reed, sobre o qual Cale comentou: "É a pessoa mais difícil com quem já trabalhei na vida". Reed era "gratuitamente vicioso"; ele instintivamente se abrigava na fraqueza dos outros, o que o fazia sentir-se controlado, melhor assim do que viver em um estado de incerteza e paranoia. Ele poderia, relembra Cale, "ajudar um bêbado em um bar e, depois de ter com ele uma conversa amigável, surpreendentemente perguntar: 'Você gostaria de comer sua mãe?'. Eu me achava impulsivo, mas não agrediria um bêbado. Era isso que Lou fazia".

Mas Reed era também cheio de ideias. Em 1966 ele escreveria um ensaio chamado "A vida entre os Poobhs" para *Aspen*, uma revista dentro de uma caixa inovadora (Andy codirigiu a direção de arte com David Dalton, na edição em que apareceu o texto de Reed). O ensaio mostra a profundidade com que Reed tinha absorvido a intenção *antiestablishment* de Andy, mas também como essas ideias já eram para ele como uma segunda pele, uma visão de mundo que ele esteve desenvolvendo desde a época de Syracuse e até antes.

Um tipo de equivalente literomusical ao manifesto de arte pop, "A vida entre os Poobahs" se baseia no que Reed considerava o culto estéril a um "Robert Lowell, premiado poeta que nunca escreveu uma letra decente. A única poesia decente desse século é a gravada em discos de rock and roll".

Sobre os opressores anos de 1950 da adolescência de Reed, ele enlouquecia: "Tudo estava morto. A escrita estava morta, filmes estavam mortos [...] e em todos aqueles anos estavam aqueles belos grupos de rock, gorjeando e trinando como pardais engaiolados [...]. A música é a única vida, coisa viva. Convoque apenas os com mais de quarenta. É a guerra deles, eles que se matem. Eles estão matando jovens que ainda são virgens [...].

"As faculdades têm de ser destruídas. Elas são perigosas. Cursos de apreciação musical. Poesia metafísica. Teologia. Eleições ao ritmo de jazz mulherengo. Testes. Ensaios. Testes psicológicos. Doutores tentando 'curar' os malucos [...]. É a música que nos conserva inteiros. É a música que nos afasta da loucura [...]"

Reed e Cale por sorte encontraram colegas de banda confiáveis em Sterling Morrison e Maureen Tucker, e com isso o clássico Velvet Underground fez seu primeiro trabalho: o show de abertura para uma banda de Nova Jersey chamada Myddle Class, em um baile na Summit High School.

"Nada poderia ter preparado os garotos e seus pais reunidos no auditório para o que eles iriam viver naquela noite", relembra uma testemunha. "Antes que pudéssemos entender o que estava acontecendo, todo mundo ficou chocado por uma explosão de som guinchante; mais ou menos um minuto depois de começar a segunda música, que o cantor apresentou como 'Heroin' [...], a maior parte da audiência voltou horrorizada para casa [...]. Nos camarins, após a apresentação, o cara que tocava violão foi visto pedindo muitas desculpas a um ofendido grupo Myddle Class, por ter mandado para casa metade do público." Toda polidez britânica à parte, Cale estava interiormente deliciado: a banda era tão amena e divertida como uma corrente sendo serrada.

Nico e Andy Warhol com The Velvet Underground

Mais ou menos nessa época, Reed, um guitarrista com bom ouvido para texturas sonoras, mas técnica muito limitada, deixou claro que se considerava o "mais veloz guitarrista vivo". A afirmação chegou aos ouvidos de Robbie Robertson, o jovem guitarrista que antes da contratação por Bob Dylan, no verão de 1965, tinha afiado os dentes nos mais brutos cabarés do Sul e do Meio-Oeste, trabalhando com Bo Diddley e lado a lado com Roy Buchanan. Curioso, Robertson foi conferir Reed. "Ele não é nada", foi o rápido veredicto. Mas ninguém jamais tinha ouvido canções de rock and roll tão incisivamente reveladoras das profundezas mais baixas da vida urbana: heroína, traficantes e outros assuntos tabus. As canções, de moderado protesto e louvores à maconha, que às vezes apareciam nas ondas de rádio e televisão, empalideciam em comparação com aquelas. Apesar de suas letras e de a crueza sonora impedirem o Velvet Underground, que tinham assumido esse nome em meados de 1965, de querer aparecer em uma rádio AM, ou mesmo as novas e "progressistas" programações das FM, a banda começou a atrair um grupo de jovens seguidores que estavam espantados com a franqueza das letras de Reed e a recusa da banda a amenizar seu som.

O show no Bizarre Café começou em meados de dezembro, um palco de duas semanas do qual o Velvet Underground foi expulso por causa de seu som abrasivo. Mas então Andy tinha aparecido, convidado-os para a Factory, e oferecido um acordo: por 25% do lucro bruto, ele lhes arranjaria trabalho, pagaria por um estúdio com guitarras e amplificadores de marcas novas, e os venderia para gravadoras: em resumo, os agenciaria (um acordo complexo, na verdade: Warhol era ele próprio agenciado por Morrissey). Uma empresa foi fundada: Warvel, Inc., Andy Warhol, presidente; Paul Morrissey, vice-presidente, mas os papéis não haviam sido preparados até o fim de abril.

Dado o seu status de novo projeto de criação de Andy, a notoriedade instantânea da banda estava tudo, menos assegurada. Mal eles tinham afinado os instrumentos em público e já eram assunto de colunas de fofoca. Em 27 de janeiro, a "Voice of Broadway", Jack O'Brian, do *New York Journal American*, ofereceu a seus leitores a notícia do tórrido romance de Cale com Edie Sedgwick: "O grupo de rock de Andy Warhol, Velvet Underground, é liderado por um jovem galês que está deixando Edie Sedgwick louca de amor". (O *affair* durou umas seis semanas; Cale caracterizou sua amante como "desesperada e arruinando a relação dela com Andy", "frágil" e "totalmente perdida".)

Seis dias antes, a colega de fofocas de O'Brian no *Journal American*, Suzy Knickerbocker, registrou (entre informações sobre Barbara Hutton e Joan Crawford): "Vejam vocês, Andy Warhol e Edie Sedgwick estavam no Phone Booth [uma discoteca de Manhattan] com um grupo que eles chamavam Velvet Underground" – um show que parece ter passado batido para a multidão de estudiosos do Velvet. "Andy e Edie subiram ao palco" – aqui comicamente Suzy confundiu Andy com Gerard Malanga, liberando sua rotineira e patética metralhadora – "fazendo um espetáculo próprio – Andy com um chicote de couro que ele balançava feito louco, agarrando Edie pelo quadril e por outros lugares com essa maluquice. Sabe que eles foram sensação?" Os Velvet, Suzy alegremente informava aos leitores, tinham sido contratados para trabalhar no Phone Booth: evidentemente falso, mas quem se deu conta disso?

Chegando à Factory logo depois de aceitar a oferta de Warhol, os quatro Velvet foram apresentados para uma mulher alemã de quase 1,70 m de altura, 27 anos, de uma beleza quase perfeita, com longos cabelos aloirados. Como Mary Woronov descreveu-a memoravelmente em *Nadando no underground*, Nico "era tão linda que achava que todo mundo queria comê-la, até a mobília".

Christa Päffgen tinha se apelidado Nico desde que iniciara uma bem-sucedida carreira de modelo em meados dos anos 1950. Em 1960 ela apareceu brevemente, mas chamando muita atenção, em *A doce vida* de Fellini; desde então, decidida a fazer uma carreira de cantora (ainda que fosse surda de um ouvido), inclinada a ser atriz, tinha andado entre a Europa continental, a Inglaterra e os Estados Unidos. Em 1965, lançou um single na Inglaterra, uma versão folk-pop da canção de Gordon Lightfoot "I'm not sayin"; o guitarrista dos Yardbirds e estrela da cena londrina Jimmy Page o produziu.

Como Morrissey relembra, Nico tinha visitado a Factory no outono de 1965. "Ela tocou para mim a sua gravação, e a achei boa, e ela, absolutamente linda. Ela foi até lá atrás de trabalho, e disse que seria agenciada pelo agente de Bob Dylan, sr. Grossman, e eu fiquei de olho nela."

Indiferente às tantas qualidades que faziam Lou Reed se destacar – sua abrasividade e inteligência fortemente irônica –, Morrissey achava Reed um líder fraco para uma banda: "Um cantor terrível, ele não tinha personalidade, era irritante e negativo. Certo, uns poucos anos depois todos aqueles punks pessimistas ficaram babando para ele". De qualquer maneira, Morrissey conseguiu solucionar o que era, para ele, o problema sobre o líder dos Velvet.

"Eu disse a eles: 'Queremos que essa garota cante com vocês'. Andy tinha ficado ligado em Jane Holzer e Edie Sedgwick. Se ele ia aparecer com esse grupo de rock and roll, melhor que fosse com alguma garota maravilhosa. Era uma ideia de bom-senso." Talvez, mas adicionar Nico àquela mistura mexia com as pessoas por causa de algo caracteristicamente warholiano, um elemento de incongruência visual: uma deusa nórdica no meio de quatro indivíduos de péssima aparência.

Warhol, Morrissey e Nico queriam que ela cantasse todas as músicas: uma noção inapropriada de palco, dada a frieza de Nico e o calor das músicas, seu domínio questionável do inglês e o vômito vernacular denso de Reed.

Os Velvet se sentiram invadidos; eles se consideravam uma unidade. Mas, com medo de perderem o contrato, aceitaram. Certo, vamos deixar a garota cantar três músicas em um show; ela pode passar o resto do tempo tocando tamborim e mostrando sua beleza (ou fazer tricô no palco, sugeriu o azedo Reed). Da forma como se deu, a imposição de Nico à banda acabou, até certo ponto, sendo algo positivo. Forçado a escrever músicas para uma voz feminina, Reed imprimiu um lado novo e menos reflexivamente irônico em canções como "Femme fatale", ou mesmo na relativamente estridente "All tomorrow's parties" (que Nico tratava com enorme rigor teutônico); além disso, Reed e Nico se apaixonaram, no mínimo por algum tempo, e a canção de amor que ele escreveu para ela, "I'll be your mirror", é uma das mais leves de sua carreira. Nico era visualmente marcante nos shows, com sua beleza e apatia, sua aparente indiferença ao barulho ao seu redor. Mas no final ela foi um enxerto que não deu certo. No segundo álbum deles ela já tinha saído do grupo.

"Colocar Nico naquilo, eu não entendi", admitiu Cale. "Mas depois o que aprendi disso foi a maneira como Andy pensava. Era uma atração visual. Ela trazia um ingrediente que tornava a coisa toda mais ampla."

Apesar de sua aparência dominante e da presença no palco, Nico, de acordo com Cutrone, era "uma das mulheres mais inseguras que eu já vi na vida. A gente queria sair – Eric, eu e Nico. Sair só para dançar, apenas para dançar um pouco. E Nico ia para a frente de um espelho grande [...]. E a gente queria sair. 'O que você está fazendo?', e ela continuava, 'Estou treinando'. E a gente querendo sair. 'Para quê?', e ela continuava, 'Para ir dançar. Só para ver como fico'. E a gente precisando ir, 'Poxa, Nico, a gente não tem tempo para isso. A gente quer ir dançar'. 'ESPEREM!' Coisas desse tipo, totalmente insegura. Totalmente insegura."

O sotaque de Nico nas músicas do Velvet Underground é um som estranho, gótico e hipnotizador, mas dificilmente seria uma voz para o público mais amplo de 1966. Como se soubesse do exotismo dela, ela foi classificada no primeiro álbum da banda como "*chanteuse*"; o crédito para Reed cantando era simplesmente "vocal".

Do mesmo modo que Andy tinha se deslocado das imagens individuais para as múltiplas, em 1966 ele começou a multiplicar projetores e telas. A tela dupla, de acordo com Stephen Shore, foi a tentativa de Andy para deixar seus filmes menos estáticos. Shore lembra uma conversa em que Andy impacientemente reprovava seus filmes: "Eles são muito chatos. Acho que vou apresentá-los em duas telas. Então as pessoas terão mais que ver, e eles não serão tão chatos".

Warhol estava tentando saturar a atenção da audiência, deixar o espectador "irritado" – uma expressão que Andy adotaria brevemente como título de sua próxima empreitada. Em vez de apenas multiplicar a imagem projetada, Warhol estava agora ficando interessado em multiplicar os *meios*, atraindo não apenas a atenção visual da audiência, mas o máximo possível de seus sentidos. Seus instintos precisavam de algo maior, encorajados por Jonas Mekas, do *Voice*, como "arte intermídia", "cinema expandido" e outras máximas. Como notou Mekas, a tempestade estava acumulada por anos – um ambiente sensorialmente carregado gera uma resposta artística equivalente.

Mas o que provavelmente ergueu a intermídia a uma engrenagem maior foi a proliferação dos psicodélicos em meados dos anos 1960. Os alucinógenos induzem à sinestesia, uma fusão de diferentes sensações, que os novos shows multimídia do fim dos anos 1960 tentavam simular.

Ainda que *Garotas do Chelsea* seja comumente considerado o primeiro filme de projeção dupla de Warhol, na verdade alguns outros o precederam, incluindo *Espaço de fora e de dentro*, *Lupe* e *A cama*. Em novembro do ano anterior, Danny Williams e Warhol tinham feito um filme juntos, Warhol na Auricon, Danny usando a Bolex. O roteiro era uma atenta adaptação de Robert Heide de sua peça em um ato *A cama*, um sucesso *off-off*-Broadway que passou o verão no Caffe Cino e terminou uma das peças mais encenadas do lugar. O texto tinha o típico mal-estar existencialista; o artifício era o subtexto gay: o palco inteiro era uma enorme cama branca (que tomava o pequeno palco do Cino); o elenco, dois belos jovens de cuecas. A peça fascinou Warhol, que a viu muitas vezes, relembra Heide, acrescentando que Andy pode também ter tido uma atração por um dos atores.

Apesar de não ser claro quantas cenas de Williams foram incluídas, *A cama* foi mostrado em 26 de abril de 1966 na Filmmakers Cinematheque. Projetado em duas telas adjacentes, ele antecipava em alguns meses o que é de longe o mais conhecido filme em tela dupla de Warhol, *Garotas do Chelsea*. (Os diários e as notas de Danny Williams incluem uma série de "Notas sobre a tela dupla", e não é inadequado pensar que as ideias de Williams tiveram um impacto na maneira como Warhol usou a projeção dupla em *Garotas do Chelsea*.)

A essa altura, Danny tinha se mudado do 1342 da Lexington; o *affair* tinha acabado. De acordo com Billy Linich, Warhol "não conseguiu suportar" o constante trânsito de Williams entre dois extremos: depressões profundas e o vício nas anfetaminas, que o mantinham ligado por vários dias. "Sua depressão", segundo Billy, "era tão forte que era opressora, e foi por isso que Andy o deixou."

Chuck Wein via as coisas de um jeito diferente. A essência autodepreciativa de Andy tornava impossível para ele aceitar o afeto de Williams; horrorizado, Andy separou-se de Danny. Wein tem ainda outra hipótese: de que o relacionamento foi arruinado quando Andy estragou o filme *Jane Heir*. Isso arrasou Danny, relembrou Wein. "Ele tinha colocado o coração na nossa iniciativa de fazer um filme de verdade. Ele disse: 'Andy, você não pode fazer isso! Nós estamos com as coisas preparadas. Vai ser maravilhoso!'. E Andy respondeu: 'Acho que não vai funcionar, Danny', e disse para Danny pegar suas coisas e ir embora de casa."

O fim do caso não acabou com o envolvimento de Williams com as atividades rapidamente expandidas de Andy. Danny tinha se tornado um assistente muito valioso, um bom colaborador, para ser simplesmente deixado de lado. Com o consentimento de Andy, e sob fortes protestos de Billy Linich, Danny mudou-se para a Factory.

Em 13 de janeiro, Andy e os Velvet Underground apareceram no jantar anual dos 43 anos da Sociedade de Clínica Psiquiátrica de Nova York, no Delmonico's Hotel: um daqueles vexaminosos eventos cheios de pompa que estavam se tornando cada vez mais característicos da era, encontros entre grupos muito diferentes, em que o velho protocolo saía de cena e apareciam o desejo físico, a raiva e a ansiedade. Como o talentoso neo-*beat* escritor Seymour Krim, então no *staff* do *Herald Tribune*, relatou na sua matéria do dia seguinte: "Tratamento de choque para psiquiatras", um "alegre pós-freudiano", dr. Robert Campbell, o diretor do grupo de psiquiatria, desejava "iluminar as coisas para o trabalho duro dos psiquiatras" escolhendo Andy como o palestrante convidado do ano. Andy aceitou com uma fala intitulada (por Morrissey ou talvez Malanga) "A elegante mística de Andy Warhol". Depois que Andy mostrou *Harlot* e *Henry Geldzahler* para os convidados reunidos, os Velvet Underground foram ao palco para o que o dr. Campbell chamou de "uma curta sessão torturante de cacofonia"; Malanga fez sua dança do chicote (com Edie Sedgwick como parceira girando discretamente), e Jonas Mekas e Barbara Rubin andavam pela audiência, com luzes e câmeras, filmando tudo, enquanto Rubin verbalmente agredia os psiquiatras e suas esposas com perguntas como: "Como é a sua vagina?" e "Você a comeu?". Enquanto Mekas e Rubin filmavam, Danny Williams e Andy *os* filmavam. Houve uma substancial retirada; como notou divertido Bourdon, a manchete na segunda edição do *Tribune* – "Psiquiatras fogem de Warhol" – ajudou a solidificar a ideia de que "a perversidade do artista era gigantesca, horrorizando até os profissionais da área".

De acordo com Linich e Malanga, no outono de 1965 Jonas Mekas tinha oferecido a Andy um trabalho de uma semana no que logo se tornaria a nova Filmmakers Cinematheque na região da rua 41. A ideia inicial de Warhol – uma retrospectiva de Edie Sedgwick – foi descartada; as relações com Edie tinham simplesmente azedado, ainda que ela aparecesse na Factory de vez em quando. Andy decidiu-se por algo maior para a sua semana na Filmmakers Cinematheque: um show estrelado pelos Velvet. O movimento era apropriadamente simbólico: nas palavras de Linich, "depois da saída de Edie e Chuck, a órbita foi para o Velvet Underground", quase tão natural e inexoravelmente quanto 1966 ter substituído 1965.

Mas o show oferecia mais que música. Dois novos filmes de Warhol, *Lupe* e *Mais leite, Ivete*, eram projetados enquanto os Velvet se apresentavam. Com Billy Linich atrás do palco controlando uma luz estroboscópica em direção à banda e à audiência, Andy estava apresentando seu primeiro show. Enquanto isso, Barbara Rubin retornava à sua maníaca interrogação dirigida à audiência, indo de cadeira em cadeira, intimidando os presentes. Rubin tinha também dado o nome do show: "Andy Warhol, Up-Tight".

"Andy Warhol, Up-Tight" foi apresentado da terça-feira, 8 de fevereiro, até a segunda-feira seguinte. A publicidade do evento, que saiu entre 3 e 10 de fevereiro no *Village Voice*, publicava um interessante grupo de nomes: no primeiro anúncio, composto verticalmente, "The Velvet Underground, Edie Sedgwick [como parceira de dança de Malanga, totalmente diminuída para quem antes seria o centro de uma retrospectiva], Gerard Malanga, Donald Lyons [presumivelmente para dar suporte moral a Edie], Barbara Rubin, Paul Morrissey, Nico, Daniel Williams, Billy Linich". Vendo seu sobrenome nessa e em outras propagandas do começo de 1966, Linich, incomodado por sua falta de glamour, começou a procurar possíveis substitutos. Ele encontrou um enquanto preenchia um formulário; no espaço que pedia seu último nome, escreveu "Name". Parecia um belo toque conceitual, e ele o manteve.

O show "era explosivo, ruidoso e selvagem", de acordo com Linich/Name. Para o sempre prático Morrissey, "Andy Warhol, Up-Tight" foi um árido ensaio para o que eles iriam fazer na gigantesca futura discoteca de Michael Myerberg. Os críticos de Manhattan – com exceção de Mekas, que viu o show como a confirmação triunfante de suas teorias e entusiasmos – trataram "Andy Warhol, Up-Tight" com cautela. Era um filme? Um show de rock? Não combinava com o vocabulário cultural. Bosley Crowther, o veterano crítico de cinema do *New York Times*, optou por resenhá-lo como outra estreia de Warhol, rapidamente descartando os dois filmes; no início de seu texto, Crowther mencionou de passagem que o Velvet Underground era "também responsável". Enquanto Archer Winsten do *Post* se abstinha de classificações, chamando-o de "alguma coisa", no final das contas ele não gostou. O Velvet Underground ("um grupo de cordas, percussão e chocalho & roll"), "prodigiosamente amplificado, prepara a si mesmo em uma sessão de afinação", e então "prova que a sessão pode não ter sido necessária. Os giros dos dançarinos acompanhando 'Heroin'", escreve Winsten, "não podem ser descritos com exatidão em um jornal familiar [...] Andy Warhol, o rei da simulação, abaixado, sem se mover, criou algo sem nenhum sentido, mas muito bem calculado, para refletir não somente o mundo sem sentido, mas também uma audiência descabeçada que pode ficar sentada ali, calada, e entender, e voltar para mais".

Mas "algo" estava claramente acontecendo (mesmo que o sr. Winsten não soubesse o que era); a casa, ele devidamente informava, estava abarrotada.

Em uma entrevista para a *Cavalier*, feita no fim de 1965, perguntaram a Andy se ele prestava atenção às reações críticas a seu trabalho. "Não, apenas de Henry Geldzahler", disse Andy. "Ele é um bom amigo – um fã." Mas, quando a entrevista saiu, em setembro de 1966, Warhol e Geldzahler não se falavam mais; quando Andy estava se separando de quase todos os seus amigos da década de 1950, estava também se distanciando dos amigos e colaboradores do começo dos anos 1960: De Antonio, com quem Andy simpatizava, mas sem se aproximar muito; Karp, que se distanciou por causa da vida pouco saudável na Factory, tinha se resumido a contatos comerciais com Andy; e agora, seu outrora confidente Geldzahler, notava que regulares mudanças no círculo social de Andy eram sua maneira de dizer: "Não tente me conhecer muito de perto".

Mas a culpa não foi só de Henry. A posição de Henry no Metropolitan Museum of Art era precária, e sua associação com Warhol não estava ajudando. Além disso, no começo de 1966, Geldzahler, que sempre morou sozinho, convidou seu novo amante, Christopher Scott, para dividir o apartamento. Andy já não poderia espantar a solidão pegando o telefone para fofocar com Henry até tarde. Como Geldzahler disse ao jornalista John Wilcock em 1971, "acho que o fato que desagradou ele é que eu já não estava disponível todas as noites [...]. Eu estava ocupado com a vida doméstica". Além disso, disse Geldzahler, ele tinha percebido a manipulação de Andy, a maneira com que ele intuitivamente controlava a Factory de forma "a haver sempre por ali mais pessoas que podiam ser usadas [...]. Havia um tipo constante de briga para entrar no conclave real. E eu por fim compreendi isso; e era tão desagradável que me afastei". Um dia, que ele se lembra apenas como sendo no ano de 1966, Henry impulsivamente pegou um pedaço de giz e rabiscou na lousa da Factory: "Andy Warhol não consegue mais pintar nem fazer filmes". Andy nunca esqueceu isso, de acordo com Geldzahler.

A política do mundo das artes foi a gota d'água entre os dois. Quando Geldzahler foi convidado para escolher os representantes americanos para a Bienal de Veneza, a mais prestigiosa de todas as exposições internacionais, Andy era considerado uma barbada. Em vez dele, Geldzahler escolheu Ellsworth Kelly, Helen Frankenthaler, Jules Olitski e Roy Lichtenstein. Mesmo que não pudesse ser ignorada, a pop já não era mais a última sensação do mundo da arte. Mas a principal razão para omitir Warhol foi o instinto de sobrevivência de seu amigo. A explicação posterior de Geldzahler foi suficientemente cândida: "Eu sabia que não poderia levar Warhol para Veneza em 1966 sem o Velvet Underground e a coisa toda do jornal", o tipo de assunto de coluna social para o qual os empregadores de Henry no sisudo e antiquado Metropolitan certamente fechariam a cara. Eles já estavam irritados: desde o perfil de Geldzahler para a *Life* de 18 de fevereiro de 1966, que mostrou Henry na cidade de Oldenburg tranquilamente deitado em um pequeno barco de borracha de roupão, com um cigarro, "os acionistas ficaram um pouco em dúvida sobre mim", ele relembra. Henry estava ansioso para substituir o curador do museu de arte americana, perto da aposentadoria, e "eu sabia que se levasse Andy para Veneza nunca substituiria Bob Hale".

Depois de não se falarem por quase todo o ano de 1966, Andy e Henry aceitaram fazer as pazes: foram juntos ao famoso baile "Black and White" de Truman Capote em 28 de novembro. Geldzahler continuou a defender o trabalho de Warhol, e os dois mantiveram uma afeição residual e distanciada pelo resto da vida de Andy.

Ao redor dos meses do envolvimento mais intenso de Warhol com o Velvet Underground – janeiro de 1966 até o fim da primavera –, Andy teve uma série de conversas com uma aspirante a fotógrafa e jornalista de 22 anos chamada Gretchen Berg. A jovem mulher, cujo pai, o historiador de cinema Herman Weinberg, foi por muito tempo sócio de Jonas Mekas, gravou duas das conversas, anotando o resto de memória depois de deixar o estúdio de Warhol. Juntando todo o material em um depoimento longo e sem cortes de Warhol, Berg publicou-o na edição de 1º de novembro de 1966 do *East Village Other* como "Andy Warhol: minha verdadeira história". Aumentada, reeditada e com o novo título "Nada a perder", a entrevista reapareceu em 17 de março de 1967 no *Los Angeles Free Press* e na edição de maio de 1967 dos *Cahiers du Cinéma*. A mais substancial entrevista de Warhol desde a da *Art News*, feita por Gene Swenson em 1963 – e contendo algumas afirmações igualmente questionáveis –, a entrevista de Berg continua sendo um documento valioso. Muitas vezes reeditada e antologizada, tornou-se uma das pedras de toque da literatura de Warhol: provavelmente a fonte de mais citações de Warhol que qualquer outro texto que não os próprios *POPism* e *A filosofia de Andy Warhol*, do próprio Andy (algumas das referências de Berg reaparecem nesses livros):

"Não falo muito ou faço muitas revelações em entrevistas; não estou de fato falando nada agora."

"Se você quer saber tudo sobre Andy Warhol, simplesmente olhe para a superfície: das minhas pinturas e filmes e de mim, e eu estarei lá. Não há nada por trás dela."

"Eu nunca quis ser um pintor, eu queria ser um impostor."

"Arte pop... é apenas colocar o que está fora dentro ou o que está dentro, fora..."

"O que é artificial me fascina; a luz e o brilho."

"A *Esquire* me perguntou em um questionário quem eu gostaria que me representasse e respondi Edie Sedgwick, porque ela faz tudo melhor que eu. Foi uma pergunta superficial e eu dei uma resposta superficial."

"Eu ainda me preocupo com as pessoas, mas seria muito fácil não ligar... é difícil se preocupar... Não quero me envolver com a vida dos outros... Não quero me aproximar... Não quero tocar as coisas... é por isso que meu trabalho está muito distante do meu próprio ser."

"Eu enxergo tudo desse jeito, a superfície das coisas, um tipo de braille mental, eu apenas passo as mãos sobre a superfície das coisas."

"Braille mental" parece meio falso, como umas poucas outras afirmações das conversas com Berg. A entrevista está cheia de sacadas e boas citações ("Não sei onde termina o artificial e começa o natural" etc.), mas é possível sentir aqui e ali a presença da edição de Berg, melhorando muitas das respostas de Andy.

Toda vez que a questão diz respeito a um assunto neutro, ele parece falar candidamente. Andy diz a Berg que gostaria de filmar uma autobiografia e que ele gostaria que o dramaturgo e ator Jackie Curtis, então com dezenove anos, aparecesse no papel principal. (Curtis se tornaria depois um superstar nos filmes de Warhol, como *Carne* e *Mulheres em revolta*; ele é também "Jackie" em "Walk on the wild side" de Lou Reed.)

"Muitas pessoas tinham uma ligação bem forte com ele," Berg observou, "pessoas que não tinham tido pais, que não tinham tido alguém que se preocupasse com elas. Ele era meio paternal [...]. Jackie Curtis costumava aparecer e ficar por ali. Ele chegou a dormir lá por algum tempo quando saiu de casa [...] [Andy] se interessaria por uma pessoa se ela aparecesse com a roupa errada para uma entrevista. Ele sabia como funcionava o mundo heterossexual, ele dizia que você deve sempre se vestir com discrição e correção (quando vai para o mundo heterossexual). Dizia que autopromoção era algo muito difícil na vida. Havia muitas pessoas talentosas, mas elas não sabiam como se apresentar, elas não sabiam como impulsionar a si mesmas. Precisavam de uma marca, ele dizia."

No *New York Times*, mais tarde naquele mesmo ano, Elenore Lester também falou da atração de Andy por jovens perturbados: "Os meninos e as meninas de Andy vão até ele, os negligenciados, rejeitados, filhos superpsicanalisados de ricos, e os fugitivos dos empregos como os caixas de supermercado dos subúrbios gélidos de Nova Jersey. Eles se sentem acolhidos, na encantadora sala de jogos prateada na rua 47 Leste em Manhattan, pela mãe Andy – imparcial, bacana, oculta por óculos e jaquetas de couro [...]. Ele ouve todos, observa todos, uma porta aberta. Eles falam com ele sobre um emprego novo, o brinco perdido que foi achado, uma obscura lojinha que vende velhos uniformes maravilhosos, um problema com o equipamento, um problema com um pai, um amigo".

Na época em que o Velvet Underground começou a aparecer, a Factory tinha se tornado um palco para comportamentos decadentes. Quando Mark Lancaster a visitou no verão de 1966, ele notou uma grande diferença entre o que ele viu lá em 1964 e dois anos depois: "Em 1966 havia um ar do que as pessoas podiam chamar de decadência que não existia em 1964. Pessoas estranhas que não eram amigáveis. Em 1964, as pessoas eram legais [...]. Acho que foram as drogas, basicamente. E 1964 foi pré-superstars. Foi pré-Ingrid, pré-Viva e pré-Edie. A fama era muito maior. Eles eram famosos, e em 1964, não. Havia muito mais atenção. Quando os visitei em 1966, era como se eu não os conhecesse e eles não me conhecessem. Só Andy me conhecia. Era tudo diferente, menos Ondine".

A Factory já tinha ajudado muito o letrista Reed (e continuaria ajudando). "Eu anotava o que as pessoas diziam, o que elas faziam", Reed relembra, "e aquelas notas iam direto para as músicas." Nas notas, Reed diz que buraco é "uma descrição muito apta de certas pessoas na Factory daquele tempo".

Um mês depois que "Andy Warhol, Up-Tight" foi apresentado na Filmmakers Cinematheque, o show aventurou-se pelo país – primeiro para a não tão distante Universidade de Rutgers, em 9 de março, e então para a Universidade de Michigan em Ann Arbor, em 12 de março. Ambos os shows foram vendidos como eventos "cinematográficos", o que mostra que não havia rubrica nem juízo apropriado já existente para algo novo e sem forma, que inventava a si mesmo em cada show.

Edie já não estava com o grupo; felizmente ela tinha ido embora. A parceira de dança de Malanga foi Ingrid von Scheven, uma prostituta de meio período (Bourdon diplomaticamente se referia a ela como "trabalhadora temporária") que Chuck Wein tinha ajudado no America Hotel. Quando ela apareceu na Factory, recebeu um nome novo: Ingrid Superstar. Para o séquito de Warhol, ficou claro que Ingrid, cujos cabelos loiros curtos lembravam os de Edie, era um insulto a Edie.

Na Rutgers, Ondine e Barbara Rubin juntaram-se a Ingrid e Gerard como dançarinos, mas nenhum deles subiu ao palco de novo depois disso. Nos bastidores, Malanga falou a Ondine que o palco estava ficando muito cheio e que os serviços dele já não eram mais necessários; de raiva, Ondine teria atirado uma cadeira na sala. Como com Barbara Rubin, Paul Morrissey achava a presença dela deslocada. Rubin podia manter uma agenda muito cheia, monopolizando Andy, e Morrissey não gostava de competição. De acordo com Bockris, ele "começou a torturá-la, rindo de tudo o que ela falava, recusando-se a levá-la a sério" e por fim colocando-a para fora da Factory.

Danny Williams seria outra baixa da Factory. O álcool e as anfetaminas que ele tinha começado a usar mais pesadamente – em parte por causa das longas horas que estava dedicando a uma exposição nova, cada vez mais complexa – o faziam instável e para baixo, e, por causa do *speed*, desconsolado. Warhol não tinha paciência para as depressões de seu ex-amante, e em uma ocasião, visivelmente irritado, riu de Williams na frente dos outros. Então o bode expiatório da Factory, Williams se diminuía cada vez mais em explosões de autocomiseração – tudo isso enquanto trabalhava contra o relógio.

"Não podíamos compreender por que Danny ia para todo lado com a luz estroboscópica", relembra John Cale. "Até que fomos para a Filadélfia e Ondine contou-nos que Danny foi para o camarim e todo mundo ficou horrorizado, e Danny desobstruiu a parte de trás da luz estroboscópica e foi desse jeito que ele se escondeu."

Sobre as lutas mortais da Factory, Cale notou: "Você sabe, aquele era o tipo de coisa que eu tinha certeza de que devia ficar longe. Essa é a vantagem da heterossexualidade. Acho que havia um feitiço com aquele grupo. Eu ia ao Ginger Man, mas então saía para achar uma namorada. Eu me divertia por algum tempo, porém perdia a paciência depois, com toda aquela amargura e as fofocas. O lado criativo de tudo isso era bacana, mas já era complicado o suficiente com Lou, e a gente ficar junto, de qualquer forma".

Para a viagem para Ann Arbor, o grupo de onze pessoas, incluindo Warhol, alugou uma grande van dirigida por Nico, que apesar de sua langorosa feminilidade revelou-se uma motorista veloz e incansável, que estremecia as estradas. A van era equipada com um gerador de 140 volts, que não somente permitia aos Velvet tocar com os amplificadores por todo o caminho até Michigan e na volta, como acabou sendo uma mão na roda quando, no retorno, as luzes dianteiras da van se apagaram. Prendendo as lâmpadas no parachoque dianteiro, Danny Williams ligou alguns fios ao gerador e todo mundo pôde chegar em casa em segurança. Durante a viagem de 2 mil quilômetros a van foi várias vezes seguida, revistada e retida pela polícia; estava ficando perigoso cruzar o Hudson, Sterling Morrison filosofou.

Em 4 de abril, segunda-feira, Paul Morrissey teve uma surpresa desagradável. Myerberg, seu novo contato influente na Broadway, tinha visto "Andy Warhol, Up-Tight" na Filmmakers Cinematheque e não havia gostado. Além disso, supõe Morrissey, "havia... digamos que uma influência italiana na [Roosevelt Field Discothèque], e eu acho que eles tinham seus próprios planos para a abertura". Tais planos definitivamente não incluíam a performance multimídia de Andy Warhol.

"Andy Warhol, Up-Tight" tinha sido retirado para dar espaço ao Young Rascals, uma banda contra a qual os Velvet não podiam competir comercialmente. Os Rascals tinham um enorme sucesso local, "I Ain't gonna eat out my heart anymore", e seu recém-lançado "Good lovin'" estaria no topo das paradas nacionais no fim do mês. "Murray the K", cujas extravagâncias na Brooklyn Fox – teatro BF, Andy tinha muito recentemente testemunhado, substituiu Warhol como anfitrião e patrono da discoteca, dali em diante apelidada de Murray the K's World. O acordo estava acabado. Os Velvet tinham tido muita expectativa – visitando a discoteca ainda em construção alguns dias antes, Sterling Morrison e Lou Reed tinham dado de cara com um colega de graduação de Reed em Syracuse, Felix Cavaliere, do Rascals, "que deve ter notado o que estava acontecendo", de acordo com Morrissey, mas não disse nada. Warhol e os Velvet teriam recebido a oferta de US$ 40.000 para as primeiras quatro semanas, uma soma vultuosa para ser perdida.

Desconsolado, Morrissey estava sentado no Figaro Café, no centro da cidade, discutindo com Andy. Estava ouvindo a conversa do casal na mesa ao lado, que calhou de ser dos pioneiros artistas de show de luzes Jackie Cassen e Rudi Stern. "Eles disseram: 'Vocês precisam de um lugar para um grupo de rock?'", Morrissey relembra. "Vão até o Dom, na rua 8'": o Polsky Dom Narodny, ou Polish National Home, no 23 da St. Mark's Place, um enorme salão social para a pequena colônia polonesa no East Village. Cassen e Stern estavam usando-o para seus próprios shows, mas não precisariam dele em abril.

"Andy Warhol, Up-Tight" foi suspenso. Passando horas na Factory pensando em um nome novo, e mais chamativo, que refletisse a complexidade e a dimensão crescentes do show, Morrissey tinha arranjado uma cópia do novo álbum de Dylan, *Highway 61 revisited*. Confundindo-o com seu predecessor, *Bringing it all back home*, Morrissey se lembra de ter examinado o fluxo de consciência de Dylan nos poemas em prosa do encarte – "alguma tagarelice de um Bob Dylan chapado", Morrissey classificou-os – e aleatoriamente pegar três palavras: "explodindo", "plástico" e "inevitável". O conjunto surreal de caracteres do encarte na verdade menciona uma "centena de inevitáveis pedras e rochas sólidas", mas o mais perto que Dylan chega de "explodindo" foi "erodindo", e ele não menciona nenhum tipo de plástico. De qualquer forma, apareceu o *Exploding Plastic Inevitable* (EPI), o novo nome para a experiência multimídia de Andy Warhol.

O grupo de Warhol não teve acesso ao Dom até o meio da tarde de sexta-feira, 8 de abril, cinco horas antes do espetáculo. Em cima de uma escada, jogando tinta na parte de trás do palco e nas paredes o mais rápido que conseguia, Malanga criou uma superfície capaz de projetar filmes e fotos; ele ainda estava trabalhando quando as portas se abriram. Enquanto isso, Warhol, Morrissey, Billy Name, Danny Williams e outros arrastavam quilos de projetores de filme, refletores, luzes estroboscópicas, projetores de slide e transparências feitas à mão emprestadas de Jackie Casasen e Rudi Stern. Cassen e Stern ajudaram a montar o show de luz no comecinho do mês. Como Cassen relembra, Andy pagou pelo uso do equipamento, mas não pelos serviços dela.

De acordo com Cassen, "eles não tinham um bom equipamento.

Estavam trabalhando na base do improviso, com tudo o que os projetores permitiam. Eu tinha um projetor de carrossel de slides da Kodak; eles estavam usando somente projetores de filmes [...]. Mas no que eles estavam interessados mesmo era em fazer filmes [algo oposto aos slides]. O cenário incluía projetores de slides na varanda; projetores de filmes em cima ou ao rés do chão; luzes estroboscópicas no palco. Era isso".

Outros membros da Factory – Stephen Shore e Danny Williams – ficaram responsáveis pela luz. "Danny Williams cuidou mesmo da luz, como eu me lembro", disse Shore. "Era algo totalmente improvisado. Eu ficava atrás de um grande projetor que podia movimentar pelo salão, ou ajustar as cores, e havia no Dom um globo espelhado e eu podia apontá-lo para ele, ou iluminá-lo em direção ao público ou ao palco."

Descrevendo o velho salão de danças dos imigrantes antes e depois de sua transformação, John Cale contou que "o Dom não tinha charme algum. Você tinha dificuldade para subir as escadas desse lugar que fedia a xixi. Era sujo e não tinha luz. Mas Andy se encarregou dele e o tornou um lugar totalmente diferente. Ele projetava filmes por toda a parede atrás de nós, e havia slides projetados na outra parede, em um pano branco [...]. Enquanto um filme passava atrás do palco, Nico cantava 'I'll be your mirror', girando uma bola prateada que ela tinha comprado em um antiquário e pendurado no centro do palco, cortado pelos poderosos raios de luz estroboscópica e enviando seu reflexo agitado pela sala, a banda e a tela, então aquilo tudo ficava reduzido a uma entidade pulsante envolta em luz colorida. Ninguém tinha visto ou ouvido nada parecido".

A noite de estreia foi um enorme sucesso, com a lotação de 750 pessoas, a US$ 2,5 cada uma. "Sexta, sábado e domingo *lotaram*", disse Morrissey. "Eles vinham em multidões. Uma grande matéria no *New York Times*. Foi fantástico."

A matéria que apareceu no *Times* na segunda-feira seguinte não era tão grande, e a repórter, Marilyn Bender (que antes tinha feito um perfil de Edie Sedgwick), mantinha a distância típica do *Times*, meio enfezada, meio gozadora. A plateia, Bender escreveu, podia se sentar e ser "simultaneamente bombardeada" por "luz cinética", pelos filmes de Warhol e por rock and roll. "Ou poderia ir apalpando até a pista de dança na escuridão que é quebrada apenas por flashes alucinatórios de luzes multicoloridas, para saracotear, se contorcer e tremer ao som do Velver Underground [*sic*], uma banda de quatro componentes cuja cantora é uma modelo que atende pelo único nome de Nico." Bender fez comparações com o "jeito desarmônico de Marlene Dietrich no começo da carreira" e foi cuidadosa ao notar a mistura esquisita de classes e tipos: a filha do ditador Trujillo misturando-se com suburbanos de calças boca de sino, Allen Ginsberg e Peter Orlovsky, e a geração mais jovem de cabeludos do East Village (o termo hippie ainda não era usado, ao menos no *Times* daquela época).

O Dom

Um jornal universitário, o *Columbia Spectator*, percebeu o "talento de Warhol por achar coisas boas no que é ruim", e destacou as "interpretações" sem criatividade de Malanga. (Durante "Heroin", Gerard ajoelhou-se, tirou o cinto, prendeu uma veia com ele e "se injetou" com um canivete ou uma caneta de ponta redonda.)

Um repórter de um jornal da New York University, o *Washington Square Journal*, encurralou Ginsberg na plateia do show de abertura. A retórica do poeta estava em excelente forma: "Estamos vivendo em um universo em expansão", ele disse, ou gritou, para o jovem repórter. Ginsberg adorou o show, cuja "múltipla associação simbolicamente representa a experiência com LSD, mas precisamos de cópula e orgias da carne no palco". Nas semanas seguintes, Barbara Rubin arranja um encontro de Ginsberg e os Velvet no palco e eles salmodiam Hare Krishna, enquanto Malanga faz sua dança do chicote. (Pode ter sido logo depois disso que Morrissey finalmente colocou Rubin para correr: ela "deixou a Factory aos berros um dia e não voltou mais".)

Poucos incidentes ilustram melhor as mudanças da subcultura de Nova York dos anos 1950 para a nova versão dos 1960 do que a reação do colega poeta de Ginsberg, John Ashbery, recentemente voltando para Nova York depois de quase uma década em Paris. Em pé no meio das luzes estroboscópicas e caixas de som e das formas biomórficas projetadas em slide, Ashbery ficou traumatizado. "Eu não entendo um negócio desses", ele disse, e começou a chorar.

Dois dias depois – no sábado, 2 de abril, ou seis dias antes do *Exploding Plastic Inevitable* apoderar-se do Dom –, a segunda exposição na Galeria Leo Castelli, *Papel de parede de vaca* e *Nuvens prateadas*, foi aberta. Ninguém precisava ver as receitas farmacêuticas de Andy para imaginar que ele devia estar tendo viagens de *speed*, e provavelmente tomando mais do que um ou dois Obetrol por dia: ele estava extraordinariamente ocupado naquele período, ou supervisionando a instalação do papel de parede, ajudando a inflar os travesseiros plásticos – suas "nuvens" – que eram metade da exposição, ou carregando carrosséis de slides para a varanda do terceiro andar do Dom.

Como se quisesse confirmar seu status de pintor "aposentado", Andy não expôs telas (ainda que o anúncio da exposição apresentasse uma foto de Andy com o qual ele faria silkscreen poucos meses depois criando uma de suas séries de pinturas mais conhecidas, os *Autorretratos* de 1966 e 1967). Na sala da frente da galeria pairavam alguns balões prateados em forma de travesseiro com gás hélio. Na sala dos fundos, a única imagem era o próprio papel de parede. Todas as quatro salas tinham sido recobertas por uma única imagem que se repetia, uma cabeça de vaca rosa-choque com um fundo vagamente sarapintado de amarelo. Com o original, uma fotografia, Warhol e Malanga tinham feito um silkscreen, e o resultado final impresso e instalado por um especialista em papel de parede. Rolos deles estavam à venda, marcando a estreia de Leo Castelli como varejista de produtos de decoração.

Andy Warhol, Nuvens prateadas (Série Castelli), *1965-1966.*
Scotchpak e hélio, 90 cm × 120 cm cada um, de ponta a ponta

De acordo com Holly Solomon (cujo retrato era uma das numerosas pinturas com as quais o visivelmente aposentado pintor estava ocupado), a ideia de pintura como papel de parede era dela. De qualquer forma, Andy estava trabalhando com papel de parede muito antes da exposição de Castelli. Em uma das gravações para *a*, em 30 de julho de 1965, ele menciona a Ondine que Rotten Rita, que trabalhava em uma loja de tecidos, tinha acabado de dar a ele algumas informações valiosas sobre papel de parede. "Você sabe, estou fazendo papel de parede agora", ele fala a Ondine. Em um dos filmes rodados durante o fim de 1965 – *Afetado*, por exemplo, silkscreens da foto da vaca eram bastante visíveis na parede do estúdio.

Ivan Karp reivindica o crédito pelas imagens do papel de parede. "A inspiração para as flores foi de Henry; para as vacas, minha. Eu disse a Henry: 'Todo pintor faz vacas uma vez na vida. É um dos emblemas mais importantes da arte nos últimos quinhentos anos!'. Ele respondeu: 'Vacas! Ah, Ivan, é maravilhoso! Uma vaca não é uma mãe?'. Eu disse: 'Sim, uma vaca é de muitas maneiras um símbolo de maternidade!'."

Malanga achou a imagem-fonte em um livro de segunda mão de uma loja que ficava então na esquina sudeste da rua 23 com a Sétima avenida. "Comprei uma pilha de revistas sobre agricultura, e eles tinham aqueles instantâneos ovais dessas vacas, e eu vi essa e disse: 'Ah, Andy, é essa a foto! É tão maternal!'. Ele a odiou. Eu tive de forçá-lo, mas ele a usou." A loja era um dos locais favoritos de caça a imagens de Gerard. O próprio Andy gostava de ir até lá e, durante um passeio dos dois, Malanga cruzou com uma edição da *Harper's Bazaar* com uma capa com um desenho de Warhol. "Ele me fez prometer não comprá-la", disse Gerard. "Ele se incomodava com sua arte comercial" – com o fato de as pessoas saberem que ele ainda fazia aquilo. "Então é claro que eu voltei no dia seguinte e comprei para mim." Se quisesse ou não que isso fosse público, Andy continuava trabalhando para alguns de seus antigos clientes, inclusive no antigo estilo pré-pop, depois de sua "aposentadoria" das pinturas pop. Mesmo em fevereiro de 1966, Nathan Gluck ainda investia na mesa de desenho da sala da frente da residência no 1342 da Lexington. Um desenho de página inteira de um sapato e de uma bolsa para Palizzio apareceu na *Vogue* de 15 de fevereiro de 1965; em 5 de fevereiro de 1966, Andy cobrou da Palizzio pela "decoração para publicidade de seis sapatos"; um dia depois, enviou à *Vanity Fair* uma nota de US$ 2.000 por "desenhos de pássaros", "cartões de balcão" e outros trabalhos.

O *Papel de parede de vaca* era uma continuação – uma encarnação mais embasada e elegante das ideias por trás das caixas de Brillo e das latas de sopa. Andy, consciente do impasse que tinha criado para a pintura, achava que estava começando a se repetir. A afirmativa do pop tinha sido colocada: arte e vida – ou, para Warhol, arte e produtos comerciais – eram uma mesma coisa, que tornava a arte erudita um blefe. Era uma visão profundamente cínica, ainda que colocada com sinceridade, e não espanta que um membro tão ligado ao mundo da arte como o outrora namorado de Andy, Robert Pincus-Witten, resenhando a exposição na *Artforum*, tenha ficado furioso, e a qualificou de "embaraçosa".

Os travesseiros prateados eram algo um tanto diferente. Apesar de enfatizarem, enganosamente, tanto quanto as *Vacas* que Andy já não era um pintor – que a pintura estava morta, era retrógrada, tinha acabado, uma ideia que crescia entre os colegas artistas de Andy –, esses *objetos* cheios de hélio eram delicados e engraçados, flutuando por ali, espalhando-se entre os frequentadores, suas superfícies brilhantes oferecendo reflexões passageiras divertidas.

Ainda em 1964, Warhol tinha pedido a seu amigo cientista do Bell Labs, Billy Klüver, calcular a possibilidade de construir uma lâmpada flutuante (uma homenagem high-tech para Johns?). Impossível, foi a resposta. Quando Klüver lhe mostrou uma folha de 3M's Scotchpak, os pensamentos de Andy se voltaram para a construção de nuvens: nuvens prateadas sacolejantes, macias, parecendo de verdade. Não dava para fazer, disse Klüver, então Andy optou por uma forma retangular simples que poderia ser inflada em um travesseiro de 90 cm × 120 cm – basicamente retângulos grandes inflados com gás que Andy caprichosamente se referia como "nuvens". (Elas tinham de ser carregadas com bolinhas de chumbo para ficar flutuando.) Os travesseiros eram uma referência caracteristicamente dissimulada e de improviso a tendências da época e antigas do mundo da arte: minimalismo em movimento, elas se referiam também à escultura macia de Oldenburg e móbiles de Calder.

Até Pincus-Witten achou as nuvens "sedutoras, táctil e visualmente", apesar de não resistir a compará-las com "as obras casuais da exposição inflacionista abstrata no mês passado". Mas, para alguém presumivelmente tão mercenário, Andy estava se comportando de um jeito estranho, na verdade – a exposição era um suicídio comercial. Mesmo pelo baixo preço de US$ 50 cada um, os travesseiros eram uma péssima compra: o hélio inevitavelmente se enfraquecia, deixando um pedaço prateado flácido de plástico esvaziado no chão. Klüver e Castelli propuseram soluções inteligentes, mas impraticáveis: Klüver, um contrato de dez anos de periódicos reenchimentos; Castelli, uma bomba de hélio com cada travesseiro.

O papel de parede foi um ato similar de provocação. "Eu disse: 'Andy, não há nada para vender!'", relembrou Karp. "'Por que não ao menos algumas vacas individuais?'. Bem, nós vendemos por volta de cinquenta folhas de papel de parede, e foi só." Durante a exposição, e pelo resto do ano de 1966, Castelli vendeu US$ 3.540 de papel de parede e travesseiros, e metade disso, US$ 1.770, foi para Andy.

Mesmo que *Papel de parede de vaca* e *Nuvens prateadas* possa ter sido um desastre financeiro, gerou enorme publicidade para o próprio artista, que estava começando a emergir como seu melhor produto: "O Artista Mais Famoso", nos termos de Calvin Tomkins – o artista refinado como celebridade pop, intercambiável com outras celebridades, cuja produção é mais ou menos irrelevante.

No meio da temporada do Velvet Underground no Dom, eles decidiram, junto com Warhol e Morrissey, que era uma boa época para entrarem em um estúdio de gravação. Morrissey fez contato com Norman Dolph, um executivo de vendas da Columbia que havia se transformado em DJ e tinha trabalhado no dramático acontecimento da multidão no ICA na Filadélfia em outubro anterior, e que estava agora cuidando das gravações no Dom. Alugar um estúdio tão grande quanto o famoso Studio B da Columbia no West Side estava além do orçamento de Warhol, mas um amigo de Dolph, John Licata, era o engenheiro da equipe da gravadora independente Scepter, que tinha seu próprio estúdio. Warhol e Dolph desembolsaram por volta de US$ 700 cada um, para um pequeno tempo de estúdio entre as sessões regulares do Scepter; como relembra Dolph, os Velvet trabalhavam nos intervalos de tempo entre as sessões de Ronnie Milsap, um artista de rhythm and blues da Scepter antes de ganhar milhões cantando pujantes baladas country. Os Velvet trabalharam por partes em quatro dias, da terça, 19 de abril, à sexta, 22 de abril. Na terça e na quarta gravaram; pelo resto da semana, Licata, com a participação de Reed, Cale e Morrison, mixou as faixas. O dinheiro também pagou os serviços de Licata, que eram indispensáveis – Dolph não tinha experiência para comandar uma gravação. Como pagamento por organizar as sessões, Andy deu a Dolph uma de suas pinturas *Desastre com atum*.

Scepter, um dos melhores selos pequenos de rock and roll e rhythm and blues do começo e da metade dos anos 1960 (Shirelles, Dionne Warwick, Isley Brothers e Chuck Jackson eram todos artistas do Scepter), tinha recentemente se mudado para o 254 da rua 54 Oeste. (Ironicamente, dez anos depois o endereço se tornaria o Studio 54, frequentado por Andy nos anos 1970.)

No dia em que os Velvet levaram seus pertences para o estúdio, a Scepter ainda o estava montando, então o lugar estava muito bagunçado. Como Cale recorda, "colocamos a bateria onde havia um espaço de chão" e foram para o trabalho: a banda na sala principal e Dolph e Licata na mesa de gravação.

"Minha responsabilidade básica era manter as pessoas no horário e fazer as coisas andarem", disse Dolph. Ele poderia interromper a gravação se ele ou Licata ouvissem um ruído, mas, uma vez completada uma gravação, a decisão de mantê-la ou de fazer outra tentativa era tomada por Reed, Cale e Morrison. Dolph relembra que Andy estava presente por pouco tempo: se a sessão durou um total de doze ou dezesseis horas, como contou Dolph, Andy não ficou mais que duas horas, e Morrissey apenas "deu as caras".

Usando não mais que umas poucas passagens, os Velvet reduziram dez canções: "All tomorrow's parties", "Femme fatale", "Run run run", "There she goes again", "I'll be your mirror", "The black angel's death song", "European son", "Heroin", "Venus in furs" e "I'm waiting for the man". As últimas três foram de novo reduzidas no mês seguinte por Tom Wilson, que produziu mais uma canção, "Sunday morning". As quatro canções editadas por Wilson e as sete que foram mantidas das rápidas sessões no Scepter foram lançadas – mas não por um ano inteiro, para imensa frustração da banda – como The Velvet Underground and Nico, "um dos melhores álbuns de estreia" de acordo com David Fricke, da *Rolling Stone*, e muitos outros. O álbum raramente ficava fora das listas dos cinquenta melhores dos críticos de rock.

Apesar das limitações musicais da banda, The Velvet Underground and Nico abarca um grande campo estilístico: folk-pop sereno ("Sunday morning", "I'll be your mirror", "Femme fatale"), rhythm and blues estridente e suburbano do tipo que os Rolling Stones estavam inspirando centenas de bandas *teen* americanas a fazer ("Run run run", "There she goes again"), a pompa ruidosa de "All tomorrow's parties" e "Venus in furs", o turbilhão da guitarra inspirada no free jazz de "European son", o estilo minimalista de La Monte Young (por todo lado, cortesia de Cale), e mais.

Quando as sessões no Scepter terminaram, Norman Dolph enviou as fitas para seus amigos que trabalhavam com novos artistas na Columbia Records e recebeu uma resposta: "Era algo de rotina", ele se lembra, mas entre as linhas você podia ouvir alguém dizendo: "Que porra é essa?!?!".

Assuste-se! Fuja! Fique chapado! Andy Warhol e seu The Velvet Underground and Nico com shows de luz e filmes curiosos... *The Exploding Plastic Inevitable Show* está acontecendo agora!

De acordo com Cale, "abril de 1966 foi nosso melhor mês com [Andy] e fizemos nosso melhor trabalho. A cada dia de abril nossas expectativas aumentavam, parecia que tudo era perfeito". No fim do mês, eles estavam se preparando para exportar barulho e niilismo para a ensolarada Los Angeles: um promoter tinha organizado um evento de três semanas no Trip Club de Los Angeles. Antes de irem para a costa, eles tiveram uma reunião em Washington. Em 27 de abril de 1966, Leroy F. Aarons intitulou assim seu artigo no *Washington Post*: "Novos espetáculos teatrais divertem e irritam a plateia".

Warhol, Morrissey e o EPI, um grupo entre doze e catorze membros, voaram para Los Angeles no início de maio. Para coincidir com a performance do EPI, Irving Blum tinha marcado uma exposição das "Nuvens prateadas" infladas de Warhol em sua Galeria Ferus, em La Cienaga.

Na noite de estreia, uma vibrante Los Angeles apareceu em peso para ver e ser vista. Dennis Hopper trouxe Jennifer Jones, Joseph Cotton e Tuesday Weld. De acordo com Bourdon, Sonny e Cher saíram de repente; outra fonte afirma que só Cher foi embora e um intrigado Sony ficou. Ryan O'Neal estava lá, junto com Cass Elliot, do The Mamas & The Papas, um jovem Jim Morrison, e outros luminares do passado, do presente e do futuro.

O *Los Angeles Times*, no entanto, desaprovou. "Para variar, um evento de fato aconteceu", escreveu o resenhista Kevin Thomas, "e Warhol veio de Nova York para mostrar como fazer um." A resenha considerava o Velvet Underground "um grupo de rock que vai além do rock [...]. É um som doloroso que vem de outro planeta". Thomas achou a performance de Malanga-

-Woronov "algo fetichista, talvez, mas profissional". (O artigo terminava com uma observação muito diferente, como se a censura de um editor tivesse mudado a orientação das coisas no momento da impressão: Andy era classificado como "meio impostor, meio profeta [...] o mais dissimulado de todos eles".)

O *Los Angeles Free Press* (a versão da Califórnia sulista para o *Village Voice*) achou o show friamente estimulante. Paul Jay Robbins o via como "uma revelação de obscuridade, a fogosa carbonização de sua esperança [...] uma catarse e uma iluminação. Quando eu saí, foi bom respirar o ar fresco da noite, o doce sabor da alegria. Eu sobrevivera a um intenso respingo de niilismo [...]. O show de Warhol é decadente, puro como uma caveira moída e honesto como sujeira na lata do lixo". Uma fotografia da banda tocando no Trip foi parar no livro de 1967 de Marshall McLuhan, *O meio é a mensagem: um inventário dos efeitos*.

Mas, de acordo com Cale, depois do tumulto da estreia "o clube ficou surpreendentemente quase vazio". O barulho e o sadomasoquismo da EPI eram simplesmente um erro para a ensolarada costa oeste. Na terceira noite, "ficamos cientes da nossa desgraça" por intermédio de uma disputa sem relação conosco entre os donos do clube, que o fecharam. Tentando descobrir como poderiam arrumar o dinheiro para ficar em Los Angeles durante o tempo do contrato original, Andy e seu grupo não tinham muito que fazer senão sentar e esperar pelas próximas três semanas.

Desocupadas e impedidas de realizar sua principal atividade – como vampiros no sol –, a companhia entrou em pânico no sul da Califórnia. "Nossa pele clara e roupas pretas já não tinham razão de ser no inflexivelmente feliz sol da Califórnia", escreveu Woronov. "Sem a concha protetora de Nova York, parecíamos ter perdido a magia."

A maior parte do grupo de Warhol ficou nos fundos de uma réplica de castelo medieval, propriedade em parte do ator John Law e de seu irmão Tom, que trabalhavam para Albert Grossman; considerado um lugar bacana para ficar na época, os clientes do castelo incluíam, entre outros, Dylan. De acordo com Sterling Morrison, "não houve nenhuma festa enquanto estivemos no castelo, por causa da nossa reputação", que ele classificava como "horrível. Todo mundo julgava que fôssemos gays. Eles achavam que devíamos ser uns promíscuos com Andy e todos aqueles chicotes e a parafernália toda".

O resto do grupo ficou no Tropicana, um hotel miserável. Woronov escolheu o castelo, Malanga, o Tropicana, o que causou uma enorme briga entre Warhol, Malanga e Woronov, bem como o fim do relacionamento entre Gerard e Mary. De acordo com Mary, "houve essa coisa toda e Andy disse: 'Eu quero ir para o castelo, e você vem também'. E Gerard respondeu: 'Não, fique no hotel comigo'. Eu falei: 'Não, eu quero ir para o castelo', porque eu queria estar no meio da confusão".

O empresário de rock de São Francisco, Bill Graham, estava ansioso para capitalizar o nome de Warhol e marcar alguma coisa no seu Fillmore Auditorium com uma banda de vanguarda de Nova York. "Falamos a Bill Graham que não queríamos ir para São Francisco", de acordo com *POPism*, "que tudo o que queríamos era voltar para Nova York, e essa era a mais pura verdade." Quando Graham apareceu em Los Angeles quase implorando, Warhol e Morrissey cederam. Acordos foram feitos para um compromisso de três dias no Fillmore, de 27 a 29 de maio. Apesar de seu legado boêmio, a cidade não abriu os braços para Warhol, que foi na frente com Malanga para entrevistas com a imprensa no dia 23. Não apenas as chamadas no rádio foram preponderantemente negativas – "Nós sempre tivemos o melhor no ar", reclamou um ouvinte; "essa é a pior coisa que vocês já fizeram" –, como Andy e Gerard foram expulsos do hotel; de acordo com Warhol, o gerente encrencou com as orações de Malanga. Os dois foram realojados no Beresford Hotel, e vários dias depois o resto do EPI se libertou de seu ócio forçado em Los Angeles e voou para o norte, para São Francisco.

Os Velvet e seu grupo de apoio não pensaram muito em Bill Graham, nem hesitaram em enfatizar o primitivismo das luzes dele. "Nós dissemos: 'Isso não é um conjunto de luzes, Bill, desculpe'", relembra Sterling Morrison – o que não lhe agradou muito. O entusiasmo de Graham logo azedou: "Ele nos detestou e nós o detestamos", disse Cale. O produtor do *POPism*, depois de ficar em silêncio por algum tempo, finalmente explodiu: "Vocês são vermes nojentos de Nova York com seus chicotes nojentos e cabeças nojentas". Mas Graham estava muito ansioso para ganhar em cima da fama de Andy, e colocou o nome de Warhol no topo do cartaz do show, antes de todas as bandas. O Velvet

Underground no destaque, aparecendo depois o *Mothers of Invention* (cujo líder, Frank Zappa, teria dito no palco que os Velvet "eram mesmo uma bosta") e o show de abertura, uma banda nova chamada Jefferson Airplane.

A Bay Area dificilmente poderia estar menos preparada para Andy e sua visão de entretenimento. Uma testemunha da cena, o crítico A. D. Coleman, ao escrever dois anos depois, relembrou com raiva a invasão de Warhol como a poluição do Éden psicodélico de Haight-Ashbury: "Nesse corpo saudável Graham injetou Warhol, o epítome da tensa paranoia nova-iorquina [...]. A maior parte da plateia, desnorteada com a absoluta malevolência do grupo de Warhol, ficou em choque".

Os psicodélicos eram a droga do momento ali, não o *speed* e a heroína; o golpe cultural ia em direção a um coletivismo empolgado. As bandas da Bay Area, como o Grateful Dead, viam a si mesmas como fontes de energia para amores públicos mútuos. Os Velvet iam em direção oposta: recuo solipsista, a alienação a caminho da morte de "Heroin" – não impressiona que "tenham assustado todo mundo", relembra uma testemunha. Os críticos de Los Angeles tinham tido um mínimo de respeito; o crítico de jazz e rock Ralph J. Gleason, nas vésperas de ajudar a criar a *Rolling Stone*, chamou o Velvet Underground de "grupo idiota" e o EPI "algo tolo [...] se é isso que os Estados Unidos terão, vamos morrer de tédio".

"Estamos entrando em território inimigo", declarou Cale. "As pessoas e o tipo de música nos eram estranhos, e nós não cogitamos falar a alguém o que pensávamos daquela música e deles. As pessoas de fato não simpatizaram muito com Andy."

O grupo saiu de São Francisco em 31 de maio. Danny Williams ficou para trás, em parte porque quis, conforme escreveu em seu diário, e também porque a companhia estava carregando muito equipamento no voo de volta a Nova York. Danny e 350 quilos de parafernália se juntaram ao EPI em Chicago, onde se apresentariam por uma semana no Poor Richard's, começando em 21 de junho.

Para Mary Woronov, São Francisco foi "o auge do horror [...]. Naquela época a gente de fato se sentiu assim. O grupo voltou quebrado. Quando a viagem começou, eu era muito próxima de Gerard. Na volta, não mais. E Andy também estava péssimo. Ele esperava que as pessoas assistissem a seus filmes. Elas nem mesmo falavam com ele, elas não viam sua banda, não faziam nada. Quando voamos de volta, era como se precisássemos de ar para respirar, precisávamos que Nova York nos consertasse, ou iríamos morrer".

Na verdade, o grupo, ou no mínimo parte dele, voou para Boston, onde Nico tinha sido contratada para apresentar uma série de filmes de boa qualidade na afiliada local da RKO, WNAC – sem dúvida a mesma oferta que Morrissey tinha recebido poucas semanas antes no castelo. Os "Inevitables" voltaram para Nova York em 2 de junho, destruídos.

Ansiosos para promover Nico como a figura central do Velvet Underground e a mais recente "A Garota do Ano" da Factory, Morrissey e Warhol tinham conseguido que ela apresentasse uma sessão de fim de noite de filmes B homossexuais (*Zorro e a cidade de ouro perdida*, o *White savage* de Maria Montez, *King Kong, Mothra,* o primeiro *Tarzan* falado, *Tarzan, o homem macaco* etc.). Como sempre tímido na câmera, Andy serviu como "consultor". No release para a imprensa, a WNAC-TV de Boston anunciou a si mesma como "a primeira estação do país a mostrar filmes da arte pop com temática gay para o In Group".

A WNAC anunciou que Nico tinha sido nomeada "Miss Off-Pop de 1966" (talvez Andy e Morrissey estivessem tentando se distanciar do "A Garota do Ano", algo já antiquado naquele momento). Depois que ela gravou sua apresentação para os filmes, a WNAC fez uma "Festa Dançante Arte Pop Las Vegas" para Warhol, Nico "e outras belezas de seu grupo de cinema underground" e mais quinhentos funcionários da indústria. De acordo com o enorme *release* biográfico da WNAC, Warhol "pinta o corajoso glamour da sociedade de massa com o júbilo lobotomizado que caracteriza a nova geração". Sua casa era descrita como "lotada de objetos elegantes e excêntricos de uma civilização bizarra [...]. Para Warhol, tudo e nada é arte, um catalisador e um observador arguto da vida contemporânea cujos comentários são às vezes astutos por, na verdade, não serem comentários".

Quando os viajantes finalmente chegaram a Nova York, Lou Reed, que estava com hepatite, foi se consultar no Beth Israel Hospital. Na versão de Reed, "fui um dos primeiros pacientes da Medicare. Um remédio que tomei em São Francisco congelou minhas juntas. Os médicos suspeitaram de lúpus terminal, mas isso acabou se revelando um engano". De qualquer maneira, ele não tinha condições de viajar a Chicago para a próxima apresentação da banda. Nem Nico estava disponível; ela tinha viajado para Paris para visitar Ari, seu filho de quatro anos, que tinha deixado com amigos no começo do ano. Várias mudanças de pessoal foram necessárias. Sterling Morrison tocou todas as guitarras e ajudou Cale com vocais, Maureen Tucker foi para o baixo, e Angus MacLise fez uma visitinha à bateria – só naquela ocasião, Reed sublinhou para o ex-baterista, chamando-o no hospital: "Isso é temporário", Reed fez questão de dizer. ("Lou era sempre desse jeito agradável", Sterling Morrison relembrava.)

Apesar da ausência de Reed, Nico e Warhol (Andy obviamente prometeu aparecer, mas não foi), o EPI foi um grande sucesso no Poor Richard's, que deu uma segunda semana para a banda, a partir de 3 de julho. A *Variety*, resenhando longamente o show em sua edição de 29 de junho, foi muito positiva. A influente revista semanal de showbiz chamou-o de "uma psicose de três partes que assalta os sentidos com luzes e sons de complexo ambiente total". Os Velvet, "uma grande banda de quatro componentes que se especializou em uma música diferente", conservando "um ritmo pulsante [...]. As cadências pulsantes do Velvet Underground mostram-se muito interessantes".

O destaque da *Variety* para a iluminação artificial – território de Danny Williams –, como "a mais impressionante parte do show", acabou ampliando ainda mais o ciúme de Morrissey (e provavelmente irritando Andy também). Mas a matéria ia ainda mais longe, aplaudindo "o iluminador Dan Williams" como "o cérebro do '*Exploding Plastic Inevitable*'".

A rivalidade entre Morrissey e Williams inevitavelmente explodiu em pancadaria. "Eu estava tocando piano", Cale relembra. "Acho que era 'I'm waiting for the man' – e não podia ver para que diabos a plateia estava olhando. No final do número, ouvi aquela briga na varanda, para onde todo mundo estava olhando. Sterling me disse depois que Paul e Danny fizeram aquilo porque Danny tinha roubado os fios da extensão e Paul não podia movimentar o projetor."

As resenhas foram destrutivas, mas um bom público foi entusiasticamente ver a banda. "Os Velvet tentaram tirar o máximo de sua estada em Chicago", de acordo com Sterling Morrison. "Nós não desanimamos só porque Lou, Nico e Andy não estavam lá. Pelo contrário, eu diria que fizemos questão de nos tornar mais visíveis", participando do programa de rádio de Studs Terkel, entre outros, "fazendo tudo que esse tipo de turnê faz, foi muito barulho", mas isso não se traduziu em sucesso comercial. Embora tivessem assinado com Verve, não havia sinal do álbum. Apenas dois singles foram lançados ainda em 1966, e, apesar dos esforços de Danny Fields para falar deles no multiplicador mercado hippie, a perspectiva para os Velvet era pessimista.

Os cadernos que Danny Williams manteve durante maio e junho de 1966 formam uma espécie de subtexto da viagem para o oeste do EPI, oferecendo extratos tanto da mente ativa de Williams como da dinâmica da Factory em 1966: uma crescente rede volátil de rivalidade presidida por alguém que provavelmente tinha tão poucas ideias quanto seus asseclas, em que todos eram inteligentes.

Os cadernos estão cheios de sugestões de Williams sobre tecnologia, negócios e estética; de planos de carreira – um dos quais era projetar espetáculos de luzes para Bill Graham; de insights sobre Warhol, muitas vezes desiludidos; de uma constante luta entre a ambição e o autoquestionamento ("Acho que posso fazer qualquer coisa, mas não sei o que fazer", Danny medita); de pequenas estratégias para a sobrevivência diária (como a maioria do grupo, ele não tinha um tostão).

Um dos mais surpreendentes pensamentos de Danny é sua preocupação com marketing. Não se tratava de um hippie inspirado em Thoureau, mas um embrionário estrategista de marketing. A ideia que sempre voltava a Danny era algo como franquear o EPI: "Se o faturamento for separado, Andy Warhol e seu *Exploding Plastic Inevitable* podem ser colocados no palco com qualquer banda. Não precisamos ficar presos a um grupo ou ser um grupo. Pode haver inclusive seis shows *Andy Warhol & Exploding Plastic Inevitable*".

Tão imaginativo quanto visionário, Danny no entanto tinha obsessão por detalhes. "Quanta energia pode ser tirada de uma máquina de cigarros?", ele se pergunta. "A energia pode ser enviada em lasers [...]. Colocar prismas em rodas de bicicleta [...]" Há projetos para esferográficas flexíveis de plástico, ideias para filmes, incluindo um sobre um "garoto que vai para o céu e se torna hétero". Ou, ele pondera, o que dizer de um casamento no Madison Square Garden? "Seis bandas de rock, um coro de cem ministros fazendo os votos etc." As frustrações de Williams com suas tarefas mal pagas e muito exageradas também pipocam: "Não vou continuar a criar o show e não ganhar nada, nenhum dinheiro extra, nem parte na empresa". Sua influência diminuindo, seu relacionamento com Andy indo por água abaixo, ele começa a ter pensamentos obscuros e paranoicos: "Vejo onde a Factory chegou, mas já não faço parte dela [...] sou uma sombra nisso – às vezes gritando –, às vezes discutindo com todo mundo (raramente)".

No final, tudo se viraria para a competição com Paul Morrissey. Ainda que não tivesse a imaginação de Danny, de longe Morrissey era mais organizado, mais fiel e muito mais forte. Em uma queda de braço entre os dois, que foi precisamente o que aconteceu do fim de 1965 até meados de 1966, Williams estava condenado.

Na época em que Danny enchia os vários cadernos com suas ideias audazes e às vezes brilhantes, ele estava escrevendo em um vácuo, pois Andy já não lhe dava atenção. Sua única esperança era ir embora, o que na verdade ele já estava fazendo. Ele via as deficiências de Andy e por fim notou o formidável egoísmo de Morrissey. Mas o infeliz Danny não era capaz de se livrar de seus sentimentos por Warhol e pela Factory.

Enquanto o EPI estava em Chicago, Warhol parece ter começado a trabalhar em várias pinturas: o autorretrato para o anúncio do show de abril e dois quadros encomendados, *Frances Lewis* e *Holly Solomon*. O último, um painel de nove Polaroids em silkscreen, é defendido como uma das melhores pinturas de Andy. E ele foi feito por acidente.

Sam Green tinha conhecido Holly Solomon, uma mulher incansável e brilhante, ex-atriz, desde os seus primeiros dias, nos anos 1960, à frente da Galeria Green de Richard Bellamy. "Holly e eu éramos grandes amigos e trocávamos confidências pelo telefone. Ela não estava conseguindo muitos papéis, e eu lhe disse para ser esperta e usar a publicidade conseguida pelos novos artistas para ela mesma aparecer – com Andy Warhol, por exemplo, fazendo um retrato dela."

Green convenceu Horace, o marido dela, um pós-graduado muito culto de Yale, que administrava o negócio de grampos de cabelo da família, a pagar o escultor Richard Artschwager para fazer o retrato de Holly. "Então me lembrei de carregar Horace e Holly para o apartamento de Christo, com a ideia de convencer Christo a fazer o retrato dela. Roy Lichtenstein não quis fazer o retrato dela, porém disse que faria uma pintura que *parecesse* Holly, mas que fosse basicamente outra pintura caricatural de Roy Lichteinstein."

Holly tinha visitado a Factory pela primeira vez em 1964, quando "Sam me levou para ver *Elizabeth Taylor*. Ele queria que eu levasse uma porque, na época, começava uma coleção." Ela e Warhol "conversaram pouco, mas muito intimamente. Andy teria dito: 'Ah, ah, por que você não faz... novelas?'". É possível que Solomon tenha colocado a ideia dos papéis de parede em silkscreen na cabeça de Andy: de acordo com Holly, "eu gostaria que ele fizesse imagens idênticas [Marilyn] como papel de parede, impressas em pano. Um quarto inteiro. Eu estava no século XVIII como a sra. Kennedy e todos aqueles livros pomposos de decoração, como Joy Baldwin copiando um Matisse".

Com a mão hábil para retratos baseados em Polaroids, Andy levou Solomon a uma Photomat "e me deu algo como US$ 40 divididos em moedas de 25 centavos", ela disse, relembrando a sessão conforme ocorreu em 1965, muito tempo antes que a pintura fosse vendida. "Fiquei muito entediada ali", exatamente o que Andy queria.

Ele quis também um valor proibitivamente alto de US$ 6.000. Horace Solomon recusou-se a pagar – ele preferia Lichtenstein, de qualquer forma, cuja encomenda se tornou o bastante conhecido *Retrato de Holly Solomon (Desculpe-me)*.

Quando Holly apareceu na Galeria Castelli com o resto do dinheiro de Lichtenstein, provavelmente em junho de 1966, o assistente David Whitneu erroneamente achou que aquele era um pagamento baixo para um demorado retrato de Warhol. "Andy me telefonou", Holly relembra, "e disse 'Jesus, Holly, estou feliz que vamos fazer o retrato'." Comparando os dois, Holly ficou horrorizada. Ela telefonou imediatamente para Ivan Karp, que disse: "Deixe-o fazer o retrato". Se ela não gostasse, Karp refletiu, Castelli poderia, quem sabe, vendê-lo.

Logo depois, os Solomon foram no Aston-Marti de Horace à Factory. Como relembra Horace Solomon, o estúdio estava praticamente vazio. Havia seis telas de 75 cm × 75 cm de Holly no chão.

"Horace ficou lá em pé olhando para elas", disse Holly. "Então Andy e eu perguntamos a ele: 'Bom, de qual delas você gosta mais?', pois eu não consigo decidir. E Horace levantou os olhos e perguntou: 'Andy, elas estão secas?'. Andy respondeu que sim, e Horace disse: 'Vamos levar todas, é uma obra de arte'. Ele gostaria de pintar outros dois painéis, disse Andy, e incluiria o trabalho em uma retrospectiva em Boston em outubro; de má vontade, Horace permitiu as duas coisas."

Quando a pintura retornou de Boston, os Solomon abriram o pacote. "Coloque-os ao redor da sala", disse Holly. "Eu tinha um *Elizabeth Taylor*, o melhor; Sam Green tinha me ajudado a escolhê-lo. Eu tinha dois *Marilyn Monroe*. Eu tinha o melhor *Jackie de ouro*, e *Garota ansiosa* de Lichtenstein. Horace disse: 'Boa noite, meu amor', e foi para a cama. E eu simplesmente sentei na sala de estar com as bochechas pegando fogo. Eu estava realmente embaraçada. Porque essa nova pintura de Andy era a Holly sexual, íntima, que eu realmente não queria expor ao mundo [...]. Aqui eu me apresentava como [...] pronta para a festa, dizendo de um jeito leve [...] Ethel é a garota da *Vogue*, cada cabelo no lugar. Lita Hornick [outra manequim para a Polaroid de Warhol em 1966] parece um Buda, uma sacerdotisa da arte, que ela era. Mas eu, ele faz como essa pessoa desequilibrada, *sexual*. Ele compreendeu. Andy era empático. Por isso chamei a pintura de 'Holly sendo cindida'.

"Quando esse quadro foi mostrado na Whitney, foi um dos primeiros retratos de Andy que não eram de um ícone", o que gerou alguns comentários. "Algum tempo olhando-o", disse Solomon, e "Jasper disse a mim: 'Como é sentir que está morta, Holly?'."

Mas, como colocou Michael Egan, "aquele retrato de Holly Solomon, que é encantador, é também uma imagem assustadora, terrível, um pesadelo, parece Rimbaud. Tenho certeza de que as pessoas que posaram para Lucien Freud se sentiram do mesmo jeito. O compromisso dele era para com a própria arte, e ela foi apenas uma voluntária momentânea para a arte dele, e se tornou um produto passageiro."

Como se fosse para compensar os quase seis meses longe das câmeras, Andy ficou louco para filmar naquele verão. Em uma sequência de quatro rolos

Fileira da frente: René Ricard, Susan Bottomly, Eric Emerson e uma mulher não identificada. Segunda fileira: Mary Woronov, Andy Warhol e Ronnie Cutrone

filmada na casa de George Plimpton em Upper East Side, Ed Hood reencenou seu maltratado papel de frequentador de bordéis de *Meu michê*, defendendo-se de intrusos enquanto tenta passar o tempo com a sua piada do momento. Brigid Berlin deixou Warhol trazer sua câmera para o apartamento dela no Chelsea Hotel, onde ele filmou um rolo da irresistível personalidade de Berlin. Outro projeto, *Hanoi Hannah*, era um roteiro de Ron Tavel sobre a Tokyo Rose,* na era do Vietnã (um notório propagandista do Eixo na Segunda Guerra Mundial). Três sequências coloridas foram provavelmente filmadas no fim de julho ou começo de agosto: *Cidade deles*, filmado agora em outro cenário de Tavel; no mínimo quatro rolos de Eric Emerson, um dançarino pequenino e musculoso que Warhol tinha encontrado pela primeira vez dando pulos no Dom (Emerson fala para a câmera enquanto tira as roupas); e um rolo de Nico sozinha. A maioria provavelmente do começo e de meados de agosto, Andy filmou os dois rolos de *A história de Gerard Malanga*,

* Nome genérico das tropas aliadas durante a Segunda Guerra Mundial. (N. T.)

ostensivamente feito para Gerard, ainda arfando pelo estrelato no cinema underground. Mas ele ficou frustrado com Marie Menken, que representou a mãe dele. De acordo com um terceiro ator, Woronov, "Gerard não podia controlar Marie, e ela simplesmente falava sem parar sobre qualquer coisa que vinha à cabeça".

Fascinado pelo ocasional hábito de Ondine de se apresentar como "Papa Ondine", o líder espiritual da Baixa Boêmia – "homossexuais, pervertidos de todo tipo, ladrões, criminosos de todo tipo, os rejeitados pela sociedade. O.K.? Sou o papa deles" –, Andy filmou três rolos do Papa ouvindo as confissões de Woronov, Susan Bottomly (uma modelo mais conhecida pelo seu apelido da Factory, "International Velvet"), a nova frequentadora Angelina "Pepper" Davis, Ingrid Superstar e outras.

Quem mais Andy filmou ou não naquele verão à parte, o resultado final seria sua ruptura comercial, *Garotas do Chelsea*. O filme, em outras palavras, não foi compreendido até depois que fosse filmado. Enquanto Paul Morrissey declarou, com aspereza característica, que "não foi um filme, não foi feito como um filme, eram experimentos" – termo pejorativo de Morrissey para uma tomada espontânea de Warhol, uma sequência sem edição – "da época em que eu administrava o Velvet Underground. Quando houve uma calmaria, e lá tínhamos várias, dissemos, 'Vamos filmar alguma coisa'". Malanga colocava as coisas de um jeito mais generoso, chamando o *Garotas do Chelsea* de "um acaso divino porque foi feito como um filme [...] individual. No fim das filmagens de todos esses filmes, Andy decidiu: 'Bom, vou mostrar todos como tela dupla e eles serão um sucesso'".

É difícil saber quando Warhol decidiu acumular todas essas cenas disparatadas em um único filme. Talvez tenha demorado semanas; talvez tenha sido em um momento intuitivo. De acordo com a observação de Malanga de 1967, a decisão provavelmente demorou. De qualquer forma, tão logo foi feita, uma estrutura efetiva mas vaga foi rapidamente montada.

Apesar de a filmagem de verão ter sido feita por toda a cidade – a Factory, o apartamento detonado do crítico Stanley Amos, a casa em Upper East Side de Plimpton –, muito dela foi gravado no Chelsea Hotel ("o bem conhecido *hostel* da rua 23 Oeste para boêmios", como o *Times* decorosamente o descreveu), onde Brigid Berlin, Nico, Susan Bottomly e outros frequentadores regulares da Factory estavam na verdade ficando. Apresentar sua filmagem como uma série de relances na vida dos extravagantes residentes do Chelsea provocou a imaginação de Andy. Uma dúzia ou mais de rolos (o número não foi fixado no início) foi retirada da massa de filmagem. Cada rolo recebeu um número ficcional de quarto do Chelsea Hotel, como se ali fosse onde a ação tivesse sido feita. A ideia dos dois projetores de Andy finalmente tinha uma vantagem tangível: olhar, movendo-se daqui para lá entre duas cenas simultaneamente, gera um efeito de "por enquanto": das vidas sendo desveladas (ou descobertas) nas salas adjacentes. Quando o efeito funciona, é isso. Caracteristicamente, a ideia do hotel de Henry era apenas metade da coisa toda. Quando o mesmo ator está em duas cenas de uma só vez, ou quando uma cena – digamos, o efeito de coral de *Cidade deles*, saturado do ambiente do sudoeste – possivelmente não ocorreria em um quarto de hotel, a ilusão de espionar através de dois buracos de fechadura vai por água abaixo.

De acordo com o diário de Malanga, eles estavam filmando ainda em 10 de setembro, cinco dias antes da estreia de *Garotas do Chelsea*. Os anúncios semanais da Filmmakers Cinematheque do *Village Voice* eram na maior parte das vezes laconicamente objetivos; nessa semana, no entanto, Mekas ultrapassou todos os limites. A publicidade dizia: "Anunciamos a estreia mundial das oito horas do novo filme épico de Andy Warhol, *Garotas do Chelsea* [...] em cores e em preto e branco".

O enorme anúncio no *Village Voice*, brincando com um imaginário Chelsea Hotel, listava cada cena pelo número de um quarto: "Quarto 723 – Papa Ondine; Quarto 422 – A história de Gerard Malanga; Quarto 946 – O quarto de George; Quarto 202 – *Tarde*; Quarto 116 – Hanoi Hannah; Quarto 632 – O frequentador de bordéis; Quarto 416 – A viagem; Quarto 822 – O banheiro". Os primeiros espectadores de *Garotas do Chelsea* viram um filme muito diferente da versão padrão que as audiências iriam depois conhecer. Três das sequências do anúncio tinham sido deixadas para o fim do ano: "O quarto de George", dois rolos sobre Silver George Milloway, um com Ondine e os amigos de Billy Name; "Tarde", um rolo de Edie Sedgwick do ano anterior; e "O banheiro", com Nico e Randy Bourscheidt, um visitante ocasional da Factory.

De acordo com Bob Cowan, projetista da Filmmakers Cinematheque em 1966, os espectadores de setembro viam um filme diferente a cada noite, às vezes com mudanças radicais. Na memória de Cowan, a noite de abertura foi "mais parecida com um ensaio" do que com uma estreia. Rolos tecnicamente "sem esperança" foram descartados ("grande parte do som estava inacreditavelmente ruim"), e a ordem dos rolos foi alterada na hora. Na segunda noite, outras mudanças ainda foram feitas, "e, depois de muito barulho e confusão, Andy e o elenco foram embora e me desejaram boa sorte. Durante todo o ciclo do filme, nunca mais os vi por lá". Em um verdadeiro espírito vanguardista, Cowan (ele mesmo um diretor de cinema) nunca passou *Garotas do Chelsea* no mesmo formato duas vezes, "para melhorá-lo". Ele tentava fazer mudanças em cada projeção, para ver "quais combinações eu conseguia produzir". A única constante era o formato de filme fragmentado; às vezes Cowan fazia a projeção mais veloz e descompromissada. Às vezes agitava um pedaço de vidro na frente de um dos projetores para fazer a imagem tremeluzir na tela; às vezes, usando um espelho, irradiava imagens no teto – sombras do EPI.

Billy Name (que insiste que o "elenco de Warhol" apareceu durante o primeiro ciclo) lembra do mesmo tipo de experimentação, especialmente no que diz respeito à escolha dos rolos. A maneira como *Garotas do Chelsea* é mostrado hoje – os mesmos doze rolos na mesma ordem – "não é como costumávamos fazer", de acordo com Name. "Nós mexíamos nele a cada noite, decidindo quais rolos iríamos mostrar, quais teriam som e quais não, e nossas escolhas eram diferentes a cada vez."

A frequência ao primeiro ciclo na Filmmakers Cinematheque, de 15 a 28 de setembro, foi estável, mas de forma alguma impressionante: em somente três das catorze noites as duzentas poltronas do cinema tiveram mais da metade de ocupação. A média por noite, um pouco menor que setenta, era o mínimo que Mekas costumava ter, nove meses antes e com provável otimismo, estimado como o público médio do mês de abertura da Filmmakers Cinematheque na rua 41.

Por outro lado, os números de setembro da Filmmakers Cinematheque eclipsaram os negócios costumeiros de Andy. As duas primeiras semanas renderam US$ 339,18 para Andy; nos quatro meses anteriores, a renda nacional da apresentação de seus filmes tinha sido, para ele, de US$ 330. Nas semanas daquele primeiro ciclo em setembro, a parte de Andy das entradas semanais do *Garotas do Chelsea* já não seria contada em três dígitos: a agitação que o filme estava gerando, incitada pelas propagandas de Mekas e Morrissey no *Village Voice* e novos releases, assegurava isso.

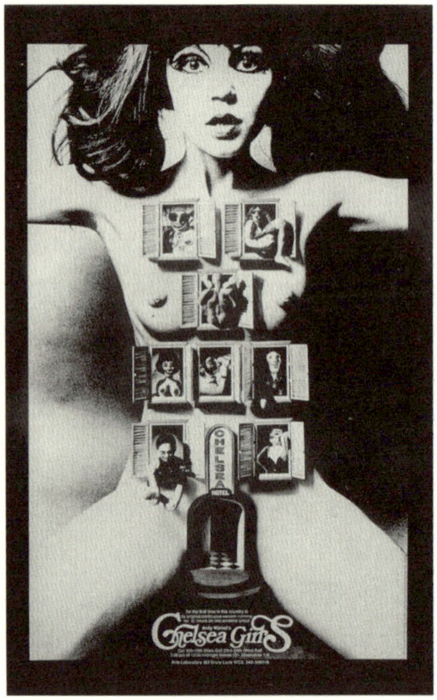

Pôster do filme Garotas do Chelsea

Quando Danny Williams voltou de Chicago para Nova York, continuou a morar na Factory. É impossível saber se ele participou de algumas das viagens que viriam a formar o *Garotas do Chelsea*, ainda que possivelmente estivesse envolvido em algumas das cenas feitas antes do fim de julho. No dia 24 daquele mês ele tomou um trem noturno para Boston, chegando na manhã seguinte à casa de seus pais, em Pigeon Cover, parte da North Shore de Rockport; a família de Danny passava o verão lá desde que ele tinha nascido.

De acordo com testemunhas da Factory, Danny estava naquela época completamente viciado em anfetaminas. Chegando a Pigeon Cove, ele parecia bem, ainda que "exausto" – na descrição da sua mãe. Na tarde do dia 25, ele pegou o carro da mãe até a casa de campo, onde jantou com o irmão e a cunhada. Após o jantar, saiu dirigindo, dizendo que precisava de um pouco de ar antes de ir para uma festa que estava acontecendo na casa dos pais. De acordo com sua cunhada, ele parecia agitado, saiu "com pressa" e talvez irritado – ou sob efeito do *speed* depois de tomar comprimidos no banheiro antes do jantar.

De manhã, acreditando que ele tinha passado a noite com amigos, a mãe de Danny lavou a caixa de papelão de roupas sujas que ele tinha deixado perto da máquina de lavar da família. Naquela tarde, o irmão e a cunhada de Danny acharam o carro estacionado no topo do quebra-mar que protege o porto de Pigeon Cove do chuvoso Atlântico Norte. A gravidade da situação imediatamente alarmou a família. Então, no fim da tarde do dia 26, seus pais telefonaram para a polícia. Apesar das buscas na área, nenhuma pista de Danny foi encontrada. Desesperados, os Williams passaram o dia inteiro procurando no litoral e telefonando para os amigos de Danny em Cambridge e Nova York.

Nas semanas seguintes, a família fez de tudo para encontrar Danny. Em 17 de agosto, ainda com esperança de que seu filho estivesse vivo, Nadia Williams ligou para a Factory, onde evidentemente Andy se recusou a atendê-la. Então ela escreveu para ele: "Se você tiver qualquer pista de seu paradeiro", ela pedia, "por favor nos informe. Saber que ele está vivo seria uma esperança. Se ele deseja ficar afastado, é uma decisão dele, mas queremos muito saber onde ele está, pois o amamos bastante". Duas semanas depois ela escreveu a Andy de novo. Ela estava então tentando se conformar com o fato de que o filho havia morrido. Danny se afogara, ela acreditava, vítima de espasmos de seu "jantar com três pratos". O "único consolo" para sua família, ela escreveu, "é que aconteceu em um lugar lindo – um lugar que Danny amava –, onde, quando era garoto, por três verões ele tinha prendido seu barquinho laranja. Ele tinha saído para fumar em algumas daquelas noites nessas mesmas pedras".

Andy nunca respondeu a Nadia Williams. Pintores de parede acabaram sem querer achando as calças, as chaves e o relógio de Danny. Eles tinham encontrado uma placa de carro que estava nas pedras. A polícia disse que não era possível concluir que ele tinha tirado as calças; elas podiam ter saído na água.

Mas a pior parte do cenário de Nadia Williams estava confirmada: seu filho com certeza tinha se afogado. Se foi um acidente ou não, é impossível dizer.

Os Williams nunca receberam uma carta de consolo de ninguém na Factory. Em 8 de outubro, um amigo comum de Andy e Danny, Logan Smiley, escreveu à sra. Williams. De acordo com Smiley, ele mencionou para Warhol que planejava escrever a Nadia; Andy o encorajou a fazer isso e lhe deu o endereço.

Onze meses após o desaparecimento de Danny, o pai dele se suicidou.

As primeiras reações críticas ao segundo e ao terceiro ciclos de apresentações de *Garotas do Chelsea* na Filmmakers Cinematheque foram positivas. De acordo com Toby Mussman, crítico de assuntos gerais do *East Village Other*, "*Garotas do Chelsea* é a obra-prima de Warhol até esta data. Outras ainda virão". O primeiro elogio do *mainstream* veio de Jack Kroll, da *Newsweek*, que tinha sido um dos primeiros apoiadores da arte pop de Andy na imprensa nacional. Na edição de 14 de novembro de 1966, Kroll escreveu uma resenha intitulada "Underground no inferno", julgando *Garotas do Chelsea* um "acontecimento cinematográfico significativo e fascinante". Os filmes anteriores de Warhol, Kroll escreveu, tinham "colocado, com uma relevância boba, questões primitivas em uma época cuja hipersofisticação é simplesmente outra forma de insanidade. Agora Warhol direcionou sua câmera perversa e catatônica para a geração que fugiu da escola e pediu para eles nos mostrarem como fugiram [...]. Um mundo triste, ruim, louco e animado, preso nos espasmos de sua própria simulação. Mas *Garotas do Chelsea* é um desses semidocumentários que parecem ser a mais incisiva forma de arte atualmente. É como se tivesse havido câmeras escondidas nas orgias da Roma de Calígula." (Do meio para o fim dos anos 1960, os comentaristas americanos começaram a gostar de tecer comparações entre sua época e os últimos dias de Roma.)

O terceiro ciclo na Filmmakers Cinematheque foi um sucesso de bilheteria por duas semanas, e depois disso se mudou, em 1º de dezembro, para a sala Rendezvous. Elenore Lester, no artigo do *New York Times* intitulado "Então ele parou de pintar caixas de Brillo e comprou uma câmera de cinema", registrou o custo de US$ 1.500 para o filme.

Como foi mencionado, a principal inovação da filmagem de *Garotas do*

Chelsea foi o uso da cena cindida: duas cenas independentes e complementares, uma com som, a outra sem (ou quase sem) som, seriam projetadas simultaneamente. Ambas eram sempre escalonadas, a cena da esquerda (as com números ímpares) começando cinco minutos após a da direita. De acordo com as instruções enviadas pelo então distribuidor de Warhol, o Filmmakers Distribution Center, os rolos ímpares – "Nico na cozinha", "Brigid corteja", "Hanoi Hannah" etc. – eram para ser mostrados à direita, e os pares, à esquerda.

Garotas do Chelsea começa com um típico sentimento warholiano de languidez e inconsequência. Na desordenada quitinete de seu quarto no Chelsea, Nico interminavelmente arruma suas franjas. Apesar de Eric Emerson, que teve um caso breve com Nico, e seu pequeno filho Ari estarem por lá também, a cena é só uma desculpa para um prolongado retrato de Nico.

Mal a ação começa, o som é cortado. Iluminado por Billy Name em um acentuado lusco-fusco em preto e branco, Ondine aparece à esquerda, com um cobertor cobrindo a cabeça, um manto improvisado – ele é aqui o Papa Ondine. Dois sofás imundos da Factory tinham sido juntados um contra o outro para servir de confessionário para ele; sentado em um, Ondine impacientemente chama os pecadores. Entram Ingrid Superstar, e os dois improvisam uma zombaria espiritual. (Quando emudecia sua histeria, Ingrid era uma comediante divertida.)

Nico, Emerson e Ari interagiam sem som à direita; Ondine e Ingrid começavam a trocar insultos à esquerda. Ele é um idiota, ela, uma tapada, uma mongoloide, uma asna. Com certeza, lésbica. Ingrid nega. Bobagem, diz Ondine; ele a viu no Page Three, no Bagatelle e em outros pontos de encontro de lésbicas. E eu vou torcer o seu pescoço se você não me falar a verdade. *Por que você é lésbica?* Ele a esbofeteia de leve; como não é boba, ela devolve o soco, e Ondine se esquiva.

Eles continuam brigando, mas agora sem som, enquanto do quadro oposto sai o trio de Nico e entra a cara gorda e cavernosa de Brigid Berlin, os olhos movendo-se de um lado para o outro: a personificação do júbilo amoral. Ela enche delicadamente uma agulha hipodérmica quando Ingrid Superstar entra. "Outra especial de Korvette?" Brigid ridiculariza as calças do terno de lã escocês; puxando com força as calças e a calcinha de Ingrid,

Brigid injeta no traseiro dela.

"Tem visto Andy ultimamente?", ela pergunta a Ingrid. Ela própria nunca mais foi à Factory, admite. "Fui no ano passado. Não tem mais nada acontecendo lá agora, e eu não posso suportar a paronoia de Andy com as drogas." "Você está apaixonada por Andy?", ela pergunta a Ingrid. "Não", Ingrid zomba. Brigid está apaixonada por Rotten Rita? Na verdade, está, e por Genevieve [Charbin] e Debbie [Caen] também. "Você está meio confusa, não?", Ingrid pergunta. "Você realmente gosta de arrasar as pessoas, não é?"

"Sim", diz Brigid, "eu adoraria arrasar você." Ela tenta telefonar "para aquele cara chique judeu", Arthur Loeb. Não há resposta. Tenta a "Gazeteira" (Debbie Caen); apenas de discar o número da Gazeteira "já fico tão excitada que parece que estou tendo uma viagem de niacina!". Ri feito louca. Não há resposta do outro lado. "Vou dar um jeito nisso para você", diz a Ingrid, tomando um espelho portátil de Ingrid e quebrando-o no chão. Imita Ingrid, suspirando. "Brigid, eu preciso de um negócioooooo", ela volta sua ira para si mesma: Rotten Rita não vai fodê-la porque "eu sou uma potranca gorda. Além de tudo, sou uma garota".

O telefone toca. Brigid discute o preço do LSD com a pessoa que está do outro lado. Ela zomba dizendo estar indo a uma festa oferecida para os Rolling Stones e anuncia, *ex post facto*: "Sinto-me com se estivesse destruindo coisas". O telefone toca novamente. "Não posso falar agora, estou trepando com um cliente", ela mente, desligando. O telefone toca de novo imediatamente. Ela atende. "Quer comprar? Você conhece qualquer um que deseje comprar anfetamina, é claro como a neve do meio de janeiro na janela, eu acho que é a *morte*." Ela marca uma transação para a meia-noite; ela estará no Figaro Café, diz, "ou em algum lugar por ali. Vou estar de bicicleta. Passeando. Ah, estou mais magra. Estou usando um jaleco muito legal que cobre tudo". Ela segura um espelho quebrado no rosto: "Meus olhos são amarelos?" – preocupação de usuários de seringa.

A duqueza é uma performance angustiante e assustadora. Como Morrissey relembra, "Brigid nunca tinha de fato estado antes na frente de uma câmera" – na verdade, Danny Williams já tinha filmado um ainda inédito *Brigid na máscara* – "mas ela tinha algo sobre o que falar. Era uma grande personagem, uma grande personalidade, ainda é. É uma sorte".

Não é surpreendente que Morrissey insistia em ser o responsável por muito da direção dos filmes. De acordo com Morrissey, "à época em que *Garotas do Chelsea* apareceu, eu conversava com cada um pouco antes de começar a cena", e depois também. "Você viu para quem Ondine está falando? Olhe mais uma vez – ela está falando comigo. Aquelas pessoas não falavam olhando para Andy, elas falavam olhando para mim."

Billy Name discorda enfaticamente. Morrissey era um fator significativo para os filmes "somente no sentido em que Paul assumiu o que Gerard e eu fazíamos antes" – um trabalho logístico, não de direção. "Tudo o que Paul diz sobre ter dirigido alguma coisa antes do outono de 1968 é tolice. Porque Andy não permitiria. Eles tiveram discussões a esse respeito. Andy teve de dizer a Paul que quando ele disse que não o queria em cena, ou queria que ele fosse 'falso', ele tinha isso mesmo em mente. Essa foi uma das poucas vezes em que me lembro de Andy achar que tinha de dizer a alguém o significado de sua arte e desistir de tentar pará-lo de fazê-la. Foi a única vez em que vi Andy defender sua estética para alguém: quando ele finalmente teve que dizer a Paul: 'NÃO!'."

Na maior parte do besteirol de Brigid, Ed Hood ficava do outro lado da cena, na cama, com uma aparência cada vez mais acentuada de jovem bêbado, usando apenas cueca. Hood ficava observando, enquanto Susan Bottomly, Mary Woronov, Gerard Malanga e o poeta e crítico de arte René Ricard disputavam a atenção do frequentador de bordéis. Em algum momento depois que o som aparece, Hood desdenhosamente chama Woronov de "um mulherão com um cinto", que Woronov usa para amarrar Hood: dobrando-o no estômago, ela amarra suas mãos nas costas. Enquanto eles brigavam em silêncio, o pênis dele aparece por um interminável segundo: o primeiro nu frontal masculino em um filme americano de grande circulação.

Os rolos 5 e 6, que acompanham Brigid e Ed Hood, respectivamente, foram filmados no apartamento de Bottomly no Chelsea. Eles contêm alguns dos únicos roteiros feitos para o filme, uns poucos blocos desgarrados da peça *Hanoi Hannah* de Ron Tavel. A personagem do título é uma das raras referências ao Vietnã no mundo hermético de Warhol. O roteiro pede para Hannah (Woronov) fazer propaganda dos Estados Unidos para veteranos da Segunda Guerra Mundial com saudade de casa, ao mesmo tempo em que aterroriza suas três companhias femininas (Susan Bottomly, Ingrid Superstar e Pepper Davis): uma premissa surreal típica de Tavel. Mas apenas Woronov e, ocasionalmente, Davis seguem o texto. "Eu era uma atriz", relembra Woronov, "ou ao menos queria ser. Os outros queriam apenas fazer sucesso. Eles não pensavam muito, na verdade. Bottomly não era a pessoa mais brilhante do mundo. Pepper era louco. Na maior parte do tempo, era uma porra de um caos."

O primeiro rolo de *Hanoi Hannah* termina com Hannah começando seu trabalho de propaganda, gravando uma entrevista com um ex-combatente da Segunda Guerra Mundial (Davis). As memórias do soldado de sua casa no Meio-Oeste não são pastoris o suficiente para Hannah, que intimida David a fazer um quadro mais sentimental. É um dos poucos momentos em que os sentimentos políticos cáusticos de Tavel surgem; suas intenções são de qualquer forma sabotadas pela incapacidade de os atores seguirem o roteiro.

Com o segundo rolo de *Hanoi Hannah* ainda aparecendo no lado esquerdo, voltamos para outro round dos esforços amorosos de Ed Hood. Ele pergunta à sua pouco colaborativa prostituta sobre "o oficial de gabinete com quem você andou se metendo", uma referência ao escândalo de Walter Jenkins (em que o alto funcionário de Lyndon Johnson foi surpreendido fazendo sexo oral em um vestiário da YMCA). "Como você traiu seu sangue irlandês chupando um membro da administração de Johnson?", Hood fala com a voz arrastada. Nesse momento Mario Montez entra, implorando: "Sou apenas uma dona de casa, só isso". Cinco minutos de cena, e a tela à esquerda se abre para o primeiro rolo colorido de *Garotas do Chelsea.*

A história de Gerard Malanga apresenta um tripé estranho: Malanga como um esteta grosseiro e vaidoso; Marie Menken como sua mãe, uma bruxa ácida que repreende o filho sem parar; e Mary Woronov como a noiva evidentemente amedrontadora de Malanga. Sentando-se com rigidez e recato de um lado, ela fica em silêncio o tempo todo, recusando-se a falar mesmo quando Menken pergunta seu nome. O cenário, que representa o apartamento da personagem do título, é na verdade um canto do apartamento bagunçado de Stanley Amos na Washington Square (praça). As paredes estão cobertas com ilustrações de várias formas e grafites. Na caligrafia hippie elaborada da época, alguém escreveu "Trepe pela paz" perto da pintura de um enorme pênis ereto. Fora da tela, o

Velvet Underground toca meditativamente. O chicote de Gerard está pendurado ao pé da cama. Há um chicote menor, também, com o qual Malanga acentua suas explosões, açoitando a cama. "Não sei por que coloquei você no mundo!", ela fulmina. "Eu deveria ter feito um aborto. Agora é tarde demais."

Ao contrário da *A história de Gerard Malanga*, o rolo 9 começa com Eric Emerson sozinho, e é às vezes chamado de *A viagem*, às vezes de *Eric diz tudo*. Nele, Emerson faz a semicultuada voz afetada que Ronnie Cutrone chamou de "parte da prostituição de Eric. Eric era todo malandro. Era capaz de encontrar você e em três segundos saberia de seus aborrecimentos, descobriria seus medos mais profundos, de que você gostava, quem era. E, se ele não fosse com a sua cara, poderia detoná-lo".

A instrução de Warhol a Emerson era para ele ir tirando a roupa enquanto falava sobre qualquer coisa que lhe viesse à cabeça. "Eu não tenho de fato nada para dizer", Eric começa, claramente drogado com alguma coisa, olhando para si mesmo em uma chapa metálica brilhante. "Então, não vou dizer nada. Vou ficar aqui sentado fazendo sulcos em mim mesmo. Você já cavoucou o próprio corpo? Eu gosto de me sentir pelado. Tento me vestir com pouca roupa, o mínimo possível." Ele tira a camisa para revelar o dorso perfeitamente definido, depois os jeans, mostrando-nos uma parte de seus pelos púbicos ruivos e a ponta do pênis. Fazendo uma espécie de tanga com a camisa, fica assim o resto do filme.

Enquanto Eric pondera a vida na prostituição, uma nova cena se desenrola à esquerda, a segunda contribuição de Ron Tavel ao *Garotas do Chelsea*. O cenário de Tavel, normalmente chamado de *Cidade deles*, é a recusa de um *outsider* gay a *Our town*, o hino de Thornton Wilder à tolerância americana (ironicamente, o próprio Wilder era gay). A ideia para *Cidade deles* veio de Andy, que tinha avidamente colecionado textos sobre Charles Schmid, um serial killer do Arizona, publicados nas revistas *Time* e *Life* no fim de 1965 e no começo de 1966. Não apenas a idade de Schmid – ele tinha 22 anos quando começou os assassinatos – deu a Andy outra chance de pintar um quadro da violência americana, mas Schmid mostrava um narcisismo que parecia o de Andy: ele pintou os cabelos de preto (como seu herói Elvis), desenhou com um lápis uma verruga na bochecha, usava *pancake*, e colocava pequenas latas e trapos dentro de sua bota de caubói para ultrapassar 1,60 m de altura. A história de Schmid mexeu com Tavel também: nos anos 1950, quando era um estudante de pós-graduação em Wyoming "e tais coisas ainda não eram compreensíveis", o roteirista relembra, os assassinatos de Charles Starkweather e Caril Fugate tinham traumatizado a região. Dois anos depois que *Garotas do Chelsea* foi filmado, Tavel reescreveu *Cidade deles*, que se tornou sua peça de maior sucesso, a vencedora do Obie (Off-Broadway Theather Awards) *Boy on the straight-back chair.*

Os atores – Emerson (como "Toby Short", o assassino), Pepper Davis, Ingrid Superstar, Susan Bottomly, Ronnie Cutrone, Mary Woronov e outros – ficam plantados dentro de um cercado apertado (construído por Billy Name), lendo vagarosamente suas falas em uma tela. As cores vistosas de Name recaem sobre eles, em oposição à linguagem empapada que Tavel optou por usar. Na versão autorizada, a cena tinha som na maior parte dos seus oito minutos. "Quando eu reencarnar, será como um gato", diz a personagem de Pepper Davis. "Estou planejando dar um fim em May", diz Emerson/Toby sobre uma das garotas que tenciona matar.

"Ah, como os olhos dele estão saltados quando diz isso", berra Ingrid Superstar. "Olhos saltados, olhos penetrantes, olhar direto em você. [Charles Schmid adorava seus olhos profundamente azuis, considerando-os seu melhor atributo.] Belos olhos", continua Ingrid. "São profundos, muito azulados. Azul oceano. Eu queria ter olhos azuis como esses. Eu queria estar perto do oceano. Eu queria que essa cidade fosse perto do oceano. Não seria tão ruim se ela fosse perto do oceano."

"Claras ondas escuras batendo contra a praia", Emerson/Toby responde. "Mundo engraçado, este, em que ninguém se preocupa com assassinatos..."

Cidade deles ainda está sendo projetado quando termina o solo de Emerson. No lugar de Emerson à direita, Ondine anda desengonçado, no começo do rolo 11, a cena mais impressionante de Andy Warhol, e uma das mais impressionantes do cinema da época.

Seis anos depois que *Garotas do Chelsea* foi filmado, Ondine falou a Stephen Koch que estava determinado a romper "o fascínio pelo tédio" – as palavras são de Koch – "que ele pensava existir na empreitada inteira", ou seja, no esforço cinematográfico de Andy *per se*. "Ele queria alguma ação.

Ondine era uma criatura totalmente vistosa e histriônica, e quanto ele se envolvia faria as coisas interessantes ou não, e era sua responsabilidade fazer alguma coisa a respeito." Ele tinha tentado e foi mais ou menos bem-sucedido na cena anterior. Agora, havia conseguido.

Ele abre, tipicamente, com uma lamúria. "Ser Papa tem sido horrível", diz. "Não tenho *um momento* de felicidade." Tirando uma agulha hipodérmica de um saco de papel amassado, se pica no pulso. Isso faz lembrar um dos panegíricos de *POPism* para Freddy Herko e outros *Factoryites*, incluindo, com certeza, Ondine, "as sobras do showbiz", os belos perdedores que sentiam que só podiam trabalhar quando estavam drogados.

"Cale a boca, Paul", ele diz brincando. "Você trouxe soda, Gerard? Estou querendo ouvir a confissão de alguém, Paul."

Ele tinha ficado "esperando uma garota alta em uma bicicleta chamada Brigid", mas Brigid não tinha chegado. Então uma substituta aparece, uma jovem mulher chamada Ronna Page, a namorada de Jonas Mekas na época. "Sente-se, querida", diz Ondine. "Não na minha agulha hipodérmica." Page hesita, claramente de má vontade. "Depressa", o Papa repreende. "As câmeras estão rolando. Câmeras, ação. Esse é um novo tipo de confissão. É chamado *True confessions.*"

"Ela tem um tremendo amor por Jesus Cristo", diz Ronna. O problema é... é que é algo sexual.

"Chupa ele", é a resposta imediata. "Ajoelhe diante da imagem dele."

"Aí eu estarei livre?"

"Você estará livre. Vá até a imagem mais próxima de Cristo. Ajoelhe, abaixe a roupa íntima dele na sua imaginação e faça o que tem de ser feito. Ah, meu bebê, você vai passar muito bem!"

A conversa passa para a vida após a morte. "Onde *fica* o céu?", Ronna pergunta.

"Você vai descobrir, Mary. Vou lhe dar um mapa."

"Mas eu não *quero* ir para o céu." Ela deseja ficar na Terra.

"Bom, então pare de se confessar."

"Mas eu não terminei."

"Certo, continue."

"Eu quero" – ela olha para o chão – "confessar meu desrespeito sobre a sua... capacidade de ouvir."

"Está tudo bem", diz Ondine, todo generoso. "Todo mundo é cético."

"Na verdade não é ceticismo", a garota diz. "É que... eu acho que você é um impostor!"

Os olhos dele brilham de raiva, ele joga um copo de água no rosto dela. Derrubando-a no chão, ele bate quatro vezes no rosto dela e a balança com força duas vezes. Com os braços protegendo o rosto, ela tenta se livrar dele. "Não me bata", ela por fim diz – ela tinha ficado em surpreendente silêncio –, e então engatinha para fora, ou alguém a tira dali; não importa, ela já não está mais lá. Apenas Ondine e sua enorme fúria. Então *ele* sai, deixando a tela vazia, aí reaparece, e desaparece novamente. Algumas sombras – membros do elenco, espectadores – correm de um lado para o outro. Mark Lancaster, o amigo inglês de Andy, estava manejando o microfone naquele dia. "Até ali achei que tivesse sido planejado. Então percebi que era uma situação que ninguém previra, e me lembro de ter ficado horrorizado. Tudo de que me recordo foi pensar 'Vou sair daqui', coloquei o microfone no chão e me mandei."

Ondine reaparece no centro da tela. "Vou bater em você com a minha mão dissimulada, sua puta! Como você ousa vir ao meu estúdio e dizer que sou um impostor? No *meu* estúdio!... Vocês sabem o que ela teve coragem de fazer, vocês que estão me vendo? Ela veio até o meu estúdio como se fosse uma amiga que 'não tinha o que fazer'", ele imita com certa elegância, "e diz que eu sou um impostor. Bem, ela que se foda, vou meter a mão nela e no marido dela", pensando em Mekas.

Ele tomba desanimado, então surpreendentemente volta a ficar furioso. "Puta!", grita, pronunciando "pota", a raiva crescendo nele. "*Potas* não têm sentimentos, sua vagabunda! Cadela, vai cuidar de seus filhotinhos, sua idiota." Com as mãos segurando a cabeça, a voz trêmula, ele se acocora no sofá e diz: "Não quero mais continuar". Mas a estética de Andy tem seus imperativos; o rolo tem de ser filmado por inteiro, arbitrariamente, 33 minutos de duração. Uma das regras básicas era que o ator denunciasse, conscientemente ou não, sua percepção de que estava sendo filmado. Estar sendo filmado em um filme de Warhol significava cultivar uma consciência autodividida que agrupa cada pronunciamento, cada descrição, com aspas.

Não há um fundo aqui, nenhuma pretensão de realidade. Em filmes convencionais ou no teatro, você atua e ao mesmo tempo finge não atuar. Aqui, você para seguidas vezes para confessar essa contradição, agredindo a falsa autenticidade dos filmes convencionais – como Ondine repetidamente faz nessa cena, antes e depois do ataque, sem querer se dirigindo a Warhol, Morrissey, Malanga, Billy Name, Arione de Winter, e a qualquer outro que calhasse estar vagabundeando na Factory. Esse era o tipo de performance no qual Ondine era incomparável, porque ele era assim na vida real, uma performance contínua que interagia com sua constante audiência na realidade.

Certamente ele sabe que não é um padre, certamente é "um impostor". Ronna, coitada, não estava sendo irônica, aquela estranhamente beligerante criança foi sincera ao chamar uma pá de pá. Ondine não se importaria de ser chamado de "impostor" por, digamos, Billy Name ou Ronald Tavel. Eles eram tão pouco sinceros como ele, e sabiam disso, gostavam disso, brincavam com isso – era assim que todos viviam, era o filão que Andy explorava.

Como muitos que passam a vida caluniados e ignorados pela maioria (mesmo como superstars sem um tostão), Ondine tinha desenvolvido – ao menos nos limites amigáveis da Factory – um ego enorme e autodramático. "Ondine era desse jeito", disse o dramaturgo Robert Heide, "tão desprovido que começou a desenvolver essa grandiosidade. Você tem de ser mais do que é, então se torna para si mesmo essa minilenda."

A câmera cruel projeta algo; fora da cena, Ronna chora. "Ele não tinha o direito de..." Ele não tinha. Ele, não ela, era o transgressor. Naqueles dias pré-feministas, "Ronna entendeu", disse Jonas Mekas. "Um dia depois ela tinha deixado para trás e esquecido aquilo", perdoando Ondine e sua arte. Nem Mekas ficou bravo, "porque havia momentos em que eu ficava rodeado de malucos. Cada um, Jack Smith, Harry Smith, Kenneth Anger. Fora dos padrões, eles eram pessoas muito, muito difíceis, cada um capaz de qualquer coisa. E eram todos praticamente gênios."

(Quando Warhol, Nico, Morrissey e Ultra Violet foram entrevistados por Richard Ogar no *Berkeley Barb* em novembro de 1967, Andy falou sobre a violenta cena de *Garotas do Chelsea*. Ele disse que se sentiu "mal sobre a garota. Não era culpa dela. Eu acho, só calhou de ela estar lá...". Curiosamente, ele afirma: "Eu de fato não acredito em violência e coisas parecidas, acontecia tão frequentemente em algumas das coisas que filmávamos, e eu sempre desligava a câmera ou fazia algo semelhante e ficava nervoso. Nesse caso, eu estava tão acostumado com isso que não a desliguei. Apenas saí".)

Com a câmera ainda rodando, Ondine diz que gostaria de ir para casa naquele momento e se masturbar, ou assistir a seu programa favorito, *Lucille Ball*. Alguém senta no confessionário, mas fora da tela; a voz parece com a de Pepper Davis. E o rolo termina. O lado direito da tela fica preto. No lado oposto, o décimo segundo e último rolo roda: Nico de novo, mas agora sozinha, chorando, ainda que não haja nenhuma emoção visível em seu belo rosto. A cena era ótima para o público ir embora, ainda em choque com o chilique de Ondine.

"Uma das poucas vezes em que Andy teve certeza de ter alcançado o ápice filmando foi quando Ondine estapeou Ronna", disse Billy Name. "Foi tão arriscado e real porque *foi* real. Ele sabia que aquilo nunca aconteceria em uma cena de roteiro com atores profissionais. Ele pegava pessoas que se revelavam. Mesmo pensando que você pode apenas se revelar em um momento de tensão, ou efetivamente, apenas uma vez a cada intervalo de tempo. Acho que há muitos filmes sem graça de Ondine, que são o contrário dessa cena incrível."

Tratava-se de escolhas deliberadas de Warhol – caso fossem mesmo escolhas –, ou eram acidentes que Andy, com sua falta de proficiência técnica, não tinha maneira de controlar? Os comentaristas mais inteligentes dos filmes de Warhol, como Parker Tyler, estavam começando a achar que Andy não era tanto um diretor de filmes quanto um retratista em série, um demonstrador de individualidades belas, bizarras e perturbadas.

Mas a maioria dos críticos não tinha a paciência de Tyler, ou sua visão. Bosley Crowther do *Times* não mede as palavras: "É preciso dizer sem volteios que esse *Garotas do Chelsea* não é de fato mais que um longo e pretensioso entretenimento para voyeurs". Crowther não se impressionou com Ondine, "um reluzente homossexual que anda drogado por aí [...]. Claramente o princípio estético no qual o sr. Warhol trabalha é saturar ou hipnotizar o público até um estado de insensibilidade [...]. O sr. Warhol", ele conclui, "deveria fazer um filme sobre diretores que são muito solenes para ver o absurdo neles mesmos. Seria um bom ganho. Mas à custa dele mesmo".

Mas isso é gentil comparado à crítica da *Time*, que, resenhando o filme em 30 de dezembro, chamou *Garotas do Chelsea* "um *peep show* nojento e tolo. Os personagens são todos homossexuais e *junkies*... Uma bicha, que chama a si mesma de 'Papa', aconselha uma lésbica [algo que Ronna não era] a esquivar-se para dentro da igreja e fazer obscenidades com a figura na cruz. Há um lugar para esse tipo de coisa, e é definitivamente nos subterrâneos, como o esgoto".

Andrew Sarris do *Voice* afirmou que Andy estava em casa ao tratar de "uma subespécie de sensibilidade nova-iorquina", que diretores e roteiristas antes dele nem sequer conheciam: Baixa Boemia. E essa subespécie faz sua desagradável voz ser ouvida com imponente ironia e afetação: "Quando o 'Papa' de Greenwich Village fala sobre pecado e idolatria, quando uma criatura esfarrapada 'transa com' Ethel Merman em duas das mais engraçadas cenas musicais já filmadas, quando um veado careca desdenha da administração Johnson, quando uma sapatona reclama que sua companheira pegou hepatite". A linguagem de Sarris, em um jornal alternativo, é uma lembrança da era da homofobia involuntária.

Em sentido horário: Brigid Berlin, Andy Warhol, Gerard Malanga e Ingrid Superstar posando para fotos de publicidade para o Garotas do Chelsea *na Factory*

"Os personagens de Warhol são mais reais que a realidade", Sarris continua, "porque a câmera encoraja esse exibicionismo. Eles estão nos fazendo 'performances' porque a vida deles é uma longa performance, e sua festa nunca termina. A firme contemplação da câmera revela considerável beleza e talento. O personagem do Papa é a coisa mais próxima ao Lenny Bruce em fim de carreira que já apareceu, e seu [...] diálogo com uma garota chamada Ingrid é uma extraordinariamente prolongada improvisação [...]. Mesmo que eu não queira viver com [o povo de Warhol], eles certamente valem uma visita se você estiver interessado na vida deste planeta."

Em 1º de dezembro, em um texto do *New York Times* intitulado *Garotas do Chelsea em teste na cidade*, Vincent Canby escreveu: "O Filmmakers Distribution Center, formado aqui sete meses atrás para lançar filmes experimentais ou underground em cinemas comerciais, aparentemente encontrou seu 'canto da sereia' na nova produção de Andy Warhol, *Garotas do Chelsea*".

O texto do *Times* concluiria que *Garotas do Chelsea* era a primeira produção underground a ir para um cinema comercial no centro de Manhattan, o Cinema Rendezvous, de seiscentos lugares, na rua 7 Oeste, para uma temporada de no mínimo duas semanas. Documentos do Filmmakers Distribution Center registraram que *Garotas do Chelsea* rendeu US$ 19.500 em duas semanas, de 1º a 14 de dezembro, no Cinema Rendezvous. Ele então foi para o Regency, na Broadway, onde continuou a boa temporada. Um habitante da cidade que não se juntou ao movimento do Regency foi Warhol, sobre quem o *Times* disse que estava "muito desapontado" com a mudança do luxuoso Cinema Rendezvous para o desalinhado Regency: "Ele teria dito a um de seus amigos: 'Agora que está nessa casinha suja, não vou vê-lo mais'".

Capítulo 8

1967

ONDINE: *Quantos Andy podemos fazer em um dia?*
VIVA: *Vamos inundar o país com eles... O Andy Warhol real é só uma imagem. Que diferença faz quem usa a máscara?*

Na manhã de um domingo, em dezembro de 1967, os nova-iorquinos abriram a seção "Artes e Lazer" de seus exemplares do *New York Times* com um perfil de Paul America (estrela de *Meu michê*), um vagabundo semianalfabeto, emocionalmente perturbado e drogado que vagava atrás de narcóticos, um período recente de três meses no Exército, James Dean e New York City. Era uma forma de talvez deslocar a natureza da cultura americana do fim dos anos 1960 e ali, no jornal mais respeitado do mundo, os arremedos incoerentes de sentenças de um jovem maluco eram adotados, *considerados*, pelos abastados leitores dominicais do *Times* como grãos de verdade, um possível farol para o futuro.

No seu primeiro mês no Regency, *Garotas do Chelsea* rendeu o mínimo de US$ 9.000 por semana: um lucro semanal de US$ 3.500, igualmente dividido por Warhol e o Filmmakers Distribution Center. No fim de janeiro, quando ele saiu do Regency e foi para o York, o filme estava sendo preparado para distribuição nacional, com uma estreia nacional planejada para fevereiro (mas que não aconteceu até abril). Mesmo que várias distribuidoras comerciais estivessem ansiosas para trabalhar com o filme – o presidente de uma, Trans-Lux, falou para o *Times* que ele podia reservar uma centena de cinemas no país todo –, os vanguardistas do Filmmakers Distribution Center queriam eles mesmos distribuir *Garotas do Chelsea*. Mekas disse ao *Times*: "Está começando a soar como Darryl F. Zanuck".

A *Newsweek*, na sua edição de 13 de fevereiro, avaliou longamente o cinema de vanguarda americano, tomando o sucesso comercial de *Garotas do Chelsea* como prova de que "o [cinema] underground por fim submergiu e está entrando na consciência do público de corpo e alma". Dois dias mais tarde, a *Time* saiu com seu próprio texto sobre o cinema underground: "Depois de cinco anos de opiniões violentas sobre o 'cinema underground', os cinéfilos americanos entraram na onda". A *Time*, como a *Newsweek*, citava *Garotas do Chelsea* como a potencial ponta de lança do cinema underground no *mainstream*. O épico underground de Andy, previa a *Time*, "deve render US$ 1 milhão", um número que *Garotas do Chelsea* nem remotamente se aproximou. "Com essa explosão" – a performance de bilheteria de *Garotas do Chelsea* – "as barricadas caíram, e a vanguarda saiu-se muito bem da história." A *Time* chamava Mekas, como seria de esperar, de "o Marat da Revolução, um homem tímido com longos cabelos oleosos que parece um Elias um pouco sujo", e proclamava "a morte do cinema como uma indústria e o nascimento do cinema como uma arte". Em 1966, especialmente para um ativista cultural como Mekas, muito sonhos pareciam ter sido alcançados.

Um documento interno da *Time*, parte da pesquisa da revista para o texto, dá um retrato interessante sobre como a mídia convencional dos anos 1960 via Andy e seus amigos (bem como eram feitos os filmes da Factory). O documento diz:

"Uma fonte da direção da NET (Canal 13) afirmou em um jantar nesta semana que aproximadamente 900 metros de filme virgem estocados desapareceram de um estúdio da NET depois que Andy Warhol e seu grupo apareceram para uma participação de Warhol em um programa do Canal 13. A fonte não acha que as evidências sejam seguras o suficiente para que o incidente apareça na história do *Times*, mas o coloca como confirmação do ponto de vista de Barbara Rubin" – outra pérola que não apareceu no texto da *Time* – "de que 'a maioria dos diretores que estão fazendo filmes underground arrumou emprestado ou roubou o equipamento.'"

"Vai durar um ano!", o *New York Times* cita uma declaração de Mekas sobre a temporada comercial em Manhattan do *Garotas do Chelsea*, e como 1967 encompridou-se, sua previsão começou a parecer cada vez menos exorbitante. Ele rendeu US$ 130.000 nas primeiras dezenove semanas de lançamento comercial em Manhattan; US$ 45.000 disso era lucro, dividido entre o Filmmakers Distribution Center e Andy, que já tinha lucrado US$ 22.500 no filme (em acréscimo à sua parte do recolhido pelas três sessões do outono de 1966). Até o fim de abril, ele estava sendo apresentado em Nova York, Los Angeles e Dallas, com estreias marcadas para Washington, San Diego, Kansas City, Boston e Nova Orleans. Como o *Times* informava em 25 de abril, Andy tinha sido convidado para mostrar *Garotas do Chelsea* no Festival de Cinema de Cannes. O único outro filme americano a entrar em Cannes, que começaria no fim daquela semana, foi um dos primeiros trabalhos de Francis Ford Coppola, *Agora você é um homem*. *Garotas do Chelsea* parecia pronto para conquistar a Europa.

Warhol e Morrissey estavam fazendo o máximo para conseguir lucrar com a publicidade que o filme estava gerando. Em 14 de janeiro, Leonard Lyons relatou no *New York Post* que "Robert Scull e Al Crown têm um acordo de coprodução para três filmes com Andy Warhol". Dois meses depois, o advogado de Warhol, Ed Katz, escreveu para o advogado da Cee Ess Productions, evidentemente uma iniciativa de Robert Scull no negócio do entretenimento. A carta de Katz se detinha demoradamente nos planos para o que seria um filme televisivo sobre Warhol.

Outra carta de Katz, datada de 24 de janeiro, era dirigida a Kenneth Robinson em Detroit. Nela, Katz discutia a possibilidade de formar uma parceria com algo chamado New World Films, presumivelmente uma companhia de Robinson, para fazer um filme com orçamento de US$ 250.000, 150 vezes maior que o de *Garotas do Chelsea*.

De acordo com Nelson Lyon, amigo de Andy, em meados de 1967 Warhol já estava tentando ir para Hollywood. "Eu lhe perguntei: 'Que porra, por que você não escreve uma história de verdade, com um roteiro de verdade?'", Lyon relembra, "e ele disse: 'Bem, escreva um para mim'. Então eu escrevi".

Warhol chegou a Cannes com um grupo que incluía Morrissey, Malanga, Lester Persky (para cuidar de potenciais contratos), Nico, Susan Bottomly, uma instável *Factoryite* conhecida como Ultra Violet, Eric Emerson, e o novo namorado de Andy, um garoto do Sul que dizia ter gerenciado viagens de Tommy James and the Shondells. Seu nome era Rodney Thomas, mas algum gaiato da Factory o apelidara de Rod La Rod, e pegou. Ele era presunçoso e tolo – "passava óleo no cabelo e usava calças boca de sino muito curtas", de acordo com *POPism*, e seu relacionamento parecia girar em torno de uma loucura física. "Ele sapateou ao redor da Factory, me agarrou e me atacou – foi tão constrangedor que adorei, pensei que seria muito legal tê-lo por perto, muito emocionante." Malanga achava Rod La Rod "um imbecil. Ele era muito idiota. Um retardado, um inútil, constrangedor. Era grosso com Andy em jantares públicos importantes. Totalmente inadequado [...]. O mais estranho para mim era que Andy suportava aquele merda. Eles ficaram juntos por no mínimo seis meses, talvez mais. Acho que Andy tinha medo de Rod La Rod". É mais provável que as carícias e os abraços de Rod La Rod deixassem Andy excitado. Ronnie Cutrone lembra de ter filmado uma sequência de Warhol em 1967, *Cadeia* (não confundir com *Garotas na prisão*, de 1965), "em que surpreendentemente Rodney La Rod prende Andy em uma cela de prisão e o *acaricia*. Era a ideia de sexo de Andy. Acho que Andy via o sexo como um adolescente". Em uma viagem à Europa, Andy e Rod La Rod dividiram um quarto de hotel.

Se Rod La Rod era a última pessoa com quem alguém (exceto Andy) gostaria de ir para uma festa da classe alta, Ultra Violet era o oposto: uma francesa herdeira de uma fábrica de luvas (seu nome de verdade era Isabelle Collin Dufresne) que se misturava sem nenhum esforço a todas as classes sociais. Como afirmou Bourdon, seu dom mais marcante era "um sexto sentido para descobrir oportunidades de fotos". Vendo Andy e um de seus superstars posando para um fotógrafo, Ultra se espremeria no quadro, bem à direita deles; dessa forma, ela apareceria em primeiro lugar na legenda. Ultra Violet iria imediatamente desenvolver uma minicarreira de porta-voz do underground em talk-shows de TV, como *The Merv Griffin show*. Isso irritou muito os frequentadores do underground, já que eles nunca tinham visto sua autoproclamada porta-voz. "Ela falava aos jornalistas: 'Coleciono arte e amor'", diz *POPism*. "Mas o que ela de fato colecionava eram clippings da imprensa."

Garotas do Chelsea gerou sua porção de clippings em Cannes – nenhum, no entanto, do gosto de Andy. Apesar de sua enorme esperança de que o filme arrebataria os especialistas do festival e atrairia ofertas lucrativas de distribuidores europeus, *Garotas do Chelsea* não foi mostrado em Cannes. Evidentemente com medo de atrair muitas censuras, os diretores do festival afirmaram nunca ter enviado um convite a Andy. Ao menos uma vez, Andy mostrou sua mágoa em público – a *Variety* noticiou sua contrariedade por ser ludibriado pelo festival; a única razão por que ele fazia filmes, acrescentou, era manter seus atores longe das ruas. Encontrando Brigitte Bardot, ele revelou a ela sua velha fantasia de filmá-la dormindo por oito horas, e o marido de Bardot respondeu que "ela talvez estivesse pronta para aquele tipo de filme logo".

De Cannes, Andy foi a Paris, finalmente conseguindo mostrar seu épico no Museu do Cinema Francês. "Atraiu uma grande audiência e um retorno crítico [...] alguns entediados, outros não", escreveu a *Variety*, provavelmente abrandando os acontecimentos: de acordo com Taylor Mead, na Europa desde 1964 e agora reencontrando seus colegas do underground americano, metade do público saiu da sala.

Cinéfilos europeus podiam não estar prontos para a mistura de *longueurs* e fatos desagradáveis mostrados em *Garotas do Chelsea*, mas o filme continuava atravessando os Estados Unidos, gerando audiência e controvérsia (sob protesto dos intelectuais locais, ele foi banido em Boston no fim de maio, sem dúvida para deleite de Andy). A mais otimista expectativa do total de bilheteria do *Garotas do Chelsea* é de mais ou menos US$ 300.000, número dado por Grace Glueck do *New York Times* em um artigo de 7 de julho. (O próprio Andy – se pode acreditar nele – falou a um repórter em setembro que "*Garotas do Chelsea* rendeu US$ 350.000", o que quer dizer que US$ 350.000 foi a renda bruta, não o lucro.)

Apesar de suas reclamações de falta de dinheiro, Andy vivia a situação financeira menos instável em anos. Pela primeira vez desde que tinha começado a fazer filmes, ele não precisava colocar seus ganhos com a arte erudita e a comercial para equipamentos de cinema ou edição; à medida em que *Garotas do Chelsea* tinha lhe dado lucros, ela estava mais livre do que nunca para bancar os custos de sua arte. A Andy Warhol Enterprises, a corporação fundada em 1957 para representar o trabalho artístico de Andy, informou um lucro em 1967 de US$ 39.365 (com US$ 38.710 deduzíveis, incluindo o salário de US$ 7.000 que Andy pagou a si próprio); isso implicava os serviços comerciais que ele ainda fazia, mesmo que com pouca frequência.

Uma nova entidade comercial, a Andy Warhol Films, Inc., tinha sido fundada em 5 de abril de 1966, e então sua declaração de renda de 1966 listava ganhos até 31 de março de 1967. Eles davam a quantia de US$ 30.553 (com US$ 23.000 retirados em deduções). De longe o grosso desse valor era oriundo de *Garotas do Chelsea*; isso é confirmado por uma declaração enviada para Andy pelo Filmmakers Distribution Center, que dá a parte dele dos lucros de *Garotas do Chelsea* entre meados de dezembro de 1966 e junho de 1967 como sendo de US$ 25.124. Em 3 de maio de 1967, um extrato da Andy Warhol Films, Inc. no Chase Manhattan acusava o valor de US$ 12.660,95.

Em acréscimo a essa receita, impressionante para meados dos anos 1960, Andy tinha, desde 1958, gradualmente construído um rico portfólio de ações. No fim de 1967, ele possuía por volta de US$ 30.000 em títulos, algo equivalente a US$ 192.000 em 2008.

Todos esses números eram, com certeza, do conhecimento apenas de Andy, embora o progressivo sucesso de público de *Garotas do Chelsea* começasse aos poucos a levantar dúvidas a esse respeito. "Os atores eram simplesmente amigos dele que, sob a direção do sr. Warhol, improvisavam sem receber nada", explicava Vincent Canby em seu artigo *Garotas do Chelsea em teste na cidade*. "Contudo é uma dúvida se eles vão continuar a trabalhar de graça. Uma fonte disse ontem que alguns dos amigos de Warhol estão começando a sentir o cheiro dos lucros."

Lá por meados de 1966 eles não estavam mais sentindo o cheiro de dinheiro, mas exigindo-o. Em 1967, Eric Emerson, Paul America, Genevieve

Charbin, Mary Woronov, Ron Tavel e outros ou processaram Andy ou tomaram outras medidas legais para serem pagos. Mesmo Ondine, que sempre deixou clara sua despreocupação com bens materiais, chegou com um contrato formal para Andy em 16 de março. Ele insistia que Ondine recebesse US$ 250 por sua parte no ainda inédito romance *a* (que demoraria dois anos para sair). O pedido de Ondine, que Andy aceitou, era extremamente modesto. Era um contrato de prestação de serviços que dava a Andy os direitos para o livro; tudo o que Ondine queria eram US$ 250 para gastar em *speed* e cigarros.

Ele também queria evitar um possível destino como o de Mary Woronov: o banimento dos filmes de Warhol. Como Woronov relembra: "Meus pais de repente sacaram que *Garotas do Chelsea* tinha dado dinheiro. E, com certeza, o custo tinha sido zero, e nenhum de nós viu a cor do dinheiro, ninguém". Possivelmente depois que a sra. Woronov, ou o advogado dela, contatou Warhol, "Paul Morrissey apareceu e me disse: 'Olhe, assine isso'. Era uma cessão para *Garotas do Chelsea*. E eu respondi: 'Não'. Ele disse: 'Essa é uma cessão, você tem de assiná-la'. Eu respondi: 'Não, não tenho de assiná-la porque colaborei com Warhol nesse filme. Não tenho de assinar porra nenhuma. Se você não quer fazer da minha parte uma colaboração, Paul, então me pague'."

Woronov nunca assinou. "E foi o fim da minha carreira com Andy. Não, o fim da minha carreira com ele foi minha mãe. Quando contei a ela que não tinha assinado nada, ela o processou. Acho que eles fizeram um acordo extrajudicial. Ele deu algum dinheiro a ela. Acho que foi mais ou menos US$ 1.000, que foi tudo o que vi do dinheiro. Mas, processando Warhol, foi o fim da minha carreira com ele." Ela ainda cruzava com Andy em alguns inferninhos noturnos, socialmente, e mantinha sua amizade íntima com Ondine. "Mas comecei a ouvir sobre filmes sendo feitos para os quais eu já não era convidada. Então percebi que estava, você sabe, fora", que foi onde ela permaneceu.

A ação legal de Woronov ocorreu durante o fim da primavera e o verão. Em julho, o filme lançado havia dois anos, *Meu michê*, foi ressuscitado em um cinema pornô na rua 44 Oeste, o Hudson Theatre, rendendo US$ 18.000 em suas primeiras quatro semanas, US$ 4.000 dos quais foram para Warhol. Duas das estrelas de *Meu michê*, Paul America e Genevieve Charbin, contrataram um advogado, que pediu um pagamento de US$ 2.500 e US$ 1.750 para

América e Charbin, respectivamente. O caso foi rapidamente resolvido fora dos tribunais, com Andy aceitando pagar a cada ator US$ 250 logo de saída, com prestações mensais de contas.

Surpreendentemente, a mais problemática das ações legais contra Warhol teve um impacto mínimo no destino dentro da Factory de um dos querelantes, Eric Emerson, que continuou a aparecer nos filmes de Andy até 1968. O rumor por trás do processo de Eric era que ele tinha sido preso por posse de LSD e precisava de dinheiro para as despesas jurídicas. De qualquer forma, seu processo era duplo. Entregando uma notificação a Andy em 8 de março de 1967, o advogado de Eric alegava, em primeiro lugar, que Warhol nunca tinha obtido uma cessão de Eric para sua participação em *Garotas do Chelsea* – que Andy tinha, na verdade, apresentado de forma inapropriada a participação de Emerson como apenas um teste de cena. Ao contrário dos outros reclamantes, Emerson pedia indenização por grandes danos: US$ 250.000.

Depois, o álbum do Velvet tinha finalmente aparecido (a famosa banana descascada na capa). Muito à mostra na contracapa estava uma fotografia de Eric durante a sua sequência de "striptease e discurso" do *Garotas do Chelsea.* Nomeando Andy e a MGM como coacusados, Eric pedia outros US$ 250.000. Essa parte da ação de Eric teve um rápido resultado: a MGM retirou das lojas de discos todas as cópias de The Velvet Underground and Nico. O álbum, que tinha alcançado o 171º lugar no Top 200 da *Billboard*, imediatamente desapareceu do mapa. Quando foi relançado, em maio, sem a foto de Emerson, o *Sergeant Pepper's Lonely Hearts Club Band* tinha acabado de sair. No clima de paz e psicodélicos que o *Sergeant Pepper* estimulava, as *fleurs du mal* dos Velvet não podiam mesmo florescer. Era o verão do amor; a visão sombria de Reed e Cale estava morbidamente fora de moda.

Os Velvet (e um bom número de críticos de rock) sempre consideraram o processo de Emerson o sopro de morte para os sonhos da banda de fazer sucesso, mas na verdade a música dos Velvet atraía apenas uma minoria. Na primavera de 1967, grupos com quem os Velvet tinham competido em condições iguais durante a turnê pela Califórnia em 1966 – Jeferson Airplane, Dead, mesmo o Mothers of Invention – tinham atraído grandes audiências. Quando chegou o verão, não apenas *Sergeant Pepper*, mas o eletrizante Jimi

Hendrix, e as belas vibrações comunitárias do Monterey Pop Festival, já tinham eclipsado o Velvet Underground.

A ação de Emerson afetou Andy ainda mais que aos Velvet. Em 10 de março, por sugestão de seu advogado, Jack Perlman, Warhol concordou em não mostrar as cenas de Eric em *Garotas do Chelsea* no estado de Nova York; fora de Nova York, Eric continuava no filme. Em 27 de março, Andy registrou uma defesa em grande medida notável pelas escandalosas mentiras, incluindo a que "minha renda até agora por esse filme nem sequer cobriu os custos de produção".

Emerson aceitou US$ 1.000 de Warhol por todos os direitos de voz e imagem (o dinheiro, curiosamente, foi deduzido da renda dos shows do Velvet Underground). Esse acordo não satisfez aos advogados de Eric, que insistiram em proibir as cenas dele em *Garotas do Chelsea* em todo o mundo. Perlman permaneceu firme. A Corte Suprema do estado de Nova York ficou ao lado de Perlman. Andy estava livre para mostrar as cenas de Eric em qualquer local fora de Nova York – uma vitória de Pirro, já que a maior audiência de *Garotas do Chelsea* continuava sendo em Manhattan. Então, até segunda ordem, as três cenas de Emerson de *Garotas do Chelsea* foram retiradas das apresentações de Nova York, um genuíno insulto.

Nenhuma dessas ações legais alterou a prática de Andy de não pagar aos atores um salário regular. Ele era muito mais confiável para preencher um cheque quando alguém estivesse precisando de dinheiro: por anos, foi esse seu acordo com Billy Name. Como informou o *Times* no último parágrafo da matéria sobre Paul America: "Enquanto isso, de volta à Factory, o Griffith do Underground estava ocupado formulando novos contratos – contratos estranhos por rezar que para as superstars do futuro, a arte será a remuneração *deles*".

A moeda de Andy era a notoriedade – e em larga medida a comida. Desde quando tinha arranjado um grupo, era sua prática reunir um elenco selecionado para jantar depois de um dia de filmagem, e ele infalivelmente pagava a conta. Você podia não ganhar como um superstar de Andy o bastante para comprar um apartamento, mas não passaria fome.

A partir do outono de 1966, Andy e seu círculo íntimo começaram a frequentar a sala dos fundos de um restaurante novo, Max's Kansas City, na avenida South Park perto da rua 17 Leste. O proprietário do Max's, Mickey Ruskin, tinha começado como um advogado e boêmio enrustido; desde o que ele chamava de um "colapso nervoso", havia se afastado das leis e começado a administrar uma série de cafés em Greenwich Village. Eles atraíam uma clientela muito fiel; Mickey admirava artistas e escritores e os deixava acumular contas enormes. Como um colecionador ávido, Ruskin aceitava de seus clientes favoritos obras de arte como pagamento, uma prática que Andy adotou: "Eu lhe dava uma pintura e ele nos dava crédito, e todos no nosso grupo podiam jantar até que o crédito acabasse". Warhol também pagava em dinheiro, muito dinheiro: no fim de 1967, sua conta no Max chegou a US$ 2.352,62. (Isso era pouco comparado com uma conta de 27 de outubro de 1968, de US$ 4.061,64.)

De 1966 em diante, o Max's se tornou o que a Factory tinha sido em 1964 e 1965: era *o* lugar onde o underground colidia com a riqueza e a curiosidade da classe alta. No Max's, a cultura esquisita dos anos 1960 tornava-se visível para um mundo mais amplo e maior que a Factory – a mistura do Max's, de estrelas do rock (Janis Joplin e Jim Morrison estavam sempre lá), atores famintos, hippies, o pessoal do East Village, designers de moda e outros, era muito mais inclusiva que a demografia da Factory.

Mas, no Max's, Andy era a estrela ao redor da qual os outros círculos gravitavam, pintores e atores no bar, socialites nas mesas, rockstars e *groupies* no andar de cima. O salão dos fundos, onde Andy reinava à noite, tornou-se o lugar mais moderno da cidade.

Nesse salão, separado da parte da frente por uma estreita parede, Warhol se sentia seguro; os assertivos expressionistas abstratos que o chamavam de "Wendy Buraco de Ar" reuniam-se na frente. Michael Egan fez uma foto de "Andy em sua mesa, distraído e parecendo que não estava lá. Posso entender por que as pessoas pensam que ele é uma espécie de zumbi. Vive de óculos escuros e nunca parece estar... vivo. Certamente não foi a mesma pessoa com quem conversei no início de 1965. Ele era impassível. Aceitava tudo. Como um radar, recolhia tudo". Secundado por dois ou três tenentes, Morrissey, Malanga (apesar de a estrela de Gerard estar se apagando), às vezes Billy Name, Andy presidia o tipo de farsa exibicionista que havia muito o divertia na Factory. Mary Woronov chamava o salão dos fundos de "a corte real dos idiotas falastrões". Warhol controlava a sala, Sam Green se lembra, "sem nunca dizer nada, mas ele tinha o gravador e a Polaroid a postos, e as pessoas podiam representar para ele. Algumas das grandes performances espontâneas de todos os tempos. Candy Darling, Jackie Curtis, Holly Woodlawn e todos aqueles doidos de *speed*. Você encontraria aquelas mulheres lindas para quem Andy diria: 'Ah, vai, mostra a sua boceta para a gente', encorajando as pessoas a fazer isso. E elas eram uma plateia para Andy. Havia uma plateia toda noite".

Quando a Factory se mudou no começo de 1968 para a Union Square, foi sem dúvida em parte para ficar mais perto do Max's. Como disse Steven Watson, o Max's tornou-se um ponto de encontro da Factory na época em que havia "muitas pessoas e muitas psicologias complicadas para serem acomodadas na Factory ou em festas noturnas. Da mesma forma que a Factory tinha proporcionado um espaço social alternativo à casa de Andy, Max's Kansas City ofereceu uma alternativa à Factory".

É provável que tenha sido no Max's que Valerie Solanas juntou-se à turma de Warhol, ainda que os *Factoryites* mantivessem enorme distância dela. Em 9 de fevereiro de 1967, Solanas colocou um anúncio no *Village Voice* para uma "leitura de pré-produção" de sua peça *Up from the slime* [A partir do nada] (um dos muitos títulos alternativos de *Up your ass* [Na sua bunda]) na Directors' Theatre School na rua 14. O anúncio também mencionava o "SCUM Book" [Livro da escória] mimeografado de Solanas – o título era uma referência à sua organização de uma mulher só, a Society for Cutting Up Men [Sociedade para o Fim dos Homens] – que continha *Up from the slime* e um artigo de 1966 na *Cavalier*, e alertava os leitores para a sua participação futura no programa de rádio do porta-voz dos direitos dos gays, Randy Wicker.

Solanas escreveu o *SCUM Manifesto* provavelmente no começo de 1967, um chamado à revolução das mulheres e um convite para que elas se juntassem à *SCUM*. O *Manifesto* combinava uma habilidade retórica genuína com uma fixação obsessiva e maluca; malabarismos abstratos hábeis e com naturalidade, Solanas no entanto escorrega, repetidamente, e às vezes quase de maneira imperceptível, em um besteirol amalucado. A justaposição do panfleto de loucura e teoria política dá ao slogan "o pessoal é político" uma deformação grotesca, revelando o infernal mundo interior de uma mulher atormentada.

Apesar de em 1967 o feminismo estar já se aproximando de seu auge após o esforço das sufragistas na virada do século, Solanas desdenha da maioria das "propostas de liberação feminina" como tolice de uma classe média iludida, "belas moças da alta sociedade que escrupulosamente tomam atitudes que com certeza não terão efeito [...]. Se SCUM algum dia entrar em ação, será no escuro e com uma lâmina de quinze centímetros".

O *Manifesto* começava com um chamado às "mulheres politizadas, responsáveis e em busca de emoção [...] a derrubar o governo, eliminar o sistema monetário, instituir o automatismo completo e destruir o sexo masculino". De acordo com Solanas, "masculinidade" – enraizada, além de tudo, no defeituoso gene Y – "é uma doença e os homens são emocionalmente aleijados". Por natureza, o macho é passivo, dependente, vegetativo. Abominando essas características em si mesmo ("Todo homem, no fundo, sabe que é um pedaço inútil de merda"), ele as projeta na fêmea, reclamando para si as características inatas das mulheres: "força emocional e independência, rigidez, dinamismo, decisão, frieza, objetividade, assertividade, coragem, integridade, vitalidade, intensidade, profundidade de caráter, esperteza etc.".

Sua afirmativa de que todos os pais desejam suas filhas – "ele dá a *mão* dela em casamento; a outra parte fica com ele" – estava obviamente enraizada nas experiências terríveis de infância de Solanas: de acordo com sua irmã, o pai delas repetidamente molestava Valerie. Ela o odiava muito, tanto que construiu um edifício teórico inteiro sobre aquele ódio.

Como retirar as mulheres desse domínio? "Uma pequena parte da SCUM pode tomar o país em um ano por um sistemático ataque ao sistema, seletivamente destruindo a propriedade e assassinando [...]. A SCUM matará todos os homens que não estão no corpo auxiliar da SCUM", um tipo de grupo de amigos de viagem, "homens que estão trabalhando diligentemente para eliminar a si mesmos". Homens interessados em "jogar bola com a SCUM" poderiam tomar conta das Sessões Turd, na qual cada homem presente poderia se levantar e fazer um discurso começando com "Eu sou um bosta, um ser rasteiro, uma bosta abjeta". No final, o céu na terra reinaria; os poucos homens remanescentes "existiriam com muita insignificância" ou "iriam para o centro de suicídio mais próximo onde serão com tranquilidade, rapidez e sem dor envenenados até a morte". Mulheres, nesse meio-tempo, "estarão ocupadas resolvendo os poucos problemas remanescentes não resolvidos antes de planejar sua agenda para a eternidade e a Utopia".

Em 21 de abril, Solanas publicou sua primeira publicidade para recrutar membros para a SCUM. Ela mimeografou 2 mil cópias do *Manifesto*, o qual agredia homens. "Esse é o único uso para os homens hoje", ela escreveu. "Para apoiar nossa organização. Ajudar na sua própria destruição."

Em algum momento naquela primavera, ela visitou a Factory e trouxe consigo uma cópia de *Up your ass*, apresentando-o para Andy. Ele ficou intrigado com o título, mas temia que ela aprontasse com ele. "Você não é guarda, é?", ele perguntou, e Solanas baixou o zíper.

No início de agosto, Solanas enviou a Andy um pôster de recrutamento da SCUM e escreveu: "Talvez você conheça algumas garotas que queiram entrar. Talvez você queira entrar no grupo de homens auxiliares". Ele aceitou, sem dúvida dizendo "Ah, com certeza, Valerie, vou entrar", só para calar a boca dela. Ela ainda inundou a Factory com chamadas telefônicas – queria de volta o manuscrito de *Up your ass*, queria dinheiro. No começo, Andy atendia a suas chamadas, mas depois ele se aborreceu.

No começo de 1967 Solanas encontrou Maurice Girodias, um parisiense recentemente emigrado e editor da *Olympia Press*. Como Solanas, um residente do Chelsea Hotel, Girodias tinha publicado literatura banida na França: tanto livros sérios, *Lolita*, de Nabokov, Henry Miller, Genet, Sade, quanto pornografia. Mudando para Nova York em 1966, ele publicou um anúncio que chamou a atenção de Solanas. "Você é rejeitado por todos os editores existentes: muito bem, você tem uma chance conosco. Lemos tudo – prontamente, com cuidado e com otimismo." Solanas escreveu para ele e os dois se encontraram.

Quando Girodias leu o SCUM *Manifesto*, ele a considerou sua "solução final" de eliminar todos os homens, "uma provocação verbal à Swift, uma piada objetivando enfatizar seu ponto de vista". Solanas assinou um contrato com Girodias em agosto de 1967: por US$ 500 ele concordava em publicar um romance erótico em andamento. De acordo com Paul Morrissey, a quem Valerie pediu conselho, o contrato "era um pedaço idiota de papel, duas sentenças, letras pequenas. Nele Maurice Girodias disse: 'Darei a você US$ 500 e você me dará seu próximo texto e seus outros textos', alguma coisa assim" – e Solanas entendeu que Girodias agora possuía todos os seus futuros escritos. Morrissey arrumou um horário por Solanas com Ed Katz, um dos advogados de Warhol, que assegurou a Valerie que o contrato não dava a Girodias esse direito. Depois de seu encontro com Solanas, Katz deu um retorno a Morrissey: "Ah, aquela garota apareceu. Ela é mesmo louca. Ela disse: 'Você está mentindo, está me roubando, está mentindo, você é louco!'." Completamente dominada por uma lógica circular, Solanas estava convencida de que Katz tinha sido pago por Girodias para tranquilizá-la.

Mais tarde naquele verão, a irmã de Valerie, vindo da Califórnia para visitá-la, ficou chocada com as mudanças dela. "Eu de repente percebi que... ela não sorria mais... Somente alguém que a conhecia bem poderia perceber isso, a luz tinha se apagado." Em outubro, Valerie foi despejada do Chelsea por não pagar o aluguel. Girodias, nesse meio-tempo, finalmente percebeu que ela era maluca – "Obviamente os duendes estavam se movendo, muito rápido". Um amigo cujo apartamento ela estava frequentando chegou em casa e achou as palavras ANDY WARHOL escritas por todo lado, uma visão assustadora. Ela ainda estava com fixação em Andy e em Girodias também: o primeiro por não devolver o manuscrito de *Up your ass*, o outro pelo fiasco do contrato.

Talvez esperando ser paga por uma revista, Solanas entrevistou (ou tentou entrevistar) Warhol em novembro e dezembro; a conversa foi transcrita em um manuscrito intitulado "Valerie Solanis [*sic*] entrevista Andy". Quando a fita começa a rodar, Solanas diz: "A primeira coisa que eu posso pensar em dizer é que Andy Warhol, acho, está com medo da *SCUM*. Acho que ele está com medo de morrer com a *SCUM*". "Ah, que cor são seus olhos, Val?", pergunta Andy [...] "Por que não vemos o que está atrás do seu suéter?" Como Warhol se desvia ou ignora as tentativas de Valerie de molestá-lo, ela se torna abusiva. "Cara, quem é você, titica de galinha? [...] ANDY! Eu estou te entrevistando".

Alguém já tinha dito que ele era nervoso, Solanas quis saber. Andy nega. O que ele usa para se excitar sexualmente, ela pergunta – extratos bancários? Depois de um prolongado vai e vem, Solanas informa a Andy que ele pode participar do corpo de auxiliares da SCUM, mas ele não estará, "de qualquer forma, na lista dos que vão escapar".

Dos primeiros dias de 1967 até o fim de outubro (se não depois), Warhol tinha filmado no que era agora sua forma comum: sem roteiros, com um mínimo ou nenhuma direção, e com atores destreinados. "Andy parece não parar de filmar", Gerard Malanga falou ao entrevistador no começo do ano. "Ele apenas continua a filmar sem pensar em olhar na paisagem que está filmando. Simplesmente vai indo."

Em 15 de janeiro, o *New York Times* informou que Warhol estava "voltando de novo sua atenção para a filmagem". O processo estava sendo chamado *Vibrações*, provavelmente citando Andy (não há atribuição), Grace Glueck descreveu-o como "um '*thriller* abstrato' sobre percepção extrassensória, estrelando Ivy Nicholson". Warhol e seus atores tinham passado o Réveillon "se drogando em Philly", Glueck escreveu, ficando com o velho amigo de Andy, Henry McIlhenny, e filmando em uma piscina *indoor* no Drake Hotel e no museu de arqueologia da Pennsylvania University (a última tomada sem dúvida feita por Sam Green, ainda em cena na Filadélfia). À parte Nicholson, *Vibrações* retratava as "tais vedetes familiares de Warhol", como Nico, Susan Bottomly, Rod La Rod (o antigo caso de Andy) e Allen Midgette, que tinha entrado para o círculo de Warhol, de forma memorável, na festa das "Cinquenta pessoas mais bonitas" em 1965 e logo havia desaparecido. Agora em 1967 ele estava de volta, com frequência nas telas. Uma anomalia entre os *performers* de Warhol – um ator treinado, com pequenos créditos –, Midgette dificilmente podia ser menos sintonizado com o tipo de filmagem de Andy. "Para Allen, era uma piada a maneira de Warhol ser reconhecido como profissional", disse Billy Name. Mas no começo de 1967 Midgette estava sem rumo, aborrecido com seu trabalho servindo mesas na Arthur Discothèque: "E Andy veio atrás de mim. Ele era um caçador". No dia em que Warhol convidou Midgette para a filmagem na Filadélfia, "eu não tinha nada para fazer, estava meio entediado, então fui em frente e filmei. Não havia tema, você simplesmente ficava lá. Era tolice, e eu sabia o que outras pessoas iriam pensar, era 'ah, tudo isso'. Ninguém sabia o que eles estavam fazendo". No museu, vestido apenas de tanga, Midgette ficou sobre uma antiga esfinge egípcia. "Eu olhava para aquilo e pensava, 'nunca vou ter essa chance novamente'", e ele subiu. "Os guardas estavam lá e tudo – eu não podia acreditar sequer que tinham nos deixado entrar."

Pela primeira vez desde *Sono*, Warhol estava editando suas filmagens, embora com uma das técnicas mais simples possíveis: edição na câmera, simplesmente desligando-a, depois ligando, enquanto a ação continuava. O efeito, quando projetado, é de um corte abrupto e gritante. Como Andy falou a Glueck: "Eu estou cortando na câmera agora. É ótimo. Toda vez que você faz isso, parece um 'erro'".

Antes, um projeto longo e maior tinha engolido *Vibrações*. Durante uma entrevista do grupo no fim de inverno, começo de primavera, Malanga mencionou que Andy estava agora planejando "filmar o suficiente para um filme de 24 horas". Warhol e seus atores já tinham filmado dezenas de rolos: "Uma sequência inteira de gravação tratava dos jogos que as pessoas praticam", disse Gerard; uma encenação do assassinato do presidente Kennedy cujo título, *Since the assassination* [Desde o assassinato], foi logo cortado para *Since* [Desde]; um número em que Malanga representava "situações de amor"; e *Vibrações*, que Gerard chamava "uma sequência inteira de cenas tratando de magia negra". O *New York Times* mencionou a maratona em 25 de abril, com o título "Vinte e quatro horas". Em 26 de abril, o *Washington Post* publicou uma entrevista com Andy, na cidade para a estreia de *Garotas do Chelsea*, em que ele falava de seu atual projeto, um filme de 25 horas "sobre o amor. Não, não um tipo particular de amor. Apenas amor". Queria estreá-lo no New York Film Festival em setembro, depois do qual ele seria cortado em segmentos muito menores. Os filmes, Andy disse com muita ironia, estão ficando muito longos. Como *Garotas do Chelsea*, o filme, que ele agora simplesmente chamava de **** (ou seja, quatro estrelas), usava múltiplos projetores, mas três em vez de dois; além disso, as imagens eram sobrepostas, mais do que filmadas uma após a outra. Os sons dos rolos eram sobrepostos também, resultando em uma mistura visual e sonora.

Em julho, Andy decidiu que o trabalho em andamento poderia já ser apresentado na Factory, e um grupo de críticos de cinema, gente do mundo da arte, e frequentadores da Factory assistiram a um bloco de três horas de ****. O título, Andy falou a Glueck do *Times*, se referia a "aquelas quatro estrelas de cotação que o *Daily News* dá". Como Billy Name colocou, "decidimos não esperar as resenhas saírem, já que elas eram costumeiramente ruins, e então demos ao filme nossa própria cotação máxima! Pensamos que ficaria legal na marquise e nos anúncios". Andy falou a Glueck que os asteriscos poderiam também representar todas as palavras de quatro letras censuradas. "O filme contém algumas", Glueck notou em um parêntesis seco.

Entre os convidados para a prévia de Andy estava Michelangelo Antonioni, então entre *Blow-up* e *Zabriskie point*, a grande composição errática do diretor sobre a contracultura americana; depois de assistir ao excerto, Antonioni disse que "se torna mais belo" ao correr da apresentação. O crítico de cinema Andrew Sarris e Arthur Knight estavam lá também, no papel de juízes para o New York Film Festival (**** não foi selecionado). Sarris parecia confuso depois da apresentação, Knight nem tanto, chamando a experiência de "um dia jogado fora" (alguém imagina como ele teria se sentido sobre a versão completa).

Na apresentação de julho, Warhol disse que ele não tinha ideia de quanto **** estava custando para ele. "Simplesmente vou colocando nele o dinheiro que ganho do *Garotas do Chelsea*", disse, "que não é muito." E as filmagens iam se acumulando, rolo após rolo: 93 rolos de 33 minutos no total (foi por fim mostrado em dois, e não em três projetores). Não era simplesmente que Andy "não se lembrava" dos quilômetros de rolo que tinha filmado – ele expressamente evitava ter um olhar organizador. **** era *Garotas do Chelsea* sem sua quase unidade: nesse momento, não havia inspiração de última hora, nenhuma noção de como fazer pilhas de imagens disparatadas terem um mínimo de coerência.

A falta de arquitetura interna não teria sido um problema para as audiências daquela época, que estavam perfeitamente desejosas de aceitar a não estrutura fragmentada dos filmes de Warhol. O que deve ter sido torturante sobre **** era a sua camada de imagem sobre imagem e som sobre som, um tipo de versão bidimensional do *Exploding Plastic Inevitable* em sua forma mais agressiva. Nelson Lyon chamou **** de "a experiência mais irritante e belicosa que Andy já impôs em uma audiência". Quando Warhol mostrou um segmento dele na Factory, Lyon relembrou, "a parte interessante era: você será agredido com esse *ruído*, esse ruído visual e auditivo, e então um dos rolos terminariam, surpreendentemente você ouviria um som e veria um filme, e seria transportado; era o alívio de ver apenas um filme". A euforia dele, Lyon disse, duraria somente três ou quatro minutos, "e então, bingo": outro rolo seria sobreposto, e o ataque sensorial, renovado. Lyon chamou essa camada de "insuportável. As pessoas que aguentavam ficar na sala agonizavam diante disso". Andy, nesse meio-tempo, ficou entre os dois projetores, extasiado.

Ele nunca tinha planejado mais que um punhado de filmagens de longa duração de ****. No final houve apenas uma, na reformada e ampliada Filmmakers Cinematheque da rua 41, agora o New Cinema Playhouse. A projeção foi das 20h30 da quinta-feira, 15 de dezembro, às 21h30 da sexta-feira, 16 de dezembro, seguida por duas semanas de temporada com duas horas de intervalo.

O *New York Times*, previsivelmente, não gostou. ("Querida, ficamos espantados", escreveu seu crítico, Howard Thompson, que ficou muito mais interessado em quantos cinéfilos foram capazes de aguentar ****. Somente um terço dos que compraram a entrada original "estava ainda presente e acordado" no meio da tarde de 16 de dezembro, ele noticiou, mas o cinema estava com três quartos dos lugares cheios no final, com uma quantidade de espectadores tendo retornado depois de "descansos de tamanho variado". Frances Herridge do *Post* encontrou somente vinte "sobreviventes" no final, mas ela classificou o filme de "um avanço técnico real para Warhol".) A sempre anômala *Variety* publicou uma resenha longa e cuidadosa, apesar de o crítico da *Variety* ter encontrado falhas na "filmagem aleatória sem nenhuma narrativa ou fio temático qualquer" do filme. O uso da cor por Warhol, apontou a *Variety*, "foi tão admirável e controlado [...] que apenas isso mantém a percepção". A imprensa alternativa ficou previsivelmente extasiada: **** era a nova *Odisseia* para o cinema, Mekas escreveu em sua coluna de cinema do *Village Voice*. Outra resenha do *Voice*, por Lorenzo Mans, classificou o filme de "belo, monótono, profundo e diferente de tudo que eu já vi nos filmes de Warhol ou em qualquer outro. Pode ser comparado apenas com as pinturas finais de Turner".

Andy estava encantado também, incapaz de tirar os olhos da tela. Herridge do *Post* fez uma inteligente conexão entre **** e as vacas em silks-creen do ano anterior: "Warhol fez seu filme como um grande tapete. Você pode cortar pedaços de qualquer tamanho para adequar às diferentes ocasiões". Para Andy, **** não era mais um artifício em comparação com *Sono*. Quando críticos ridicularizavam sua caótica apresentação de filme sobre filme, ele não entendia por que não tinham gostado. Para ele era "Excelente! – Pretendo um filme colorido sobre um em preto e branco e um preto e branco sobre um colorido. Eu acho, ficou fantástico, parecem fantasmas em cima de fantasmas em cores e padrões diferentes e divisões intrincadas". Apesar de tudo, ele era bem consciente de que **** representava o fim de uma fase de sua carreira de diretor na qual, cercando a si mesmo com as pessoas mais excêntricas que conhecia, ligou a câmera e sua expectativa era fazer o melhor.

Na verdade, *Garotas do Chelsea* representou o clímax dessa fase: como se fosse a estética amadurecida do diretor Warhol. O filme **** representava a inércia, a continuação ao limite do absurdo (onde Andy estava acostumado a fazer as coisas). Como ele sabia, se quisesse continuar fazendo filmes, e ele queria muito, teria de no mínimo dar uma punhalada nos diretores convencionais e comerciais. E de fato, à época em que filmou ****, ele já tinha feito isso.

Seja lá o que tiver impulsionado a vanguarda para *Garotas do Chelsea*, as manchetes da imprensa convencional eram na maior parte das vezes devidas aos seus flashes de nudez, descrição do uso de drogas e linguagem gráfica. No começo do verão de 1967, Maury Maurer, o administrador do Hudson Theatre na rua 44 Oeste, especializado em filmes eróticos para homens gays, se aproximou de Warhol e Morrissey. Maurer desejava os filmes de Warhol para "sexploração", ou pornografia leve, mercado, um produto com pequenas possibilidades de atrair a atenção da censura. A primeira oferta da Factory para o Hudson foi *Meu michê*, com um extra de treze minutos de filmagem ainda não veiculados, "calculados para fazer o filme mais apelativo para o público 'de sexo explícito'". *Meu michê* ficou em cartaz no Hudson do começo de julho até o fim de agosto; em sua primeira semana arrecadou a fortuna de US$ 18.000. Crowther, do *Times*, considerou-o "descuidado e amador"; o diálogo entre "personagens desleixadamente ruins" era "sórdido, vicioso e desdenhoso [...]. Eu diria que '*A conversa interminável*' seria um título melhor para esse filme nojento de maconheiro".

Meu michê *no Hudson Theatre, 1967. Warhol está sob a marquise, o terceiro a partir da direita, portando o gravador*

Durante a temporada de *Meu michê*, Maurer encomendou outro filme de sexo da Factory, pedindo alguma coisa na linha de *Eu, uma mulher*, "uma pornografia barata da Suécia sobre ninfomania", disse a *Time*, "que inexplicavelmente era um sucesso no circuito de arte dos Estados Unidos". Alguém na Factory saiu-se com o pouco inventivo título de *Eu, um homem,* e com isso e o retrabalhado *Meu michê*, a fase seguinte da produção de filmes da Factory estava lançada: filmes de "sexploração". De julho até o outono, o Hudson Theatre encenou um pornô leve da lavra de Warhol-Morrissey atrás do outro. Na verdade, todos os filmes da Factory de meados de 1967 até o *Cio* de Morrissey de 1972 (com a possível exceção do banido e explícito *Filme azul*) eram filmes de "sexploração", com uma boa dose de "nudez casual" e linguagem crua, mas não sexo explícito.

A escolha inicial de Warhol e Morrissey pela estrela de *Eu, um homem* era Jim Morrison, cuja banda, The Doors, tinha acabado de lançar seu primeiro sucesso, "Light my fire". A turma de Warhol tinha circulação com Morrison no Max's, onde o roqueiro havia estabelecido a reputação de um alcoólatra incontrolável. De acordo com Billy Name, "ele estava muito, *muito* bêbado quando apareceu no Max's. Não conseguia nem falar". Nossa interação, Billy relembra, "foi simplesmente que eu lhe mostrei onde era o banheiro dos homens". Andy e Morrison evidentemente tiveram um contato mais concreto, quando Morrison concordou em ir até a Factory e deixar Andy filmá-lo fazendo sexo com alguma jovem mulher. Nunca aconteceu. Por causa da insistência de seu agente, Morrison voltou atrás no dia da gravação e mandou um amigo em seu lugar.

Eu, um homem junta uma série de encontros de uma noite entre o substituto de Morrison, um jovem ator chamado Tom Baker, e oito mulheres, incluindo Nico, Ingrid Superstar, Ivy Nicholson, e uma nova frequentadora chamada Sue Hoffman, apelidada de "Viva!" (o ponto de exclamação foi logo retirado). Não há sexo explícito – Morrissey, que estava começando a ter uma influência maior nos filmes de Warhol, queria atrair muitos espectadores, mas evitar a censura.

Como na maior parte dos filmes que Andy estava filmando naquela época, *Eu, um homem* está cheio de cortes estroboscópicos, a técnica percebida antes por Glueck, do *Times*. Nelson Lion relembra como Warhol apimentou uma cena de *Eu, um homem*, filmada no apartamento de Lyon, com cortes estroboscópicos; sua memória captura o jeito velozmente indecente de Warhol: "Eu tinha uma sacada, e ele tinha duas pessoas, uma bela garota e Tom Baker [...] namorando no sofá ou no mínimo conversando. Andy, Paul e eu estávamos fora, na sacada, com a câmera em um tripé, filmando através da minha janela aberta [...] talvez a uns 6 m de distância do casal no sofá. Eles estavam sussurrando (no microfone), então o diálogo deles podia ser detectado, mas não conseguíamos ouvi-lo [...]. Andy estava ficando incomodado lá, parado na sacada observando duas pessoas falarem mas sem ouvir o que diziam, e então ele começou a ligar e a desligar a câmera. Eu disse: 'Que porra você está fazendo?', e ele respondeu: 'Nova técnica'. Com um tom e uma expressão de cara de pau".

Filmado em julho e mostrado no Hudson em agosto, *Eu, um homem* "parecia outro dos filmes caseiros do artista pop Andy Warhol", de acordo com a *Time* "[mas] a casa de Andy não se parece com a de mais ninguém". No julgamento de Bourdon, tratava-se de "uma das mais medíocres produções do artista". Uma cena é instigante, porém por razões extracinematográficas: Valerie Solanas fez sua única aparição em um filme de Warhol. Respondendo a seus intermináveis pedidos de dinheiro, Andy ofereceu US$ 25,00 para aparecer em *Eu, um homem*. Com uma luz vindo de baixo, ela e Baker ficam nas escadarias da Factory; no cenário improvisado eles estão do lado de fora do apartamento que Solanas divide com sua amante (Baker não fica sabendo disso no começo). Em uma fala muito violenta, Solanas é páreo duro para o calmo e perdido Baker. "O que eu estou fazendo aqui com um babaca como você?", ela quer saber. Ela belisca a bunda dele no elevador e ele quer que as coisas continuem. "Agora se manda, tchau", ela rosna. Tentando seduzi-la, ele tira a camisa. "Não gosto dos seus mamilos", diz Solanas. "O que é isso na sua cabeça", Baker pergunta, "Você não curte homens? É algum tipo de filosofia?" Para espanto de Baker, revela-se que ela é sexualmente atraída apenas por mulheres. "Isso é um estorvo!", ele diz. "Ah, então. Você está perdendo muita coisa. Podemos sair para passear no parque, tomar uma balsa por uns centavos, encontrar meus camaradas...". Ela o deixa na escadaria, fumando pensativamente.

Uma fanática como Solanas só apareceria em um filme de Warhol como *Eu, um homem* por dinheiro. Por isso não surpreende que Billy Name ache sua performance superficial: "Tudo o que me lembro é de quando fizemos o filme. Talvez eu me recorde dela sentando no sofá uma outra vez. Ela quase não tinha expressão. Absolutamente sem marcas. Não tinha personalidade".

Eu, um homem teve uma temporada de seis semanas; *Meu michê*, que ele substituiu no Hudson, foi para o cinema na rua 42. Andy agora tinha dois filmes fazendo concorrência entre si no bairro pornô de Manhattan. Se *Eu, um homem* e seu sucessor, *Garoto de bicicleta*, eram assumidamente sobre encontros heterossexuais – estratégia de Warhol e especialmente de Morrissey para cortejar o mercado de filmes pornô leves para homens –, eles estavam mirando muito mais o público gay. Apesar de "haver mais demonstrações de seios que em documentários sobre os Mares do Sul", observou o crítico de cinema do *Time*, "Tom [Baker] rouba a cena o tempo todo, enquanto a câmera afetivamente se concentra nele e caricaturiza as garotas".

O surgimento de Morrissey foi o começo do fim das superstars como Ondine e Brigid Berlin – "essa gente viciada em anfetaminas", como disse Morrissey –, que "eram inúteis caso você quisesse fazer um filme que alguém conseguisse assistir até o fim, um filme com um mínimo de narrativa". Morrissey queria trabalhar com "pessoas jovens, que eu encontrava em qualquer lugar, nas ruas se necessário, e elas eram mais criativas e interessantes que esses viciados mais velhos". Seu domínio exaltado ia ao limite para irritar a velha guarda da Factory. Como poderia, por exemplo, Billy Name, para quem a arte, e não o comércio, era o que interessava, não desdenhar de alguém que louvava proprietários e cadeias de cinema "por me ajudar a apreciar o lugar que os filmes representam no negócio, fazer dinheiro primeiro e depois o resto". Morrissey preencheu um vácuo: ele podia fazer negócios. Como Billy relembrou, "quando eles conseguiram o contrato com o Hudson, Paul fez os acordos e tomou a iniciativa [ainda que Andy permanecesse por trás das câmeras]. Paul tornou-se um tipo de diretor executivo, escalando o elenco e muitas outras coisas". E, para a estimativa de Billy e de outros, os filmes perderam sua integridade.

Quando os lucros de *Eu, um homem* começaram a diminuir, Maury Maurer pediu a Andy um novo filme: um de motocicleta, dessa vez. Casualmente, um jovem musculoso atraiu os olhos de Morrissey; o cara, cujo nome era Joe Spencer, mostrou ser um genuíno ciclista, desamparado na cidade com uma bicicleta quebrada. Morrissey convidou-o a participar.

O pessoal da Factory não fazia segredo de seu desdém pela inteligência de Spencer. Para David Boudon, ele era "idiota", de acordo com a edição do *New York Times* de 26 de setembro de 1967, o filme iria originalmente ser chamado de *Dopado*, uma referência "não aos narcóticos, mas à cabeça do herói motociclista". A estrutura de *Garoto de bicicleta* repete a de *Eu, um homem*: uma sequência de encontros entre um jovem e uma série de mulheres (ainda que Ed Hood apareça em uma cena, e o filme se abra com dois balconistas de uma boutique gay sacolejando ao redor de Joe Spencer). O mal-ajambrado Spencer é repetidamente constrangido pela língua afiada de seus oponentes. *Garoto de bicicleta*, em outras palavras, é sobre um garoto burro e ignorante que de repente se vê em um filme de Andy Warhol – apesar de Spencer ter a sua própria maldade –; quando Brigid Berlin diz que ele poderia ser mais refinado, ele responde: "Você poderia pensar no que diz pelo menos de vez em quando".

Garoto de bicicleta estreou no Hudson na primeira semana de outubro; recebeu críticas severas no *New York Post* e no *Times* ("Andy Warhol está de volta com outra de suas superchatices", escreveu Howard Thompson) e foi elogiado no *Village Voice*. O filme não foi tão bem financeiramente como *Eu, um homem*, ficando em cartaz uma semana a menos e não conseguindo dar lucro. Spencer, na tela praticamente o tempo todo, parece ter recebido US$ 122.

Perto do fim da temporada de *Garoto de bicicleta*, Andy apareceu no Hudson para um simpósio noturno intitulado "Pornografia ou Realidade". O ostensivo anfitrião, ele falou pouco ou nada, trouxe Morrissey, Ingrid Superstar e Viva (a última estava rapidamente subindo na hierarquia da Factory) como porta-vozes. "Houve umas poucas risadas às custas de Warhol e de sua famosa timidez", a *Variety* noticiou, quando alguém na plateia por exemplo gritou: "O que Andy tem contra falar?". Mas a maioria dos espectadores estava preparada para levar Warhol muito a sério; um deles espantou mesmo os entediados palestrantes ao dizer que *Garoto de bicicleta* era "uma talentosa e perceptiva variação sobre a lenda de *Parsifal*".

Se a "sexploração" não era o que excitava, "os nus sem timidez, o humor estridente e a documentação factual da vida gay eram um respiro de ar fresco" para os gays da metade para o fim dos anos 1960, de acordo com o historiador de cinema Tom Waugh. Como Paul Morrissey (feliz como sempre em irritar o máximo possível o eleitorado) falou em uma entrevista de 1970: "A maioria do nosso público [...] é de degenerados atrás de sexo e obscenidade [...]. Degenerados não são um grande público, mas estão um passo além do público da arte. Nós sempre preferiremos usar um cinema de 'sexploração' que um de arte".

Quando *Garoto de bicicleta* terminou sua temporada no Hudson, no começo de novembro, Warhol e Morrissey estavam prontos para o quarto filme de Warhol mostrado no Hudson: *O restaurante nu*, filmado em um lugar do Village chamado Mad Hatter. Andy filmou duas versões; a primeira, apresentando um elenco inteiramente masculino e nu, nunca foi lançada dessa maneira, ainda que possa ter sido apresentada como parte de ****. A segunda versão, que esteve por quatro semanas no Hudson (cada um dos filmes de "sexploração" de 1967, do *Meu michê* expandido ao *O restaurante nu*, fez menos sucesso de bilheteria que seu predecessor), acrescentou mulheres; todos vestidos apenas de fio-dental preto, uma imitação das tarjas pretas dos pôsteres de filmes censurados. Midgette estrelou ambas as versões. "Falei a Andy que estava entediado e precisava de algum tipo de movimento", ele relembra. "Perguntei: 'por que você não encontra um restaurantezinho em algum lugar e eu trabalho atrás do balcão?; se alguém perder o controle, eu chamo a polícia'. Não foi minha ideia ficar pelado, mas sim fazer em um restaurante."

Apesar do grupo de artistas, *O restaurante nu* não foi uma iniciativa conjunta; os superstars e figurantes que povoam os filmes de Andy "nunca trabalhavam juntos como um elenco de atores", disse Midgette. "Eles não eram atores. Mas, mesmo assim, eram muito competitivos. Andy costumava fazer joguinhos: 'Você está dentro, você está fora'." Ainda, o filme teve seus momentos, ambos envolvendo Viva: sua travessura com Mead e o langoroso beijo com Midgette (o escultor John Chamberlain chamou-o do melhor beijo no cinema que ele já vira). Midgette lembra-se de ter uma boa afinidade com Viva, sua amante na vida real naquela época – mesmo se ele estivesse viajando com ácido.

Durante 1967, Andy fez muitas cenas de Ondine, a maior parte delas com intenção de fazer um filme chamado *Amores de Ondine*. Apesar de claramente pertencente aos filmes de "sexploração" de 1967, só foi lançado em agosto de 1968.

Caso tenha uma, a premissa do filme é que Ondine está tentando ser hétero, procurando (sem sucesso) levar para cama uma série de mulheres. O filme era também uma clara tentativa de recriar o sucesso de Ondine da época de *Garotas do Chelsea* – em outras palavras, um filme de exploração em mais de um sentido. Mesmo que esteticamente negligente, marca a primeira participação diante das câmeras de Andy de dois bem conhecidos superstars da Factory do fim dos anos 1960. Um era Joe Dallesandro, um rapaz de dezoito anos musculoso e de feições dóceis, cuja estreia havia ocorrido um ano antes em *Carne* de Morrissey; em pouco tempo, "pequeno Joe" seria uma estrela internacional de cinema e, na edição de 15 de agosto de 1971, capa da *Rolling Stone*.

A outra superstar era Viva. Apesar de suas aparições públicas em *Garoto de bicicleta* e *O restaurante nu* já terem acontecido, *Amores de Ondine* foi filmado antes deles. As improvisações de Viva no filme – ela se mostra equivalente a Ondine, se não superior, em respostas azedas – impressionaram tanto Morrissey que ele a chamou de "um gênio da performance à altura de Mick Jagger, uma Greta Garbo cômica". Aspirante a pintora, ela parou ainda no começo. "Paul disse: 'A pintura é um gênero morto' [...], e eu respondi: 'Certo, sou um gênio da performance, a pintura está morta'".

Janet Sue Hoffman – Sue, como sempre fora chamada – nasceu em 1938 perto de Syracuse, Nova York. Em sua família rica, "o comportamento contradizia completamente as palavras", e ela desenvolveu um radar para a hipocrisia e a pretensão, aprendendo a apontá-las com o que acabava sendo uma piada rápida e aguda. Graduando-se em Marymount, uma faculdade católica ("as freiras me tinham das 5 às 21 horas"), ela se mudou para Nova York, trabalhou como modelo para aulas de arte e moda, desenhou silhuetas de visitantes na *Feira Mundial* de 1964 e começou a frequentar o Max's – na sala da frente, com os expressionistas abstratos –, onde Chuck Wein a encontrou e a escalou para *Ciao Manhattan*, sua tentativa de retorno de Edie Sedgwick ao cinema. Ela encontrou Warhol em uma festa em agosto no sótão da designer de moda (e logo esposa de John Cale) Betsey Johnson, e ofereceu-lhe uma participação em seu próximo filme, que acabou sendo *Amores de Ondine*. Na Factory ela recebeu um pseudônimo e, apesar de

Andy não estar mais usando a expressão, tornou-se a nova "Garota do Ano", a estrela feminina de seus filmes e sua companhia em festas. Como disse Watson, "Jane Holzer tinha cabelos longos, Edie Sedgwick tinha uma glamorosa vulnerabilidade, Nico tinha uma beleza de outro mundo, e Viva tinha um brilho neurótico", bem como uma frágil beleza, uma voz que evoluiu de uma inexpressiva monotonia a um queixume ranzinza, e um temperamento com um gatilho rápido. Inteligente e independente, ela era capaz de registrar e dar ideias a Warhol que poucas outras *Factoryites* conseguiam. Frustrada com a evasão dele, ela lhe disse: "Você sempre edita a si mesmo. Você não edita ninguém, só a si mesmo". "Porque era muito tímido e complexado com sua aparência", ela escreveria, "Andy não tinha vida privada. Filmando como se 'estivesse em casa', queria simplesmente descobrir de que maneira 'pessoas normais' agiam umas com as outras. E eu tenho minhas próprias ideias sobre *Filme azul* [o último filme que Warhol dirigiu, e, como disse a *Variety*, 'o primeiro artefato teatral a de fato descrever o sexo']: não era, como eu acreditava na época, ensinar ao mundo sobre 'amor real' ou 'sexo real', mas ensinar a Andy."

Viva durante as filmagens de O restaurante nu

Não muito depois de sua chegada à Factory, Viva começou a escrever, em um estilo sagaz, ainda que sem eloquência, na página de fofocas do *Downtown*, para o qual resenhou o último filme de Warhol com seu nome verdadeiro, elogiando a si mesma, e *Realist*, de Paul Krassner, em que ela deu vazão tanto para seu feminismo quanto para seu instinto para colocações ultrajantes. Quando o padre radical Philip Berrigan e outros derramaram sangue de pato em formulários do serviço militar obrigatório, Viva considerou "esse pálido protesto sacerdotal" ineficiente e saiu-se com sua própria recomendação por ação antiguerra direta, um grande protesto feminista: "Mulheres, ergam-se e levem-se em conta! Vocês podem começar com o número que lhes é mais familiar: 28". A cada 28 dias, mulheres de todos os lugares realizariam um "protesto sanitário maciço", retirando seus Kotexes – ou um "destampamento", se usassem Tampax.

O ano de 1967 trouxe outra importante chegada à Factory. Apesar de ter se tornado rapidamente útil para a empreitada cinematográfica de Andy, Fred Hughes se mostraria de repente muito mais importante em outra esfera: revitalizar a carreira de pintor de Andy, financeira e até mesmo esteticamente. Na verdade, Hughes tornou-se um tipo de *alter ego* para Andy, "igual [a ele] de uma forma que o resto de nós não era", escreveu um sócio de Warhol dos anos 1970. "Fred era um dos que sabiam o que Andy queria, mesmo quando o próprio Andy não tinha muita certeza."

Hughes e Warhol se encontraram em setembro de 1966 em um evento beneficente para a Companhia de Dança Merce Cunningham na famosa "estufa" de Philip Johnson, em Connecticut. De acordo com Geldzahler, Hughes, que já conhecia Henry, o agarrou e implorou: "Por favor, me apresente a Andy Warhol". A descrição do próprio Hughes do encontro é diferente: "[Andy] sabia quem eu era, e ele viu o pote de ouro no fim do arco-íris".

Ele devia estar falando da propriedade dos equipamentos para campos de petróleo Schlumberger, muitos dos quais pertenciam aos benfeitores de Hughes, os colecionadores de arte de padrão internacional Dominique de Menil (nascida Schlumberger) e seu marido, Jean. Apesar de os Menil estarem vivendo em Houston desde 1941 (e Jean ter anglicizado seu nome para John), ambos eram franceses, e além de Philip Johnson e da casa planejada de Houston, mantinham residências em Nova York e Paris.

Quando tinha quinze anos, Hughes tinha trabalhado no Museu de Belas-Artes de Houston, onde conheceu os Menil. Rapidamente reconhecendo o potencial dele como um útil prestador de serviços – ele tinha o que Dominique chamava de "instinto para o que importava, para a qualidade" e um encanto social muito tranquilo –, os Menil tiveram uma forte participação no desenvolvimento de Hughes. Ele se prendeu fortemente a eles; abominando suas raízes plebeias – seu pai era um vendedor de móveis –, tinha se tornado um resoluto alpinista social.

Hughes estudou história da arte na Universidade de St. Thomas de Houston (cujo departamento de arte foi fundado pelos Menil), mas nunca se formou. No fim de 1964, o rapaz de 21 anos foi para Paris, onde os Menil o ajudaram a conseguir um emprego com o comerciante de arte Alexander Iolas (dono da Galeria Hugo em Nova York, que tinha sido o local da primeira exposição de Andy em 1952). Voltando para os Estados Unidos em 1966, Hughes assumiu vários projetos para os Menil; um dos primeiros foi ajudar a organizar o evento beneficente de Cunningham, onde ele e Warhol se encontraram.

Em 1967, Hughes continuava trabalhando para Andy. Apesar de ter começado, como todo mundo, varrendo o chão da Factory, deve ter sido o mais bem-vestido porteiro de toda a história – na época em que a maioria dos rapazes de 23 anos em Manhattan se vestia com calças boca de sino e camisetas, Hughes andava com belos ternos ingleses, camisas inglesas feitas à mão e sapatos.

Fred não ficou como porteiro por muito tempo. "Sendo muito próximo dos Menil", ele relembra, "imediatamente comecei a pensar em todo tipo de projeto lucrativo para Andy." Um dos primeiros foi o filme *Nascer do sol/Pôr do sol*, comissionado pelos Menil como parte da vindoura exposição *Hemisfair*, em San Antonio. Em uma carta a Andy datada de 26 de junho de 1967, John de Menil escreve que ele está "muito feliz de saber por Fred de sua resposta entusiasmada à sugestão de que você fizesse algo para o projeto San Antonio [...]. Você falou a Fred que gostaria de fazer um filme. Adoramos a ideia [...]. Para o valor, Fred sugeriu US$ 20.000". *Nascer do sol/Pôr do sol*, filmado em agosto e setembro nos Hamptons e em São Francisco, nunca foi lançado de forma independente, mas foi colocado em ****. (De acordo com Hughes, o restante do dinheiro foi empregado para filmar o primeiro projeto cinematográfico de Andy de 1968, *Caubóis solitários*. Depois Hughes arranjou para Andy outra comissão dos Menil, dessa vez uma pintura: um retrato do velho amigo dos Menil, Jermayne MaCagy, que tinha chefiado o departamento de arte na Universidade de St. Thomas. Mais tarde, os Menil pagaram por um retrato da própria Dominique. Apesar de Warhol já ter recebido para pintar retratos, foi Hughes quem começou a sistematicamente conseguir pagamentos de pessoas ricas e famosas; esse seria o ganha-pão de Warhol nos anos 1970.

Hughes tem sido vilipendiado como um corruptor de Andy, um mercenário sem moral. Mas a ascensão financeira de Warhol e, dizem muitos, o declínio estético foram feitos por ele mesmo, e não por Hughes. De acordo com John Richardson, que conhecia bem os dois, o papel de Hughes era fazer os contatos certos. "O que Fred fez, para o bem ou para o mal", disse Richardson, "foi, em primeiro lugar, afastar todo mundo [da Factory] e, por meio da sua habilidade promocional, elevar Andy a uma órbita social em que ele nunca estivera antes." Se Hughes era um alpinista – "um fanático social maluco", como um dos membros da Factory dos anos 1960 declarou –, ele também ria de si mesmo ("Eu sou *muito* superficial", gostava de dizer), e era engraçado: fingindo ser "Frederick da Union Square", um cabeleireiro doido, colocava fita adesiva no rosto do pessoal da Factory, deixando todos muito bizarros. "Pronto, está muito melhor", dizia com um floreio.

Quando Andy fez a sua palestra muda, "Pornografia e Realidade", no Hudson Theatre, em 1º de novembro, ele estava se juntando a um novo mercado muito próspero: o circuito americano de palestras, com uma renda anual de algo entre US$ 60 e 100 milhões. A vontade de contemplar a personificação da fama, de alguém importante ou da bola da vez das manchetes era um desdobramento do culto à celebridade que Andy tinha ajudado a amplificar. No circuito universitário, a grande atração eram as figuras *antiestablishment*. Qualquer um que "agrida as instituições, porque é isso que deve ser feito", disse um estudante da Universidade de Rochester em um texto de 1968, na revista do *New York Times*. O American Program Bureau, um dos líderes do circuito, fez três quartos de seus negócios nos *campi* universitários, trazendo Dick Gregory, Timothy Leary e outros para criticar Lyndon B. Johnson, Nixon e os valores dos pais deles. "O tipo de maluquice de Timothy Leary-Andy Warhol tem comandado a plataforma universitária", disse o membro de um antigo e sério escritório de palestras. "Esses rapazes são os loucos sensação do momento."

O American Program Bureau procurou Andy no começo de 1967, oferecendo-lhe entre US$ 750 e US$ 1.500 por palestra, descontando as despesas, e Andy entrou no circuito. Morrissey e Viva, depois da chegada dela, muitas vezes apareciam para fazer a fala por ele. O dinheiro não era muito, já que pagava três pessoas. Andy tinha uma fobia entranhada de aparecer em público; além disso, sempre imaginava que estava perdendo toneladas de oportunidades ao sair de Nova York, desde fazer filmagens até ir a festas. E não gostava de deixar sua mãe, Julia, sozinha; agora com 77 anos, ela estava cada vez mais distante. Então ele bolou um plano.

Allen Midgette, que parecia a Andy apenas um loiro magricelo, relembra de estar uma noite de setembro no Max's e Paul Morrissey oferecer-se para pagar-lhe um drinque. Uma jaqueta de couro preta estava jogada perto de Morrissey, então Midgette imaginou que Andy estava por ali. "Paul me disse: 'O que você acha de ir à Universidade de Rochester amanhã e fingir que você é Andy?'. Respondi: 'Por que eu?'. 'Bom, você vai ganhar US$ 600. Respondi: 'Ótimo, eu vou'."

"Era ideia de Andy, obviamente. Ele estava morrendo de medo do público. Paul me fez ficar no apartamento dele porque não confiava que eu iria acordar às nove horas da manhã. Mais ou menos às cinco da manhã, dois agentes da narcóticos chegaram e tentaram prender Paul. Ele tirava todo aquele povo de Andy da cadeia, então eles pensaram que ele fosse um drogado também." O abstinente Morrissey não tinha nada; nem, felizmente, Midgette. "Então, eles não tiveram sorte. Mas foi um jeito desagradável de começar o dia."

O problema seguinte, obviamente, colocou-se por si mesmo: Midgette não se parecia nem um pouco com Andy. "Eu disse a Paul: 'Melhor parar em uma farmácia'." Comprando a sombra mais clara de Erase que pôde achar, o ator "warholizou" o rosto e as mãos, "e eu passei spray prateado em meu cabelo. Coloquei os óculos escuros e a jaqueta de Andy. Fomos para a palestra e na verdade deu certo. Morrissey não viu muita graça naquilo. Ele não achava que iria dar certo. O tempo todo ficou lá em pé, olhando, acho que impressionado com o fato de eu estar dando conta. Fiquei surpreso por terem acreditado, também, mas eles não sabiam quem era Andy. Apenas ficavam fazendo perguntas retiradas do prospecto e tentavam agir como se conhecessem tudo sobre ele. Mesmo sabendo que o representava, falei para os estudantes do jeito que falaria com os amigos. Acho que falei sobre astrologia. Não me recordo muito daquilo. E depois da palestra a imprensa se aproximou de mim e disse: 'Sr. Warhol, você é tão inteligente! Ninguém entendeu nada, você é muito esperto!'".

Midgette representou Andy por mais quatro vezes naquele outubro, em faculdades em Utah, Montana, Oregon, "[tendo] jantado com o diretor e sua esposa em quase todas as vezes que fui". Os estudantes foram mais rápidos para perceber. Em 2 de novembro, quando Midgette e Morrissey saíram do avião em Salt Lake City, onde "Andy" iria falar na Universidade de Utah, uma lufada de vento levantou um pouco de talco de seu cabelo, bem na frente de um grupo de estudantes. Depois da palestra, e novamente após um evento na Universidade de Oregon, estudantes informaram suas suspeitas para autoridades universitárias. Paul Craycroft, da Universidade de Utah, contatou o American Program Bureau, querendo saber se o Warhol que apareceu em Salt Lake City era o verdadeiro. Morrissey respondeu a Craycroft com uma obra-prima de evasão. "Estamos um pouco perdidos sobre a forma de tratarmos a questão que o senhor coloca em sua carta, portanto pedimos que sugira para nós uma forma de resolver suas dúvidas a respeito da presença de mim mesmo e do sr. Warhol na sua faculdade. Não compreendemos por que o senhor acreditaria que o sr. Warhol não foi de verdade a Salt Lake City." Morrissey manobrou para manter os administradores acuados pelo resto do ano e em 1968. O mais perto que Andy chegou de admitir a falcatrua, até onde se sabe, foi colocando uma fotografia de Midgette na contracapa do livro de lembranças da Factory do fim dos anos 1960, *Andy Warhol's index* [Índice de Andy Warhol], com as palavras "Andy Warhol" conspicuamente impressas no lábio superior de Midgette.

Em meados de 1966, Gerard Malanga tinha se apaixonado por uma bela italiana que estava visitando Nova York, uma modelo e aspirante a atriz chamada Benedetta Barzini (o pai dela, Luigi Barzini, era um escritor bem conhecido dos dois lados do oceano). Quando Benedetta abruptamente encerrou o affair naquele outono, Gerard ficou deprimido, rabiscando fantasias mórbidas de vingança em seu diário: ele seguiria Benedetta em Roma, sofreria uma última rejeição na porta dela, tomaria uma overdose de comprimidos para dormir e morreria na cidade dela.

Gerard passou uma boa parte de 1967 sentindo-se abandonado. Naquele verão, quando o Bérgamo Film Festival aceitou sua homenagem a Benedetta, *Em busca de algo miraculoso*, ele viveu pelo menos a primeira parte de sua fantasia. "Eu fiquei basicamente atrás de Benedetta na Itália, embora já tivesse planejado fazer isso" para gravar o filme. Qualquer que tenha sido o estímulo, a viagem italiana de Gerard foi o primeiro passo de seu longo adeus a Andy.

Malanga comprou tudo o que podia pagar, uma passagem de ida para Milão, 48 km ao sul de Bérgamo, esperando talvez poder "achar alguns bicos para pagar a passagem de volta". Warhol deixou-o saber, ele disse mais tarde, que, se precisasse voltar antes, Andy enviaria o dinheiro. Na primeira carta de Gerard, em 12 de setembro de 1967, ele falava excitado do Festival de Bérgamo, lisonjeiramente contando a Warhol que o novo *Uma ou duas coisas que eu sei dela*, de Godard, usava "um monte de suas técnicas e truques". O próprio filme de Gerard tinha sido bem recebido, o filme "tchecoslovaco" vaiado. "Me mande algum dinheiro", Gerard pediu, terminando com um segundo pedido, em que acrescentou "imediatamente".

De acordo com Malanga, "eu estava pronto para voltar para Nova York logo depois do festival de cinema. E foi aqui que Andy começou a agir, pois ele não cumpriu sua palavra". Ligando da casa de um amigo para a Factory todo dia, "eu não conseguia falar com Andy. Vingança de bicha. Era a vingança de gay de Andy em cima de mim. Na cabeça dele, eu tinha ido para a Itália atrás de Benedetta, não contava que eu tinha um filme em um festival de cinema. Então foi desse jeito que ele se vingou de mim. E acabei ficando na Itália por seis meses. Eu estava abandonado".

Em 16 de setembro, um cartão-postal de Malanga para Billy Name dizia que "Milão é fantástica! [...]. POR FAVOR, DÊ UM JEITO DE ANDY ME MANDAR DINHEIRO. ELE PROMETEU. QUEBREI". Dez dias depois, Gerard incomodou Andy de novo: "Você poderia me enviar algum dinheiro, já que eu estou falido".

O poeta e compositor Peter Hartman, um veterano do underground nova--iorquino, convidou Gerard para ficar em seu apartamento em Roma. Com boa renda, Hartman dava a Gerard US$ 50 por semana e um apoio para que Malanga se enturmasse no cada vez mais movimentado mundo da literatura, do cinema e da moda de Roma. "Esqueci Benedetta completamente, porque me envolvi com muitas pessoas interessantes: Elsa Morante, Pier Paolo Pasolini, Alberto Moravia, um conjunto de intelectuais realmente de peso, pessoas incríveis." Como ele escreveu em uma carta a Andy, estava "prosperando criativamente", mas "definhando fisicamente". E uma forma de ganhar dinheiro lhe ocorreu. Sem nunca ter ficado tanto tempo sem namorada, ele tinha recentemente começado a se divertir com uma jovem socialite romana chamada Patrizia Ruspoli. Ela queria que Gerard lhe fizesse uma grande pintura em silkscreen exatamente como as de Andy; seria uma imagem de Che Guevara. Gerard rapidamente decidiu fazer duas, uma para Patrizia e uma para vender – como um autêntico Warhol. Além disso, ele poderia fazer muitas versões em papel, para vender como pôster. Para fonte, Gerard escolheu a fotografia que era agora um ícone: o Che tendo acabado de ser morto, deitado em uma mesa, cercado por seus assassinos.

Em uma carta a Andy de 18 de dezembro, Gerard revelou suas intenções com mais detalhes. Os "trocos" que os falsos Che gerariam serviriam para Malanga realizar o tão ansiado projeto de "um filme em 16 mm de duas horas com som e em cores", *O operador da zona de gravação*. Seria um "filme-diário", cujos personagens "apareceriam com seu ritmo natural", em cada situação. Malanga cometeu a temeridade e a falta de tato de se vangloriar que ele faria *Garotas do Chelsea*, do seu esperançoso benfeitor, parecer "um conto de fadas". Somente dez minutos do filme foram filmados.

Nos anos subsequentes, Malanga se recusaria a discutir o episódio das falsificações, mas ele pode facilmente ser reconstruído pelo fluxo de cartas que Gerard enviou a Warhol, Morrissey e outros entre o outono de 1967 e março de 1968. Em 4 de novembro, Gerard escreveu a Harry Golden, o fabricante das telas de Andy, pedindo-lhe para fazer uma tela com a foto do Che e também alguns equipamentos de silkscreen (evidentemente difíceis de conseguir em Roma) e enviá-los sem demora. Para Warhol, Gerard escreveu que a menos que ele dissesse algo, continuaria com o plano. Tentando pensar no futuro, Gerard exagerou, contando com a simpatia e o apoio que já lhe tinham sido retirados havia tempo. "O que eu estou fazendo é crime", ele escreveu em dezembro. A única pessoa que podia criar problema era Andy, e Gerard confiava que ele não iria lhe prejudicar. "O.K.?", escreveu Gerard, colocando sua própria resposta: "O.K.".

Imediatamente, Gerard mandou a Andy um dos pôsteres do Che falsos, e continuou a inundá-lo com cartas e cartões, às vezes em tom filial – Andy teria orgulho de seu protegido – e às vezes incomodando, com uma impressionante autocomiseração. Andy não respondia nada diretamente, mas uma carta de Ronna Page a Malanga mais do que claramente mostrava os sentimentos de Warhol. Ronna tinha acabado de ler o último comunicado de Gerard a Andy, sobre o qual ela informou a Gerard ter dito: "A carta é histérica. Acho que ele deve estar tendo um delírio – ele está alucinando. Ah, simplesmente não tem lógica". Malanga esperava, ele escreveu a Warhol, que houvesse um brilho de prazer nos olhos de Andy quando ele dissesse aquilo, já que estava certo de que não haveria problema em Gerard vender "uma pintura de 'Andy Warhol' cujo silkscreen eu fiz".

Gerard estava dando a Andy todo o poder de ajudá-lo ou condená-lo. Cego para ver que mesmo antes dessa farsa Warhol já não estava com muito boa vontade para com ele, mas na verdade estava cansado e pronto para se livrar dele, Malanga trabalhou assiduamente em seus "Warhols", fazendo uma armadilha para si mesmo.

O trabalho com o não cinema de Andy tinha diminuído o ritmo, mas de jeito nenhum cessado. Em janeiro de 1967, no espírito dos protestos antiguerra, o suplemento de domingo do *World Journal-Tribune*, *New York* (que logo se tornou a revista *New York*), tinha anunciado uma concorrência para projetar uma bomba de água, "o mais alegre artefato de guerra, o único que um homem de paz pode querer jogar sobre Hanói, pois mesmo os *civis* de Ho jamais se machucariam com um banho". O primeiro prêmio era para ser uma bomba americana de 50 kg pintada de prata por Andy Warhol. Quando o vencedor foi até a Factory buscar seu prêmio, ficou desapontado ao ver que Warhol não a tinha decorado com uma de suas imagens características, digamos, uma lata de sopa. "É muito bonita, eu não podia estragá-la pintando alguma coisa nela", Andy respondeu. "Fiquei sentado admirando-a por semanas. Não é linda?"

Outra "escultura", também pintada de prata, foi encomendada pela YMHA (Young Men's Hebrew Association) da Filadélfia para uma exposição de maio de 1967, O *Museu do Merchandise*. A mostra era baseada em uma recomendação de Marshall McLuhan para não "apenas colocar arte no ambiente – torná-lo uma obra de arte". O trabalho de Warhol consistia de três caixas de garrafas de Coca-Cola que ele pintou na primavera de 1964; elas tinham ficado jogadas na Factory na sua forma prateada desde então. Dentro das garrafas havia água de banho masculina divertidamente apelidada (caso o humor fosse de Andy ou de outro *Factoryite*) *Você está dentro*. (As garrafas estavam provavelmente cheias de água de banho já manufaturadas pela perfumaria Castell; sem dúvida Andy não pôde resistir ao nome do perfume: Silver Lining.) No evento, oito dias depois que *O Museu do Merchandise* abriu, Andy e a YMHA receberam cada um uma carta do advogado da Coca-Cola, avisando-os de que o uso que eles fizeram das garrafas de Coca-Cola, cujo projeto tinha sido patenteado havia muito tempo, bem como de suas caixas, era uma violação da lei de patentes. Como a Coca-Cola nitidamente tinha propósitos comerciais, a YMHA e Andy pararam de vender garrafas de *Você está dentro*, oferecendo-as gratuitamente com a compra de Silver Lining. De um jeito ou de outro, poucas das garrafas prateadas de Andy tinham sido comercializadas.

Muitos meses antes do imbróglio de *Você está dentro*, no começo de fevereiro a Galeria Castelli comemorou seu décimo aniversário com uma exposição mostrando dezesseis de seus artistas, do relativamente desconhecido Sal Scarpitta a ícones como Johns e Rauschenberg. A contribuição de Andy, um trabalho inteiramente novo, ao contrário dos outros, era um comentário sobre a própria exposição: retratos de uma dúzia de artistas da Castelli, incluindo Johns, Rauschenberg, Stella, Lichtenstein e Rosenquist. Os quadros de Andy variavam em tamanho, de um retrato de Donald Judd de 6,3 cm × 8 cm a um de 30 cm^2 de Rauschenberg. Warhol fez muitas versões subsequentes dessas pinturas, incluindo 26 de seus *Autorretratos* (uma imagem diferente do *Autoretrato* do dedo nos lábios de 1966), e um retrato serial de 3 m × 4,20 m de John Chamberlain, que o escultor arrancou de Warhol (e vendeu décadas depois por um pouco menos de US$ 5 milhões).

No fim de abril, a Expo de 1967 abriu as portas em Montreal. O pavilhão americano era uma estrutura de tirar o fôlego, uma cúpula geodésica projetada pelo arquiteto e futurista R. Buckminster Fuller, então no auge de sua influência. Alan Solomon, um amigo de Leo Castelli, organizou uma exibição, *Pintura americana agora*, cuja disposição se beneficiava do espetacular ambiente de Fuller. Trabalhos de alguns dos pintores mais conhecidos da América eram presos a enormes banners de lona que pendiam do topo da cúpula. Andy refez o seu *Autorretrato* de 1966 em 1,80 m^2 com seis painéis de 56 cm. Apesar de algumas pinturas serem maiores (a de Helen Frankenthaler tinha 9,15 m de altura), as seis telas de Warhol, espalhadas pela mostra, davam um senso de onipresença – para qualquer lugar que se olhasse, Andy olhava de volta para você em um ato de descarada autopromoção.

Naquele outono, Warhol pintou mais duas séries de retratos. A primeira foi encomendada por seu modelo, o colecionador Sidney Janis. Andy foi um pouco longe demais aqui: Janis pediu um retrato; Andy fez 39. Ele vendeu dois para Janis, mas queria que ele levasse outro, um enorme retrato serial. Janis polidamente recusou, escrevendo a Andy em 27 de dezembro: "Sei que seria estranho para mim incluir um Janis de quase 10 m, quase 7,60 m a mais do que [...] qualquer outra tela da coleção. Se o modelo não fosse eu mesmo (que você fez magnificamente), eu não hesitaria". A outra série, de Nelson Rockefeller, foi encomendada provavelmente pelo então governador de Nova York, um ávido colecionador de arte que comprou quatro dos cinco painéis. Pego como se estivesse no meio de um discurso, Rockefeller parece meio brutal ou raivoso; aparentemente, via a si mesmo nesses retratos como um líder poderoso.

Em algum momento de 1967, Warhol estabeleceu um novo braço do crescente miniconglomerado da Factory, um equipamento de impressão chamado Factory Additions. Ele fazia imagens de silkscreen sobre papel já em 1962, mas a Factory Additions sistematizou isso. Para primeiro produto da nova companhia, Warhol escolheu uma imagem de seu retrato de 1962 de Marilyn Monroe. Foram impressos 250 fólios, cada um contendo dez *Marilyn* coloridas diferentes. As cores, ainda mais gritantes que as das pinturas de Monroe, foram selecionadas por David Whitney, amigo de Warhol, e aprovadas por ele.

Em poucos anos, a Factory Additions produziu 250 séries de fólios, baseadas nas pinturas da *Latas de sopa Campbell's* de 1962, nas *Flores* de 1964, e um número de outras edições de impressão limitada. Julgando por um extrato do banco Chase Manhattan de 1968, que lhe dava um saldo de US$ 10.500, a Factory Additions ia bem. Impressões de arte de modo geral eram uma nova mini-indústria muito boa – o multiplicador mercado de arte continha muita gente que não podia pagar um Johns ou um Lichtenstein, mas queria algo especial para colocar na parede. Além disso, na esteira da arte pop, sobretudo a de Warhol, muitos artistas estavam intrigados pelos quebra-cabeças conceituais de original versus reprodução e unicidade versus multiplicidade. Ambas as questões combinavam-se muito bem com impressões. E as duas com certeza estavam na essência do trabalho de Warhol. Na verdade, com exceção do meio (tela e papel) e do preço, não se pode de fato fazer uma diferença qualitativa entre uma pintura de Warhol e suas impressões. Suas pinturas *eram* impressões, laboriosamente produzidas; a mesma técnica, impressão em tela, era usada em ambas. Andy pintou ou tinha pintado mais de um terço das muitas *Flores* que foram impressas (novecentas pinturas, 250 edições impressas, de dez exemplares cada uma). Não era apenas a nova lucratividade das impressões que chamava a atenção de Andy; era também o jogo conceitual, a colocação de ideias.

Uma observação nos documentos de caixa de Warhol de 1967 ilumina seu dia a dia naquela época. Na declaração de imposto de renda de 1967, a Andy Warhol Films, Inc. declarou uma renda de US$ 83.874,46, dos quais US$ 61.131,47 foram apontados como deduções. *Garotas do Chelsea* havia mudado tudo. Warhol agora tinha um acordo para a distribuição inglesa, negociado por Lester Persky; tinha filmes sendo apresentados em cinemas de arte em todos os Estados Unidos e no Canadá, e, apesar de ele ainda lutar para cobrir o orçamento de um filme, e ainda raramente pagar seus atores, financiar seus filmes já não era o pesadelo que havia sido em 1964 ou 1965.

No mínimo seis das contas mensais de Andy eram da farmácia local, Plaza Apothecary, documentos dispersos no arquivo do Warhol Museum. Na quarta delas, ele recebe uma conta por Obetrol – em outras palavras, Andy era ainda um estável, mesmo que moderado, usuário de anfetaminas.

Ele tinha comprado uma assinatura para o Metropolitan Opera, um hábito que tinha começado nos anos 1950. Muitos dos amigos de Andy insistem que ele conhecia ópera bastante bem, mas a gravação de uma conversa de 1965 entre Andy e um real amante de ópera, Ondine, mostra que a compreensão da história da ópera por Andy (e da história da tecnologia) é extremamente questionável. Enquanto ao fundo se ouve *Anna Bolena* de Donizetti, Ondine diz que a ária que eles estão ouvindo foi escrita por uma judia italiana chamada Giulia di Pasta, que ele afirma ter desempenhado o papel principal nas estreias mundiais de *Norma, La sonnambula* e *Anna Bolena*. Ela fez alguma gravação?, Andy quer saber. Não, foi em 1831 ou 1832, Ondine responde, polidamente o bastante para esconder sua incredulidade.

No outono de 1967, cobranças de pagamentos atrasados perseguiam Andy como abelhas irritadas. Em 20 de novembro, a Eastman Kodak enviou uma carta friamente polida para lembrá-lo que ele lhes devia US$ 652,69. O balanço de outubro de seu fornecedor de material de arte por longo tempo, E. H. & A. C. Friedrichs, registrou uma dívida não liquidada de US$ 848,31. Seu encanador, tanto no 1342 da avenida Lexington ou na Factory, escreveu um bilhete para dizer que ele "afirmou que está nos enviando um cheque. Nunca o recebemos". Depois de não pagar as prestações do financiamento do 1342 da avenida Lexington, Andy recebeu um aviso de que "o empréstimo do seu financiamento está agora com o saldo devedor". Nem no fim de janeiro de 1968 ele tinha quitado o aluguel da Factory a partir de 1967.

Essa negligência financeira pode ser atribuída em parte à lendária mesquinharia de Warhol, mas também se deve, provavelmente, à partida de Stanley Shippenberg, o contador e agente de Andy desde 1957. Mesmo que Paul Morrissey estivesse agora cuidando dos negócios, ele era tão distraído com os pagamentos quanto Andy. A Factory, além do mais, estava mais movimentada do que nunca. "Nosso pequenino círculo tinha se expandido para centenas e centenas", disse Andy em *POPism*, "e simplesmente não podíamos mais ter a 'porta aberta' de dia e de noite, tinha ficado tudo muito maluco."

Além de ameaçar o equilíbrio de todos, Andy foi notificado pelos proprietários do 231 da rua 47 Leste de que o prédio estava para ser condenado. O lado leste do centro da cidade estava se tornando uma área comercial e residencial muito desejável para que um prédio de cinco andares, caindo aos pedaços, fosse deixado em pé. Warhol, Morrissey e Billy Name começaram a procurar um estúdio. Por quatro anos um lugar de incrível atividade e objeto de enorme curiosidade pública, a *Silver Factory*, estava com os dias contados.

Capítulo 9

1968

Um "artista macho" é uma contradição nos termos. Um degenerado pode apenas produzir "arte" degenerada. O verdadeiro artista é autoconfiante, saudavelmente feminino, e na sociedade feminina a única Arte, a única cultura, será orgulhosa, excêntrica, mulheres modernas dando prazer umas para as outras e tudo o mais no universo.

— VALERIE SOLANAS, *SCUM MANIFESTO*

NO FIM DE 1967, *GAROTAS DO CHELSEA*, o mais visto e discutido filme underground já feito nos Estados Unidos, estava sendo mostrado em cinemas comerciais de todo o país. Seu inteiramente inesperado sucesso tinha impulsionado-o para além do mero status de vanguarda, estimulando Andy, cuja visão de glamour hollywoodiano tinha estado em seu coração desde a infância, a sonhar com o cinema convencional. Ele já não queria mais nada com a vanguarda.

"Estamos no show business agora", ele falou a Bourdon em fevereiro de 1968. (Esse último, tendo finalmente conseguido de seus editores na *Life* a missão de fazer um perfil de Warhol, passou grande parte daquele inverno e primavera acompanhando Andy.) Em junho, Warhol anunciou que tinha "decidido parar de fazer filmes de arte e, em vez disso, produzir comédias em cores de duas horas". Os filmes feitos na Factory "vão competir direto com Hollywood", mas em seus próprios termos, nomeadamente, "reproduzir a glória, o glamour e a grandiosidade dos filmes de estúdio de Hollywood dos anos 1930 [...]. Nosso período de filmes de arte experimentais está encerrado. Nós os fizemos, provamos que eles são um sucesso, e vamos agora fazer outras coisas".

Mas, sem considerar se Andy se sentia pronto para produzir bons filmes narrativos à moda antiga, havia um grande problema: ele não era capaz de contar uma história. "Esse homem muito talentoso [...] não tem talento para unir, para colocar junto sob sua direção qualquer versão dos relacionamentos humanos", Stephen Koch escreveu em 1972. "E eu digo *qualquer* versão – não o realismo, não a comédia, não o surrealismo, nem qualquer conceito narrativo viável." Nem Morrissey, que, para além de sua professada devoção aos clássicos de John Ford e Howard Hawks, era quase tão essencialmente anárquico quanto seu chefe. Warhol sempre confiara em seus *performers*, no exibicionismo anfetaminado deles, para criar espontaneamente qualquer narrativa, ou diálogos lineares e cheios de sentido e monólogos, que vinham à tona para tornar a norma estúpida um pouco mais leve. Ele dependia de Ondine e de Brigid Berlin, sem cujas improvisações *Garotas do Chelsea* não teria feito tanto sucesso. Agora Warhol decidira que estava pronto para depender de planejamento, roteiro, direção hábil e edição de qualidade profissional para produzir um filme narrativo com apelo de massa.

Morrissey tentou um tratamento de verdade. Comentadores o tinham chamado de "fortemente roteirizado", mas era um simples indicativo de duas páginas. Não havia roteiro. A narrativa filmada não foi além de um auspicioso começo.

Nem o tratamento de Morrissey tinha o mais leve potencial para o mercado de massa. Uma versão ocidental de *Romeu e Julieta*, o título do projeto do trabalho era *Ramona and Julian* (sim, o sexo dos personagens principais tinha sido mudado). Os Montechio, originalmente da família de Julieta, eram agora uma banda de caubóis gays, entre eles o doce Julian, interpretado por um belo jovem sem experiência de ator, Tom Hompertz. Os Capuleto de Romeu tornaram-se um grupo de prostitutas de salão, com Brigid Berlin como a cafetã e Viva como Ramona, a mais glamorosa das putas. Reprisando seu papel em *Garotas do Chelsea*, Ondine era Friar Lawrence, que levava seu nome original, mas em lugar do sábio padre de Shakespeare era "um sacerdote excomungado e degenerado", de acordo com o cenário, viciado em "ópio misturado com xarope para tosse". Em vez de orar sobre os amantes mortos na cena final, ele molesta seus cadáveres.

Os caubóis incluíam Eric Emerson, Allen Midgette, Louis Walden, e Joe Dallesandro. O xerife (e prostituta de meio período) era o ator travestido Francis Francine, um Jack Smith veterano que tinha participado de *Criaturas flamejantes*. Taylor Mead representava um amigo de Viva, referindo-se como seu "enfermeiro". O pagamento dos atores era de US$ 10 por dia, mais cama e comida.

Um pouco antes de os catorze membros do elenco e da produção saírem para a primeira tomada fora da Factory, um rancho bacana a 64 km de Tucson, Arizona, Ondine e Brigid disseram que se recusavam a ir – eles não seriam capazes de fazer nada sem *speed*, disseram, certamente indisponível no Rancho Linda Vista. Morrissey decidiu desistir da organização prévia do filme e, quando o elenco se sentou para conversar em 25 de janeiro, véspera das filmagens, ele anunciou: "Agora que todo mundo está aqui, temos de pensar em algo". As coisas pareciam muito familiares.

No primeiro dia, 26 de janeiro, Warhol filmou no Old Tucson, uma cidade falsa do Velho Oeste, utilizada como cenário para filmes havia décadas – *Rio Bravo*, *O Alamo*, *Hud*, e muitos outros clássicos de Hollywood tinham sido filmados lá. Ele ainda estava sendo utilizado; quando a gangue da Factory chegou, um episódio de televisão, *Death Valley Days*, estrelado por Robert Taylor, estava sendo rodado. Para conseguir dinheiro, Old Tucson também fazia representações de tiroteios e outras formas de entretenimento, atraindo diariamente multidões.

Guiados por Morrissey, os atores improvisaram sobre a mera sugestão de uma história: o antagonismo entre Ramona e os caubóis, impulsionado por sentimentos amorosos pelo jovem Julian. Nada era coerente. ("Eu não tenho nada para falar", era o refrão de Hompertz. "Bem", disse Morrissey, "fale sobre a sua erupção de pele, sobre como você acabou tendo uma reação química aos cavalos. Fale sobre o seu problema de pele e se você teve o apêndice retirado.")

Mais ou menos setenta funcionários de Old Tucson e turistas apareceram para assistir à filmagem. A princípio amigáveis, os espectadores foram ficando descontentes e, depois, hostis; alguma coisa com o grupo de Warhol, Bourdon notou, "inspira imediatamente suspeita e medo". Gritos dispersos de "pervertidos" começaram a ser ouvidos. Uma testemunha, falando sobre um membro do elenco, disse: "Vou falar uma coisa, aqueles moleques nunca iriam para o Vietnã". Horrorizados pelas obscenidades de Viva, as mães levaram suas crianças para o parque de diversões. Um xerife do condado de Pima apareceu e olhou em silêncio. "Pessoas vindo de Nova York são péssimas notícias", disse alguém da multidão. Quando os *Factoryites* estavam indo embora, um operário de Old Tucson gritou para Viva: "Volte para o seu estado, porca!", e Viva, debaixo de um enorme xingatório, teve de correr para a van que os esperava.

A companhia foi para o Clube de Imprensa de Tucson, onde uma conferência havia sido marcada. "Esse é o nosso filme número duzentos sem um roteiro", Morrissey anunciou para os jornalistas. Alguém quis saber quando o filme seria lançado. "Quando voltar da farmácia", disse Morrissey. Perguntado sobre seu passado, Andy respondeu que era descendente de índios Cherokee.

Os quatro dias que ainda faltavam ser filmados ocorreram no Rancho Linda Vista, de oitenta acres, um pouco balançados com estudantes de cinema da Universidade do Arizona fazendo filmes de 8 mm sobre o trabalho de Warhol. À noite, voyeurs corriam de cabana em cabana.

No segundo dia (e pelo resto da filmagem), os atores, abandonados aos seus próprios recursos, livremente e sem direcionamento, começaram a colocar referências à vida real em suas falas. Os caubóis admitiam e depois negavam que eram irmãos na vida real. Viva e Louis Walden, ex-amantes na vida real, brigavam constantemente, com a câmera ligada e desligada (no mínimo isso coincidia com o antagonismo "roteirizado" deles). Ofendido por um insulto especialmente maldoso, Walden organizou um estupro grupal improvisado. Berrando, "Vamos foder ela!", os caubóis tiraram Viva aos gritos de seu cavalo e a deixaram só de meias. Alguém na plateia telefonou para o xerife, que ficou por ali até o fim da gravação, acompanhado por policiais com binóculos atrás de rochas e dos cactos.

Em 28 de janeiro, o terceiro dia, o FBI em Phoenix foi notificado de que um filme pornográfico estava sendo feito. A agência, que nunca tinha ouvido falar de Warhol, começou a fazer ligações e procurar em arquivos, investigando o diretor nova-iorquino por transportar material obsceno através da fronteira. O pessoal de Phoenix recebeu o apoio do de Nova York, São Francisco e Atlanta, os quais trabalharam até bem depois do encerramento das filmagens, compilando um grosso dossiê de informações irrelevantes.

A manhã de 29 de janeiro encontrou Andy nervoso enquanto olhava o estoque remanescente de filmes. Era óbvio que o filme, e os novos projetos de Andy para Hollywood, estavam por enquanto encerrados. "Vamos apenas cortar as melhores partes e colá-las juntas", ele sorriu. No fim do dia, Andy filmou uma cena de amor entre Viva e Hompertz. Um carro de alunos foi atrás deles. "Por favor, não venham mais atrás da gente", disse Morrissey. "Nós vamos fazer coisas feias." Viva e Hompertz tiraram a roupa. "Não falem muitas obscenidades", Morrissey aconselhou, "ou não poderemos veiculá-las." Com a câmera desligada, Taylor Mead resmungou que Morrissey deveria ser demitido; ele se metia muito na improvisação e se preocupava demais com a censura. (Viva queria fazer sexo de verdade: "Por que não podemos?", ela se queixou.) Em uma não planejada revisão da história de Romeu e Julieta, Mead entrou oferecendo veneno aos amantes, que eles tomaram e logo morreram. Mead disse que, como não tinha água para lavar os corpos, iria lambê-los. Ele se voltou para Ramona: "Sempre amei muito você, Ramona. Esses caubóis eram grossos demais para você". Mead e Dallesandro, que apareceram do nada, então dançaram ao som de "Magical mystery tour", dos Beatles. Na cena final, Emerson e Hompertz saíram juntos a cavalo.

Caubóis solitários demorou mais de um ano para ser lançado; a estreia foi em 5 de maio de 1969, na nova Sala Andy Warhol. As resenhas não foram positivas. Enquanto as improvisações nos filmes anteriores de Warhol como *Garotas do Chelsea* e *Meu michê* tinham parecido "assustadoramente relevantes" para o crítico do *New York Times* Vincent Canby, "agora, no entanto, eles estão se tornando simpáticos e exibicionistas [...]. *Caubóis solitários* é o menos interessante [...] de seus filmes". "A trama mal funciona como uma trama", escreveu Neal Weaver da revista de entretenimento *After Dark*, "mas é onipresente o bastante para apontar para improvisações preguiçosas que estavam na essência dos filmes anteriores de Warhol." Andrew Sarris, do *Village Voice*, também apontava para a falta de coesão entre o roteiro e as improvisações de *Caubóis solitários*. Já que Warhol tinha decidido trabalhar com o que Sarris chamava as "brincadeiras de gênero" que um faroeste representa, "o narcisismo indisciplinado de suas interferências domésticas atravanca o filme com egos engraçadinhos sem harmonia entre si e qualquer concepção coerente".

A oscilação diária da vida da Factory era muito frenética para alguém refletir sobre ela, mas algo estava errado. Andy Warhol tinha perdido o foco. Seu melhor trabalho artístico tinha surgido de decisões estéticas muito intuitivas. *Garotas do Chelsea* e filmes de algum sucesso como *Beleza nº2* tinham também se estabelecido em bases bem definidas: mirar a câmera em *performers* talentosos, mas sem treinamento, encorajar o exibicionismo para os quais eles tinham sido selecionados, e dar à empreitada toda uma tendência subversiva antiburguesa muito clara (o que não era difícil, dado o elenco dos filmes).

Mas Warhol, dando as costas para um tremendo talento para as artes visuais, e abrindo mão de quem viabilizava seus meios de vida, Geldzahler e Karp, já não se interessava pelo cinema subversivo que tinha ajudado a criar. Ele desejava algo que nunca tinha tido nem capacidade nem instinto para fazer: entretenimento. "Odeio arte", ele falou a David Bourdon naquele inverno. Seu espírito inato de oposição e o velho nariz empinado ainda estavam em ação, mas dirigidos agora para seu antigo meio, a vanguarda.

Warhol e a Factory tinham se desamarrado ao mesmo tempo em que, e muito porque, eles estavam cada vez mais nos olhos do público, alimentavam uma nova safra de revistas ligeiramente de contracultura, mas basicamente voltadas para o mercado em que tinham surgido – *Eye, Evergreen* etc. "Se ele sabia disso ou não", escreveu Koch, "a carreira de Warhol estava em crise no fim de 1967." Depois de seis anos de sucesso, primeiro no mundo da arte, depois no cinema, "ele começou a declinar completamente, abandonado pelo seu bom gosto, sua inteligência artística, seu toque pessoal".

Não está claro se Warhol ou mais alguém percebeu isso. Billy Name e Paul Morrissey começaram a procurar um lugar de trabalho. Billy achou um lugar decadente e na moda como a *Silver Factory*; a escolha de Morrissey foi arejada e desanuviada, com muita luz natural. Andy gostou da escolha de Morrissey, o sexto andar do 33 Oeste da Union Square.

A mudança aconteceu durante a semana de 5 de fevereiro. As paredes do novo espaço foram pintadas de branco na enorme e exposta parte frontal, de preto na pequenina parte dos fundos (onde Billy estabeleceu seu alojamento, sala de estar e câmara escura). Mas Billy já não estava com o espírito de liderança, e sabia disso.

Os primeiros empregados da nova Factory (o velho nome foi mantido por hábito) foram um jovem californiano chamado Jed Johnson e seu irmão gêmeo, Jay. Recém-chegados de Sacramento, os Johnson tinham trabalhado com a Western Union. Levando um telegrama para a Factory, eles desarmaram Andy, Morrissey e Billy com seu charme tranquilo e foram contratados na mesma hora como contínuos, substituindo o ausente e execrado Gerard. E a importância real de Jed para Andy se espalhou para todo lado: mais para o fim do ano, ele se tornou seu amante – o primeiro desde Danny Williams a corresponder aos sentimentos de Andy.

"Jed não estava lá por motivos ocultos", disse Denton Cox, médico e amigo de Warhol. "Ele amava Andy. Nos primeiros anos, eles eram inseparáveis. E havia muito para Andy gostar." Jed não tinha apenas beleza física, mas também algum conteúdo, que iria levar a uma carreira bem-sucedida como designer de interiores. Ele morou com Andy por mais de uma década, no único caso de amor duradouro da vida de Andy Warhol.

Para a primeira retrospectiva no exterior de Warhol, que foi de 10 de fevereiro a 17 de março, no Moderna Museet de Estocolmo, a parte de fora do museu foi inteiramente coberta com o papel de parede ilustrado com vacas, tornando o prédio um "fenômeno óptico", na visão entusiasmada de um crítico local. As reações do meio artístico sueco foram intrigantes, oferecendo o olhar para um artista americano em um momento tumultuado, de um ponto de vista distante e mais tranquilo. "Nunca antes os Estados Unidos receberam imagens tão violentas do outro lado de sua prosperidade jogadas na cara", escreveu Carl-Henrik Svenstedt, do jornal *Svenska Dagbladet* sobre o filme *Garotas do Chelsea* (que, mesmo considerando que era uma retrospectiva da arte de Warhol, o diretor do Moderna Museet tinha expressamente solicitado). "É belo e assustador", Svenstedt continuou, e mostrou "a enorme tarefa que Warhol tinha realizado quando tentou mostrar a violência [...] dos Estados Unidos a um nível que ela poderia ser descrita e julgada". Svenstedt evidentemente se encontrou com Warhol, que ele avaliou com astúcia: "Ele algumas vezes, durante o seu desenvolvimento, foi tão profundamente agredido que se defende de todas as formas possíveis contra ataques [...]. Ele, que tinha se encontrado com Andy Warhol quando ele retirara seus óculos escuros obrigatórios, vê um rosto que está tão morto e devastado como um campo de batalha depois que a ação acabou. É uma pessoa com medo de morrer. Mas não desistiu". Outro colaborador do *Svenska Dagbladet*, Beate Sydhoff, comentou que "a exposição de Warhol vem em uma época em que estamos inundados de arte psicodélica e cultura hippie. Em comparação com essas modas algo decadentes, o mundo pictórico de Warhol é maravilhosamente limpo e ascético. A arte e os ideais de Andy são absolutos". Como o próprio Warhol poderia ter dito, Sydhoff viu tudo errado – de um jeito tão errado que se aproximou do acerto.

Apesar de a exposição no Moderna Museet ter sido um belo resumo dos anos pop de Warhol, seu legado mais duradouro foi o catálogo: uma obra de arte fotográfica e gráfica, por muito tempo considerado um dos principais exemplares de livros de arte. Seu único texto era formado por catorze páginas de aforismos de Warhol; à época era impensável omitir dos catálogos de exposições longos debates sobre a obra do artista. Sem se importar, Andy passou a tarefa de produzir o livro a Billy Name. Na sua câmara escura da *Silver Factory*, Billy "trabalhou nele por uns meses", imprimindo fotografias e projetando o formato. A arte de Warhol não era sequer descrita; em vez disso, Billy imprimiu 450 fotografias, colocando uma em cada página. Os temas não eram os trabalhos artísticos de Warhol, mas os habitantes da Factory: 270 eram de Billy; 180 eram feitas por Stephen Shore. Quando o catálogo foi publicado, as fotografias de Billy tornaram-se, nas palavras de Dave Hickey, "clássicos instantâneos, e depois passaram a ser exatamente o que Andy pretendia que fossem: ícones oficiais na imaginação do público, propagandas muito sedutoras para a cultura corporativa da Factory". Billy é muitas vezes hoje procurado por admiradores que "dizem que, quando viam o catálogo, estavam na mesma hora prontos para sair de casa, fugir da faculdade para ir a Nova York e trabalhar na Factory; o sonho vinha do catálogo de Estocolmo".

Tão intimamente quanto o catálogo é identificado ao nome de Billy Name, a carreira subsequente de seu colaborador júnior de longe ofuscou a de Billy. Três anos depois, o jovem de 24 anos, Shore, se tornou o segundo fotógrafo vivo (o primeiro foi Alfred Stieglitz) a ter uma exposição individual no Metropolitan Museum of Art. Shore e William Eggleston foram pioneiros no uso da cor na fotografia de arte. "Foi uma escolha radical [...] dado um preconceito no mundo da arte que considerava a cor uma marca da fotografia comercial", escreveu Philip Gefter do *New York Times*, resenhando a reedição do clássico de 1982 de Shore, *Uncommon places* [Lugares incomuns].

Vagabundear em meados dos anos 1960 na Factory enquanto tinha dezesseis, dezessete anos ensinou a Shore duas coisas importantes. Ele começou a ver o mundo tal como Andy o via, "achando esse prazer desapaixonado na banalidade das coisas rotineiras". Ele tinha trabalhado "de um jeito desorientado. Eu era ainda muito ingênuo. Eu via Andy tomando decisões estéticas [...]. Eu via essas decisões ocorrendo seguidamente. Isso despertou meu senso de pensamento estético. [Foi] uma transição para o pensamento estético". Shore aprendeu alguma coisa mais observando Andy, que contribuiria para o seu sucesso tanto quanto qualquer ideia estética: "[Warhol] trabalhava com uma intensidade que eu nunca tinha visto".

Em 29 de janeiro, um Malanga que parecia desprezado falou a Andy que não estava bem em Roma. Ele queria voltar para casa, mas não tinha dinheiro. Mudando de assunto rapidamente, ficou agressivo: soube que a colecionadora e benfeitora das artes Lita Hornick tinha acabado de comprar alguns retratos dela de Warhol (como Gerard, sem nenhuma grana em Roma, ficava sabendo de detalhes como esse?), então Andy deveria parar de dizer que estava quebrado para mandar dinheiro – já que Gerard tinha falado na comissão de Hornick.

No começo de fevereiro, Gerard atravessou a fronteira da criminalidade. A Galeria Tartaruga, onde ele tinha exposto as falsificações, vendeu todas as vinte impressões. No dia 6, em um documento improvisado em papel timbrado da galeria, Gerard atestou que os Che eram "trabalhos autênticos de Andy Warhol e assinados por Ele" (endeusando seu ex-patrão em um lapso). Depois, a pintura remanescente foi vendida. Mas o dono da La Tartaruga, Plinio de Martiis, tinha começado a suspeitar da falsificação, e um aterrorizado Malanga implorou a Andy que fizesse alguma coisa, e logo – Gerard dizia que talvez enfrentasse uma sentença de quinze a vinte anos de prisão.

Poucos dias depois, um telegrama de Nova York chegou para De Martiis: "Os Che Guevara são originais. Contudo [*sic*] Malanga não autorizado negociar contatos comigo para acertos. Andy Warhol". Andy tinha salvado a pele de Gerard – e estava dando um jeito para o dinheiro ser transferido para ele. Um aliviado Malanga mandou um bilhete de agradecimento, mas insatisfeito. Ele tinha passado três noites sem dormir, escreveu, sentindo-se "aprisionado como um rato em Roma". Anexando uma resenha da exposição na La Tartaruga, gabava-se de que aquela era a primeira vez que Andy era elogiado pela imprensa comunista da Itália. "E daí?", respondeu Andy, lendo a carta em Manhattan.

Em 26 de fevereiro, Gerard enviou a Warhol e Morrissey um novo pôster para o filme que ele estava gravando em Roma, *O operador da zona de gravação*. Ele tinha colocado Warhol como produtor, o que não o impediu de se gabar de que seu filme faria *Garotas do Chelsea* parecer "um conto de fadas".

"Que cinismo", disse Andy, prometendo que nunca mais falaria com Gerard de novo. A carta continuava: Keith Richards, dos Rolling Stones, tinha concordado em estar no filme; ele não estava citando um nome importante, disse Gerard, simplesmente para que Andy trouxesse méritos para o projeto, "a revolução que seu lançamento vai causar", o que aconteceria apenas se Andy mandasse dinheiro. Gerard tinha perdido "algumas das mais inacreditáveis" cenas em virtude das "dúvidas e suspeitas" de Warhol. Havia um trabalho a ser completado na Europa. "Por favor, acredite em mim. Por favor, acredite em mim. Por favor, tenha fé no meu trabalho, no que eu quero fazer."

E então uma carta expressa de 11 de maio para Andy, vinda de Roma, chegou à Factory. Ele não se deu o trabalho de abri-la, mas Gerard tinha enviado uma cópia para Morrissey. A carta tinha garranchos caóticos, com a redação piorando conforme o autor ia se tornando mais e mais histérico. Ela terminava em letras grandes e sublinhadas. Como, Gerard começava, ele poderia mostrar a Warhol e Morrissey o tamanho do "sério problema internacional" que estava vivendo naquele momento? Como ficou claro depois, o telegrama de Andy para De Martiis não tinha significado "porra nenhuma". O comportamento de De Martiis tinha ido do nobre ao "completamente monstruoso". Ninguém poderia culpá-lo: rumores da falsidade dos Che estavam se espalhando para fora de Roma, ameaçando a fama do comerciante. A menos que Andy o contatasse imediatamente, De Martiis iria procurar as autoridades. Deixe o dinheiro para lá, implorava Gerard – afaste esse italiano horroroso de nós! Se Andy não agisse rápido, "EU VOU SER PRESO NA ITÁLIA SEM FIANÇA [...]. POR FAVOR, ME AJUDE! POR FAVOR, ME AJUDE! Fiquem em paz, Gerard".

Alguns dias depois, em um impressionante lance de sorte, chegou um cheque para Gerard vindo da Universidade de Syracuse, para quem ele tinha vendido seus manuscritos de poesia. Em um átimo ele tinha uma passagem de ida para os Estados Unidos pela PanAm, talvez escapando por muito pouco de ser preso em Roma.

De volta a Nova York, Gerard imediatamente foi à Factory: a nova, cujas diferenças iniciais com a antiga ele estava absorvendo quando Andy entrou, ficou espantado com sua presença e foi direto para seu escritório. Gerard correu atrás dele, cheio de explicações e desculpas. "Ele não estava ouvindo", Malanga disse depois. "Ele simplesmente não me ouvia. A única coisa que saiu da sua boca foi: 'Eu devia ter ficado sabendo'. [...] Naquele momento, percebi que minha relação profissional com Andy estava encerrada."

Allen Midgette estava bebendo no Max's quando um homem que ele conhecia vagamente se aproximou. "'Alan Maslansky.' Era um publicitário amigo do pessoal de Warhol, e ele disse: 'Você pode sentar comigo por um minuto? Quero lhe perguntar uma coisa. É verdade que você está evitando Andy?'. E eu apenas respondi: 'É'. E ele disse: 'Se você me contar o motivo, Allen, vou lhe dar US$ 200. Aquilo era muito dinheiro para mim. 'E prometo que você vai estar na primeira, ou no mínimo na segunda página de qualquer jornal dos Estados Unidos.' Recusei. Mesmo considerando que não gostava de Andy, eu ainda jogava limpo, por assim dizer."

O truque, obviamente, estava com os dias contados. Don Bischoff, um repórter do *Register-Guard* em Eugene, Oregon – uma das cidades cujos estudantes mais suspeitaram de Midgette – falou por muitos. Decidido a ir atrás da história, Bischoff simplesmente telefonou para a Factory e perguntou por Andy, que "confessou tudo", como informou Bischoff ao *New York Post*. O repórter achou evasiva a "explicação da trapaça" dada por Warhol – ele obviamente não estava familiarizado com o jeito de Andy –, "tão obscuro como alguns de seus filmes e quadros". Warhol teve de ou aparecer pessoalmente, ou devolver os US$ 1.000 de taxa por evento. E teve de ir, em carne e osso, aos muitos eventos marcados para ele no inverno e na primavera de 1968 pelo American Program Bureau.

A solução acabou sendo menos satisfatória que a decepção; Warhol levava junto com ele Viva e Morrissey. O que se tornara o *leitmotiv* do trio para as plateias de estudantes era que Warhol agora fazia entretenimento, e não arte. Em 12 de fevereiro, acompanhado por Bourdon, eles visitaram a Universidade do Estado de Wisconsin em Platteville, onde mostraram trechos de ****. "É só entretenimento", Andy disse depois – o mais longe possível da verdade, dado o tédio sonolento de ****.

"Como você acha que o entretenimento combina com a arte?", um estudante perguntou.

"Bom, eu desisti da arte", respondeu Andy. "Quero fazer filmes que não tenham nada a ver com arte." "Nossos filmes tentam ser entretenimento", Morrissey acrescentou, "não de uma maneira artística ou intelectual – isso é antiquado."

"Você estão interessados em fazer as pessoas se libertarem de si mesmas, no tipo de transcendência que vocês têm com as drogas?"

"O que você entende por transcendência?", Viva quis saber.

"Acho que ele pensa que as pessoas estavam drogadas quando fizeram esse filme", outro estudante acrescentou. ("Essa é uma questão sempre colocada", Bourdon escreveu em suas notas.)

"Há alguma disciplina nessa maneira de fazer cinema?"

"Dá muito trabalho", Viva respondeu. "Luzes, câmera, ação. Som. Você tem de estar lá, que é por si só algo disciplinado. E você tem de se divertir. Mas acho tudo divertido. Eles queimam as pessoas no Vietnã e mandam uns garotos para a cadeia por fumar maconha. É um absurdo."

A parada do dia seguinte foi no campus da Universidade do Estado de Wisconsin, em River Falls. Alguém da plateia do seminário perguntou sobre John Cage. "Achávamos que as coisas iriam por esse caminho", disse Andy, "mas eu imaginava que não."

"O cinema é a principal mídia do nosso tempo?"

"Não, é a TV", disse Andy.

"Eric Emerson estava chapado em *Garotas do Chelsea?*"

"Ah, não sei", foi a resposta cara de pau de Warhol. "Ninguém mais usa drogas."

"Eles saíram", acrescentou Morrissey.

Um membro da plateia reclamou que "o sentimento é o de que vocês não são responsáveis, vocês não tomam partido em coisas como o Vietnã". Outro quis saber se o clímax de *Garotas do Chelsea* foi planejado.

"Simplesmente aconteceu", Andy disse.

Depois da apresentação daquela noite, para mais ou menos seiscentas pessoas, um membro da plateia levantou o tópico da homossexualidade. "Eles são todos hétero agora", respondeu Viva. "Eu os converti." "Esses filmes são velhos", Andy disse. "Fazemos outras coisas agora."

Em 15 de fevereiro, em uma conferência de imprensa no campus Duluth da Universidade de Minnesota, ele anunciou que estava tirando seus antigos filmes mudos de circulação. "Eles são muito chatos", Viva colocou. Na Duluth's East High School, no dia seguinte, Viva foi aplaudida quando disse: "Não acreditamos em arte".

Uma garota no fundo da plateia perguntou se ele era Andy ou Allen Midgette.

"Allen Midgette", disse Andy.

Em 18 de fevereiro, o nome do compositor La Monte Young apareceu, ao que Andy respondeu: "Algo muito chato, a não ser que você esteja chapado. Para falar a verdade, jamais gostei. É muito chato". Antonioni, os Beatles, Richard Burton e Liz Taylor eram os nomes que ele admirava agora, disse ele.

Em 12 de março, logo ao voltar de outra turnê, Warhol falou a Bourdon como esperava que fizesse seu perfil para a *Life*. "Estamos no entretenimento. Você deve dar a ideia de que a arte ficou para trás, completamente abandonada. É tudo representação. É isso que eu quero fazer."

Mesmo com seu mundo revelado, Warhol podia conseguir surpreender – com uma ajuda, dessa vez do coreógrafo Merce Cunningham. Para a sua segunda exposição na Galeria Castelli, em abril de 1966, Andy fizera travesseiros móveis de 90 cm × 120 cm – prateados, com certeza. Sensíveis ao mais leve ar corrente, e à sua própria eletricidade estática, eles "interminavelmente se rearranjavam" na sala dianteira da Castelli, escreveu Bourdon. Cunningham, imediatamente imaginando como os travesseiros flutuantes ultrassensíveis de Warhol poderiam interagir com seres humanos móveis, encomendou alguns para Andy para o cenário de *Floresta tropical*, a nova apresentação de Cunningham para a temporada nova-iorquina de 1968. *Floresta tropical* e seu cenário, estreando em 15 de maio, foram um notável sucesso. "O lugar mais legal para estar em Nova York na noite passada era o Brooklyn", escreveu o crítico de dança do *New York Times*, Clive Barnes. "O novo trabalho era *Floresta tropical* [...]. Andy Warhol, que teve talvez sua melhor ideia desde que ele olhou para aquelas latas de sopa, desenvolveu um cenário de deslumbrante sossego. Travesseiros prateados flutuantes se espalham pelo palco – alguns dos quais mostraram um recalcitrante desejo de se misturar à audiência –, e aqueles travesseiros voadores parecem pedaços flutuantes de ravióli radiante. É simples e charmoso." O escritor John Gruen, um membro antigo da comunidade artística de Nova York, estava na Brooklyn Academy of Music também. "Aqueles travesseiros de hélio", ele relembra, "foi esse o momento em que reverenciei Andy Warhol total e completamente, porque essa foi uma das coisas mais belas que eu já tinha visto. Assistir àqueles travesseiros flutuando enquanto as pessoas dançavam era de tirar o fôlego."

Em um dia cinzento de meados de 1967, Gene Feist estava sozinho no escritório do cinema que ele tinha ajudado a fundar dois anos antes, o Roundabout. "Quando começamos, muitas vezes eu era o único por lá, trabalhando na bilheteria, limpando o cinema, fazendo as tarefas diárias", ele disse. Naquela tarde, uma jovem mulher entrou, indo direto para o escritório. Isso deixou Feist meio desconcertado. As pessoas costumavam parar na janela da frente.

Feist, como quis o destino, havia sido colega de Andy Warhol no Carnegie Tech. Ele se lembrava bem de Andy; os dois participavam das atividades artísticas. "Sobre Andy", disse Feist, "a coisa era a seguinte: você ia a uma reunião e as pessoas diziam: 'Andy comeu hoje? Quem deu comida a Andy?'. Eu costumava responder: 'Andy pode tomar conta de Andy. Vai ser o primeiro de nós a ter uma casa'. Acertei. Porque Andy tinha essa qualidade de agressividade passiva: 'Tome conta de mim, porque, se você não fizer isso, quebro suas pernas'. Ele era tão dependente que todo mundo ficava preocupado e alarmado, como uma criança indo muito perto da beirada do telhado. Obviamente, havia alguma esperteza por trás disso."

A mulher que invadira o escritório de Feist se apresentou. Seu nome era Valerie Solanas. Feist perguntou o que poderia fazer por ela.

"Ela jogou um roteiro na minha mesa." Ele lembra que o título era *Up your ass with a meathook* [Um gancho de açougue na sua bunda]. "A mulher era lunática. Pessoas muito doentes ou que foram internadas ficam com esse tipo de assexualidade, um jeito lerdo, meio bovino. Ela era assim. Eu estava ficando cada vez mais alarmado – lá estava eu, um covarde de nascença, e era óbvio que ela era louca. 'Desculpe-me, mas só trabalhamos com os clássicos', eu disse. Ela pegou o roteiro e foi embora. Tranquei a porta e respirei aliviado, e, logo que me acalmei, sabe qual foi a primeira coisa em que pensei? Eu devia tê-la mandado para Andy. Ela tinha uma presença ameaçadora. Mas Andy achava que pessoas loucas eram talentosas. Enfim, foi isso aí."

Valerie Solanas estava se tornando uma personagem conhecida no West Village: colocando anúncios semanais para o SCUM *Manifesto* no *Voice*; fazendo leituras no Nedick's na rua 8 com a Sexta avenida; e discursos para estrangeiros. Ela foi parar no *The Alan Burke Show*, um programa idiota que passava na televisão tarde da noite, em que o apresentador grosseiro insultava seus convidados excêntricos. Quase na hora de começar a gravação, Solanas começou a xingar violentamente. Burke pediu para ela parar, não foi obedecido, então ele saiu do palco e cortou o som, deixando Solanas olhando para o público. O bloco danificado, é claro, nunca foi ao ar.

William Wilson era um membro periférico do grupo de Warhol. A mãe de Wilson, May, morava na porta ao lado do Chelsea Hotel, e Valerie, que ficou no Chelsea até que foi despejada no fim de 1967 por não pagar aluguel, conheceu a mãe de Wilson; sem dúvida ela tinha exigido a atenção da sra. Wilson na rua 23. O próprio Wilson muitas vezes a encontrava "enquanto ela caminhava na rua 23, vendo-a se aproximar dos homens com sua pergunta: 'Quer que eu fale umas baixarias por US$ 1?'".

Quando saiu do Chelsea, Solanas pediu à sra. Wilson se podia guardar sua roupa suja no apartamento dela. "Ela apareceu com um saco florido enorme e colocou-o embaixo da cama. Uma manhã, Valerie chegou à porta da minha mãe, no 208 da rua 23 Oeste", disse Wilson, "dizendo que tinha vindo buscar sua roupa."

Era uma manhã de sexta-feira e parecia meio chuvoso. Como era hábito dele, Paul Morrissey chegou cedo à Factory. "Abri o escritório, sentei-me, respondi a certas ligações e arrumei algumas coisas. Uma das tarefas que eu deveria fazer naquele dia era falar com o escritório do [produtor] John Schlesinger; ele estava fazendo *Perdidos na noite* e gostaria que Andy estivesse em uma cena em que ele era um diretor de cinema dando uma festa maluca e fotografando as pessoas para fazer filmes underground. Andy tinha dito: 'Diga-lhes que eles devem usar Viva'.

"Andy costumava aparecer à tarde. Valerie Solanas, que tinha desaparecido por um ano, ou um pouco mais, de repente surgiu dentro de uma capa de chuva e perguntou por Andy. O problema entre Andy e ela era que ela tinha trazido um roteiro alguns anos antes chamado *Up your ass*. Ele deu-lhe uns trocados e me passou o roteiro dizendo: 'Parece tão depravado, talvez seja bom'. Li umas poucas páginas e disse: 'Não, Andy, é um lixo'. Ele colocou-o em algum lugar e o negócio se perdeu. Ela voltou muitas vezes, pedindo o roteiro. E de repente sumiu. Hoje ela reapareceu, perguntando por Andy, e eu disse: 'Bom, ele saiu para passar o fim de semana fora'. Ela voltou uma hora depois. Eu disse: 'Eu lhe falei, Andy foi embora'.

"'Olhe, eu quero falar com ele.'

"Eu disse: 'Sinto muito, você tem de ir embora'. Ela voltou umas duas vezes ainda. E então, às quatro horas, ela saiu do elevador com Andy. Ela tinha ficado esperando do lado de fora. Tinha imaginado que era mentira."

Morrissey ficou um pouco embaraçado por ter sido pego mentindo. "'Você falou que Andy estava fora da cidade'. Falei: 'Bom, menti porque queria que você fosse embora, Valerie, e agora vou ter de colocá-la daqui para fora'. Andei na direção dela como se fosse mesmo fazer isso, mas fingindo. Ela se afastou como se eu estivesse para bater nela e colocou as duas mãos no bolso." Ele não prestou atenção nesse gesto, já que não tinha ideia de que ela estava carregando não uma, mas duas armas. "Eu disse: 'Só estou brincando, Valerie', e com isso saí para atender o telefone. Era Viva para falar algo sobre *Perdidos na noite* e eu disse: 'Ah, sim – bom, Viva, ouça' [...]. Eu tinha de ir ao banheiro e então falei: 'Olha, converse com Andy', e coloquei Andy no telefone."

Fred Hughes, sentando à sua mesa, levantou os olhos e perguntou: "Você ainda escreve livros imundos, Valerie?".

Morrissey estava no banheiro. "E de repente: '*Bang! Bang! Bang!*'. Andy foi o primeiro a ver a arma. 'Valerie!', ele gritou. 'Não faça isso! Não! Não!'". O primeiro tiro de Solanas deu errado. Andy caiu, fingindo ter sido atingido, e bateu a cabeça, com força, na ponta de uma mesa. Valerie atirou de novo e errou. Andy rolou para baixo da mesa, protegendo-se. Ela avançou para ele, ajoelhou-se, colou a arma por baixo do braço dele, com a ponta contra a pele de Andy, e atirou.

Morrissey veio correndo do banheiro, viu Solanas com a arma e foi para a sala dos fundos. Alguém já estava lá dentro, mantendo a porta fechada; era o crítico Mario Amaya, que estava visitando a Factory naquele dia. Amaya tinha sido atingido, mas não era grave o suficiente para impedi-lo de correr até a sala dos fundos e pressionar o seu corpo o máximo que podia contra a porta.

Olhando ao redor, Morrissey viu Solanas. "Ela se aproximou de Fred, colocou a arma na cabeça dele, e disse: 'Eu vou atirar em você!'. Ele respondeu: 'Valerie, não atire!'. Ela disse: 'Eu tenho de fazer isso'. Hughes estava de joelhos. 'Eu sou inocente!', ele gritou. Valerie se virou e apertou o botão do elevador, acelerando sua fuga, e voltou para Hughes.

"Eu podia ver que ela não conseguia se decidir se atirava ou não em mim", Hughes relembrou depois. A porta do elevador se abriu. "Aí está o elevador, Valerie. Entre logo!", Hughes gritou, e foi o que ela fez. Morrissey entrou correndo e chamou a polícia.

Alguns minutos depois, Gerard Malanga e quatro outras pessoas apareceram. Malanga, que tinha conseguido um pouquinho da atenção de Warhol de novo, viera pegar um cheque; Andy tinha se oferecido para ajudar na publicidade de um filme de Gerard. "Quando a porta se abriu, estava um caos", disse o artista Al Hansen, um dos outros quatro, um amigo antigo de Warhol. "Mario Amaya apareceu, com muito sangue nas costas da camisa. Ele mostrou as costas ensanguentadas para mim, perguntando por cima do ombro: 'Está em mim, está em mim?'. As pernas de alguém apareceram esticadas por baixo de uma mesa distante. Jed está ajoelhado, segurando a mão de alguém, com lágrimas nos olhos." Morrissey estava em pé na janela, praguejando. "Você está vendo alguma ambulância lá embaixo?", ele perguntava para Hansen. "Nós chamamos há dez minutos!"

"Quem está ali?", Hansen perguntou.

"É Andy!", berrou Morrissey. "Valerie Solanas, aquela vagabunda desgraçada, veio aqui e atirou nele!"

De acordo com Hansen, "Andy estava deitado ali, bem mal por causa dos tiros, como um cachorro ou um gato doente, com as pálpebras tremendo. Billy Linich, chorando, olhava para ele. Saí na rua, berrando. 'Preciso de um médico! Onde eu acho um médico?' Corri até um orelhão, mas um garoto gritava nele para um amigo que Andy tinha levado um tiro. Houve uma batida quando um carro da polícia se chocou com o para-choque de um táxi".

"O pandemônio estava formado", Malanga disse. "Por um minuto não cruzamos com Valerie. Ela podia ter atirado em todos nós. Andy estava estirado no chão, com a cabeça no colo de Billy Name. As pessoas corriam de um lado para o outro. Paul passou correndo e eu disse a ele: 'Vou atrás de Julia'. Ele respondeu: 'Boa ideia', e tirou do bolso algumas notas para eu pagar o táxi."

Gerard desceu até a estação Lexington e entrou no metrô. Na rua 89, ele tocou a campainha. "As cortinas estavam fechadas, mas ela desceu e me reconheceu. Enquanto ela abria a porta, o telefone começou a tocar. Eu meio que a empurrei, dizendo: 'Vou atender, Julia'. Subi as escadas, agarrei o telefone. Era um amigo de Julia que já tinha ficado sabendo que Andy tinha levado um tiro. 'Sou um amigo de Andy e de Julia', eu disse, 'tudo vai ficar bem, obrigado, tchau.' Virei para Julia e falei: 'Andy se feriu no estômago'. Não contei o que tinha acontecido; ela teria um ataque cardíaco ali mesmo. Então, ela tirou seu *shmatta* e se vestiu, e eu chamei um táxi. Ela demorou quinze minutos para se aprontar. Fomos para o Hospital Columbus [na rua 19, entre a Segunda e Terceira avenida], e os *paparazzi* já estavam bloqueando a entrada de emergência."

Meia hora antes, Andy tinha perdido a consciência na ambulância. A outra vítima dos tiros, Amaya, também foi na ambulância. O motorista perguntou se ele devia acionar a sirene de emergência. "Sim!", respondeu Amaya. "Se fizermos isso", disse o motorista, "serão US$ 15 a mais."

Andy tinha ido para a sala de emergência. Um cirurgião, Giuseppe Rossi, que estava quase indo embora, foi chamado para operá-lo. Andy recuperou a consciência a tempo de ouvir: "Ele não tem chance". "Não!", gritou Amaya. "Você sabe quem ele é? É Andy Warhol! Ele é famoso! É rico! Você não pode deixar ele morrer!" Se Amaya não tivesse começado a gritar, Malanga insiste, Andy não teria sobrevivido. Na verdade, seis minutos depois de entrar na sala de cirurgia, ele foi dado como clinicamente morto. Ainda assim, Rossi e seus assistentes começaram uma operação que durou cinco horas.

Em outro lugar da cidade, na Times Square, Solanas, tendo vagado sem muito objetivo para a região norte, se apresentou para um recruta da polícia. "A polícia está atrás de mim", ela disse. "Eu sou uma hippie. Ele tinha muito controle sobre a minha vida."

Ela foi levada para o 13º Distrito, gritando: "Eu tinha de fazer o que fiz! Não tenho do que me arrepender! Não lamento nada! Ele iria me destruir!". "Era uma maluquice", escreveu Howard Smith no *Village Voice*. Era impossível entendê-la; o barulho das câmeras abafava a voz dela.

Em sua casa de verão em Southampton, Henry Geldzahler sentou-se para ouvir o rádio com Christopher Scott. "Você sabe o que isso significa para o valor das pinturas?", Geldzahler disse, logo acrescentando: "Não fale para ninguém que eu falei isso".

Valerie Solanas acompanhada de um policial

Às 21h35, com quatro horas de cirurgia, o diretor médico do Hospital Columbus fez um relatório para os amigos e repórteres na sala de espera. (Julia tinha sido sedada e colocada em observação.) Warhol tinha cinquenta por cento de chance de sobreviver. Uma única bala tinha atravessado baço, fígado, pâncreas, esôfago e os dois pulmões. A cirurgia continuou por mais uma hora, os médicos fazendo o máximo para conter o enorme estrago. Às 2h30, um porta-voz do hospital falou ao repórter do *New York Times* que os médicos não tinham certeza se que o paciente atravessaria a madrugada vivo. Às seis horas, porém, ele ainda estava vivo. "Eles disseram que não sabem como ele sobreviveu", diz Morrissey. "Ele era muito forte. Era muito teimoso."

As manchetes já estavam aparecendo: "Warhol muito ferido por um tiro; atriz procurada", surgiu na capa do *New York Times*. "Andy Warhol lutando pela vida", disse o *New York Post*, que insistia em chamar Solanas de "Valeria".

Bourdon telefonou a Morrissey no hospital. "Você não sabe! Andy vai ficar muito feliz!" O perfil de Warhol para a *Life*, sobre o qual Bourdon se debruçara por meses, seria a matéria de capa daquela semana. "Sim, é o sonho dele", Morrissey respondeu. "A capa da *Life* – era o auge da civilização para Andy." No entanto, um pouco antes de amanhecer em Nova York, celebrando sua vitória nas primárias da Califórnia, Robert F. Kennedy levou um tiro e ficou fatalmente ferido em Los Angeles. Bourdon telefonou a Morrissey. "Bem, é Kennedy na capa."

Warhol recebeu um total de doze transfusões de sangue. Mantido respirando por aparelhos, ele continuava em situação crítica, mas a cada dia aumentavam suas chances de sobreviver.

Se amigos e aliados telefonavam todo o tempo para o hospital e mostravam sua preocupação de várias maneiras (toda noite, Billy Name caminhava para o Hospital Columbus e fazia uma vigília andante, olhando para as janelas perto das de Andy e rezando), havia também muita má vontade aparecendo. Fechando a edição de capa de Kennedy, o editor executivo da *Life* criticava Warhol, Bourdon lembra, "acusando-o de ter injetado muita loucura na sociedade americana que estava levando ao assassinato dos heróis políticos do país".

A crítica de arte da revista *Time*, Piri Halasz, escreveu uma longa nota em 14 de junho para a edição posterior ao tiro. "Até o limite em que a arte de Warhol e seu estilo de vida incorporam e glorificam a abdicação da responsabilidade moral e o perdão a pequenos vícios e violências", ela escrevia, "eles ajudaram a criar a atmosfera que fez Kennedy levar os tiros [...]. Andy Warhol é uma pessoa extraordinariamente sinistra, talvez mesmo perversa." Halasz tinha entrevistado Bob e Ethel Scull em *off*, mas citou-os em sua nota. "Andy é a pessoa mais perversa que já conheci", disse Bob Scull. "Muitos pais são os donos dessas balas em Andy."

Havia um sentimento pró-Solanas, primeiramente entre feministas radicais. Em 13 de junho, dois membros do braço nova-iorquino da NOW, a Organização Nacional das Mulheres, foram à Suprema Corte do estado para argumentar que Solanas estava "sofrendo preconceito porque é uma mulher". Sua advogada, Florynce Kennedy, chamou Solanas de "uma das mais importantes porta-vozes do movimento feminista", enquanto a presidente da Seção de Nova York da NOW, Ti-Grace Atkinson, comparou-a a Jean Genet, o autor francês preso no passado.

O tiro revelou uma séria antipatia dirigida a Warhol mesmo entre seus colegas. Barbara Rose e seu marido, Frank Stella, estavam descendo a rua quando Warhol e Kennedy levaram os tiros, e Stella disse: "Bobby vai morrer, Andy vai sobreviver". "Frank conhecia Bobby", diz Rose, "e acho que até simpatizava com ele. Mas não era louco por Andy. Porque claramente Andy estava diminuindo a alta cultura, e Stella *era* a alta cultura. Acho que Frank pensava que, daquelas duas vidas, a de Kennedy valia mais."

Warhol, no Hospital Columbus por quase dois meses, recebeu alta finalmente em 28 de julho. Seu sobrinho, o mesmo Paul Jr. que o tinha ajudado a se mudar para o 1342 da Lexington alguns anos antes, trouxe-o de volta para casa. Subindo as escadas, Andy tinha de parar para respirar após uns poucos degraus.

Sua mania de telefone não tinha mudado, e Warhol já tinha feito muitas chamadas para amigos do hospital. "Quando ele me ligou de sua cama de hospital", escreveu Bourdon, "fiquei tão surpreso e alegre que tive um ataque de choro, e foi ele quem teve de me confortar." Com uma voz muito enfraquecida, Warhol tentava, do seu próprio jeito, manter as coisas funcionando: "Se ao menos ela tivesse feito isso", falou a Bourdon, "enquanto a câmera estivesse ligada!".

Gerard foi para o hospital duas semanas após o tiro, e Warhol na mesma hora pegou a carteira dele e passou a Malanga o cheque que ele tinha ido à Factory buscar em 3 de junho. "Ele já tinha preenchido." Malanga tinha sido o primeiro a pensar em Julia quando Warhol levou o tiro, e isso valia muito mais para Andy do que a fraude de Gerard em Roma.

Valerie Solanas foi primeiro enviada ao Matteawan State Hospital. Em dezembro de 1968 foi declarada capaz de ir a julgamento. Ela poderia ter sido sentenciada a quinze anos, mas recebeu uma pena de apenas três, cumprida na prisão feminina em Bedford Hills, Nova York. "Você pega menos tempo por roubar um carro", Lou Reed cantou amargurado em "Hello it's me" em *Songs for Drella* de 1990. Depois que foi sentenciada, Solanas disse: "Eu não queria matá-lo. Eu só queria que ele prestasse atenção em mim. Falar com ele era como falar com uma cadeira". Ela morreria de pneumonia em São Francisco, com 52 anos, no decadente bairro de Tenderloin, sozinha em um asilo.

"Então, quando ele saiu do hospital, fui vê-lo em sua casa", disse Ronnie Cutrone. "Ele estava com medo de todo mundo. Eu simplesmente disse: 'Oi, Andy. Como você está?'. 'Estou bem, Ronnie, estou bem.' Ele estava péssimo, aterrorizado, e não falava de verdade com ninguém. Não era o cara que conhecíamos. Estava muito diferente."

Dez anos depois dos tiros, Emile de Antonio perguntou a Warhol: "O que a bala fez você sentir, depois que Valerie Solanas atirou em você em 1967 [*sic*]?. Ele olhou para mim e disse: 'Eu queria ter morrido [...]. Não precisaria ter passado por tudo isso. Eu devia ter morrido. Teria sido melhor'".

Billy Name ficou em seu quartinho na Factory por quase dois anos. Na primavera de 1970, "eu simplesmente saí para o mundo. Eu usava o nome S, apenas a letra S, de 'Essência'. Eu nunca usava 'Billy Name'. As pessoas perguntavam: 'Qual o seu nome?', e eu dizia: 'S'. Por que era também meu primeiro regresso de Saturno. Em 1970, fiz trinta anos".

"Quando entramos nos anos 1970, tínhamos passado por Woodstock e essas modas, a coisa toda, era uma mudança no tempo. Simplesmente tive esse sentimento, de que devia sair e ver o que estava acontecendo no resto do mundo. Não era um sentimento de perda, era mais como virar a página".

"Andei de carona pelo país, tomando muito ácido e fumando bastante haxixe quando cheguei a Nova Orleans. Fiquei lá naquela casa hippie, você sabe, um grupo de hippies invadiram uma casa e os vizinhos ficaram putos."

Ele acabou indo para o sul da Califórnia com a poetisa Diane di Prima, uma velha amiga do Lower East Side do A-men. "Diane me contou com detalhe", relembra Wiliam Wilson, "sobre Billy na varanda dela na Califórnia tomando LSD, latindo como um cachorro faminto, se acabando, e eu tenho certeza de que ela me disse que ele tinha morrido. Ela disse que ele não comia, e que ela não podia fazer nada, porque era um adulto fazendo suas próprias escolhas."

Billy não morreu. Um dia, em 1977, ele foi para casa em Poughkeepsie e ficou por lá, onde ainda vive, em uma casa de três quartos com vista para o Hudson, na parte operária da cidade. Seu escritório tem pilhas até o teto de

CDs de música country. Billy engordou, não tem nenhum cabelo na parte de cima da cabeça, mas muitos sobre as costas, e deixou uma barba comprida e espessa crescer – em outras palavras, está muito diferente do magrelo doido de *speed* de 1965. Fez setenta anos em 2009 e tem a saúde instável, mas a voz e a curiosidade de um garoto.

Em 1988, um ano depois da morte de Andy, o amigo de Billy Name e ocasional patrão 25 anos antes, Henry Geldzahler, recebeu uma carta de Jan E. Adleman, diretor da galeria de arte do Vassar College em Poughkeepsie. O baú de Billy Name, com o qual ele vivera na *Silver Factory*, tinha aparecido no armazém, cheio de material de 25 anos antes, e havia sido devolvido para Billy, que o doou para a Vassar. A Galeria Vassar iria expor o baú e seu conteúdo, e ficaria grata se Geldzahler escrevesse um pequeno texto para acompanhá-los em troca de um módico honorário.

Henry, que tinha por fim deixado o Metropolitan Museum of Art para trabalhar na administração do prefeito Edward I. Koch como secretário de Cultura, aceitou o pedido. Falando dos melhores anos de sua vida, ele escreveu:

> É um erro considerar arqueologia somente em termos do passado antigo [...]. As pistas e informações [reveladas por artefatos como esses] nos permitem completar o quadro com descobertas mais claras e agudas. Elas permitem um olhar para um grupo que já não existe [...]. Para aqueles de nós que olham a arte de perto, tornou-se um lugar-comum localizar o espírito dos anos 1960, *grosso modo*, entre a posse de John Kennedy e o assassinato de Martin Luther King, na Factory de Warhol na rua 47 Leste [...]. Através do brilho dramático que ilumina em primeira mão o material do baú de Billy Linich, somos levados a sorrir e tremer diante da hilária mas autodestrutiva vida que ele elucida.

Seis anos depois, com 59 anos, o próprio Geldzahler morreria.

Em um breve inventário que fizera do conteúdo do baú, Geldzahler não mencionou um item. Quando o baú chegou, Billy tinha cuidadosamente verificado o conteúdo e encontrou, bem no fundo, o que parecia um tipo de panfleto. Retirando-o, leu o título: "*Up your ass*, uma peça de Valerie Solanas". Ele tinha sido jogado e esquecido lá dentro durante as cada vez mais furiosas ligações de Solanas à Factory. Típico da Factory – a maneira desordenada como as coisas eram feitas – e tão friamente apropriada, que a obra de Solanas não tenha sido roubada, mas simplesmente perdida.

Andy descrevia o tiro como irreal. "[Qu]ando acontece, é como se não fosse com você, mas com outra pessoa [...]. Fiquei pensando por dias: 'Estou mesmo morto. É isso que parece ser estar morto'. Você acha que está vivo, fazendo as coisas de todo dia, como tomar um ônibus, entrar no metrô, mas na verdade está morto. Foi assim nos dias antes de eu perceber que estava de fato vivo [...]"

E assim termina a primeira vida de Andy Warhol. O fim dos anos 1960 não estava longe.

Epílogo

Como fazer um balanço das diferenças entre o trabalho do começo e o do fim da vida de Andy Warhol, tomando os acontecimentos de 3 de junho de 1968 como uma conveniente linha divisória? O impressionante abalo causado pelas grandes telas de Warhol do começo para meados dos anos 1960 – os retratos de estrelas de cinema, cadeiras elétricas, suicídios, batidas de carro, e flores, bem como o inquietante impacto de seus melhores filmes, feitos no mesmo período – situa-se por fim na visão de um *outsider*.

Com certeza, por definição, todos os inovadores começam como *outsiders* – Henry Geldzahler certa vez apareceu com uma imagem divertida dos criadores do pop como monstros de um filme de baixo orçamento "saindo do pântano e balançando os quadros deles na sua frente", movendo-se em direção a uma insuspeita elite do mundo da arte. Mas Andy Warhol era um *outsider* entre *outsiders*. Sua marginalidade não era apenas estética; era sociológica. Malvestido, Andy passou a infância com o rosto pressionado pelos óculos, extasiando-se com o que ele não tinha dentro de si: tudo. "Eu pinto apenas coisas que sempre achei que são bonitas", ele falou a uma repórter da *Time* em 1962: assumidamente, as mais bem embaladas mercadorias no supermercado e os mais glamorosos itens da cultura de massa. A Marilyn de Andy era muito mais sexy, com as pálpebras pesadas e a expressão sedutora, que a foto publicitária da Niagara; as latas de sopa, mais saborosas que as das prateleiras. Ele também nos deu todos aqueles adolescentes atrás das janelas de seus carros batidos, mortos de olhos abertos, seus instantes finais gritantemente iluminados pela luz dos flashes dos fotógrafos. Criados em três anos de atividade febril, esses e um punhado de outros trabalhos por si mesmos asseguram a grandeza de Warhol. Eles atravessaram em muito os limites previstos para a sua própria vida. Comovido como ficou ao ver a primeira exposição de Warhol em Nova York, em 1962, pelos "belos, vulgares e apaixonantes ícones de Marilyn Monroe", o historiador e crítico de arte Michael Fried duvidava "que mesmo o melhor da obra de Warhol possa sobreviver ao jornalismo sobre o qual ele é forçado a depender". Estava errado.

Se o melhor de Warhol, se as pinturas mais impressionantes possuem seu impacto para a alienação sobre a qual ele não tinha tido controle, a Factory, em sua encarnação inicial prateada – considerada uma "obra" importante em termos de seu lugar na nossa consciência cultural –, alimentou-se de marginalidade também, mas a de feição intencional e deliberada. O estúdio dos anos 1960 de Warhol foi "a melhor coisa que ele fez, na melhor fase que ele teve", escreve Dave Hickey (que estava algum tempo próximo à Factory). Em meados dos anos 1960, esse sótão sujo no centro da cidade, com as portas sempre abertas, foi um ímã para uma imensidão de pessoas mais marginais que o próprio Andy: fanáticos por ópera, viciados em anfetaminas, poetas de segunda categoria, travestis, renegados tomadores de ácido da sociedade brâmane, precários aspirantes ao show business, brilhantes atores de monólogo como Ondine, que podiam florescer apenas em um meio muito pouco estruturado. Andy era, com certeza, um mestre do passado na criação de imagens, e começando no início de 1964, quando ele, Billy Linich e Gerard Malanga a mobiliaram e decoraram (por assim dizer), Andy principiou a fazer publicidade do mau comportamento da Factory, de seu crescente número de frequentadores esquisitos: por meio de seus filmes, das fotos na maior parte das vezes em preto e branco feitas por Linich e pelo jovem de dezessete anos Stephen Shore; por intermédio da presença na mídia e de incontáveis textos de jornais e revistas que Andy conseguia cavar em todo lugar, do *Times* ao *East Village Other*, cujo ponto de vista ele sutilmente manipulava.

Sua incansável promoção da Factory rendeu visibilidade no meio underground: incomuns para a vida marginal, seus acontecimentos diários, quase inimagináveis (e portanto fonte de fantasias intensas) para uma classe média pronta para livrar-se das inibições da era Eisenhower. Grupos – de rock, de protesto, teatro de rua, comunas – eram parte da sensibilidade coletiva dos anos 1960. Aqui, como em muitas outras instâncias, Andy provou estar impecavelmente em sintonia com o seu tempo.

Inevitavelmente, a loucura que Andy encorajava saiu dos limites. Sempre na liderança, a *Silver Factory* entrou em colapso mais ou menos um ano antes da crise nervosa coletiva nos Estados Unidos. Depois de 3 de junho de 1968, a política de portas abertas da Factory foi revogada. Os superstars eram agora vistos como um problema a ser evitado; a capacidade de muitos deles de aprontar sem causar riscos já não inspirava Andy, mas sim o aterrorizava. Para livrar-se de qualquer possibilidade de aparecer outra Solanas, Ondine e seu grupo de doidões de *speed* foram colocados para fora. O som, depois de tocar Callas por meia década, foi desligado. Ingrid Superstar, Dorothy Dean, Joe Campbell, Rotten Rita, Mary Woronov – todo mundo se foi. Em uma manhã de primavera de 1970, os funcionários da Factory chegaram para trabalhar e acharam a porta de Billy Name entreaberta. Um bilhete dizia: "Andy – resolvi ir embora, mas estou bem. Com afeto, Billy". Andy pediu para Vincent Fremont trocar as fechaduras.

A inimitável aparência da velha Factory, produto da estética underground de Billy, tinha sido substituída na nova Factory da Union Square por uma elegância convencional de escritório: paredes brancas, mesas de vidro, luzes por trás de altas janelas. Enquanto Andy se recuperava, Paul Morrissey começou a reunir não outra seita, mas um grupo de funcionários de verdade. Alguns usavam inclusive gravatas. "A graça da antiga decadência subterrânea deu lugar à ética mais familiar aos Estados Unidos dos jovens apressados", observa Stephen Koch. "Os garotos", como Andy chamava seus novos empregados, "viam os velhos superstars como chatos importunos sempre atrás de uma esmola", escreveu o recém-chegado Bob Colacello, um jovem alpinista social republicano e editor ocasional da revista que Warhol fundou em 1969, *Interview*. Outros "garotos" incluíam o texano Fred Hughes, Pat Hackett, secretário de Andy, o gerente administrativo Vincent Fremont, e Jed Johnson, namorado e braço direito de Warhol.

O trabalho artístico que Warhol fez após os tiros é considerado por todos inferior ao dos anos 1960. Andy muitas vezes também pensava assim; em uma festa em meados da década de 1970 promovida por seus colegas pintores dos anos 1960, ele se sentia mais fraco. "Acho que se eu acreditasse que fosse realmente bom, não me sentiria ridículo, vendo-os todos", ele falou modestamente para seu "diário" (Hackett, transcrevendo os pensamentos de seu chefe ao telefone). Os garotos eram mais agradáveis para os nervos de Andy do que Ondine & Cia., mas "ele às vezes olhava para nós", Colacello escreveu em *Holy Terror* [Terror sagrado], seu livro de memórias do período de doze anos como editor, faz-tudo e confidente, "com nossos cabelos curtos e roupas limpas, e suspirava: 'Jesus, tudo era muito mais criativo nos anos 1960. Ondine e todas aquelas bichas viciadas em *speed* tinham uma ideia por minuto. Uma ideia por segundo'".

Desde que anunciou sua assim chamada aposentadoria da pintura em 1965, Warhol passou a maior parte de seu tempo fazendo filmes. Depois da mudança, o papel timbrado da nova Factory dizia "Andy Warhol Films, Inc.", e a *Interview* foi fundada como uma revista de cinema. Mesmo depois da sua "aposentadoria", Andy pintou, na maior parte do tempo, apenas quando precisava de dinheiro para um filme. Como ele tinha descoberto, os retratos encomendados que ele fazia desde o começo dos anos 1960 – *Ethel Scull 36 vezes* de 1963 foi o primeiro – eram a sua mais confiável e veloz fonte de renda. No início ele negociava apenas uns poucos: a galerista Sidney Janis, a esposa Happy de Nelson Rockefeller, e Dominique de Menil. Mas, quando se tornou o gerente de vendas de Warhol, Fred Hughes começou ativamente a procurar encomendas para retratos. "Em poucos anos", escreveu Colacello, "Fred colocou Andy no caminho do dinheiro de verdade. Ele lançou a mina de ouro dos retratos encomendados, elevou as vendas e os preços das pinturas dos anos 1960 [em 1970, a *Lata de sopa Campbell's com etiqueta solta* alcançou US$ 60.000 em um leilão, o mais alto preço para uma pintura americana até então, ultrapassando *Duas mulheres de família,* de De Kooning, que foi vendida por US$ 45.000, e cultivava novos colecionadores e comerciantes." De mais ou menos uma dúzia de encomendas em 1970, a prospecção agressiva de clientes de Hughes alcançou o número de meia centena no fim da década. Um retrato de meados dos anos 1970 custava US$ 25.000 com painéis adicionais – a mesma imagem, mas em cores diferentes – indo de US$ 15.000 a US$ 20.000 para cima. (Um cliente, John Powers, um homem de negócios de Denver, comprou 24 painéis de sua mulher.) A enorme exposição do inverno de 1979 do Museu Whitney, com retratos dos anos 1970 de Andy Warhol, levou as negociações dos retratos de Andy a patamares ainda mais elevados. Pelo resto de sua vida, ele venderia de cinquenta a cem retratos por ano, arrecadando anualmente entre US$ 1 e 2 milhões. No total, recebeu mais de mil encomendas, a maior parte para no mínimo dois painéis. Os retratos serviam de apoio financeiro para muitos outros negócios que Andy agora entusiasmadamente empreendia: a *Interview* e projetos de TV a cabo (ele entregaria os filmes a Morrissey em 1969 – eles pararam em 1976), entre outros. E eles fizeram o que sempre tinham sonhado: ficaram muito ricos.

Com Hughes e o gregário Colacello na dianteira, Andy começou a frequentar, despreocupadamente, festas, fins de semana no campo, festivais de cinema e estreias de arte, ansiosamente encorajando seus tenentes a encurralar possíveis modelos. Doze anos antes ele tinha pintado Elizabeth Taylor e Jackie Kennedy a partir de fotos novas, adorando-as por causa da distância com o resto do mundo. Agora ele cruzava com Jackie em festas, e Liz tinha se tornado sua amiga do peito, pedindo para que ele sentisse suas vértebras cruzadas enquanto ele, por sua vez, mostrava-lhe suas cicatrizes. ("Ah, pobre criança", ela sussurrava, "minha pobre criança.") A vida social, artística e financeira de Andy se misturavam, seus clientes/modelos/amigos eram Halston, Calvin, Yves, Liza, Mick e Bianca, Mica e Ahmet, Diane e Egon, Jack e Anjelica, Truman, Mariza, Berry, Paloma e por aí vai. "Tirado do chão e jogado às alturas", como satirizou Peter Schjeldahl, ele era uma celebridade entre as celebridades.

O objetivo dos retratos encomendados, Geldzahler (que tinha posado não uma, mas duas vezes – ele não gostou do primeiro) escreveu, "era sempre acentuar o lado positivo e eliminar o negativo, e fazer aflorar uma imagem que era reconhecível, mas existia em um 'mundo que nunca permanecia, um tipo de... limbo, onde todo mundo era uma estrela, não apenas por quinze minutos, mas, nessa encarnação, mantida permanentemente pela tela, 'para sempre'". Os retratos não diferiam essencialmente em método das antigas fotos em silkscreen de Warhol. Em vez de procurar fotografias, ele tirava suas próprias polaroids, algo como cinquenta por modelo. Selecionando uma, ela era ampliada, em um acetato positivo de alto contraste; quanto maior o contraste, mais "imperfeições" – rugas, cicatrizes, olheiras, papadas – eram eliminadas. O objetivo era a idealização. Lábios, olhos, cabelos eram emplastados pela mão sobre a tela. Transferindo a imagem do acetato para o silkscreen, onde ela se tornava um negativo, Andy e um assistente secavam a imagem final no tecido e na tela. Esse tinha sido o passo final com as *Marilyn*, as *Liz* e as *Jackie*; agora, Andy muitas vezes jogava pinceladas muito coloridas no topo da imagem: a aparência de pintado à mão (que ele tinha jurado abandonar no início dos anos 1960) estava, ele declarou, de volta à moda.

O resultado final sem dúvida era lisonjeiro. Ele não apenas fazia o modelo aparecer em uma versão reconhecível, mas muito mais atraente dele mesmo, ou dela mesma, porém cada retrato usava as mesmas "marcas": cores de cenógrafo, nenhuma imperfeição facial, e aqueles excitantes respingos de expressionismo abstrato. As marcas identificavam o modelo como parte de um clube exclusivo – "Ah, Andy pintou você? Eu também!" –, em que fazer parte significa ser celebridade e ter dinheiro, frequentemente ambas as coisas. No começo da carreira *pop* de Andy, notou David Bourdon com humor, ele pintava celebridades para chamar a atenção para si mesmo; agora os ricos o usavam pelo mesmo motivo. Os retratos eram símbolos de vaidade, uma troca de boa quantidade de dinheiro por bajulação visual e social – uma transação não muito elegante.

A maioria dos críticos não encontrou muita coisa para admirar neles. Resenhando a exposição do Whitney, Robert Hughes da *Time* apelou para a reclamação "anti-pop" talvez mais velha e ultrapassada havia muito: Warhol não era um pintor de verdade, já que não criava suas próprias imagens. "Todos esses problemas de representação", Hughes na prática recitava, "[são] resumidos em um simples ato de escolher uma imagem, mais do que fazê-la." Sanford Schwartz, mais sofisticado, da *Atlantic*, desaprovou também. "O efeito dos retratos de Mick Jagger (e outros quadros do fim dos anos 1960 em diante)", Schwartz escreveu, "é que [Warhol] está fazendo artifícios com fotografias. Ele faz linhas vigorosas e borrifa tinta sobre as fotos, e fica sem ar; não há a sensação de uma tela encoberta respirando por trás. O que vemos é uma foto presa a recursos artísticos."

Tinha sido o seu fascínio de garoto pobre com as ofertas de salas de exposição de cinemas para trintões de Pittsburgh que deu às pinturas pop de Warhol seu brilho, seu desprezo pelo nariz arrebitado da elite que impulsionava a abrasiva deselegância de suas primeiras imagens pop. Mas agora ele era um *insider* (ainda que nunca tenha inteiramente perdido sua mentalidade alienígena, um composto de timidez e agudo olhar observador); sua imagem dos anos 1960, enraizada na autoridade e na transgressão, estava extinta. Ele era apenas um artista trabalhando, nas palavras de Robert Rosenblum, "um pintor da corte internacional aristocrática dos anos 1970".

"O interminável trabalho artístico que ele fez depois de levar o tiro de Valerie Solanas não aliviava o temor mórbido de que já não tinha mais ideias", escreve Wayne Koestenbaum na sua breve biografia de Warhol. Infelizmente, era menos um temor mórbido que uma apurada autoavaliação. Como se estivesse desesperado para evitar uma autorreflexão, nos anos 1980 Warhol encheu-se não apenas com encomendas de retratos, mas com um fluxo compulsivo e sem fim de outros projetos: pintar sinais de dólar, padrões camuflados, riscos de Rorschach, "mijar" nas telas (quando ele e outros urinavam em cima de telas acobreadas para criar espirais e gotejamentos); revisões muito decorativas de antigas imagens pop, tirando sua poderosa crueza; e colaborações meio oportunistas, meio professorais com a jovem sensação do mundo da arte Jean-Michel Basquiat. "Essas obras", escreveu Peter Schjeldahl para os últimos trabalhos de Warhol, "mexem mais comigo como ideias engenhosas para pintura que obras de arte satisfatórias. Elas parecem prosaicas."

Ainda assim, não se podia descartá-lo. Em uma recente exposição no Armory em Manhattan, o público foi presenteado com um belo choque: um pequeno *Foice e martelo*, suas cores brilhantes, a imagem familiar surpreendentemente intrigante, prova de que o velho Warhol ainda estava na ativa. Mas não com muita frequência.

Em 22 de fevereiro de 1987, de forma inesperada e talvez evitável, Warhol morreu após uma cirurgia rotineira de vesícula biliar. O funeral foi na Catedral de St. Patrick. Com apenas 58 anos, ele era na época com certeza o artista contemporâneo mais famoso do mundo; desde então, sua fama só cresce. Talvez a melhor parte de sua ubiquidade póstuma derive não de sua arte (ainda que a lata de sopa Campbell seja com certeza um ícone universal), mas da autopromoção dos anos 1970 e 1980 que fixou no inconsciente coletivo a imagem pálida e fantasmática: sua participação em 1985 em *O barco do amor*, por exemplo ("Andy iria para a estreia de um desenhista", seu amigo Halston disse uma vez), ou sua onipresença na página 6 do *New York Post* e outras folhas de fofocas de circulação nacional. Aquele rosto é uma mercadoria, enfeitando camisetas, óculos de sol, cartões de Natal, skates, bonecas com a cabeça móvel, uma fartura em que, como se por algum truque warholiano, sirva para tudo, menos obscurecer sua real vida após a morte, que vai sobreviver a todo esse lixo que ele jogou sobre nós.

Warhol impulsionou uma revolução tão notável quanto qualquer outra desde a desencadeada por *As damas de Avignon*, cem anos antes. "Até que ponto Warhol rompeu com a tradição?", Schjeldahl questiona na *New Yorker* em 2002. "Mergulhar na arte anterior a 1962 é entrar em outra era. Mas suas pinturas clássicas do começo dos anos 1960 permanecem escancaradas para o presente", como os filmes que ele fez nos mesmos anos. "O grande momento de Warhol foi breve", escreveu Schjeldahl em outra ocasião. "Mas o auge de seu desempenho continua nas alturas, enquanto tudo que outrora parecia contestá-lo ruiu."

Ivan Karp estava com mais ou menos 35 anos quando se tornou o primeiro membro do *establishment* artístico a acreditar em Andy Warhol. Se ele não estivesse trabalhando na Galeria Castelli, na distante tarde de outono de 1961, quando Warhol apareceu por lá, Warhol poderia ter desaparecido junto com seus desenhos de linhas borradas. Para todo o seu envolvimento no sucesso de Warhol, Karp, tão intelectualmente incansável aos 83 quanto era aos 35 anos, mantém-se firme em uma declaração sem sentimentos da carreira de seu amigo:

"Na maior parte dos casos, a vida de um artista dura dez, doze, quinze anos", disse Karp não muitos anos atrás, em sua mesa na sala de trás da galeria em West Broadway, de que ele há bastante tempo é proprietário. "Não vejo muito além disso. Você faz da arte uma obsessão. Todas as grandes observações de escritores e pintores e músicos na história, no fim de suas vidas, chegam à mesma coisa. Eu precisava fazer isso. Eu não conseguia me curar. Era um sonho que eu tinha. Uma vez esgotada a obsessão, a arte já não é mais efetiva. Você começa a pintar de novo suas velhas telas. Mas não é como parar de pintar. Você faz arte por hábito; continua fazendo arte porque continua indo para o estúdio."

Warhol nunca teria voltado para o estúdio se tivesse realizado seu sonho de meia-idade – na verdade seu sonho dos oito anos de idade – em casa, em Pittsburgh, projetando filmes na parede: sua fantasia, a de conquistar Hollywood e respirar para sempre seu ar rarefeito. Então, direcionado depois de sua convalescência pelo empreendedor Fred Hughes, Andy fez seu caminho de volta ao estúdio, mas não para pintar outra *Marylin* ou *Flores*, ou encontrar uma técnica tão heuristicamente rica quanto o silkscreen de fotos. Muito além disso, para realizar o sonho de um garoto pobre: entrar para o mundo das socialites, os frequentadores da página 6 do *New York Post*: Halston, Diane von Furstenberg, Yves Saint Laurent, Bianca e Mick, Liza, esposas de industriais alemães bilionários, e – em tentativas fracassadas – Imelda Marcos e os Pahlavi.

Andy, pelo que se viu depois, fez o trato de Aquiles que quase todo artista aceita. "Ele estava no auge de sua obsessão", observou Karp, "quando fez as *Marilyn*, as *Liz*, os *Desastres*. Quando chegou 1967, 1968, sua imaginação tinha acabado." A bala de Valerie Solanas não encerrou os anos heroicos dele; eles já tinham acabado e Andy estava confuso, perdendo-se em coisas como *Caubóis solitários* na época em que Valerie o acertou.

Mas, com o que se parece e como se sente a arte contemporânea e o mundo da cultura como um todo sem a febre de meia década de Warhol, que lhe trazia uma inspiração atrás da outra? Não só obras de poder e beleza duradouros, mas de astuta inclinação filosófica (essas são categorias definidoras para as caixas de Brillo), desafios audaciosos – como era sua técnica de criação artística – às noções tradicionais do que é e o que não é arte. Tão prático e materialista quanto ele era, Andy era obcecado com o aspecto mágico da arte. Ele estava fascinado com a ideia de que qualquer coisa que um artista famoso fizesse se tornava por si só um trabalho de arte: Picasso desenhando caminhos de rua em guardanapos de papel, Rauschenberg *apagando* um de

MANHATTAN ★ ★ ★ ★ SPORTS FINAL

DAILY NEWS

35¢ NEW YORK'S PICTURE NEWSPAPER® Monday, February 23, 1987

Andy Warhol, 1928-1987

POP ART'S KING DIES

LAST PICTURE Artist Andy Warhol with singer Dionne Warwick at an East Side night spot last week. Warhol, who became king of Pop Art by turning images of soup cans and Brillo pads into successful works, died yesterday of a heart attack following surgery. **Stories on page 3; other pictures in centerfold**

TV host David Susskind dies Page 4

O Daily News. *Segunda-feira, 23 de fevereiro de 1987*

senho de De Kooning. Duchamp, como pai do pós-modernismo e da arte conceitual, foi o verdadeiro padrinho de Andy, levando essa ideia do artista como mágico um passo adiante: qualquer coisa que o artista *concebesse* seria arte. Aqui está o dedo duchampiano, o indicador: Andy Warhol apontando o que é e o que não é arte.

Agradecimentos

A proposta de um livro sobre a vida e a obra de Andy Warhol nos anos 1960, a época gloriosa do artista, apareceu em uma conversa em meados do ano 2000 em um restaurante cubano em Nyack, Nova York, com Daniel Wolff. Foi ele quem na verdade teve a ideia. Três anos e meio de pesquisas me fizeram cruzar o país mais de uma vez: imitando Sherlock Holmes, indo e vindo diante de telas e desenhos; preparando e fazendo algo como 140 entrevistas (mais, na verdade – submeti algumas pessoas a dois, três, muitos interrogatórios); lendo dúzias de livros, centenas de artigos e milhares de documentos; sentando-me, às vezes petrificado, muitas outras espantado, na frente de aparelhos de vídeo, da Califórnia a Nova York.

Em Pittsburgh, o arquivista do Andy Warhol Museum, Matt Wrbican, é uma espécie de depósito e analista da coleção warholiana, abençoado, ou amaldiçoado, pelo conhecimento da exata localização da confissão de desamparo do dermatologista do início dos anos 1950, aqueles cartões-postais não enviados para os casos amorosos de Warhol, e muitos, inúmeros pedidos de pagamento vindos de pequenos negociantes, como o bilhete deixado pelo encanador em 1967: "Você sempre diz que vai nos mandar um cheque. Nunca o recebemos". Apesar de a ajuda de Matt ter ultrapassado em muito seus deveres profissionais, recebi um apoio valioso do técnico de vídeo e cinema do Museu, Greg Pierce, e do ex-arquivista John Smith.

A Biblioteca Beinecke de Manuscritos e Livros Raros da Universidade de Yale tinha acabado de adquirir e inventariar os papéis de Henry Geldzahler quando eu apareci, indo para New Haven diariamente por uma semana para reescavar a enorme sensação que Henry causou no mundo das artes de Nova York nos anos 1960.

Os muitos bilhetes, transcrições de entrevistas e outros materiais não publicados de David Bourdon foram suficientes para me manter nos Arquivos de Arte Americana (AAA) do Smithsonian Institution, em Washington, D.C., por quase uma semana. Também percorri inteiramente as entrevistas promovidas pelo AAA com Richard Bellamy, Robert Indiana e Roy Lichtenstein por Richard Brown Baker; com John Coplans, Claes Oldenburg e Emily Tremaine por Paul Cumming. E com Tom Wesselman por Irving Sandler. Na sucursal de Manhattan do AAA, li com interesse os papéis do colecionador de arte pop e arrivista dos anos 1960 Robert Scull. (Para além de sua presunção desmesurada, Scull era, como suas agendas revelam, um talentoso desenhista/caricaturista.)

O Centro Harry Ransom na Universidade do Texas-Austin abriga os papéis de Gerard Malanga, incluindo a correspondência dele durante sua temporada italiana de 1967-68 e de antes. Bob Fagelson, da Universidade do Texas, com toda a prontidão e inteligência localizou muitas cartas para mim. Passei vários dias no J. Paul Getty Museum em Los Angeles, na Roy Lichtenstein Foundation em Manhattan (em que a entrevista de Lichtenstein para Clare Bell em 1992 foi especialmente iluminadora) e no Time Inc. Archive. Por fim, passei semanas na Biblioteca Pública de Nova York, com sua coleção de revistas de moda do começo dos anos 1960 – *Harper's Bazzar* em particular – em que me concentrei na fascinante oscilação de Warhol, por volta de 1960, entre arte erudita e comercial.

O primeiro artigo de Peter Schjeldahl que li foi uma resenha de 1970 em que o jovem crítico compara a gravação de Bob Dylan de "The boxer" de Paul Simon a Shakespeare dirigindo Arthur Miller. Mesmo quando eu era um garoto, já sabia que qualquer um que escrevesse uma linha como essa chamaria a atenção. Como crítico de arte, Schjeldahl compôs centenas de ensaios que, com consistência desencorajadora, combinavam um imaginário inesperado, um olhar agudo autotreinado, e algo virtualmente ausente da crítica de arte, senso de humor. Os trabalhos de Schjeldahl sobre Warhol na *New Yorker*, no *Village Voice*, *7 Days*, *Art in America* e em outros lugares estão hoje coligidos em vários volumes e foram essenciais para a minha compreensão do artista.

Sou tentado a chamar o *mensch* Ivan Karp a consciência desse livro e talvez inclusive o seu herói. Barbara Rose, à parte o brilhantismo, é outra *mensch* (o iídiche nunca suplantou o seu chauvinismo machista irritante). Assim também são Ruth Ansel e Tina Fredericks. Outros entrevistados ficaram na minha cabeça: Seymour Berlin, Robert Heide, George Klauber, o intelectualmente generoso Stephen Koch, Tom Lacy, Mark Lancaster, o homem para o que der e vier Alfred Leslie, o impressionante cavalheiro James McCourt, John Mann, Billy Name, Stephen Shore, Kenneth Silver, o talentoso e ocupado James Warhola, e Paul Warhola.

Todos os entrevistados ofereceram informações e ideias valiosas: Callie Angell, Roger Anliker, Arman, Gordon Baldwin, Robert Benton, Gretchen Berg, Irving Blum, Andreas Brown, Stephen Bruce, John Cale, Gary Carey, Genevieve Cerf, John Chamberlain, Wyn Chamberlain, Jack Champlin, George Chauncey, Christo, William Claxton, Bob Cowan, Bob Cumming, Ronnie Cutrone, David Dalton, Sarah Dalton, Betty Lou Saxton Davis, Michael Egan, Lette Eisenhauer, Arthur Elias, Lois Elias, Gene Feist, Danny Fields, Nancy Fish, Suzi Gablik, Vincent Giallo, Bob Gill, John Giorno, Milton Glaser, Manuel Gonzales, Sam Green, Joseph Groell, Mimi Gross, John Gruen, Pat Hackett, George Hartman, Leon Hecht, Alan Helms, Geoff Hendricks, Timothy Hennessy, Robert Indiana, Gilbert Ireland, Gretchen Schmertz Jacob, Alex Katz, Ellsworth Kelly, Leonard Kessler, Nicholas Kish, Diana Klemin, Hilton Kramer, Kenneth Jay Lane, Charles Lisanby, Nelson Lyon, Donald Lyons, Gerard Malanga, Marisol, Julie Martin, Jonas Mekas, Duane Michals, Alan Midgette, Paul Morrissey, Suzanne Moss, Patty Mucha, Claes Oldenburg, Philip Pearlstein, Susan Pile, Robert Pincus-Witten, Ed Plunkett, Buddy Radisch, Marcus Ratliff, John Righetti, Esther Robinson, Charles Rydell, Lucas Samaras, Carolee Schneeman, Richard Smith, Leo Steinberg, Harold Stevenson, Philip Sykes, Dan Talbot, Connie Trimble, George Warhola, John Warhola, Paul Warhola, Jr., John Weber, Edmund

White, Robert Whitman, Jane Wilson, William Wilson, Mary Woronov, Hanford Yang, e Danny Zarem.

Infelizmente, alguns dos meus entrevistados morreram. Edward Avedisian já não está vivo; nem Denton Cox, Lou Dorfsman, Charles Henri Ford, Suzie Frankfurt, o querido Nathan Gluck, Walter Hopps, Allan Kaprow, Billy Klüver, Muriel Latow, Peter Palazzo, George Plimpton, Robert Rosenblum, Sal Scarpitta, Christopher Scott, Holly Solomon, Floriano Vecchi, John Wallowitch, Chuck Wein, Tom Wesselmann e Henry Wolf.

Usei muitas entrevistas feitas por outros: a de Billy Klüver e Julie Martin com David Bourdon, Charles Henri Ford, Ivan Karp e Roy Lichtenstein; a de Steven Watson com Nelson Lyon, Paul Morrissey, Viva e Chuck Wein (Stephen ajudou de muitas outras maneiras); e Matt Wrbican com Mary Woronov e Ron Tavel.

Betsy Smith arranjou números difíceis de telefone, Esther Robinson bondosamente colocou os diários de seu tio Danny Wilson à disposição, e o contador Dan Juechter nunca hesitou em colocar seu organizado trabalho para me ajudar a desbastar a selva das finanças de Andy Warhol. Dois estudantes de pós-graduação cujos nomes estão registrados em pequeninos cheques perdidos ajudaram a transcrever as fitas de entrevistas e arrebanharam informações importantes em Nova York: Michele, do Instituto de Belas-Artes da New York University, e um instrutor de meio período do Swarthmore College, cujo nome me escapa completamente. Desculpe e muito obrigado.

Durante os anos em que trabalhei neste livro fui auxiliado de muitas maneiras por inúmeros amigos sem os quais nunca teria terminado: Enzo Bartoccioli, David Corcoran, Brian Daly, Jeanne Goldstein, Stan Goldstein, Fred Goodman, Jill Keil, Nick Keil, Ken Micallef, Bert Pepper, Suze Rotolo, Diana Saaby e Lynn Saaby. Sei que posso esquecer algumas pessoas, mas jamais Colleen Hughes. Nosso casamento terminou depois de dezenove anos, mas acho que sempre seremos amigos e estamos ligados de qualquer forma às brilhantes e lindas Lulu e Evie.

Meu primeiro editor na Harper Collins, Dan Conaway, manteve tudo sob controle; Jennifer Barth, o segundo editor, colocou tudo em ordem (e me inculcou verdades sobre o profissionalismo que eu fazia o possível para não aceitar). O maestro Simon Lipskar foi meu primeiro agente na Writers House; meu segundo, em uma hábil troca, foi o paizão Dan Conaway.

Este livro começou como um projeto solo. Da metade para o final de 2004, depois de que todas as entrevistas e o cerne do primeiro rascunho estavam feitos, fiquei muito doente. Por algum tempo, minha recuperação era uma dúvida. Os editores e eu começamos a procurar alguém para colocar o manuscrito em forma. Um escritor veterano, coautor de quase quinze livros e um amigo dos anos 1960 de Andy Warhol, David Dalton, foi escolhido. David dedicou sua enorme energia e sofisticação para o primeiro rascunho. Voltei sete meses antes do prazo final, mas o livro foi salvo por David Dalton. Apesar de não ser completamente o livro que planejei inicialmente, ele ilumina muitos cantos obscuros do complicado mundo de Warhol durante esse que foi o período mais criativo de sua vida. – T.S.

Vindo da Inglaterra no começo dos anos 1960, encontrei na arte *pop* a mesma excitação e alegria que eu tinha experimentado ao conhecer o *blues*. Fui sortudo o suficiente para encontrar Andy Warhol no começo de sua carreira, e através de seus óculos de raio X vi o impetuoso, bizarro e maníaco submundo da publicidade, produtos de supermercado, gibis e arte barata trazidos para a espalhafatosa, fervilhante e reveladora vida. Trabalhar com Tony no livro me fez relembrar os antigos encontros com pessoas desconcertantes e luminosas: Ivan Karp, Henry Geldzahler, Jim Rosenquist, Leo Castelli, Jasper Johns, Bob Rauschenberg, Edie Sedgwick, Ondine, Taylor Mead e Jackie Curtis. O mundo da arte que existia nos anos 1960 agora parece remoto e estranho, na extremidade do gigantesco animal pós-moderno que ele inconscientemente deu à luz.

Gostaria também de agradecer a dois malucos do passado – Billy Name e Nat Finkelstein –, pelas histórias e opiniões com que contribuíram para o livro, e à radiante Julia Moore, por localizar sem medo algumas fotografias esclarecedoras e belas. Obrigado também à minha agente, Eileen Cope, e ao meu editor, Jennifer Barth, que saltou destemidamente para a aventura que foi este livro.

E por fim, mas não menos importante, à minha amada Coco Pekelis, que evitou que o manuscrito rolasse estrada abaixo e que meu cérebro saltasse do precipício pós-moderno mais próximo. – D. D.

Crédito de imagens

Agradecemos às seguintes pessoas e instituições a permissão para reproduzir ilustrações no texto:

Páginas 18 e 21: Coleção Andy Warhol Museum, Pittsburgh.

Página 52: Ben Martin/Time Life Pictures/Getty Images. Licenciado por AUTVIS.

Página 59: das coleções do Wisconsin Center for Film and Theater Research (negativo 10651mp).

Página 62: Robert Caplin/The New York Times/Redux.

Páginas 68, 203 e 321: Fred W. McDarrah/Getty Images.

Página 77: Fotógrafo não identificado. A imagem foi uma cortesia de James Rosenquist.

Página 89: John Ardoin, cortesia do Serendipity 3.

Página 94, 210, 276, 297, 355, 376 e 383: © Billy Name/Ovoworks.

Página 110: John Loengard/Getty Images. Licenciado por AUTVIS

Página 122: © 2009 The Andy Warhol Foundation for the Visual Arts/ARS, Nova York. Licenciado no Brasil por AUTVIS. Crédito da foto: The Andy Warhol Foundation, Inc./Art Resource, Nova York.

Página 129: © Steve Schapiro.

Páginas 161, 192, 207, 269, 288 e 338 : © Stephen Shore.

Página 179: Fred W. McDarrah/Getty Images.

Página 250: Walter Daran/Getty Images.

Páginas 266, 273 e 298 : © Nat Finkelstein.

Páginas 204: © Steve Schapiro/Corbis.

Páginas 323: © Steve Schapiro/Corbis. Licenciado por AUTVIS

Página 342: © Alan Aldridge. Design by Alan Aldridge.

Página 416: © Bettman/Corbis.

Página 432: Daily News, primeira página de 23 de fevereiro de 1987.

Referências

Salvo indicação contrária, todas as entrevistas foram feitas por Tony Scherman. Quase todas as entrevistas foram feitas pessoalmente; quando isso se mostrou impossível, elas se deram por telefone. Não houve entrevistas por e-mail.

PRÓLOGO

Entrevistas: Nathan Gluck (29 de novembro e 5 de dezembro de 2000); Daniel Harris (1º de dezembro de 2002 e 2 de dezembro de 2003); Charles Lisanby (25 de janeiro de 2002); George Warhola (5 de dezembro de 2001); James Warhola (4 de abril de 2002); John Warhola (19 de abril de 2002); Paul Warhola (18 de agosto de 2001); e Paul Warhola Jr. (30 de março de 2003).

9. *Dia 30 de agosto, 1960*: Todas as informações estão na seção de abertura dos documentos pessoais e de negócios de Andy Warhol, Andy Warhol Museum Archive, Pittsburgh, Pensilvânia (daqui em diante AWMA); visitas à ex-casa de Andy Warhol no 1342 da avenida Lexington, New York City; Douglas Kellner (ed.), *Emile de Antonio's painters painting: a CD-ROM by Ron Mann,* Voyager, 1998.

12. *um negócio de US$ 12 bilhões ao ano em 1960*: U. S. Department of Commerce,

Bureau of the Census, *Statistical Abstract of the United States, 1960* (Washington, D.C.: GPO, 1960), p. 855.

13. "O impacto inicial do pop": Robert Rosenblum, "Warhol as art history", em Kynaston McShine (ed.), *Andy Warhol: a retrospective* (Nova York: Museum of Modern Art, 1989), p. 28.

13. "Os novos banais": Max Kozloff, "'Pop' culture, metaphysical disgust, and the new vulgarians", *Art International* 7, março de 1962, pp. 35-6.

14. em 2007, a pintura de Warhol [...] de 1963: Souren Melikian, "Warhol works sell for $ 136,7 at Christie's sale", *International Herald Tribune*, 17 de maio de 2007.

CAPÍTULO I: ORIGENS

Entrevistas: Roger Anliker (21 de janeiro de 2001); Ruth Ansel (14 de fevereiro de 2001); Seymour Berlin (26 de janeiro de 2001); Stephen Bruce (12 de dezembro de 2000); Gary Carey (21 de dezembro de 2001); George Chauncey (27 de janeiro de 2003); Denton Cox (13 de março de 2002 e 22 de abril de 2003); Betty Lou Saxton Davis (7 de novembro de 2001); Lou Dorfsman (18 de dezembro de 2000); Gene Feist (4 de abril de 2002); Suzie Frankfurt (25 de janeiro e 10 de fevereiro de 2001); Tina Fredericks (4 de dezembro de 2000); Suzi Gablik (3 de março de 2002); Vito Giallo (8 de dezembro de 2000); Milton Glaser (19 de janeiro de 2001); Nathan Gluck; Joseph Groell (15 de dezembro de 2000); Daniel Harris (1º de dezembro de 2002); George Hartman e Buddy Radisch (19 de dezembro de 2000); Leon Hecht (15 de novembro de 2001); Robert Heide (28 de março de 2001 e 11 de fevereiro de 2003); Alan Helms (8 de março de 2002); Ellsworth Kelly (25 de janeiro de 2002); Leonard Kessler (19 de dezembro de 2000); Nick Kish (23 de agosto de 2001); George Klauber (31 de janeiro de 2001); Diana Klemin (2 de janeiro de 2002); Tom Lacy (8 de maio de 2001); Alfred Leslie (7 de dezembro de 2001 e 7 de janeiro de 2002); Charles Lisanby; James McCourt (8 de fevereiro de 2002); Paula Madawick (26 de janeiro de 2001); Paul Robert Magocsi (20 de maio de 2001); John Mann (25 de fevereiro de 2002); Duane Michals (12 de fevereiro de 2001); Billy Name (7 de maio de 2001 e 15 de janeiro de 2003); Claes Oldenburg (28 de março de 2002); Peter Palazzo (25 de janeiro de 2001); Philip Pearlstein (4 de maio de 2001); Edward Plunkett (29 de novembro de 2001); Marcus Ratliff (28 de fevereiro de 2001); John Righetti (12 de setembro de 2003); Gretchen Jacob Schmertz (26 de janeiro de 2001); Richard Smith (17 de novembro de 2000); Connie Trimble (4 de abril de 2001); John Wallowitch (15 de fevereiro de 2001); George Warhola; James Warhola; Paul Warhola; Paul Warhola Jr.; Edmund White (26 de fevereiro de 2002); Henry Wolf (15 de novembro de 2001).

17. *O quanto seu passado foi estranho*: *Warhola absoluto*, DVD, documentário dirigido por Stanislaw Mucha (2001; TLA Releasing, 2004).

18. *As 800 mil a 1,2 milhão de pessoas conhecidas [...] como rutenos*: Informação sobre os rutenos e os ruteno-americanos em Paul Robert Magocsi, *The Rusyns of Slovakia: an historical survey* (Nova York: Columbia University Press, 1993); R. Magocsi, *The Carpatho-Rusyn Americans* (Nova York: Chelsea House, 1989); e entrevistas com R. Magocsi e John Righetti.

19. *Quando Ondrej estava desempregado ou doente*: David Bourdon, *Andy Warhol* (Nova York: Abrams, 1989), p. 17.

20. *Que se lembraria do garoto como "magnificamente talentoso"*: Victor Bockris, *Life and death of Andy Warhol* (Londres: Frederick Muller, 1989), p. 52.

20. *Não é exagero dizer que os ícones*: Jane Dagett Dillenberger, *The religious art of Andy Warhol* (Nova York: Continuum, 1998), p. 19.

21. *Os Warhola alugaram o segundo andar*: Esse bilhete e muitos dos fatos sobre os anos de faculdade de Warhol vieram de Bennard B. Perlman, "The education of Andy Warhol", *The Andy Warhol Museum: the inaugural publication* (Pittsburgh: Andy Warhol Museum, 1994; distribuído por Art Publishers), p. 148.

22. *Andy mantinha um adorável caderno*: Bockris, *Life and death of Andy Warhol*, p. 41.

22. *No fim da adolescência, Andy posaria*: Andy/Garbo fotos em Patrick S. Smith, *Andy Warhol's art and films* (Ann Arbor: UMI Research Press, 1986), pp. 2, 8.

22. *Convinha ao adulto Warhol*: Andy Warhol, *A filosofia de Andy Warhol: from A to B and back again* (Nova York: Harcourt Brace Jovanovich, 1975), p. 21.

23. *"Ele tinha o sorriso mais bonito"*: Bockris, *Life and death of Andy Warhol*, p. 43.

23. *Embora ele pareça ter retirado*: AWMA, correspondência.

25. *Andy não apenas não conseguiu ir ver o caixão*: Bockris, *Life and death of Andy Warhol*, p. 45.

26. *"O Andy Warhol adulto tornou-se um autor prolífico"*: Wayne Koestenbaum, *Andy Warhol* (Nova York: Viking, 2001), p. 30.

27. *"Aprendi quando era pequeno"*: Andy Warhol e Pat Hackett, *POPism* (Nova York:

Harcourt Brace Jovanovich, 1980), p. 108.

27. *"É a sua irmã?"*: Perlman, "The education of Andy Warhol", p. 154.

27. *Decidiu ter aulas de dança moderna*: Bourdon, *Andy Warhol*, p. 22.

27. *"calouro do Departamento de Pintura e Design"*: Ibid., p. 21; David Bourdon Papers, Arquivo da Arte Americana (daqui em diante AAA), Smithsonian Institution, Washington, D.C.

28. *"Não conseguia colocar um selo em um envelope"*: Entrevista de David Bourdon a Imilda Tuttle, 1º de abril de 1968, Bourdon Papers, AAA.

28. *"Ele era um gênio nato"*: Entrevista de Carl Willers em Patrick S. Smith, *Warhol: Conversations about the artist* (Ann Arbor: UMI Research Press, 1988), p. 144.

29. *Andy inscreveu The Broad*: Perlman, "The education of Andy Warhol", p. 164.

29. *status de refusé de Andy*: Cynthia Munro, "We hitch our wagons: Stuart Davis and Cynthia", *Mademoiselle* 45, n. 4, agosto de 1957, p. 266.

31. *ele começou a deixar de usar o "a"*: Perlman, "The education of Andy Warhol", p. 164.

32. *De acordo com um colega de turma*: Ibid., p. 158.

32. *Embora possa ter sido originalmente uma tentativa*: No mínimo duas vezes no começo dos anos 1950, Warhol conseguiu serviços importantes por causa da semelhança de seu trabalho com o de Shahn: para Lou Dorfsman, na CBS, em 1952, e para Peter Palazzo, quando esse último era diretor de arte na revista *America*. "Era uma imitação óbvia de Ben Shahn", afirmou Palazzo sobre o trabalho de Warhol.

33. *Quando você faz algo rigorosamente errado*: Warhol e Hackett, *POPism*, p. 287.

33. *Como o crítico de arte Dave Hickey escreve*: Dave Hickey, "The importance of remembering Andy", manuscrito inédito, p. 18.

34. *Ele soltava tímidas observações para completos estranhos*: Entrevista com Joseph Groell.

37. *"a coisa mais fresca e nova nos jornais"*: Peter Palazzo, *Art direction*, maio de 1956, p. 40.

37. *recebeu US$ 12.000*: Ver carta de 1957 de Peter Palazzo a Andy Warhol, AWMA.

39. *Uma pista é o fluxo contínuo de cartões-postais*: Ver AWMA.

39. *"O fato de Andy ser gay"*: Charles Lisanby, entrevista a Tony Scherman.

40. *Graças à virulenta homofobia da época*: A maior parte das observações sobre a vida gay de Manhattan nos anos 1950 foi retirada de entrevistas. O melhor trabalho histórico sobre a vida gay de Nova York, o impressionante estudo de 1993 de George Chauncey, *Gay New York*, termina um pouco antes da Segunda Guerra Mundial. Usei algo de John D'Emilio, *Sexual politics, sexual communities* (Chicago: Universidade de

Chicago Press, 1983); Charles Kaiser, *The gay metropolis: 1940-1996* (Boston: Houghton Mifflin, 1997); John Loughery, *The other side of silence* (Nova York: Holt, 1998); Martin Duberman, *Stonewall* (Nova York: Dutton, 1993); e Alan Helms, *Young man from the provinces* (Boston: Faber and Faber, 1995).

41. *"Eu transitava entre os sorrisos afetados"*; Kellner (ed.), *Emile de Antonio's painters painting: a* CD-ROM *by Ron Mann*, Voyager, 1998.

42. *em 1957, ele gastou US$ 1.900,95 lá*: Documentos financeiros de Warhol, AWMA.

42. *A colaboração de Warhol-Wallowitch*: Ver, por exemplo, muitas fotografias de Edward Wallowitch em Georg Frei e Neil Printz (eds.), *O catálogo raisonné de Andy Warhol* (Nova York: Phaidon, 2002).

43. *Então os dois também perderam contato*: Quando Edward morreu, em 1981, John, que não via Andy havia anos, decidiu telefonar-lhe. Quando ele deu a notícia, do outro lado o telefone ficou mudo. Então Andy começou a chorar. Não algumas lágrimas, mas enormes soluços. "Ele só repetia: 'Ah, Eddie, Eddie, Eddie'." John ficou chocado com a demonstração de sentimento de Andy.

47. *Eles abrangiam desde o inócuo [...] até o sugestivo*: (Nova York: Galeria Gagosian, 2002), o catálogo para a exposição de mesmo nome contém desenhos eróticos de Warhol dos anos 1950.

47. *"Na hora em que estávamos sentados frente a frente*: Citação de Dick Banks.

49. *As exposições ganharam resenhas [...]: "um ar de preciosidade, de cuidadosa perversidade estudada*: James Fitzsimmons, *Art Digest*, julho de 1952, p. 19; *um estilo original de linhas:* Barbara Guest, *Art News*, verão de 1954, p. 75; *poderia ter sido feito por Jean Cocteau em um dia livre*: Stuart Preston, *New York Times*, 3 de março de 1956, p. 37; *uma estranha elegância de pura loucura*: Parker Tyler, *Art News*, dezembro de 1956, p. 59; *baseado sobretudo no próprio senso de originalidade audaz do artista*: Stuart Preston, *New York Times*, 7 de dezembro de 1957, p. 17; *esse deliciosamente ilustrativo jogo grosseiro*: Sidney Tillim, *Art News,* janeiro de 1960.

50. *Warhol entrou no Museu de Arte Moderna*: Carta para Warhol de Alfred Barr, diretor, Museum of Modern Art, 18 de outubro de 1956, AWMA.

50. *como o expressionista abstrato Barnett Newman disse:* Citado em Harold Rosenberg, *The anxious object* (Nova York: Horizon Press, 1964), p. 172.

51. *"um monumento ao espírito humano"*: Erle Loran, "Pop artists or copycats?", *Art News*, setembro de 1963, p. 49.

51 *O expressionismo abstrato, escreveu em 1964 Clement Greenberg*: Clement Greenberg, "Post painterly abstraction", em John O'Brian (ed.), *The collected essays and criticism*, vol. 4, *Modernism with a vengeance: 1957-1969* (Chicago: Universidade de Chicago Press, 1993), pp. 193-4.

51. *O expressionismo abstrato, relembra Roy Lichtenstein*: Roy Lichtenstein, entrevistado por Billy Klüver e Julie Martin, 16 de agosto de 1990. Transcrição emprestada a TS por BK/JM.

51. *"A pintura", anunciou Rauschenberg*: "Statement", em Dorothy Miller (ed.), *Sixteen Americans* (Nova York: Museum of Modern Art, 1959), p. 58.

53. *"Se você quer saber tudo sobre Andy Warhol"*: Gretchen Berg, "Nothing to lose: interview with Andy Warhol", *Cahiers du Cinéma*, maio de 1967.

54 *ele copiou a maior parte de uma página*: Heiner Bastian (ed.), *Andy Warhol* (Colônia: DuMont Buchverlag, 2001), p. 92.

54. *Dois anos depois, ele desenhou*: Ibid., p. 93.

55. *"comandando um ataque incansável"*: Perfil de Duchamp por Calvin Tomkins, *A noiva e os solteiros* (Nova York: Viking, 1965), pp. 9-69.

55. *"Bem, Duchamp está por trás de Andy"*: Henry Geldzahler, entrevista não publicada por Jean Stein, 1973, papéis de Henry Geldzahler, Livro Raro e Manuscrito da Biblioteca de Beinecke, YUniversidade de Yale, New Haven, CT.

56. *"Muitas das* instalações *de lixo"*: Hilton Kramer, "Month in review", *Arts Magazine*, novembro de 1960, p. 50.

56. *"Julgando-a 'uma exposição vívida'"*: Thomas Hess, "Mixed mediums for a soft revolution", *Art News*, verão de 1960, p. 45.

56. *"Devemos ficar absortos"*: Allan Kaprow, "The legacy of Jackson Pollock", *Art News*, outubro de 1958, pp. 56-7.

57. *"Tiras em quadrinhos, mesas de piquenique, calças masculinas, celebridades"*: Warhol e Hackett, *POPism*, p. 1.

57 *Emile de Antonio era um homem impossível*: Perfil de Emile de Antonio a partir de muitas fontes, incluindo Kellner (ed.), *Emile de Antonio's painters painting*; Douglas Kellner e Dan Streible (eds.), *Emile de Antonio: a reader* (Minneapolis: Universidade de Minnesota Press, 2000); Randolph Lewis, *Emile de Antonio: radical filmmaker in cold War America* (Madison: Universidade de Wisconsin Press, 2000).

58. *"De foi quase o primeiro"*: Henry Geldzahler, entrevista inédita por Jean Stein,

1973, papéis de Geldzahler, Biblioteca Beinecke.

58. *Sua revelação inicial sobre o mundo artístico*: De Antonio a Barbara Rose, entrevista em CD, Getty Archive.

59. *Andy já tinha suspeitado de que o sucesso no mundo da arte era "tudo promoção"*: Recontando uma conversa com Warhol, em que Andy tinha chamado Rauschenberg de uma combinação de "terrível" e "uma merda" que "qualquer um [poderia] fazer", Ted Carey relembra ter falado para seu amigo: "Bom, e por que você não faz, já que é tudo promoção?".

59. *De Antonio foi a primeira pessoa que ele conheceu*: Warhol e Hackett, *POPism*, p. 4.

60. *No começo da década de 1970*: Kellner (ed.), *Emile de Antonio's painters painting*.

CAPÍTULO 2: 1961

Entrevistas: Irving Blum (12 de julho de 2001); Nathan Gluck; Timothy Hennessey (28 de março de 2002); Walter Hopps (3 de fevereiro de 2002); Robert Indiana (5 de abril de 2002); Ivan Karp (26 de março de 2001); Ellsworth Kelly; Mark Lancaster (5 de dezembro de 2001); Muriel Latow (21 de fevereiro de 2002); John Mann; Patty Mucha (22 de outubro de 2002); Barbara Rose (2 de fevereiro de 2002); Robert Rosenblum (19 de dezembro de 2001); Christopher Scott (6 de abril de 2002); Harold Stevenson (20 de março de 2002); Connie Trimble (4 de abril de 2001); Paul Warhola; William Wilson (25 de julho de 2001).

61. *"[As conversas] eram sempre, basicamente, Andy me fazendo falar"*: Entrevista inédita de Henry Geldzahler por Jean Stein, 1973, papéis de Henry Geldzahler, Biblioteca Beinecke.

63. *sua renda bruta atingiu US$ 70.000 em 1960*: AWMA.

63. *para não mencionar uma estada de quatro dias no hospital*: Ibid.

63. *Logo após o Dia dos Namorados de 1961*: "Projected Images", em Georg Frei e Neil Printz (eds.), *O catálogo raisonné de Andy Warhol*, vol. 1, "Paintings and sculpture 1961-1963" (Nova York: Phaidon, 2002), pp. 20-46.

65. *De acordo com uma intrigante teoria proposta*: Kenneth Silver, "Modes of disclosure: the construction of gay identity and the rise of pop art", em Russell Ferguson (ed.), *Hand painted pop: American art in transition 1955-1962* (Nova York: Rizzoli International, 1992).

66. *"É bom porque é horrível"*: Susan Sontag, "Notes on camp", *Partisan Review*, outono de 1964, pp. 515-30.

66. *"Ele entendeu que se queria conseguir trabalho como ilustrador"*: Steven Watson entrevistando Paul Morrissey, 27 de julho de 2001, dividido com TS.

66. *Como Warhol escreveu posteriormente*: Warhol, *A filosofia de Andy Warhol*, p. 158.

67. *outro desenho de dinheiro, uma nota de US$ 1 milhão*: Mark Francis e Dieter Koepplin (eds.), *Andy Warhol, Drawings, 1942-1987* (Pittsburgh: Andy Warhol Museum, 1998), lâmina 138.

67. *Três esmeradas apropriações prefiguram as pinturas de jornais de 1961 e 1962*: Ibid., lâmina 91.

69. *Andy, incapaz de se conter*: Andy Warhol e Pat Hackett, POP*ism* (Nova York: Harcourt Brace Jovanovich, 1980), p. 11.

69. *Como Andy relembrou, sua resposta inicial, "estúpida"*: Ibid.

69. *"Quanto ao 'mulherzinha'"*: Ibid.

70. *Se Andy ainda estava "cercado de pessoas* fashion": Douglas Kellner (ed.), *Emile de Antonio's painters painting: a* CD-ROM *by Ron Mann*, Voyager, 1998.

70. *Não havia nada errado*: Warhol e Hackett, POP*ism*, p. 12.

70. *Johns posteriormente negou*: Jasper Johns, entrevistado por Paul Taylor em *Interview*, julho de 1990, pp. 96-100, 122-3, republicado em Kirk Varnedoe (ed.), *Jasper Johns: writing, sketchbook notes, interviews* (Nova York: Museum of Modern Art, 1996), p. 250.

70. *Em 24 de fevereiro*: AWMA.

71. *Janeiro e fevereiro marcaram a aquisição*: AWMA.

71. *No Museu de Arte Moderna*: Ted Carey, entrevista em Patrick S. Smith, *Andy Warhol's art and films* (Ann Arbor: UMI Research Press, 1986), pp. 253-4.

71. *Durante dez dias, no fim de março e início de abril*: Agenda de Andy Warhol, AWMA.

73. *esse "foi o começo das coisas americanas"*: Roy Lichtenstein, entrevistado por Clare Bell, Lichtenstein Foundation, 1º de junho de 1992.

73. *por que não pintar do jeito que era?*: Ibid.

75. *"Cada observação que eu fazia era contestada"*: Walter Hopps, citado em Jean Stein, editado com George Plimpton, *Edie: an American biography* (Nova York: Knopf, 1982), p. 193.

75. *Por fim, Warhol apresentou seu trabalho*: Ibid.

76. *"a direção do seu trabalho não me interessava"*: Ibid.

76. *Roy Lichtenstein tinha terminado uma dúzia de pinturas*: Roy Lichtenstein, entrevistado por Richard Brown Baker, 6 e 11 de dezembro de 1963 e janeiro de 1964, AAA.

77. *A arte pop provavelmente não teria decolado*: Material biográfico sobre Ivan Karp, de muitas fontes, entrevistas com Karp e outros, e Warhol e Hackett, POP*ism*.

81. *Mas teve de ser algo muito mais magnético*: Passagem ferroviária em AWMA.

81. *Em 1961, os ganhos com arte comercial de Warhol caíram*: AWMA.

82. *Swenson, um visitante no início de 1961*: Andy Warhol, entrevistado por G. R. Swenson, "What is pop art? Part 1", *Art News*, novembro de 1963, pp. 24-7, reimpresso em Stephen Henry Madoff (ed.), *Pop art: a critical history* (Berkeley: Universidade da California Press, 1997).

82. *Uma grande exclamação pontua o dia 17 de setembro*: Agenda de Andy Warhol, AWMA.

84. *como disse mais tarde Henry Geldzahler*: Henry Geldzahler, entrevista inédita por Jean Stein, 1973, papéis de Geldzahler, Biblioteca Beinecke.

85. *"Uma vez que ele não sabia nada sobre mim"*: Warhol e Hackett, *POPism*, p. 7.

87. *Um cheque de US$ 50, com data de 23 de novembro de 1961*: AWMA.

87. *"Foi em uma daquelas noites"*: Warhol e Hackett, *POPism*, p. 18.

88. *Mas, na verdade, Warhol, como era sua prática*: AWMA.

89. *Em uma entrevista de 1978*: Ted Carey, entrevista em Smith, *Andy Warhol's art and films*, pp. 256-7.

89. *O relato de Warhol em POPism faz eco a Carey*: Warhol e Hackett, *POPism*, pp. 6-7.

89. *Um de seus livros*: Roberta Latow, *Cheyney Fox* (Nova York: Fawcett, 1990).

90. *Georg Frei e Neil Printz*: Frei e Printz (eds.), *O catálogo raisonné de Andy Warhol*, p. 64.

91. *"Ao oferecer à venda"*: Kynaston McShine (ed.), *Andy Warhol: a retrospective* (Nova York: Museum of Modern Art, 1989), p. 434.

92. *Foi, como o filósofo/crítico de arte que Arthur Danto escreve*: Arthur Danto, *Beyond the Brillo box* (Berkeley: Universidade da California Press, 1992), p. 140.

92. *De acordo com o amigo de Andy*: Mario Amaya, entrevista por John Wilcock, em John Wilcock, *The autobiography and sex life of Andy Warhol* (Nova York: Other Scenes, 1971).

94. *"Imagine o mundo da arte"*: Peter Schjeldahl, "Henry's show", *Village Voice*, 20 de setembro de 1994.

95 *Ele era "a conexão"*: "Henry here, Henry there... Who is Henry?", *Life*, 18 de fevereiro de 1966, p. 42.

95. *"Ele podia encontrar uma galeria para um pintor"*: Frances Fitzgerald, "What's new, Henry Geldzahler, what's new", *New York Herald Tribune*, 21 de novembro de 1965, p. 15.

95. *"Quando o víamos virando a esquina"*: Ibid.

95. *Ele gostava de contar como, aos quinze anos*: Ingrid Sischy, "An interview with Henry Geldzahler", em Henry Geldzahler, *Making it new* (Nova York: Turtle Point Press, 1994), p. 4.

96. *Calvin Tomkins, em um perfil de Geldzahler*: Calvin Tomkins, "Moving with the flow", *New Yorker*, 6 de novembro de 1971, pp. 58-113.

97. *Em um ensaio sobre o filme de Warhol de 1964*: "Warhol Film/Geldzahler", fax do Warhol Film Project para Beaubourg, Musée National d'Art Moderne, AWMA.

97. *A homossexualidade, ele escreveu em um diário*: Papéis de Henry Geldzahler, Biblioteca Beinecke.

97. *De acordo com De Antonio*: Kellner (ed.), *Emile de Antonio's painters painting*.

98. *"Foi simplesmente mágico"*: Henry Geldzahler, entrevistado por Jean Stein, 1973, papéis de Geldzahler, Biblioteca Beinecke.

98. *O encontro deve ter ocorrido*: Agenda de Andy Warhol, AWMA.

98. *Warhol o observou registrando cada item*: Warhol e Hackett, *POPism*, p. 15.

98. *Warhol e Geldzahler se tornaram quase de imediato*: Warhol e Hackett, *POPism*, pp. 15-6.

98. *Contemplando uma série de obras-primas iniciais de Dalí*: Henry Geldzahler, "Objects and subjects in Warhol's art", palestra, Galeria de Western Australia, Perth Cultural Center, Perth, Austrália, março de 1994.

99. *Geldzahler disse certa vez que tudo o que se lembrava*: Henry Geldzahler, entrevista por David Bourdon, 4 de outubro de 1987, Bourdon Papers, AAA.

99. *"De vez em quando", lembrou-se Geldzahler*: Henry Geldzahler, entrevista inédita por Jean Stein, 1973, Geldzahler Papers, Biblioteca Beinecke.

99. *Em algum momento em 1962, ele teve o "delicioso prazer"*: Smith, *Andy Warhol's art and films*, p. 307.

100. Quando Andy se sentia vazio, disse Henry: Henry Geldzahler, "Objects and subjects in Warhol's Art".

CAPÍTULO 3: 1962

Entrevistas: Roger Anliker; Ruth Ansel; Irving Blum; Stephen Bruce; Wyn Chamberlain (4 de agosto de 2001); Sarah Dalton (20 de maio de 2001); Nathan Gluck; John Giorno (26 de janeiro de 2002); Sam Green (28 de junho de 2001 e 26 de julho de 2001); Joseph Groell; Timothy Hennessey; Walter Hopps (3 de fevereiro de 2002); Ivan

Karp; Alex Katz (20 de dezembro de 2001); George Klauber; Diana Klemin; Billy Klüver (1º de dezembro de 2001); Tom Lacy; Alfred Leslie (7 de janeiro de 2002); Charles Lisanby; Marguerite Littman (5 de agosto de 2001); Gerard Malanga (17 de julho de 2001 e 3, 19 e 22 de março de 2003); Marisol (14 de janeiro de 2002); Duane Michals; Patty Mucha; Edward Plunkett; Barbara Rose (2 de fevereiro de 2002); Robert Rosenblum; James Rosenquist (por David Dalton, 8 de julho de 2008); Richard Smith (21 de novembro de 2000); Floriano Vecchi (9 de fevereiro de 2002); William Wilson; Hanford Yang (5 de dezembro de 2002).

102. A epifania pop de Andy, sua ruptura decisiva: Muitas fontes, incluindo Douglas Kellner (ed.), *Emile de Antonio's painters painting*: a CD-ROM *by Ron Mann*, Voyager, 1998; Andy Warhol e Pat Hackett, *POPism* (Nova York: Harcourt Brace Jovanovich, 1980), pp. 5-6.

103. Em 7 de março, David Bourdon: Papéis de Bourdon, AAA.

103. Enquanto isso, Andy estava trabalhando incansavelmente: Agenda de Andy Warhol, AWMA.

*104. "Warhall [*sic*] (pintor)"*: Papéis de Robert Scull, AAA, Sucursal de Nova York.

105. Como De Antonio disse: Kellner (ed.), *Emile de Antonio's painters painting*.

105. A carta de rejeição de Jackson descreve adequadamente a situação: Steven Watson, *Factory made* (Nova York: Pantheon, 2003), p. 81.

106. A primavera de 1962 trouxe: Clement Greenberg, "America takes the lead", em John O'Brian (ed.), *The collected essays and criticism*, vol. 4, *Modernism with a vengeance: 1957-1969* (Chicago: Universidade de Chicago Press, 1993), p. 215.

106. A Time *fez um perfil de Dine na edição de 2 de fevereiro*: *Time*, "The smiling workman", 2 de fevereiro de 1962, p. 44.

107. Na edição da Arts Magazine de fevereiro de 1962: Sidney Tillim, "Month in review: New York exhibitions", *Arts Magazine*, fevereiro de 1962, pp. 34-7.

107 As reflexões de Tillim foram estimuladas: Claes Oldenburg, *Claes Oldenburg's Store Days* (Nova York: Something Else Press, 1967).

108. A partir das estrofes iniciais: Claes Oldenburg, "Statement", em *Environments, situations, spaces*, catálogo de exposição, Galeria Martha Jackson, maio-junho de 1961, reimpresso em Stephen Henry Madoff (ed.), *Pop art: a critical history* (Berkeley: Universidade da California Press, 1997), pp. 213-5.

108. Sua geração, ele escreveu em seu livro de notas: Claes Oldenburg, *Claes Oldenburg's Store Days*, p. 60.

108. Em 17 de maio, Warhol comprou uma das peças: Receita, datada de 17 de maio de 1962, AWMA.

109. Depois de ver os quadros de Rosenquist: Ted Carey, entrevistado por Patrick S. Smith, *Andy Warhol's art and films* (Ann Arbor: UMI Research Press, 1986), p. 255.

109. Ele sem dúvida soube por intermédio de Karp: Ivan Karp, entrevista inédita por David Bourdon, 7 de março de 1962, papéis de Bourdon, AAA.

110. "O que faço é forma": Swenson, reimpresso em Madoff (ed.), *Pop art*, p. 108.

111. "Pego um clichê e tento organizar suas formas": Lichtenstein, catálogo, mostra "A nova arte", 1º a 22 de março de 1964, Universidade de Wesleyan, Middletown, Conneticut, ensaio por Lawrence Alloway, capa por Robert Indiana.

111. De acordo com Richard Bellamy, da Galeria Green: Marvin Elkoff, "American artist as blue chip", *Esquire*, janeiro de 1965, pp. 36-41.

112. O artigo da revista Time, *"A escola da fatia de bolo"*: *Time*, "The slice of cake school", 11 de maio de 1962, p. 52.

112. Geldzahler posteriormente reclamaria: Em *New York Spy*, citação retirada de manuscrito, papéis de Henry Geldzahler, Biblioteca Beinecke.

113. A legenda dizia "Só porque eu gosto": *Time*, "The slice of cake school", p. 52.

113. "Quero mostrar a monotonia": Marguerite Lamkin, "New York newsletter", *London Evening Standard*, 12 de setembro de 1962.

113. "Sinto como se eu pertencesse": Berg, op. cit.

113. Quando a edição de 11 de maio: Agenda de Andy Warhol de 1962, AWMA. Warhol comprou cinco cópias da revista em 7 de maio e mais quarto em 13 de maio.

113. Em 3 de maio, pouco antes de a revista estar à venda: Agenda de Andy Warhol, AWMA.

114. a Life, *seguindo o* lead *da sua concorrente*: "Something new is cooking", *Life*, 15 de junho de 1962, pp. 115-6.

114. Quando David Bourdon lhe fez uma visita: Bourdon, entrevistas inéditas com Warhol, 7 e 12 de março de 1962, Bourdon Papers, AAA.

115. Anos mais tarde, Henry Geldzahler gostava de dizer: Henry Geldzahler, *Making it new: essays, interviews, and talks* (Nova York: Turtle Point Press, 1994).

115. Na serigrafia, o artista corta o desenho em um estêncil: Para mais informações sobre *silkscreen*, ver David Acton, David Amram e David Lehman (eds.), *The stamp of impulse* (Manchester, VT: Hudson Hills Press, 2001); J. I. Biegeleisen e Max Arthur Cohn, *Silkscreening techniques* (Nova York: Dover, 1958).

116. Warhol parece ter começado a fazer suas pinturas de notas de dólar: Georg Frei e Neil Printz (eds.), *O catálogo raisonné de Andy Warhol*, vol. 1 (Nova York: Phaidon, 2002), p. 131.

117. No fim de março e em abril: Dia 29 de março, nota fiscal para acetato, AWMA.

118. "O método de carimbo de borracha que eu estava usando": Warhol e Hackett, *POPism*, p. 22.

118. Entre o fim de março e maio: Frei e Printz (eds.), *O catálogo raisonné de Andy Warhol*, vol. 1, pp. 150-8, 182-8, 189-92.

118. De acordo com Bourdon: Bourdon, *Andy Warhol*, p. 108.

118. Johns, descobriu-se, gostou dessa obra: Ibid., p. 123.

120. Active Process Supply Company, na West Broadway: Nota fiscal, AWMA.

120. "Os silkscreens foram realmente um acidente": Kenneth Goldsmith (ed.), *I'll be your mirror: the selected Andy Warhol interviews* (Nova York: Da Capo Press, 2004), p. 294.

122. Mas como Henry Geldzahler descreveu esse encontro: Henry Geldzahler, entrevista não publicada para Billy Klüver e Julie Martin, 16 de agosto de 1990, p. 9.

123. como Warhol iria sustentar alguns anos depois: Richard Marshall e Robert Mapplethorpe, *50 New York artists* (São Francisco: Chronicle Books, 1986), p. 111.

124. "Suspeito de que Andy vai alimentar um monte de artistas": Henry Geldzahler, entrevista para Jean Stein, 1973, papéis de Geldzahler, Biblioteca Beinecke.

124. Ruth Ansel tinha acabado de colocá-lo em um grande artigo da Harper's Bazaar: "The well-mixed party", *Harper's Bazaar*, agosto de 1962, pp. 87-9.

124. Geldzahler, contudo, estava preocupado: Henry Geldzahler, entrevista por David Bourdon, 4 de outubro de 1987, papéis de Bourdon, AAA.

124. "Adorava trabalhar com arte comercial": Warhol, *A filosofia de Andy Warhol*, p. 96.

125. Como ele disse de maneira célebre sobre sua arte: Warhol e Hackett, *POPism*, p. 16.

125. "Como pedir ideias a alguém": Ibid.

125. "A diretora da Galeria Stable": Alan Groh, manuscrito autobiográfico inédito, 1971, AAA.

126. Ward reivindicava um passado próspero: Informação biográfica sobre Ward em Kellner (ed.), *Emile de Antonio's painters painting*; Paul Gardner, "The Stable wasn't just another gallery", *Art News*, maio de 1982, pp. 108-13; Eleanor Ward, entrevista em Smith, *Andy Warhol's art and films*, pp. 505-15, reimpresso com leves modificações em Patrick S. Smith, *Warhol: conversations about the artist* (Ann Arbor: UMI Research Press, 1988), pp. 200-7.

126. A agenda de Warhol indica: Agenda de Andy Warhol, AWMA.

127. Ward se lembra de outro encontro: Ward entrevistada em Smith, *Andy Warhol's art and films*, p. 504.

127. Na versão de De Antonio: Kellner (ed.), *Emile de Antonio's painters painting*.

127. A versão de Ward começa ao menos com um fato documentado: Ward entrevistada em Smith, *Andy Warhol's art and films*, p. 504.

128. Em 1957, ele pediu a um amigo: Buzz Miller, entrevista por Jill Hartz, curador, Universidade de Virginia Art Museum, do catálogo da exposição *In honor of Alan Groh '49: The Buzz Miller Collection of Modern Art*.

129. "32 pinturas chegaram bem": Cartão-postal de Irving Blum para Andy Warhol, AWMA.

129. A comunidade avant-garde *de Los Angeles*: Thomas Crow, *The rise of the sixties* (Nova York: Abrams, 1996), p. 72.

130. "Os dardos que ele está lançando": Henry J. Seldis, *Los Angeles Times*, 13 de julho de 1962, Seção 4, p. 6.

130. Na mesma rua da Ferus: Jack Smith, "Soup can painter uses his noodle", *Los Angeles Times*, 23 de julho de 1962, p. C1.

130. um cartum retratava dois beatniks: Frank Interlandi, *Los Angeles Times*, 1º de agosto de 1962, p. A5.

130. "Anexa, outra resenha estúpida": Cartão-postal de Irving Blum para Andy Warhol, AWMA.

131. Naquele ponto, Walter Hopps: Em descrições anteriores, Blum recebeu crédito pela ideia: ele afirmou em algumas ocasiões que começou a sentir que eles tinham uma "repercussão coletiva" e pertenciam uns aos outros. De acordo com Hopps, a ideia era dele, não de Blum. Ao ouvir a reclamação de Hopps, Blum não discordou; na verdade, disse Blum, o crítico John Coplans tinha sugerido a mesma coisa a ele, e com muito mais ênfase que Hopps.

132. Na Seventeen *"ele foi sempre um rebelde"*: Marvin Harrison, "Marvin Israel", Catálogo da exposição (Galeria Twining, Nova York: 1990), p. 4.

133. A matéria, quatro páginas sobre carros: "Deus ex machina", *Harper's Bazaar*, novembro de 1962, pp. 156-9.

134. Para a edição de dezembro: "Stop, study and applaud — names and faces worth remembering", *Harper's Bazaar*, dezembro de 1962, pp. 90-1.

135. Andy recebeu US$ 412 pela obra: Recibo para Andy Warhol da *Harper's Bazaar*,

9 de novembro de 1962, AWMA.

135. Seria apropriado se a série Marilyn: Por acaso, Bruce lembra de sugerir um projeto sobre Marilyn a Andy (como muitas outras pessoas), mas sua descrição não bate com a de Plunkett.

136. "para registrar um protesto": Michael Fried, "New York letter", *Art International* 6, n. 10 (dezembro de 1962), p. 57.

137. "Em algum lugar da imagem": David Antin, "Warhol's silver tenement", *Art News*, verão de 1966, p. 47.

138. Independentemente do quanto Lichtenstein protestou: Roy Lichtenstein, entrevistado por Richard Brown Baker, 6 e 11 de dezembro de 1963 e 15 de janeiro de 1964, AAA.

139. O marchand inglês Robert Fraser viu Janis naquele verão: Carta de Robert Fraser a David Herbert, AAA.

139. A exposição Neorrealistas *foi aberta com estrondo*: Muitas fontes, incluindo Sidney Janis, "On the theme of the exhibition", catálogo para a exposição *The New Realists*, Galeria Sidney Janis, Nova York, 31 de outubro a 1º de dezembro de 1962; Brian O'Doherty, "Avant-garde revolt", *New York Times*, 31 de outubro de 1962, p. 41; e Harold Rosenberg, "The game of illusion", *New Yorker*, 24 de novembro de 1962, pp. 161-7.

141. "Com essa exposição, a arte 'pop' está oficialmente aqui": Brian O'Doherty, "Avant-garde revolt".

141. "o 'novo realismo' atingiu o mundo da arte": Harold Rosenberg, "The game of illusion".

141. Hilton Kramer, Max Kozloff e Dore Ashton: Hilton Kramer, "Art", *The Nation*, 17 de novembro de 1962, p. 335; Max Kozloff, "'Pop' culture, metaphysical disgust, and the new vulgarians", *Art International* 7, março de 1962, p. 38; Dore Ashton, "New York report", *Das Kunstwerk* 16 novembro-dezembro de 1962, pp. 69-72; Rosenberg, "The game of illusion"; Thomas Hess, "New Realists", *Art News*, dezembro de 1962, p. 12; O'Doherty, "Avant-garde revolt"; Irving Sandler, "In the art galleries", *New York Post Sunday Magazine*, 18 de novembro de 1962, p. 12.

141. *"[O artista pop] é tão reticente"*: Stanley Kunitz, "What is pop art?" *Arts*, abril de 1963, pp. 36-44, reimpresso em Madoff (ed.), *Pop art*, pp. 65-81; a colocação de Kunitz está na p. 75.

142. "Eu diria que todos os neodadaístas": Sidney Tillim, "Month in review", *Arts*, novembro de 1962, p. 36.

142. Para o artigo da Newsweek *sobre a exposição*: "Products", *Newsweek*, 12 de novembro de 1962, p. 94.

143. Ward e Alan Groh haviam colocado dezoito pinturas: O inventário da exposição da Galeria Stable, "Andy Warhol, 6 de novembro a 24 de novembro de 1962", lista n. 19.

145. Henry evidentemente não havia preparado muita coisa: Recibo de Emile de Antonio a Andy Warhol, AWMA.

145. De acordo com Bourdon, a festa foi uma negação: Bourdon, *Andy Warhol*, p. 136.

145. "O ar de banalidade é sufocante": Dore Ashton, "New York report", pp. 69-72.

145. O trabalho de Warhol, Donald Judd escreveu em Arts: Donald Judd, "Andy Warhol", *Arts*, janeiro de 1963, p. 49.

145. Identificando de forma correta a técnica serigráfica: Michael Fried, "New York letter", *Art International*, p. 57.

146. Quase quarto décadas depois: Peter Schjeldahl, "Barbarians at the gate", *The New Yorker*, 15 de maio de 2000, p. 102.

146. Eleanor Ward vendeu todas as pinturas da exposição: Patrick S. Smith, *Andy Warhol's art and films*, p. 505.

146. Um amigo chamado Don Schrader: Warhol e Hackett, *POPism*, p. 25.

147. Ele foi convidado ao apartamento de Zachary Scott: Ibid.

147. Um dia após o Natal : AWMA. (Andy assinou o contrato em fevereiro de 1963.)

147. Dias antes, Johnson havia oferecido a Marilyn de ouro: Frei e Printz (eds.), *O catálogo raisonné de Andy Warhol,* vol. 1, p. 226.

CAPÍTULO 4: 1963

Entrevistas: Callie Angell (22 de maio de 2003); Ruth Ansel; Robert Benton (15 de novembro de 2001); Irving Blum; Wyn Chamberlain; John Chamberlain (11 de dezembro de 2001); Sarah Dalton; Danny Fields (26 de março de 2003); Vincent Fremont (15 de junho de 2003); John Giorno; Nathan Gluck; Sam Green; Leon Hecht (15 de dezembro de 2001); Robert Heide; Allan Kaprow (16 de dezembro de 2001); Ivan Karp; Mark Lancaster; Gerard Malanga; Jonas Mekas (20 de fevereiro de 2003); Patty Mucha; Billy Name; John Richardson (1º de março de 2002); Irving Sandler (3 de maio de 2001); Sal Scarpitta (15 de março de 2003); John Weber (28 de junho de 2001); Chuck Wein (2 de fevereiro de 2003); John Gruen e Jane Wilson (9 de novembro de 2001); William Wilson.

149. Os líderes que haviam guiado o país: "The take-over generation", *Life*, edição especial, 14 de setembro de 1962, pp. 4-19.

150. *Subitamente, todo museu tinha de ter uma exposição pop*: Claes Oldenburg, entrevistado por Paul Cummings, 4 de dezembro de 1973, AAA.

150. *Entre março e dezembro houve exposições*: 1963. Exposições em museus de arte pop listadas em Stephen Henry Madoff (ed.), *Pop art: a critical history* (Berkeley: Universidade da California Press, 1997), p. 407.

150. *Os "seis" eram originariamente sete"*: Barbara Rose, "Pop art at the Guggenheim", *Art International*, maio de 1963, pp. 20-2.

150. *"A arte pop é mais do que tinta e gesso"*: *Newsweek*, "Pop culture", 3 de maio de 1963, p. 138.

151. *Em março, o jovem Sam Green*: Catálogo, exposição "A nova arte", Universidade de Wesleyan.

151. *Ouvindo rádio durante um feriado*: Andy Warhol, entrevistado por G. R. Swenson, "What is pop art? Part 1", *Art News*, novembro de 1963, pp. 24-7.

151. *Cerca de setenta telas de Warhol*: Georg Frei e Neil Printz (eds.), *O catálogo raisonné de Andy Warhol*, vol. 1 (Nova York: Phaidon, 2002), pp. 286-387.

152. *Um amigo se lembra de acompanhá-lo à casa de Eleanor Ward*: O amigo era David Dalton.

152. *As pinturas Carro em chamas* são repetições de uma fotografia: Frei e Printz (eds.), *O catálogo raisonné de Andy Warhol*, vol. 1, pp. 384-7.

154. *Essas eram "imagens que qualquer um"*: Andy Warhol e Pat Hackett, *POPism* (Nova York: Harcourt Brace Jovanovich, 1980), p. 3.

154. *"Não havia uma razão profunda"*: Berg, op. cit.

154. *O tom sem emoção das anotações de Andy*: Frei e Printz (eds.), *O catálogo raisonné de Andy Warhol*, vol. 1, p. 380.

154. *A fonte para* Desastre com atum: Ibid., p. 342.

155. *Um ensaio de 1987 do historiador da arte Thomas Crow*: Thomas Crow, "Saturday Desastres: trace and reference in rarly Warhol", *Art in America*, maio de 1987, pp. 129-36.

155. *Mas uma anotação que Andy rabiscou*: Frei e Printz (eds.), *O catálogo raisonné de Andy Warhol*, vol. 1, p. 348.

155. *A famosa conversa de Gene Swenson com Warhol em 1963*: Swenson, "What is pop art? Part 1".

155. "É difícil ser criativo": Ibid.

155. Em um momento na entrevista de Swenson: Ibid.

156. Sem surpresa, Eleanor Ward recusou-se a expor as pinturas de desastre: David Bourdon, *Andy Warhol* (Nova York: Abrams, 1989), p. 148.

156. Para o crítico Alain Jouffroy: Alain Jouffroy, *Les Prévoyants* (Bruxelles: La Connaissance, 1974), p. 138.

156. Também é possível, como Bourdon sugere: Bourdon, *Andy Warhol*, p. 158.

157. De acordo com o seu amigo Nelson Lyon: Nelson Lyon, entrevistado por Steven Watson, 12 de agosto de 1999, junto com Tony Scherman.

157. "Você literalmente tinha de pular amarelinha sobre os buracos no chão": Warhol e Hackett, *POPism*, p. 15.

157. Seu ritmo era impulsionado por Obetrol: Ibid., p. 33.

157. "aquela sensação de energia, felicidade e excitação no seu estômago": Ibid.

158. No fim de abril, Wyn Chamberlain: Agenda de Andy Warhol, AWMA.

159. Em 25 de maio de 1963, Linich e Warhol: Panfleto para "Mr. New York Contest", AWMA.

160. Em 9 de junho Ford convidou Warhol: Agenda de Andy Warhol, AWMA.

160. dizem que Edward Albee baseou George e Martha: Mel Gussow, *Edward Albee: a singular Journey* (Nova York: Applause Books, 2000), p. 185.

160. "Os últimos dos grandes boêmios": Warhol e Hackett, *POPism*, p. 25.

161. Pelo seu trabalho, Gerard pediu US$ 1,25 por hora: Ibid., pp. 26-7.

162. Eles trabalharam muito naquele verão: Frei e Printz (eds.), *O catálogo raisonné de Andy Warhol*, vol. 1, pp. 355-420.

163. Por intermédio de Malanga, Andy acabou conhecendo Ginsberg bem o bastante: Reva Wolf, *Andy Warhol: poetry and gossip in the 1960s* (Chicago: Universidade de Chicago Press, 1997), pp. 134-8.

164. Em setembro de 1963, Malanga levou John Ashbery: Ibid., p. 86.

164. não apenas escrevendo um elogio quase exagerado: John Ashbery, "Pop artist's horror pictures silence snickers", *International Herald Tribune*, 15 de janeiro de 1964, p. 8.

165. As primeiras pinturas nas quais Malanga trabalhou: Frei e Printz (eds.), *O catálogo raisonné de Andy Warhol*, vol. 1, p. 393.

165. "Prata era o futuro, era espacial": Warhol e Hackett, *POPism*, pp. 64-5.

166. Irving Blum queria um amplo resumo do trabalho recente de Andy: Irving Blum a Andy Warhol, 28 de maio de 1963, AWMA.

166. "Aqueles foram dias sossegados": Warhol e Hackett, *POPism*, p. 27.

167. Houve passeios do grupo para os shows: Ibid., p. 28.

168. cujo irmão, o belo e agora esquecido romancista Speed Lamkin: Ned Rorem, *A Ned Rorem reader* (New Haven: Yale University Press, 2001), p. 276.

169. Na matéria de junho de 1963: "New faces, new forces, new names in the arts", *Harper's Bazaar*, junho de 1963, pp. 64-7.

169. Andy experimentou um formato que usou logo depois: Frei e Printz (eds.), *O catálogo raisonné de Andy Warhol*, vol. 1, pp. 410-21.

169. Uns cinco anos antes, em fevereiro de 1958: Capa de *Seventeen*.

169. A edição de abril de 1963: "Instant self-analysis, 25 cents", *Harper's Bazaar*, abril de 1963, pp. 143-4.

170. A matéria, intitulada "Autoanálise instantânea, 25¢": Israel estava nos cabeçalhos em abril, mas foi substituído em maio por Ansel e Bea Feitler.

171. Frei e Printz datam a pintura do final de junho ou julho: Frei e Printz (eds.), *O catálogo raisonné de Andy Warhol*, vol. 1, pp. 410-1.

171. Mas um recibo de 6 de setembro da Aetna: AWMA.

171. "Tive grandes visões sobre ir até o Richard Avedon": Douglas Kellner (ed.), *Emile de Antonio's painters painting: a CD-ROM by Ron Mann*, Voyager, 1998.

172. Aetna fez uma tela de silk para cada uma: Frei e Printz (eds.), *O catálogo raisonné de Andy Warhol*, vol. 1, p. 410.

173. Com De Antonio Andy aprendeu: Warhol e Hackett, *POPism*, p. 30.

173. Provavelmente no começo de 1962: Ibid., p. 29.

174. incansável propagandista do que estava apenas começando a ser conhecido como "filme underground": Cf. Parker Tyler, *Underground film: a critical history* (Nova York: Grove Press, 1969); David E. James (ed.), *To free the cinema: Jonas Mekas and the New York underground* (Princeton, NJ: Princeton University Press, 1992); Jonas Mekas, *Movie Journal: the rise of a new American cinema, 1959-1971* (Nova York: Macmillan, 1972).

174. Mekas tinha passado fome quando chegara à América em 1949: Jonas Mekas, *I had nowhere to go* (Nova York: Black Thistle Press, 1991); Calvin Tomkins, "All pockets open", *New Yorker*, 6 de janeiro de 1973, pp. 31-49.

174. Autodescrito como "maníaco delirante do cinema": Mekas, "Movie Journal", *Village Voice*, 14 de março de 1963, p. 13.

174. "A pintura está morta": Stan Vanderbeek, "Expanded Cinema: A Symposium, New York Film Festival 1966", em "Expanded Arts", edição especial de *Film Culture*, 1º de dezembro de 1966, p. 1.

175. "Os filmes logo serão feitos tão facilmente": Jonas Mekas, "On film troubadors", "Movie Journal", *Village Voice*, 6 de outubro de 1960, em Mekas, *Movie Journal*, p. 20.

175. Cada um desses filmes era, em maior ou menor grau: Informação sobre os filmes de Jack Smith retiradas de J. Hoberman e Edward Leffingwell (eds.), *Wait for me at the bottom of the pool: the writings of Jack Smith*, (Londres: Serpent's Tail, 1997).

176. o principal antagonista de Mekas, Parker Tyler: Cf., por exemplo, Parker Tyler, *Underground film* (Nova York: Da Capo, 1995) e *Screening the sexes: homosexuality in the movies* (Nova York: Holt, Rinehart, Winston, 1972).

178. Durante sua estada, Giorno acordou na escuridão antes do amanhecer para: Warhol e Hackett, *POPism*, p. 33.

178. Eles começaram a filmar em agosto: John Giorno, *You got to burn to shine* (Nova York: High Risk, 1993), p. 136.

178. Andy passou as primeiras duas semanas recarregando a câmera manualmente: Ibid., p. 137.

179. No fim de semana de 11 e 12 de agosto: Agenda de Andy Warhol, AWMA.

179. Smith invadiu a propriedade: Várias fontes, incluindo Diane di Prima, *Recollections of my life as a woman: the New York years* (Nova York: Viking, 2001), pp. 357-60; ver também Jack Smith, *Wait for me*, pp. 45-52, para a discussão de Smith da realização de *Amor normal*, incluindo o esboço de Smith de um gigante bolo de aniversário projetado por Claes Oldenburg e feito *in loco*.

179. Di Prima deixou um tableau *magnífico da cena*: Di Prima, *Recollections*, p. 359.

180. Um enorme bolo de aniversário rosa: Ibid. e Jack Smith, *Wait for me*, p. 49.

180. Várias das sequências de Beijo *figuraram entre os primeiros filmes de Warhol*: O balanço de despesas e renda da Andy Warhol's Filmmakers Cinematheque em 2 de dezembro de 1963, projeção de *Beijo* no Filmmakers Showcase; *Village Voice*, 28 de novembro de 1963 e 5 de dezembro de 1963, publicou propaganda de "Chapter 2 of *Beijo, Andy Warhol's serial starring Naomi Levine*" no Filmmakers Showcase.

180. Em 19 de setembro [...] Mekas anunciou no Village Voice: Mekas, *Movie Journal*, p. 97.

181. Andy, que nunca esteve a oeste da Pensilvânia: Fonte principal para a viagem à costa oeste de 1963: Warhol e Hackett, *POPism*, pp. 35-45; Taylor Mead, "Son of Andy Warhol", manuscrito inédito; entrevistas com Wyn Chamberlain e Gerard Malanga.

182. *parece que uma das frases mais citadas de Warhol*: Em "Son of Andy Warhol", pp. 75-6, Mead escreveu: "Quanto mais para oeste íamos, mais impressionados ficávamos com o fato de que os neons anunciando hotéis, motéis e restaurantes se pareciam com os trabalhos de Lichtenstein, Warhol, Kenneth Noland, Jack Youngerman, Frank Stella e Rauschenberg — reverberando ou inspirados pelo popismo — mais provavelmente inspirando o popismo. Ele estava certamente no ar!".

183. *"Warhol não sugere em qualquer um de seus trabalhos que é um artista"*: Gerald Nordland, "Marcel Duchamp and common object art", *Art International*, 15 de fevereiro de 1964, p. 30.

184. *"A exposição lançou Duchamp a um* boom*"*: Calvin Tomkins, *A noiva e os solteiros: five masters of the avant-garde* (Nova York: Viking, 1965), p. 10.

187. *Apenas no rolo 5, Andy fez 133 emendas*: Callie Angell, "Andy Warhol, filmmaker", *The Andy Warhol Museum: the inaugural publication* (Pittsburgh: Andy Warhol Museum, 1994; distribuído por Art Publishers), p. 125.

187. *A edição final tinha 5h21 de duração:* Angell, "Andy Warhol, filmmaker", p. 125.

188. *Como Pauline Kael comentou de maneira perversa*: Pauline Kael, "Movies, the desperate art", em Daniel Talbot (ed.), *Film: an anthology* (Nova York: Simon & Schuster, 1959), p. 209.

188. *O que o roteirista principal de Warhol, Ron Tavel, confirmou*: Ronald Tavel, entrevistado por Matt Wrbican, 10 de maio de 1997.

189. *"Coisas estranhas têm acontecido ultimamente"*: Mekas, *Movie Journal*, p. 109.

189. *Muitos anos depois, no suplemento sobre Warhol*: *Village Voice*, 5 de maio de 1987, p. 5.

189. *Feito entre agosto de 1963 e o fim de 1964*: Essa seção deve muito ao iluminado tratamento dos primeiros filmes de Warhol em seu livro *Stargazer: the life, world and films of Andy Warhol*, ed. rev. (Nova York: Marion Boyars, 1991).

190. *"nós assistimos e aguardamos"*: Ibid., p. 17.

191. *"Sexo [...] está sempre à margem"*: Ibid., p. 41.

192. *Conversando com Giorno*: Andy Warhol, entrevista a John Giorno, manuscrito inédito, 1963, Cápsula do Tempo nº 32, AWMA. As Cápsulas do Tempo são caixas de papelão que Warhol usou de 1974 em diante, colocando nelas itens de uma vasta miscelânea que

diariamente cruzava sua mesa. Quando uma caixa estava cheia, ele a prendia com fita adesiva, datava ou dava um nome, e a arquivava. Há 612 Cápsulas do Tempo, a maior parte ainda fechada, no Warhol Museum, contendo uma estimativa de 300 a 500 mil objetos.

193. "Eu não sei o que isso significa!": Giorno, manuscrito inédito, p. 124.

193. POPism, *que tem Andy pintando sozinho*: Warhol e Hackett, *popism*, p. 60.

194. Desde meados da década de 1950, o San Remo atraía uma grande clientela gay: Muitas fontes para San Remo, principalmente Ron Sukenick, *Down and in: life in the underground* (Nova York: Beech Tree Books, 1987).

194. De acordo com Joe LeSueur: Joe LeSueur, *Digressions on some poems by Frank O'Hara* (Nova York: Farrar, Straus and Giroux, 2003), p. 20.

195. a vizinhança, com suas condições severas e aluguéis baratos: Muitas fontes, incluindo Sally Banes, *Greenwich Village, 1963: Avant-garde performance and the effervescent body* (Durham, NC: Duke University Press, 1993); Di Prima, *Recollections*; Reva Wolf, *Andy Warhol*; e entrevistas com Billy Name, William Wilson e outros.

CAPÍTULO 5: 1964

Entrevistas: Irving Blum; John Cale (4 de fevereiro de 2004 e 3 de abril de 2004); Jack Champlin (13 de novembro de 2001); Denton Cox; Sarah Dalton; Michael Egan (1º de julho de 2001); Danny Fields; John Giorno; Nathan Gluck; Sam Green; Robert Indiana (5 de abril de 2002); Ivan Karp; George Klauber; Stephen Koch (7 de março de 2003); Mark Lancaster; Kenneth Jay Lane (21 de junho de 2001); Gerard Malanga; Billy Name; Paul Morrissey (12 de abril de 2003 e por David Dalton, 8 de junho de 2003); Robert Pincus-Witten (18 de julho de 2001); George Plimpton (14 de julho de 2001); Barbara Rose; Peter Schjeldahl (2 de março de 2001); Christopher Scott; Edmund White; Mary Woronov (31 de março de 2003); Hanford Yang.

199. Andy sabia desde pelo menos a metade de 1963: Andy Warhol e Pat Hackett, *POPism* (Nova York: Harcourt Brace Jovanovich, 1980), p. 61.

199. "Novo estúdio 47 L. 231", diz a agenda em 28 de janeiro: Agenda de Andy Warhol, AWMA.

199. Certa tarde, de acordo com Henry Geldzahler: Henry Geldzahler, "Objects and subjects in Warhol's art", palestra, Galeria de Western Australia, Perth Cultural Center, Perth, Austrália.

200. O loft de Andy no quarto andar havia sido antes uma fábrica de chapéus: Steven Watson, *Factory made* (Nova York: Pantheon, 2003), p. 123, entre outras fontes.

203. De acordo com Linich, ele foi escolhido simplesmente: Billy Name, "Naming the Factory", *Splash Magazine*, inverno de 1988-89, p. 7.

203. "Estou me tornando uma fábrica": "Glamour at home: cook with cans", *Glamour*, maio de 1964, p. 169.

205. Por alguma razão, Warhol foi mordaz: Bourdon Papers, AAA.

206. Andy comprou uma Pentax 35 mm: Warhol e Hackett, *POPism*, p. 74.

208. a coterie *que* POP*ism chama de "homens-A"*: Ibid., p. 62.

209. Mary Woronov, que chegou à Factory em 1965: Mary Woronov, *Nadando no underground: my years in the Warhol Factory* (Boston: Journey Editions, 1995), p. 91.

209. "Desde o início havia uma aura sobre eles": Warhol e Hackett, *POPism*, p. 61.

211. o "reino do mais ou do menos inspirado pária": Todas as citações de Koch nesse parágrafo são retiradas de Stephen Koch, *Stargazer: the life, world and films of Andy Warhol*, ed. rev. (Nova York: Marion Boyars, 1991), pp. IX-XII.

212. Um dos mais brilhantes panegiristas da velha ordem: Tom Wolfe, "Go sample New York night life", *Glamour*, abril de 1964, p. 142.

212. "dos grupos do submundo, de proscritos, dos 'párias'": Tom Wolfe, "Tom Wolfe's new book of etiquette", *The pump house gang* (Nova York: Farrar, Straus and Giroux, 1968), p. 170.

212. A colega de Wolfe que escrevia sobre moda: Eugenia Sheppard, *New York Herald Tribune*, 4 de outubro de 1964.

213. "Uma intrometida bem-vestida": *New York Herald Tribune*, 25 de abril de 1965.

213. Em 19 de março de 1965, a Life *alardeou*: "Underground clothes", *Life*, 19 de março de 1965, pp. 116-22.

213. "Jubas com franja bufantes colmeias bones": Tom Wolfe, "Girl of the Year", *A garota das linhas de gomos de tangerina com cor de doce* (Nova York: Farrar, Straus and Giroux, 1965), p. 199.

215. Como planejado, a primeira festa da Factory: Warhol e Hackett, *POPism*, p. 86.

215. Marguerite Lamkin e Bob e Ethel haviam concordado em pagá-la: Ibid.

216. A exposição foi severamente atacada: John Canaday, "From clean fun to plain smut", *New York Times*, 7 de janeiro de 1964, p. 31.

217. "uma exposição coletiva muito especial de algo maravilhoso": John Weber, carta a Andy Warhol, 2 de novembro de 1964. AWMA, arquivos de correspondência.

217. *A grande exposição, 61 obras de 39 artistas*: Donald Factor, *Artforum*, abril de 1964, pp. 10, 20-3.

217. *Resenhando a exposição para* Artforum: Ibid.

218. *A visita seguinte de Malanga foi até uma marcenaria:* Gerard Malanga, "How we made the Brillo boxes", *Archiving Warhol* (Creation Books, 2002), pp. 147-9.

218. *"As caixas de Andy [...] não expressam a personalidade do artista"*: G.R. Swenson, "The personality of the artist", Galeria Stable, 21 de abril a 9 de maio de 1964, nos papéis de Bourdon, AAA.

218. *Como sempre, Alan Groh demonstrou ser imensamente útil*: Paul Gardner, "The Stable wasn't just another gallery", *Art News*, maio de 1982.

219. *De Antonio chamou-a de "Dia do Supermercado na avenida Madison"*: Douglas Kellner (ed.), *Emile de Antonio's painters painting: a CD-ROM by Ron Mann*, Voyager, 1998.

220. *Uma Ward desapontada admitiu*: Entrevista de Eleanor Ward em Smith, *Andy Warhol's art and films*, p. 508.

220. *A resposta mais veemente*: Jay Walz, "Canada rules out boxes as 'art,'" *The New York Times*, 9 de março de 1965.

221. *"As salas foram preenchidas"*: Sidney Tillim, "Andy Warhol", *Arts*, setembro de 1964, p. 62.

221. *"Alguém pode querer uma das caixas"*: G. R. Swenson, "The darker Ariel", *Collage*, Palermo, 1965.

221. *o comentário bem conhecido de Duchamp*: Marcel Duchamp, citado em Rosalind Constable, "New York's *avant-garde* and how it got there", *New York Herald Tribune*, 17 de maio de 1964, pp. 7-13.

221. *"a coisa mais próxima de um gênio filosófico"*: Arthur C. Danto, "Warhol", *Encounters and reflections: art in the present historical moment* (Nova York: Farrar, Straus and Giroux, 1990).

222. *Ponderando sobre a exposição* Brillo: Stuart Preston, "Old and new ways of seeing things", *New York Times*, 26 de abril de 1964, p. 21.

222. *Para Danto, as caixas Brillo*: Arthur Danto, *Beyond the Brillo box* (Berkeley: Universidade de California Press, 1992), p. 9.

222. *O próprio Warhol tinha dito quase a mesma coisa em 1963*: Swenson, "What is pop art? Part 1", p. 24.

222. *"Aqui em Nova York estamos tendo muitos problemas com a Feira Mundial"*: Donald Allen (ed.), *The collected poems of Frank O'Hara* (Berkeley: Universidade da California Press, 1995), p. 480.

223. *"Em preparação para a Feira Mundial"*: Brad Gooch, *City poet: the life and times of Frank O'Hara* (Nova York: Knopf, 1993), p. 424.

223. *Em 17 de dezembro de 1963*: Robert C. Doty, "Growth of overt homosexuality in city provokes wide concern", *New York Times*, 17 de dezembro de 1963, p. 1.

223. *"Eu me pergunto: o que eles pensam"*: Frank O'Hara, carta a Larry Rivers, em Gooch, *City poet*, p. 424.

223. *Artistas eram ameaçados com revogação de seu direito de viver em lofts*: Susan Goodman, "State softens on artists, but city will not relent", *Village Voice*, 26 de março de 1964, p. 1; "Lofts still stalled", *Village Voice*, 26 de março de 1964, p. 1; "1.000 artists at City Hall picket for their lofts", *Village Voice*, 9 de abril de 1964, p. 1.

223. *O Metro Café, no Lower East Side*: Stephanie Gervis Harrington, "City puts bomb under off-beat culture scene", *Village Voice*, 26 de março de 1964, p. 1.

223. *Ao menos três teatros de vanguarda*: J. Hoberman, "The big heat: making and unmaking Criaturas flamejantes", em Edward Leffingwell, Carole Kismaric, Marvin Hoffman (eds.), *Flaming creature: Jack Smith, his amazing life and times* (Londres: Serpent's Tail, 1997), p. 162.

223. *Em uma de duas batidas no New Bowery*: Ibid.; Warhol e Hackett, *POPism*, p. 79.

224. *Preso duas vezes, Jonas Mekas foi condenado*: Stephanie Gervis Harrington, "Pornography is undefined at film-critic Mekas' trial", *Village Voice*, 18 de junho de 1964, p. 9.

224. *Em abril, Lenny Bruce, apresentando-se no Café Au Go Go*: "Lenny Bruce seized on obscenity in act", *New York Times*, 4 de abril de 1964, p. 12; "Bruce Tagged on obscenity, run extended at Café Here", *Village Voice*, 9 de abril de 1964, p. 3; Stephanie Gervis Harrington, "DA Presses Bruce case, as fair opening nears", *Village Voice*, 16 de abril de 1964, p. 2.

224. *Philip Johnson — uma das principais figuras culturais gay da cidade*: Georg Frei e Neil Printz (eds.), *O catálogo raisonné de Andy Warhol*, vol. 2A (Londres e Nova York: Phaidon, 2004), p. 25.

224. *cerca de três centenas de manifestantes foram presos na dia da abertura*: Homer Bigart, "Rain soaks crowd; sit-ins mar festivities at some pavilions — attendance cut; *Feira Mundial* is opened by Johnson despite rain and racial Demonstrations", *New York Times*,

23 de abril de 1964, p. 1; Stephanie Gervis Harrington, "Heigh-Ho, come to the Fair", *Village Voice*, 30 de abril de 1964, p. 1.

224. *Andy tinha decidido sua contribuição*: "Avant-garde art going to the Fair", *New York Times*, 5 de outubro de 1963, p. 17.

224. *até um pacote chegar ao 1342 da Lexington*: "Os treze homens mais procurados", panfleto da polícia de Nova York, AWMA.

225. *Agora Andy podia começar a trabalhar*: Frei e Printz (eds.), *O catálogo raisonné de Andy Warhol*, vol. 2A, pp. 24-51.

225. *"Mural é meio gatuno"*: Richard Barr e Cyril Egan Jr., "Mural is something yegg-stra", *New York Journal American*, 15 de abril de 1964, pp. 1, 3.

225. *Philip Johnson se disse "encantado"*: Ibid.

225. *"Não sei quem é o responsável lá"*: Ibid.

225. *Um porta-voz da polícia de Nova York disse aos repórteres*: Ibid.

225. *de acordo com Johnson, "não havia dúvida quanto a reclamações oficiais"*: Ibid.

225. *O valor da palavra do grande arquiteto*: Mel Juffe, "Fair's 'most wanted' mural becomes 'least desirable'", *New York Journal American*, 18 de abril de 1964, p. 3.

225. *Eleanor Ward participou do encobrimento*: Emily Genauer, "Fair mural taken off, artist to do another", *New York Herald Tribune*, 18 de abril de 1964, p. 11.

226. *Anos depois, Johnson tornou público que a ordem era para remover a pintura*: Philip Johnson, entrevistado por Billy Klüver e Julie Martin, 18 de dezembro de 1990.

226. *Então, Warhol fez uma última oferta*: David Bourdon, *Andy Warhol* (Nova York: Abrams, 1989), p. 181.

227. *Alguns anos mais tarde, Emile de Antonio fez a Andy a mesma pergunta*: Kellner (ed.), *Emile de Antonio's painters painting*.

227. *De acordo com Richard Meyer*: Meyer, "Warhol's clones", p. 108.

227. *No fim, um enorme tecido negro foi colocado sobre o mural prateado*: Frei e Printz (eds.), *O catálogo raisonné de Andy Warhol*, vol. 2A, p. 26.

227. Os treze homens mais procurados *sobreviveu ao episódio*: Ibid.

228. *Uma breve correspondência entre o filho de Powell [...] e Andy sobreviveu*: AWMA.

228. *Powell Jr. teria sido menos efusivo*: Frei e Printz (eds.), *O catálogo raisonné de Andy Warhol*, vol. 2A, p. 241.

228. *Por volta do fm de agosto, ele estava trabalhando em* Flores: Ibid., p. 281.

228. *"Eles não foram 'Andy Candy' por muito tempo"*: Henry Geldzahler, entrevistado

por David Bourdon, 4 de outubro de 1987, papéis de Bourdon, AAA.

228. *"Nunca sei o que ela está fazendo"*: Marisol, carta a Warhol, datada de junho de 1964, AWMA.

229. *"Tudo que sei", Irving Blum escreveu a Andy*: Carta de Irving Blum a Warhol, AWMA.

229. *duas semanas após o término da exposição* Brillo: Datada de 26 de maio de 1964, carta a "Dear Eleanor", assinada por Andy Warhol, anunciando a intenção de deixar a Galeria Stable. A carta foi muito provavelmente escrita por Ivan Karp; o esboço rascunhado está no arquivo de cartas da Galeria Leo Castelli. AWMA.

229. *Leo Castelli era, nas palavras de Calvin Tomkins*: Para informações biográficas sobre Leo Castelli, ver Calvin Tomkins, "A good eye and a good ear", *New Yorker*, 26 de maio de 1980, pp. 40-74.

231. *Quando morreu, em 1999, aos 91 anos*: James Russell, "Leo Castelli, influential art dealer, dies at 91", *New York Times*, 23 de agosto de 1999, p. 1.

231. *Seu sistema era montar uma rede*: Laura de Coppet, *The art dealers: the powers behind the scene tell how the art world really works* (Nova York: Cooper Square Press, 2002), p. 98.

232. *"a televisão, a publicidade e a imprensa agora constituíam a quarta dimensão da Arte"*: Otto Hahn, "Passport n. G255300", em *Arts & Artists*, julho de 1966, p. 10.

233. *Tom Wolfe, por exemplo, deixou passar completamente a essência*: Tom Wolfe, "Bob and Spike", *The pump house gang* (Nova York: Farrar, Straus and Giroux, 1968), pp. 139-60.

233. *"Bem, você tem de aceitá-lo"*: Entrevista de Leo Castelli em Smith, *Andy Warhol's art and films*, p. 268.

233. *em 17 de janeiro de 1964*: Bourdon, *Andy Warhol*, p. 176.

234. *Archer Winsten [...] do* New York Post: Archer Winsten, "Rages and outrages", *New York Post*, 20 de janeiro de 1964, p. 16.

234. *Ao longo das quatro noites*: Livro de balanço da Filmmakers Cinematheque, AWMA.

234. Comer, *outro filme-retrato em câmera lenta*: Livro de balanço da Filmmakers Cinematheque, AWMA.

236. *Como ele disse em* POPism *a respeito da realização de filmes*: Warhol e Hackett, p. 110.

236. *um "mapa da cena artística da* downtown *nova-iorquina"*: Todas as citações de Callie Angell em Callie Angell (ed.), *Testes de câmera, the films of Andy Warhol catalogue raisonné*, vol. 1 (Nova York: Abrams, 2006), pp. 12-4.

238. *"uma casa constantemente aberta"*: Warhol e Hackett, *POPism*, p. 75.

238. *Em 27 de outubro, Freddy Herko cometeu suicídio*: Ibid., p. 85; Di Prima, *Recollections*, p. 397.

239. *ele e Andy estavam na Factory um dia, naquela primavera*: Entrevista inédita de Henry Geldzahler por Jean Stein, 1973, papéis de Geldzahler, Biblioteca Beinecke.

239. *Na verdade, havia sete*: Frei e Printz (eds.), *O catálogo raisonné de Andy Warhol*, vol. 2A, p. 293.

240. *"Um grupo mais animado de humanoides não poderia ser encontrado nesse lado de Vegas"*: Thomas Hess, *Art News*, janeiro de 1965, p. 11.

240. *Lucy Lippard da* Art International: Lucy Lippard, "New York letter", *Art International*, fevereiro de 1965, p. 40.

240. *David Bourdon, escrevendo para o* Voice: David Bourdon, "Andy Warhol", *Village Voice*, 3 de dezembro de 1964, p. 11.

240. *O elogio mais sincero sobre* Flores: Peter Schjeldahl, *Let's see: writings on art from* The New Yorker (Nova York: Thames and Hudson, 2008), p. 153.

241. *Um desafio para a autoria de* Flores: Gay Morris, "When artists use photographs", *Art News*, janeiro de 1981, pp. 104-5.

241. *o advogado de Caulfield afirmou*: Howard Smith, "Scenes", *Village Voice*, 17 de novembro de 1966, p. 11.

241. *Andy deu a Caulfield duas telas* Flores: Morris, "When artists use photographs", p. 105; carta a Warhol de seu advogado, Jerald Ordover, 7 de junho de 1967, AWMA.

241. *Mas Caulfield ainda estava contrariada*: Morris, Ibid., p. 105.

241. *A mesma história da* Art News: Ibid., p. 104.

242. *"Você não pode simplesmente rasgar o trabalho de um fotógrafo"*: Ibid., p. 105.

242. *Warhol recebeu reconhecimento de outro lugar*: o sexto "Prêmio do Filme Independente", *Film Culture*, verão de 1964, p. 1.

242. Artforum, *o novo guia do mundo da arte*: Philip Leider, "Saint Andy: some notes on an artist who, for a large section of a younger generation, can do no wrong", *Artforum*, fevereiro de 1965, pp. 26-8.

CAPÍTULO 6: 1965

Entrevistas: Gordon Baldwin (1º de abril de 2003); Genevieve Charbin Cerf (4 de janeiro de 2004); Ronnie Cutrone (27 de fevereiro de 2003); Michael Egan (1º de julho e 8 de julho de 2001); Danny Fields; Sam Green; Robert Heide; Ivan Karp; Stephen Koch; Donald Lyons (8 de março de 2003); Gerard Malanga; Allen Midgette (30 de novembro de 2003); Paul Morrissey; Billy Name; Charles Rydell (25 de março de 2003); Stephen Shore (19 de março de 2003); Chuck Wein; Edmund White.

246. *Em 13 de dezembro de 1964, Warhol filmou* Harlot: Steven Watson, *Factory made* (Nova York: Pantheon, 2003), p. 175.

246. *Quanto você recebe por seus atrevimentos?*: Diálogo e ação do filme de Andy Warhol *Harlot*, 16 mm, preto e branco, 70 min., filmado em dezembro de 1964.

246. *O escritor Ron Tavel, uma descoberta recente*: Todas as citações de Ronald Tavel de sua entrevista com o arquivista de Andy Warhol, Matt Wribican, 10 de maio de 1977.

247. *No fim de janeiro, Andy & Cia.*: Entrevistas com Lester Persky, Gore Vidal e Chuck Wein de Jean Stein e George Plimpton, *Edie: American girl* (Nova York: Grove Press, 1994), pp. 179-80.

248. *Edith Minturn Sedgwick era a segunda mais jovem de oito filhos:* Todas as informações biográficas e citações sobre Edie Sedgwick nessa seção foram retiradas de Stein e Plimpton, *Edie*.

249. "A história inteira da família *é inacreditável*": Nora Ephron, "Edie Sedgwick, superstar", *New York Post*, 5 de setembro de 1965, Seção 2, p. 19.

250. *Warhol tinha comprado sem exclusividade os direitos*: Stephen Koch, *Stargazer: the life, world and films of Andy Warhol*, ed. rev. (Nova York: Marion Boyars, 1991), p. 69.

252. *Como "sua companhia constante"*: "Edie and Andy", *Time*, 27 de agosto de 1965, p. 65.

252. *"Eu tinha algumas fantasias"*: Watson, *Factory made*, p. 142.

253. *"Vamos torná-la uma estrela"*: Ronald Tavel, entrevistado por Smith, *Andy Warhol's art and films*, p. 501.

253. *"Arte e filmes não têm nada a ver um com o outro"*: Gretchen Berg, "Nothing to lose: entrevista com Andy Warhol", *Cahiers du Cinéma*, maio de 1967.

254. Cozinha *é o exemplo clássico*: Koch, *Stargazer*, p. 74.

255. *Para Norman Mailer, os espirros se tornaram uma metáfora*: Vincent Canby, "When Irish eyes are smiling, it's Norman Mailer", *"Artes e Laser"*, *New York Times*, 27 de outubro de 1968, p. D15.

256. *Chegando a seu apartamento com Malanga e Warhol*: Arquivo audiovisual, AWMA.

257. *Em uma gravação que Warhol fez em julho*: Ibid.

258. *Quase todos os filmes de Edie foram feitos entre abril e julho de 1965*: Koch, *Stargazer*, pp. 146-7.

259. *Em 19 de julho, Edie e Andy sentaram-se em um restaurante com um novo amigo*: Arquivo audiovisual, AWMA.

260. *Um cheque típico de seus distribuidores, a* Film-Makers' Cooperative, renda cooperativa e folha de balanço de despesas, Cápsula do Tempo 39, AWMA.

260. *Naquela semana, Andy devia US$ 1.100 para o Video Film Labs*: Laboratórios Video Film, balanços mensais para a Andy Warhol Enterprises, Inc., 22 de junho de 1965, AWMA.

260. *Alguns dias depois, Andy recebeu um bilhete desesperado do dono da Video*: Ibid.

260. *Em 1965, a Andy Warhol Enterprises arrecadou US$ 47.153,66*: Declaração de imposto de renda de 1965, AWMA.

260. *Quase uma década depois, enquanto dava a Pat Hackett as entrevistas*: Arquivo audiovisual, AWMA.

261. *Um pequeno exemplo das frases perdidas na transcrição*: Essas e outras citações das fitas de *a* estão no Arquivo audiovisual do AWMA.

263. *Quando* a *foi lançado no fim de 1968*: "zzzzzzzz: *a* by Andy Warhol", *Time*, 27 de dezembro de 1968, p. 63.

264. *Assíduo tomador de notas, rabiscou algumas das observações de Andy*: Cadernos de Gordon Baldwin de 1966, como mostrados a Tony Scherman.

264. *Escrevendo para o* International Herald Tribune: John Ashbery, "Andy Warhol causes fuss in Paris", *International Herald Tribune*, 18 de maio de 1965, p. 5.

265. *Os quatro artistas* pop *receberam tanta atenção da mídia*: Detalhes desse parágrafo em Bourdon, *Andy Warhol*, pp. 204-5.

265. *Em Paris, Andy anunciou que estava se aposentando das pinturas*: Andy Warhol e Pat Hackett, *POPism* (Nova York: Harcourt Brace Jovanovich, 1980), p. 113.

265. *De volta para os Estados Unidos em junho*: Ibid., p. 115.

265. *"Enquanto eu folheava as páginas e olhava as reproduções"*: Ibid.

266. *Como contou em uma entrevista em 1966*: Berg, "Nothing to lose".

266. *Em julho, Warhol e Paul Morrissey encontraram-se*: O segundo encontro de Morrissey e Andy está gravado em AWMA. A data é 17 ou 18 de julho.

271. *"Paul foi levado ao estúdio de Andy por Lester Persky"*: Henry Geldzahler, entrevista inédita a Jean Stein, 1973, papéis de Geldzahler, Biblioteca Beinecke.

272. *O crítico Stephen Koch considera a cena 2*: Koch, *Stargazer*, p. 83.

272. *Depois de deixar Harvard após seu ano de calouro*: informações biográficas a respeito de Danny Williams foram retiradas do documentário de sua sobrinha Esther Robinson sobre Williams, *A walk into the sea*, 2008, e dos diários de Williams.

274. *"Planejamos ganhar dinheiro com ele"*: Sterling McIlhenny e Peter Ray, "Inside Andy Warhol", *Cavalier*, setembro de 1966, p. 89.

274. *O projeto recebeu outra cobertura*: Leonard Lyons, *New York Post*, 24 de setembro de 1967, p. 47.

275. *Retornando para a quebra do relacionamento em 1966*: Diários de Danny Williams, cortesia de Esther Robinson.

275. *continham passagens de beleza real*: Filmes de Danny Williams, cortesia de Esther Robinson.

275. *O mais famoso evento social da Factory*: Warhol e Hackett, *POPism*, p. 101.

277. *Em meados de novembro de 1965, Andy recebeu uma carta do senhorio da Factory*: Datada de 15 de novembro de 1967, carta a Andy Warhol de Alfred R. Goldstein, Elk Realty, AWMA.

277. *"Não era portátil, simplesmente ficava lá"*: Warhol e Hackett, *POPism*, p. 119.

277. *Warhol deu uma longa entrevista técnica para a* Tape Recording *sobre a gravação em vídeo*: "Pop goes the videotape: an underground interview with Andy Warhol", *Tape Recording*, setembro-outubro de 1965, pp. 15-9.

278. *Foi nessa máquina que Andy fez* Espaço de fora e de dentro *em agosto*: "The films of Andy Warhol", catálogo, The Andy Warhol Film Project, 8, colaboração entre Museum of Modern Art, Andy Warhol Foundation, Andy Warhol Museum, e Whitney Museum of American Art.

278. *Resenhando* Espaço de fora e de dentro para o *New York Times* em 1998: J. Hoberman, "Film: a pioneering dialogue between actress and image", *New York Times*, 22 de novembro de 1998.

279. *"Estava ficando muito assustador"*: Jane Holzer, conforme citado em Stein e Plimpton, *Edie*, p. 228.

284. *Uma dessas visitas foi coberta longamente pelo editor de questões da sociedade*: Ruth Seltzer, "What they saw in Andy Warhol's pop art Factory", *Philadelphia Bulletin*, outubro de 1965.

284. *"perceb[eu] estar diante de algo grandioso"*: David Bourdon, "Andy Warhol",

Village Voice, 14 de outubro de 1965, p. 13.

285. *no que* POP*ism chamou de "a performance da vida dela"*: Warhol e Hackett, POP*ism*, p. 132.

286. *o retrato de Edie fazendo pose de balé na* Vogue: Stein e Plimpton, *Edie*, pp. 243-5.

287. *Como se vê nas gravações, ela brigou com Andy mais de uma vez*: Arquivo audiovisual, AWMA.

289. *Neuwirth caracterizou a noite como "um momento espetacular"*: Stein e Plimpton, *Edie*, p. 314.

290. *O próprio Dylan [...] falou em uma entrevista de 1985*: Scott Cohen, "Don't ask me nothin' about nothin'", *Spin*, dezembro de 1985.

290. *ela "ficava por ali sem fazer nada"*: Warhol e Hackett, POP*ism*, p. 123.

291. *De qualquer forma, não foi Andy quem cortou o relacionamento*: Andy Warhol, entrevistado por David Bourdon, 23 de novembro de 1971, papéis de Bourdon, AAA.

291. *"Sei que Bob Dylan expressou seu interesse em fazer um filme com Edie"*: Stein e Plimpton, *Edie*, p. 283.

CAPÍTULO 7: 1966

Entrevistas: Gretchen Berg (28 de março de 2003); John Cale; Jackie Cassen (28 de fevereiro de 2004); Michael Egan; Ronnie Cutrone (26 de fevereiro, 3 de março e 10 de março de 2003); Nat Finkelstein (por David Dalton, 19 de outubro de 2007); Sam Green; Robert Heide; Ivan Karp; Stephen Koch; Mark Lancaster; Gerard Malanga; Jonas Mekas; Paul Morrissey; Billy Name; Esther Robinson (5 de maio de 2004); Christopher Scott; Stephen Shore; Holly Solomon (25 de julho de 2001); Chuck Wein; Mary Woronov.

295. *De acordo com seu herói e namorado ocasional*: Allen Ginsberg, entrevistado por Gerard Malanga, 17 de novembro de 1982.

296. *"estavam querendo tripudiar com Andy"*: Gerard Malanga entrevistado por John Bauldie, "Dylan and Warhol", em John Bauldie (ed.), *Wanted man: in search of Bob Dylan* (Londres: Black Springs Press, 1990), p. 68.

298. *"Eu não o queria", ele por fim falou a Albert Grossman*: Howard Sounes, *Down the highway* (Nova York: Grove Press, 2002), p. 199.

300. *"para trazer publicidade ao lugar"*: Victor Bockris e Gerard Malanga, *Uptight: the story of the Velvet Underground* (Londres: Omnibus Press, 1983), p. 13.

300. *Como viu seu amigo Bourdon*: David Bourdon, *Andy Warhol* (Nova York: Abrams, 1989), p. 220.

301. *Três membros dessa encarnação do Velvet Underground*: Ellen Willis, "*Velvet Underground*: Golden Archive Series", em Greil Marcus (ed.), *Stranded: rock and roll for a desert island* (Nova York: Knopf, 1979), p. 74.

301. *Antes de ser o Velvet Underground, eles tinham sido os Warlocks*: John Cale e Victor Bockris, *What is welsh for Zen?* (Londres: Bloomsbury, 1999), p. 78.

301. *Reed, que iria se graduar na Universidad de Syracuse*: Para detalhes biográficos de Lou Reed, ver Bockris e Malanga, *Uptight*; Cale e Bockris, *What is welsh for Zen?*; David Fricke, ensaio para "Peel slowly and see", *Velvet Underground*, Polydor Records, 1995.

303. *Em 1966 ele escreveria um ensaio chamado "A vida entre os Poobahs"*: Lou Reed, "The view from the bandstand: life among the Poobahs", *Aspen*, 3 de dezembro de 1966.

304. *"Nada poderia ter preparado os garotos e seus pais reunidos no auditório"*: Rob Norris, "I was a velveteen", *Kicks* 1, 1979, reimpresso no website do *Velvet Underground*, "Live performances and rehearsals": <http:// olivier.landemaine.free.fr/vu>.

305. *"Ele não é nada", foi o rápido veredicto*: Bockris e Malanga, *Uptight*, p. 30.

305. *Uma empresa foi fundada: Warvel, Inc., Andy Warhol, presidente; Paul Morrissey, vice-presidente*: Warvel, Inc., AWMA.

305. *"O grupo de rock de Andy Warhol, Velvet Underground"*: Jack O'Brian, "Voice of Broadway", *New York Journal American*, 27 de janeiro de 1966, p. 13.

306. *"Vejam vocês, Andy Warhol e Edie Sedgwick estavam no Phone Booth"*: Suzy Knickerbocker, *New York Journal American*, 21 de janeiro de 1966, p. 10.

306. *Como Mary Woronov descreveu-a memoravelmente*: Woronov, *Swimming underground: my years in the Warhol Factory* (Boston: Journey Editions, 1995), p. 25.

306. *Christa Päffgen tinha se apelidado Nico desde que entrara em uma bem-sucedida carreira de modelo*: Informações sobre Nico: Bockris e Malanga, *Uptight*, pp. 34-5.

308. *Encorajados por Jonas Mekas do* Voice, *como "arte intermídia", "cinema expandido" e outras máximas*: Jonas Mekas, "Movie Journal", *Village Voice*, 23 de fevereiro de 1966.

309. A cama *foi mostrado em 26 de abril de 1966 na Filmmakers Cinematheque*: AWMA.

309. *Os diários e as notas de Danny Williams incluem uma série de "Notas sobre a tela dupla"*: Cortesia de Esther Robinson.

310. *Em 13 de janeiro, Andy e os Velvet Underground apareceram no jantar anual*: Grace

Glueck, "Syndromes pop at Delmonico's", *New York Times*, 14 de janeiro de 1966, p. 36.

310. *Como o talentoso neo-*beat *escritor Seymour Krim*: Seymour Krim, "Shock treatment for psychiatrists", *New York Herald Tribune,* 14 de janeiro de 1966, p. 27.

310. *Malanga fez sua dança do chicote*: Bourdon, *Andy Warhol*, p. 221.

310. *Houve uma substancial retirada*: Ibid.

311. *A nova* Filmmakers Cinematheque *na região da rua 41*: Jack Kroll, "Up from underground", *Newsweek*, 13 de fevereiro de 1967, p. 117.

312. *o veterano crítico de cinema do* New York Times: Bosley Crowther, "Andy Warhol's 'More milk, Yvette' bows", *New York Times*, 9 de fevereiro de 1966, p. 32.

312. *Enquanto Archer Winsten do* Post *se abstinha de classificações*: Archer Winsten, "Andy Warhol at Cinematheque", *New York Post*, 9 de fevereiro de 1966, p. 55.

312. *Em uma entrevista para a* Cavalier: Sterling McIlhenny e Peter Ray, "Inside Andy Warhol", *Cavalier* 44, setembro de 1966, pp. 86-9.

312. *Warhol e Geldzahler não se falavam mais*: Calvin Tomkins, "Moving with the flow", *The Scene*: *reports on post-modern art* (Nova York: Viking Press, 1976), p. 28.

313. *Como Geldzahler disse ao jornalista John Wilcock em 1971*: John Wilcock, *The autobiography and sex life of Andy Warhol* (Nova York: Other Scenes, 1971).

313. *Um dia, que ele se lembra apenas como sendo no ano de 1966*: Ibid.

313. *Quando Geldzahler foi convidado para escolher os representantes americanos para a Bienal de Veneza*: Ibid.

313. *desde o perfil de Geldzahler da* Life *de 18 de fevereiro de 1966*: "Henry here, Henry there... Who is Henry?", *Life*, 18 de fevereiro de 1966, pp. 41-8.

314. *foram juntos ao famoso baile Black and White de Truman Capote em 28 de novembro*: Warhol e Hackett, *POPism*, pp. 195-6.

314. *Andy teve uma série de conversas com a aspirante a fotógrafa e jornalista*: Berg, op. cit.

315. *No* New York Times, *mais tarde naquele mesmo ano*: Elenore Lester, "So he stopped painting Brillo boxes and bought a movie camera", "*Artes e Laser*", *New York Times*, 11 de dezembro de 1966.

316. *"Eu anotava o que as pessoas diziam, o que elas faziam"*: David Fricke, ensaio para "Peel slowly and see", Velvet Underground, Polydor Records, 1995, pp. 21-2.

316. *A parceira de dança de Malanga foi Ingrid von Scheven*: Bourdon, *Andy Warhol*, p. 222.

317. *de raiva, Ondine teria atirado uma cadeira na sala*: Victor Bockris, *The life and death of Andy Warhol* (Londres: Frederick Muller, 1989), p. 246.

317. *De acordo com Bockris, ele "começou a torturá-la"*: Bockris e Malanga, *Uptight*, p. 54.

318. *Além disso, supõe Morrissey,* "havia... digamos que uma influência italiana": Ibid., p. 37.

318. *Tais planos definitivamente não incluíam a performance multimídia de Andy Warhol*: Ibid., p. 44.

318. *Warhol e os Velvet teriam recebido a oferta de US$ 40.000 para as primeiras quatro semanas*: Ibid.

319. *O grupo de Warhol não teve acesso ao Dom até o meio da tarde*: Ibid., p. 45.

320. *A noite de estreia foi um enorme sucesso*: John Wilcock, "400 in a 'High' School of Music and Art", *East Village Other*, 15 de abril-1º de maio de 1966.

320. *A matéria que apareceu no* Times *na segunda-feira seguinte não era tão grande*: Marilyn Bender, "Black jeans to go dancing at the movies: it's inevitable", *New York Times*, 11 de abril de 1966, p. 44.

321. *Um jornal universitário, o* Columbia Spectator: Mitch Susskind e Leslie Gottesman, "Keep yourCool", *Columbia Daily Spectator,* 27 de abril de 1966.

321. *A retórica do poeta estava em excelente forma*: Dennis D'Andrea e Gary Quien, "Popsters and poets take trip to Andy Warhol's disco-flicks", *Washington Square Journal*, 7 de abril de 1966.

322. *Pode ter sido logo depois disso que Morrissey finalmente colocou Rubin para correr*: Bockris e Malanga, *Uptight*, p. 54.

322. *"Eu não entendo um negócio desses"*: Watson, *Factory made*, p. 275.

323. *Em um dos filmes rodados durante o fim de 1965*: Arquivo audiovisual, AWMA.

324. *Era uma visão profundamente cínica, ainda que colocada com sinceridade*: Robert Pincus-Witten, "Andy Warhol", *Artforum*, junho de 1966, pp. 52-3.

325. *Até Pincus-Witten achou as nuvens "sedutoras, visual e tatilmente"*: Ibid.

326. *"O Artista Mais Famoso", nos termos de Calvin Tomkins*: Calvin Tomkins, "The fame Factory", *New Yorker*, 12 de dezembro de 1997, pp. 97-9.

326. *Como relembra Dolph, os Velvet trabalhavam nos intervalos de tempo entre as sessões de Ronnie Milsap*: Norman Dolph entrevistado por Steven Watson, 14 de fevereiro de 2001.

327. *"um dos melhores álbuns de estreia"*: David Fricke, ensaio para a "Peel slowly and see" (5 CDs, PolyGram Records, 1995), p. 19.

328. *Quando as sessões no Scepter terminaram*: Watson, *Factory made*, p. 276.

328. *De acordo com Bourdon, Sonny e Cher saíram de repente*: Datado de 6 de maio de 1966, memorando de David Bourdon para seus editores na *Life*, papéis de Bourdon, AAA.

328. O Los Angeles Times, *no entanto, desaprovou*: Kevin Thomas, "A far-out night with Andy Warhol", *Los Angeles Times,* 5 de maio de 1966.

329. *Paul Jay Robbins o via como "uma revelação de obscuridade"*: Paul Jay Robbins, "Andy Warhol and the night on Fire", *Los Angeles Free Press,* 13 de maio de 1966.

329. *"Nossa pele clara e roupas pretas já não tinham razão de ser"*: Woronov, *Nadando no underground*, p. 39.

329. *"Não houve nenhuma festa enquanto estivemos no castelo"*: Bockris e Malanga, *Uptight*, pp. 63-4.

330. *O empresário de rock de São Francisco, Bill Graham*: Warhol e Hackett, *POPism*, p. 168.

330. *"Nós dissemos: 'Isso não é um conjunto de luzes, Bill, desculpe'"*: Bockris e Malanga, *Uptight*, p. 67.

330. *Mas Graham estava muito ansioso para ganhar em cima da fama de Andy*: Ibid., p. 170.

331. *cujo líder, Frank Zappa, teria dito no palco que os Velvet "eram mesmo uma bosta"*: Watson, *Factory made*, p. 286.

331. *Uma testemunha da cena, o crítico* A.D. *Coleman, ao escrever dois anos depois*: A.D. Coleman, ibid.

331. *"tenham assustado todo mundo"*: Watson, ibid.

332. *Nico tinha sido contratada para apresentar uma série de filmes de boa qualidade:* "Let yourself a go go! Pop into channel 7's "Pop Art Theater": release da WNAC-TV, 2 de junho de 1966, AWMA, Cápsula do Tempo 32.

333. *"Isso é temporário", Reed fez questão de dizer*: Bockris e Malanga, *Uptight*, p. 69.

333. *"Lou era sempre desse jeito agradável", Sterling Morrison relembrava*: Ibid.

333. *A influente revista semanal de* showbiz *chamou o show de "uma psicose de três partes*: "Warhol's 'Exploding' show stirs psychosis in chi's offbeat Poor Richard's", *Variety*, 29 de junho de 1966.

334. *Os cadernos que Danny Williams manteve durante maio e junho de 1966*: Cortesia de Esther Williams.

338. *Em uma sequência de quatro rolos filmada na casa de George Plimpton*: Debra Miller, *Billy Name: stills from the Warhol films* (Munique: Prestel-Verlag, 1994), p. 76.

338. *Três sequências coloridas foram provavelmente filmadas no fim de julho ou começo de agosto*: Datação baseada no comentário do diário de Malanga: "Vi um filme novo,

Cidade deles, em 3 ago.". *Cidade deles* usava o mesmo recurso de luz que a cena de Eric Emerson e Nico.

339. *Malanga colocava as coisas de um jeito mais generoso*: Susan Pile e Joel Klaperman (eds.), "Everything happens: a discussion at Andy Warhol's Factory", *King's Crown Essays* (um jornal de estudantes da Columbia University), inverno de 1967, pp. 33-45.

340. *"o bem conhecido* hostel *da rua 23 Oeste para boêmios"*: Vincent Canby, "*Garotas do Chelsea em teste na cidade*; Warhol 'underground' film gets commercial booking", 1º de dezembro de 1966, p. 56.

340. *Os primeiros espectadores de Garotas do Chelsea viram um filme muito diferente*: Havia outras diferenças entre as versões iniciais de *Garotas do Chelsea* e sua encarnação subsequente. De acordo com no mínimo uma fonte, o filme de dois projetores *A cama* foi a certa altura parte de *Garotas do Chelsea*. O monólogo quase com certeza inspirado em ácido de Eric Emerson pode originalmente ter ocupado dois rolos, não um. Também de fora do arranjo inicial estavam duas cenas de Nico, que depois entraram na versão-padrão: *A duqueza*, o *tour de force* de Brigid (uma omissão estranha, dado seu espanto e a necessidade de chocar de Andy), e a vinheta de Tavel do assassino em série, *Cidade deles*. Há mais, se acreditarmos em John Giorno, William Burroughs quase se tornou parte de *Garotas do Chelsea*. Naquele verão, Giorno relembra: "Alguém da Factory ligou e disse: 'Você pode conseguir que William participe de um de nossos filmes?'". O autor de *Naked lunch*, de quem Giorno tinha se tornado íntimo, "teria sido uma grande personagem de *Garotas do Chelsea*", disse Giorno, que, ainda aborrecido com a perda de interesse amoroso de Warhol para com ele, não levou a coisa adiante.

341. *De acordo com Bob Cowan, projetista da Filmmakers Cinematheque em 1966*: Cowan, "My life and times with *Garotas do Chelsea*", *Take One*, setembro-outubro de 1971, p. 13.

342. *As duas primeiras semanas renderam US$ 339,18 para Andy*: Contabilidade para Warhol do Filmmakers Distribution Center, carta de Louis Brigante, diretor do Filmmakers Distribution Center, 6 de setembro de 1966, AWMA.

342. *De acordo com testemunhas da Factory*: Informações para a passagem do aparente suicídio de Danny Williams retiradas das seguintes fontes: entrevista com Esther Robinson, 5 de maio de 2004; carta de Logan Smiley a Nadia Williams, 8 de outubro de 1966, e carta de Nadia Williams a Logan Smiley, dos papéis de Esther Robinson; diários de 1966 de Gerard Malanga, papéis de Gerard Malanga, Harry Ransom Center for Humanities Research, Universidade do Texas, Austin, Texas; "Rockport film editor mis-

sing", *Boston Record American*, 2 de agosto de 1966; "Rockport man missing; parents ask for help", *Gloucester Daily Times*, segunda-feira, 1º de agosto de 1966.

343. *Danny se afogara, ela acreditava, vítima de espasmos de seu "jantar com três pratos"*: Nadia Williams a Andy Warhol, 1º de setembro de 1966, AWMA.

343. *De acordo com Toby Mussman, crítico de assuntos gerais do* East Village Other: Toby Mussman, "Garotas do Chelsea", *Film Culture nº* 45, verão de 1967, edição especial sobre Warhol, p. 42. Originalmente publicado em *Artforum*, janeiro de 1967.

343 *Na edição de 14 de novembro de 1966*: Jack Kroll, "Underground in hell", *Newsweek*, 14 de novembro de 1966, p. 109.

344 *Elenore Lester, no artigo no* New York Times *intitulado "Então ele parou de pintar caixas de Brillo e comprou uma câmera de cinema"*: Lester, "So he stopped painting Brillo boxes".

350. *Seis anos depois que* Garotas do Chelsea *foi filmado*: essa análise deve muito a Stephen Koch, *Stargazer: the life, world and films of Andy Warhol*, ed. rev. (Nova York: Marion Boyars, 1991), pp. 94-7.

353. *Quando Warhol, Nico, Morrissey e Ultra Violet foram entrevistados por Richard Ogar*: Richard Ogar, "Warhol mind warp", *Berkeley Barb*, 1-7 de setembro de 1967, pp. 7-10.

354. *Os comentaristas mais inteligentes dos filmes de Warhol, como Parker Tyler*: Parker Tyler, *Underground film: a critical history* (Nova York: Da Capo, 1995), pp. 200-1.

354. *Mas a maioria dos críticos não tinha a paciência de Tyler, ou sua visão*: Bosley Crowther, "The underground overflows", *"Artes e Laser"*, *New York Times*, 11 de dezembro de 1966.

354. *"um* peep show *nojento e tolo"*: "Nuts from underground", *Time*, 30 de dezembro de 1966, p. 37.

354. *Andrew Sarris do* Voice *afirmou que Andy estava em casa*: "Films", *Village Voice*, 15 de dezembro de 1966, p. 33.

356. *Em 1º de dezembro, em um texto do* New York Times: Vincent Canby, "'Garotas do Chelsea' *em teste na cidade*", *New York Times*, 1º de dezembro de 1966, p. 56.

CAPÍTULO 8: 1967

Entrevistas: John Cale; John Chamberlain; Ronnie Cutrone; Michael Egan; Sam Green; Pat Hackett (9 de junho de 2003); Gerard Malanga; Allen Midgette; Billy Name; John Richardson; Carolee Schneeman (1º de março de 2003); Mary Woronov.

357. *Na manhã de um domingo, em dezembro de 1967*: Guy Flatley, "How to become a superstar — and get paid, too", *"Artes e Laser"*, *New York Times*, 31 de dezembro de 1967.

357. *No seu primeiro mês no Regency*: Vincent Canby, "Coast will see Warhol's film", *New York Times*, 19 de janeiro de 1967, p. 35.

358. *A* Newsweek, *na sua edição de 13 de fevereiro*: Jack Kroll, "Up from underground", *Newsweek*, 13 de fevereiro de 1967, pp. 117-9.

358. *"Depois de cinco anos de opiniões violentas sobre o 'cinema* underground'": "Art of light and lunacy", *Time*, 15 de fevereiro de 1967, p. 94.

358 *"Com essa explosão [...], as barricadas caíram, e a vanguarda saiu-se muito bem da história"*: Ibid.

358. *A* Time *chamava Mekas, como seria de esperar, de "o Marat da Revolução"*: Ibid.

358. *Um documento interno da* Time, *parte da pesquisa da revista para o texto*: Jim Broadhead, New York Bureau, para Time Cinema, "The New Cinema — Add", 31 de janeiro de 1967, papéis de Bourdon, AAA.

359. *"Vai durar um ano!", o* New York Times *cita uma declaração de Mekas sobre a temporada comercial em Manhattan*: Vincent Canby, "Coast will see Warhol's film".

359. *Ele rendeu US$ 130.000 nas primeiras dezenove semanas de lançamento comercial em Manhattan*: Vincent Canby, "Cannes will see Warhol picture", *New York Times*, 25 de abril de 1967, p. 37.

359. *Até o fim de abril, ele estava sendo apresentado em Nova York, Los Angeles e Dallas*: "'Garotas do Chelsea' film is seized in Boston by vice detectives", *New York Times*, 31 de maio de 1967, p. 50.

359. *Em 14 de janeiro, Leonard Lyons relatou no* New York Post: Leonard Lyons, *The Lyons Den*, "Robert Scull and Al Crown have a co-production deal", *New York Post*, 16 de janeiro de 1967, p. 43.

359. *A carta de Katz se detinha demoradamente nos planos para o que seria um filme televisivo sobre Warhol*: S. Edward Katz, 14 de abril de 1967, carta a Herbert Schrank, AWMA, Cápsula do Tempo 11. S. Edward Katz, 24 de janeiro de 1967, carta a Kenneth J. Robinson, AWMA.

360. *De acordo com Nelson Lyon, amigo de Andy*: Transcrição inédita, Nelson Lyon entrevistado por Steven Watson, 6 de novembro de 1999, junto com Tony Scherman.

360. *Ele era presunçoso e tolo – "passava óleo no cabelo e usava calças boca de sino muito curtas"*: Warhol e Hackett, *POPism* (Nova York: Harcourt Brace Jovanovich, 1980), p. 210.

360. Em uma viagem à Europa, Andy e Rod La Rod dividiram um quarto de hotel: AWMA.

360. seu dom mais marcante era "um sexto sentido para descobrir oportunidades de fotos": David Bourdon, *Andy Warhol* (Nova York: Abrams, 1989), p. 258.

361. "Ela falava aos jornalistas: 'Coleciono arte e amor'": Warhol e Hackett, *POPism*, p. 211.

361. Evidentemente com medo de atrair muitas censuras: Bourdon, *Andy Warhol* p. 256.

361 a Variety *noticiou sua contrariedade por ser ludibriado pelo festival*: "*Garotas do Chelsea* draws Cannes snub", *Variety*, 17 de maio de 1967.

361 Encontrando Brigitte Bardot, ele revelou a ela sua velha fantasia de filmá-la dormindo por oito horas: Ibid.

361 A mais otimista expectativa do total de bilheteria do Garotas do Chelsea é de mais ou menos US$ 300.000: Grace Glueck, "Warhol unveils * of '****' film", *New York Times*, 8 de julho de 1967, p. 15.

361. O próprio Andy — se é possível acreditar nele – falou a um repórter em setembro que "Garotas do Chelsea rendeu US$ 350.000": De uma entrevista inédita com Andy Warhol, 30 de setembro de 1967, Arquivo da Time, Inc.

362. Andy Warhol Enterprises: Devoluções de imposto de 1967 de Andy Warhol e da Andy Warhol Enterprises, AWMA.

362. Uma nova entidade comercial, a Andy Warhol Films, Inc., tinha sido fundada em 5 de abril de 1966: Extratos de cheque e depósito da Andy Warhol Films, 1967, AWMA; mesma fonte para os números do portfólio de ações.

362. "Os atores eram simplesmente amigos dele que, sob a direção do sr. Warhol, improvisavam sem receber nada": Vincent Canby, "*'Garotas do Chelsea' em teste na cidade*", 1º de dezembro de 1966, p. 56.

363. Mesmo Ondine, que sempre deixou clara sua despreocupação com bens materiais: Robert Olivo, 16 de março de 1967, carta a Andy Warhol e S. Edward Katz, AWMA.

364. Entregando uma notificação a Andy em 8 de março de 1967, o advogado de Eric alegava: "Alfred W. Emerson plaintiff against Andy Warhol etc.", Cápsula do Tempo 36, AWMA.

365. Em 27 de março, Andy registrou uma defesa em grande medida notável pelas escandalosas mentiras: Ibid.

365. Como informou o Times *no último parágrafo da matéria sobre Paul America*: Flatley, "How to become a superstar", p. 57.

366. A partir do outono de 1966: Warhol e Hackett, *POPism*, p. 185.

366. desde o que ele chamava de um "colapso nervoso": Ron Sukenick, *Down and in*:

life in the underground (Nova York: Beech Tree Books, 1987), p. 202.

366. *"Eu lhe dava uma pintura e ele nos dava crédito"*: Warhol e Hackett, *POPism*, p. 187.

366. *Warhol também pagava em dinheiro, muito dinheiro*: AWMA.

366. *os assertivos expressionistas abstratos que o chamavam de "Wendy Buraco de Ar*: Steven Watson, *Factory made* (Nova York: Pantheon, 2003), p. 319.

367. *"a corte real dos idiotas falastrões"*: Mary Woronov, *Nadando no underground: my years in the Warhol Factory* (Boston: Journey Editions, 1995), p. 178.

367. *o Max's tornou-se um ponto de encontro da Factory*: Watson, *Factory made*, pp. 391-2.

367. *Em 9 de fevereiro de 1967, Solanas colocou um anúncio no* Village Voice *para uma "leitura de pré-produção" de sua peça*: *Village Voice*, 9 de fevereiro de 1967, p. 24.

368. *Solanas desdenha da maioria das "propostas de liberação feminina"*: Valerie Solanas, *The SCUM Manifesto* (Edinburgh: AK Press, 1996). Todas as citações subsequentes do *SCUM Manifesto* são dessa fonte.

368. *de acordo com sua irmã, o pai delas repetidamente molestava Valerie*: Watson, *Factory made*, p. 35.

369. *Em 21 de abril, Solanas publicou sua primeira publicidade para recrutar membros para a SCUM*: Watson, *Factory made*, p. 325.

369. *"Esse é o único uso para os homens hoje"*: Robert Marmorstein, "A winter memory of Valerie Solanis [*sic*]", *Village Voice*, 13 de junho de 1968, pp. 9-10, 20.

369. *Em algum momento naquela primavera, ela visitou a Factory e trouxe consigo uma cópia de* Up your ass: Ibid.

369. *"talvez você conheça algumas garotas que queiram entrar"*: "Valerie Solanis [*sic*] interviews Andy", p. 27, AWMA.

369. *Ela ainda inundou a Factory com chamadas telefônicas*: Watson, *Factory made*, p. 325.

369. *No começo de 1967 Solanas encontrou Maurice Girodias*: Ibid., p. 333.

369. *Como Solanas, um residente do Chelsea Hotel*: Stephanie Harrington, "The sex explosion: a defeat in victory", *Village Voice*, 4 de maio de 1967, p. 5.

369. *Mudando para Nova York em 1966*: Informação biográfica sobre Valerie Solanas nesses dois parágrafos vem de Watson, *Factory made*, pp. 333-52.

370. *ANDY WARHOL escritas por todo lado, uma visão assustadora*: Matizes dessa cena terrível aparecem em *The shining*, de Stanley Kubrick, quando Wendy Torrance, olhando o manuscrito de seu marido escritor, percebe que ele está louco.

370. *Quando a fita começa a rodar*: "Valerie Solanis [*sic*] interviews Andy", p. 1, AWMA.

371. *"Andy parece não parar de filmar"*: Susan Pile e Joel Klaperman (eds.), "Everything happens: a discussion at Andy Warhol's Factory", *King's crown essays* (um jornal estudantil da Columbia University), primavera de 1967.

371. *Em 15 de janeiro, o* New York Times *informou que Warhol "voltando de novo sua atenção para a filmagem"*: Grace Glueck, "Mainlined", *"Artes e Laser"*, *New York Times*, 15 de janeiro de 1967.

372. *Malanga mencionou que Andy estava agora planejando "filmar o suficiente para um filme de 24 horas"*: Pile e Klaperman (eds.), "Everything happens", p. 33.

372. O New York Times *mencionou a maratona em 25 de abril*: Vincent Canby, "Cannes will see Warhol picture", *New York Times*, 25 de abril de 1967, p. 37.

372. *Em 26 de abril, o* Washington Post *publicou uma entrevista com Andy*: "Andy Warhol's innocents chat about movies", *Washington Post*, 27 de abril de 1967, p. K2.

374. *No fim houve apenas uma, na reformada e ampliada Filmmakers Cinematheque*: Vincent Canby, "Burgeoning underground adds 2 cinemas", *New York Times*, 2 de agosto de 1967, p. 28.

374. *seguida por duas semanas de temporada com duas horas de intervalo*: Uma segunda exibição completa de **** no Museum of Contemporary Art em Chicago, marcada para 5 de janeiro de 1968, foi cancelada pelo museu.

374. *"Querida, ficamos espantados"*: Howard Thompson, "Film: for Andy's hardiest", *New York Times*, 17 de dezembro de 1967, p. 94.

374. *Frances Herridge do* Post *encontrou somente vinte "sobreviventes" no final*: Frances Herridge, "More Warhol at the New Cinema", *New York Post*, 18 de dezembro de 1967, p. 23.

374. *A sempre anômala* Variety *publicou uma resenha longa e cuidadosa*: Byro, "Four stars", *Variety*, 27 de dezembro de 1967.

375. *A imprensa alternativa ficou previsivelmente extasiada:* Jonas Mekas, *Movie Journal: the rise of a new American cinema, 1959-1971* (Nova York: Macmillan, 1972), p. 304.

375. *Outra resenha do* Voice: Lorenzo Mans, "Speak out the arts", "Long day's journey into night", *Village Voice*, 1º de janeiro de 1968, p. 36.

375. *Para ele era "Excelente!*: *Village Voice*, 20 de dezembro de 1967.

375. *No começo do verão de 1967*: Paul Morrissey, entrevistado por John Wilcock, em John Wilcock, *The autobiography and sex life of Andy Warhol* (Nova York: Other Scenes, 1971).

376. *Crowther do* Times *considerou-o "descuidado e amador"*: Bosley Crowther, "Screen: 'Meu michê' opens at Hudson", *New York Times*, 11 de julho de 1967, p. 29.

376. *"uma pornografia barata da Suécia sobre ninfomania"*: *Time*, "Stealing the skin show", 15 de setembro de 1967, p. 101.

377. *com uma boa dose de "nudez casual"*: O termo é de Bourdon; ver *Andy Warhol*, p. 256.

377. *Nelson Lion relembra como Warhol apimentou uma cena de* Eu, um homem: Nelson Lyon, entrevista por Steven Watson, 6 de novembro de 1999, com Tony Scherman.

378. Eu, um homem *parecia outro dos filmes caseiros do artista pop Andy Warhol"*: *Time*, "Stealing the skin show".

378. *"uma das mais medíocres produções do artista"*: Bourdon, *Andy Warhol*, p. 257.

378. *Respondendo a seus intermináveis pedidos de dinheiro*: Watson, *Factory made*, p. 339.

379. *haver mais demonstrações de seios que em documentários sobre os Mares do Sul*: "Stealing the skin show", *Time*.

379. *"essa gente viciada em anfetaminas"*: Paul Morrissey, entrevistado por John Wilcock.

379. *Quando os lucros de* Eu, um homem *começaram a diminuir*: A conta segue Watson, *Factory made*, pp. 339-40.

379. *Para David Boudon, ele era "idiota"*: Bourdon, *Andy Warhol*, p. 260.

379. *o filme iria originalmente ser chamado de Dopado*: Rosalyn Regelson, "Where are '*Garotas do Chelsea*' taking us?" "*Artes e Laser*", *New York Times*, 24 de setembro de 1967.

380. *dois balconistas de uma boutique gay sacolejando ao redor de Joe Spencer*: O termo é de Bourdon; ver *Andy Warhol*, p. 261.

380. *recebeu críticas severas no* New York Post: Archer Winsten, "Warhol's 'Garoto de bicicleta' at Hudson", *New York Post*, 6 de outubro de 1967, p. 65.

380. *"Andy Warhol está de volta com outra de suas superchatices"*: Howard Thompson, "More Warhol: 'Garoto de bicicleta' opens at the Hudson Theater", *New York Times*, 6 de outubro de 1967, p. 31.

380. *ficando em cartaz uma semana a menos e não conseguindo dar lucro*: De acordo com uma carta agressiva de 22 de novembro de 1967 do advogado Stephen H. Gross, provavelmente de Maurer, a Thomas Pozin, um dos advogados de Warhol.

380. *"Houve umas poucas risadas à custa de Warhol e de sua famosa timidez"*: "Tonguetied Warhol in weird midnight rally; 'Garoto de bicicleta' as Parsifal", *Variety*, 8 de

novembro de 1967, p. 17.

380. *"os nus sem timidez, o humor estridente e a documentação factual da vida gay eram um respiro de ar fresco"*: Thomas Waugh, "Cockteaser", em Jennifer Doyle et al. (eds.), *Pop out: queer Warhol* (Durham, NC: Duke University Press, 1996), p. 72.

380. *"A maioria do nosso público [...] é de degenerados atrás de sexo e obscenidade"*: Entrevistas com Paul Morrissey e Joe d'Alessandro em Tony Rayns, "Andy Warhol Films, Inc.: communication in action", *Cinema*, n. 6-7, agosto de 1970, pp. 42-7.

381. *ainda que possa ter sido apresentada como parte do* ****: Debra Miller, *Billy Name: stills from the Warhol films* (Munique: Prestel-Verlag, 1994), p. 124.

382. *impressionaram tanto Morrissey que ele a chamou de "um gênio da performance à altura de Mick Jagger, uma Greta Garbo cômica"*: Watson, *Factory made*, p. 339.

382. *"as freiras me tinham das 5 às 21 horas"*: Viva, entrevista por David Bourdon, papéis de Bourdon, AAA.

383. *"Jane Holzer tinha cabelos longos"*: Watson, *Factory made*, p. 345.

383. *"Você não edita ninguém, só a si mesmo"*: "Valerie Solanis [*sic*] interviews Andy", p. 33, AWMA.

383. *"Porque era muito tímido e complexado com sua aparência"*: Viva, "Viva and God", *Village Voice*, Art Supplement, 5 de maio de 1987, pp. 8-9.

383. *"o primeiro artefato teatral a de fato descrever o sexo"*: "Warhol's 'Blue Movie' the bluest of', all, if and when released", *Variety*, 18 de junho de 1969. (Na verdade, *Blue Movie* não foi o primeiro, nem mesmo o primeiro de Warhol, a descrever o sexo. *Sofá*, filmado em julho de 1964, que tem como personagem principal o amarfanhado e infame sofá da Factory, era de longe mais ilustrativo. Estreou na Filmmakers Cinematheque em abril de 1966.)

384. *elogiando a si mesma*: Bourdon, *Andy Warhol*, p. 260.

384. *"igual [a ele] de uma forma que o resto de nós não era"*: Bob Colacello, *Holy terror* (Nova York: HarperCollins, 1990), pp. 90-2.

384. *"Por favor, me apresente a Andy Warhol"*: Fred Hughes, entrevistado por David Bourdon, 1987, papéis de Bourdon, AAA.

384. *A descrição do próprio Hughes do encontro é diferente*: Carol Vogel, "Frederick Hughes, collector and Warhol's manager, 57", *New York Times*, 16 de janeiro de 2001, p. 21.

385. *Quando tinha quinze anos*: Informação biográfica sobre Hugues na entrevista de Bourdon.

385. *"instinto para o que importava, para a qualidade"*: Artigo de Steven Aronson

sobre Hughes, *Vanity Fair*, citado em Colacello, *Holy terror*, p. 93.

385. *Ele se prendeu fortemente a eles*: Ibid., p. 94.

385. *Para o valor, Fred sugeriu US$ 20.000*: Carta de John de Menil a Warhol, 26 de junho de 1967, Cápsula do Tempo 41, AWMA.

385. *De acordo com Hughes, o restante do dinheiro*: Colacello, *Holy terror*, p. 94.

386. *os Menil pagaram por um retrato da própria Dominique*: Georg Frei e Neil Printz (eds.), *O catálogo raisonné de Andy Warhol*, vol. 2B, p. 386.

386. *fingindo ser "Frederick da Union Square"*: Colacello, *Holy terror*, p. 116.

386. *Qualquer um que "agrida as instituições, porque é isso que deve ser feito"*: Natalie Gittelson, "No business like lecture business", *New York Times Magazine*, 9 de junho de 1968. Por causa do fechamento com dez dias de antecedência da revista, o artigo, que se concentrava muito em Warhol, fechou alguns dias antes da filmagem e então ironicamente apareceu seis dias depois dela.

387. *O American Program Bureau procurou Andy no começo de 1967*: Um cheque do "American Programs, Boston" foi depositado na conta do Andy Warhol Films em 26 de abril de 1967, AWMA.

387. *oferecendo-lhe entre US$ 750 e US$ 1.500 por palestra*: O número US$ 750 vem de um contrato de 27 de junho assinado por Walker para uma visita em outubro de Andy Warhol na Drew University em Madison, Nova Jersey, AWMA; US$ 1.500 está em Watson, *Factory made*, p. 348.

387. *Comprando a sombra mais clara de Erase que pôde achar*: Watson, *Factory made*, p. 348.

388. *Em 2 de novembro, quando Midgette e Morrissey saíram do avião em Salt Lake City*: Bourdon, *Andy Warhol*, p. 268.

389. *"Estamos um pouco perdidos sobre a forma de tratarmos a questão"*: Carta a Morrissey no AWMA, Cápsula do Tempo 11.

389. *O mais perto que Andy chegou de admitir a falcatrua*: *Andy Warhol's Index Book* (Nova York: Random House, 1967).

390. *Na primeira carta de Gerard, em 12 de setembro de 1967*: Para toda a correspondência de Malanga, nesse e no próximo capítulo, Harry Ransom Center for Humanities Research, Universidade do Texas, Austin, Texas.

391. *Imediatamente, Gerard mandou a Andy um dos pôsteres do Che falsos*: Gerard Malanga, entrevista por David Bourdon, 1968, papéis de Bourdon, AAA.

392. *"o mais alegre artefato de guerra"*: O artigo contendo o anúncio do debate em

Ralph Schoenstein, "Come bomb with me", *New York*, 22 de janeiro de 1967, é citado em Frei e Printz, *O catálogo raisonné de Andy Warhol*, vol. 2B, p. 279.

392. *"É muito bonita, eu não podia estragá-la pintando alguma coisa nela"*: Ibid. Frei e Printz citam um artigo sem data de 1980 em *Brooklyn courier-life*, "The day Andy Warhol's bomb came to Brooklyn", para as memórias do ganhador de sua visita à Factory.

392. *elas tinham ficado jogadas na Factory na sua forma prateada desde então*: Ibid., p. 280.

393. *Andy e a YMHA receberam cada um uma carta do advogado da Coca-Cola*: Carta de John D. Goodloe, conselho da Coca-Cola, Inc., 18 de maio de 1967, Cápsula do Tempo 10, AWMA, que contém outra carta de Goodloe, de 16 de junho de 1967, que pergunta por que nem Warhol nem a AWMA tinham respondido. Pode-se perguntar, por fim, por que a Coca--Cola não tinha se incomodado com as pinturas de Coca-Cola de 1961-62 de Andy.

394. *"Sei que seria estranho para eu incluir um Janis de quase 10 m"*: Janis doou *Seven decades of Janis* para o Museum of Modern Art, para a sua Sidney and Harriet Janis Collection. Ver a carta de Janis a Warhol, 27 de dezembro de 1967, Cápsula do Tempo 2, AWMA; "algumas outras telas na coleção" presumivelmente se refere à coleção de Janis do MOMA.

394. *Julgando por um extrato do banco Chase Manhattan de 1968*: "Checking account balance confirmation", enviado à Factory Additions pelo banco Chase Manhattan, 5 de junho de 1968, AWMA.

394. *Ambas as questões combinavam-se muito bem com impressões*: Esse ponto é bem esclarecido em Wendy Weitman, *Pop impressions Europe/USA* (Nova York: Museum of Modern Art, 1999), p. 22.

395. *Uma observação nos documentos de caixa de Warhol de 1967 ilumina seu dia a dia naquela época*: Toda a informação financeira dessas duas páginas, AWMA.

395. *mas a gravação de uma conversa de 1965 entre Andy e um real amante de ópera, Ondine*: Arquivo audiovisual, AWMA.

396. *"Nosso pequenino círculo tinha se expandido para centenas e centenas"*: Warhol e Hackett, *POPism*, p. 237.

396. *Além de ameaçar o equilíbrio de todos, Andy foi notificado pelos proprietários*: fim do aluguel, 27 de setembro de 1967, Cápsula do Tempo 39, AWMA.

CAPÍTULO 9: 1968

Entrevistas: Denton Cox; Ronnie Cutrone; Gene Feist; John Gruen; Gerard

Malanga; Allen Midgette; Paul Morrissey; Billy Name; Barbara Rose; Christopher Scott; Stephen Shore; William Wilson.

397. *"Estamos no* show business *agora"*: Papéis de Bourdon, AAA.

398. *Em junho, Warhol anunciou que tinha "decidido parar de fazer filmes de arte"*: *Jaguar Magazine*, junho de 1968, p. 40.

398. *"esse homem muito talentoso [...] não tem talento para unir"*: Stephen Koch, *Stargazer: the life, world and films of Andy Warhol*, ed. rev. (Nova York: Marion Boyers, 1991), p. 106.

398. *Morrissey tentou um tratamento de verdade*: A descrição da filmagem de *Caubóis solitários* deve muito a David Bourdon, *Andy Warhol* (Nova York: Abrams, 1989), pp. 269-77, e nas notas de Bourdon sobre o filme, papéis de Bourdon, AAA.

399. *"Agora que todo mundo está aqui, temos de pensar em algo"*: Steven Watson, *Factory made* (Nova York: Pantheon, 2003), p. 369.

401. *Enquanto as improvisações nos filmes anteriores de Warhol como Garotas do Chelsea e* Meu michê: Vincent Canby, "Lonesome Warhol", *The New York Times*, 6 de maio de 1969, p. 38.

402. *"A trama mal funciona como uma trama"*: Neal Weaver, *After dark*, junho de 1969, p. 58.

402. *"O narcisismo indisciplinado de suas interferências domésticas"*: Andrew Sarris, "Westward Ho-Ho with Warhol", *Village Voice*, 8 de maio de 1969, p. 47.

402. *"Odeio arte"*: Papéis de Bourdon, AAA.

402. *"Se ele sabia disso ou não [...] a carreira de Warhol estava em crise no fim de 1967"*: Koch, *Stargazer*, p. 104.

403. *Billy Name e Paul Morrissey começaram a procurar um lugar de trabalho*: Watson, *Factory made*, p. 371.

403. *A mudança aconteceu durante a semana de 5 de fevereiro*: Diário de Billy Name de 1968, AWMA.

403. *para a primeira retrospectiva no exterior de Warhol*: Todas as informações sobre a exibição de Moderna Museet, incluindo citações de críticos, é de um memorando de 20 de fevereiro de 1968, "Moderna Museet, Warhol and Hulten Take One", enviado por Mary Johnson, correspondente em Estocolmo da *Time*, para "*Time* Art", papéis de Bourdon, AAA.

404. *As fotografias de Billy tornaram-se, nas palavras de Dave Hickey, "clássicos instan-*

tâneos: Dave Hickey, "Naming the colors", em Billy Name, *All tomorrow's parties* (Nova York: D.A.P, 1997), p. 10.

405. *Em 29 de janeiro, um Malanga que parecia desprezado falou a Andy que não estava bem em Roma*: Correspondência de Malanga a Warhol e Morrissey, inverno de 1967-primavera de 1968, no Ransom Center, Austin, Texas.

406. *"E daí?", respondeu Andy, lendo a carta em Manhattan*: A fonte para os três parágrafos seguintes está nas notas de David Bourdon, papéis de Bourdon, AAA.

406. *A carta continuava: Keith Richards, dos Rolling Stones, tinha concordado em estar no filme*: Essa e todas as outras correspondências de Malanga nesse capítulo estão no Ransom Center.

408. *Decidido a ir atrás da história*: Don Bischoff, "Andy Warhol or someone gives a non-lecture tour", *New York Post*, 8 de fevereiro de 1968, p. 55.

408. *Em 12 de fevereiro, acompanhado por Bourdon, eles visitaram a Universidade do Estado de Wisconsin*: Citações de Warhol, Morrissey e Viva da turnê universitária a partir das notas de David Bourdon, papéis de Bourdon, AAA.

410. *eles "interminavelmente se rearranjavam"*: Bourdon, *Andy Warhol*, p. 228.

410. *"O lugar mais legal para se estar em Nova York na noite passada"*: Clive Barnes, "Cunningham finally makes it", *New York Times*, 16 de maio de 1968, p. 51.

411. *Valerie Solanas estava se tornando uma personagem conhecida no West Village*: Watson, *Factory made*, pp. 352-3.

414. *"Quando a porta se abriu, estava um caos"*: Al Hansen, "Fragments from a space time journal", Fragmento n. 1, outono de 1968.

415. *Em outro lugar da cidade, na Times Square*: Descrição de Valerie Solanas se entregando em Howard Smith, *Village Voice*, 6 de junho de 1968, p. 54.

416. Às 21h35, com quatro horas de cirurgia: Bourdon, *Andy Warhol*, p. 54.

416. *"Warhol muito ferido por um tiro; atriz procurada"*: Richard F. Shepard, "Warhol gravely wounded in studio", *New York Times*, 4 de junho de 1968, p. 1.

416. *"Andy Warhol lutando pela vida"*: *New York Post*, 4 de junho de 1968, p. 3.

417. *"Até o limite em que a arte de Warhol e seu estilo de vida"*: Piri Halasz, memorando da revista *Time*, 14 de junho de 1968, papéis de Bourdon, AAA.

417 *Em 13 de junho, dois membros do braço nova-iorquino da NOW*: Marilyn Bender, "Valeria Solanis [*sic*] a heroine to feminists", *New York Times*, 14 de junho de 1968, p. 52.

418. *Subindo as escadas, Andy tinha de parar para respirar após uns poucos degraus:*

Carta de Paul Warhola Jr. a David Bourdon, em Bourdon, *Andy Warhol*, p. 290.

418. *"Quando ele me ligou de sua cama de hospital"*: Bourdon, *Andy Warhol*, p. 7.

418. *Valerie Solanas foi primeiro enviada ao Matteawan State Hospital*: Informação biográfica sobre Solanas em Watson, *Factory made*, p. 425.

418. *"Você pega menos tempo por roubar um carro"*: De "Hello it's me", *Songs for Drella*, um ciclo de catorze músicas escritas e interpretadas por Lou Reed e John Cale. Encomendada pela Brooklyn Academy of Music and the Arts at St. Ann's na Igreja de St. Ann's, Brooklyn. *Songs for Drella* é, de acordo com Reed, "um breve olhar musical para a vida de Andy Warhol". Cale e Reed, realizado em 9 de janeiro de 1989, em St. Ann's, e em 29-30 de novembro e 2-3 de dezembro na Brooklyn Academy of Music, e coproduzido como um álbum de 1990 pela Sire Records.

418. *"Eu não queria matá-lo. Eu só queria que ele prestasse atenção em mim"*: "Actress gets three years in Warhol shooting", *New York Daily News*, 10 de junho de 1969.

419. *Dez anos depois dos tiros, Emile de Antonio perguntou a Warhol*: Kellner (ed.), *Emile de Antonio's painters painting: a CD-ROM by Mann*, Voyage, 1998.

420. *Em 1988, um ano depois da morte de Andy*: Henry Geldzahler, "Billy Linich and his silver trunk", texto inédito de uma conversa de 1988 que está no Vassar College Art Gallery, papéis de Geldzahler, Biblioteca Beinecke.

420. *Andy descrevia o tiro como irreal*: Letitia Kent, "Andy Warhol 'I thought everyone was kidding'", *Village Voice*, 12 de setembro de 1968; também em Andy Warhol e Pat Hackett, *POPism* (Nova York: Harcourt Brace Jovanovich, 1980), p. 274.

EPÍLOGO

Entrevistas: Ivan Karp.

423. *Henry Geldzahler certa vez apareceu com uma imagem divertida dos criadores do pop*: Andy Warhol e Pat Hackett, *POPism* (Nova York: Harcourt Brace Jovanovich, 1980), p. 3.

423. *"Eu pinto apenas coisas que sempre achei que são bonitas"*: "The slice of cake school", *Time*, 11 de maio de 1962, p. 52.

424. *Comovido como ficou ao ver a primeira exposição de Warhol em Nova York, em 1962*: Michael Fried, "New York letter", *Art International* 6, n. 10 dezembro de 1962, p. 57.

424. *"a melhor coisa que ele fez, na melhor fase que ele teve"*: Dave Hickey, "Naming the colors", in *All tomorrow's parties*, p. 11.

425. *Em uma manhã de primavera de 1970*: Warhol e Hackett, *POPism*, p. 300.

425. *Andy pediu para Vincent Fremont trocar as fechaduras*: Bob Colacello, *Holy terror* (Nova York: HarperCollins, 1990), p. 60.

425. *"a graça da antiga decadência subterrânea"*: Stephen Koch, "The once-whirling other world of Andy Warhol", *Saturday Review* 22 setembro de 1973, pp. 20-4.

425. *"viam os velhos superstars como chatos importunos"*: Colacello, *Holy terror*, p. 68.

426 .*"Acho que se eu acreditasse que fosse realmente bom não me sentiria ridículo"*: Pat Hackett (ed.), *The Andy Warhol diaries* (Nova York: Warner Books, 1989), p. 33.

426. *mas "ele às vezes olhava para nós"*: Colacello, *Holy terror*, p. 68.

426. *Depois da mudança, o papel timbrado da nova Factory dizia "Andy Warhol Films, Inc."*: Ibid., p. 60.

426. *"Em poucos anos [...] Fred colocou Andy no caminho do dinheiro de verdade"*: Ibid., p. 95.

426. *em 1970*, a *Latas de sopa Campbell's* with peeling label *alcançou US$ 60.000 em um leilão*: "Warhol's soup can sells for $60,000", *New York Times*, 16 de maio de 1970.

426. *De mais ou menos uma dúzia de encomendas em 1970*: Colacello, *Holy terror*, p. 89.

427. *Um retrato de meados dos anos 1970 custava US$ 25.000*: Ibid., p. 95.

427. *Um cliente, John Powers, um homem de negócios de Denver*: Ibid., p. 89.

427. *Pelo resto de sua vida, ele venderia de cinquenta a cem retratos por ano*: Wayne Koestenbaum, *Andy Warhol* (Nova York: Viking, 2001), p. 168.

427. *No total, recebeu mais de mil encomendas*: Colacello, *Holy terror*, p. 89.

427. *Liz tinha se tornado sua amiga do peito*: Ibid., p. 152.

427. *"Tirado do chão e jogado às alturas"*: Peter Schjeldahl, "Warhol and class content", *The hydrogen jukebox: selected writing of Peter Schjeldahl, 1978-1990* (Berkeley: Universidade da California Press, 1991), p. 48.

427. *O objetivo dos retratos encomendados*: Henry Geldzahler, "Andy Warhol, virginal voyeur", *Making it new* (Nova York: Turtle Point Press, 1994), p. 368.

428. *Em vez de procurar fotografias, ele tirava suas próprias polaroids*: Vincent Fremont, "Sometime around 1970, Andy Warhol bought a Polaroid big shot camera", *Andy Warhol photography* (Hamburg e Pittsburgh: Edition Stemmle, 1999), pp. 157-60.

428. *No começo da carreira pop de Andy*: David Bourdon, "Andy Warhol and the society icon", *Art in America*, janeiro-fevereiro de 1975, pp. 42-5.

428. *Resenhando a exposição do Whitney*: Robert Hughes, "Mirror, mirror on the wall", *Time,* 3 de dezembro de 1979.

428. *Sanford Schwartz, mais sofisticado, da Atlantic, desaprovou também*: Sanford Schwartz, "Andy Warhol the painter", *Atlantic Monthly*, agosto de 1989, pp. 73-7.

429. *Ele era apenas um artista trabalhando*: Robert Rosenblum, "Andy Warhol: court painter to the 70s", *Modern American Art: selected essays* (Nova York: Abrams, 1999), pp. 205-15.

429. *O interminável trabalho artístico que ele fez depois de levar o tiro de Valerie Solanas*: Koestenbaum, *Andy Warhol*, p. 159.

429. *"Essas obras", escreveu Peter Schjeldahl para os últimos trabalhos de Warhol*: Peter Schjeldahl, "Warhol in Bloom", *New Yorker*, 11 de março de 2002, pp. 82-4.

430. *"Andy iria para a estreia de um desenhista"*: Michiko Kakutani, "The United States of Andy Warhol", *New York Times Magazine*, 17 de novembro de 1996.

430. *"Até que ponto Warhol rompeu com a tradição?"*: Peter Schjeldahl, "Warhol in Bloom", p. 83.

430. *"O grande momento de Warhol foi breve"*: Peter Schjeldahl, "Barbarians at the gate", *New Yorker*, 15 de maio de 2000, pp. 102-4

Índice remissivo

Este livro foi composto nas fontes Fairfield, paginado por
Antonio Carlos Cardoso e impresso em papel
Pólen Soft 80g na Imprensa da fé.
São Paulo, Brasil, Inverno de 2010.